Diehl

Schröder

Modernes Unternehmens-Controlling

...weil auf chlor- und
säurefreiem Papier gedruckt

Sie finden uns im Internet unter: http://www.kiehl.de

Modernes Unternehmens-Controlling

Handbuch für die Unternehmenspraxis

Dr. Ernst F. Schröder

7., überarbeitete und wesentlich erweiterte Auflage

Die Deutsche Bibliothek - CIP-Einheitsaufnahme

Ein Titelsatz für diese Publikation ist bei der
Deutschen Bibliothek erhältlich.

ISBN 3 470 **56607** 0 · 2000
© Friedrich Kiehl Verlag GmbH, Ludwigshafen (Rhein)
Alle Rechte vorbehalten. Ohne Genehmigung des Verlages ist es nicht gestattet, das
Buch oder Teile daraus nachzudrucken oder auf fotomechanischem Weg zu vervielfältigen, auch nicht für Unterrichtszwecke.
Herstellung: Druckhaus Beltz, Hemsbach

Geleitwort

Quo-Vadis-Controller? Die vorliegende Neuerscheinung zeigt einen Weg auf, den man in der Bebauung der Controlling-Landschaft zurücklegen kann (und soll): Der Weg vom Einrichten eines controlling-geeigneten Rechnungswesens zum Aufbau des operativen Controlling und von da aus ins strategische Controlling, um Ganzheitliches zu erreichen und gleichzeitig dezentrale Machbarkeit zu sichern.

Die strategischen Überlegungen – doing the right thing – kommen zwar logisch und zeitlich vor den operativen Realisierungsplänen – doing things right. Aber in der Entwicklung der Werkzeuge empfiehlt es sich, **oasen-artig vom Operativen ins Strategische** hineinzutasten und die zerbrechlicheren, flüchtigeren, schwächeren **strategischen Signale** immer auch wieder zu **operationalisieren**. Die Suppe nämlich, die man sich strategisch einbrockt, muss man in den täglichen Abweichungen auslöffeln. Deshalb führt auch die in diesem Buch herausgearbeitete Vorschau-Denkweise des Controllers nicht nur zu dispositiv-operativen Korrekturzündungen, sondern auch zu einem strategischen Themenspeicher.

Controlling ist nicht schon Controller. Sowie auch Marketing nicht Angelegenheit von ein paar Marketing-Experten ist. Controlling zu tun, ist Sache eines jeden Managers selber. Schon immer war dies Geschäftsprozessdenkweise. Es ist die Planung und Steuerung auf Ziele hin - und dies nicht per Zufall, sondern systematisch; also beherrschbar (under controlled conditions). Unternehmens-Controlling - der Titel des Buches - heißt soviel wie Unternehmensplanung und -steuerung. **Controller-Funktion**, sagt der Verfasser, sei eine Art „Steuerungs-Motor". Der Controller-Dienst muss dafür sorgen, dass jeder sein Controlling machen kann. Dazu gehört ein Angebot geeigneter Methoden und Werkzeuge und dazu gehört ein ständiges Interpretieren der aus den Informationssignalen sich ergebenden Notwendigkeiten und Konsequenzen. Das braucht Controller's Hausbesuch - Controller's Rundgang -; braucht ein Zusammenspiel aus Manager und Controller im Team zur Entscheidungsfindung sowie zur Steuerung "unterwegs" auf das Einhalten der Ziele hin. Deshalb ist Controlling auch ein Verhaltensthema.

Zur Controller-Arbeit gehört auch das Erzeugen von Veränderungsfähigkeit. Dies ist der Reengineering-Gedanke. Gerade dieser ist eng mit Verhaltensfragen verknüpft. Bei aller Verlässlichkeit des Plans - abgemacht ist abgemacht - kommt hinzu das Anpassen-Können von Strukturen gemäß der sich verändernden Anforderungen vom Markt her, aus den Technologien heraus, aus den Lernfortschritten. Gerade der kontinuierliche Verbesserungsprozess ist begleitet durch Coachen.

Wer Controller-Funktion ausübt, hat noch heute so etwas an sich wie den Rumpelstilzchen-Effekt „Ach wie gut, dass niemand weiß, dass ich hier Controller heiß...". Aber da haben sich die Dinge auch geändert. Die Haussprachen der Unternehmungen haben das Wort Controller schon angenommen; selbst dann, wenn diese Funktion in den Organisationsplänen noch anders genannt ist, wie z.B. Betriebswirtschaft, Bereich Wirtschaft, Planung und Information, Administration, kommerzieller Dienst, UPS = Unternehmerplanung und Steuerung. Um Controller-Funktion zu erfüllen, kommt es nicht darauf an, wie man heißt, sondern wesentlich ist, was man tut. So wird es auch in der kleineren Unternehmung sein, dass sich vielerlei Funktionen auf eine Stelle hin bündeln. Dann ist eben jemand Controller und Finanz-Chef und Personal-Chef und Allg. Verwaltung zugleich. Die Fächerung erfolgt dann in der Hierarchie tiefer. Ist das Unternehmen groß, verteilt sich die Controller-

Funktion oft auf mehrere Stellen: auf die Unternehmensplanung, auf Betriebswirtschaft und Rechnungswesen, auf Revision, auf Management-Information und Datenverarbeitung und auf dezentrale Controller-Dienste in Sparten, im Marketing, in Werken oder in Forschung und Entwicklung.

Gibt es aus der Zukunft her - und vielleicht heute schon erkennbar - drei Typen von Controller-Persönlichkeit? Der eine Typ wäre der Controller, der zugleich Finance Executive ist. Dies entspräche eher auch dem Typ des amerikanischen Corporate Controller, der in der Regel auch für das Financial Reporting und die Taxes sowie eben das Thema Finanzbuchhaltung zuständig ist. Im europäischen Zuschnitt wäre der Controller/Finanzer auch der Treasurer. Gibt es den zweiten Typ einer Con-troller-Persönlichkeit im Sinn des Controllers und Informations-Managers? Ist dies dann auch der „Herr/Frau" der Datenverarbeitung, der Vernetzung weltweit, des Executive Informationssystems, der Expertensysteme... Und gibt es als dritten Typ von Controller-Persönlichkeit den Controller und Trainer/Moderator? Dieser Typ hätte weniger „Apparat" um sich rum, sondern wäre mehr der Begleiter, der Coach - gerade auch international. Dezentrale Controller-Funktion in Sparten, in Werken, in Funktionsbereichen, in Projekten, wären diese Typen von Controller-Trainer. Gerade jener Controller-Typ braucht ganz besonders dieses persönliche Sich-Einbringen; das Wirken durch andere hindurch. Das setzt Überzeugtsein von dem voraus, was ein Controller als Botschaft zu bringen vermag.

Und daraus kommt die Frage, ob der „Controller" unterwegs ist, so etwas zu werden wie ein Beruf – mit Berufsbild, systematischer Ausbildung, Abschluss-Diplom. Quo-Vadis-Controller also?

Der Klärungs-Prozess im Manager- und Controller-Kollegenkreis - sich wesentlich dabei auch stützen können auf das vorgelegte, in 7. Auflage für 2000 neu überarbeitete Buch - wird dabei intensiv weiterhelfen.

Gauting/München, Juni 1999

Dr. Albrecht Deyhle
Gründer der Controller-Akademie
Ehrenvorsitzender des Controller Verein e. V.
Herausgeber des Controller Magazin

Vorwort

Das Controlling als zukunftsorientiertes Steuerungsinstrument hat sich in den siebziger Jahren im deutschen Sprachraum in vielen Unternehmungen langsam etabliert. Seit dem Erscheinen der 1. Auflage dieses Buches im Jahre 1982 hat es eine kontinuierliche Ausweitung seiner Anwendungsbreite und Anwendungstiefe erfahren. Es gibt aber nach wie vor viele Unternehmungen, in denen Controlling nicht repräsentiert ist und somit Ansätze zu einer zukunftsorientierten Steuerung weitgehend fehlen.

Das vorliegende Buch konzentriert sich auf die Darstellung des Rahmens für eine controlling-orientierte Unternehmenssteuerung. Es gibt eine Bestandsaufnahme des heute praktizierten und damit praktikablen Instrumentariums des operativen und des strategischen Controlling und zeigt die Grenzen in der Anwendung und der Aussagekraft dieser Instrumente. Der Leser findet damit nicht nur den Einstieg in den „Instrumentenkasten" des Controllers, sondern kann auch die relative Stellung der Instrumente beim Aufbau eines Controlling-Systems und bei der Durchsetzung des Controlling-Gedankens im Unternehmen erkennen.

Im 1. Kapitel des Buches gehen wir auf den Controllingbegriff, die Controlling-Funktionen und die Besonderheiten des Controlling-Führungskonzeptes ein. Es erfolgt die Abgrenzung zu angrenzenden Unternehmensbereichen, insbesondere zum Treasuring, sowie die Erarbeitung einer Stellenbeschreibung und eines Anforderungsprofils.

Das Rechnungswesen als Basis des Controlling-Systems steht im Vordergrund des 2. Kapitels. Ausgehend von den Grundlagen des Rechnungswesens und der Beschreibung erster Ansätze des Controlling durch Strukturierung der Buchhaltung werden anschließend die Grundlagen der Kostenrechnung und der Deckungsbeitragsrechnung erarbeitet. Diese bilden die Bestandteile eines jeden Controlling-Systems.

Das operative Controlling wird im 3. Kapitel dargestellt. Ausgehend von den Controlling-Funktionen Planung, Information, Analyse/Kontrolle und Steuerung werden die einzelnen Instrumente des operativen Controlling in den einzelnen Funktionen dargestellt.

Das strategische Controlling als Erweiterung des Gegensteuerungszeitraums über die Budgetperiode hinaus wird im Kapitel 4 beleuchtet. Dabei wird der gleiche funktionale Aufgabenrahmen gewählt, wie bei der Darstellung der Instrumente des operativen Controlling. Die Instrumente des strategischen Controlling, die Operationalisierung der Ergebnisse der strategischen Planung und die Verzahnung der strategischen Gedanken mit der für die umsetzungsorientierte Steuerung der Strategie erforderlichen Instrumente bilden den Schwerpunkt dieses Kapitels.

Im 5. Kapitel werden die Arbeitsschwerpunkte des Controlling in den unterschiedlichen Funktionsbereichen des Unternehmens diskutiert. Diese Ausweitung der Controllingaufgabe in die funktionale Spezialisierung wächst mit zunehmender Unternehmensgröße und den Anforderungen an das Controlling. In diesem Kapitel stehen Fragen des Marketing-Controlling, Finanz-Controlling, Investitions-Controlling, F + E-Controlling, Konzern-Controlling und des DV-Controlling im Vordergrund.

Das 6. Kapitel dient der Diskussion ausgewählter Themenbereiche unter dem Aspekt der Verzahnung von Controlling und Unternehmensführung. Dabei werden Fragen des Zielbildungsprozesses, des Managements von Geschäften in stagnierenden und wachsenden Märkten, Akquisitionsüberlegungen, Fragen der Internationalisierung sowie die in den letzten Jahren die Unternehmensführung beherrschenden Themen der Restrukturierung und der Erarbeitung von Unternehmensstrategien näher beleuchtet.

Zielgruppe des Buches sind Führungskräfte und Fachleute aus dem Finanz- und Rechnungswesen und dem Controlling. Darüber hinaus gibt es dem interessierten Leser anderer Unternehmensbereiche die Möglichkeit, die Mentalität des Controlling und dessen Arbeitsweise zu verstehen sowie die Nutzanwendung dieser Tätigkeiten für seinen eigenen Aufgabenbereich zu entdecken. Es bleibt zu hoffen, dass dieses Verständnis anderer Bereiche dazu beiträgt, Controlling als Führungsfunktion anzuerkennen.

Controlling ist ein engpassorientiertes Steuerungsinstrument. Deshalb lassen sich Konzepte, die in einem Unternehmen funktionieren, nicht ohne weiteres auf andere Unternehmen übertragen. So sind auch die im Buch genannten Beispiele und Empfehlungen zu verstehen: eine Übertragung auf ein Unternehmen ohne Berücksichtigung deren spezifischer Besonderheiten muss zwangsläufig die Effizienz des Controlling beeinträchtigen. Das Buch gibt somit weniger Detailhinweise für den konkreten Fall, sondern es ist ein Rezeptbuch, das bei der Konzipierung des eigenen Controlling-Systems Hilfestellung leistet.

Controlling ist nicht nur Sache von Großunternehmen. Seine Praktizierung ist auch nicht mit hohem finanziellen Aufwand verbunden. Entscheidend ist vielmehr, dass im Unternehmen die Bereitschaft dazu besteht, eine solche Führungsfunktion anzuerkennen. Wenn diese Hürde genommen ist, kommt es allein darauf an, dass man mit der Arbeit beginnt und das tut, was Controlling will: Schrittmacherdienste und Hilfestellung bei der Unternehmenssteuerung leisten.

Die Entwicklung des Controlling läuft nach wie vor in einer dynamischen Fortentwicklung. So sahen wir uns veranlasst, in die 7. Auflage neben verschiedenen Korrekturen und Anpassungen (an die neue europäische Währung) im Kapitel 2 einen Absatz über den Vergleich der Bilanzierungsregeln nach HGB, US-GAAP und IAS aufzunehmen.

Im Kapitel 6 haben wir einen Absatz über das wertorientierte Controlling eingebaut, der den gegenwärtigen Stand und die Anwendungsbreite zeigt. Ebenfalls im Kapitel 6 haben wir zum Abschluss Ansatzpunkte der Strategieumsetzung mit der Balanced Scorecard niedergelegt.

Ich hoffe, dass diese 7. Auflage wiederum auf eine breite Resonanz stößt und Hilfestellung bei der praktischen Controller-Arbeit leistet. Allen Lesern bin ich im Vorhinein für Kritik und Anregungen zu Dank verpflichtet.

Bielefeld, im Januar 2000

Dr. Ernst F. Schröder

Inhaltsverzeichnis

Kapitel 1: Controlling - etwas Neues in der Unternehmung ... 21

1. Was ist Controlling? ... 23
2. Controlling im Wandel ... 25
3. Controlling-Funktionen ... 27
   - 3.1 Planung ... 28
   - 3.2 Information ... 29
   - 3.3 Analyse/Kontrolle ... 31
   - 3.4 Steuerung ... 32
4. Besonderheiten des Controlling ... 32
   - 4.1 Der Controller arbeitet engpassorientiert ... 33
   - 4.2 Der Controller arbeitet zukunftsorientiert ... 33
   - 4.3 Zukunftsorientierung und Feed-forward-Denken ... 35
   - 4.4 Das Arbeiten mit Standards ... 35
5. Controller und Treasurer ... 36
6. Stellenbeschreibung und Anforderungsprofil ... 36
7. Ergebnis ... 42

Kapitel 2: Rechnungswesen als Basis des Controlling-Systems ... 43

1. Finanz- und Rechnungswesen ... 45
   - 1.1 Aufgaben ... 45
   - 1.2 Berücksichtigung der Anforderungen des Controlling ... 47
     - 1.2.1 Das Konto als kleinste Einheit ... 47
     - 1.2.2 Ordnung der Konten im Kontenrahmen und im Kontenplan ... 48
     - 1.2.3 Kontierungsrichtlinien ... 49
     - 1.2.4 Kontenverdichtung in Bilanz und Gewinn- und Verlustrechnung ... 50
     - 1.2.5 Einführung von Monatsabschlüssen ... 53
     - 1.2.6 Zeitnähe des Buchungsstoffes ... 53
   - 1.3 Jahresabschluss-Analyse ... 56
     - 1.3.1 Gewinn- und Verlustrechnung ... 57
     - 1.3.2 Bilanz ... 57
     - 1.3.3 Kennziffern ... 57
     - 1.3.4 Bewegungsbilanz ... 65
     - 1.3.5 Fazit ... 65
   - 1.4 Bilanzierung nach US-GAAP, IAS oder HGB ... 67
2. Controllinggerechte Kostenrechnung ... 87
   - 2.1 Verfahren der Kostenrechnung ... 87
     - 2.1.1 Ist-Kostenrechnung ... 87
     - 2.1.2 Normal-Kostenrechnung ... 88
     - 2.1.3 Plan-Kostenrechnung ... 88
   - 2.2 Kostenrechnungssysteme auf Vollkosten- oder Teilkostenbasis ... 90
     - 2.2.1 Vollkostenrechnung ... 90
     - 2.2.2 Teilkostenrechnung ... 90
   - 2.3 Fehlerquellen durch die Vollkostenrechnung ... 91
     - 2.3.1 Ein Produkt bringt keinen Gewinn ... 91
     - 2.3.2 Irreführung durch Zuschlagssätze ... 93
   - 2.4 Schwierigkeiten in der betrieblichen Praxis ... 94
3. Deckungsbeitragsrechnung ... 99
   - 3.1 Grundlagen und Erweiterungen ... 99
   - 3.2 Immer noch ein umstrittenes Instrument? ... 104

Kapitel 3: Operatives Controlling 105

1 Planung: Kursfixierung 107
  1.1 Messlatten- und Fahrplan-Funktion der betrieblichen Planung 107
  1.2 Bestandteile der Jahresplanung 108
    1.2.1 Vorspann mit mittelfristigem Ausblick 109
    1.2.2 Hochrechnung für das alte Geschäftsjahr 110
    1.2.3 Ergebnisplan 111
    1.2.4 Absatzplan, Umsatzplan, Marketingplan 112
    1.2.5 Produktions- und Kapazitätsplan 113
    1.2.6 Investitionsplan 113
    1.2.7 Beschaffungsplan 114
    1.2.8 Personalplan 114
    1.2.9 Organisationsplan 115
    1.2.10 Finanzplan und Plan-Bilanz 115
  1.3 Organisatorischer Rahmen 116
    1.3.1 Verzahnung der Teilpläne 116
    1.3.2 Planungszuständigkeiten 117
    1.3.3 Planungsrichtlinien 117
  1.4 Zeitlicher Ablauf 118
    1.4.1 Terminplan 118
    1.4.2 Grobplan als Einstieg 120
    1.4.3 Dezentrale Teilpläne 121
    1.4.4 Knetphase 122
  1.5 Mittel- und Langfristplanung 124
    1.5.1 Extrapolation 124
    1.5.2 Gap-Analyse 125
  1.6 Planungsprobleme in der Praxis 126
2 Information: Controller-Berichtswesen 129
  2.1 Anforderungen an das Informationssystem 129
  2.2 Basis-Informationssystem 134
    2.2.1 Kostenartenrechnung 134
    2.2.2 Kostenstellenrechnung 137
    2.2.3 Kostenträgerrechnung 139
    2.2.4 Erlösrechnung 140
  2.3 Entscheidungsorientiertes Informationssystem 142
    2.3.1 Produkterfolgsrechnung 143
    2.3.2 Vertriebserfolgsrechnung 144
    2.3.3 Kundenerfolgsrechnung 148
      2.3.3.1 Entstehung 149
      2.3.3.2 Gliederungsschema 150
      2.3.3.3 Aufbau 151
      2.3.3.4 Einzelprobleme 152
      2.3.3.5 Organisatorische Eingliederung 153
      2.3.3.6 Gewinnsteuerung 154
      2.3.3.7 Nutzenprovision und Kundendeckungsbeitragsrechnung 155
      2.3.3.8 Ergebnis 156
      2.3.3.9 Checklist 157
    2.3.4 Unternehmenserfolgsrechnung 158
  2.4 Organisatorische Voraussetzungen 159
    2.4.1 Einkaufsabrechnung 159
    2.4.2 Produktionsabrechnung 163
    2.4.3 Verkaufsabrechnung 164
    2.4.4 Diverse Budgetabrechnungen 165
    2.4.5 Organisationsstruktur, gesellschaftsrechtliche Struktur, Informationssystem 167
3 Analyse/Kontrolle: Plan-Ist-Vergleich 168

	3.1	Abweichungsanalyse	168
		3.1.1	Plan-Ist-Vergleich	168
			3.1.1.1 Abweichungen im Kostenbereich	168
			3.1.1.2 Abweichungen im Umsatzbereich	171
		3.1.2	Plan-Soll-Ist-Vergleich	173
		3.1.3	Kontrolle der Standards	174
	3.2	Forecast	174
	3.3	Spielregeln bei Abweichungen	176
	3.4	Controller-Bericht	177
		3.4.1	Anforderungen	177
		3.4.2	Berichtshierarchie	178
		3.4.3	Inhalt	179
4	Steuerung: Kurseinhaltung	182
	4.1	Steuerung als Engpassaufgabe	182
		4.1.1	Besonderheiten der Steuerungsfunktion	182
		4.1.2	Aufgabenverteilung und Zuständigkeiten	183
		4.1.3	Controller als Steuerungsmotor	185
		4.1.4	Break-Even-Analysen als Instrumenten-Mischpult	186
	4.2	Maßnahmen zur Kostensteuerung	192
		4.2.1	Gefahren traditioneller Kosten-Budgetierung	192
		4.2.2	Moderne Kostensenkungsprogramme	196
		4.2.3	Wertanalyse	198
		4.2.4	Zero-Base-Budgeting	200
		4.2.5	Struktur-Änderungen	201
	4.3	Maßnahmen zur Erlössteuerung	202
		4.3.1	Sortimentsbereinigung	202
		4.3.2	Preispolitik	206
			4.3.2.1 Preispolitik bei Auftragsproduktion	206
			4.3.2.2 Preispolitik bei Serien-/Massenproduktion	208
		4.3.3	Zusatzgeschäfte	209
		4.3.4	Preiserhöhungszyklen	212
		4.3.5	Qualitative Sortimentsverbesserung	212
	4.4	Projekt-Controlling	213
		4.4.1	Ausgangspunkt	213
		4.4.2	Bestandteile	214
		4.4.3	Arten	214
			4.4.3.1 Entwicklungsprojekte	215
			4.4.3.2 Gemeinkosten-Strukturveränderungen	216
			4.4.3.3 Investitionen	219
			4.4.3.4 Weitere Anwendungsbeispiele	226
	4.5	Profit-Center-Konzept	227
		4.5.1	Grundlagen	227
		4.5.2	Leistungsbereiche	227
		4.5.3	Erweiterungen	230

Kapitel 4: Strategisches Controlling ... 231

1	Erweiterung des Gegensteuerungs-Zeitraums durch strategisches Controlling	233
	1.1	Notwendigkeit des strategischen Controlling	233
	1.2	Besonderheiten des strategischen Controlling	234
	1.3	Strategische Planung, strategisches Controlling, strategisches Management	237
2	Planung: Aufbau und Nutzung von Ertragspotenzialen	238
	2.1	Instrumente	238
		2.1.1 Strategische Grundregeln	238
		2.1.2 Potenzialanalyse	239
		2.1.2.1 Stärken-Schwächen-Analyse	240

		2.1.2.2	Schlüsselfaktoren	241
		2.1.2.3	Potenzial Stärken/Schlüsselfaktoren	242
		2.1.2.4	Ergebnis der Potenzialanalyse	244
	2.1.3	Zielsetzung		244
		2.1.3.1	Leitbild	244
		2.1.3.2	Quantitatives Ziel	246
		2.1.3.3	Strategische Lücke	247
	2.1.4	Wachstumskonzept		247
		2.1.4.1	Quantitatives und qualitatives Wachstum	247
		2.1.4.2	Diversifikation und Konzentration	247
	2.1.5	Konzept der Erfahrungskurve		250
	2.1.6	Ergebnisse der PIMS-Studie		252
	2.1.7	Produkt-Matrix		255
		2.1.7.1	Instrument	255
		2.1.7.2	Sortierungskriterien	256
		2.1.7.3	Beispiel	258
		2.1.7.4	Gesetzmäßigkeiten	259
		2.1.7.5	Erstellung	260
		2.1.7.6	Weitere Anwendungsbereiche	263
	2.1.8	Portfolio-Matrix		264
		2.1.8.1	Instrument	264
		2.1.8.2	Sortierungskriterien	265
		2.1.8.3	Erstellung	268
		2.1.8.4	Ergebnisse	270
		2.1.8.5	Kritische Geschäftseinheiten	272
	2.1.9	Basis-Strategien		272
	2.1.10	Funktions-Strategien		275
	2.1.11	Lebenszyklus-Konzept		276
	2.1.12	Vorteils-Matrix		277
	2.1.13	Sortimentsbreite		279
2.2	Planungsprozess			284
	2.2.1	Planungsteam		284
	2.2.2	Vorgehensweise		284
	2.2.3	Zeitlicher Ablauf		285
	2.2.4	Ergebnis		286
	2.2.5	Erfolgsvoraussetzungen		288
		2.2.5.1	Ergebnissituation der Unternehmung	288
		2.2.5.2	Freiraum des Managements	289
		2.2.5.3	Richtige Einschätzung der eigenen Ausgangssituation	290
		2.2.5.4	Fazit	290
2.3	Operationalisierung			291
	2.3.1	Operationalisierungszwang		291
	2.3.2	Extrapolation		292
	2.3.3	Projekte/Maßnahmen		292
	2.3.4	Engpassaufgaben		294
	2.3.5	Produkt-Markt-Strategien		296
	2.3.6	Funktionsstrategien		297
	2.3.7	Schubladenpläne		298
	2.3.8	Prämissen - interne und externe Risikofaktoren		298
	2.3.9	Erfolgssignale und Etappenziele		298
3	Information: Sensibilisierung für strategisches Handeln			300
4	Analyse / Kontrolle: Verzahnung operativ-strategisch			303
4.1	Analysefelder			303
4.2	Exceptions			303
4.3	Analyse-/Kontrollzyklen			304
5	Steuerung: Operative Gewinnsteuerung und nachhaltige Potenzialsteuerung			306

	5.1	Ebenen der Unternehmenssteuerung		306
	5.2	Umsetzung ins Tagesgeschäft		307
	5.3	Jahresbudget als Etappenziel der Strategieumsetzung		308
	5.4	Erfolge des strategischen Plan-Ist-Vergleichs		309
6	Der Stand der strategischen Unternehmensführung in der Praxis			309

Kapitel 5: Funktionales Controlling 313

1	Arbeitsteilung im Controlling			315
2	Organisation und Controlling			315
	2.1	Funktionale Organisation		315
		2.1.1	Absatz-Controlling	315
		2.1.2	Produktions-Controlling	316
		2.1.3	Verwaltungs-Controlling	319
	2.2	Sparten-Organisation		322
		2.2.1	Profit-Center-Controlling	322
		2.2.2	Querschnittsfunktionen	322
	2.3	Funktionale Spezialisierung im Controlling		323
3	Marketing-Controlling			323
	3.1	Marketing und Controlling		323
	3.2	Aufgaben und organisatorische Einbindung		325
		3.2.1	Wandel der Engpassaufgaben	325
		3.2.2	Funktionale Aufgabenteilung oder Grundhaltung	326
		3.2.3	Operatives und strategisches Marketing-Controlling	328
		3.2.4	Organisatorische Einbindung	329
		3.2.5	Anforderungsprofil	329
	3.3	Instrumente des Marketing-Controlling		330
		3.3.1	Planung, Information, Analyse/Kontrolle und Steuerung als Rahmen	330
		3.3.2	Instrumente des operativen Marketing-Controlling	332
			3.3.2.1 Analyse und Auswertung von Marktdaten	332
			3.3.2.2 Produkt-, Vertriebs- und Kundenanalysen	333
			3.3.2.3 Projekt-Controlling für Marketing-Maßnahmen	334
		3.3.3	Instrumente des strategischen Marketing-Controlling	335
			3.3.3.1 Potenzialanalyse	336
			3.3.3.2 Portfolio-Technik	336
			3.3.3.3 Wachstums-Konzept	337
			3.3.3.4 Positionierungs-Strategien	337
4	Finanz-Controlling			339
	4.1	Instrumente des Finanz-Controlling		339
	4.2	Auswertung von Bilanz und Gewinn- und Verlustrechnung		342
	4.3	Bilanzanalyse und Finanzplanung		343
	4.4	Finanzplanung		343
		4.4.1	Mittelfristige Finanzplanung	346
			4.4.1.1 Anlagevermögen	346
			4.4.1.2 Umlaufvermögen	346
			4.4.1.3 Finanzdeckung	347
		4.4.2	Kurzfristige Finanzplanung	347
	4.5	Plan-Ist-Vergleich		348
5	Investitions-Controlling			351
	5.1	Unternehmensplanung als Ausgangspunkt		351
	5.2	Strategische Investitionsplanung		351
	5.3	Investitionsbudget		353
		5.3.1	Projektplanung	353
		5.3.2	Investitionsrechnungen	354
		5.3.3	Verzahnung mit der Ergebnis- und Finanzplanung	355
		5.3.4	Vorsicht bei kalkulatorischen Einsparungen	355

		5.3.5	Investitionsprogramm	355
	5.4		Investitionskontrolle	356
		5.4.1	Prämissenkontrolle	356
		5.4.2	Erfolgskontrolle	356
6	F + E-Controlling			356
	6.1		Entwicklungstendenzen im F + E-Management	356
	6.2		Unternehmensstrategie und F + E	358
	6.3		Controlling der F + E-Kosten	360
	6.4		Projekt-Controlling	360
	6.5		F + E-Prozess-Controlling	360
7	Konzern-Controlling			362
	7.1		Konzernmerkmale	362
		7.1.1	Einheitliche Leitung	362
		7.1.2	Strukturen	363
		7.1.3	Rechtsformen	364
		7.1.4	Größenmerkmale	365
		7.1.5	Synergienutzung	365
	7.2		Holdingstruktur	366
		7.2.1	Zunehmende Aktualität des Holdinggedankens	366
		7.2.2	Holdingstruktur als Führungsorganisation	368
		7.2.3	Gesellschafts- und steuerrechtliche Aspekte	370
		7.2.3.1	Holding als Konzern-Obergesellschaft	370
		7.2.3.2	Geschäftsleitende Holding	372
		7.2.3.3	Zwischenholding	372
	7.3		Konzernführung	373
		7.3.1	Führungsaufgaben	373
		7.3.2	Führungsrahmen	373
		7.3.3	Controlling-Struktur	374
		7.3.4	Reporting-Struktur	383
		7.3.5	Bilanzierungs-Struktur	386
8	DV-Controlling			390
	8.1		Operatives DV-Controlling	390
		8.1.1	Planung	390
		8.1.2	Information	391
		8.1.3	Analyse/Kontrolle	391
		8.1.4	Steuerung	392
	8.2		DV-Projekt-Controlling	392
		8.2.1	Laufende Projekte	392
		8.2.2	Komplexe Projekte	392
	8.3		Strategisches DV-Controlling	392
		8.3.1	DV-Strategie	392
		8.3.2	Datenverarbeitung und Informationsmanagement	393
		8.3.3	Ressourcen-Nutzung	394
	8.4		Benchmarking für DV-Prozesse	394
9	Organisatorischer Wandel und Controlling			396
	9.1		Wandel im Unternehmen	396
		9.1.1	Externe Einflussfaktoren	396
		9.1.2	Interne Einflussfaktoren	397
		9.1.3	Ausdruck des Wandels	397
	9.2		Organisatorische Gestaltungsprinzipien und Controlling	398
		9.2.1	Controlling als Steuerungskonzept	398
		9.2.2	Management by Objectives und Management by Exceptions als Basis	399
		9.2.3	Management-Informationssystem	400
		9.2.4	Profit-Center-Konzeption	401
		9.2.5	Projekt-Controlling	402
	9.3		Strategie, Organisation und Controlling zur Steuerung des Wandels im Unternehmen	403

	9.3.1	Strategie, Struktur, Führung	403
	9.3.2	Organisatorische Voraussetzungen für ein effizientes Controlling	403
	9.3.3	Zusammenarbeit von Organisator und Controller	404
	9.3.4	Einfluss von Strategie, Organisation und Controlling auf Führung und Kultur	405
	9.3.5	Zukunftsaufgaben	405
9.4		Ausblick: Grundsatzfragen	406

Kapitel 6: Controlling und Unternehmensführung ... 407

1 Controlling-Schrittmacherdienste für die Unternehmenssteuerung ... 409
   1.1 Einführungshinweise ... 409
   1.2 Leben mit aktuellen Informationen ... 411
   1.3 Disziplinierung und „Berechenbarkeit" der Unternehmensentwicklung ... 411
   1.4 Brücke zur Unternehmensstrategie ... 412
   1.5 Mittelfristplanung als Maßnahmeninitiator ... 414
   1.6 Strategie, Struktur, Führung ... 416
2 Zielbildungsprozess ... 417
   2.1 Strategien und strategisches Management ... 417
   2.2 Ziele und Ebenen der Unternehmenssteuerung ... 417
      2.2.1 Ebenen der Unternehmenssteuerung ... 417
      2.2.2 Zielebenen im Unternehmen ... 418
      2.2.3 Controlling zur Steuerung der Wertschöpfung ... 419
   2.3 Zielkategorien ... 419
      2.3.1 Visionen und mentale Ziele ... 419
      2.3.2 Ziele aus Strategiemodellen ... 420
         2.3.2.1 Existenzsicherung und Gewinn ... 420
         2.3.2.2 Unternehmensleitbild: Existenzgrundlage ... 420
         2.3.2.3 Potenzial-Analyse: Stärken und Schlüsselfaktoren ... 421
         2.3.2.4 GAP-Analyse als Einstieg: Strategie-Schwerpunkte ... 421
         2.3.2.5 Boston-Portfolio: Strategische Produktgruppen-Ziele ... 422
         2.3.2.6 Positionierungs-Strategien: Marktverhaltens-Ziele ... 422
         2.3.2.7 Sortiments-Strategie: Leistungs-Ziele ... 422
         2.3.2.8 Technologie-Strategie: Innovations- und Investitions-Ziele ... 423
      2.3.3 Quantitative Ziele ... 424
      2.3.4 Führungsziele ... 425
   2.4 Steuerung des Zielbildungs-Prozesses ... 427
3 Stagnierende Märkte ... 428
   3.1 Ausgangslage ... 428
      3.1.1 Stagnierende Märkte: Kennzeichen und Fehleinschätzungen ... 428
      3.1.2 Turbulenzen und Wandel ... 429
      3.1.3 Neue Spielregeln im Wettbewerb ... 430
   3.2 Chancen für erfolgreiches Agieren in stagnierenden Märkten ... 431
      3.2.1 Beantwortung von Grundsatzfragen ... 431
         3.2.1.1 Positionierungs-Strategien ... 431
         3.2.1.2 Marktsegmentierungs-Strategien ... 432
         3.2.1.3 Sortiments-Strategie ... 433
         3.2.1.4 Diversifikations-Strategien ... 434
         3.2.1.5 Internationalisierungs-Strategien ... 434
      3.2.2 Lösung von Engpassproblemen ... 435
         3.2.2.1 Marktanteile: Halten oder Wachsen ... 435
         3.2.2.2 Arbeiten an der Verbesserung der relativen Kostenposition ... 436
         3.2.2.3 Überwindung von Wachstumsschwellen ... 437
         3.2.2.4 Alternativ-Strategien zum Mengenwachstum ... 438
      3.2.3 Ausgangslage und Strategietyp ... 438
   3.3 Visionen als Voraussetzung zum Aufbau von Wettbewerbsvorteilen in stagnierenden Märkten ... 439

		3.3.1	Management-Team	439
		3.3.2	Die ethische Basis	440
		3.3.3	Kundennutzen als Basis einer neuen Vorteilssicht	440
		3.3.4	Führungsverhalten als Erfolgsfaktor	440
		3.3.5	Aufbau von Visionen	441
	3.4	Strategieumsetzung in stagnierenden Märkten		442
	3.5	Fazit		443
4	Wachsende Märkte			444
	4.1	Produkt-Lebenszyklus und Branchenentwicklung		444
	4.2	Management von wachsenden Geschäften		446
		4.2.1	Analyse der Marktsituation	446
		4.2.2	Unternehmensspezifische Ausgangslage	448
		4.2.3	Wachstumszielsetzung	450
		4.2.4	Strategische Grundsatzfragen	451
	4.3	Wachstum und Branchenentwicklung		453
		4.3.1	Geschäfte in jungen Branchen	453
		4.3.2	Geschäfte in Wachstumsmärkten	454
		4.3.3	Geschäfte in Hochkonjunkturen	455
	4.4	Begleiterscheinungen wachsender Geschäfte		455
		4.4.1	Struktur des Portfolios	455
		4.4.2	Innovationsrate und Stabilität des Geschäftes	457
		4.4.3	Management der Standards	458
		4.4.4	Wachsende Ergebnisse und Effizienzen	458
		4.4.5	„Nachziehen" von Strukturen	459
	4.5	Symptome mangelnden Erfolgs in guten Konjunkturlagen		460
		4.5.1	Problem der Beharrungseffekte	461
		4.5.2	Ignoranz des Wandels	462
		4.5.3	Verkennung der Ausgangslage	462
		4.5.4	Blauäugige Diversifikation	463
		4.5.5	Blindes Marktanteilsdenken	465
		4.5.6	Kostenposition als Wettbewerbsfaktor	467
		4.5.7	Keine Richtung	470
5	Unternehmensführung und Konjunkturzyklen			471
	5.1	Konjunkturzyklen		471
	5.2	Grundfragen des Managements in Konjunkturzyklen		473
	5.3	Normstrategien für effizientes Management in unterschiedlichen Phasen des Konjunkturzyklusses		476
6	Internationalisierung			481
	6.1	Grundfragen		481
	6.2	Voraussetzungen		485
		6.2.1	Festlegung der Auslandsmärkte	485
		6.2.2	Globalisierungsfähige Produkte	489
		6.2.3	Sichere Position im Heimatmarkt	489
	6.3	Formen internationaler Marktbearbeitung		490
		6.3.1	Entwicklung des Auslandsengagements	491
		6.3.2	Globalisierung von Märkten	493
	6.4	Triade-Konzept		501
	6.5	EU-Binnenmarkt		505
		6.5.1	Europa nach 1992	506
			6.5.1.1 Europa als Heimatmarkt	506
			6.5.1.2 Europabürger als Zielgruppe	506
		6.5.2	Strategische Konsequenzen	508
			6.5.2.1 Freier Verkehr über die Grenzen	508
			6.5.2.2 Rückgang des Preisniveaus	508
			6.5.2.3 Ein neues Spiel	509
		6.5.3	Euromarketing als Antwort	510

		6.5.3.1 Erarbeitung europäischer Wettbewerbsvorteile	510
		6.5.3.2 Offensives Marketing	510
		6.5.3.3 Europaorientierte Vertriebspolitik	515
		6.5.3.4 Marktanteile in Europa	517
		6.5.3.5 Zugewinn von Marktanteilen	518
		6.5.3.6 Denken in Europadimensionen - Umsetzung in lokale Kundennähe	520
	6.5.4	Maßnahmen des Euro-Marketing	520
		6.5.4.1 Markenpolitik	521
		6.5.4.2 Produkt-/Sortimentspolitik	521
		6.5.4.3 Preispolitik	522
		6.5.4.4 Notwendige Euroglobalisierung	523
		6.5.4.5 Ein schrittweiser Prozess	523
6.6	Erweiterter deutscher Wirtschaftsraum		525
6.7	Steuerung von Auslands-Tochtergesellschaften		528
6.8	Chancen und Risiken		530
7 Akquisitionsstrategie			531
7.1	Grundfragen		531
	7.1.1	Unternehmensstrategie als Ausgangsbasis	531
	7.1.2	Wertsteigerung als Zielsetzung	534
	7.1.3	Grundregeln	535
7.2	Beurteilung des Übernahmeobjektes		537
	7.2.1	Marktbezogene Kriterien	537
	7.2.2	Finanzielle Überlegungen	539
	7.2.3	Synergie-Effekte	540
	7.2.4	Checklist	542
	7.2.5	Steuerliche Optimierung	545
	7.2.6	Unternehmungsexposé	546
7.3	Neuere Formen bei Unternehmensübernahmen		549
7.4	Erfolgsvoraussetzungen: Konsequentes Management der Übernahme		551
8 Restrukturierung im Unternehmen			551
8.1	Wandel der Schwerpunktaufgaben und Herausforderungen		551
	8.1.1	Unternehmensführung in den 90er Jahren	551
	8.1.2	Unternehmensführung in reifen Volkswirtschaften	553
8.2	Übertragung der Stärken des Mittelstandes auf größere Unternehmen		555
	8.2.1	Tragende Idee	556
	8.2.2	Unternehmer-Persönlichkeit	556
	8.2.3	Unternehmensgröße	557
	8.2.4	Flexibilität	557
	8.2.5	Struktur	558
	8.2.6	Firmenkultur	558
	8.2.7	Inhaberfamilie als Träger unternehmerischen Risikos	558
	8.2.8	Fazit	560
8.3	Neue Formen der Kostenrechnung		560
	8.3.1	Target Costing	561
	8.3.2	Prozesskostenrechnung	564
	8.3.3	Lebenszyklus-Kostenrechnung	565
	8.3.4	Wertschöpfungsketten-Analyse	567
8.4	Kostenmanagement zur Strukturveränderung		567
	8.4.1	Benchmarking	568
	8.4.2	Prozessmanagement	571
		8.4.2.1 Ansatzpunkte	571
		8.4.2.2 Vorgehensweise	573
		8.4.2.3 Ergebnisse	573
	8.4.3	Lean Management	574
		8.4.3.1 Total Quality Management	574
		8.4.3.2 Lean Production	575

		8.4.3.3 Kaizen	576
	8.4.4	Reengineering	577
8.5	Reengineering der Organisation		578
	8.5.1	Organisationsstrukturen der Zukunft	580
	8.5.2	Auflösung der Zentralbereiche	583
	8.5.3	Profit-Center	584
	8.5.4	Gestaltung von Geschäftsprozessen	586
	8.5.5	Kundenorientierung	587
	8.5.6	Teams statt Hierarchien	589
	8.5.7	Fazit der Untersuchung	590
9	Wertorientiertes Controlling		593
	9.1	Entwicklungsprozesse der Unternehmensführung	593
		9.1.1 Marktposition und Reengineering	593
		9.1.2 Shareholder Value als Beschleuniger	594
		9.1.3 Wertorientiertes Controlling zur internen Umsetzung	596
	9.2	Methodische Ansätze der Shareholder-Value-Konzeption	597
		9.2.1 Modell von Rappaport	597
		9.2.2 Ansatz von Copeland et al.	598
		9.2.3 Modell der Boston Consulting Group	599
	9.3	Wertorientiertes Controlling zur Umsetzung der Shareholder-Value-Gedanken	602
		9.3.1 Betriebsergebnisse	602
		9.3.2 Kapitalrenditen	603
		9.3.3 Langzeitanalysen von Produkten/Sortimenten/Geschäftseinheiten	605
		9.3.4 Bewertung von Geschäftseinheiten	609
		9.3.5 Cash Flow-Return-on-Investment und Investitionsentscheidungen	611
		9.3.6 Steuerung von Geschäftseinheiten im dezentralen Unternehmensverbund	612
	9.4	Ausgangsfragen der Kennzahlenbasis	619
		9.4.1 Return-on-Investment (ROI)	619
		9.4.2 Cash Flow-Return-on-Investment (CFROI)	620
		9.4.3 Return-on-Capital-Employed (ROCE)	620
		9.4.4 Return-on-Net-Assets (RONA)	622
		9.4.5 Economic-Value-Added (EVA)	625
		9.4.6 Kapitalmärkte und Rechnungslegungsstandards als Einflussfaktoren	626
	9.5	Umsetzung des wertorientierten Controlling	630
		9.5.1 Grundschema der Berichtsstruktur	630
		9.5.2 Festlegen der Berichtsstruktur	632
		9.5.3 Zuordnung von Bilanzpositionen	633
		9.5.4 Kapitalausstattung und zentrale Finanzierung	634
		9.5.5 Konsolidierung auf Unternehmensebene	635
		9.5.6 Zielvorgaben	636
	9.6	Start ins wertorientierte Controlling	636
	9.7	Shareholder Value und wertorientiertes Controlling	637
	9.8	Ausblick	638
10	Erarbeitung von Unternehmensstrategien		641
	10.1	Methoden und Techniken	641
	10.2	Moderation und Sitzungsstruktur	641
		10.2.1 Zielsetzung	641
		10.2.2 Struktur des Wissens des Managements	643
		10.2.3 Fokussierung der Gedanken	644
	10.3	Erarbeitung der Unternehmensstrategie	647
		10.3.1 Vorbereitungen	647
		10.3.2 Segmentierung der Problemlage	648
		10.3.3 Sitzungsanzahl	650
		10.3.4 Moderationsleitfaden	651
		10.3.5 Strategien der strategischen Geschäftseinheiten	666

		10.3.6	Strategien des Unternehmens	667

		10.3.6	Strategien des Unternehmens	667
		10.3.7	Strategien im Unternehmensverbund	669
		10.3.8	Verzahnung mit dem Budget	671
	10.4	Plan-Ist-Vergleich		672
		10.4.1	Budgetkontrolle	672
		10.4.2	Qualitative Informationen	672
	10.5	Jährlicher Check-up		673
		10.5.1	Schwerpunktthemen	673
		10.5.2	Moderationsleitfaden	673
	10.6	Strategiefortschreibung und Fokussierung		675
	10.7	Strategieumsetzung mit der Balanced Scorecard		676

Literaturverzeichnis 685

Stichwortverzeichnis 695

Kapitel 1: Controlling – etwas Neues in der Unternehmung

1 Was ist Controlling?

Controlling bedeutet weder Revision noch Kontrolle. Der Aufgabenbereich des Controlling geht weit darüber hinaus: Controlling ist ein *modernes Konzept der Unternehmenssteuerung*, das die Funktionen

❏ Planung
❏ Information
❏ Analyse / Kontrolle und
❏ Steuerung

einschließt.

Controlling ist abgeleitet vom englischen „to control", was soviel heißt, wie regeln, beherrschen, steuern, nicht also kontrollieren. Der Controller sorgt mit seinen Zahleninformationen und Aktivitäten dafür, dass die Unternehmung auf Kurs gehalten werden kann.

Eine Steuerung ist nur dort möglich, wo es ein Ziel gibt. Unabhängig von allen Zieldiskussionen der Vergangenheit besteht Einigkeit darüber, dass das übergeordnete strategische Ziel einer Unternehmung in der langfristigen Existenzsicherung liegt. Diese Existenzsicherung kann eine Unternehmung langfristig nur erreichen, wenn sie in der Lage ist, brennende Probleme einer konkreten Zielgruppe nachhaltig besser zu lösen als die Konkurrenz, wie es von *Wolfgang Mewes* in seiner Energo-Kybernetischen Managementlehre (EKS) aufgezeigt worden ist. Die langfristige Existenzsicherung bildet damit das strategische Ziel einer jeden Unternehmung:

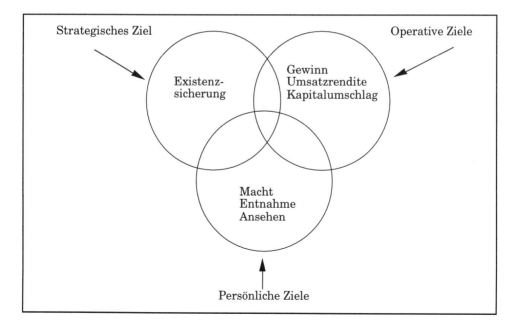

Eingebettet in diese langfristige Unternehmenszielsetzung erfolgt die operative und mittelfristige Steuerung auf ein Zielbündel hin. Dabei ist das Gewinnziel nur ein mögliches Unternehmensziel. Die operativen Ziele sind in der Regel betriebswirtschaftlich orientierte Zielgrößen, die in ein mehrdimensionales Zielsystem integriert sind. Dieses Zielsystem umfasst zum Beispiel

- Umsatzrenditen,
- Kapitalumschlag,
- Marktanteilszielsetzungen,
- Produktivitätskennziffern.

Diese operativen, in die langfristige Zielsetzung integrierten Zielkriterien werden ebenso wie das Ziel der langfristigen Existenzsicherung von persönlichen Zielgrößen der in der Unternehmung arbeitenden Menschen überlappt. Dieses Zielbündel von strategischen Zielen, persönlichen Zielen und operativen Zielen stellt das Gesamtunternehmensziel dar.

Controlling hat die Aufgabe sicherzustellen, dass die Unternehmenssteuerung so erfolgt, dass diese Zielgrößen erreicht werden. Im operativen Bereich bedeutet dies das Ansteuern betriebswirtschaftlicher Zielgrößen, wobei der Gewinn oftmals noch der dominierende Faktor ist. In diesem Sinne bedeutet operatives Controlling Gewinnsteuerung. Hingegen heißt strategisches Controlling (wie *Mann* es formuliert) systematisch zukünftige Chancen und Risiken erkennen und beachten, um hierdurch Problemlösungen der Zielgruppe zu offerieren, die zur langfristigen Existenzsicherung der Unternehmung beitragen (Mann, Rudolf: Praxis strategisches Controlling mit Checklists und Arbeitsformularen, München 1979, S. 29).

Controlling ist aber mehr als diese an operativen und strategischen Kriterien ausgerichtete Steuerungsfunktion: Controlling bedeutet Bereitschaft und Wille, eine Unternehmung zielorientiert zu steuern und eine Einheit im Unternehmen zu akzeptieren, in deren Kompetenz und Verantwortung die Sicherstellung dieser Funktion fällt. Es handelt sich damit um eine „Führungsphilosophie", bei der ein transparentes, auf die Steuerungsbelange der Unternehmung aufgebautes System genereller Regelungen anstelle des fallweisen Improvisierens tritt, das für den Einzelnen im Unternehmen transparent und praktikabel ist und aktiv genutzt wird.

Controlling ist damit wie folgt zu umschreiben:
- Controlling ist ein modernes Konzept der Unternehmenssteuerung.
- Controlling hat die Aufgabe, die Unternehmung auf dem Kurs zu halten, der zur Zielerreichung führt.
- Aus der Mischung von Planungs- und Kontrollaufgaben wird eine entscheidungsorientierte Unternehmenssteuerung möglich.
- Der Controller als Steuermann oder Lotse trägt die Verantwortung für den Aufbau eines funktionsfähigen Steuerungsinstruments.
- Controlling vermeidet die unkoordinierte bereichsweise Steuerung durch Koordination funktionaler Interessenlagen.

2 Controlling im Wandel

Das Controlling als situations- und engpassbezogenes Steuerungsinstrumentarium hat im Zeitablauf einen klar abgrenzbaren Wandel durchgemacht. Während zunächst primär Kontrollaktivitäten im Vordergrund standen, hat sich in vielen Unternehmen heute das Controlling als Führungsfunktion durchgesetzt. Dabei waren insbesondere die Großunternehmen die Vorreiter der Entwicklung. Wesentlich beeinflusst wurde die Entwicklung des Controlling von externen Strukturveränderungen, die sensiblere Steuerungsinstrumentarien notwendig machten. Vor diesem Hintergrund lassen sich drei Controlling-Generationen unterscheiden (vgl. auch Zünd, André: Vom Buchhalter zum Controller. In: Der Schweizer Treuhänder, 51. Jg. 1977, S. 4 ff.):

	1950 – Anfang 1960	1960 – Anfang 1970	Anfang 1970 – heute
Orientierung der Hersteller	Produktion	Verbraucher	Handel
Wachstum der Märkte	Hoch, Nachfrage kaum zu befriedigen	Hoch, aber mit partiellen Sättigungstendenzen	Wachstum nur in Teilsegmenten
Institutioneller Rahmen	Weit	Enger	Zunehmende Restriktionen
Dominierender Marktfaktor	Hersteller	Verbraucher	Handel
Marketing-Orientierung	–	Konsumenten-Marketing	Handels-Marketing
Controlling-Instrumentarium	Plankostenrechnung Abweichungsanalysen Budgetierung	Produkterfolgsrechnung Profit-Center-Rechnung Strukturabweichungen Extrapolationen	Kundendeckungsbeitragsrechnung strategisches Controlling Portfolio-Analysen Strategien-Strukturierung

- **Erste Generation**

Die erste Controlling-Generation ist in der Bundesrepublik den 50er und ersten 60er Jahren zuzuordnen. Seinerzeit war der Hersteller eindeutig König und dominierte im Markt weitgehend das Geschehen. Er hatte nur ein Problem: die Ware schnellstens herzustellen. Die Denkrichtung war somit produktionsorientiert; der Engpass war die Produktion. Der Handel hatte sich seinerzeit noch nicht etabliert – Machtzusammenballungen auf der Abnehmerseite waren selten. Entsprechend der Situation lag der Schwerpunkt des seinerzeitigen Controllinginstrumentariums – gemäß seiner Funktion, die Engpasssektoren des Unternehmens optimal zu steuern – darauf, produktionsorientierte Steuerungsinstrumentarien bereitzustellen, die in der Lage waren, den Kostenbereich transparent und steuerbar zu machen. Die Hauptinstrumente waren erste Ansätze einer Kostenplanung – anfangs noch auf Vollkostenbasis – die später verfeinert wurden um Plankostenrechnungsverfahren auf

Grenzkostenbasis, mit denen Verbrauchsabweichungen, Preisabweichungen und sonstige produktions- sowie strukturabhängige Abweichungsanalysen durchgeführt werden konnten. Erste Ansätze einer Budgetierung und Budgetsteuerung nach Verantwortungseinheiten ergänzten dieses Instrumentarium. Die Erlösseite wurde noch vernachlässigt.

Der Controller dieser Zeit war aus der Betriebsbuchhaltung hervorgegangen und mit den Instrumentarien des Kostenbereichs voll vertraut. Im Vordergrund stand der Soll-Ist-Vergleich als Überprüfung und Kontrolle. Zielsetzung war es, die strikte Einhaltung von Vorgabewerten zu kontrollieren und zu gewährleisten. Der Controller hatte eine eindeutige Registratorfunktion; das Controllinginstrumentarium wirkte „thermometrisch", indem es zwar aufzeigte, was passiert war, regelnde und steuernde Funktionen aber weitgehend außer Acht ließ.

- **Zweite Generation**

Anfang der 60er Jahre setzte in unseren Märkten eine stärkere Verbraucher-/Produktorientierung ein. Die Unternehmen konzentrierten ihre Kräfte auf die Etablierung einer Marktpolitik mit Markenführung, Markendurchsetzung und Imageprofilierung. Das Produkt stand zunehmend im Vordergrund, da die Vermarktung schwieriger wurde und der Verbraucher anspruchsvoller. Die Aktivitäten wurden unterstützt durch Marketingabteilungen, die in dieser Zeit sehr zahlreich eingerichtet wurden. Das Produktmanagement wurde zur informalen Kraft im Unternehmen: Die Kräfte wurden auf den Engpass Verbraucher orientiert, dem mit den Mitteln des klassischen Marketing-Instrumentariums Produkte verkauft wurden. Das Controlling-Instrumentarium dieser Zeit hatte als Mittelpunkt Produkterfolgsrechnungen, mit denen Produkt-, Produktgruppen-, Sortiments- und Markenstrukturen transparent gemacht wurden. Die Abweichungsanalyse zeigte, welche Aktivitäten erforderlich waren, um die Engpassfaktoren Produkt und Verbraucher optimal auszuschöpfen. Im Vertriebsbereich wurde profitcenter-orientiert gesteuert; das Berichtswesen wurde zunehmend entscheidungsorientiert genutzt.

Diese Entwicklungen waren für das Controlling der Übergang von der Registrator-Funktion zur Navigator-Funktion. Aus der Erkenntnis des Informationswertes des Soll-Ist-Vergleichs heraus lag der Schwerpunkt auf der Erarbeitung von Korrekturmaßnahmen, um die Steuerung auf die „Objectives" besser in den Griff zu bekommen. Die Sichtweise war nicht mehr ausschließlich feed-back-orientiert, sondern wandte sich zunehmend zukünftigen Ereignissen zu und fragte, welche Maßnahmen einzuleiten sind, um die zukünftige Steuerung zu ermöglichen. Das Controlling wirkte nun „thermostatisch".

- **Dritte Generation**

Anfang der 70er Jahre begannen sich die Märkte weiter und mit zunehmender Dynamik und Geschwindigkeit zu verändern: Die Märkte waren weitgehend gesättigt. Wachstum konnte nur noch der erreichen, der in der Lage war, marktsegmentiert Verbraucherwünsche zu befriedigen. Damit trat an die Stelle des früheren quantitativen Wachstums das segmentspezifische oder qualitative Wachstum. Begleitet wurde die Entwicklung von einer zunehmenden Verengung des Handlungsspielraums durch Gesetze und soziale Bestimmungen. Die Energiekrise Ende 1973 deckte Schwächen der Unternehmen auf, die sich gedanklich noch in den Zeiten des problemlosen Wachstums befanden. Auf der Abnehmerseite kam es gleichzeitig zu einem Konzentrationsprozess. Aus einem parallelen Wachstumszwang begannen die Abnehmer sich ebenfalls zu segmentieren: Der Produktsegmentierung der Hersteller folgte die Abnehmersegmentierung. Nach dem Verbraucher entstand damit für den Hersteller ein neuer Engpass: der Abnehmer als Engpasssektor dominierte vor den übrigen Engpasssektoren. Diesen letzten Wandel hat das Controlling-Instrumentarium bisher erst in Ansätzen mitgemacht. Erste Neuentwicklungen in diese Richtung sind die Kundendeckungsbeitragsrechnung als zielgruppenorientiertes Steuerungsinstrumentarium sowie die Arbeiten zur Entwicklung einer strategischen Planung, bei der der Controller die Federführung übernimmt.

3 Controlling-Funktionen

Der Anspruch des Controlling als modernes Konzept der Unternehmenssteuerung kann nur erfüllt werden, wenn die im nachfolgenden Controlling-Aktivitäten-Viereck dargestellten Funktionen mit Leben ausgefüllt werden:

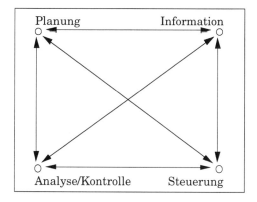

Nur aus der gleichzeitigen Erfüllung der Funktionen
- Planung,
- Information,
- Analyse/Kontrolle und
- Steuerung

kann das Controlling seinen Aufgaben gerecht werden. Diese Schwerpunktfunktionen sind über ein System von Regelkreisen mit permanenter Rückkoppelung in der Weise verzahnt, dass die mangelnde Berücksichtigung eines Funktionsbereiches zu erheblichen Störungen im gesamten Controllingsystem führt.

3.1 Planung

Steuerung ist nur möglich, wenn feststeht, welche Zielrichtung eingeschlagen werden soll, wenn also vorab ein Kurs fixiert worden ist. Eine solche Kursfestlegung erfolgt in Unternehmungen durch „Objectives", die allen Beteiligten angeben, welche Ziele angestrebt werden. Nur wenn die Ziele festgelegt sind, sind die einzelnen Entscheidungsträger im Unternehmen in der Lage, ihre Entscheidungen so zu treffen, dass diese Ziele erreicht werden.

Die alleinige Festlegung der Ziele reicht aber nicht aus. Damit Objectives für die Planung und Führung im Unternehmen brauchbar sind, müssen sie bestimmte Anforderungen erfüllen (Frese, Erich: Ziele als Führungsinstrumente. In: Zeitschrift für Organisation, 40. Jg. 1971, S. 277 ff.):

(1) Es muss sich um operationale Ziele handeln

Eine Unternehmenszielsetzung von 15% Return-on-Investment ist für den Leiter des Vertriebsbereichs keine operationale Zielgröße. Auch der Fertigungsleiter ist nicht in der Lage, seine Entscheidungen allein an diesem Ziel zu messen.

Operational sind Ziele immer dann, wenn der einzelne Entscheidungsträger in der Lage ist, an der Zielerreichung die Wirksamkeit seiner Entscheidungen zu prüfen und wenn er sich mit den Zielen identifizieren kann.

Der Controller hat dafür zu sorgen, dass für die einzelnen Bereiche im Unternehmen Ziele fixiert werden, die obige Bedingungen erfüllen. Dazu ist es erforderlich, dass ein übergeordnetes Unternehmensziel angegeben wird (z.B. Renditevorstellungen der Anteilseigner; erreichbares Ergebnis in der Branche) und dezentrale Ziele für die einzelnen Unternehmensbereiche aus dieser Zielsetzung abgeleitet werden.

(2) Vereinbarkeit der Einzelziele mit dem Unternehmensziel

Um die Kursfestlegung zu ermöglichen, müssen die dezentralen Ziele mit dem übergeordneten Unternehmensziel kompatibel sein. Dazu werden aus dem übergeordneten Unternehmensziel sukzessiv dezentrale Ziele abgeleitet, die in einem Zweck-Mittel-Zusammenhang zum übergeordneten Ziel stehen. Diese Ziele müssen gewährleisten, dass die Erreichung des übergeordneten Unternehmensziels durch dezentrale Zielerreichung der einzelnen Einheiten möglich wird. Der Controller muss dafür Sorge tragen, dass bei dieser Zielableitung eine Übereinstimmung zwischen Verantwortung des Entscheidungsträgers, seinen Kompetenzen und Zuständigkeiten sowie dem ihm vorgegebenen Ziel entsteht. Nur durch die Übereinstimmung der Komponenten Verantwortung, Kompetenz, Ziel ist garantiert, dass das übergeordnete Unternehmensziel erreicht wird. Durch diesen Ableitungsprozess entsteht eine Zielhierachie.

(3) Realistische Zielvorgaben, die den Entscheidungsträger anspornen

Der einzelne Entscheidungsträger hat die Verantwortung für die Zielerreichung zu tragen. Deshalb ist es erforderlich, dass bei der Zielfixierung eine Größe festgelegt wird, die

❑ erreichbar ist und
❑ den Entscheidungsträger in seinen Aktivitäten anspornt.

Sind die Zielvorgaben nicht realistisch, so führt dies zur Frustration, da niemand bereit ist, über einen längeren Zeitraum hinter nicht erreichbaren Zielen herzulaufen. Hier tritt für den Controller in der Regel ein Zielkonflikt zwischen den Vorstellungen der Unternehmensleitung und den dezentralen Möglichkeiten auf. Er hat hier die Ausgleichsfunktion zwischen zentralen Notwendigkeiten und dezentralen Machbarkeiten zu garantieren. Dies lässt sich leichter erreichen, wenn die nachfolgende Bedingung beachtet wird:

(4) Partizipative Zielformulierung

Die partizipative Zielformulierung erhöht nicht nur die Motivation der einzelnen Einheiten, sondern schafft sehr früh Klarheit darüber, ob bestimmte zentrale Ziele machbar sind. Durch eine partizipative Zielformulierung unter Beteiligung des Controllers als Moderator lässt sich der gesamte Zielbildungsprozess reibungsloser, mit weniger Ärger, motivationsfördernder und für das Gesamtunternehmen effizienter gestalten. Kann der Controller diese Anforderungen an die Objectives bei der Zielbildung einhalten, so ist ein wesentlicher Schritt für die Planung und Steuerung des Unternehmens getan. Die Durchsetzung des Management by Objectives ist dann nur noch eine Frage der Zeit.

3.2 Information

Damit die Kurseinhaltung möglich ist, muss die Planung als Soll um das vergleichbare Ist ergänzt werden. Nur aus dem Vergleich von Plan und Ist wird die Steuerung auf die Objectives hin ermöglicht; nur so lassen sich Kurskorrekturen vornehmen.

Das Informationssystem ist das Kernstück eines jeden Controllingsystems. Es signalisiert die tatsächliche Entwicklung und zeigt auf, welche Abweichungen in der Realität gegenüber der Planung entstanden sind. Aus diesem Feedback erhalten die Entscheidungsträger die Impulse, die sie zur Steuerung auf die Objectives hin benötigen. Damit diese Ziele erreicht werden können, hat der Controller dafür zu sorgen, dass dem Entscheidungsträger zur Einleitung von Maßnahmen die für die Steuerung erforderlichen Informationen

❑ rechtzeitig
❑ in der notwendigen Verdichtung und
❑ problemadäquat

zur Verfügung gestellt werden.

Den Aufbau eines funktionsfähigen Informationssystems muss der Controller zusammen mit dem Finanz- und Rechnungswesen vornehmen. Das Finanz- und Rechnungswesen bietet die Basis, auf der der Controller aufbaut.

Bei der Konzipierung des Informationssystems definiert der Controller zusammen mit den Funktionsbereichen die Anforderungen, die an das System zu stellen sind. Dabei gelten folgende Grundsätze:

(1) Dem einzelnen Entscheidungsträger sind nur solche Informationen zu liefern, die er auch beeinflussen kann

Parallel zu der Forderung nach operationalen Zielgrößen sind dem einzelnen Entscheidungsträger operationale Informationen bereitzustellen.

(2) Die Informationen müssen entscheidungs- und problemorientiert aufbereitet sein

Gerade bei der Einführung der EDV ist in vielen Unternehmen der Grundsatz einer entscheidungs- und problemorientierten Aufbereitung von Informationen sehr vernachlässigt worden. Jeder kennt die meterdicken EDV-Ausdrucke, die den einzelnen Verantwortungsträger nicht informieren, sondern verwirren. Die Folge war oft, dass dieses Papier in der Schublade verschwand oder in den Abfall wanderte. Zahlenfriedhöfe sind also unbedingt zu vermeiden, um zu erreichen, dass die gelieferten Informationen auch tatsächlich für die aktive Steuerung verwendet werden.

Ein wesentliches Kriterium ist auch die Art der Aufbereitung der Informationen. Hierbei kommt es nicht auf hohe kreative „Schöpfungen" an, sondern darauf, dass die Informationen so aufbereitet sind, dass der Entscheidungsträger schnell das Wesentliche findet.

(3) Jeder Entscheidungsträger muss Informationen zu den Bereichen bekommen, für die seine Objectives formuliert sind

Den einzelnen Einheiten im Unternehmen sind nur die Informationen zu liefern, die sie auch tatsächlich benötigen. Allzu viele Informationen führen nicht zu besseren Entscheidungen, sondern versperren den Blick für das Wesentliche und bringen Verzettelung mit sich. Hier muss der Controller darüber walten, dass der für die Steuerung notwendige Informationsbedarf durch ausreichende Informationen gedeckt wird.

Die Informationsfunktion des Controllers erstreckt sich damit auf den Aufbau eines Management-Informations-Systems, das

- ❏ das Ziel- und Planungssystem um das entsprechende Informationssystem ergänzt,
- ❏ den Verantwortungseinheiten konform konzipiert ist,
- ❏ garantiert, dass die Informationen rechtzeitig beim richtigen Empfänger in der notwendigen Verdichtung vorhanden sind.

3.3 Analyse/Kontrolle

Die Kontroll-Tätigkeit im Rahmen des Controlling bezieht folgende Bereiche ein:

(1) Verfahrensorientierte Kontrollen

Verfahrensorientierte Kontrollen beschränken sich auf die Kontrolle der Aktivitäten von Unternehmenseinheiten bei der Planerstellung, Informationsermittlung und Gegensteuerung. Der Controller muss überwachen, dass diese Tätigkeiten nach den von ihm vorgegebenen Richtlinien ablaufen. Werden bei der Erstellung einer Jahresplanung bestimmte Planungsrichtlinien nicht beachtet, gehen dadurch die Plausibilität und Integrierbarkeit der Planung der Teilbereiche verloren. Fehler in diesem Stadium wirken sich spätestens beim Soll-Ist-Vergleich und den Möglichkeiten zur Gegensteuerung in erheblichem Maße aus. Sie führen dazu, dass ein wirksames Gegensteuern kaum möglich ist.

(2) Ergebnisorientierte Kontrollen

Ergebnisorientierte Kontrollen beinhalten den Vergleich von Plan und Ist des Jahres, des Monats oder sonstiger Zeiträume. Abweichungen der Eckwerte aller wesentlichen Bereiche wie Absatz, Technik, Beschaffung, Umsatzstruktur, Kostenstellen, Budgets, Investitionsetats etc. werden kontrolliert. Diese Kontrolltätigkeiten bilden den Einstieg für die aktive Gegensteuerung im Rahmen des Controlling, reichen aber allein nicht aus, um die Gegensteuerung zu garantieren.

Die Kontrolltätigkeiten sind zu ergänzen um eine intensive Analyse. Controlling ist – wie bereits ausgeführt – nicht Kontrolle. Leider ist es in vielen Unternehmen noch so, dass Controlling mit Kontrolle gleichgesetzt wird. Der Sinn der Kontrolltätigkeiten im Rahmen des Controlling ist allein darauf gerichtet, den Informationswert von Kontrollen als Soll-Ist-Vergleich für eine zukunftsorientierte Steuerung zu nutzen. Während die Kontrolle immer feed-back-orientiert ist, ermöglicht erst die darauf aufbauende Analyse den Übergang zu einem feed-forward-orientierten Steuern. Hier liegt der wesentliche Unterschied zwischen „kontrollorientierten" Controllern, die Abweichungen als Schuldbeweise betrachten und dem „steuernden" Controller, der die Kontrollinformationen als Einstieg für tiefergehende Analysen und Gegensteuerungen verwendet.

Die Analysephase hat folgende Schwerpunkte:

(1) Ursachenanalyse der Abweichungen

Für die Steuerung ist nicht so sehr entscheidend, dass Abweichungen entstanden sind, sondern welche Ursachen diese Abweichungen hervorgerufen haben. Aufgabe des Controllers ist es, ein effizientes Analyseinstrumentarium bereitzustellen, um gemeinsam mit den betroffenen Bereichen die Abweichungen zu untersuchen.

(2) Lösungen zur Vermeidung der Abweichungen suchen

Nachdem die Abweichungsursachen festgestellt sind, ist es Aufgabe des Controllers dafür zu sorgen, dass Maßnahmen eingeleitet werden, damit diese Abweichungen künftig nicht mehr auftreten. Dieser Prozess zur Einleitung von Maßnahmen sollte ohne Einschaltung der obersten Geschäftsleitung verlaufen, solange die Abweichungen sich innerhalb bestimmter Toleranzlimits bewegen. Diese Toleranzlimits sind so festzulegen, dass sie zwar eine Abweichung vom Kurs signalisieren, nicht aber so gravierend sind, dass dadurch das übergeordnete Ziel ernsthaft gefährdet ist. Nur im letzteren Fall wäre die Einschaltung der Geschäftsleitung sinnvoll, um Maßnahmen zu beschließen, die den Kompetenzbereich der einzelnen Ressorts überschreiten.

(3) Auswirkungen der Maßnahmen beobachten

Sind die Maßnahmen eingeleitet und umgesetzt, so liegt die wesentliche Aufgabe darin zu prüfen, ob diese Maßnahmen gegriffen haben. Auch hier ist wieder ein ständiger Kontroll- und Analysevorgang erforderlich, um den Erfolg der Maßnahmen feststellen zu können.

3.4 Steuerung

Der Regelkreis des Controlling-Aktivitäten-Vierecks (vgl. Kap. 1, 3.) wird über die

- Planung,
- Information,
- Analyse und Kontrolle mit der
- Steuerung als Antwort auf das Feed-back

geschlossen.

Während alle vorgelagerten Funktionen die Aufgabe haben, die Kursfixierung festzulegen, ihre Einhaltung zu signalisieren und Abweichungen aufzuzeigen, ist die Steuerung die zukunftsgerichtete regulierende Funktion, mit der die Unternehmung wieder auf Kurs gebracht wird.

4 Besonderheiten des Controlling

Das Besondere des modernen Controlling ist nicht die Tatsache, dass die Funktionen Planung, Information, Analyse/Kontrolle und Steuerung in sich integriert in der Unternehmung ablaufen, um die Kurseinhaltung zu garantieren, sondern die Art, wie diese Funktionen in der täglichen Praxis eingesetzt werden. Es ist die Art, wie der Controller seinen Instrumentenkasten problemadäquat benutzt, wie er die Unternehmensziele ansteuert und wie er durch permanente Ergebnissteuerung den Jahreskurs anvisiert und erreicht. Für diese Art des Tätigwerdens als nach vorne strebender Innovator, der manchmal für die Einheiten im Unternehmen unbequem ist, wenn es daran geht, die Ziele zu verfolgen, wird eine ganz bestimmte Mentalität des Agierens verlangt (Mann, Rudolf: Praxis strategisches Controlling, a.a.O., S. 14 ff.).

4.1 Der Controller arbeitet engpassorientiert

Ein erfolgreiches Controlling ist nicht dadurch gekennzeichnet, dass es routinemäßig bestimmte Funktionen bearbeitet, abhakt und ablegt. Zwar müssen bestimmte Routinefunktionen durch den Controller mit erledigt werden, jedoch erfordern diese Arbeiten bei entsprechender Einrichtung nicht die Haupttätigkeit des Controllers. Er muss sich vielmehr auf den jeweiligen Engpass der Unternehmung konzentrieren: er muss Prioritäten setzen, um das Problem zu lösen, das die Unternehmung im Moment am meisten belastet und daran hindert, die vorgegebenen Ziele zu erreichen. Diese Konzentration auf das jeweils brennendste Problem zeichnet das moderne Controlling aus.

Um diese Anforderungen zu erfüllen, muss der Controller

- flexibel dort eingreifen, wo Probleme bestehen,
- problemadäquat und situationsbezogen die richtigen Maßnahmen nach der Analyse erarbeiten und vorschlagen,
- diese Maßnahmen rechtzeitig mit den verantwortlichen Einheiten in die Tat umsetzen.

Der Controller sollte deshalb bewusst die Arbeit in der Breite, die die Gefahr der Verzettelung in sich birgt, vermeiden und anstelle dessen das Tätigwerden am Engpass bevorzugen mit der Chance, durch Konzentration der Kräfte auf das brennendste Problem eine Lösung zu erreichen.

Diese Art des Tätigwerdens verlangt hohen persönlichen Einsatz, große Flexibilität und hohe Eigenmotivation, um die teilweise auch unpopulären Maßnahmen durchzuführen. In vielen Situationen ist der Controller der einzige, der diesen Prozess vorantreibt und zum Erfolg führen kann.

4.2 Der Controller arbeitet zukunftsorientiert

Das Finanz- und Rechnungswesen zeigt auf, welche Aufwendungen und Erträge in der Vergangenheit zu einer Veränderung von Aktiva und Passiva geführt haben. Es handelt sich um eine Rückschaurechnung, die nach bestimmten Vorschriften vergangene Tatbestände festhält. Im Gegensatz dazu ist Controlling zukunftsorientiert. Diese Veränderung des Blickfeldes hat sich im Zeitablauf erweitert:

(1) Der erste Schritt der Zukunftsausrichtung war der Aufbau der *Jahresplanung*, mit der die Objectives für die einzelnen Bereiche über Budgets für die kommende Periode fixiert werden. Die Jahresplanung besitzt einen großen Nachteil: Je weiter man im Jahr fortschreitet, um so kürzer wird der Zeitraum für eine zukunftsorientierte Steuerung, bis er zum Jahresende auf Null zusammenschmilzt. Dies hat zur Erweiterung der Jahresplanung geführt.

(2) Die *Mittelfristplanung* soll die Jahresplanung ergänzen und den bei der Jahresplanung enger werdenden Horizont erweitern. In der Regel stellt die Mittel-

fristplanung die Fortschreibung der Jahresplanung durch Extrapolation für einen Zeitraum von 3 bis 5 Jahren dar. Der Zeitraum für Gegensteuerungsmaßnahmen wird hierdurch erweitert, da die Jahresplanung in das System der Mittelfristplanung rollierend integriert ist.

(3) In vielen Unternehmen wird die Mittelfristplanung ergänzt um eine *Langfristplanung* als Fortschreibung und Extrapolation der Mittelfristplanung für einen Zeitraum von 5 bis 10 Jahren. Wenn auch hier der Gedanke die Erweiterung des Planungshorizontes war, so muss doch festgestellt werden, dass die Möglichkeiten der Gegensteuerung durch eine Langfristplanung nicht erweitert werden. Im Gegenteil: Die starre Fortschreibung von Ausgangsprämissen, die in die Jahresplanung und die Mittelfristplanung eingegangen sind, über einen Zeitraum von 5 bis 10 Jahren, führt immer zu unbefriedigenden Ergebnissen. Bei der sich permanent verändernden Umwelt bricht das langfristige Planungsgerüst in der Regel nach zwei Jahren zusammen, da sich die Prämissen grundlegend verändert haben. Aus diesem Grunde wurde in letzter Zeit verstärkt die strategische Planung entwickelt.

(4) Die strategische Planung geht bewusst von den Planungstechniken der Jahres-, Mittelfrist- und Langfristplanung ab und versucht, die dort auftretenden Mängel zu beseitigen. Sie ist keine Planung in Zahlen, sondern ist in der Regel als verbale Planung zu verstehen, die keine Begrenzung des Zeithorizontes kennt. Sie zeigt auf, wo die Existenzberechtigung der Unternehmung liegt, welche Strategien und Maßnahmen mittelfristig umgesetzt werden müssen, um das oberste Unternehmensziel zu erfüllen und leitbildkonform die Existenz zu sichern. Die strategische Planung überlagert dabei die Jahres- und Mittelfristplanung. Die Erreichung der Jahres- und Mittelfristplanung zeigt über die Rückkoppelung, wie weit man von den strategischen Zielen noch entfernt ist (Mann, Rudolf: Praxis strategisches Controlling, a.a.O., S. 18):

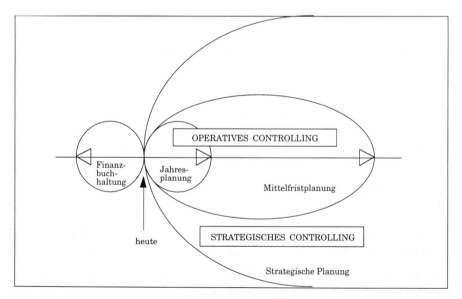

Aus dieser Zukunftsorientierung des Controlling ergeben sich folgende Tatbestände für die Behandlung des Zeitfaktors:

❏ Controlling orientiert sich an zukünftigen Abläufen und Ereignissen und versucht, im Rahmen der Steuerungsfunktion diese Zukunftsfaktoren in den Griff zu bekommen, um die Objectives zu erreichen.

❏ Die Vergangenheit wird vom Finanz- und Rechnungswesen systematisch aufgezeigt und interessiert das Controlling nur insoweit, als die Vergangenheit Steuerungsimpulse für die Zukunft liefert. Vergangene Ereignisse sind insofern als Kontrollinformationen der Einstieg bei der Erarbeitung von zukünftigen Steuerungsmaßnahmen.

4.3 Zukunftsorientierung und Feed-forward-Denken

Die Vergangenheit bildet den Informationsinput für zukünftige Steuerungsmaßnahmen. Um diese Informationen zu erhalten, wurde der Plan-Ist-Vergleich als feed-back-orientiertes Instrumentarium geschaffen. Er ermöglicht die Registrierung und intensive Analyse vergangener Ereignisse und damit den Ansatzpunkt für Gegensteuerungsmaßnahmen. Der Controller darf nicht bei der feed-back-orientierten Analyse verharren, da dies letztlich aus den Steuerungserfordernissen heraus ein Rückschritt bedeuten würde.

Das Feed-back erhält der Controller aus dem Vergleich zwischen Plan und Ist. Die Abweichungen, die in der Vergangenheit aufgetreten sind, ziehen sich aber immer dann als Abweichungen auf die Perioden-Objectives durch, wenn sie nur registriert und analysiert werden und nicht in Gegensteuerungsmaßnahmen umgesetzt werden. Das Feed-back muss somit zwangsläufig der Einstieg für notwendige vorwärts gerichtete Aktivitäten sein. Insofern ist das Feed-forward die logische Ergänzung der Zukunftsausrichtung durch Ergänzung der Jahres- und Monatspläne um eine Hochrechnung. Die Hochrechnung zeigt die als Antwort auf eingetretene interne und externe Veränderungen anvisierten Maßnahmen zur Zielerreichung auf. Der Schwerpunkt liegt damit nicht mehr auf der Vergangenheitsanalyse, sondern verwendet die Vergangenheit nur als Einstieg für das Nach-vorne-Agieren. Die Hochrechnung schließt das Zukunfts-Lag, das innerhalb der Zeitperiode entsteht, die durch eine Jahres- oder Mittelfristplanung vorfixiert ist. Durch die Hochrechnung entsteht damit ein rollierendes Feed-forward-System, das die Jahres- und Mittelfristplanung permanent an interne und externe Datenänderungen anpasst.

4.4 Das Arbeiten mit Standards

Eine der herausragendsten Besonderheiten des Controlling ist das Arbeiten mit Standards. Standards sind analytisch abgeleitete Kriterien für einzelne Aufgabenkomplexe der Unternehmung (Absatzmengen, Leistungseinheiten, Mengenvorgaben usw.). Bewertet mit Kosten- und Erlösgrößen im Rahmen der Jahresplanung setzen diese Standards (Planwerte) die operativen Messlatten, an denen die tatsächliche Entwicklung auszurichten ist. Der Aufbau eines Systems von Standards für die einzelnen Unternehmensaktivitäten ist damit Grundvoraussetzung für die operative Steuerung im Rahmen des Controlling.

5 Controller und Treasurer

Dem Treasurer obliegt das Finanzmanagement. Seine oberste Zielsetzung ist die Liquiditätssteuerung sowie die Steuerung von Aktiva und Passiva. Der wesentliche Unterschied liegt in der Denkweise: Während beim Treasurer als Finanzchef der Liquiditätsaspekt dominiert, obliegt dem Controller die Erfolgssteuerung in der Unternehmung. Bezogen auf den operativen Bereich besitzt der Controller die Verantwortung für das Betriebsergebnis und das Gesamtergebnis, während der Treasurer die Steuerung des neutralen Ergebnisses vornimmt.

Dem Treasurer obliegt die finanzwirtschaftliche Disposition mit folgenden wesentlichen Funktionen:

- ❏ Finanzbuchhaltung
- ❏ Steuern
- ❏ Kasse
- ❏ Vermögensverwaltung
- ❏ Inkasso
- ❏ Mahnwesen
- ❏ Geldanlage und Geldbeschaffung.

Aufgrund dieser Aufgabenbeschreibung ist der Treasurer stark vergangenheitsorientiert, sein Informationswesen genügt den Kriterien vollständig, termingerecht und vorschriftsmäßig. Letzterer Punkt ist insbesondere erforderlich, um vornehmlich den externen Bilanzierungsvorschriften für die Handels- und Steuerbilanz Rechnung zu tragen.

Controlling und Treasuring schließen sich nicht gegenseitig aus, sondern haben sich zu einem sinnvollen Team aus Machtpromotor (Treasurer) und Fachpromotor (Controller) zu ergänzen.

6 Stellenbeschreibung und Anforderungsprofil

Die Einführung und die spätere Tätigkeit des Controlling wird erheblich erleichtert, wenn von Anfang an eine detaillierte, widerspruchsfreie und aussagefähige Stellenbeschreibung für diese Funktion formuliert wird und diese auch von der Geschäftsleitung akzeptiert wird. Ein Muster für eine Stellen- und Aufgabenbeschreibung ist nachfolgend wiedergegeben:

1 Beschreibung der Position
(1) Bezeichnung der Stelle
(2) Stelleninhaber
(3) Rang des Stelleninhabers
(4) Vorgesetzte(r) des Stelleninhabers
(5) Stellenvertretung
(6) Unmittelbar unterstellte Mitarbeiter
(7) Befugnis des Stelleninhabers
(8) Zusammenarbeit mit anderen Stellen
(9) Mitarbeit in internen/externen Ausschüssen, Gremien, Arbeitskreisen

2 Zielsetzung der Stelle
(1) Wahrnehmung aller mit der Controlling-Funktion verbundenen Aufgaben im Unternehmen
(2) Verantwortlich für den Aufbau eines Controlling-Systems, das die Funktionen Planung, Information, Analyse/Kontrolle und Gegensteuerung integriert anwendet
(3) Institutionalisierung eines Systems von Objectives, das allen verantwortlichen Einheiten im Unternehmen die Selbststeuerung ermöglicht
(4) Verantwortung darüber, dass bei Abweichungen die erforderlichen Gegensteuerungsmaßnahmen eingeleitet werden
(5) Rechtzeitiges Erkennen von langfristigen Trends, die die zukünftige Entwicklung der Unternehmung gefährden können, ohne dass sie sich heute schon in Ergebnissen niederschlagen
(6) Gewährleisten, dass ein System der operativen und strategischen Planung existiert und danach koordiniert vorgegangen wird
(7) Aufbau eines Informationssystems, das zeitnah die Entwicklung aufzeigt und Ansatzpunkte für Gegensteuerungsmaßnahmen liefert
(8) Beurteilung von Entscheidungsvorlagen nach einheitlichen betriebswirtschaftlichen Kriterien
(9) Initiierung von organisatorischen Strukturveränderungsmaßnahmen, wenn dies für die zukünftige Entwicklung des Unternehmens erforderlich ist
(10) Aufzeigen der Auswirkungen langfristiger Trends und Entscheidungen für die Existenzsicherung des Unternehmens
(11) Koordination und Steuerung funktionaler Eigeninteressen auf das Unternehmungsziel

3 Informationsaufgaben
(1) Informationsrechte: Der Stelleninhaber hat das Recht, alle zur Wahrnehmung seiner Funktion erforderlichen Informationen und Unterlagen anzufordern, erstellen zu lassen und einzusehen. Dazu gehören auch Darstellungen über Unternehmenskonzeptionen, mittelfristige Unternehmensperspektiven und sonstige vertrauliche Unterlagen. Diese Informationsrechte kann der Stelleninhaber gegenüber jeder anderen Stelle im Unternehmen geltend machen.

(2) Informationspflichten: Der Stelleninhaber hat die Pflicht, im Rahmen einer laufenden Berichterstattung der Geschäftsleitung und allen übrigen Einheiten im Unternehmen die für deren Steuerung erforderlichen Informationen zu liefern. Darüber hinaus ist die Geschäftsleitung in regelmäßigen Abständen über Konsequenzen von bestimmten Entwicklungen zu informieren, soweit diese nicht aus dem normalen Zahlenwerk hervorgehen. Bei gravierenden und sich laufend wiederholenden Abweichungen vom Plan ist die Geschäftsleitung zu informieren und einzuschalten.

4 Entscheidungsaufgaben

Der Stelleninhaber hat Entscheidungsrechte in folgenden Punkten:
(1) Umfang seiner Informationsnachfrage
(2) Situationsbezogene Schwerpunktsetzung für Analysen und Informationen
(3) Festlegung von Toleranzwerten, um gravierende und nicht gravierende Abweichungen transparent zu machen
(4) Art und Umfang der Berichterstattung
(5) Initiativfunktionen bei Abweichungen und Einleitung von Gegensteuerungsmaßnahmen.

Der Stelleninhaber hat Mitentscheidungsrechte in folgenden Bereichen:
(1) Aufbau und Ausgestaltung des Rechnungswesens (zusammen mit dem Treasurer)
(2) Einsatz der EDV für das Informationssystem (zusammen mit dem EDV-Leiter)
(3) Festlegung der Hierarchiestufen und Abrechnungseinheiten beim Aufbau des Informationssystems
(4) Einsatz von Steuerungsinstrumenten zusammen mit den betroffenen Fachbereichen
(5) Einsatz von betriebswirtschaftlichen Analyse- und Wirtschaftlichkeitsinstrumenten wie Break-Even, Cash Flow, Fixkostenzurechnung etc.

5 Ausführungsaufgaben

Planungsaufgaben
(1) Aufbau eines Planungssystems
 – Erarbeitung von Planungsrichtlinien und Planungsprämissen
 – Fixierung der Teilpläne der einzelnen Bereiche
 – Aufbau eines hierarchisch strukturierten Systems von Objectives
 – Abstimmung der dezentralen Teilpläne mit den übergeordneten Objectives
 – Aktualisierung und Anpassung dieses Systems an interne und externe Erfordernisse
(2) Koordination der Planungsarbeiten
 – Erarbeitung von zeitbezogenen Planungsrichtlinien
 – Festlegung eines Terminplans für die Planungsaktivitäten und Überwachung der Termineinhaltung

- Durchführung von Zwischenchecks im Rahmen der Planungsphase
- Hilfestellung bei den Planungsarbeiten
- Abstimmung der dezentralen Teilpläne
- Zusammenführung der dezentralen Teilpläne zum Unternehmensgesamtplan

Informationsaufgaben
(1) Aufbau eines Informationssystems zusammen mit dem Finanz- und Rechnungswesen
   - Schaffung verantwortungsgerechter Informations- und Kontrolleinheiten
   - Entscheidungs- und problemorientierte Aufbereitung der Informationen
   - Zielorientierte Informationslieferung
   - Ausnutzung der Möglichkeiten der EDV
   - Ständige Anpassung des Systems an interne und externe Erfordernisse
(2) Permanente Berichterstattung
   - an alle Verantwortlichen über ihre Abweichungen sowie Ansatzpunkte für Gegensteuerungsmaßnahmen
   - Information der Geschäftsleitung über gravierende Abweichungen und Vorschlag für Maßnahmen
   - Situationsbezogene Berichterstattung gegenüber der Geschäftsleitung zur Aufzeichnung von Perspektiven, die über den normalen Informationsfluss hinausgehen

Analyse-/Kontrollaufgaben
(1) Aufbau eines Kontrollsystems
   - Festlegung von Toleranzwerten für Abweichungen
   - Aufbau von Abrechnungskreisen, die Abweichungsanalysen ermöglichen
   - Bereitstellung von Verfahren zur Abweichungsanalyse
   - Aufbau von Verfahren zur Erkennung der Auswirkungen von Abweichungen
(2) Durchführung der laufenden Kontroll-Aufgaben
   - Verfahrensorientierte Kontrollen (Überprüfung der Aktivitäten der Unternehmenseinheiten bei der Planerstellung, Informationsermittlung und Gegensteuerung nach vorher festgelegten Richtlinien; Überprüfung von Investitionen und sonstigen Anträgen der dezentralen Einheiten auf formale Richtigkeit)
   - Erfolgskontrolle (Durchführung des laufenden Soll-Ist-Vergleiches, der wöchentlich, monatlich, jährlich durchzuführen ist; intensive Kontrolle des Ist bei den Schwerpunktbereichen Absatz, Technik, Beschaffung, Umsatzstruktur, Kostenstellen, Budgets etc.)
   - Trendkontrolle (Kontrolle aller internen und externen langfristigen Strukturveränderungen, die derzeitige Strategien infrage stellen oder die Existenzsicherung gefährden können)

(3) Durchführung der Analyseaufgaben
- Ursachenanalyse bei Abweichungen
- Lösungen zur Vermeidung der Abweichungen suchen
- Auswirkungen der eingeleiteten Maßnahmen beobachten

Steuerungsaufgaben
(1) Schaffung eines Systems von Objectives und Exceptions, das die Selbststeuerung der Funktionsbereiche ermöglicht
(2) Bereitstellung eines Instrumentenkastens, der gezielt bei Steuerungsnotwendigkeiten auch von den dezentralen Einheiten eingesetzt werden kann
(3) Mitwirkung bei Gegensteuerungsmaßnahmen
- Entscheidung über die Zuständigkeit zur Einleitung der Maßnahmen
- Auswahl der Steuerungsverfahren und gemeinsamer Einsatz mit den Betroffenen
- Kontrolle der Auswirkungen der eingeleiteten Maßnahmen
- Einschaltung der Geschäftsleitung und Erarbeitung längerfristiger Korrekturkonzepte

6 Sonderaufgaben

Der Stelleninhaber hat bei folgenden Sonderaufgaben im Sinne seiner Controlling-Funktion nach den im Abschnitt 5 vorgegebenen Aufgabenkriterien mitzuwirken:
(1) An- und Zukauf von Unternehmungen
(2) Durchführung von Strukturveränderungsmaßnahmen
(3) Schließung, Integration oder Stilllegung von Unternehmensteilen oder selbstständigen Einheiten
(4) Zuständigkeit für den gesamten Prozess der Investitionsplanung und -kontrolle
(5) Durchführung von Konkurrenzanalysen (nur für den betriebswirtschaftlichen Teil)

7 Genehmigung

Die Stellenbeschreibung wurde diskutiert und den beiderseitigen Erfordernissen angepasst sowie für richtig befunden.

Vorgesetzter: Stelleninhaber:
A-Stadt, den ....

Eine so bedeutende, aber auch konfliktträchtige Funktion wie das Controlling stellt hohe Anforderungen an die Person des Stelleninhabers. Wenn auch bestimmte Funktionen im Unternehmen weitgehend personenunabhängig sind, so steht und fällt zumindest in der Einführungsphase die Controlling-Idee mit dem Stelleninhaber. Nachfolgende Checkliste gibt Anhaltspunkte dafür, welche fachlichen und persönlichen Voraussetzungen der Stelleninhaber erfüllen sollte:

- Der Controller sollte von analytischem Denkvermögen geprägt und vertraut mit der Interpretation von Zahlen sein.
- Eine betriebswirtschaftliche Ausbildung mit den Schwerpunkten Rechnungswesen, EDV, Organisation, Grundzüge des Marketing und der Fertigungswirtschaft bildet die ideale Voraussetzung zur Durchführung der Controlling-Aufgaben.
- Der Controller sollte ein hohes Einfühlungsvermögen für die jeweilige Situation besitzen und ein „Feeling" für betriebswirtschaftliche Zusammenhänge und das praktisch Realisierbare haben.
- Um der Innovationsfunktion des Controlling für neue Aufgaben gerecht zu werden, ist es ideal, wenn das analytische Denkvermögen um Kreativität und Aufgeschlossenheit für neue Dinge ergänzt wird.
- Der Controller hat objektiv und frei zu analysieren, kommentieren und Maßnahmen vorzuschlagen. Er sollte sich immer von dem Grundsatz leiten lassen, dass die Sache vorgeht. Persönliche Beziehungen und Emotionen sollten die Sachbezogenheit nicht unterdrücken.
- Der Controller muss Kommunikations- und Informationsverflechtungen frühzeitig erkennen, um diese informalen Tatbestände ausschalten zu können. Darüber hinaus ist es sinnvoll, dass er politische Interessens- und Machtkonstellationen im Unternehmen aufspürt, sie wahrnimmt und sachlich für seine Tätigkeiten nutzt.
- Der Controller muss Verkäufer für seine Sache sein und überzeugend wirken. Dazu gehört auch, dass er in der Lage ist, Problemlösungen zu präsentieren und andere für diese zu begeistern.
- Auch in kritischen Situationen und bei schwierigen Entscheidungen muss der Controller sachlich bleiben.
- Die Effizienz des Controlling wird erleichtert, wenn der Controller den Blick für das Wesentliche auch im Hinblick auf „engpassorientiertes Arbeiten" besitzt.
- Der Controller muss hohes Durchsetzungsvermögen besitzen, um seine Vorstellungen und Ziele realisieren zu können.
- Die Realisierung von Zielen und der Einsatz für die Sache wird erleichtert, wenn der Controller von hoher Motivation geprägt ist. Motivation hilft, die Widerstände zu überwinden und sachorientiert nach vorne zu schauen.
- Der Controller darf nicht mit dem „Kopf durch die Wand gehen", da eine gute Zusammenarbeit im Unternehmen erforderlich ist. Eine bestimmte Kompromissbereitschaft ist daher erforderlich. Diese Kompromissbereitschaft darf nur so weit gehen, wie sie den Controller nicht von der Zielerreichung abbringt.
- Der Controller sollte kooperationsbereit und offen für die Probleme anderer Bereiche sein. Nur so ist es möglich, von anderen Bereichen Kooperationsbereitschaft zu erwarten, die er benötigt, wenn er die Ziele erreichen möchte.
- Der Controller sollte nicht introvertiert sein. Er muss vielmehr aufgeschlossen sein für neue Dinge, kontaktfreudig und angenehm im Umgang. Diese Faktoren müssen ergänzt werden durch eine hohe Flexibilität und Dynamik.

- Der Controller darf anderen nicht das Gefühl vermitteln, dass sie überflüssig sind. Der Controller sollte vielmehr so arbeiten, dass andere den Eindruck gewinnen, als hätten sie es selbst gemacht. Nur dadurch erreicht er Unterstützung bei seiner Tätigkeit.
- Der Controller sollte nicht versuchen, Dinge anderer Fachbereiche besser machen zu wollen als diese. Er hat vielmehr Maßnahmen und Entscheidungen anderer Fachbereiche sachlich infrage zu stellen.
- Der Controller sollte beweisen, dass er in der Lage ist, begonnene Projekte zu Ende zu führen. Ein Controller, der mit allem anfängt und nichts zu Ende bringt, hinterlässt Durcheinander, irritiert andere und stellt die Funktion infrage.
- Der Controller sollte sich bemühen, grundsätzlich positiv und überzeugend zu argumentieren.

7 Ergebnis

Bei Wahrnehmung der Controlling-Funktion sollte zusammenfassend Folgendes berücksichtigt werden:

- Controlling ist eine ständig im Unternehmen einzurichtende Führungsfunktion.
- Controlling allein löst nicht die Probleme eines Unternehmens, die Probleme werden nur transparenter.
- Controlling ist ein funktionsübergreifendes Steuerungsinstrument zur Unterstützung der Unternehmungsführung im unternehmerischen Entscheidungsprozess.
- Controlling sorgt dafür, dass ein Instrumentarium zur Verfügung steht, das die Unternehmensziele zu erreichen hilft.
- Controlling weckt Aversionen bei den betroffenen Abteilungen.
- Die Erkenntnis, dass Controlling bei der Einführung auf Widerstände stoßen kann, ist die erste Voraussetzung für ein erfolgreiches Controlling.
- Controlling einzuführen erfordert hierarchische Macht.
- Controlling muss im Unternehmen wie ein besonders schwieriges Produkt verkauft werden.
- Controlling steht und fällt – zumindest in der Einführungsphase – mit der Persönlichkeit des Controllers.
- Controlling kann immer nur so gut sein, wie es die Organisationsstruktur des jeweiligen Unternehmens zulässt.
- Controlling muss auf einem aussagefähigen Informationssystem basieren.
- Controller, die als Stabsstelle im Unternehmen installiert sind, tragen mit hoher Wahrscheinlichkeit den unausgesprochenen Wunsch der Geschäftsführung mit sich herum, dass dieses Controlling-System nie funktionieren soll (Mann, Rudolf: Die Praxis des Controlling, München o.J., S. 179).
- Controller befinden sich in einer permanenten Risiko- und Konfliktsituation.

Kapitel 2: Rechnungswesen als Basis des Controlling-Systems

1 Finanz- und Rechnungswesen

1.1 Aufgaben

Controlling und Rechnungswesen schließen einander nicht aus. Das Controlling baut vielmehr auf den Informationen des Rechnungswesens auf und nutzt diese im Sinne seiner Steuerungsfunktion.

Das Rechnungswesen hat neben den Aufgaben im Rahmen der externen Rechnungslegung Aussagen zu machen über die Rentabilität, die Wirtschaftlichkeit und die Liquidität einer Unternehmung. Unterschiede zeigen sich dabei in den zur Zielerreichung anzustrebenden Ergebnissen, der Art ihrer Ermittlung, den zu treffenden Maßnahmen und den zur Steuerung notwendigen Informationen. Die Verzahnung zwischen Controlling und Rechnungswesen zeigt sich am besten an den Steuerungsgrößen Gewinn und Liquidität. Die Liquiditätssteuerung der Finanzabteilung kommt ohne eine Gewinnsteuerung des Controlling nicht aus.

Die Gewinnerzielung ist noch kein unbedingtes Kriterium für die Liquiditätssicherung, jedoch kann man sagen, dass der Gewinn die „Vorsteuerungsgröße" für die Liquidität darstellt. Diese Aussage kann auch wie folgt getroffen werden: Die Wahrscheinlichkeit der Illiquidität ist um so geringer, je permanenter das Unternehmen Gewinn erzielt (vgl. Gälweiler, Aloys: Controller und Strategische Planung – 10 Thesen. In: Controller Magazin 1976, S. 174 ff.).

Wenn der Gewinn die Vorsteuerungsgröße der Liquidität ist, so muss man fragen, welche Vorsteuerungsgröße der Gewinn besitzt. Bei dieser Frage zeigt sich der unmittelbare Zusammenhang zwischen strategischem Controlling und Rechnungswesen einschl. Finanzwesen. Die Vorsteuerungsgröße des Gewinns ist das Erfolgspotenzial. Ähnlich wie die Gewinnerzielung eine Voraussetzung dafür liefert, dass die Illiquidät einer Unternehmung vermieden wird, so besitzt ein hohes Erfolgspotenzial die Wahrscheinlichkeit, dass die Unternehmung zukünftig Erfolge erwirtschaftet. Dieses Erfolgspotenzial ist weitgehend unabhängig von der gegenwärtigen Ergebnissituation: Trotz negativer gegenwärtiger Erfolge kann das Erfolgspotenzial einer Unternehmung hoch sein, z.B., weil man gegenwärtig hohe Zukunftsinvestitionen leistet, die die Jahresergebnisse belasten. Damit schließt sich die Lücke zwischen den betriebswirtschaftlichen Steuerungsgrößen Ertragspotenzial, Gewinn, Liquidität, die sich im Controlling-Zieldreieck zusammenfassen lassen:

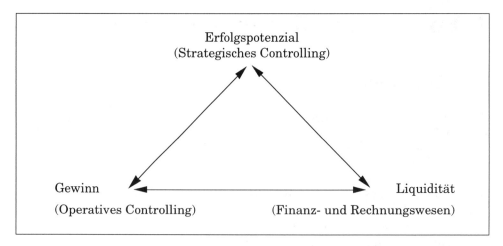

Da auch die strategische Planung bei der Prüfung auf Realisierbarkeit durch operationale Größen untermauert werden muss, bildet auch für diesen Bereich indirekt das Finanz- und Rechnungswesen die Basis.

Nach den einschlägigen Vorschriften des Handelsrechts in Verbindung mit rechtsformspezifischen Vorschriften (§§ 238, 239, 242, 264 ff. HGB, § 91 Akt, §§ 41, 42 GmbHG und § 33 GenG) haben Einzelfirmen, Personenhandelsgesellschaften und juristische Personen Bücher zu führen und regelmäßig Abschlüsse zu erstellen. Ergänzt werden diese Rahmenvorschriften von den steuerrechtlichen Vorschriften der §§ 140, 141 Abgabenordnung (AO) sowie diversen Vorschriften über die Aufzeichnungspflichten.

Die nach diesen Grundsätzen, ergänzt um die Grundsätze ordnungsmäßiger Buchführung nach R 29–45 Einkommensteuerrichtlinien (EStR) aufgestellten Abschlüsse sind Basis der Gewinnermittlung nach den Grundsätzen des Einkommensteuerrechts (§§ 4 und 5 EStG) für

❑ land- und forstwirtschaftliche Betriebe (§ 13 EStG)
❑ Gewerbebetriebe (§ 15 EStG)
❑ bei selbstständiger Arbeit (§ 18 EStG).

Die Gewinnermittlung ist nur eine Aufgabe der Buchführung, wenn dies steuerlich auch ihre wichtigste Aufgabe sein mag. Daneben dienen die Daten der Buchführung

❑ der Umsatzermittlung für die Abgabe der Umsatzsteuererklärung,
❑ der Anfertigung einer Vermögensaufstellung für die Zwecke der Einheitsbewertung des Betriebsvermögens der gewerblichen Betriebe,
❑ der Erstellung der Gewerbesteuererklärung,
❑ in Teilbereichen weiteren steuerlichen Sonderaufgaben (diverse Verkehrsteuern usw.).

Neben diesen handels- und steuerrechtlichen Zielsetzungen dient die Buchführung der laufenden Dokumentation aller Geschäftsvorfälle. Eine geordnete Buch-

Finanz- und Rechnungswesen

haltung ist auch Grundlage für Gespräche mit Banken im Rahmen der Unternehmen-Banken-Beziehung und insbesondere Basis für die Kreditwürdigkeitsprüfung der Bankinstitute. Sie dient ebenso der Information von Geschäftspartnern der Gesellschafter und von Gläubigern. Sie ist damit für jedes Unternehmen unabhängig von der Größenordnung ein unverzichtbares Nachweis- und Informationsinstrument. Da es in jeder Unternehmung aber nur ein Unternehmensergebnis geben kann und beide Systeme auf den gleichen finanzwirtschaftlichen Ausgangsdaten aufbauen, besteht zwischen der Buchhaltung als Basis und den Informationssystemen des operativen Controlling ein integrativer Zusammenhang. Beide Systeme sind daher integriert aufzubauen und in sich abgestimmt zu pflegen und zu warten.

1.2 Berücksichtigung der Anforderungen des Controlling

Für den Aufbau und die spätere Nutzung der operativen Werkzeuge im Unternehmen ist es erforderlich, das Finanz- und Rechnungswesen „controllinggerecht" zu organisieren. Controlllinggerecht bedeutet dabei:

- ❏ das Auffinden einer Synthese zwischen den gesetzlichen Anforderungen an die Finanzbuchhaltung und den Notwendigkeiten, die vom Controlling gesetzt werden,
- ❏ die Nutzung der in jedem Unternehmen ohnehin gesetzlich vorgeschriebenen finanzwirtschaftlichen Ausgangsdaten (§ 285 HGB enthält mit umfangreichen Einzelregelungen Vorschriften über Angaben zu Bilanzposten, Posten der Gewinn- und Verlustrechnung und sonstige Pflichtangaben),

zur Vermeidung von

- ❏ Doppelarbeiten,
- ❏ Datenredundanz,
- ❏ dem „Auseinanderfallen" finanzwirtschaftlicher Informationen im Unternehmen.

Zur Erreichung dieser Zielsetzungen sind in der Finanzbuchhaltung bestimmte organisatorische Vorarbeiten erforderlich, die nachfolgend skizziert werden.

1.2.1 Das Konto als kleinste Einheit

Die doppelte Buchführung erfasst alle Geschäftsvorfälle im

- ❏ Grundbuch (Ordnung der Geschäftsvorfälle nach der zeitlichen Folge),
- ❏ Hauptbuch (Sachkonten für alle Bilanz- und Erfolgsposten) und in
- ❏ Nebenbüchern (Kreditoren, Debitoren).

Die Darstellung der Geschäftsvorfälle erfolgt auf dem Konto. Das Konto erfasst die Vorgänge nach Zu- und Abgängen getrennt. Der Umfang der Konten wird neben der Unternehmensgröße in erster Linie durch handels- und steuerrechtliche Vorschriften bestimmt. Damit ist der Grundbestand an Konten fixiert.

Für die Notwendigkeiten des Controlling können tiefergehende Kontenaufgliederungen aufgrund der spezifischen Informationsbedürfnisse der Entscheidungsträger erforderlich sein. Diese engpass- und informationsbezogene Ausweitung der Konten ist beim Aufbau der operativen Werkzeuge in jedem Fall zu prüfen. Die Prüfung beschränkt sich aber in den meisten Fällen auf die Konten der Klassen 2 (Abgrenzungskonten), 3 (Wareneinsatzkonten), 4 (Konten der Kostenarten) und 8 (Konten der Umsatzerlöse). Gemäß dem Grundsatz „so viel wie nötig, so wenig wie möglich" sollte der Auffächerung der Konten zur Reduzierung des Kontierungsaufwandes eine sinnvolle Grenze gesetzt sein.

1.2.2 Ordnung der Konten im Kontenrahmen und im Kontenplan

Die Organisation des betrieblichen Rechnungswesens erfolgt im Kontenrahmen und im Kontenplan.

Während die Kontenrahmen Organisationspläne für die Buchführung einer bestimmten Branche sind, ist der Kontenplan die firmenindividuelle Ausgestaltung des Kontenrahmens auf die firmenspezifischen Bedürfnisse hin.

Es gibt eine Vielzahl von Kontenrahmen, z.B. den Kontenrahmen für den Einzelhandel, den Kontenrahmen für den Großhandel, den Kontenrahmen für die Industrie. Nachfolgend wird von dem Gemeinschaftskontenrahmen der Industrie (GKR) ausgegangen, der sich zwar an die Rechnungslegungsvorschriften des Aktiengesetzes von 1965 (§§ 148 bis 175 AktG) anlehnt, der aber auch heute noch – mit gewissen Modifikationen – für die Rechnungslegungsvorschriften nach dem BiRiLiG (§§ 242–256 und §§ 264–289 HGB) überwiegend Anwendung findet. Er hat nachfolgende Struktur:

Klasse 0:	Ruhendes Vermögen
	Anlagevermögen und langfristiges Kapital
Klasse 1:	Finanzkonten
	Finanz-Umlaufvermögen und kurzfristige Verbindlichkeiten
Klasse 2:	Abgrenzungskonten
	Neutrale Aufwendungen und Erträge
Klasse 3:	Konten der Roh-, Hilfs- und Betriebsstoffe und Wareneinkaufskonten
Klasse 4:	Konten der Kostenarten
Klasse 5:	Verrechnungskonten
Klasse 6:	Konten für buchhalterische Kostenstellenrechnung
Klasse 7:	Konten der unfertigen und fertigen Erzeugnisse
Klasse 8:	Erlöskonten und Warenverkaufskonten, Konten der aktivierten Eigenleistungen
Klasse 9:	Abschlusskonten

Finanz- und Rechnungswesen

und baut auf der hierarchischen Gliederung der Konten nach den Stufen

> Konto
> Konten-Untergruppen
> Konten-Gruppe
> Konten-Klasse

auf.

Für die Personalkosten stellt sich die Hierarchie der Kontengliederung beispielsweise wie folgt dar:

Konten-Klasse	4	Kostenarten
Konten-Gruppe	41	Personalaufwand
Konten-Untergruppe	410	Löhne
Konto	4101	Produktionslöhne
Konto	4102	Verkaufslöhne
Konto	4103	Überstundenzuschläge
.		
.		
.		
Konten-Untergruppe	420	Gehälter
Konto	4200	Produktionsgehälter
.		
.		
.		
Konten-Untergruppe	430	Gesetzliche soziale Aufwendungen
Konto	4301	Krankenversicherung
Konto	4302	Arbeitslosenversicherung
.		
.		
.		

1.2.3 Kontierungsrichtlinien

Kontierungsrichtlinien legen fest, wie bestimmte Geschäftsvorfälle zu buchen sind. Im Rahmen der Buchhaltung ordnen sie somit jeder Buchung auf der Sollseite eines Kontos die entsprechende Buchung auf der Habenseite eines anderen Kontos zu und umgekehrt. Der Umfang der Kontierungsrichtlinien wird in Unternehmungen weitgehend durch die Tiefengliederung der Konten (Kontentrennung für spezifische Buchungsfälle) reduziert und beschränkt sich in den meisten Fällen auf Richtlinien für so genannte „schwierige Buchungsfälle".

Für den Aufbau eines Controlling-Systems sind die buchhaltungsbezogenen Kontierungsrichtlinien mit den Positionen

- Konto
- Gegenkonto

zu erweitern, um das Kontierungskriterium

- Kostenstelle.

Neben der Kostenstelle sind auch weitere Kontierungskriterien in Abhängigkeit der Informationszielsetzung möglich, wie z.B.

- Kunde
- Auftrag
- Projekt usw.

1.2.4 Kontenverdichtung in Bilanz und Gewinn- und Verlustrechnung

Der bereits angesprochene Gemeinschaftskontenrahmen verdichtet die einzelnen Konten über Konten-Untergruppen, Konten-Gruppen in die Konten-Klassen. Diese werden in die einzelnen Positionen der handelsrechtlichen Gliederung der Bilanz (§ 266 HGB) und der Gewinn- und Verlustrechnung (§ 275 HGB) übergeleitet, die für die handelsrechtliche Bilanzierung eine Leitfunktion besitzen. Da sie aufgrund des Aufbaus im Wesentlichen eine Informationsfunktion wahrnehmen, können beide auch für ein finanzbuchhalterisches Informationssystem herangezogen werden.

Beispiele für die *Bilanz und Gewinn- und Verlustrechnung* mögen diese Systematik verdeutlichen:

- Für die Bilanz:

				Position Bilanz nach § 266 HGB
Konten-Klasse	0	:	Anlagevermögen und langfristiges Kapital	
Kontengruppe	00	:	Grundstücke und Gebäude	
Konten-Untergruppe	000	:	Grundstücke	
Konto	0000	:	unbebautes Grundstück A-Stadt	AII 1
Konto	0001	:	unbebautes Grundstück B-Stadt	AII 1
Konto	0002	:	unbebautes Grundstück C-Stadt	AII 1

Konto	0005	:	Wohnhausgrundstück A-Stadt	A II 1
Konto	0007	:	Fabrikgrundstück D-Stadt	A II 1
Konto	0008	:	Lagergrundstück E-Stadt	A II 1
Konto	0009	:	Grundstück mit Verwaltungsgebäude G-Stadt	A II 1
Konten-Untergruppe	001	:	Außenanlagen	
Konto	0011	:	Gleisanschluss A-Fabrik	A II 1
Konto	0013	:	Umzäunung Wohnhaus Grundstück A-Stadt	A II 1

Die Angaben aus den Konten sind in dem horizontal nach der direkten Bruttomethode zu gliedernden Anlagespiegel gem. § 268 Abs. 2 sämtlich unter Position A II 1 (§ 266 Abs. 2 HGB) auszuweisen. Nach § 268 Abs. 2 Satz 2 sind die *gesamten historischen Anschaffungs- und Herstellungskosten* der am Anfang des Geschäftsjahres vorhandenen Vermögensgegenstände des Anlagevermögens ungekürzt auszuweisen (Bruttomethode). Dem externen Rechnungslegungsadressaten zeigt sich so das in diesem Bereich ursprünglich investierte Kapital in voller Höhe.

Die *Zugänge* des Geschäftsjahres sind, wie bisher, mit den Anschaffungs- und Herstellungskosten in den Anlagespiegel aufzunehmen. Der Bruttoausweis des Anlagespiegels macht es erforderlich, auch die Abgänge zu historischen Anschaffungs- oder Herstellungskosten auszuweisen.

Die im Anlagespiegel ausgewiesenen *Abschreibungen* umfassen sowohl die des laufenden Geschäftsjahres als auch die der vorangegangenen Geschäftsjahre. Die kumulierten Abschreibungen sind bis zum Ausscheiden des Vermögensgegenstandes Bestandteil des Anlagespiegels.

❏ Für die *Gewinn- und Verlustrechnung:*

Nach § 275 Abs. 1 Satz 1 HGB kann die Gewinn- und Verlustrechnung wahlweise nach dem

❏ Gesamtkostenverfahren (§ 275 Abs. 2 HGB) oder dem
❏ Umsatzkostenverfahren (§ 275 Abs. 3 HGB) aufgestellt werden.

Beim *Gesamtkostenverfahren* (Produktionserfolgsrechnung) wird die Gewinn- und Verlustrechnung entsprechend den Ertrags- und Aufwandsarten gegliedert. Es wird erkennbar, welche Produktionsfaktoren den ausgewiesenen Aufwand verursacht haben. Die um die *Bestandsveränderung* korrigierten Umsatzerlöse werden als Gesamtleistung für eine Rechnungsperiode ermittelt.

Bei Anwendung des *Umsatzkostenverfahrens* (Absatzerfolgsrechnung) wird nicht nach Aufwandsarten unterschieden, da den Umsatzerlösen ausschließlich die für die verkauften Leistungen entstandenen Aufwendungen (ohne Periodenabgrenzung) gegenübergestellt werden.

Das Umsatzkostenverfahren ist regelmäßig Ausdruck eines Organisationssystems, das die *Kosten- und Leistungsrechnung* in die Buchführung einbezieht. Die Einzelkosten werden über Kostenstellen den Kostenträgern zugerechnet. Die Material- und Lohngemeinkosten werden über den Betriebsabrechnungsbogen im Wege der Primärkostenrechnung zunächst auf alle Kostenstellen verteilt, des weiteren werden die Gemeinkosten der Hilfskostenstelle im Wege der Sekundärkostenrechnung auf die Hauptkostenstellen weiter verrechnet. Alsdann erfolgt eine weitere Verteilung auf die Kostenträger. Die Herstellungskosten der zur Erzielung der Umsatzerlöse erbrachten Leistungen sind daher der Kostenträgerrechnung zu entnehmen. Im Allgemeinen wird bei diesem Verfahren von einer Bewertung zu Vollkosten auszugehen sein.

Da insbesondere im anglo-amerikanischen Einflussbereich die Verwendung des Umsatzkostenverfahrens vorherrscht, ermöglicht das Umsatzkostenverfahren den deutschen Unternehmen sich in einer international vergleichbaren Form darzustellen. Insofern ist es verständlich, dass gerade international orientierte Unternehmen, wie BASF, Bayer, Schering und Henkel, das Umsatzkostenverfahren bevorzugen, während „kleinere" Unternehmen vornehmlich das Gesamtkostenverfahren anwenden.

Im Folgenden wird, so weit nicht besonders angegeben, von der Gliederung nach dem Gesamtkostenverfahren ausgegangen.

Die Konten auf Seite 49 werden wie folgt in die Gewinn- und Verlustrechnung überführt:

		Position Gewinn- und Verlustrechnung nach § 275 Abs. 2 HGB
Konto	4101	6 a
Konto	4102	6 a
Konto	4103	6 a
Konto	4200	6 a
Konto	4301	6 b
Konto	4302	6 b

Die Aufbereitung der Konten nach den handelsrechtlichen Gliederungsschemata für die Bilanz- und die Gewinn- und Verlustrechnung ist eine Möglichkeit der Verdichtung von Konten in einem finanzbuchhalterischen Informationssystem. In konkreten Einzelfällen können auch andere Verdichtungen vorkommen, die von den spezifischen Informationsbedürfnissen der Empfänger ausgehen (engpassbezogene Informationsaufbereitung). Hier ist in jedem Einzelfalle zu entscheiden, welche Gliederung zweckmäßig ist.

1.2.5 Einführung von Monatsabschlüssen

Buchführungspflichtige Unternehmen haben jährlich Abschlüsse zu erstellen. Für die Zielsetzung des Controlling reicht dieses aber nicht aus, da die Ergebnisse und Informationen der Abschlüsse vielerorts erst in einer Zeitspanne von 4–12 Monaten nach dem Bilanzstichtag zur Verfügung stehen. Aus diesem Grunde empfiehlt sich die Verkürzung der Zeitspanne zur Erweiterung erster Ansätze einer Gegensteuerung durch Einführung von Monatsabschlüssen. Für die zu erstellenden Monatsabschlüsse gelten dabei die gleichen Bedingungen wie für die Jahresabschlüsse:

❑ zahlenmäßige Abbildung des Geschehens der abgelaufenen Periode durch Erfassung *aller* Geschäftsvorfälle,
❑ Zwang zur permanenten Risikoabprüfung der Aktivitäten durch angemessene Rückstellungen,
❑ Zeitnähe des Buchungsstoffes,
❑ Zwang zur laufenden Abstimmung der Buchungskreise.

1.2.6 Zeitnähe des Buchungsstoffes

Damit die Monatsabschlüsse ein aktuelles Abbild des wirtschaftlichen Geschehens der abgelaufenen Periode geben, ist es erforderlich, die Geschäftsvorfälle zeitnah zu buchen. Zeitnah bedeutet die Vermeidung von Buchungsrückständen.

Der zeitliche Zielkonflikt bei jedem Monatsabschluss besteht zwischen den beiden Polen

❑ vollständige buchhalterische Erfassung aller Geschäftsvorfälle und
❑ Präsentation der Monatsergebnisse so früh wie möglich (ideal: 5. Arbeitstag des Folgemonats).

Im Sinne der Priorität des Wertes von rechtzeitigen Informationen sollte der zweiten Forderung immer der Vorrang gegeben werden. Das bedeutet, dass auf die vollständige buchhalterische Bearbeitung aller Geschäftsvorfälle verzichtet werden muss. Statt dessen werden die am Monatsultimo noch nicht in Form von Belegen vorliegenden Geschäftsvorfälle durch „Abgrenzungen" (Rechnungsabgrenzungsposten) erfasst.

Rechnungsabgrenzungsposten dienen der periodengerechten Ergebnisermittlung und haben die Aufgabe des

❏ sachlichen (Ermittlung des kostengleichen Aufwandes und der betrieblichen Erträge) und des
❏ zeitlichen (aufwands- und ertragsgleiche Zahlungserfassung)

Aufwands- und Ertragsausgleiches.

Der Umfang der monatlich zu verarbeitenden Abgrenzungsposten ist von Unternehmen zu Unternehmen unterschiedlich. Er hängt ab vom

❏ Umfang und der Komplexität der Aktivitäten,
❏ der regionalen (und damit oftmals auch zeitlichen) Distanz der Aktivitäten zur Zentrale,
❏ der Zeitnähe der verarbeiteten Belege.

Die monatsgerechte Abgrenzung von Aufwendungen und Erträgen erfordert – zumindest in der ersten Phase nach Einführung von Monatsabschlüssen – zum Teil erheblichen Aufwand, da das Gefühl für die „angemessene" Aufwands- und Ertragshöhe noch fehlt. Zur Arbeitserleichterung empfiehlt sich deshalb die Monatsfortschreibung der einzelnen Konten mit den tatsächlich gebuchten Beträgen:

Konto	Bezeichnung	Jahr	Jan.	Feb.	März ... Dez.
4101	Produktions- löhne	2000 1999 1998			
4102	Verkaufs- löhne	2000 1999 1998			
4200	Produktions- gehälter	2000 1999 1998			
4301	Krankenver- sicherung	2000 1999 1998			
.					
.					
.					

Durch die Prüfung der Kontenhöhe gewinnt man relativ schnell ein Gefühl dafür, ob in einem Monat bestimmte außergewöhnliche Ergebnisentwicklungen zu verzeichnen sind.

Finanz- und Rechnungswesen

Der Umfang der monatlich vorzunehmenden Abgrenzungen ist von Unternehmen zu Unternehmen verschieden. Unabhängig von firmenindividuellen Besonderheiten lassen sich für alle Unternehmen folgende Kostenarten nennen, die durch Abgrenzungen in der monatlichen Gewinn- und Verlustrechnung zu berücksichtigen sind, während sie aufwandsmäßig meist nur einmal im Jahr auftreten:

❏ Weihnachtsgeld inkl. Sozialkosten
❏ Urlaubslöhne inkl. Sozialkosten
❏ bezahlte Kranken- und Unfalltage
❏ Berufsgenossenschaft
❏ Zuführung zur Pensionsrückstellung
❏ Zahlung an den Pensionssicherungsverein
❏ Provisionen und Tantiemen
❏ Versicherungsbeiträge
❏ Kommunale und öffentliche Abgaben
❏ Gewährleistungen
❏ Forderungsabschreibungen
❏ Gewerbesteuerzahlungen usw.

Daneben gibt es Kostenarten, die zwar monatlich zu einer Aufwandsbuchung führen, bei denen aber die Aufwands- und Kostenhöhe auseinander fallen, weil der Rechnungseingang zeitlich später liegt als die Kostenentstehung wie bei

❏ Jahresrückvergütungen (Klasse 8)
❏ Werbekosten
❏ Frachtkosten
❏ Mieten
❏ Instandhaltungen usw.

Auch für diese Positionen sind Abgrenzungen neben der regelmäßigen Aufwandsbuchung zu berücksichtigen.

Die Angemessenheit und Höhe der zu bildenden Abgrenzungsbeträge lässt sich nur an der tatsächlichen vergangenen Entwicklung und durch Einbeziehung der Einheiten im Unternehmen ermitteln, die die Höhe bestimmter Kosten veranlasst bzw. verursacht haben. Die Abgrenzungen im Sozialkostenbereich werden dabei zweckmäßigerweise in % der direkt gebuchten Löhne und Gehälter als Bezugsbasis ermittelt.

Die buchhalterische Behandlung der Rechnungsabgrenzungsposten kann auf drei verschiedene Arten erfolgen:

(1) Die eingehenden Rechnungen werden als Aufwendungen in Klasse 4 über den Buchungssatz
    Klasse 4 an Bank/Verbindlichkeiten
gebucht. Die Rückstellungen werden auf das gleiche Konto in Klasse 4 gebucht mit dem Buchungssatz
    Klasse 4 an Rückstellung Kostenart.

(2) Für die Abgrenzungsbeträge wird in der Klasse 4 ein separates Kostenartenabgrenzungskonto eingerichtet. Während die Rechnung wie unter (1) gebucht wird, wird die Abgrenzung gebucht über den Buchungssatz
Kostenartenabgrenzungskonto Klasse 4 an
Rückstellung Kostenart.

(3) Als dritte Möglichkeit kann in Klasse 2 ein Abgrenzungskonto eingeführt werden. In diesem Falle werden die eingehenden Rechnungen als Aufwendungen mit dem Buchungssatz
Klasse 2 an Bank/Verbindlichkeiten gebucht. Die Rückstellung wird in Klasse 4 gebucht:
Klasse 4 an Rückstellungen.

Mit jedem Abschlusszeitraum wird das Konto in Klasse 2 aufgelöst, sodass saldiert nur der Rückstellungsbetrag aus dem Konto in Klasse 0 abzüglich der in Klasse 2 gebuchten Beträge als Rückstellungsbetrag in den Monatsabschluss übernommen wird.

Während Kosten-Abgrenzungen monatlich vorzunehmen sind, sollten Abgrenzungen der Umsatzerlöse und sonstigen Erträge weitgehend vermieden werden und erst dann in die monatliche Ergebnisrechnung eingestellt werden, wenn sie realisiert sind (Imparitätsprinzip).

Der Monat Januar als Beginn eines neuen Geschäftsjahres erfordert zwangsläufig höhere Abgrenzungsbeträge als die übrigen Monate.

Die im Laufe der einzelnen Monatsabschlüsse gebildeten Abgrenzungsbeträge werden zum Jahresende weitgehend aufgelöst. Dafür dient der so genannte 13. Monat als Vorbereitung auf die Tätigkeit des Wirtschaftsprüfers und der 14. Monat, der mit dem endgültigen Jahresabschluss identisch ist.

1.3 Jahresabschluss-Analyse

Die Jahresabschluss-Analyse (auch Bilanz-Analyse genannt) ist die Aufbereitung und Kommentierung von externen Abschlüssen, die aus der Bilanz, der Gewinn- und Verlustrechnung und diversen Berichten, mit denen die Bilanz und die Gewinn- und Verlustrechnung im Einzelnen sowie die Geschäftstätigkeiten der Berichtsperiode im Allgemeinen erläutert werden, bestehen.

Für das Controlling kann die zweckgerichtete Aufbereitung des Jahresabschlusses ein erster Einstieg in die Analyse und eine Zeitreihen-Darstellung sein, mit der man erste Anhaltspunkte auf Entwicklungen bekommt. Dazu ist es erforderlich, dass man die nach dem Gliederungsschema der Gewinn- und Verlustrechnung und der Bilanz aufbereiteten Konten gemäß der speziellen Zielsetzung strukturiert.

1.3.1 Gewinn- und Verlustrechnung

Die Gewinn- und Verlustrechnung nach dem Gesamtkostenverfahren fasst die einzelnen Konten nach diversen Gruppierungen ausgehend von den Umsatzerlösen bis zum Jahresüberschuss zusammen.

Trotz des gegenüber dem § 157 AktG erhöhten Aussagewertes der Gliederung der Gewinn- und Verlustrechnung nach § 275 Abs. 2 HGB empfiehlt es sich, insbesondere die den Pos. 4, 7a, 7b, 8, 9, 11, 12 und 13 der handelsrechtlichen Gliederung der Gewinn- und Verlustrechnung zu Grunde liegenden Konten danach zu untersuchen, inwieweit die Inhalte individuell dem betrieblichen oder dem neutralen Bereich zuzuordnen sind. Evtl. ist hier auch die Frage der periodenfremden Erträge und Aufwendungen zu prüfen.

Die Position 13 (Zinsen und ähnliche Aufwendungen) sollte dem Betriebsergebnis in der ersten Stufe zunächst nicht zugeordnet werden, um das Betriebsergebnis vor Zinsen zeigen zu können. Ebenso sind die EE-Steuern (Pos. 18) nicht dem Betriebsergebnis zuzuordnen.

Eine so aufbereitete Gewinn- und Verlustrechnung ist auf Seite 58 dargestellt. Durch Ausweis der Einzelpositionen in % der Gesamtleistung wird zusätzlich die Struktur des Ergebnisgefüges transparent gemacht.

1.3.2 Bilanz

Durch bestimmte Umgruppierungen lässt sich die Struktur der Bilanz (s. Seite 59) ebenfalls in ihrem Aussagegehalt sehr verbessern. Sie zeigt dann auf der Passivseite das Kapital nach Eigenkapital und Fremdkapital (langfristig, kurzfristig) sowie auf der Aktivseite das Anlagevermögen und das Umlaufvermögen. Durch Indizierung der einzelnen Bilanzpositionen auf die Bilanzsumme wird sehr plastisch die strukturelle Schichtung der einzelnen Positionen der Bilanz deutlich.

1.3.3 Kennziffern

Auf Basis der Umgruppierung der Positionen der Bilanz und der Gewinn- und Verlustrechnung lassen sich Kennziffern zur Analyse von Entwicklungen aufbauen. Nachfolgende Kennziffern haben sich in diesem Zusammenhang besonders bewährt:

(1) Vermögensstrukturkennziffern

Vermögensstrukturkennziffern geben Auskunft über Art und Zusammensetzung des Vermögens sowie die Dauer der Vermögensbindung. Am häufigsten werden dafür die Kennzahlen verwendet, die den Anteil des Anlagevermögens und des Umlaufvermögens am Gesamtvermögen angeben:

Gewinn- und Verlustrechnung								
Positionsbezeichnung	lt. HGB § 275 Abs. 2	1998		1999		2000	
		EUR	%	EUR	%	EUR	%
Umsatzerlöse	1						
Bestandsveränderung	2						
Aktivierte Eigenleistung	3						
Sonstige betriebliche Erträge	4						
GESAMTLEISTUNG		100,0		100,0		100,0	
Materialaufwand	5a; 5b						
ROHERTRAG							
Personalaufwand	6a; 6b						
Sonstige betriebliche Aufwendungen	8						
Abschreibungen	7a						
Sonstige Steuern	19						
BETRIEBSERGEBNIS (VOR ZINSEN UND EE-STEUERN)							
Ergebnis des Finanzbereichs	9, 10, 11, 12, 13						
Sonderabschreibungen	7a; 7b						
Ergebnis aus Sonderposten mit Rücklagenanteil	4, 8						
Außerordentliche Aufwendungen	16						
Außerordentliche Erträge	15						
NEUTRALES ERGEBNIS							
JAHRESÜBERSCHUSS VOR EE-STEUERN							
EE-STEUERN	18						
JAHRESÜBERSCHUSS	20						

Finanz- und Rechnungswesen

Bilanz

Positionsbezeichnung	lt. HGB § 266 Abs. 2 u. 3	1998 EUR	%	1999 EUR	%	2000 EUR	%
Sachanlagen	A I + II						
Beteiligungen	A III 1 + 3						
Ausleihungen	A III 2, 4, 5, 6						
ANLAGEVERMÖGEN							
Vorräte	B I						
Warenforderungen	B II 1						
Liquide Mittel	B IV						
Forderungen gegenüber verbundenen Unternehmen	B II 2 + 3						
Übrige Forderungen	B II 4; B III; C						
UMLAUFVERMÖGEN							
Gezeichnetes Kapital	A I						
Rücklagen / Gewinnvortrag / Jahresüberschuss	A II, III, IV, V						
EIGENKAPITAL							
Pensionsrückstellungen	B I						
Langfristige Verbindlichkeiten	C 1 + 2						
LANGFRISTIGES FREMDKAPITAL							
Andere Rückstellungen	B 2 + 3						
Verbindlichkeiten aus Lieferungen und Leistungen	C 4						
Verbindlichkeiten gegenüber verbundenen Unternehmen	C 6 + 7						
Übrige kurzfristige Verbindlichkeiten	C 1, 2, 3, 5, 8, D						
KURZFRISTIGES FREMDKAPITAL							

$$\frac{\text{Anlagevermögen}}{\text{Gesamtvermögen}} \times 100$$

$$\frac{\text{Umlaufvermögen}}{\text{Gesamtvermögen}} \times 100$$

Häufig werden diese Kennziffern durch Umsatzrelationen ergänzt. Diese Relationen lassen erkennen, inwieweit eine Änderung einzelner Vermögenspositionen auf wachsende oder schrumpfende Geschäftstätigkeit zurückzuführen ist.

So gibt die Kennzahl

$$\frac{\text{Sachanlagen}}{\text{Umsatzerlöse}}$$

an, wie viel EURO Sachanlagen für einen EURO Umsatz notwendig sind. Die Kennzahl

$$\frac{\text{Vorräte}}{\text{Umsatzerlöse}}$$

zeigt, wie hoch die Umschlagdauer ist.

Bei der Analyse des Sachanlagevermögens ist es interessant, in welcher Höhe sich die Veränderungen auf Nettoinvestitionen und Abschreibungen zurückführen lassen. Als ein Kennzeichen des Wachstums kann die Investitionsquote angesehen werden:

$$\frac{\text{Nettoinvestitionen bei Sachanlagen}}{\text{Abschreibungen auf Sachanlagen}} \times 100$$

Die Kennziffer sagt aus, in welchem Umfang über die Abschreibungen hinaus investiert wurde, d.h. in welchem Umfang ein Wachstum des Sachanlagebestandes stattgefunden hat.

(2) Kapitalstrukturkennziffern

Die Analyse der Kapitalstruktur soll über Quellen und Zusammensetzung des Kapitals nach Art, Sicherheit und Fristigkeit zum Zwecke der Abschätzung der Finanzierungsrisiken Aufschluss geben. Dafür haben sich die folgenden Kennziffern eingebürgert:

$$\text{Eigenkapitalanteil} = \frac{\text{Eigenkapital}}{\text{Gesamtkapital}} \times 100$$

$$\text{Fremdkapitalanteil} = \frac{\text{Fremdkapital}}{\text{Gesamtkapital}} \times 100$$

$$\text{Langfristkapitalanteil} = \frac{\text{Langfristkapital}}{\text{Gesamtkapital}} \times 100$$

(3) Finanzierungsstrukturkennziffern

Finanzierungsstrukturkennziffern sollen eine Antwort auf die Frage geben, wie die Vermögenswerte durch unterschiedliche Finanzierungsmittel gedeckt werden. Diese Kennzahlen machen Aussagen über das finanzielle Risiko, das seine Ursache in einer nur befristeten Verfügbarkeit bestimmter Kapitalteile hat. Die Kennzahlen

$$\text{Deckungsgrad 1 (Anlagendeckungsgrad)} = \frac{\text{Eigenkapital}}{\text{Anlagevermögen}} \times 100$$

$$\text{Deckungsgrad 2} = \frac{\text{Langfristkapital}}{\text{Anlagevermögen}} \times 100$$

zeigen, in welchem Umfang das Anlagevermögen durch Eigenkapital bzw. Langfristkapital gedeckt ist.

Die Kennzahlen

$$\text{Working Capital} = \text{Umlaufvermögen} ./. \text{kurzfristiges Fremdkapital}$$

$$\text{Working Capital} = \frac{\text{Umlaufvermögen}}{\text{kurzfristiges Fremdkapital}} \times 100$$

zeigen, in welchem Umfang das Umlaufvermögen langfristig finanziert ist. Bei solider Finanzierung sollte ein Teil des Umlaufvermögens langfristig finanziert sein. In diesem Falle wäre die erste Kennzahl positiv, die zweite Kennzahl größer als 100%.

Während bei den obigen Kennziffern gefragt wurde, welches Reservoir an potenziellen Finanzmitteln zu Beginn der betrachteten Periode zur Verfügung steht und welche Verpflichtungen gegenwärtig damit verbunden sind, versuchen Umsatzüberschusskennziffern, künftige Zahlungsströme aus Zahlungsströmen der Vergangenheit zu prognostizieren. Diese Kennziffern geben an, welchem Teil der Umsatzerlöse keine ausgabenwirksamen Aufwendungen gegenüberstehen und somit für Investitionen und Schuldentilgung verfügbar sind. Die hierfür am häufigsten angewendete Kennzahl ist der Cash Flow:

Cash Flow =
Jahresüberschuss / Jahresfehlbetrag
+ Abschreibungen auf das Anlagevermögen
+ Veränderung der Pensionsrückstellungen

Die vorstehende Definition hat sich als einfachste Form der Cash Flow-Ermittlung weitgehend durchgesetzt. Sie kann mit der Zielsetzung der detaillierten Darstellung der Finanzmittelbewegungen ausgebaut werden, indem zum Jahresüberschuss bzw. Jahresfehlbetrag ausschließlich die Positionen hinzugerechnet werden, die Aufwand, aber nicht Ausgaben darstellen, bzw. die Positionen abgezogen werden, die als Ertrag keine Einnahmen verursachen.

(4) Personalstrukturkennziffern

Die Personalkosten bilden einen der größten Aufwandsposten in der Gewinn- und Verlustrechnung. Deshalb ist eine detaillierte Analyse dieses Kostenblocks mithilfe der folgenden Kennziffern empfehlenswert, wobei zweckmäßigerweise vom durchschnittlichen Mitarbeiterbestand auszugehen ist:

$$\frac{\text{Löhne und Gehälter}}{\varnothing \text{ Mitarbeiterzahl}}$$

$$\frac{\text{Soziale Abgaben}}{\varnothing \text{ Mitarbeiterzahl}}$$

$$\frac{\text{Aufwendungen für Altersversorgung}}{\varnothing \text{ Mitarbeiterzahl}}$$

$$\frac{\text{Personalkosten}}{\varnothing \text{ Mitarbeiterzahl}}$$

$$\frac{\text{Personalkosten}}{\text{Umsatzerlöse}} \times 100$$

$$\frac{\text{Personalkosten}}{\text{Gesamtleistung}} \times 100$$

$$\frac{\text{Personalkosten}}{\text{Rohertrag}} \times 100$$

Sofern es die Branchenzugehörigkeit erlaubt, ist die Ermittlung der Personalkosten in Bezug zum mengenmäßigen Produktionsergebnis sinnvoll.

(5) Erfolgskennziffern

Das Ziel der Ermittlung von Erfolgskennziffern besteht in der Gewinnung von Informationen zur Beurteilung der Ertragskraft einer Unternehmung. Diese Analyse kann sich aufgrund der bereits erläuterten jahresabschlussbedingten Informationsmängel nur auf die Beurteilung der vergangenen Ertragskraft beziehen.

Für die Erfolgsanalyse werden folgende Kennziffern verwendet:

$$\text{Eigenkapitalrentabilität} = \frac{\text{Jahresüberschuss}}{\text{Eigenkapital}}$$

$$\text{Umsatzrentabilität vor Zinsen} = \frac{\text{Jahresüberschuss} + \text{Fremdkapitalzinsen}}{\text{Umsatzerlöse}}$$

$$\text{Kapitalumschlag} = \frac{\text{Umsatzerlöse}}{\text{Gesamtkapital}}$$

$$\text{Return-on-Investment} = \text{Umsatzrentabilität vor Zinsen} \times \text{Kapitalumschlag}$$

$$\text{Umsatzrentabilität} = \frac{\text{Jahresüberschuss}}{\text{Umsatzerlöse}}$$

Der Return-on-Investment zeigt die Rentabilität des gesamten in der Unternehmung investierten Kapitals. Durch den Ansatz der Fremdkapitalzinsen wird erreicht, dass die Rentabilitätskennzahl von der Kapitalstruktur nicht beeinflusst wird. Die Aufspaltung der Kennzahl in

❑ Umsatzrentabilität
❑ Kapitalumschlag

zeigt darüber hinaus, welche Faktoren zu Veränderungen beigetragen haben.

Im Gegensatz dazu ist die Höhe der Eigenkapitalrentabilität abhängig von der Kapitalstruktur. Bei positiver Wirkung steigt die Eigenkapitalrentabilität mit zunehmendem Fremdkapitalanteil („Leverage-Effekt"). In diesem Fall zeigen Renditestreben und Streben nach finanzieller Stabilität gegenläufige Tendenzen. Bei einer Wertung der Entwicklung der Eigenkapitalrentabilität ist deshalb immer die Entwicklung der Finanzierungsstrukturkennziffern heranzuziehen.

Das Formular auf Seite 64 zeigt einschließlich der Ermittlungen die wesentlichen Kennziffern noch einmal auf einen Blick. Es kann sowohl zum Zeitreihen-Vergleich verwendet werden als auch zum Bilanzvergleich verschiedener Unternehmungen.

Unternehmens-Kennziffern

Lfd. Nr.	Position	Jahr	Jahr	Jahr	Jahr	Jahr
1	Jahresüberschuss (20)					
2	Umsatzerlöse (1)					
3	Umsatzrentabilität = 1 : 2 (%)					
4	Fremdkapitalzinsen (13)					
5	Umsatzrentabilität vor Zinsen = (1 + 4) : 2 (%)					
6	Bilanzsumme					
7	ausstehende Einlagen (AK: 0.)					
8	Disagio (AK: C.)					
9	Gesamtkapital = 6 – 7 – 8					
10	Kapitalumschlag = 2 : 9 (x-mal)					
11	Return-on-Investment = 5 x 10 (%)					
12	Abschreibungen auf Sachanlagen (7)					
13	Abschreibungen auf Finanzanlagen (12)					
14	Veränderung der Pensionsrückstellungen					
15	Ertragskraft = 1 + 12 + 13 + 14					
16	Umlaufvermögen (AK: B.)					
17	Verbindlichk. mit Restlaufzeit < 1 Jahr (AH)					
18	Steuerrückstellungen (PA: B.2.)					
19	sonstige Rückstellungen (PA: B.3.)					
20	pass. Rechnungsabgrenzungsposten (PA: D.)					
21	kurzfristig. Fremdkapital = 17 + 18 + 19 + 20					
22	Working capital = 16 – 21					
23	Working capital = 16 : 21 (%)					
24	Gezeichnetes Kapital (PA: A.I.)					
25	Kapitalrücklage (PA: A.II.)					
26	Gewinnrücklagen (PA: A.III.)					
27	Gewinnvortrag/Verlustvortrag (PA: A.IV.)					
28	Bilanzgewinn/Bilanzverlust (PA: A.V.)					
29	Eigenkapital = 24 + 25 + 26 + 27 + 28 – 7 – 8					
30	Anlagevermögen (AK: A.)					
31	Anlagendeckungsgrad = 29 : 30 (%)					
32	Zugänge zu Sachanlagen (AH)					
33	Abgänge von Sachanlagen (AH)					
34	Investitionsquote = (32 – 33) : 12 (%)					
35	Eigenkapitalrentabilität = 1 : 29 (%)					
36	Eigenkapitalquote = 29 : 9 (%)					

Legende: AK: Aktivseite; **PA:** Passivseite; **AH:** Anhang

1.3.4 Bewegungsbilanz

Die Bilanz als Bestandteil des Jahresabschlusses ist eine auf einen Zeitpunkt gerichtete Beständebilanz. Sie wird sinnvoll ergänzt durch eine Zeitraum-Bilanz, die die Veränderungen der Bilanzpositionen innerhalb einer Periode wiedergibt. Eine solche Zeitraum-Bilanz wird Bewegungsbilanz genannt. Sie gibt auf der rechten Seite die Zugänge der Vermögenspositionen (Aktivmehrung) und die Abgänge bei den Kapitalpositionen (Passivminderungen) einer Periode wieder, die anhand des Vergleichs der Bilanzen zu Beginn und am Ende der Periode festgestellt werden.

Vermögenszugänge und Kapitalabgänge stellen die Verwendung von Mitteln innerhalb der Periode dar. Dieser Mittelverwendung wird die Mittelherkunft in Form der Vermögensabgänge (Aktivminderung) und der Kapitalzugänge (Passivmehrungen) gegenübergestellt. Dabei wird die Mittelherkunft zweckmäßigerweise nach den zu Grunde liegenden Finanzierungsvorgängen unterschieden.

Unter Rückgriff auf die im Teil 1.3.2 formulierten Positionen kann das auf der nächsten Seite dargestellte Schema einer Bewegungsbilanz aufgestellt werden.

1.3.5 Fazit

Mit den vorstehend skizzierten Auswertungen sind auch gleichzeitig die Grenzen der Analyse von Jahresabschlüssen und deren Nutzung für Controlling-Zwecke aufgezeigt. Diese Aufbereitung von Bilanzen und Gewinn und Verlustrechnungen bietet aber einen guten Einstieg in das Controlling, besonders dann, wenn die einzelnen später noch darzustellenden Instrumente noch nicht aufgebaut sind. In diesem „Zwischenstadium" auf dem Wege zum Controlling leistet die „controllingorientierte" Nutzung der Buchhaltung wertvolle Dienste und gibt erste Anhaltspunkte für Erfahrungswerte und das „Gefühl" für Ergebniszusammenhänge.

Bewegungsbilanz						
	1998		1999		2000	
	EUR	%	EUR	%	EUR	%
Abschreibungen auf Sachanlagen Abschreibungen auf Finanzanlagen Jahresüberschuss						
SELBSTFINANZIERUNG						
Erhöhung Grundkapital Erhöhung Rücklagen						
ERHÖHUNG EIGENKAPITAL						
EIGENFINANZIERUNG						
Zunahme kurzfristiges Fremdkapital Zunahme langfristiges Fremdkapital						
FREMDFINANZIERUNG						
Abgänge Sachanlagen Abgänge Beteiligungen Abgänge Ausleihungen Abgänge Umlaufvermögen						
MINDERUNG VERMÖGENSPOSITIONEN						
MITTELHERKUNFT		100,0		100,0		100,0
Abnahme Grundkapital Abnahme Rücklagen						
MINDERUNG EIGENKAPITAL						
Abnahme kurzfristiges Fremdkapital Abnahme langfristiges Fremdkapital Gewinnausschüttung Vorjahr						
SCHULDENTILGUNG						
Zugang Sachanlagen Zugang Beteiligungen Zugang Ausleihungen Zugang Umlaufvermögen						
ERHÖHUNG VERMÖGENSPOSITIONEN						
MITTELVERWENDUNG		100,0		100,0		100,0

1.4 Bilanzierung nach US-GAAP, IAS oder HGB

Die zunehmende Internationalisierung der Wirtschaft und die fortschreitende Verflechtung der weltweiten Kapitalmärkte haben das Bedürfnis und den Wunsch nach einheitlichen Bilanzierungsrichtlinien verstärkt.

Grundsätzlich gibt es heute weltweit drei Bilanzrechnungslegungsvorschriften,

- die US-amerikanischen Generally Accepted Accounting Principles (GAAP),
- die International Accounting Standards (IAS) und
- die einschlägigen Richtlinien der Europäischen Union (4. und 7. EG-Richtlinie).

Ein wesentlicher Unterschied zwischen den anglo-amerikanisch geprägten US-GAAP und IAS einerseits und den europäischen Richtlinien andererseits liegt darin, dass US-GAAP und IAS den Investor als Hauptadressaten der Rechnungslegung ansprechen. Hingegen knüpfen die europäischen Richtlinien in erster Linie an die haftungsbegrenzenden Auswirkungen der Rechtsform an und an Prinzipien des Gläubigerschutzes.

Die Entwicklung steht erst am Anfang und wird sich weiter dynamisch fortsetzen. Nachdem in der ersten Stufe für den Konzernabschluss in Deutschland die Anwendung einzelner internationaler Rechnungsstandards erwogen wurde und erste Konzernabschlüsse unter Beachtung des deutschen Bilanzrechtes Aspekte des IAS einbezogen, ist es mittlerweile unter bestimmten Voraussetzungen nach § 292a HGB bis zum 31.12.2004 möglich, dass börsennotierte Mutterunternehmen bei Vorliegen bestimmter weiterer Bedingungen von der Aufstellung eines HGB-Konzernabschlusses befreit werden, wenn sie stattdessen einen Konzernabschluss nach international anerkannten Rechnungslegungsgrundsätzen aufstellen. Auch Unternehmen, die am Neuen Markt notiert sind, müssen sich verpflichten, Abschlüsse vorzulegen, die entweder nach US-GAAP oder IAS aufgestellt sind.

An dieser Stelle können nicht alle Bilanzierungsprinzipien in den unterschiedlichen Richtungen dargestellt werden. Das würde den Rahmen dieses Buches sprengen. Eine sehr gute Übersicht gibt Eberhard Scheffler, die auf den nachfolgenden Seiten für die einzelnen Bilanzierungsnormen detailliert wiedergegeben ist (Scheffler, Eberhard: Gegenüberstellung der US-amerikanischen und der deutschen Rechnungslegungsvorschriften sowie der International Accounting Standards. In: Beck'sches Handbuch der Rechnungslegung, hrsg. von Edgar Castan, Gerd Heymann, Eberhard Müller, Dieter Ordelheide und Eberhard Scheffler, Band I, München 1998, B 791, S. 1 - 23):

lfd. Nr.	Kriterien	HGB	US-GAAP	IAS
	a. Grundlagen			
1*	Art und Intensität der Rechnungslegungsvorschriften	Gewachsenes kodifiziertes Recht; detaillierte gesetzliche Vorschriften (Code Law).	Keine einheitlich kodifizierte Rechtsquelle. Vielzahl von Einzelfallentscheidungen (Case Law).	Empfehlungen ohne Rechtskraft, dennoch große faktische Bedeutung (Status: Soft Law).
2*	Träger der Entwicklung der Rechnungslegungsvorschriften	Gesetzgeber	Primär: berufsständische Organe der Wirtschaftsprüfer sowie auch private Fachorganisationen, Bilanzersteller und Börsenaufsichtsorgane.	International Accounting Standards Committee (IASC). Auf privatrechtlicher Basis gegründete Vereinigung von Berufsorganisationen der prüfenden Berufe.
3	Einfluss des Steuerrechts auf die Bilanzierung	Erheblicher Einfluss beim Einzelabschluss, bedingt durch bestehende Maßgeblichkeit der Handels- für die Steuerbilanz.	Kein Einfluss	Grundsätzliches Bestreben der Vermeidung von Auswirkungen der umgekehrten Maßgeblichkeit.
4	Adressaten der Bilanzierung	Gläubiger, Eigentümer, Investoren, Kreditoren, Belegschaft (Koalitionstheorie).	Primär: Investoren, Kreditoren, Aktionäre (Eignertheorie).	Investoren, Arbeitnehmer, Kreditgeber, Lieferanten und andere Kreditgeber, Kunden, Regierungen und ihre Vertretungen und schließlich die interessierte Öffentlichkeit, aber nicht der Fiskus.
5*	Bilanzierungsziel	Ermittlung des ausschüttbaren Gewinns.	Vermittlung von Informationen als Hilfsmittel für Anlageentscheidungen.	Vermittlung von Informationen als Hilfsmittel für Anlageentscheidungen.
6	Bilanzierungszweck	Gläubigerschutz, Kapitalerhaltung	Investorschutz.	Investorschutz (faktisch)
7	Rechnungslegungsphilosophie	haftungs- bzw. gläubigerschutzorientiert	investorschutzorientiert	investorschutzorientiert

Finanz- und Rechnungswesen

lfd. Nr.	Kriterien	HGB	US-GAAP	IAS
	a. Grundlagen			
8*	**Rechnungslegungsbestandteile**	Bilanz, GuV, Anhang und Lagebericht; AG: Gewinnverwendungsvorschlag.	Bilanz, GuV, Anhang, Kapitalflussrechnung und Eigenkapitalverwendungsrechnung.	Es liegt noch keine abschließende Regelung vor: Bilanz, GuV, Anhang, Kapitalflussrechnung als Mindestbestandteile. Lagebericht oder ein vergleichbares Instrument ist offensichtlich nicht vorgesehen.
9	**Verhältnis von Einzel- und Konzernabschluss**	Einzelabschluss dominiert. In den letzten Jahren hat aber der Konzernabschluss zunehmend an Bedeutung gewonnen.	Konzernabschluss dominiert.	Regelungen gelten bis auf einige Ausnahmen sowohl für den Einzel- als auch Konzernabschluss; faktisch: Konzernabschluss

lfd. Nr.	Kriterien	HGB	US-GAAP	IAS
	b. Grundsätze			
10*	**True and fair view**	Geregelt als sog. Generalnorm in § 264 Abs. 2 HGB unter Berücksichtigung der Grundsätze ordnungsgemäßer Buchführung (GoB); Einzelvorschriften können die Generalnorm außer Kraft setzen. Subsidiäre Anwendung gegenüber den Einzelvorschriften.	„Overriding principle", „fair presentation" bildet den alles überragenden Grundsatz (Generalnorm); im Zweifel hat die Generalnorm Vorrang vor den Einzelvorschriften.	Den IAS liegt trotz ihrer anglo-amerikanischen Anlehnung direkt keine Generalnorm zu Grunde. Die Anwendung angemessener Rechnungslegungsgrundsätze und sog. „principal qualitative characteristics" - die qualitativ den GoB entsprechen - führen aber zu Jahresabschlüssen, die dem „true and fair-view/fair presentation-Grundsatz" gerecht werden. Subsidiäre Anwendung gegenüber den Einzelvorschriften.
11*	**Vorsichtsprinzip**	Erhebliches Gewicht, bedingt durch den traditionell starken Einfluss des Gläubigerschutzes (§ 252 Nr.4 HGB); im Zweifel dominierend gegenüber anderen Prinzipien.	„Conservatism", wird durch den Grundsatz der „fair presentation" überlagert; das Vorsichtsprinzip hat einen relativ geringen Einfluss.	Ähnlich wie in den USA verzeichnet - bedingt durch die dynamische Ausrichtung der IAS-Konzeption - das Vorsichtsprinzip nur einen geringeren Stellenwert. Das Vorsichtsprinzip nach IAS ist dem matching-principle untergeordnet. Nach IASC-Verständnis beschränkt sich das Vorsichtsprinzip auf die strengen Anforderungen an Ansatz und Bewertung der „assets" und „liabilities". (s. Nr. 18 u. 26).

Finanz- und Rechnungswesen 71

lfd. Nr.	Kriterien	HGB	US-GAAP	IAS
	b. Grundsätze			
12*	**Realisationsprinzip**	Ableitung aus dem Vorsichtsprinzip konservative (strenge) Auslegung. Nach herrschender Meinung setzt die Erfolgswirksamkeit einen Umsatzvorgang voraus. **Beispiel:** langfristige Auftragsfertigung nach der completed contract method. Gewinnrealisierung erst nach Abschluss des Projektes (s. Nr. 33).	Ableitung aus dem Grundsatz der periodengerechten Gewinnermittlung (dynamische Ausrichtung). Hinreichende Realisierbarkeit und nicht tatsächliche Realisierung als Voraussetzung für Erfolgswirksamkeit. **Beispiel:** langfristige Auftragsfertigung nach der percentage of completion method. Anteilige Gewinnrealisierung vor Abschluss des Projektes.	Ableitung aus dem Grundsatz der periodengerechten Gewinnermittlung (dynamische Ausrichtung). Hinreichende Realisierbarkeit und nicht tatsächliche Realisierung als Voraussetzung für Erfolgswirksamkeit. **Beispiel:** langfristige Auftragsfertigung nach der percentage of completion method. Anteilige Gewinnrealisierung vor Abschluss des Projektes (IAS 18).
13	**Nominalwertprinzip**	Anschaffungs- bzw. Herstellungskosten dürfen nicht überschritten werden (absolute Wertobergrenze) (§ 253 HGB u. § 255 HGB)	Hat nur eingeschränkte Gültigkeit; höhere Wertansätze (Zeitwertansatz u. U.) sind durchaus möglich (s. Nr. 20).	Ähnlich wie in den USA. Für bestimmte Vermögensgegenstände ist eine über die Anschaffungskosten hinausgehende Neubewertung zulässig (s. Nr. 24 u. 34).
14	**Stetigkeitsgrundsatz**	Formell: Stetigkeitsgebot, aber faktisch bestehen zahlreiche Ausnahmen (§ 252 Nr. 6 HGB).	Strenge Auslegung des Stetigkeitsgrundsatzes; nur in begründeten Fällen sind Ausnahmen möglich.	Strenge Auslegung des Stetigkeitsgrundsatzes; nur in begründeten Fällen sind Ausnahmen möglich (IAS 8).
15	**Einheitlichkeit der Bewertung**	Die Buchwerte von zwei identischen Gegenständen können durch den geltenden Grundsatz der Einzelbewertung nach unterschiedlichen Abschreibungsmethoden vermindert werden.	Im Zuge des Stetigkeitsgrundsatzes gültig; gleiche Gegenstände sollen bilanziell gleich behandelt werden.	Im Zuge des Stetigkeitsgrundsatzes gültig; gleiche Gegenstände sollen bilanziell gleich behandelt werden.

lfd. Nr.	Kriterien	HGB	US-GAAP	IAS
	b. Grundsätze			
16	**Einzelbewertungs-grundsatz**	Gilt; Ausnahmen bestehen durch zulässige Inventur- und Bewertungsvereinfachungsverfahren (§ 256 HGB).	Gilt grundsätzlich; zahlreiche Ausnahmen sind möglich (Sammelbewertungsverfahren, Gruppenbewertung), z. B. bei Wertpapieren (Wertpapierportefeuilles); Gewinne u. Verluste dürfen verrechnet werden (s. Nr. 34).	Gilt grundsätzlich; zahlreiche Ausnahmen sind möglich (Sammelbewertungsverfahren, Gruppenbewertung), z. B. bei Wertpapieren (Wertpapierportefeuilles); Gewinne u. Verluste dürfen verrechnet werden.
17	**Stichtagsprinzip**	gilt (§ 252 Nr. 4 HGB)	gilt	gilt

Finanz- und Rechnungswesen 73

lfd. Nr.	Kriterien	HGB	US-GAAP	IAS
	c. Bilanzierung			
18	Bilanzgliederung	§§ 247, 266 HGB	Rule 5-02	IAS 5
19*	Begriff Vermögensgegenstand	Gegenstand des Rechtsverkehrs (statische Konzeption). Der Begriff Vermögensgegenstand ist gesetzlich nicht definiert. Für dessen Abgrenzung kommt nach herrschender Meinung dem Kriterium der Einzelbewertbarkeit eine entscheidende Bedeutung zu.	Dynamische Konzeption; zukünftiger wirtschaftlicher Nutzen als charakteristisches Merkmal. *Assets*: Ressourcen, die das Ergebnis vorangegangener Ereignisse unter dem Einfluss eines Unternehmens darstellen und von denen erwartet wird, dass sie einen zukünftigen Nutzen für das Unternehmen bringen.	Dynamische Konzeption; zukünftiger wirtschaftlicher Nutzen als charakteristisches Merkmal. *Assets*: Ressourcen, die das Ergebnis vorangegangener Ereignisse unter dem Einfluss eines Unternehmens darstellen und von denen erwartet wird, dass sie einen zukünftigen Nutzen für das Unternehmen bringen.
20*	Immaterielle Vermögensgegenstände	Aktivierungswahlrecht für nicht entgeltlich erworbene Vermögensgegenstände des Anlagevermögens (§ 248 Abs. 2 HGB). Aktivierungsgebot für entgeltlich erworbene immaterielle Vermögensgegenstände des Umlaufvermögens.	Aktivierungsverbot für nicht entgeltlich erworbene immaterielle Vermögensgegenstände (APB-17; SFAS 2).	Immaterielle Vermögensgegenstände sind noch in keinem IAS explizit erfasst. Hier sind insbesondere die Voraussetzungen des „*asset*" zu beachten. Im Einzelfall können daher auch selbst erstellte immaterielle Vermögensgegenstände aktiviert werden.
21	Sachanlagen	§ 247 Abs. 2 HGB	Rule 5-02	IAS 16
22	originärer Geschäfts- oder Firmenwert	Aktivierungsverbot	Aktivierungsverbot	Aktivierungsverbot
23*	derivativer Geschäfts- oder Firmenwert	Aktivierungswahlrecht	Aktivierungspflicht	Aktivierungspflicht

lfd. Nr.	Kriterien	HGB	US-GAAP	IAS
	c. Bilanzierung			
24	Forschungs- und Entwicklungskosten	Forschungskosten: Behandlung als Periodenaufwand. Erfolgswirksame Verrechnung in der Entstehungsperiode. Entwicklungskosten: Aktivierungsverbot.	Forschungskosten/Entwicklungskosten: Behandlung als Periodenaufwand. Erfolgswirksame Verrechnung in der Entstehungsperiode (SFAS 2).	Forschungskosten: Behandlung als Periodenaufwand. Erfolgswirksame Verrechnung in der Entstehungsperiode. Entwicklungskosten: Bei Erfüllung bestimmter Voraussetzungen Aktivierungspflicht (IAS 9).
25	Zuschüsse			IAS 20
26*	Beteiligungen	Es gilt grundsätzlich das Anschaffungskostenprinzip. Equity-Methode ist für den Einzelabschluss nicht zulässig, jedoch für den Konzernabschluss.	Für die Bilanzierung von Beteiligungen an assoziierten Unternehmen, joint ventures und Tochterunternehmen ist bei einer Beteiligungsquote von mehr als 20 % die Equity-Methode anzuwenden (APB-18, SFAS 94).	- Bilanzierung zu Anschaffungskosten oder - der Betrag, der sich aufgrund einer Neubewertung ergibt, - Einzelbewertung oder Portfoliobewertung. Letztgenannte ist aufgrund der Saldierung von Gewinnen und Verlusten mit dem HGB nicht vereinbar (IAS 25).
27	Joint Venture	§§ 311, 312 HGB		IAS 31
28	Assoziierte Unternehmen	§§ 285 Nr. 11; 313 Abs. 2 HGB		IAS 28
28a	Verbundene Unternehmen			IAS 24

Finanz- und Rechnungswesen

lfd. Nr.	Kriterien	HGB	US-GAAP	IAS
	c. Bilanzierung			
29	Leasing	Im Handelsrecht nicht geregelt; nach herrschender Meinung Ansatz beim wirtschaftlichen Eigentümer.	Bilanzierung beim wirtschaftlichen Eigentümer: Aktivierung beim Leasingnehmer im Fall des „capital lease" bzw. beim Leasinggeber im Fall des „operate lease".	Bilanzierung beim wirtschaftlichen Eigentümer: Aktivierung beim Leasingnehmer im Fall des „finance lease" bzw. beim Leasinggeber im Fall des „operate lease" (IAS 17).
29a	**Umlaufvermögen, Kurzfr. Verbindlichkeiten**			
30*	Latente Steuern	Ansatzpflicht nur bei passi.schen latenten Steuern. Wahlrecht bei aktivischen latenten Steuern (§ 274 HGB).	Ansatzpflicht von aktivischen wie auch passivischen Steuern (SFAS 109).	IAS 13 Ansatzpflicht von aktivischen wie auch passivischen Steuern (IAS 12).
31	Begriff Schuld/ Verbindlichkeit	Der Begriff Schuld ist gesetzlich nicht geregelt. Schulden werden als gegenwärtige und künftige rechtliche Belastungen aus Ansprüchen gegenüber Dritten bezeichnet. Schulden werden entweder als Verbindlichkeiten oder Rückstellungen ausgewiesen.	Der liability-Begriff umfasst nicht allein Verbindlichkeiten nach deutschem Verständnis, sondern auch Rückstellungen. *Liabilities:* gegenwärtige Verpflichtungen, die sich aus vorangegangenen Ereignissen ergaben und deren Begleichung zu einem erwarteten Ressourcenabfluss führt.	Der liability-Begriff umfasst nicht allein Verbindlichkeiten nach deutschem Verständnis, sondern auch Rückstellungen. *Liabilities:* gegenwärtige Verpflichtungen, die sich aus vorangegangenen Ereignissen ergaben und deren Begleichung zu einem erwarteten Ressourcenabfluss führt.
32	Rückstellungen	In Deutschland bestehen umfangreiche Möglichkeiten, Rückstellungen zu bilden. Der bilanzpolitische Spielraum ist groß (§ 249 HGB). Aufgrund der starken Gewichtung des Vorsichtsprinzips werden Rückstellungen vonseiten der Abschlussprüfer recht großzügig toleriert.	Sehr restriktive Handhabung. Rückstellungen dürfen gebildet werden, so weit sie Verpflichtungen gegenüber Dritten betreffen. Beachtung der Voraussetzungen für die „liabilities".	Sehr restriktive Handhabung. Rückstellungen dürfen gebildet werden, so weit sie Verpflichtungen gegenüber Dritten betreffen. Beachtung der Voraussetzungen für die „liabilities". Der Bereich der Rückstellungen ist nach IAS noch nicht abschließend geregelt.

lfd. Nr.	Kriterien	HGB	US-GAAP	IAS
	c. Bilanzierung			
33*	**Aufwandsrückstellungen**	Passivierungspflicht für unterlassene Aufwendungen für Instandhaltung, die im folgenden Geschäftsjahr innerhalb von drei Monaten nachgeholt werden. Passivierungswahlrecht für unterlassene Aufwendungen für Instandhaltung, wenn die Instandhaltung im folgenden Geschäftsjahr (unter Beachtung der Frist für die Passivierungspflicht) nachgeholt wird.	Passivierungsverbot	Passivierungsverbot (nicht abschließend geregelt)
34*	**Pensionsrückstellungen**	Passivierungswahlrecht für so genannte Altzusagen (Anwartschaftsbarwertverfahren). Passivierungspflicht für Neuzusagen. Berechnung nach dem Teilwertverfahren. Rechnungszins beträgt 6 %.	Passivierungspflicht. Berechnungen erfolgen anhand des Anwartschaftsbarwertverfahrens unter Berücksichtigung langfristiger Trendannahmen aus Lohn- u. Gehaltsentwicklung; Anwendung des aktuellen Kapitalmarktzinses am Bilanzstichtag (SFAS 87).	Passivierungspflicht unabhängig von Durchführungsweg, Leistungsverordnung oder Unternehmensart zur Erfassung von Altersversorgungszulagen i. R. d. des Jahresabschlusses. - Empfohlenes Verfahren: Anwartschaftsbarwertverfahren - Zulässiges Verfahren: Anwartschaftsdeckungsverfahren - Unabhängig von dem gewählten Verfahren Pflicht zur Berücksichtigung von Trendannahmen (Gehalts- u. Rentenentwicklungen) - Rechnungszins entspricht den aktuellen Kapitalmarktkonditionen (IAS 19, IAS 20).
35	**Eigenkapital**	§§ 266, 268 Abs. 3, 272, 283 HGB; 150 AktG	APB-12	

Finanz- und Rechnungswesen

lfd. Nr.	Kriterien	HGB	US-GAAP	IAS
	d. Bewertung			
36	Anschaffungs- bzw. Herstellungskosten	Anschaffungs- bzw. Herstellungskosten bilden die absolute Wertobergrenze.	Grundsätzlich bilden Anschaffungs- bzw. Herstellungskosten die Wertobergrenze, bis auf einige Ausnahmen: Portfoliobewertung der Wertpapiere des Umlaufvermögens; ein höherer Wertansatz ist z. B. auch bei Edelmetallen und Agrarprodukten möglich.	- Ähnlich wie in den USA und Deutschland: Anschaffungs- bzw. Herstellungskosten bilden die Wertobergrenze. - Analog zu den USA kann bei den Wertpapieren des Umlaufvermögens ggf. ein höherer Ansatz gewählt werden. - Portfolioverfahren für Wertpapiere des Umlaufvermögens i.R.d. Niederstwertprinzips ist zulässig. - Zahlreiche Ausnahmen i.R.d. Wahlrechte, vom Anschaffungshöchstwertprinzip abzuweichen.
37	Zusammensetzung der Anschaffungskosten	Für die Ermittlung der Anschaffungskosten gelten in beiden Ländern ähnliche Regelungen; die Anschaffungskosten gem. § 255 Abs. 1 HGB setzen sich aus dem Anschaffungspreis ./. Minderungen + nachträgliche Anschaffungskosten + Anschaffungsnebenkosten (nur Einzelkosten) zusammen.		Ähnlich wie in Deutschland und USA.
38*	Zusammensetzung der Herstellungskosten	Wertuntergrenze (Teilkosten) Wertobergrenze (Vollkosten) - Verbot der Aktivierung von Vertriebskosten - Einbeziehung von Fremdkapitalzinsen nur bedingt zulässig gemäß § 255 Abs. 3 HGB.	Die Herstellungskosten beinhalten die zurechenbaren Einzel- und Gemeinkosten. Wertuntergrenze (Vollkosten) + nicht zuordnungsfähige produktionsbedingte Verwaltungskosten = Wertobergrenze - Verbot der Aktivierung von Verwaltungsgemeinkosten sowie Vertriebs- und Leerkosten - Einbeziehung von Fremdkapitalzinsen nur bedingt zulässig.	Vergleichbar mit den Regelungen in den USA (IAS 2).

lfd. Nr.	Kriterien	HGB	US-GAAP	IAS
	d. Bewertung			
39*	Vorräte	Eine Bewertung ist maximal zu Anschaffungs- bzw. Herstellungskosten gem. § 255 HGB möglich.	Für bestimmte Güter (z. B. für Agrarprodukte, Mineralien) ist ein höherer Wertansatz als zu den ursprünglich historischen Kosten möglich. Bewertung zu Markt- oder Börsenpreisen.	Bewertung zu Anschaffungs- bzw. Herstellungskosten oder zum niedrigeren realisierbaren Nettoverkaufswert (net realisable value) (IAS 2).
40	Vorräte/Bewertungsvereinfachungsverfahren	LIFO auch steuerlich zulässig. FIFO steuerlich nicht zulässig. Festwertverfahren gem. § 240 Abs. 3 HGB (Wahlrecht).	Alle Methoden zulässig, aber unter Beachtung des „true and fair view".	- FIFO und gewogener Durchschnitt als empfohlenes Verfahren (benchmark, treatment) - LIFO alternatives Verfahren (allowed alternative treatment). Hier sind aber zusätzliche Angaben im Anhang erforderlich / Angabe zum fiktiv ermittelten Benchmark-Wert. - Festwertverfahren (Verbot).
41*	Langfristfertigung	Strenge Ausprägung des Realisationsprinzips. Gewinne dürfen erst nach Fertigstellung und Verkauf vereinnahmt werden, „completed contract method". Ausnahmefall Teilgewinnrealisierung (§ 252 Abs. 1 Nr. 4 HGB).	Gewinnrealisierung erfolgt entsprechend dem Baufortschritt „percentage of completion method". Anwendung der „completed contract method" nur im Fall Unmöglichkeit zuverlässiger Schätzungen.	Gewinnrealisierung erfolgt entsprechend dem Baufortschritt „percentage of completion method". Anwendung der „completed contract method" nicht gestattet. Bei Unmöglichkeit der Ertragsermittlungen Ertragsrealisierung i.H. entstandener erstattungsfähiger Aufwendungen (IAS 11).
42*	Wertpapiere des Umlaufvermögens	Grundsatz der Einzelbewertung. Bewertung zu Anschaffungskosten oder niedrigerer beizulegender Wert (§ 253 Abs. 3 HGB). Strenges Niederstwertprinzip.	Sammelbewertung des gesamten Portfolios. Bewertung zu fortgeführten Anschaffungskosten bzw. Pflicht zur Bewertung zum Marktpreis, falls dieser niedriger ist. Strenges Niederstwertprinzip (SFAS 12).	Bewertungswahlrecht: Bewertung zum Marktwert am Abschlussstichtag oder Bewertung nach dem Niederstwertprinzip (niedrigerer Wert zwischen Marktwert und Anschaffungskosten). Die Ermittlung des Wertansatzes im Rahmen des Niederstwertprinzips kann einzeln oder auf Portfolio-Basis erfolgen.

Finanz- und Rechnungswesen 79

lfd. Nr.	Kriterien	HGB	US-GAAP	IAS
		d. Bewertung		
43	kurzfristige Verbindlichkeiten	Ansatz zum Rückzahlungsbetrag.	Ansatz zum Rückzahlungsbetrag.	Ansatz zum Rückzahlungsbetrag.
44*	langfristige Verbindlichkeiten	Ansatz zum Rückzahlungsbetrag.	Ansatz zum Barwert.	Ansatz zum Rückzahlungsbetrag.
45	Planmäßige Abschreibungen	Für das abnutzbare Anlagevermögen besteht die Pflicht zu planmäßigen Abschreibungen.		Analog zu den Regelungen in den USA und Deutschland (IAS 4).
46	Außerplanmäßige Abschreibungen	Bei voraussichtlich dauerhafter Wertminderung sind außerplanmäßige Abschreibungen vorzunehmen. Bei Finanzanlagen besteht ein Abschreibungswahlrecht auf den niedrigeren beizulegenden Wert (§ 253 Abs. 2 Satz 3 HGB), wenn es sich nur um eine voraussichtlich vorübergehende Wertminderung handelt (gemildertes Niederstwertprinzip). Beim Umlaufvermögen sind auch bei vorübergehender Wertminderung außerplanmäßige Abschreibungen vorzunehmen (strenges Niederstwertprinzip).	Außerplanmäßige Abschreibungen können in den USA nur bei einer voraussichtlich dauerhaften Wertminderung vorgenommen werden. Aber bei vorübergehender Wertminderung des Finanzanlagevermögens ist die Wertberichtigung mit dem Eigenkapital erfolgsneutral zu verrechnen.	Abschreibungserfordernisse können sich grundsätzlich „nur" aus den Verhältnissen am Absatzmarkt ergeben. Weitgehend vergleichbar mit den Regelungen in den USA. Abschreibungspflicht bei einer voraussichtlich dauerhaften Wertminderung.
47*	Steuerliche Abschreibungen	Steuerliche Abschreibungen in der Handelsbilanz sind aufgrund der umgekehrten Maßgeblichkeit gültig.	Steuerliche Abschreibungen werden nicht berücksichtigt, da umgekehrte Maßgeblichkeit in den USA fehlt.	Die IAS enthalten zu diesem Bereich keine Regelungen.

lfd. Nr.	Kriterien	HGB	US-GAAP	IAS
	d. Bewertung			
48	Fremdkapitalzinsen	§§ 253, 255 HGB	SFAS 34, 93	IAS 23
49*	Wertaufholung	Für Kapitalgesellschaften gilt nach § 280 Abs. 1 HGB ein Wertaufholungsgebot, wenn die Gründe für die außerplanmäßige Abschreibung nicht mehr bestehen. Faktisch besteht aber - aus Rücksicht auf die Steuerbilanz - ein Wertaufholungswahlrecht nach § 280 Abs. 2 HGB.	In vielen Fällen ist es in den USA nicht möglich, nach Wegfall des Grundes der außerplanmäßigen Abschreibung eine Zuschreibung zu tätigen. Keine systematische Regelung im Sinne des § 280 HGB. Für die Wertpapiere des Umlaufvermögens besteht aber ein strenges Wertaufholungsgebot.	Wertaufholungsgebot auf den realisierten Nettoverkaufswert; höchstens jedoch zu Anschaffungs- bzw. Herstellungskosten.

Finanz- und Rechnungswesen

lfd. Nr.	Kriterien	HGB	US-GAAP	IAS
	e. konzernspezifische Regelungen			
50*	e.1 Konzernkonzeption	Einheitstheorie dominiert-Konzernabschluss ist „Einzelabschluss" der wirtschaftlichen Einheit „Konzern".	Keine Einigung über das Konzept. Vermischung von Einheitstheorie und Interessentheorie; Konzernabschluss: erweiterter Einzelabschluss des Mutterunternehmens.	Einheitstheorie dominiert.
51	e.2 Konsolidierungskreis			
52	Konzernrechnungslegungspflicht/Abgrenzung Tochterunternehmen	Gebunden an bestimmte Größenkriterien oder Rechtsformen. Konzept der einheitlichen Leitung (§ 290 Abs. 1 HGB) und Control-Konzept (§ 290 Abs. 2 HGE).	- Über-/Unterordnungsverhältnis (Control-Konzept) oder - Börsennotierung und die damit verbundene Testierungspflicht.	Über-/Unterordnungsverhältnis (Control-Konzept) (IAS 27).
53*	Konsolidierungswahlrechte	Gem. § 296 HGB Abs. 1 u. 2 HGB: - Bei erheblichen und andauernden Beschränkungen der Ausübung der Rechte des Mutterunternehmens - Beschaffung der relevanten Angaben ist mit unverhältnismäßig hohen Kosten oder Verzögerungen verbunden - Anteile des Tochterunternehmens werden ausschließlich zum Zwecke der Weiterveräußerung gehalten - untergeordnete Bedeutung des Tochterunternehmens	Keine Wahlrechte.	Keine konkreten Wahlrechte. Einbeziehungswahlrecht kann aber aus dem Framework abgeleitet werden: - Beschaffung der relevanten Angaben ist mit unverhältnismäßig hohen Kosten oder Verzögerungen verbunden.

lfd. Nr.	Kriterien	HGB	US-GAAP	IAS
	e. konzernspezifische Regelungen			
	e.2 Konsolidierungskreis			
54	Konsolidierungsverbote	Einbeziehungsverbot gem. § 295 HGB bei stark abweichenden Tätigkeiten.	Einbeziehungsverbot bei fehlender Beherrschungsmöglichkeit oder Weiterveräußerungsabsicht.	Einbeziehungsverbot, wenn die Anteile am Tochterunternehmen nur zum Zwecke der beabsichtigten Weiterveräußerung gehalten werden, oder das Tochterunternehmen arbeitet unter erheblichen Beschränkungen, die die Möglichkeit für Transferzahlungen an das Mutterunternehmen erheblich beeinträchtigen.
55	Befreiende Konzernabschlüsse	Nach § 291 und § 292 HGB möglich; an bestimmte Anforderungen geknüpft.	Nicht vorgesehen.	Befreiung ist möglich; aber nur bei Mutterunternehmen, die zu 100 % Tochterunternehmen bzw. nahezu vollständig im Besitz eines übergeordneten Mutterunternehmens sind. IAS-Regelungen enger als die des HGB.
56	*e.3 Vollkonsolidierung*			
57	Anteilserwerb	Purchase-Methode (Buchwert und Neubewertungsmethode).	Purchase-Methode (Neubewertungsmethode).	Purchase-Methode (Buchwertmethode als benchmark treatment und Neubewertungsmethode als allowed alternative treatment).

Finanz- und Rechnungswesen

83

lfd. Nr.	Kriterien	HGB	US-GAAP	IAS
	e. konzernspezifische Regelungen			
	e.3 Vollkonsolidierung			
59	Anteilstausch	Pooling of Interests-Methode; Wahlrecht zur Purchase-Methode bei Erfüllung bestimmter Voraussetzungen.	Pflicht zur Anwendung der Pooling of Interests-Methode bei Erfüllung restriktiver Voraussetzungen. Faktisch kann von einem Wahlrecht gesprochen werden; durch individuelle Vertragsgestaltung besteht ein gewisser Spielraum zur Anwendung der Pooling of Interests-Methode oder Purchase-Methode.	Pflicht zur Anwendung der Pooling of Interests-Methode bei Erfüllung restriktiver Voraussetzungen.
60*	Behandlung eines Geschäfts- oder Firmenwertes aus der Kapitalkonsolidierung	Aktivierung; Abschreibung um mindestens 25 % oder offene Verrechnung mit den Rücklagen.	Aktivierungspflicht und grundsätzlich lineare Abschreibung über die voraussichtliche Nutzungsdauer (höchstens jedoch 40 Jahre). Erfolgsneutrale Verrechnung mit den Rücklagen oder sofortige Aufwandsverrechnung unzulässig.	Aktivierungspflicht; lineare Abschreibung grundsätzlich über fünf Jahre, jedoch in begründeten Ausnahmefällen über max. 20 Jahre. Eine erfolgsneutrale Verrechnung des Goodwill ist ab dem Geschäftsjahr 1995 nicht mehr möglich.
61	Behandlung eines negativen Unterschiedsbetrags aus der Kapitalkonsolidierung	Passivierungspflicht und Auflösung nur unter bestimmten Voraussetzungen: - Eintritt von erwarteten Verlusten (Badwill) - Gewinn aus Erwerb einer Beteiligung (lucky-buy)	Zeitwerte des Anlagevermögens (nur Sachanlagevermögen, nicht Finanzanlagevermögen) sind zu kürzen und möglicherweise bis auf Null abzuschreiben. Ein verbleibender Restbetrag ist bei den passivischer RAP auszuweisen. Erfolgswirksame Auflösung über max. 40 Jahre.	Benchmark Treatment: Proportionale Verteilung des Unterschiedsbetrags auf die erworbenen nichtmonetären Aktiva. Ein verbleibender Betrag ist als Badwill zu passivieren und erfolgswirksam über max. 20 Jahre aufzulösen. Allowed Alternative Treatment: Passivierung des gesamten Badwill. Auflösung analog zur Benchmark-Methode.

lfd. Nr.	Kriterien	HGB	US-GAAP	IAS
	e. konzernspezifische Regelungen			
	e.4 weitere Konsolidierungsmethoden/prozesse			
62				
63	**Anwendung der Quotenkonsolidierung**	Wahlrecht für Gemeinschaftsunternehmen alternativ zur Equity-Methode.	Generell nicht zulässig (Anwendung nur für bestimmte Branchen, z.B. Öl- und Gasindustrie).	Wahlrecht für Gemeinschaftsunternehmen. Benchmarkt Treatment: Quotenkonsolidierung. Allowed Alternative Treat.: Equity-Methode.
64	**Equity-Methode**	Anwendungspflicht bei assoziierten Unternehmen. Ausnahmen: - Beteiligung von untergeordneter Bedeutung (Wahlrecht zur Anwendung der Equity-Methode). Methoden zur Bewertung: - Buchwertmethode - Kapitalanteilsmethode.	Anwendung bei assoziierten Unternehmen und bei Gemeinschaftsunternehmen in der Rechtsform der „corporation". Methoden der Bewertung: - Kapitalanteilsmethode.	Anwendungspflicht bei assoziierten Unternehmen. Ausnahmen: - Beteiligung von untergeordneter Bedeutung (Wahlrecht zur Anwendung der Equity-Methode). - Ausübung der Rechte des einbezogenen Unternehmens sind eingeschränkt (Verbot der Anwendung der Equity-Methode). Methoden der Bewertung: - Buchwertmethode - Kapitalanteilsmethode nicht zulässig.
65	**Währungsumrechnung**	Keine Vorschriften.	Konzept der funktionalen Währung. Bei weitgehender Unabhängigkeit des Tochterunternehmens gilt die ausländische Währung als sog. Funktionalwährung. Im umgekehrten Fall wird zur Landeswährung des Mutterunternehmens umgerechnet.	Konzept der funktionalen Währung. Bei weit gehender Unabhängigkeit des Tochterunternehmens gilt die ausländische Währung als sog. Funktionalwährung. Im umgekehrten Fall wird zur Landeswährung des Mutterunternehmens umgerechnet.

Finanz- und Rechnungswesen

lfd. Nr.	Kriterien	HGB	US-GAAP	IAS
	f. Offenlegung			
66	Kapitalflussrechnung		Bestandteil des Jahresabschlusses SFAS 14	Bestandteil des Jahresabschlusses IAS 7
67	Segmentberichterstattung	§ 314, Abs. 1 Nr. 3 HGB	SFAS 14	IAS 14
68	Ereignisse nach dem Bilanzstichtag	Lagebericht, §§ 259, 315 HGB	SFAS 5	IAS 10

Wir sind der Meinung, dass diese Entwicklung weitergeht und im Rahmen der zunehmenden Harmonisierung auf EU-Ebene auch in Deutschland ein Bilanzierungsstandard geschaffen wird, der mit internationalen Normen vergleichbar ist und gerade auf der Ebene des Konzernabschlusses von den Gläubigerschutzprinzipien des Handelsgesetzbuches abweichen wird. Dafür spricht auch, dass die Maßgeblichkeit der Handelsbilanz für die Steuerbilanz im Rahmen der Entwicklung der Steuergesetzgebung in Deutschland in den letzten Jahren zunehmend durchbrochen wird und wir in der Tendenz eine weit gehende Abkopplung der Steuerbilanz von der Handelsbilanz bekommen werden.

Der Vorteil der US-amerikanischen Bilanzierungsprinzipien besteht darüber hinaus aber auch darin, dass eine stärkere Integration zwischen internem und externem Rechnungswesen möglich ist und viele Überleitungsbrücken, die wir heute zwischen Controlling und Rechnungswesen verwenden, damit nicht mehr erforderlich sind.

2 Controllinggerechte Kostenrechnung

2.1 Verfahren der Kostenrechnung

Die Verfahren der Kostenrechnung lassen sich unterscheiden nach dem Zeitbezug des Kostenrechnungsverfahrens sowie nach dem Umfang der auf die Kostenträger verrechneten Kostenarten:

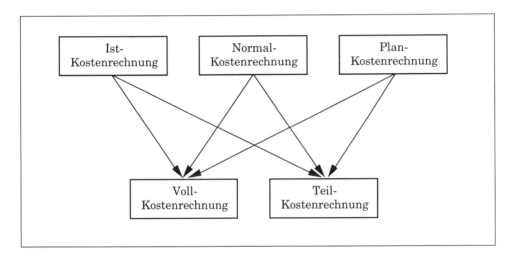

2.1.1 Ist-Kostenrechnung

Die Ist-Kostenrechnung ist das älteste Kostenrechnungsverfahren. Kennzeichnend für die Ist-Kostenrechnung ist die ausschließliche Berücksichtigung der tatsächlich anfallenden Kosten der Periode. Diese Ist-Kosten ergeben sich als effektiv verbrauchte Mengen (Ist-Verbrauchsmengen) multipliziert mit den effektiv gezahlten Preisen (Ist-Preise).

Die Hauptaufgabe der Ist-Kostenrechnung ist die Kostenerfassung und Kostenverrechnung auf Produkte, insbesondere zum Zweck der Nachkalkulation. Daneben soll durch Vergleich mit Planwerten festgestellt werden, bei welchen Kostenarten, Verbräuchen und Preisen Abweichungen gegenüber der Vorkalkulation aufgetreten sind.

Die reine Ist-Kostenrechnung als alleiniges Kostenrechnungssystem ist für das Controlling nicht brauchbar, da sie keine Analyse und Kontrolle und somit Ansatzpunkte für Gegensteuerungsmaßnahmen erlaubt.

2.1.2 Normal-Kostenrechnung

Die Normal-Kostenrechnung ist eine Weiterentwicklung der Ist-Kostenrechnung und stellt den konsequenten Übergang zur noch zu erwähnenden Plan-Kostenrechnung dar. Kennzeichen der Normal-Kostenrechnung ist das Rechnen mit so genannten Normal-Kosten als Durchschnitt der Ist-Kosten vergangener Perioden. Diese Normal-Kosten wurden in der Regel verwendet für Planmengen bzw. Planzeiten bei den Einzelkosten sowie als so genannte normalisierte Kalkulationssätze für die Kostenträgerrechnung.

Die Normal-Kostenrechnung führte zu einer wesentlichen Vereinfachung der Kostenrechnung, da durch die Verwendung von normalisierten Kosten die Erfassung der Wareneinsatzkosten erheblich erleichtert wurde und darüber hinaus die Kalkulation durch die Verwendung fester Kalkulationssätze problemloser durchzuführen ist. Die Normal-Kostenrechnung gestattet somit schon erste Ansätze einer Kostenkontrolle, indem sie zeigt, wieweit die Ist-Kosten von den Normal-Kostenwerten abweichen.

Die Normal-Kostenrechnung besitzt den wesentlichen Nachteil, dass durch die Normalisierung der Kostenentwicklung vergangener Perioden der „Schlendrian" normalisiert wird und für die Zukunft weiterhin Gültigkeit besitzt. Hierdurch wird jegliche Veränderung, die in zukünftigen Perioden erfolgen kann, ignoriert und immer auf den Durchschnitt der Vergangenheit normiert.

Aus vorstehenden Gründen ist auch die Normal-Kostenrechnung für ein funktionierendes Controlling-System nicht geeignet, da sie lediglich eine rechentechnische Vereinfachung gegenüber der Ist-Kostenrechnung bildet, nicht aber die fundamentalen Funktionen Analyse und Gegensteuerung ausreichend erfüllt.

2.1.3 Plan-Kostenrechnung

Während sowohl die Ist-Kostenrechnung als auch die Normal-Kostenrechnung Daten der Vergangenheit verwenden, geht die Plan-Kostenrechnung von der expliziten Planung von Mengen- und Wertgrößen aus. Kennzeichnend ist, dass die Plan-Kostenrechnung alle Mengen und Wertgrößen nach Untersuchung ihrer zukünftigen Entwicklung plant und festlegt. Die Vergangenheitswerte haben dabei in der Regel nur Plausibilitätsfunktion, indem sie Hilfestellung bei der Überprüfung des Realitätsgehalts der Plangrößen geben.

Es liegt aber noch ein weiterer wesentlicher Unterschied gegenüber den beiden anderen Kostenrechnungsverfahren vor. Die in der Plan-Kostenrechnung ermittelten Plangrößen haben für die einzelnen Kostenbereiche Vorgabecharakter. Sie sind nicht allein analytisch ermittelte Zahlenwerte, sondern fordern die Kostenstellenleiter auf, diese Werte auch zu erreichen. Durch diesen Vorgabecharakter erhält die Planung Verbindlichkeit und die Forderung nach Planerreichung. Die Plan-Kostenrechnung gestattet damit eine effektive Kostenkontrolle und Analyse der Abweichungsursachen durch den Plan-Ist-Vergleich und liefert damit Ansatzpunkte für Gegensteuerungsmaßnahmen. Sie erfüllt in Verbindung mit der Ist-Kostenrechnung die Voraussetzungen für ein zieladäquates Controlling-System.

Die Plan-Kostenrechnung besitzt im Wesentlichen drei unterschiedliche Formen:

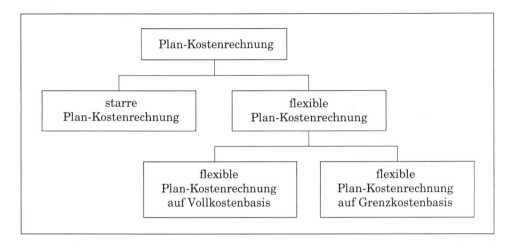

Bei der starren Plan-Kostenrechnung werden für jede Kostenstelle die nach Kostenarten differenzierten Plan-Kosten für einen einzigen Beschäftigungsgrad (Planbeschäftigung) ermittelt. Aus der Division der geplanten Kosten einer Kostenstelle durch die Plan-Beschäftigung ergibt sich der Plan-Kalkulationssatz (als Vollkostensatz) dieser Kostenstelle. Dieser Plan-Kalkulationssatz wird für die Kalkulation multipliziert mit der Ist-Beschäftigung und als verrechnete Plan-Kosten auf die Kostenträger verrechnet. Der wesentliche Nachteil dieses Verfahrens liegt darin, dass in den Abrechnungsperioden keine Umrechnung der Plan-Kosten auf die Ist-Beschäftigung durchgeführt wird, sodass die Kostenkontrolle wenig aussagefähig ist. Zudem verstößt dieses Verfahren gegen das Kostenverursachungsprinzip, da Fixkosten auf Kostenträger verrechnet werden. Für ein Controlling-System ist dieses Verfahren nicht brauchbar.

Die flexible Plan-Kostenrechnung auf Vollkostenbasis geht einen Schritt weiter und trennt im Rahmen der Kostenstellenrechnung, also für Zwecke der Kostenkontrolle, die Plankosten in fixe und variable Bestandteile. In der Kostenträgerrechnung, also für Zwecke der Kalkulation, wird aber weiterhin mit den verrechneten Plankosten als Multiplikation der Ist-Beschäftigung mit dem Plankosten-Verrechnungssatz auf Vollkostenbasis gearbeitet. Somit verstößt auch dieses Verfahren gegen das Prinzip der Kostenverursachung, da Fixkosten auf Kostenträger verrechnet werden. Positiv zeigt sich hierbei, dass durch die Ermittlung der Soll-Kosten, die sich durch Multiplikation der geplanten variablen Kosten mit der Ist-Beschäftigung ergeben, eine differenzierte Kostenkontrolle auf der Ebene der Kostenstelle ermöglicht wird. Die flexible Plan-Kostenrechnung hat den Weg zu Abweichungsanalysen – auf die wir später noch zu sprechen kommen – geöffnet, indem sie erstmals Preisabweichungen, Verbrauchsabweichungen und Beschäftigungsabweichungen ermittelt hat. Dabei sind für ein Controlling-System die

Preisabweichung und die Verbrauchsabweichung wesentliche Analyseinstrumente, während die Beschäftigungsabweichung in einem Controlling-System keine Berechtigung hat, da sie de facto lediglich eine Kalkulationskorrektur darstellt, die angibt, ob mehr oder weniger Fixkosten auf Kostenträger verrechnet werden. Insofern ist auch die flexible Plan-Kostenrechnung auf Vollkostenbasis als Lenkungsinstrument im Rahmen eines Controlling-Systems nicht brauchbar.

Die bisher beschriebenen Kostenrechnungssysteme können danach unterschieden werden, ob sie auf Vollkostenbasis oder auf Teilkostenbasis erstellt werden.

2.2 Kostenrechnungssysteme auf Vollkosten- oder Teilkostenbasis

2.2.1 Vollkostenrechnung

Als Vollkostenrechnung wird ein Kostenrechnungssystem bezeichnet, bei dem auf die Produkte nicht nur die direkt von diesen Produkten verursachten Kosten zugerechnet, sondern mithilfe von Umlage- und Zurechnungsschlüsseln auch die so genannten Gemeinkosten auf die Kostenträger verrechnet werden. Diese Schlüsselung der Gemeinkosten ist zwar ein strenger Verstoß gegen das Kostenverursachungsprinzip, aber in der Praxis noch weit verbreitet. Die angewendeten Umlageschlüssel sind vielfach falsch. Sie stimmen nur dann, wenn die Istbeschäftigung mit der Planbeschäftigung identisch ist und führen zu positiven Gewinnüberraschungen, wenn die Istbeschäftigung über der Planbeschäftigung liegt. Da dies in den Zeiten der Hochkonjunktur in der Regel der Fall war, besaß man bei diesem Verfahren gegenüber der Planung eine „stille Ergebnisreserve". Ist allerdings das Gegenteil der Fall, so führt dieses Verfahren zu erheblichen Ergebnisüberraschungen zu Zeitpunkten, wo Gegensteuerungsmaßnahmen nicht mehr möglich sind.

Dieses Verfahren verfälscht jede Kostentransparenz und führt leicht zu Fehlentscheidungen. Im Rahmen einer Bereichsergebnisrechnung hat derjenige, der für den Umlageschlüssel verantwortlich ist, immer die Möglichkeit, durch Veränderung der Schlüsselgrößen Bereiche mit Kosten zu belasten, die diese nicht verursacht haben. Letztlich führt dieses System zu einer erheblichen Verwirrung und bietet nicht die notwendige Unterstützung im Rahmen eines Steuerungssystems. Für ein Controlling-System ist die Vollkostenrechnung daher nicht brauchbar.

2.2.2 Teilkostenrechnung

In der Teilkostenrechnung wird nicht auf die Berücksichtigung eines Teils der Kosten verzichtet. Die Teilkostenrechnung beachtet vielmehr konsequent das Kostenverursachungsprinzip und trennt die betrieblichen Kosten in

❑ leistungsabhängige Kosten und
❑ Bereitschaftskosten.

Auf die Produkte werden nur die Kosten verrechnet, die die Produkte verursacht haben. Diese Kosten werden auch als

❑ Grenzkosten oder
❑ variable Kosten

bei linearen Kostenverläufen bezeichnet. Als Grenzkosten bezeichnet man allgemein den Kostenzuwachs, der durch die Produktion der jeweils letzten Produktionseinheit eines Gutes entsteht.

Die Bereitschaftskosten hingegen sind abhängig von Entscheidungen über den Umfang der betrieblichen Kapazität und haben Fixkosten-Charakter, d.h., sie verändern sich mit der Anzahl der hergestellten Produkte nicht. Die Teilkostenrechnung liefert damit eine exakte Analyse der Kostenentstehung und macht die spätere Ursachenanalyse bei Abweichungen transparent und entscheidungsadäquat.

Dieses Prinzip der Teilkostenrechnung wird von der flexiblen Plan-Kostenrechnung auf Grenzkostenbasis eingehalten. Durch konsequente Trennung von fixen Kosten und Grenzkosten sowohl auf der Ebene der Kostenstelle für Zwecke der Kostenanalyse und Kostenkontrolle als auch für Zwecke der Kalkulation gibt dieses Verfahren die Kostenentstehung im Unternehmen exakt wieder und ermöglicht detaillierte Abweichungsanalysen, die im Wesentlichen als Preis- und Verbrauchsabweichungen durchgeführt werden. Dieses Kostenrechnungsverfahren wird den Anforderungen, die vom Controlling an ein Kostenrechnungsverfahren gestellt werden, vollauf gerecht.

2.3 Fehlerquellen durch die Vollkostenrechnung

2.3.1 Ein Produkt bringt keinen Gewinn

Die Vollkostenrechnung strebt die konsequente Verteilung aller in der Unternehmung anfallenden Kosten auf die einzelnen Produkte an. Dieses geschieht mithilfe von Zuschlagssätzen, mit denen über Prozentzuschläge auf die Einzelkosten die Gemeinkosten auf die Kostenträger verteilt werden. Zusätzlich erhält jedes Produkt noch einen Gewinnzuschlag:

	Fertigungsmaterial
+	Material-Gemeinkosten
=	Material-Kosten
+	Fertigungs-Lohn
+	Fertigungs-Gemeinkosten
=	Herstellkosten
+	Verwaltungs-Gemeinkosten
+	Vertriebs-Gemeinkosten
=	Selbstkosten
+	Gewinnzuschlag
=	Preis

Diese Vorgehensweise führt zu dem Anschein, als erziele die Unternehmung mit jedem abgesetzten Produkt (auch mit dem ersten, das in einer Periode abgesetzt wird) einen Gewinn:

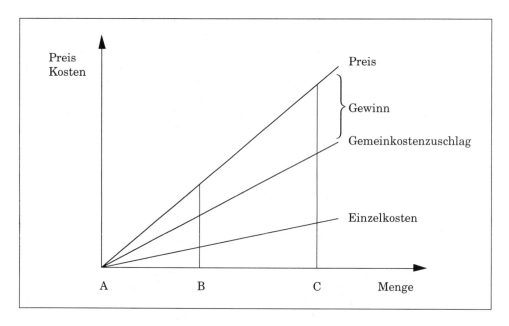

Wie die Abbildung zeigt, wird mit jedem abgesetzten Produkt Gewinn erzielt (Differenz zwischen Preis und Einzel- und Gemeinkosten), wobei dieser Gewinn vom Punkt A an permanent steigt.

Diese Vorgehensweise geht an der betrieblichen Wirklichkeit vorbei. Das einzelne Produkt führt erst dann zur Gewinnerhöhung, wenn der Gesamtfixkostenblock der Unternehmung abgedeckt ist. Bis zu diesem Punkt (Gewinnschwelle) führt der Absatz der Produkte zur Verlustminderung in Höhe der Deckungsbeiträge der abgesetzten Produkte:

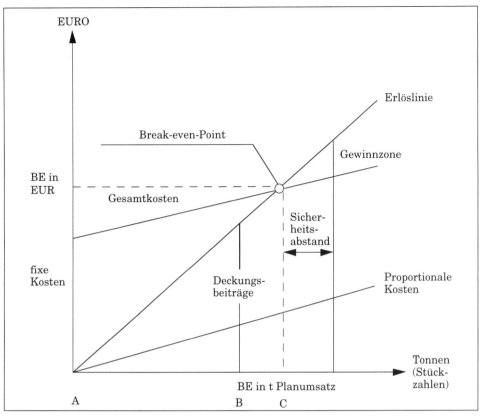

Wie die Abbildung zeigt, entsteht bis zum Punkt C ein Verlust; erst bei Mengen, die oberhalb des Punktes C liegen, macht die Unternehmung Gewinn. Hingegen zeigte die Vollkostenrechnung in der Abbildung auf S. 92, dass vom Punkt A an Gewinne entstehen. Diese Aussage kann die Vollkostenrechnung nur deshalb machen, weil sie die Fixkosten über die Zuschlagssätze künstlich proportionalisiert und damit ihren von der abgesetzten Produktmenge unabhängigen Charakter ignoriert.

Die Betrachtung zeigt, dass die Unterscheidung von Gemeinkostenzuschlag und Gewinnzuschlag irreführend ist. Produkte bringen niemals Gewinn, sondern tragen in Höhe des Überschusses der Erlöse über die Grenzkosten zur Abdeckung des Fixkostenblocks der Unternehmung bei. Bis zur Gewinnschwelle führen diese Deckungsbeiträge zur Deckung des Fixkostenblocks und damit zur Verminderung des Verlustes in Höhe der geplanten Fixkosten. Jenseits der Gewinnschwelle führen die Deckungsbeiträge bei konstanten Fixkosten unmittelbar zur Gewinnerzielung.

2.3.2 Irreführung durch Zuschlagssätze

Eine Vollkostenrechnung, bei der über Zuschlagssätze Fixkosten künstlich proportionalisiert werden, führt nur dann zu richtigen Ergebnissen, wenn im nachhinein die Ist-Beschäftigung mit der Plan-Beschäftigung identisch ist. In allen übrigen Fällen stecken in den Zuschlagssätzen erhebliche Fehlerquellen, die sich wie folgt zusammenfassen lassen:

- Die Umlage der allgemeinen Kostenstellen und der Hilfskostenstellen durch Prozentsätze auf Basis der von den Hauptkostenstellen verursachten Einzelkosten ist fehlerhaft, weil bei Verschiebungen innerhalb dieser Kostenarten der Umlageschlüssel den Fehler verzerrt wiedergibt.
- Verschiebungen zwischen Lohn und Material gegenüber der Planung werden durch Zuschlagssätze verzerrt und übertrieben.
- Die Höhe der Zuschlagssätze hängt von der Umsatzerwartung ab. Bei optimistischer Umsatzerwartung sind die Zuschlagssätze entsprechend niedrig, obwohl gerade in diesem Falle durch Ausnutzung einer günstigen Marktsituation ein hoher Preis gefordert werden könnte. Im umgekehrten Fall sind bei pessimistischer Umsatzprognose die Zuschlagssätze entsprechend hoch, was dazu führt, dass das Unternehmen sich bei einer ohnehin prekären Marktsituation durch hohe Preise zusätzlich aus dem Markt hinausmanövriert.
- Durch Normalisierung über den Zuschlagssatz werden Aufträge vergleichsweise teurer, sofern sie den Fixkostenblock nur gering ausnutzen. Arbeitet die Konkurrenz mit einem flexiblen Deckungsbeitragsverfahren, so wird sie bei Aufträgen mit geringer Fixkostenauslastung günstiger sein, was dazu führt, dass die interessanten Aufträge an die Konkurrenz gehen.

Trotz dieser erheblichen Mängel fragt man sich, wieso die Vollkostenrechnung mit der Zuschlagskalkulation solange überlebt hat und auch heute noch gerne gebraucht wird. Hierfür gibt es folgende Erklärungen:

- Die Vollkostenrechnung suggeriert durch ihre übertriebene Genauigkeit dem Anwender, dass nichts falsch gemacht wird und alles exakt abläuft.
- Die Zuschlagssätze geben Gewissheit: nämlich die Gewissheit, dass nach Schlüsselung der Kosten auf die Kostenträger keine Kosten in den Kostenstellen übrigbleiben und die Kostenstellen von den Kosten „befreit sind". Es werden also keine Kosten vergessen.
- Die Vollkostenrechnung und die Art der Schlüsselung sowie die daraus resultierenden Ergebnisse sind für Außenstehende nicht nachvollziehbar und transparent. Der einzige, der durchblickt, ist derjenige, der mit diesem System täglich umgeht und damit die einzelnen Abteilungen im Unternehmen willkürlich vor überraschende Ergebnisse stellen kann.

2.4 Schwierigkeiten in der betrieblichen Praxis

Die in der Theorie leicht zu vollziehende Trennung der einzelnen Kosten nach den wesentlichen Unterscheidungskriterien gestaltet sich in der betrieblichen Praxis nicht reibungslos. Um hier von Anfang an eine klare Linie zu besitzen, ist es erforderlich, vor Aufbau des Controlling-Systems festzulegen, welche Kostenart in welche Kategorie fällt. Dabei lassen sich folgende Kategorien unterscheiden:

(1) Einteilung der Kosten nach der Erfassbarkeit

Die Einteilung der Kosten nach der Erfassbarkeit richtet sich nach der in der klassischen Betriebsbuchhaltung vollzogenen Trennung der Kosten nach Einzel- und Gemeinkosten. Einzelkosten sind die Kosten, die über Belege produkt- oder auftragsweise erfassbar sind. Gemeinkosten hingegen lassen sich nicht relativ zum einzelnen Produkt oder Auftrag erfassen, sondern fallen auf der Ebene der Kostenstellen an und werden durch Schlüsselung den Kostenträgern zugerechnet.

(2) Einteilung der Kosten nach der Struktur

Die Einteilung der Kosten nach der Struktur trennt Grenzkosten und Fixkosten voneinander. Grenzkosten sind dabei alle Kosten, die ein Produkt oder Auftrag zu seiner physischen Existenz benötigt. Es sind die Kosten, die durch ein zusätzliches Produkt oder einen zusätzlichen Auftrag entstehen. Fixkosten sind hingegen Bereitschaftskosten, deren Höhe abhängig ist von bestimmten Entscheidungen über die Kapazität der Periode.

Die Kernprobleme in der Praxis zeigen sich bei der Trennung zwischen den Grenzkosten und Fixkosten einerseits und ihrer Abgrenzung zu den Einzel- und Gemeinkosten andererseits:

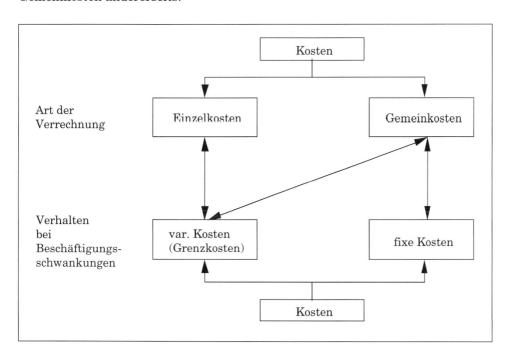

Während Einzelkosten eindeutig Grenzkostencharakter besitzen, tauchen die größten Probleme bei den Gemeinkosten auf, die sich aus abrechnungstechnischen Vereinfachungen nur auf der Ebene der Kostenstelle erfassen lassen, aber den Charakter von Grenzkosten besitzen (z.B. Hilfs- und Betriebsstoffe, Energie etc.).

(3) Einteilung der Kosten nach der Beeinflussbarkeit

Dieses Gliederungskriterium teilt die Kosten danach ein, inwieweit die Höhe der betreffenden Kostenart sich kurzfristig, mittelfristig oder nur langfristig beeinflussen lässt.

Entscheidend ist dabei, dass hier eine exakte Trennung von den Grenzkosten und Fixkosten vorgenommen werden muss. In der Praxis ist häufig festzustellen, dass kurzfristig beeinflussbare Kosten mit den Grenzkosten gleichgesetzt und langfristig beeinflussbare Kosten als Fixkosten bezeichnet werden. Diese Gleichsetzung ist nicht richtig und kann leicht zu Fehlentscheidungen führen.

(4) Einteilung der Kosten nach der Entscheidungsrelevanz

Dieses Kriterium trennt die Kosten danach, ob sie für eine bestimmte Entscheidungssituation von Bedeutung sind oder nicht. Die Frage, die dabei zu stellen ist, lautet: Beeinflusst diese Entscheidung die Höhe der Kosten oder nicht?

Welche Kostenart den genannten Kriterien in welcher Situation zugeordnet werden muss, ist wesentlich abhängig von der Leistungsstruktur der Unternehmung. Es empfiehlt sich in jedem Falle, bei Aufbau eines Controlling-Systems die Kostenarten nach einer Checkliste, die obige vier Einteilungskriterien verwendet, zu systematisieren. Dazu hat der Controller eine enge Kommunikation mit dem technischen Bereich aufrecht zu erhalten. Im Prinzip sollte gelten, dass der Nutzen der Zuordnung zu einem bestimmten Kriterium in angemessenem Verhältnis zu dem Aufwand steht, der zu dieser Einteilung erforderlich ist. Es ist besser, auf die Zuordnung einer Kostenart zu den Grenzkosten zu verzichten, wenn die Zuordnung nur mit erheblichem Aufwand möglich ist. In der Regel sind derartige Kostenarten in ihrem Gesamtvolumen so unbedeutend, dass sich der Verzicht der Zuordnung für Entscheidungssituationen nie negativ auswirkt.

Albrecht Deyhle hat eine recht einfache Check-List im Controller-Magazin Nr. 2/1976 auf Seite 45 ff. dargestellt, die als erster Einstieg dienen kann. In dieser Check-List sind die unterschiedlichen Einteilungsmöglichkeiten der Kosten nach der Struktur, der Beeinflussbarkeit und der Erfassbarkeit als Einzelkosten bezogen auf das jeweilige Produkt oder die Produktlinie systematisiert. Dabei werden von Deyhle folgende Kostenarten zugeordnet:

Controllinggerechte Kostenrechnung 97

Kostenart	1) Einteilung nach Struktur	2) Beeinflussbarkeit	3) Erfassbarkeit (je Prod.)
Entwicklungskosten (Grundlagenforschung)	Fixkosten	mittelfristig	Gemeinkosten
Anwendungstechnik f. bestimmte Verfahren	Fixkosten	mittelfristig	Einzelkosten
Artikeldir. Anzeigen	Fixkosten	kurzfristig	Einzelkosten
Firmenwerbung (Image)	Fixkosten	kurzfristig	Gemeinkosten
Maschinenbedienung Konfektionierung	Grenzkosten	mittelfristig	Einzelkosten
Arbeitgeberanteile zur Sozialversicherung bei Fertigungslöhnen	Grenzkosten	gar nicht	Einzelkosten
Bezahlte Fehlzeit wegen Krankheit	Fixkosten	mittelfristig	Gemeinkosten
Gehälter in Debitorenbuchhaltung	a) bei Industrie und Handel: Fixkosten b) in Büro für Lohndienstbuchhaltung: Grenzkosten	mittelfristig mittelfristig	Gemeinkosten Einzelkosten
Gehälter Arbeitsvorbereiter	Fixkosten	mittelfristig	Gemeinkosten
Sachbearbeiter „Einkauf" nach Warengruppen	Fixkosten	mittelfristig	Einzelkosten
Schadensbearbeitung von Versicherungsfällen	a) im Versicherungsbetrieb: Grenzkosten b) beim Versicherungsnehmer: Fixkosten	mittelfristig kurzfristig	Einzelkost. je Sparte Gemeinkosten
Artikeltypische Modellkosten (nicht verschleißbedingt)	a) bei Auftragsproduktion nach Kundenwunsch: Auftrags-Grenzk. b) Kraft eigener Idee bei Serienfertigung: Fixkosten	kurzfristig nicht mehr	Einzelkosten Einzelkosten
Stornokosten, wenn Vertrieb über Handel und Direct Mail	Fixkosten, weil mit der Organisation des Vertriebswegs verknüpft	mittelfristig	Gemeinkosten: Einzelkosten nur je Vertriebsweg

Kostenart	1) Einteilung nach Struktur	2) Beeinflussbarkeit	3) Erfassbarkeit (je Prod.)
Stück-Lizenz für Marketing oder Entwicklung	Fixkosten	langfristig	Einzelkosten
Stück-Lizenz für Fertigung	Grenzkosten	langfristig	Einzelkosten
Tabaksteuer	Erlösschmälerung	gar nicht	Einzelkosten
Frachten	a) bei Einzelfertigung Auftragsgrenzkosten	kurzfristig	Einzelkosten
	b) bei Serienfertigung Erlösschmälerung	kurzfristig	Gemeinkosten
Konstruktionsstunden	a) bei Offert-Arbeit Fixkosten	kurzfristig	teilweise Einzelkosten
	b) Auftrags-Ausführ. Grenzkosten	mittelfristig	Einzelkosten
Garantiekosten	a) technisch bedingt: Grenzkosten	mittelfristig	Gemeinkosten
	b) Kulanzbedingt: Fixkosten für Promotion	kurzfristig	Gemeinkosten
Stornokosten im Versandhandel	Grenzkosten	kurzfristig	Einzelkosten
Bezugsfrachten z.B. ostasiatische Kunstgegenstände im Handel	Grenzkosten (kausal verknüpft mit physischer Verfügung über die Ware)	kurzfristig (je nach Vertragsabschluss)	Einzelkosten
Provisionen für Vertreter	Erlösschmälerung (Preisverpackung)	mittelfristig	Einzelkosten
Inkassoprovision mancher Versicherungs-Agenten	Fixkosten (organisationsbedingt)	mittelfristig	Gemeinkosten je Sparte, wenn manche es haben, andere nicht
Schadenskosten (Assekuranz)	Grenzkosten	mittel- bis langfristig	Einzelkosten
Überstundenzuschläge	a) im Serienbetrieb: b) bei Kundendienstbereitschaft: Fixkosten	kurzfristig mittelfristig	Gemeinkosten Gemeinkosten
Ingenieurgehälter (im Ingenieur-Unternehmen)	a) geleistet aufs Mandat zur Ideenproduktion: Grenzkosten b) geleistet zur Akquisition: Fixkosten	mittelfristig	a) Einzelkosten b) Gemeinkosten teilweise auch Auftrags-Einzelkosten

3 Deckungsbeitragsrechnung

3.1 Grundlagen und Erweiterungen

Produkte müssen den Erlösstrom herbeiführen, der erforderlich ist, um die Kosten zu decken und einen Gewinn zu erzielen. Insofern sind Produkte nicht Kostenträger, sondern Erlösbringer.

Diesen Zusammenhang haben die traditionellen Kostenrechnungsverfahren nicht erkannt. Erst die Teilkostenrechnung, die den Produkten nur die durch sie unmittelbar verursachten Kosten zurechnet, hat den Weg zu einer realitätsbezogenen Unternehmensergebnisrechnung geebnet.

Durch die Verbindung der Erlöse mit der Grenzplankostenrechnung entsteht die Deckungsbeitragsrechnung, die im Grundsatz wie folgt aufgebaut ist:

	Erlöse
./.	Grenzkosten
=	Deckungsbeitrag
./.	Fixkosten
=	Betriebsergebnis

Durch Subtraktion der Grenzkosten von den Umsatzerlösen der Produkte/Leistungen entsteht der Deckungsbeitrag des Produktes. Die Summe der Deckungsbeiträge der Produkte dient dazu, den Fixkostenblock der Unternehmung abzudecken. Durch Subtraktion der Fixkosten vom Deckungsbeitrag entsteht das Betriebsergebnis.

Die Deckungsbeitragsrechnung ist ein typisch kurzfristiges Steuerungsinstrument. Die wesentlichen Komponenten, die der Entscheidungsträger beeinflussen kann (Erlöse und Grenzkosten), sind kurzfristig beeinflussbar, während die Fixkosten kurzfristig konstant sind. Die Zielsetzung besteht damit darin, dem Unternehmen über einen hohen Erlös- und Deckungsbeitragsstrom ein entsprechendes Volumen zur Abdeckung der kurzfristig konstanten Fixkosten zuzuführen.

Die Deckungsbeitragsrechnung ist das für ein aktives Controlling adäquate Steuerungsinstrument:

(1) Mit den Grenzkosten liefert die Deckungsbeitragsrechnung die Basis für den Soll-Ist-Vergleich, die innerbetriebliche Leistungsverrechnung und die Kalkulation der Produkte.

(2) Die Deckungsbeitragsrechnung strebt die konsequente Trennung von Grenzkosten und Fixkosten an und trägt damit der betrieblichen Kostenentstehung

Rechnung. Unter konsequenter Beachtung des Kostenverursachungsprinzips werden einzelnen Leistungseinheiten nur die direkt von ihnen verursachten Kosten zugerechnet.

(3) Die Deckungsbeitragsrechnung berücksichtigt, dass die Gewinnschwelle erst im Laufe eines Geschäftsjahres erreicht wird und zu Beginn des Geschäftsjahres zunächst einmal ein Verlust in Höhe der Fixkosten entsteht. Sie zeigt damit, dass einzelne Produkte keinen Gewinn bringen, sondern lediglich einen Beitrag zur Deckung der Unternehmensfixkosten leisten.

(4) Das Prinzip des Management by Objectives, das ein wesentliches Kriterium eines aktiven Controlling-Systems darstellt, wird durch die Deckungsbeitragsrechnung rechnungstechnisch ermöglicht. Durch die Möglichkeit, die wesentlichen Ergebniskomponenten bereichsweise aufzuspalten und zuzurechnen, ist ein Instrumentarium geschaffen worden, das den einzelnen Bereichsleitern die Steuerung gemäß ihrer Objectives ermöglicht.

Zur Darstellung der Grundbegriffe der Deckungsbeitragsrechnung sei auf das in der nachfolgenden Tabelle wiedergegebene Zahlenbeispiel zurückgegriffen:

			Herren- mäntel	Damen- mäntel
	(1)	Verkaufspreis/Stück (EUR)	500	600
./.	(2)	Grenzkosten/Stück (EUR)	350	400
=	(3)	Deckungsbeitrag/Stück (EUR)	150	200
	(4)	Deckungsbeitrag in % vom Umsatz = (3) : (1)	30 %	33,3 %
	(5)	Fertigungszeit/Stück (Min.)	15	10
	(6)	Deckungsbeitrag pro Fertigungsminute = (3) : (5) (EUR)	10	20
	(7)	Absatzmenge/Monat (Stück)	50	100
	(8)	Umsatzerlöse/Monat (EUR)	25.000	60.000
./.	(9)	Grenzkosten/Monat (EUR)	17.500	40.000
=	(10)	Deckungsbeitrag/Monat (EUR)	7.500	20.000
./.	(11)	Fixkosten/Monat (EUR)	25.000	
=	(12)	Betriebsergebnis/Monat (EUR)	2.500	

Der Deckungsbeitrag pro Stück (3) zeigt, welchen Beitrag die einzelnen Produkte pro Einheit des Produktes zur Deckung der Unternehmensfixkosten bringen.

Der Deckungsbeitrag in % vom Umsatz (4) zeigt das in Bezug auf den Umsatz mit einem Artikel realisierte relative Deckungsbeitragsvolumen. Es handelt sich hierbei um eine in der Praxis häufig verwendete Kennzahl, die eine Aussage über die Wertigkeit der Produkte macht.

Dem Deckungsbeitrag pro Fertigungsminute (6), der häufig auch als engpassbezogener Deckungsbeitrag bezeichnet wird, kommt bei der Entscheidung über die Zusammensetzung des Produktionsprogramms eine zentrale Bedeutung immer dann zu, wenn die Fertigungskapazität den Engpass bildet. Der relative Deckungsbeitrag lässt erkennen, bei welcher Verwendungsart (Produkt) des Engpasses der höchste Deckungsbeitrag erreicht wird.

Der Break-even-Punkt zeigt, bei welcher Menge/Umsatzvolumen die Fixkosten gedeckt sind und das Unternehmen weder Gewinn noch Verlust macht. Da es sich in unserem Beispiel um unterschiedliche Produkte handelt, kann der mengenmäßige Break-even-Punkt nur für die Einzelprodukte festgelegt werden. Bei der ausschließlichen Produktion von Damenmänteln wird bei einer Produktion von 125 Stück der Break-even-Punkt erreicht, während bei der Produktion von Herrenmänteln ein Produktionsvolumen von 167 Einheiten erforderlich ist, um den Fixkostenblock abzudecken. Bei dem zu Grunde liegenden Sortimentsmix und einem durchschnittlichen Deckungsbeitrag in % vom Umsatz von 31,65% liegt der Break-even-Punkt bei einem Umsatzvolumen von EUR 78.989,-.

Ein wesentlicher Nachteil des Grundschemas der Deckungsbeitragsrechnung ist die Tatsache, dass den Fixkosten als kurzfristig nicht beeinflussbaren Kosten relativ wenig Beachtung geschenkt wird und diese en bloc in das Betriebsergebnis übernommen werden. Für eine aktive Gegensteuerung ist es erforderlich, auch diesen Bereich entsprechend aufzuspalten, um Ansatzpunkte für Gegensteuerungsmaßnahmen zu finden. Dies ist insbesondere bei Unternehmen erforderlich, bei denen die Fixkosten im Vergleich zu den Grenzkosten überproportional hoch sind, wie z.B. in Handelsbetrieben, Nahrungsmittelunternehmen etc.

Agthe hat deshalb vorgeschlagen, den Fixkostenbereich nach der Zurechenbarkeit auf Kostenträger zu differenzieren, um bei den Kostenverursachungsbereichen Gegensteuerungsmaßnahmen einleiten zu können. Sein Konzept der stufenweisen Fixkosten-Deckungsrechnung, das in den USA auch als mehrstufiges Direct Costing bekannt ist, baut auf folgendem Gliederungsschema auf (Agthe, Klaus: Stufenweise Fixkostendeckung im System des Direct Costing. In: Zeitschrift für Betriebswirtschaft, 29. Jg. 1959, S. 434 ff.):

	Erzeugnisdeckungsbeitrag
./.	Erzeugnisfixkosten
=	Restdeckungsbeitrag 1
./.	Erzeugnisgruppenfixkosten
=	Restdeckungsbeitrag 2
./.	Kostenstellenfixkosten
=	Restdeckungsbeitrag 3
./.	Bereichsfixkosten
=	Restdeckungsbeitrag 4
./.	Unternehmensfixkosten
=	Nettoerfolg

Wesentliches Kennzeichen dieser Form der Deckungsbeitragsrechnung ist der Verzicht auf jegliche Schlüsselung von Fixkosten sowie die konsequente verursachungsgerechte Zurechnung der Fixkosten entsprechend der zu betrachtenden Kostenverursachungshierarchie:

(1) Die Erzeugnisfixkosten werden nur zugerechnet, wenn dieser Fixkostenblock ausschließlich durch bestimmte Erzeugnisse verursacht wird, wie z.B. Kapitaldienst für Anlagen, die nur artikelbezogen genutzt werden, oder artikelbezogene Werbeaufwendungen.

(2) Aus dem Restdeckungsbeitrag 1 nach Deckung der Erzeugnisfixkosten sind die Erzeugnisgruppenfixkosten abzudecken. In diese Gruppe fallen die durch bestimmte Erzeugnisgruppen verursachten Fixkosten wie Fertigungseinrichtungen, Promotions, Verkaufsförderungsmaßnahmen usw.

(3) Kostenstellenfixkosten sind z.B. spezifische Personalkosten, Kapital- und Raumkosten bestimmter Kostenstellen, die von bestimmten Kostenträgern in Anspruch genommen werden.

(4) Die Bereichsfixkosten umfassen den Rest der Fixkosten, die einzelnen Unternehmensbereichen noch zugerechnet werden können.

(5) Aus den Deckungsbeiträgen über die Bereichsfixkosten sind die Unternehmensfixkosten, die keinem Bereich eindeutig zugerechnet werden können, abzudecken.

Im Gegensatz zu den Deckungsbeitragsrechnungsverfahren, die auf der Grenzkostenrechnung aufbauen, knüpft das Konzept der Einzelkostenrechnung nach Riebel an der Zurechenbarkeit von Kosten und Erlösen auf einzelne Bezugsobjekte an. Eindeutig zurechenbare Kosten sind dabei Einzelkosten des Bezugsobjektes.

Nach Riebel ist die Trennung nach Einzel- und Gemeinkosten relativ, da sie von der Wahl der Bezugsgröße abhängt. Jede Kostenart besitzt in Abhängigkeit eines bestimmten Bezugsobjektes Einzelkostencharakter. Riebel spricht deshalb auch von einem Rechenverfahren mit relativen Einzelkosten (Riebel, Paul: Einzelkosten- und Deckungsbeitragskostenrechnung, 7. Aufl., Wiesbaden 1994):

Deckungsbeitragsrechnung

1.	Bruttoumsatz zu Listenpreisen	
2. ./.	Rabatte	
3. ./.	preisabhängige Vertriebseinzelkosten der Erzeugnisse (z.B. Umsatzsteuer, Vertreterprovision, Kundenskonti)	
4.	Nettoerlös I	
5. ./.	mengenabhängige Vertriebseinzelkosten der Erzeugnisse (z.B. Frachten)	Für jedes Erzeugnis
6.	Nettoerlös II	
7. ./.	Stoffkosten (so weit Erzeugniseinzelkosten, z.B. Rohstoff, Verpackung)	
8.	Deckungsbeitrag I	
9. ./.	variable Löhne (so weit Erzeugniseinzelkosten)	
10.	Deckungsbeitrag II (über die variablen Einzelkosten)	
11.	Summe der Deckungsbeiträge II aller Erzeugnisse der Abteilung (oder Erzeugnisgruppe)	für jede Abtlg. oder Erzeugnisgruppe
12. ./.	direkte Kosten der Abteilung (oder Erzeugnisgruppe)	
13.	Deckungsbeitrag der Abteilung (über die Erzeugnis und die Abteilungseinzelkosten)	

Durch die Trennung von Leistungskosten und Bereitschaftskosten ist eine bestimmte Verwandtschaft zur Grenzplankostenrechnung bei Riebel gegeben. Allerdings tauchen Probleme bei solchen Kosten auf, die zwar variabel sind, aber nicht als Einzelkosten erfasst werden können, wie z.B. Energie-, Roh-, Hilfs- und Betriebsstoffe, Instandhaltungen usw.

Der wesentliche Vorteil der Einzelkostenrechnung von Riebel liegt darin, dass es sich um ein sehr flexibles Verfahren handelt, da in Abhängigkeit des Rechenzwecks unterschiedliche Bezugsobjekte die Basis für Spartenerfolgsrechnungen bilden können.

In der betrieblichen Praxis ist es sehr selten möglich, eines der hier vorgestellten Verfahren in ihrer theoretischen Reinheit anzuwenden. Man geht vielmehr derart vor, dass man das Deckungsbeitragsrechnungsverfahren situationsabhängig aufbaut, wobei eine Mischung der Deckungsbeitragsrechnung auf Grenzkostenbasis mit dem Verfahren von Riebel vorkommen kann. Wesentlich dabei ist nicht die theoretische Exaktheit, sondern der Aussagewert und die praktische Machbarkeit.

3.2 Immer noch ein umstrittenes Instrument?

Trotz der großen Vorteile gegenüber einem Vollkostenrechnungsverfahren ist die Deckungsbeitragsrechnung auch heute noch ein umstrittenes Instrument. Argumente wie

- die Deckungsbeitragsrechnung führt zur Preisschleuderei,
- die Deckungsbeitragsrechnung verzichtet auf die Verrechnung eines Teils der Kosten,
- die Deckungsbeitragsrechnung führt zu sinkenden Gewinnen,

sind noch häufig anzutreffen.

Es wird übersehen, dass die Deckungsbeitragsrechnung das Steuerungsinstrumentarium ist, das die betriebliche Wirklichkeit am besten wiedergibt. Sie gestattet vielfältige Möglichkeiten der aktiven Steuerung im Bereich der Deckungsbeiträge und der Fixkosten und lenkt den Blick auf die wesentlichen Steuerungsgrößen. Insbesondere der Fixkostenblock erfährt eine enorme Transparenz hinsichtlich seines Volumens und seines Verhaltens bei Beschäftigungsänderungen. Gerade in diesem Punkt verniedlicht die Vollkostenrechnung das Problem, indem der Fixkostenblock über Zuschlagssätze proportionalisiert wird und man so tut, als verhielte sich dieser Bereich genauso wie der Bereich der Grenzkosten.

Befürworter der Vollkostenrechnung, die mit obigen Argumenten die Deckungsbeitragsrechnung abqualifizieren wollen, haben sich mit diesem Verfahren in Wirklichkeit nie richtig beschäftigt.

Auf der anderen Seite muss festgehalten werden, dass die Deckungsbeitragsrechnung ein gefährliches Instrument ist. Derjenige, der die Zusammenhänge dieses Verfahrens nicht kennt, kann erhebliche Fehler begehen, die in kurzer Zeit dazu führen können, dass die Substanz eines Unternehmens angegriffen wird.

Kapitel 3: Operatives Controlling

Das operative Controlling steht in den meisten Firmen zeitlich vor dem Aufbau des strategischen Controlling. Es hilft, von der Rückschaurechnung der Finanzbuchhaltung den Blick nach vorne zu lenken und – auch innerhalb des begrenzten Zeitraums der Einjahresperiode – rechtzeitig Maßnahmen einzuleiten, sofern sichtbar wird, dass das Unternehmen von dem durch die Planung gesetzten Kurs abweicht. Das operative Controlling liefert den Werkzeugkasten, der sich mit in Zahlen verdichteten Informationen über geplante und realisierte Maßnahmen (Operationen) beschäftigt und Basis der kurzfristigen Gewinnsteuerung im Unternehmen ist. Das operative Controlling liefert damit Steuerungsinstrumente, die

❏ die zunehmende betriebswirtschaftliche Komplexität von Unternehmen transparent machen,
❏ rechtzeitig Signale setzen, um Gegensteuerungsmaßnahmen einleiten zu können,
❏ garantieren, dass Unternehmen aus ganzheitlicher Sicht geführt werden,
❏ dafür sorgen, dass das betriebswirtschaftliche Gleichgewicht aus Umsatz – Kosten – Gewinn – Finanzen vor dem Hintergrund der strategischen Zukunftssicherung aufrechterhalten wird,
❏ zukunftsorientiert helfen, die Engpassprobleme von Unternehmen zu lösen.

1 Planung: Kursfixierung

1.1 Messlatten- und Fahrplan-Funktion der betrieblichen Planung

Planung ist ein Prozess der Informationsverarbeitung, der die Aufgabe hat, festzulegen, wie die Zielerreichung in kommenden Perioden realisiert werden soll. Jede Planung umfasst folgende Bestandteile:

(1) Es muss eine Zielsetzung vorhanden sein, die angibt, was zukünftig realisiert werden soll. Diese Zielsetzung ist nicht notwendig ein einziges Ziel; in der Praxis trifft man vielmehr Zielbündel an, die aus unterschiedlich strukturierten Einzelzielen zusammengesetzt sind.
(2) Die Planung hat Wege aufzuzeigen, mit denen die Ziele, die in der Planung fixiert sind, erreicht werden sollen. Diese Wege zur Zielerreichung dokumentieren sich in den dezentralen Teilplänen, die abgestimmt sind auf das übergeordnete Unternehmensziel.
(3) Die Planung muss eine Aussage enthalten, welche Mittel erforderlich sind, um die vorgegebene Zielsetzung zu erreichen. Nur hierdurch ist sichergestellt, dass die Planung die notwendige Realitätsnähe erhält.
(4) Angaben zu den bereitgestellten Mitteln und Ressourcen, die zur Zielerreichung erforderlich sind, dokumentieren, dass die Planung als solche machbar und realistisch erscheint.

Planung ist nicht Prognose. Die Prognose stellt eine Vorschau auf zukünftige Ereignisse dar und beruht auf einer linearen Fortschreibung vergangener Daten.

Hingegen stellt die Planung eine Auseinandersetzung mit der Zukunft dar, in der Möglichkeiten, Machbarkeiten und Willenserklärungen zur Erreichung bestimmter Ziele enthalten sind. Die Planung bedeutet deshalb eine Absichtserklärung, die Zukunft in der fixierten Weise zu bewältigen. Die Planung hat für die Beteiligten und die einzelnen Abteilungen im Unternehmen Vorgabecharakter, da sie im Sinne des Management by Objectives für die Bereiche die dezentralen Ziele formuliert, die zur Erreichung des Gesamtzieles erforderlich sind. Die Planung enthält über die Objectives die „Messlatte", die in der kommenden Periode übersprungen werden muss. Sie gibt für alle Abteilungen die Marschroute an, um fahrplanmäßig die zukünftigen Perioden zu bewältigen.

Planung ist kein Zeitvertreib, den sich bestimmte Einheiten im Unternehmen haben einfallen lassen, um die Linieneinheiten von der Tagesroutine abzuhalten. Die Planung soll vielmehr davor bewahren, dass in der Zukunft unangenehme Überraschungen entstehen und man gezwungen ist, unter Zeitdruck Entscheidungen zu treffen, deren Konsequenzen man nicht absehen kann. Damit trägt die Planung dazu bei, dass

- zukünftige Probleme eher erkannt werden,
- durch rechtzeitiges Erkennen von positiven und negativen Entwicklungen eine bessere Maßnahmenplanung durchgeführt werden kann,
- Alternativpläne als Antwort auf kritische Situationen entwickelt werden können,
- ein abgestimmtes Vorgehen aller Bereiche garantiert wird,
- eine Herausforderung und ein Ansporn für die Zukunft bei allen Einheiten erreicht wird.

Der Controller ist verantwortlich für

- den Aufbau eines Planungssystems mit
    (1) Fixierung der Teilpläne der einzelnen Bereiche
    (2) Aufbau eines hierarchisch strukturierten Systems von Objectives
    (3) Aktualisierung und Anpassung dieses Systems an interne und externe Erfordernisse sowie
- die Koordination der Planungsarbeiten durch
    (1) Erarbeitung von Planungsrichtlinien
    (2) Festlegung eines Terminplans für die Planungsaktivitäten und Überwachung der Termineinhaltung
    (3) Hilfestellung bei den Planungsarbeiten sowie Abstimmung der dezentralen Teilpläne mit den übergeordneten Objectives.

1.2 Bestandteile der Jahresplanung

Die Jahresplanung ist eine Planung, die die aus den langfristigen Planungen abgeleiteten Jahresziele in mengen- und wertmäßige Ziele für die einzelnen Unternehmensbereiche überführt. Die Jahresplanung baut auf quantifizierten, meist finanziellen Größen auf und wird deshalb auch als operative Planung bezeichnet. Sie bildet die Basis für die Ableitung der Monatsbudgets der einzelnen

Unternehmensbereiche und damit die Basis für die kurzfristige dispositive Steuerung im laufenden Jahr.

Nach Erfahrungen der Praxis haben sich für die Jahresplanung als Fahrplan für das kommende Geschäftsjahr folgende Teilpläne als notwendige Bestandteile herausgebildet:

1.2.1 Vorspann mit mittelfristigem Ausblick

Sofern die Jahresplanung nicht eingebettet ist in eine strategische Planung, in welcher grundsätzliche Aussagen über die zukünftige Ausrichtung des Unternehmens und die verfolgten Strategien gemacht werden, ist es zweckmäßig, die Jahresplanung um einen Vorspann mit mittelfristigem Ausblick zu ergänzen. Dieser Teilbereich sollte folgende Punkte zumindest umfassen:

- ❏ den Bericht der Unternehmensleitung über die wesentlichen Ereignisse des abgelaufenen Geschäftsjahres
- ❏ Angaben über realisierte und in der Planung befindliche größere Projekte und Maßnahmen
- ❏ Aussagen über die Entwicklung der entscheidenden Sortimentsteile
- ❏ Angaben über die Entwicklung der externen Rahmendaten
  (1) gesamtwirtschaftliche Größen
  (2) branchenspezifische Entwicklungen
  (3) Situation der wesentlichen Wettbewerber
- ❏ Zeitreihe der wesentlichen Ergebniseckwerte (Bruttoumsatz, Deckungsbeitrag 1, Fixkosten, Betriebsergebnis, Gesamtergebnis)
- ❏ Schwerpunkt-Maßnahmen des kommenden Geschäftsjahres und des Mittelfristzeitraumes
- ❏ mittelfristig zu erreichende Ziele, z.B.
  (1) Umsatzrendite
  (2) Kapitalumschlag
  (3) Gesamtergebnis
  (4) Kapitalstruktur
  (5) Return-on-Investment
  (6) Eigenkapitalrendite
  (7) Produktivitätskennzahlen
- ❏ mittelfristig angestrebte Position in der Branche

Die Reihe der Punkte, die in diesem Teil der Planung angesprochen werden sollten, ließe sich noch beliebig ergänzen. Wesentlich ist, dass in diesem Teil der Planung eine eindeutige, glaubwürdige und machbare Fixierung des Unternehmens vorgenommen wird, die nicht theoretischen Charakter besitzt, sondern als Absichtserklärung der Geschäftsleitung anzusehen ist. Diese Aussagen bilden den Rahmen für die nachfolgenden Teilpläne, die als Wege und Mittel zur Erreichung der Mittelfristziele im kommenden Geschäftsjahr anzusehen sind.

1.2.2 Hochrechnung für das alte Geschäftsjahr

Mit zunehmendem Fortgang des Geschäftsjahres wird der Zeitraum für Gegensteuerungsmaßnahmen auf der Basis der Jahresplanung eingeschränkt. Es ist deshalb erforderlich, das laufende Ist um Hochrechnungen zu ergänzen. Diese Hochrechnungen sind nicht als Extrapolation einer bereits sichtbaren Entwicklung anzusehen, sondern haben ebenso wie die Jahresplanung Vorgabecharakter und stellen die Absichtserklärung der für die Hochrechnung verantwortlichen Entscheidungsträger dar. Insofern besitzt die Hochrechnung ebenso wie die Jahresplanung Zielcharakter.

Die Hochrechnung für das alte Geschäftsjahr hat innerhalb der Jahresplanung eine Doppelfunktion:

- sie zeigt auf der einen Seite an, wie sich die Unternehmung im ablaufenden Geschäftsjahr voraussichtlich entwickeln wird;
- zum anderen bildet sie die Basis der Umsatz- und Kostenplanung für das kommende Geschäftsjahr.

Den Planrahmen für die Hochrechnung bildet das noch zu beschreibende Management-Informationssystem mit seinen Bausteinen Kostenartenrechnung, Kostenstellenrechnung, Kostenträgerrechnung, Produkterfolgsrechnung, Vertriebswegeerfolgsrechnung, Unternehmenserfolgsrechnung. Die Einbeziehung dieser Teile des Informationssystems ist erforderlich, um einerseits das abgelaufene Geschäftsjahr realitätsnah abzubilden, zum anderen aber auch einen operationalen Einstieg in die Jahresplanung hinsichtlich dieser Teilbereiche des Informationssystems zu erhalten.

Die Dokumentation der Hochrechnung zeigt, mit welchen Maßnahmen die Hochrechnung realisiert wurde. Da in der Regel im laufenden Geschäftsjahr Abweichungen bei Einzelpositionen auftreten, ist es zweckmäßig, das kumulierte Ist des laufenden Jahres, den Plan des Restjahres und die Veränderung des Planes des Restjahres durch konkrete Maßnahmen zu dokumentieren, die Maßnahmen zu erläutern und ihren Eingang in die Hochrechnung zu beschreiben. Hierzu empfiehlt sich nachfolgendes Formular:

Kursfixierung

	Vorjahr Ist	Jahres- plan	Ist kum. bis	Plan Rest Jahr	Veränderungen ± Maßnahmen bzw. Abgrenzungs- verschiebungen	Plan nach Maß- nahmen	Hoch- rechnung
Bruttoumsatz Erlösschmälerungen							
Nettoumsatz							
Materialkosten Verpackungskosten · · · · · ·							
Gesamtergebnis · · · · · ·							

1.2.3 Ergebnisplan

Der Ergebnisplan ist die Zusammenfassung der Budgets der einzelnen Teilbereiche zum Unternehmensgesamtziel für die kommende Periode. Das Ergebnis des gesamten Planungsprozesses ist durch Koordination und Abstimmung der dezentralen Pläne entstanden. Der Ergebnisplan hat für die kommende Periode Zielcharakter für die Gesamtunternehmung.

Obwohl die einzelnen dezentralen Pläne in der Planung gesondert dargestellt werden, empfiehlt sich bei der Darstellung des zusammengefassten Ergebnisplanes die Abgabe einer kurzen Kommentierung. Diese sollte sich konzentrieren

❏ einerseits auf die der Planung zu Grunde liegenden wesentlichen Prämissen sowie
❏ andererseits auf den Zusammenhang und die Beziehung des Ergebnisplanes zu der Geschäftsentwicklung der Vorjahre.

Die Darstellung der wesentlichen Planungsprämissen sollte kurz und knapp vorgenommen werden. Es empfiehlt sich, die wesentlichen Planungsprämissen bei den korrespondierenden Positionen des Ergebnisplanes festzuhalten. Diese Darstellung ist übersichtlich und informiert über das Wesentliche:

	Ist 1998 %	Ist 1999 %	HR 2000 %	Plan 2001 EUR	Plan 2001 %	Erläuterungen
Bruttoumsatz	+ 7,0	+ 6,0	+ 3,8	20.500	+ 6,0	Produktneueinführung
Nettoumsatz	+ 7,5	+ 6,0	+ 2,5	24.300	+ 7,0	Neukundengewinnung
Rohstoffe	+ 3,0	+ 4,0	+ 4,0	6.500	+ 6,0	Abschluss neuer Kontrakte
Verpackungskosten	+ 4,0	+ 4,0	+ 3,0	2.300	+ 7,0	starke Preiserhöhung der Glashütten
Personalkosten	+ 5,0	+ 6,0	+ 6,0	10.300	+ 5,0	lt. Tarifvertrag
Energiekosten	+ 5,0	+ 6,0	+ 5,0	2.500	+ 10,0	

Der Vergleich der Jahresplanung mit der Hochrechnung des alten Geschäftsjahres und eventuell des davor liegenden Geschäftsjahres gibt dem Leser die Möglichkeit, die Plausibilität der Planung zu prüfen und sich ein Urteil darüber zu bilden, ob die Planung optimistisch, pessimistisch oder realistisch ist.

1.2.4 Absatzplan, Umsatzplan, Marketingplan

Dieser Teilplan, der bei vielen Unternehmungen den Engpassbereich der gesamten Planung darstellt, dokumentiert die Leitlinien der Absatzpolitik für die kommende Periode. Er bildet den Ausgangspunkt für alle nachfolgenden Teilpläne und macht Aussagen zu folgenden Bereichen:

- Absatzplan, Umsatzplan
  Absatz nach Art, Menge und Verpackungseinheit
  Umsatz nach Art, Menge und Verpackungseinheit
  Absatz-/Umsatzentwicklung im Vergleich zum Wettbewerb
  Distributionsziele
  Absatz-/Umsatzentwicklung nach Sortimenten, Vertriebswegen, Kunden
  Leitlinien der Preispolitik etc.

- Marketingplan
  Marketingstrategien nach Sortimentsbereichen, Vertriebswegen, Kunden
  Marktanteilszielsetzungen
  Produkt- und Sortimentspolitik
  Promotions
  Preispolitik

Kommunikation
Marketing-Budget
Distributionsziele

Wesentlich für die nachfolgenden Teilpläne ist, dass

❏ die quantitativen Größen dieser Teilpläne dem Management-Informationssystem als Planrahmen entsprechen,

❏ die wesentlichen absatz- und marketingtechnischen Aussagen so weit operationalisiert sind, dass auf ihnen die nachfolgenden Teilpläne aufbauen können.

1.2.5 Produktions- und Kapazitätsplan

Ausgehend von den im Absatzplan festgelegten Verkaufsmengen der einzelnen Artikel und unter Hinzuziehung der voraussichtlichen Bestandssituation zum Jahresanfang wird der Produktions- und Kapazitätsplan erstellt. Dieser macht eine Aussage über

❏ die Nachfrage nach Produktionsmitteln in den einzelnen Monaten aus der Differenz zwischen Absatzplan und Lagerbestand,

❏ das Angebot an Kapazität durch Fixierung der Kapazität der einzelnen Produktionsbereiche.

Sollte nach Planung der für die kommende Periode zu produzierenden Mengen noch freie Kapazität bestehen, so hat der Kapazitätsplan eine Aussage darüber zu machen, wie diese freie Kapazität verwendet werden soll, z.B. durch Fremdfertigung, Zweitmarkenproduktion etc. Ist die Produktionsmenge mit der vorhandenen Kapazität nicht zu realisieren, so gibt es nur die Möglichkeit des zeitlichen (Verlagerung in andere Perioden, Überstunden etc.) oder örtlichen (Ausweichbetriebsmittel, auswärtige Fertigung, Fremdbezug) Kapazitätsbelastungsausgleichs.

Der Produktions- und Kapazitätsplan legt gleichzeitig die Rahmendaten für den Investitionsplan und den Instandhaltungsplan fest.

1.2.6 Investitionsplan

Der Investitionsplan enthält die in der kommenden Periode zu realisierenden Investitionsprojekte nach

❏ Art des Investitionsprojektes
❏ Anzahl der Investitionsprojekte
❏ Anschaffungsausgaben der Projekte
❏ interner Zinsfuß und Amortisationsdauer der Einzelprojekte
❏ Ersatz-, Rationalisierungs- und Erweiterungsinvestitionen.

Grundsätzlich sollte der Investitionsplan für alle Objekte ab einem bestimmten Ausgabenvolumen eine Investitionsrechnung enthalten, die detaillierten Aufschluss über die Wirtschaftlichkeit dieser Objekte gibt. Diese Rechnungen können bei Zwangsinvestitionen entfallen.

Der Investitionsplan liefert neben dem Finanzmittelbedarf als Summe der Anschaffungsausgaben der Einzelprojekte den Einfluss des Investitionsbudgets auf die betriebswirtschaftlichen und steuerlichen Abschreibungen. Für die Zusammenfassung der Investitionsprojekte in der Jahresplanung empfiehlt sich folgendes Schema:

Investitions-objekt	Investions-art	Anschaffungs-ausgabe	Wirtschaftlichkeit		Anschaffungs-zeit	Abschreibungen Planjahr				Abschreibungen Folgejahre			
			Interner Zinsfuß	Amortisa-tionszeit		betriebswirt-schaftlich		steuerlich		betriebswirt-schaftlich		steuerlich	
	(R, E, EW)	(TEUR)	(%)	(Jahre)		%	TEUR	%	TEUR	%	TEUR	%	TEUR
.													
.													
Absatzbereich													
.													
.													
Technik													
.													
.													
Außendienst													
.													
.													
Unternehmen													

1.2.7 Beschaffungsplan

Der Beschaffungsplan muss folgende Punkte enthalten:

- zukünftige Leitlinien der Beschaffungspolitik
- Situation auf den für die Unternehmung wesentlichen Beschaffungsmärkten
- Kurzbeschreibung der für die Unternehmung wichtigsten Lieferanten und deren Preis- und Lieferverhalten
- Preisentwicklung bei den wesentlichen Beschaffungsgruppen
- mittelfristige Chancen und Risiken bei wesentlichen Warengruppen
- Substitutionsmöglichkeiten bei einzelnen Roh-, Hilfs- und Betriebsstoffen.

Der Beschaffungsplan liefert für die Planung der Grenzkosten den gesamten Bereich des Wareneinsatzes, aus dem sich in Verbindung mit dem Umsatzplan der Rohertragsplan der Sortimente ergibt. Der Beschaffungsplan sollte den Rohertragsplan der wesentlichen Sortimentsteile in Form einer verbalen Kommentierung und eines Vergleichs zu den Vorperioden zeigen, um die Entwicklungstrends klar zu machen.

1.2.8 Personalplan

Der Personalplan enthält die Personalstände für das kommende Geschäftsjahr im Vergleich zum Vorjahr unterteilt nach

- gewerblichen und angestellten Arbeitnehmern
- Teilzeit-, Vollzeitbeschäftigten und Aushilfskräften

❏ Unternehmensbereichen
❏ Tarifgruppen
❏ Altersklassen
❏ Auszubildenden.

Daneben sollte der Personalplan Aussagen zu den personal- und sozialpolitischen Leitlinien der Unternehmung enthalten und aufzeigen, welche besonderen Maßnahmen für das kommende Geschäftsjahr im Personalbereich geplant sind (wie z.B. interne und externe Fortbildungsmaßnahmen, Pensionsordnung, betriebliches Vorschlagswesen, Beförderungssystem, Lohn- und Gehaltssystem, Managementreserve etc.).

1.2.9 Organisationsplan

Im Organisationsplan wird die für die kommende Periode gültige Organisations- und Führungsstruktur der Unternehmung dokumentiert, in der alle wesentlichen Bereiche von der Geschäftsführung bis auf die Abteilungsebene grafisch dargestellt sind mit Über- und Unterstellungsverhältnissen, Weisungsbeziehungen, Kompetenzen und Zuständigkeiten.

1.2.10 Finanzplan und Plan-Bilanz

Der Finanzplan stellt die Verbindung zwischen dem Ergebnisplan und der Plan-Bilanz her und zeigt in groben Zügen, welche finanziellen Bewegungen in der kommenden Periode stattfinden. Ein Finanzplan kann z.B. nach folgendem Schema aufgebaut sein:

	Planergebnis
+	Steuerliche Abschreibungen
=	Cash Flow
+	Erhöhung Eigenkapital
+	Erhöhung kurzfristiges Fremdkapital
+	Erhöhung langfristiges Fremdkapital
+	Abbau Anlagevermögen
+	Abbau Umlaufvermögen
=	Mittelherkunft
	Abnahme Eigenkapital
+	Abnahme kurzfristiges Fremdkapital
+	Abnahme langfristiges Fremdkapital
+	Gewinnausschüttung Vorjahr
=	Schuldentilgung
+	Zugänge Sachanlagen lt. Investitionsplan
+	Zugänge Finanzanlagen
+	Erhöhung Vorräte
+	Erhöhung Forderungen
+	Erhöhung Sonstiges Umlaufvermögen
=	Mittelverwendung

1.3 Organisatorischer Rahmen

1.3.1 Verzahnung der Teilpläne

Bei der Jahresplanung handelt es sich um ein System interdependenter dezentraler Teilpläne, die entsprechend dem übergeordneten Planungsgerüst koordiniert werden müssen:

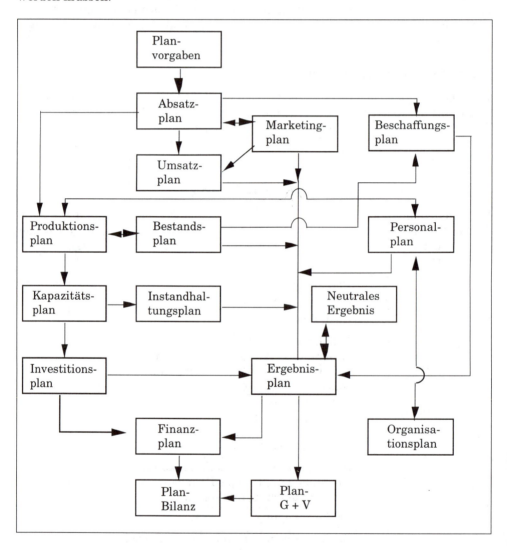

Der Controller muss dafür sorgen, dass

- ein solches System der betrieblichen Teilpläne entsprechend den spezifischen Bedingungen der Unternehmung aufgebaut wird,
- für die Erstellung der Teilpläne Zuständigkeiten und Termine fixiert werden,

❑ im Rahmen des Planungsprozesses Planungsrichtlinien eingehalten werden, die die Koordination und Integration der betrieblichen Teilpläne gestatten.

1.3.2 Planungszuständigkeiten

In kleineren Unternehmen ist die Unternehmensplanung durch eine Person oder durch eine Abteilung weitgehend allein zu bewältigen. Jedoch wird auch in diesem Fall auf dezentral vorhandene Information zurückgegriffen werden müssen, um das komplizierte Planungswerk realitätsnah zu gestalten.

Eine Planung gibt für alle Abteilungen im Unternehmen die Marschroute für die kommende Periode an. Im Sinne des Management by Objectives haben die einzelnen Teilpläne Ziel- und im Gegensatz zur Prognose Vorgabecharakter. Sie verlangen von den einzelnen Abteilungen die Planidentifikation und stellen die Absichtserklärung dieser für ihre kurzfristigen Handlungen dar. In diesem Sinne kann eine Unternehmensplanung nicht zentral erstellt werden, sondern hat gemäß dem Grundsatz „jeder soll planen" die dezentralen Einheiten in den Prozess einzubeziehen unter Koordination durch eine zentrale Stelle. Dieses System der dezentralen Planung mit zentraler Koordinierung hat folgende Vorteile:

(1) Die gemeinsame Planerstellung ist notwendig zur Realisierung des Managements by Objectives mit seinen motivierenden Wirkungen und gewährleistet die Identifikation der einzelnen Bereiche mit ihren Teilplänen.
(2) Die dezentrale Planung sichert die Ausnutzung der Informationen „vor Ort" und gibt einen Informationsinput in den gesamten Planungsprozess, der von einer einzelnen Abteilung in dieser Form nicht eingebracht werden könnte.
(3) Durch die dezentrale Form der Planung entsteht ein Informationsverarbeitungsprozess mit permanenter Rückkoppelung, der schon in einem frühen Stadium des Planungsprozesses zu einer laufenden Plausibilitätsprüfung der einzelnen Teilpläne führt.
(4) Das Gegeneinanderspielen von zentralen Datenvorgaben und dezentralem Fach-Know How trägt zu einer Reduzierung der Ungewissheit der Planung bei.
(5) Durch Einbeziehung der einzelnen Bereiche in den Planungsprozess wird verhindert, dass große Planungsstäbe, die Planungen „am grünen Tisch" erstellen, aufgebaut werden müssen.

1.3.3 Planungsrichtlinien

Zur Zusammenfügung der dezentralen Teilpläne in eine integrierte Unternehmensplanung ist die Entwicklung von Planungsrichtlinien erforderlich, die für die dezentralen Einheiten bei der Planerstellung den Planungsrahmen bilden. Diese Planungsrichtlinien sollten folgende Bereiche abdecken:

(1) Festlegung der in der Planung verwendeten Begriffe (Planungssprache) und der Planungsprämissen
Während die Festlegung der Planungsbegriffe sich im Wesentlichen auf die Mengen- und Wertgrößen der Planung bezieht, soll durch die Festlegung der Planungsprämissen gewährleistet werden, dass die Voraussetzungen, die in den dezentralen Plänen Eingang gefunden haben, auch entsprechend doku-

mentiert werden, sodass sie von anderen Einheiten im Unternehmen auf Realisierbarkeit und Plausibilität nachprüfbar sind.

(2) Klassifikation der zu erstellenden Pläne und Adressaten
Die Festlegung des Mindestinhalts der zu erstellenden Teilpläne ist erforderlich, um sicherzustellen, dass für die parallel und hintereinander zu erstellenden Pläne der erforderliche Input erbracht wird. Sind die Teilpläne nicht miteinander kompatibel, entsteht ein zusätzlicher, erheblicher Aufwand. Die Festlegung der Adressaten unterstützt diesen Prozess. Für den Absender wird ersichtlich, welche nachgelagerten Teilpläne folgen, für den Empfänger wird sein Planungsinput sichtbar.

(3) Sicherung von Planungsinterdependenzen
Hier handelt es sich im Wesentlichen um die Festlegung der Informationsbeziehungen bei der Planerstellung sowie um die Angabe der Input-/Outputbeziehungen zwischen den einzelnen Teilplänen. Diese Fixierung erleichtert die Planerstellung wesentlich, da Interdependenzen frühzeitig beachtet werden und Plausibilitätsprüfungen in einem frühen Planungsstadium möglich sind.

(4) Reihenfolge der Planerstellung
Die Festlegung der Reihenfolge der Planerstellung garantiert, dass die Planung termingerecht erstellt werden kann. Sie hat darüber hinaus mögliche Iterationen und Rückkoppelungen mit anderen Bereichen anzugeben.

Die Erstellung der Planungsrichtlinien ist Aufgabe des Controlling. Es empfiehlt sich, diese Planungsrichtlinien in einem Planungshandbuch zu dokumentieren, um sie möglichst vielen Einheiten zugänglich zu machen. Bei erstmaliger Erstellung einer Unternehmensplanung ist es sinnvoll, dass der Controller die Planungsrichtlinien, den Zweck der Planung und die wesentlichen Besonderheiten den betroffenen Abteilungen mündlich erläutert. Hierdurch lassen sich Planungswiderstände in einem frühen Stadium abbauen.

1.4 Zeitlicher Ablauf

1.4.1 Terminplan

Die Erstellung der Jahresplanung läuft nach dem Prinzip des Netzplanes ab; Pläne werden hintereinander sowie parallel mit anschließender Koordination erstellt. Um diesen Planungsprozess rechtzeitig abschließen zu können, hat das Controlling vor Beginn der Planungsphase einen Terminplan zu erstellen:

Kursfixierung

Nr.	Aktivitäten	Woche 31-42	Verantwortliche Bereiche	Vorgelagerte Pläne	Nachgelagerte Pläne
1	Hochrechnung		Controlling	–	2–24
2	Planvorgaben		GL	1	3–24
3	Grobplan		Controlling	1, 2	–
4	Diskussion		GL	1, 2, 3	5–24
5	Absatzplan		Marketing	4	6–10, 13
6	Marketingplan		Marketing	4, 5	8, 21
7	Diskussion		GL/Marketing	5–6	8, 21
8	Umsatzplan		Vertrieb	4–7	21
9	Diskussion		GL/Vertrieb/Marketing	5–8	10, 21
10	Produktionsplan		Technik	5	11, 12, 16–19
11	Kapazitätsplan		Technik	10	14, 15
12	Bestandsplan		Technik, Marketing	10, 13	13, 21
13	Beschaffungsplan		Materialwirtschaft	5, 12	18, 12, 21
14	Instandhaltungsplan		Technik	11	21
15	Investitionsplan		Technik, Controlling	11	19, 21, 22
16	Personalplan		Personal	10, 17	17, 19
17	Organisationsplan		Organisation	16	–
18	Plan variable Kosten		Controlling	5, 8, 13	21
19	Overhead-Plan		Bereiche/Controlling	8, 10, 12, 15, 16	21
20	Neutrales Ergebnis		Finanzen/Controlling	18, 19	21
21	Ergebnisplan		Controlling	18, 19	22, 23
22	Finanzplan		Finanzen	15, 21	24
23	Plan G + V		Finanzen	21	24
24	Plan-Bilanz		Finanzen	22, 23	–
25	Verabschiedung		GL	1–23	–

Sofern das Geschäftsjahr einer Unternehmung mit dem Kalenderjahr identisch ist, beginnt der Planungsprozess in der Regel Anfang August des alten Geschäftsjahres. Der Terminplan für die Planerstellung, der mit den betroffenen Bereichen vorher durchgesprochen sein soll, ist damit spätestens vor Beginn der Urlaubszeit den einzelnen Bereichen zuzuleiten, damit diese die notwendigen Vorkehrungen treffen können. Dieser Terminplan sollte folgende Informationen enthalten:

- Art und Umfang der für die Jahresplanung zu erstellenden Teilpläne
- Terminvorgaben für die Erstellung der Teilpläne
- logische Reihenfolge für die Planerstellung und die Koordination der Teilpläne
- Zuständigkeiten für die Erstellung der Teilpläne
- Input-/Outputbeziehungen zwischen den einzelnen Planungsbereichen.

Die Erstellung der Jahresplanung läuft parallel zum normalen Geschäftsbetrieb im Unternehmen ab. Es muss davon ausgegangen werden, dass im Rahmen der Planungsphase unvorhergesehene Ereignisse eintreten, die sich in einer Änderung der Planprämissen, Verwerfung von Teilplänen usw. äußern. Es empfiehlt sich deshalb, bei der Erstellung des Terminplanes Pufferzeiten einzubauen, damit der Controller die nötige Koordination auch bei Terminengpässen noch vornehmen kann. Diese Pufferzeiten sollten allerdings nicht den einzelnen Bereichen gezeigt werden, um die Mitarbeiter nicht zu verleiten, die Pläne unter Ausnutzung der Pufferzeiten zu erstellen. Die Pufferzeiten sollte der Controller in den Bereichen groß bemessen, die immer zu den so genannten „Terminüberziehern" gehören.

1.4.2 Grobplan als Einstieg

Um vor Einstieg in den gesamten Planungsprozess eine ungefähre Vorstellung über die Entwicklung des kommenden Geschäftsjahres zu erhalten und frühzeitig auf Risiken und Gefahren, die die Ergebniszielsetzung infrage stellen können, hingewiesen zu werden, empfiehlt es sich, einen Grobplan zu erstellen.

Basis dieses Grobplanes sind die Hochrechnung für das alte Geschäftsjahr, bereits im Planungsstadium befindliche Projekte, die von der Unternehmensleitung vorgegebene Zielsetzung sowie interne und externe Entwicklungstrends, die sich im kommenden Geschäftsjahr ergebnismäßig niederschlagen werden. Der Grobplan hat nicht alle Kostenarten und Kostenstellen detailliert einzubeziehen, sondern es reicht aus, die wesentlichen Ergebniseckwerte hinsichtlich ihrer Einflussfaktoren einzubeziehen und hochzurechnen. Dabei ist es sinnvoll, die wesentlichen Positionen auf folgende Einflussfaktoren zu prüfen:

(1) Umsatzerlöse
- durchschnittliche Umsatzsteigerung der letzten Jahre
- voraussichtliche Umsatzentwicklung der Branche
- Ergebniseffekt aus geplanten Preissteigerungen
- Veränderungen bei den wesentlichen Abnehmern
- Veränderungen der Vertriebswegestruktur
- Veränderung des Sortimentsmix
- Veränderung der Erlösschmälerungsstruktur

(2) **Deckungsbeitrag I:** Unter Berücksichtigung der Veränderungen im Bereich der Umsatzerlöse und unter Hinzuziehung der zu erwartenden Entwicklung im Bereich der Grenzkosten sind folgende Untersuchungen angebracht:
- Entwicklung der Rohstoffpreise
- Entwicklung der Verpackungspreise
- Entwicklung der variablen Fertigungskosten
- Kompensatorische Effekte im Bereich des Wareneinsatzes
- Veränderungen bei den Frachtkosten
- Entwicklung sonstiger umsatzabhängiger Kosten

(3) **Fixkosten:**
- Voraussichtliche Entwicklung der wesentlichen Kostenarten durch Tarifänderungen und sonstige Preissteigerungen:
  - Personalkosten
  - Energiekosten
  - Sozialabgaben
  - Instandhaltungsaufwendungen
  - Sonstiges
- Veränderung der Fixkostenstruktur durch Rationalisierungsmaßnahmen
- Zinsentwicklung
- Veränderung der Abschreibungen

Zusammen mit der Veränderung des Deckungsbeitrages I zeigt sich hier die voraussichtliche Entwicklung des **Betriebsergebnisses**.

(4) **Voraussichtliche Entwicklung des neutralen Ergebnisses:** Aus Vereinfachungsgründen ist es sinnvoll, das neutrale Ergebnis auf Vorjahresniveau hochzurechnen, sofern das neutrale Ergebnis kein entscheidendes Volumen im Bereich der gesamten Ergebnisstruktur darstellt.

Aus einer solchen Grobplanung ist ersichtlich,

❏ ob aufgrund der aktuellen Ausgangslage die Unternehmensziele in der kommenden Periode erreicht werden können,
❏ welche zusätzlichen Maßnahmen sowohl im Umsatz- als auch im Kostenbereich zu ergreifen sind, um das geplante Gesamtergebnis zu realisieren,
❏ welche Strukturveränderungsmaßnahmen ergriffen werden müssen, um die zukünftige Existenz abzusichern.

Die Grobplanung ist zu ergänzen um **Alternativpläne**, wenn bestimmte Entwicklungen zeigen, dass die Ziele nicht erreichbar sind.

1.4.3 Dezentrale Teilpläne

Die dezentralen Teilpläne, die an anderer Stelle bereits erläutert wurden, liefern für die spätere Ergebnisplanung im Wesentlichen drei Teile:

(1) Die **Planmengen** als Ausgangspunkt für die **Produktionsplanung** und die darauf aufbauende **Kapazitäts- und Investitionsplanung** sowie für die Planung der Grenzkosten.

(2) Die geplanten Grenzkosten: Bei diesen Kostengrößen handelt es sich um eine analytisch-rechnerische Verzahnung zwischen Kosteneinsatz und Leistungsausbringung. Die Kostenvorgaben variieren dabei mit der Leistung und sind hauptsächlich im Produktionsbereich anzutreffen. Man spricht hier auch von flexiblen Budgets.

(3) Budgets für die Overhead-Bereiche: Die geplanten Fixkosten werden budgetiert. Diese Art der Kostenplanung beruht nicht auf einer analytisch finalen Beziehung zwischen Leistungskennzahlen und Kostenhöhe, sondern ist das Ergebnis von Entscheidungen über das geplante Kapazitätsvolumen. Die Budgets enthalten für die einzelnen Unternehmensbereiche die geplanten Fixkosten und haben für diese Bereiche Vorgabecharakter.

Grundlage für die Kalkulation der Standardgrenzkosten bildet

- ein Materialmengengerüst der Artikel auf der Basis von Rezepturen oder Stücklisten,
- das multipliziert wird mit den Planpreisen der Rohstoffe, Fertigmaterialien, Halbfabrikate, Bauteile usw. und
- um die Standardgrenzkosten der selbst gefertigten Halbfabrikate, Bauteile oder Baugruppen zu ergänzen ist.

Diese Standardgrenzkosten finden Eingang in die Artikelstammdatei und bilden die Grundlage für die Ermittlungen von Soll-Ist-Abweichungen für die laufende Ergebnissteuerung.

Beim Aufbau der Budgets sind folgende Tatbestände zu berücksichtigen:

- Die Budgets sollen unter Beteiligung der betroffenen Einheiten erarbeitet werden, da nur so gewährleistet ist, dass das Budget für die einzelne Abteilung Zielcharakter erhält.
- Die Budgets sind von unten nach oben zu erarbeiten, d.h. der Aufbau des Budgetierungsprozesses muss an der Basis beginnen und ist in hierarchischer Form bereichsweise zu verdichten.
- Ebenso wie die Planung müssen Budgets herausfordernd, aber erreichbar sein. Zu niedrige Budgets bilden keinen Leistungsanreiz, während zu hohe Budgets motivationshemmend wirken.
- Für jeden Bereich gibt es nur ein Budget, das die Funktion als Ziel für die kommende Periode ausfüllen kann. Die Arbeit mit Doppelbudgets führt dazu, dass immer dasjenige Ziel herangezogen wird, das man in der betreffenden Situation am besten gebrauchen kann.

1.4.4 Knetphase

Die „Knetphase" ist eine Summe von Diskussionen des Controllers mit den betroffenen Fachbereichen über die Höhe der von ihnen vorgelegten Budgets. Dabei wird jedes Budget „geknetet" und geprüft, ob eine Kürzung möglich ist. Letztlich werden in dieser Planungsphase alle Kostenarten und Teilpläne kritisch untersucht.

Die Knetphase beginnt nach Zusammenführung der einzelnen dezentralen Teilpläne und des erstmaligen Aufstellens des Ergebnisplanes. In den meisten Fällen zeigt sich in diesem Stadium der Planung, dass dezentrale Wünsche und zentrale Machbarkeiten auseinander fallen: Die erarbeitete Unternehmensplanung garantiert nicht die Zielerreichung für die kommende Periode.

Der Controller muss nun dafür sorgen, dass die Planung zum einen gewährleistet, dass die Unternehmensziele erreicht werden, zum anderen aber auch, dass diese Zielerreichung seriös geschieht und nicht zu Lasten langfristiger Erfolgschancen geht. Die Zielerreichung mit Brachialgewalt hat noch keiner Unternehmung gut getan, sondern allenfalls dem Management, das diese Zielerreichung kurzfristig durchsetzen konnte. Diese Phase läuft mit einer **ständigen Rückkoppelung zu den betroffenen Bereichen** ab und kann im Extremfalle die Überarbeitung der gesamten Jahresplanung zur Folge haben. Eine Hilfestellung im Rahmen der Knetphase des Planungsprozesses bildet für den Controller nachfolgende Checkliste:

		Ja	Nein
(1)	Sind Analysen und Prognosen als Informationsbasis der Planung ausreichend und realitätsnah?	☐	☐
(2)	Wurden Alternativen geprüft?	☐	☐
(3)	Ist die Planung in sich logisch und plausibel?	☐	☐
(4)	Steht die Planung in logischer und plausibler Beziehung zum Vorjahr?	☐	☐
(5)	Ist die Planung in die Mittelfristplanung und in die strategische Planung integriert?	☐	☐
(6)	Sind die operativen Bereichspläne koordiniert, abgestimmt und konsistent?	☐	☐
(7)	Enthält die Planung ausreichend Maßnahmen und Projekte?	☐	☐
(8)	Steht die Geschäftsleitung hinter der Planung?	☐	☐
(9)	Wurde dezentral mit zentraler Koordinierung geplant?	☐	☐
(10)	Wurde richtig gerechnet?	☐	☐
(11)	Sind die stillen Reserven in den Budgets seriös ausgeschöpft?	☐	☐

Nachdem die Knetphase abgeschlossen ist und die Planung „in sich stimmt", wird die **Feinplanung** durchgeführt. Diese hat zum Inhalt die

- verbindliche Budgetformulierung für die einzelnen Bereiche nach Kostenarten,
- Umsetzung der Ergebnisplanung in tiefergehende detaillierte Teilpläne,
- Aufbereitung der Jahresplanung für die Monatsplanung.

1.5 Mittel- und Langfristplanung

1.5.1 Extrapolation

Die Mittelfristplanung soll die Jahresplanung erweitern, um den bei dieser Planung zwangsläufig enger werdenden Gegensteuerungszeitraum zu verlängern. Die Mittelfristplanung erstreckt sich in den meisten Fällen über einen Zeitraum von drei bis fünf Jahren. In vielen Fällen wird diese Mittelfristplanung um eine Langfristplanung ergänzt, die sich als Planfortschreibung der Mittelfristplanung über einen Zeitraum von maximal 10 Jahren ausweitet.

Beide Planungen haben einen erheblichen Nachteil: Die starre Fortschreibung von Planungsprämissen, die in die Jahresplanung eingegangen sind und in der Mittelfristplanung und der Langfristplanung fortgeschrieben werden, ist in der Regel zum Scheitern verurteilt. Bei einer sich dynamisch verändernden Umwelt kann eine derartige Extrapolation nur für einen Kurzfristzeitraum gelten, nie aber für einen längerfristigen Zeitraum das aktuelle Geschehen realitätsnah einfangen und somit im Sinne einer langfristigen Zielsetzung für die Unternehmensbereiche dienen.

Die Mittelfristplanung wurde traditionell als Planextrapolation oder Planfortschreibung der Jahresplanung erstellt:

	Ist 1999	Plan 2000	HR 2000	Plan 2001	Plan 2002	Plan 2003	Plan 2004
Bruttoumsatz	40.000	50.000	45.000	52.000	54.600	57.330	60.197
Deckungsbeitrag 1	16.000	20.000	18.000	21.840	22.932	24.079	25.283
Fixkosten	15.000	19.000	17.500	19.500	20.498	21.546	22.646
Betriebsergebnis	1.000	1.000	500	2.340	2.434	2.533	2.637

Obige Tabelle zeigt eine Mittelfristplanung für die wesentlichen Ergebniseckwerte einer Unternehmung. Diese Mittelfristplanung wurde mit der Planung für das Geschäftsjahr 2001 erstellt und geht von folgenden Prämissen aus:

❑ Bruttoumsatz: Mittelfristige Steigerung um 5 % jährlich.
❑ Deckungsbeitrag 1: Konstanz der Deckungsbeitragsrelation in Höhe von 42 % vom Bruttoumsatz.
❑ Personalkosten: Die geplanten Personalkosten für das Geschäftsjahr 2001 betragen TEUR 7.800. Bei ihnen wird eine jährliche Steigerung von 6 % unterstellt.
❑ Werbung: Das Werbebudget steigt von TEUR 3.100 im Jahr 2001 jährlich um TEUR 100.
❑ Die in den Fixkosten enthaltenen sonstigen Kosten in Höhe von TEUR 8.600 im Geschäftsjahr 2001 werden eine jährliche Steigerung von 5 % erfahren.

Bei einer solchen Form der Mittelfristplanung handelt es sich letztlich nur um eine rechentechnische Spielerei. Ausgehend von dem Basisjahr wird über bestimmte

Modellprämissen das Ergebnis extrapoliert, ohne dass konkrete Maßnahmen und Projekte in diese Planung eingebaut sind. Eine solche Planung kann niemals die Anforderungen, die an eine Planung zu stellen sind, erfüllen: Nämlich ein **Leistungsanreiz** und **Ansporn für das Unternehmen** zu sein. Dazu fehlt ihr der notwendige Verbindlichkeitscharakter.

1.5.2 Gap-Analyse

Ein in der Praxis häufig gebrauchtes Mittel zur Beurteilung von Mittelfristplanungen stellt die Gap-Analyse (gap engl. = Lücke) dar. Es ist ein leicht zu handhabendes Instrument, das von zwei Projektionen ausgeht:

❏ der Darstellung der mittelfristigen Ergebniszielsetzung der Unternehmung und
❏ der Extrapolation der Jahresplanung, die den Ausgangspunkt der Mittelfristplanung bildet, unter der Annahme, dass keine Änderungen der Geschäftspolitik, d.h. keine strategischen Maßnahmen, eintreten werden.

Für unsere Mittelfristplanung aus dem vorangegangenen Abschnitt stellt sich die Gap-Analyse grafisch wie folgt dar:

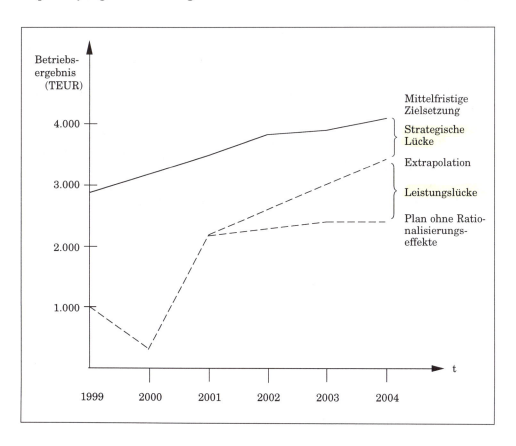

Dabei wurde von folgenden zusätzlichen Prämissen ausgegangen:
- ❏ Das mittelfristige Unternehmensziel ist eine Umsatzrendite von 7 % vom Bruttoumsatz.
- ❏ Bei den Lohnkosten, die lt. Planung 2001 TEUR 4.300 betragen, wird ab dem Geschäftsjahr 1998 ein jährlicher Produktivitätsfortschritt von 7 % realisiert.

Die obige Abbildung zeigt drei wesentliche Ergebnisprojektionen:
- ❏ die Zeitreihe der mittelfristigen Umsatzrendite von 7 %,
- ❏ die Planextrapolation unter Berücksichtigung von 7 % Produktivitätsfortschritt ab 2002 bei den Lohnkosten,
- ❏ die Planextrapolation ohne die Berücksichtigung von Rationalisierungseffekten.

Die Gap-Analyse führt zu folgendem Ergebnis:
- ❏ In der Realisierung der jährlichen Produktivitätsfortschritte besteht im Mittelfristzeitraum ein Ergebnisrisiko von TEUR 1.200.
- ❏ Zusätzlich dazu zeigt sich zwischen der Planextrapolation mit Rationalisierungsvorteilen und der mittelfristigen Ergebniszielsetzung einer 7%igen Umsatzrendite im Jahr 2000 eine strategische Lücke von TEUR 575. Diese Ergebnislücke kann nur durch eine Änderung der derzeit verfolgten Strategien und Maßnahmen geschlossen werden.
- ❏ Die Mittelfristplanung zeigt Indizien für den „Hockey-Schläger-Effekt", der in der Praxis häufig anzutreffen ist. Er bringt einen zunehmenden Planungsoptimismus zum Ausdruck, je weiter die Planung in die Zukunft reicht und damit ihren unmittelbaren Verbindlichkeitscharakter verliert. Der Hockey-Schläger-Effekt zeigt sich besonders stark im Geschäftsjahr 2001 und 2002. Während im Geschäftsjahr 2000 das Ist-Ergebnis unter das Vorjahresergebnis und die Planung fällt, wird für das Geschäftsjahr 2001 ein weit über diesem Ergebnis liegendes Betriebsergebnis von TEUR 2.340 geplant. Dieses Ergebnis nimmt im Mittelfristzeitraum noch zu.
- ❏ Die Unternehmenszielsetzung einer Umsatzrendite von 7% ist mittelfristig nicht erreichbar. Damit widerspricht die Mittelfristplanung dem Grundsatz, dass Ziele mittelfristig erreichbar sein sollen.

1.6 Planungsprobleme in der Praxis

In der Praxis hat der Controller mit unterschiedlichen Planungsproblemen zu kämpfen, die eine termingerechte Fertigstellung oftmals verzögern. Um diese Probleme auf ein Mindestmaß zu reduzieren, ist es erforderlich, dass der Controller für seine Planungstätigkeiten die Unterstützung der Geschäftsleitung besitzt. Hierdurch wird der Verbindlichkeitscharakter der gesamten Planungsarbeiten erheblich erhöht und es lassen sich manche Widerstände in der Tagesarbeit vermeiden.

Um die typischen Planungsprobleme in den Griff zu bekommen, ist es neben der Unterstützung der Geschäftsleitung erforderlich, dass die für die Planung erforderlichen **Vorbereitungsarbeiten**, die der Controller vorzunehmen hat, gründlich und umfassend erfolgen. Dazu gehören – wie bereits erläutert – die **detaillierte Festlegung von Planungsrichtlinien**, die Erarbeitung eines **Zuständigkeits- und Terminplanes**, die Erarbeitung einer **einheitlichen Planungssprache** sowie die uneingeschränkte **Unterstützung** der planenden Stellen durch die Abteilung Controlling. Hierbei kommt es nicht auf theoretische Feinheiten an, sondern diese Planungsvorbereitungen sind firmenindividuell zu treffen und müssen **empfängerorientiert** erstellt werden. Es nützt nichts, theoretisch saubere Vorgaben zu erarbeiten, die keiner versteht. Wichtig ist es, dass man die **Sprache der Linienmanager** spricht und bei ihnen nicht durch die Planungsrichtlinien zusätzliche Aversionen hervorruft. Auch wenn diese Tätigkeiten durch den Controller ausreichend und problemadäquat vorgenommen worden sind, zeigen sich in der täglichen Praxis noch immer bestimmte Planungsprobleme:

(1) Planung und Tagesroutine

Der Planungsprozess läuft in vielen Unternehmungen in einer Zeit ab, in der sich alle auf das Hauptgeschäft nach der Urlaubszeit konzentrieren. Aus dem Zwang, das operative Jahresergebnis zu erreichen, hat damit die Tagesarbeit für die einzelnen Linienmanager immer Vorrang vor den Planungsarbeiten. Bezeichnend ist hier die Aussage eines Verkaufsdirektors: „Ich werde dafür bezahlt, dass ich Umsätze mache und nicht dafür, dass ich plane". Der Controller steht hier oftmals vor einem Dilemma: Auf der einen Seite muss das operative Jahresergebnis erreicht werden und auf der anderen Seite ist die Planung für das kommende Geschäftsjahr zu erstellen. Durch **sachliches Überzeugen** und **kooperative Unterstützung** muss der Controller versuchen, eine entsprechende **Zielgewichtung** durch die Einheiten zu erreichen.

(2) Aversionen der Linieneinheiten

Planung ist nicht nur der **Fahrplan für die Zukunft**, sondern für viele betroffenen Einheiten auch ein Korsett. Sie befürchten, durch die Planung ihren ehemals vorhandenen Freiheitsspielraum zu verlieren, da die Planungen und insbesondere der darauf aufbauende monatliche Soll-Ist-Vergleich viele Probleme ans Tageslicht bringt, die sich innerhalb eines Jahres in der Vergangenheit kompensatorisch ausgeglichen haben. Diese Aversionen müssen ausgeräumt werden, da sie einen positiven Planungsprozess hemmen. Dies kann am besten dadurch abgebaut werden, dass man den **Sinn des Soll-Ist-Vergleichs** in das rechte Licht stellt und mit den Vorurteilen aufräumt, der Soll-Ist-Vergleich suche nach Schuldigen.

(3) Unser Geschäft lässt sich nicht planen

Die Aussage, dass sich das Geschäft, das man betreibt, nicht planen lässt, ist zum einen Ausfluss von Planungsaversionen, zum anderen aber auch auf die Tatsache zurückzuführen, dass die betroffenen **Linieneinheiten** nicht über ausreichendes **Planungs-Know-how** verfügen. Hier helfen Unterstützung durch den Controller und die Demonstration, wie man bestimmte Teilbereiche über Planungstechniken in den Griff bekommt, mit Sicherheit weiter.

(4) Unsicherheit

Die Qualität einer Planung steht und fällt weitgehend mit dem Datenmaterial, das als Input in die Prämissenstruktur der Planung eingeht. Dieses Datenmaterial ist immer mit Unsicherheit behaftet; es gibt keine Planung, die auf vollständiger Information aufbauen kann. Um das Unsicherheitsmoment im Planungsprozess zu reduzieren, bietet sich neben der gründlichen Vorauswahl des Datenmaterials das Prinzip der Rückkoppelung und die Ausnutzung von Planungsinterdependenzen an. Durch die Diskussion im Rahmen laufender Planungsrunden zwischen unterschiedlichen Abteilungen lässt sich das Unsicherheitsmoment nicht unwesentlich senken. Die Diskussion eines Problems durch Ausnutzung unterschiedlichen Bereichs-Know Hows hat sich hierzu in der Praxis sehr gut bewährt.

(5) Optimistische Planungsmentalität

Optimismus tut jedem Geschäft gut. Eine zu optimistische Planungsmentalität kann der Controller jedoch nicht hinnehmen. Spätestens im laufenden Geschäftsjahr nach Eintritt z.T. nicht unwesentlicher Planabweichungen hat der Controller das Problem, die „Enden der Ergebnisrechnung" noch zusammenzufügen. Im Planungsstadium ist es deshalb erforderlich, dass der Realitätsgehalt der einzelnen Teilpläne geprüft wird und notfalls eine Planrevision erfolgt.

Um eine positive Grundhaltung nicht durch Planrevision im Keim zu ersticken, sind viele Unternehmen dazu übergegangen, mit so genannten Doppelplänen zu arbeiten. Dies sieht dann so aus, dass der für den Absatzbereich erstellte Plan Zielcharakter besitzt, zur Risikominimierung in die Ergebnisrechnung aber mit einem reduzierten Plan eingestiegen wird. Ein solches Verfahren besitzt den Vorteil, dass die Ergebnisrechnung später bei Unterschreitung des Absatzplanes, den der Absatzbereich erstellt hat, nicht direkt zusammenbricht, stellt aber das Instrument der Planung und Zielvorgabe infrage. Da es schwierig ist, solche Doppelpläne langfristig geheim zu halten, werden die davon betroffenen Einheiten in zukünftigen Perioden den Verbindlichkeits- und Zielcharakter der Planung ignorieren. Damit hat die Planung ihren Zweck verloren.

Eine andere Technik bei positiver Planungsmentalität ist oft anzutreffen: Man bindet die Budgetgewährung z.B. für Marketing, Werbung und Verkaufsförderung etc. an die Erreichung des Absatzplanes. Dabei erfolgt die Budgetzuteilung sukzessive im Jahresablauf in Abhängigkeit davon, ob der Absatzplan erreicht ist. Entsprechend werden die Budgets gekürzt, wenn die Pläne nicht realisiert wurden. Ein derartiges Planungsverhalten ist grundsätzlich abzulehnen. Gerade in einer Situation, in der der Absatzplan nicht realisiert werden kann, ist es sinnvoll, über zusätzliche Marketingaufwendungen den Absatz zu steigern und somit antizyklisch einem Trend entgegenzuwirken.

(6) Stille Reserven

Viele Linieneinheiten neigen dazu, äußerst vorsichtig zu planen, um im kommenden Geschäftsjahr im Plan-Ist-Vergleich nur positive Abweichungen zu realisieren. Zu diesem Zweck bauen sie sich Planungspuffer nicht unerheblichen Ausmaßes in ihre dezentralen Teilpläne ein. Auch diese hat der Controller im Rahmen des

Plausibilitätschecks der Planung aufzudecken und diese stillen Reserven, sofern es die Ergebnissituation erfordert, abzubauen.

(7) Pläne passen nicht

Fast jeder Planungsprozess erfährt eine zeitliche Verzögerung dadurch, dass mit der Jahresplanung das Unternehmensziel nicht erreicht wird. Dann beginnt die Knetphase, die von allen Bereichen Abstriche verlangt. Diese Abstriche sollten nicht autonom von der Geschäftsleitung vorgenommen werden, sondern mit allen Abteilungen diskutiert und in Alternativen simuliert werden, um auch bei einer Planrevision weiterhin die Planidentifikation der betroffenen Bereiche zu erhalten.

(8) Termineinhaltung

Aus dem Zwang des Tagesgeschäftes heraus verzögert sich die Abgabe der Teilpläne einzelner Unternehmungsbereiche sehr häufig. Diesem kann der Controller einmal dadurch Rechnung tragen, dass er bei der Aufstellung der Terminplanung für den Planungsprozess zeitliche Reserven einbaut. Ein weiteres Unterstützungsmittel ist die Geschäftsleitung, die unbedingt darauf dringt, dass der Planungsprozess zügig abgeschlossen wird.

Mit den beschriebenen Planungswiderständen hat der Controller zu leben und fertig zu werden. Er sollte nicht versuchen, allein mit Autorität diese Dinge zu betreiben, sondern kooperativ und hilfsbereit mit den einzelnen Bereichen diese Widerstände abbauen. Dabei sollte er sich immer folgende Punkte vor Augen halten:

❏ Viele Planungsprozesse leiden in ihrer Effizienz daran, dass die für die Planung Verantwortlichen den betroffenen Managern eine falsche Grundhaltung gegenüber vertreten.
❏ Die Planung allein löst die Geschicke des Unternehmens nicht. Das Fingerspitzengefühl der Linienmanager sollte ausreichend in der Planung Berücksichtigung finden.
❏ Skepsis und Widerstand der Linieneinheiten gegenüber der Planung muss nicht ausschließlich Zeichen eines bösen Willens oder mangelnden Anpassungsvermögens sein, sondern kann auch seine Ursache darin haben, dass der Controller diesen Einheiten nicht in der entsprechenden Form gegenübergetreten ist.

2 Information: Controller-Berichtswesen

2.1 Anforderungen an das Informationssystem

Das Management-Informationssystem ist der Kern eines jeden Controlling-Systems. Während die auf der Buchhaltung aufbauende externe Rechnungslegung im Wesentlichen externen und gesetzlichen Anforderungen genügt und ihr bei der Erfüllung der Anforderungen an ein innerbetriebliches Führungsinstrument Grenzen gesetzt sind, hat das Controlling-Informationssystem dem Entscheidungsträger rechtzeitig, problemadäquat und in der notwendigen Verdichtung die Informationen zu liefern, die er zur Gegensteuerung und Erreichung seiner Objectives benötigt.

Die Unterscheidungsmerkmale zwischen der Buchhaltung und dem Management-Informationssystem liegen neben dem Informationsempfänger in

- den Rechnungszielen,
- den Rechnungsgrößen,
- der Informationsbereitstellung und
- den Informationsempfängern:

Rechnungs-system Unter-scheidungs-kriterien	Finanz- und Rechnungswesen	Steuerungs- und Informationssysteme des operativen Controlling
1. Zielsetzung	Rechnungsabschluss gem. handels- und steuerrechtlichen Vorschriften; Basis diverser Steuerermittlungen	Information für • Planungs- • Entscheidungs- • Steuerungsaufgaben
2. Empfänger	Externe • Aktionäre • Fiskus • Banken	Interne • Geschäftsleitung • Aufsichtsrat • Mitarbeiter
3. Rechnungsgrößen	Aufwands- und Ertragsgrößen, durch gesetzliche Bestimmungen vorgeschrieben	Kosten- und Erlösgrößen gem. den Informationszielen
4. Informationsbereitstellung	einmal jährlich	aktuell, gezielt, flexibel für die entsprechende Entscheidungssituation

Das Management-Informationssystem des Controlling darf allerdings nicht losgelöst vom Rechnungswesen aufgebaut werden. Im Idealfall ist es mit diesem als integraler Bestandteil voll verzahnt.

Zur Erreichung der Ziele des Controlling-Informationssystems sind folgende Nebenbedingungen zu beachten:

(1) Integration von Finanzbuchhaltung und Controlling-Informationssystem
(2) Klare Unterscheidung der einzelnen Kosten- und Umsatzeinflussgrößen im Controlling-Informationssystem

(3) Exakte Trennung nach Art der Leistungs- und Kostenentstehung und dem Verursacher bzw. dem Verantwortungsträger
(4) Kongruenz zwischen aufgestellten Objectives und dem stellenbezogenen Bericht durch direkte Zuordnung der Ergebnisse auf einzelne Verantwortungseinheiten.

Unter Einschluss dieser Nebenbedingungen sind an das Controlling-Informationssystem folgende Anforderungen zu stellen:

- empfängerorientiert
- Konzentration auf das Wesentliche (keine „Zahlenfriedhöfe")
- keine permanenten Änderungen
- Ausweis des Ergebnisbeitrages der einzelnen Unternehmensbereiche
- Aufzeigen von Erfolgs- und Misserfolgsquellen
- Basis für dezentrale Steuerung
- Zeitnähe (Fertigstellung in den ersten 10 Arbeitstagen des Folgemonats).

Das Controlling-Informationssystem muss im Sinne eines Decision-Accounting und eines Responsibility-Accounting funktionieren:

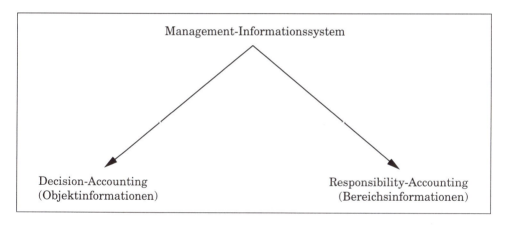

Als Responsibility-Accounting liefert das Berichtswesen Bereichsinformationen, über die die einzelnen Verantwortungsträger operationale Informationen zur Erreichung ihrer Objectives erhalten. Das Decision-Accounting konzentriert sich auf Objektinformationen, die den Verantwortungsträgern bei Entscheidungen über Produkte, Werbemaßnahmen, Projekte, Investitionen, Firmenkäufe, Touren, Kunden etc. unterstützen.

Für den Aufbau des Berichtswesens empfiehlt sich folgende Vorgehensweise:

(1) Grobentwurf des Systems

In diesem ersten Schritt kommt es darauf an, dass das System für die Unternehmung maßgeschneidert ist. Systeme, die an anderer Stelle mit Erfolg praktiziert werden, brauchen im eigenen Unternehmen nicht unbedingt zu funktionieren.

Wichtig ist, dass das System die Informationsbedürfnisse der Unternehmung abdeckt. Anhaltspunkte für den Systementwurf sind Produkte, Kunden, Vertriebswege, Werke, Leistungsstrukturen usw.

(2) Diskussion des Grobentwurfs mit den betroffenen Bereichen

Der Grobentwurf ist mit den betroffenen Bereichen zu diskutieren, um deren Informationswünsche in das System einzubeziehen. In dieser Phase erfolgt der notwendige Abgleich zwischen den Vorstellungen des Controllers und den Wünschen der dezentralen Einheiten. Die Diskussion garantiert, dass das Informationssystem hautnah geschneidert wird und nicht als theoretische Lösung an den Erfordernissen vorbeigeht.

(3) Aufbau des Kostenartenplanes

Der Aufbau des Kostenartenplanes muss sich an den Informationsbedürfnissen, den aufgrund des Buchhaltungssystems gegebenen Möglichkeiten und den späteren Steuerungsnotwendigkeiten im Rahmen des Controlling-Systems orientieren. Dazu gehört, dass die Konten so detailliert aufgefächert sind, dass sie für die unterschiedlichen Pyramiden des Informationssystems einzeln angesprochen werden können.

(4) Aufbau der Kostenstellenrechnung

Der Aufbau der Kostenstellenrechnung erstreckt sich auf drei Bereiche:
- Festlegung der Kostenstellen entsprechend der Berichts- und Verantwortungshierarchie,
- Klärung der Bezugsgrößen für die variablen und fixen Budgets,
- Festlegung der Planleistung der Kostenstellen für den späteren Soll-Ist-Vergleich.

(5) Aufbau der Standardgrenzkostenrechnung

Der Aufbau einer Standardgrenzkostenrechnung empfiehlt sich bei einer Serienproduktion mit standardisierter Materialstruktur, vorgegebenen Operations- und Vorgabezeiten an den Maschinen und für einzelne Arbeitsgänge. Der Aufbau der Standardgrenzkostenrechnung umfasst im Wesentlichen folgende Stufen:
- Aufbau des Materialmengengerüstes für die einzelnen Artikel auf der Basis von Rezepturen und Stücklisten,
- Festlegung des Durchlaufs der einzelnen Erzeugnisse durch die einzelnen Kostenstellen über Arbeitspläne,
- Bewertung des Zeit- und Mengengerüstes mit den dazugehörigen Planpreisen.

(6) Abstimmung der einzelnen Rechnungskreise

Für das reibungslose Funktionieren des Berichtswesens ist es erforderlich, dass die Standardgrenzkostenrechnung und die Kostenartenrechnung mit der Lohn-, Material- und Anlagenbuchhaltung sowie mit der Fakturierung abgestimmt sind.

Controller-Berichtswesen

(7) Konzipierung des Systems

Damit das System auch für andere transparent ist, sollte nach Durchführung der Vorarbeiten und der Testläufe eine Dokumentation des Abrechnungssystems vorgenommen werden. Dabei ist insbesondere darauf zu achten, dass die Kontennummern und ihre korrespondierenden Zellen in den Ergebnisrechnungen sichtbar werden. Diese Dokumentation ist bei laufenden Änderungen permanent zu aktualisieren.

Den **integrativen Zusammenhang** zwischen Finanzbuchhaltung und Controlling-Informationssystem mit den unterschiedlichen Säulen, die im nachfolgenden noch dargestellt werden, zeigt folgende Übersicht:

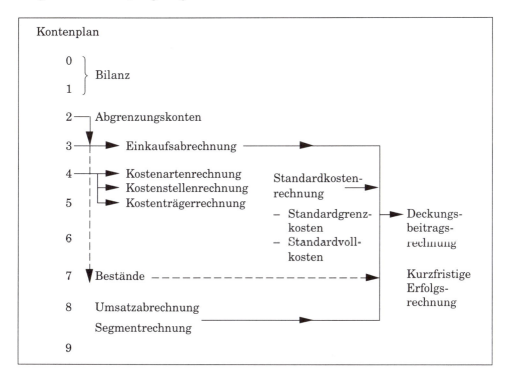

Für den **Aufbau des Berichtswesens** hat sich die auf der nachfolgenden Seite abgebildete Struktur bewährt. Im linken Teil der Übersicht, die für alle Arten des Berichtswesens gilt, ist der **Einzelmonat** dargestellt, während im rechten Teil die **Jahresfortschreibung** wiedergegeben ist. Sowohl für den Einzelmonat als auch für die Jahresfortschreibung wird unterschieden nach den entsprechenden Werten des Vorjahres, des Planes und den tatsächlichen Werten des laufenden Jahres, während Abweichungen zum Plan in der Abweichungsspalte 'absolut' und in '%' dargestellt werden. Auch wenn Abweichungen nur zum Plan analysiert werden, ist doch in vielen Fällen ein **Vergleich mit entsprechenden Vorjahreswerten** sinnvoll. Dies empfiehlt sich insbesondere dann, wenn im Unternehmen noch nicht ausreichend

Planungsroutine vorhanden ist, was insbesondere in den ersten Jahren nach Einführung einer Unternehmensplanung der Fall ist:

			Abweichung						Abweichung	
Vorjahr	Plan	Ist	absolut	%		Vorjahr	Plan	Ist	absolut	%

2.2 Basis-Informationssystem

2.2.1 Kostenartenrechnung

Die Kostenartenrechnung liefert den Nachweis der Kostenentstehung aufgeteilt nach Kostenarten. Sie knüpft an die Klasse 4 der Buchhaltung an und legt das Hauptaugenmerk auf die fixen Kosten und ihre Entwicklung im Zeitablauf und zum Plan. Der sich nach den Notwendigkeiten der Rechnungslegung ausrichtende Kontenplan des Rechnungswesens erweist sich oftmals als Auswertungsgrundlage für die Informationen der Kostenartenrechnung als nicht geeignet. Aus diesem Grund sind die einzelnen Konten der Klasse 4 zu Kostenartengruppen, die sich nach den Steuerungsbedürfnissen des Unternehmens ausrichten, zusammenzufassen (s. S. 113 oben).

Für den Kostenartennachweis kann es empfehlenswert sein, je Kostenartengruppe die Einzelkonten für den Berichtsempfänger aufzuführen. Dies erleichtert die Analyse.

Sofern zur Erstellung der Monatsabschlüsse erhebliche Abgrenzungsarbeiten zu leisten sind (z.B. bei regional verstreut liegenden Aktivitäten einer Unternehmung) empfiehlt es sich, die Entwicklung der in die Kostenartenrechnung eingehenden Konten im Zeitablauf von Monat zu Monat zu vergleichen. Aus der zeitlichen Entwicklung erhält man wichtige Ansatzpunkte, ob bestimmte Aufwendungen mit Kostencharakter zusätzliche Aufwandsbuchungen erfordern.

In der Kostenartenrechnung erfolgt die Trennung nicht nach Einzel- und Gemeinkosten wie in der klassischen Betriebsbuchhaltung, sondern nach fixen und variablen Kosten. Dabei liegt das Hauptaugenmerk der Kostenartenrechnung auf den fixen Kosten und ihrer Entwicklung im Zeitablauf und zum Plan. Die variablen Kosten erfahren eine intensive Analyse bei der Kostenträgerrechnung. Ihr Ausweis in der Kostenartenrechnung hat lediglich die Funktion zu dokumentieren, wie dieses Kostenvolumen sich im Zeitablauf entwickelt hat.

Controller-Berichtswesen

4101	Produktionslöhne	
4102	Verkaufslöhne	
4103	Überstundenzuschläge	
4104	Lohnzulagen	
.		
.		
4301	Krankenversicherung	
4302	Arbeitslosenversicherung	
.		
.		
01	Personalkosten Lohn	Kostenarten-gruppe
.		
.		
4510	Gästebewirtung	
4511	Spesen	
4512	Übernachtung	
4513	Kilometergeld	
.		
.		
04	Reisekosten	Kostenarten-gruppe

Konto	Bezeichnung	Jahr	Jan.	Febr.	März	......	Dez.
4101	Produktions-löhne	2000 1999 1998					
4102	Verkaufs-löhne	2000 1999 1998					
4200	Produktions-gehälter	2000 1999 1998					
4301	Kranken-versicherung	2000 1999 1998					
.							
.							
.							

	MÄRZ				Ist Vorjahr	Jahres-plan	JANUAR–MÄRZ				
	Plan	Ist	Abw.				Ist Vorjahr	Plan	Ist	Abw.	
			abs.	%						abs.	%
Rohstoffe	300	310	./. 10	3	2.400	2.800	600	700	725	./. 25	4
Verpackung	100	105	./. 5	5	1.000	1.200	250	300	320	./. 20	7
variable Fertigungs-kosten	200	180	+ 20	10	2.300	2.600	500	600	580	+ 20	3
.											
VARIABLE KOSTEN	600	595	+ 5	1	5.700	6.600	1.350	1.600	1.625	./. 25	2
Personalkosten	200	200	–	–	2.000	2.400	500	600	600	–	–
Energie	50	70	./. 20	40	500	600	130	150	170	./. 20	13
Frachtkosten	18	19	./. 1	6	220	200	55	50	50	–	–
Instandhaltungen	40	40	–	–	350	400	90	100	110	./. 10	10
Kapitalkosten	100	110	./. 10	10	1.000	1.200	250	300	280	+ 20	7
.											
FIXKOSTEN	408	439	./. 31	8	4.070	4.800	1.025	1.200	1.210	./. 10	1

Die obige Kostenartenrechnung trennt die Jahresfortschreibung vom Jahresbudget und vom laufenden Monat. Im linken Teil sind die Kostenentstehung des Monats März nach Plan und Ist angegeben sowie die Abweichungen absolut und in Prozent vom Plan analysiert. Die Trennung der Kosten erfolgt nach fixen Kosten und variablen Kosten.

Der mittlere Teil zeigt das Jahresbudget und den Vergleich zum Vorjahr. Diese Darstellung hat den Vorteil, dass der Empfänger nicht nur über einen Einzelmonat, sondern auch über das Gesamtvolumen der Kosten eines Jahres informiert wird.

Der rechte Teil der Kostenartenrechnung zeigt die Jahresfortschreibung aus der Addition der bis zum Betrachtungszeitpunkt aufgelaufenen Kosten nach dem gleichen Gliederungsschema. Hier ist das Ist dem Plan sowie dem Vorjahr gegenübergestellt, wobei die Abweichung sich auf die Abweichung zum kumulierten Plan bezieht.

Das Schwergewicht der Kostenartenrechnung liegt auf dem
- Kostenartenvergleich
- Vergleich des absoluten Kostenvolumens
- Vorjahresvergleich, wozu eine zusätzliche Abweichungsspalte für die Abweichung Ist zum Vorjahr eingerichtet werden kann
- Plan-Vergleich
- Vergleich der Kostenblöcke untereinander. Hierfür empfiehlt sich die spaltenweise Normierung der Kostenblöcke in Prozent vom Gesamtkostenvolumen.

Die Kostenartenrechnung gestattet unterschiedliche Auswertungen und liefert den Einstieg für ein aktives Fixkosten-Controlling, indem z.B. auch die Kosten auf

Vorjahresniveau indiziert werden und im Zeitablauf fortgeschrieben werden. Zusammen mit der Kostenstellenrechnung zeigt sie Ansatzpunkte für Gegensteuerungsmaßnahmen.

2.2.2 Kostenstellenrechnung

Die Kostenstellenrechnung zeigt differenziert nach Kostenarten den Ort der Kostenentstehung und damit den Kostenverbrauch der Verantwortungsbereiche. Für den Verantwortungsträger hat das Kostenstellen-Budget Zielcharakter.

Die Kostenstellenrechnung folgt in ihrem Aufbau den gleichen Kriterien wie die Kostenartenrechnung und zeigt die Kosten nach dem Einzelmonat, der Jahresfortschreibung und dem Jahresbudget.

Für ein aktives Controlling im Sinne des Management by Objectives ist es erforderlich, dass dem einzelnen Verantwortungsträger in der Kostenstellenrechnung nur die Kosten gezeigt werden, die er auch zu verantworten hat. Will man darüber hinaus weitere Kosten einbeziehen, so empfiehlt sich die Trennung in beeinflussbare und nicht beeinflussbare Kosten. Die Beurteilung des Kostenstellenleiters hat sich dabei immer an den beeinflussbaren Kosten zu orientieren.

Kostenstelle: Kostenstellenleiter:	MÄRZ						JANUAR – MÄRZ				
	Plan	Ist	Abw.		Ist Vor-jahr	Jahres-plan	Ist Vor-jahr	Plan	Ist	Abw.	
			abs.	%						abs.	%
Personalkosten	10	11	./. 1	10	110	120	28	30	29	+ 1	3
Energie	3	2	+ 1	33	35	40	9	10	10	–	–
Frachtkosten	2	2	–	–	20	20	5	5	5	–	–
Instandhaltungen	2	2	–	–	20	20	5	5	5	–	–
Kapitalkosten	3	4	./. 1	33	30	30	8	8	9	./. 1	13
Kostensumme	20	21	./. 1	5	215	230	55	58	58	–	–

Die Abbildung zeigt die Kostenstellenrechnung in Form eines fixen Budgets. Hierbei sind alle Kosten unabhängig von einer bestimmten Planbezugsgröße und werden somit ausschließlich bereichsweise budgetiert. Der Aufbau entspricht dem Beispiel der Kostenartenrechnung auf Seite 136. Diese Form des fixen Budgets empfiehlt sich für alle Bereiche, die nicht unmittelbar und messbar an der Leistungserstellung mitwirken, sondern im Wesentlichen Overhead-Charakter besitzen, wie z.B. der Absatzbereich usw.

Für Kostenstellen, die unmittelbar an der Produkterstellung mitwirken und deren Kostenhöhe von der Anzahl der produzierten Einheiten abhängig ist, empfiehlt sich ein so genanntes flexibles Budget. Die Kostenhöhe in diesen Bereichen ist zwar vorab in einem bestimmten Umfang planbar, jedoch führen Schwankungen im laufenden Geschäftsjahr dazu, dass Kostenüber- oder -unterschreitungen zum Planbudget entstehen, die vom Kostenstellenleiter in der Form nicht zu verantworten sind. Aus diesem Grunde ist es bei Kostenstellen dieser Struktur, die insbesondere im Fertigungsbereich auftreten, sinnvoll, den Plan-Ist-Vergleich des Budgets um einen Plan-Soll-Ist-Vergleich zu erweitern:

Kostenstelle: Kostenstellen- leiter:	Planbeschäftigung: 1.000		Istbeschäftigung: 1.100		
	Plan	Soll	Ist	Abweichung	
				abs.	%
Fertigungslöhne	10.000	11.000	10.800	+ 200	1,8
Energie	500	550	560	./. 10	1,8
Öle	1.300	1.430	1.470	./. 40	2,8
Abschreibungen	2.500	2.500	2.500	–	–
Instandhaltung	1.500	1.575	1.570	+ 5	0,3
Kostensumme	15.800	17.055	16.900	+ 155	0,9

In diesem Budget des Kostenstellenleiters sind die Kosten für eine Plan-Beschäftigung von 1.000 Einheiten geplant worden. Dabei gelten folgende Plansätze:

❑ Fertigungslöhne: 10 EUR/Einheit
❑ Energie: 0,50 EUR/Einheit
❑ Öle: 1,30 EUR/Einheit
❑ Abschreibungen: fixes Budget
❑ Instandhaltungen: 0,75 EUR/Einheit, der Rest als fixes Budget.

Wie das Beispiel zeigt, ist in dem der Betrachtung zu Grunde liegenden Zeitraum eine Beschäftigung von 1.100 Einheiten erreicht worden, d.h. die Ist-Beschäftigung lag bei 110%. Die dieser Ist-Beschäftigung entsprechenden höheren variablen Kosten zeigen sich einschließlich der budgetierten Fixkosten in der Spalte Soll-Kosten, die sich wie folgt ergibt:

$$\text{Sollkosten} = \frac{\text{Ist-Beschäftigung}}{\text{Plan-Beschäftigung}} \times \text{geplante variable Kosten} + \text{geplante Fixkosten}$$

Die in der Abweichungsspalte ausgewiesene Abweichung ist die so genannte Verbrauchsabweichung, die den Mehr- oder Minderverbrauch der einzelnen Kosten-Einsatzfaktoren zeigt. Die Tabelle macht deutlich, dass der Kostenstellenleiter bei der höheren Ist-Beschäftigung die Soll-Kostensumme um 155 EUR unterschritten hat, was im Wesentlichen auf die Unterschreitung der variablen Fertigungslöhne zurückzuführen ist. Der alleinige Plan-Ist-Vergleich hätte diese Situation falsch wiedergegeben, da die Ist-Kostensumme um EUR 1.100 über der geplanten Kostensumme liegt. Die Kostenüberschreitung ist aber, wie die Soll-Kosten zeigen, ausschließlich auf eine höhere Beschäftigung zurückzuführen, die der Kostenstellenleiter nicht zu verantworten hat.

Für eine wirksame Kostensteuerung ist die Ausrichtung des Kostenstellenplanes nach den Leistungsstrukturen und den Verantwortungsbereichen erforderlich. Bei der Abgrenzung der Kostenstellen eines Werkes empfiehlt sich die Orientierung an der steuerlichen Herstellkostendefinition. Neben der Kostenstellengliederung sind eindeutige Kontierungsrichtlinien hinsichtlich Kostenart und Kostenstelle erforderlich. Zur Vermeidung von Kontierungsfehlern empfiehlt es sich, bestimmte Kostenarten für die Kontierung auf bestimmte Kostenstellen zu „sperren".

Aus der Kombination von Kostenarten- und Kostenstellenrechnung kann sich der Controller schnell ein Bild über die Entwicklung der fixen Kosten machen. Während die Kostenartenrechnung ihm das Gesamtvolumen der fixen Kosten nach Arten differenziert aufzeigt, kann er bei Abweichungen einzelner Positionen gezielt über die Kostenstellenrechnung die Bereiche herausfinden, bei denen Kostenabweichungen entstanden sind und mit diesen Ansatzpunkte für Gegensteuerungsmaßnahmen diskutieren.

2.2.3 Kostenträgerrechnung

In der Kostenträgerrechnung werden die geplanten Grenzkosten (Standard-Grenzkosten) mit den Ist-Grenzkosten verglichen. Dieser Vergleich wird produktweise durchgeführt. Durch die Gegenüberstellung der Grenzkosten und des Bruttoumsatzes zeigt die Kostenträgerrechnung darüber hinaus den Deckungsbeitrag I als Produktdeckungsbeitrag:

Produkt-Nr.: Verantwortlich:	MÄRZ				Ist Vorj.	Jahres- plan	JANUAR – MÄRZ				
	Plan	Ist	Abw. abs.	%			Ist Vorj.	Plan	Ist	Abw. abs.	%
Bruttoumsatz	200	200	–	–	2.350	2.400	588	600	610	10	2
Rohstoffe	50	49	1	2	550	600	138	150	153	./. 3	2
Aufmachung	17	18	./. 1	6	200	200	50	50	51	./. 1	2
Verpackung	25	25	–	–	300	300	75	75	75	–	–
Fertigungskosten	21	20	1	5	300	250	75	63	65	./. 2	3
Deckungsbeitr. I	87	88	1	1	1.000	1.050	250	262	266	4	2

Die Kostenträgerrechnung kann nach dem gleichen Schema wie die Kostenartenrechnung und die Kostenstellenrechnung aufgebaut werden. Auch hier werden die Entwicklung des laufenden Monats sowie die Jahresfortschreibung und das Gesamtjahr gezeigt. Eine sinnvolle Ergänzung erfährt die Kostenträgerrechnung durch Ausweis

❏ des Deckungsbeitrages in Prozent vom Bruttoumsatz (relativer Deckungsbeitrag) und
❏ des Deckungsbeitrages pro Fertigungseinheit als engpassbezogener Deckungsbeitrag.

Beide zusätzlichen Auswertungen gestatten die Führung einer „Produkt-Hitliste", die auf einen Blick die Ertragskraft des Sortiments zeigt:

	Absatz abs.	Umsatz (EUR)	Erlös/ Einh. (EUR)	Plan- vergl. (%)	Vorgabe vergl. (%)	DB 1 abs. (EUR)	DB 1/ Einh. (EUR)	DB 1 % v. U.	DB 1 je Std. (EUR)
Produkt 1	120	1.200	10,00	98,0	110,0	600	5,00	50,0	15,0
Produkt 2	100	1.500	15,00	105,0	115,0	1.000	10,00	66,7	19,3
Produkt 3	150	750	5,00	108,0	135,0	300	2,00	40,0	14,7
Produkt 4	35	1.400	40,00	85,0	70,0	700	20,00	50,0	19,8

Die Standard-Grenzkosten werden in der Artikel-Stammdatei gespeichert und bilden den Einstieg für die noch zu erläuternden Formen der stufenweisen Ergebnisverdichtung. Diese Produktkalkulationen sind allerdings für die Handels- und Steuerbilanz nicht brauchbar. Da hier die Herstellkosten maßgebend sind mit aktivierten Fixkosten, empfiehlt es sich, in der Artikel-Stammdatei beide Kalkulationen zu führen. Dies hat den Vorteil, dass auch im laufendem Geschäftsjahr permanent das handelsbilanzielle Ergebnis ermittelt werden kann, indem zusätzlich zu den Standard-Grenzkosten die aktivierten Fixkosten der Erzeugnisse aus der Artikel-Stammdatei abgerufen werden.

2.2.4 Erlösrechnung

Zum Aufbau einer stufenweisen Deckungsbeitragsrechnung für Planungs- und Steuerungszwecke muss die Kostenrechnung ergänzt werden um eine Erlösrechnung. Die Aufgabe der Erlösrechnung liegt in zwei Bereichen:

❏ in der Zuordnung der Aktivitäten eines Unternehmens zu Sparten sowie
❏ im Aufbruch der Umsatzstruktur für Planungs- und Entscheidungszwecke.

(1) Zuordnung von Aktivitäten zu Sparten

Die Zuordnung von Artikeln zu Artikelgruppen, Sortimentsgruppen, Marken usw. hat die Aufgabe, die Aktivitätsstruktur eines Unternehmens hierarchisch zu gliedern. Zu diesem Zweck ist es erforderlich, dass die Artikelnummern zu Artikelgruppen, Sortimenten und Marken fest zugeordnet werden und im Artikelstammsatz in dieser Form fixiert sind (s. S. 141 oben).

Durch diesen systematischen Aufbau von Bezugsgrößenhierarchien erfolgt eine Hierarchisierung der Aktivitäten sowohl für eine zweckmäßige Absatz- und Vertriebssteuerung als auch für die Erfordernisse der Deckungsbeitragsrechnung.

1011	Artikel 1
1012	Artikel 2
.	
.	
.	
1019	Artikel x
100	Artikelgruppe
.	
.	
900	Artikelgruppe
10	Sortiment
20	Sortiment
30	Sortiment
.	
.	
90	Sortiment
1	Marke

(2) Auffächerung der Umsatzstruktur

Die Auffächerung der Umsatzstruktur erfolgt in der Form, dass ausgehend vom Bruttoumsatz zu Listenpreisen alle Rabatte bis zum fakturierten Umsatz festgehalten werden und in Abhängigkeit der Entscheidungsrelevanz für die Unternehmenssteuerung zu Rabattgruppen gruppiert werden. Der fakturierte Bruttoumsatz ist die Abstimmbrücke zu den Personen- und Sachkonten der Buchhaltung. Vom fakturierten Bruttoumsatz sind eventuelle Retouren, die in der Klasse 8 der Buchhaltung geführt werden, abzusetzen, sodass man zum Bruttoumsatz gelangt. Der Bruttoumsatz ist zu kürzen um Erlösminderungen der Klasse 8 wie Monatsrückvergütungen, Quartalsrückvergütungen, Jahresrückvergütungen, deren Steuerung nur durch Abgrenzungen aufgrund des zeitlich verzögerten Zahlungsanfalls erfolgen kann. Nach Abzug dieser Erlösschmälerungen gelangt man zum Nettoumsatz:

```
       Bruttoumsatz zu Listenpreisen
  ./.  Artikelrabatte
  ./.  Funktionsrabatte
  ./.  Sortimentsrabatte
           .
           .
           .
  =    Bruttoumsatz Faktura
  ./.  Retouren
  =    Bruttoumsatz
  ./.  Erlösminderungen (Klasse 8)
  =    Nettoumsatz
```

2.3 Entscheidungsorientiertes Informationssystem

Das Basisinformationssystem bereitet die Informationen bis auf die kleinste Verdichtungseinheit auf, um auf dieser Basis unterschiedliche Aggregationen vornehmen zu können. Diese Verdichtungen im Sinne einer bedarfsgerechten und empfängerorientierten Informationsauswertung erfolgen in den nun zu diskutierenden Formen der stufenweisen Ergebnisrechnung. Dazu werden die einzelnen Informationen des Basisinformationssystems nach unterschiedlichen Hierarchie-Stufen zusammengefaßt, um für die Entscheidungsträger der einzelnen Unternehmenseinheiten operationale Informationen zu liefern. Der Aufbau des entscheidungsorientierten Informationssystems greift auf das Konzept der stufenweisen Deckungsbeitragsrechnung nach Riebel zurück und läuft im Prinzip nach folgendem Grundschema ab:

```
       Bruttoumsatz
  ./.  Erlösschmälerungen
   =   Nettoumsatz
   ±   Bestandsveränderung
   =   Gesamtleistung
  ./.  Materialeinsatz
   =   Rohertrag
  ./.  variable Herstellkosten
   =   Deckungsbeitrag nach Produktion
  ./.  direkte Kosten (für Bereiche, Produkte oder Kunden)
   =   Deckungsbeitrag nach relativen Einzelkosten
  ./.  Fixkosten (nach Kostenarten gegliedert)
   =   Betriebsergebnis
   ±   Neutrales Ergebnis

   =   Gesamtergebnis
```

Durch dieses Prinzip der stufenweisen Ergebnisrechnung werden nicht nur empfängerorientiert verdichtete Informationen bereitgestellt, sondern durch die permanent wechselnden Hierarchiestufen und des Zurechnens von Fixkosten auf diese Hierarchieebenen im Sinne von relativen Einzelkosten wird eine stufenweise mehrdimensionale Durchleuchtung des gesamten Fixkostenblocks der Unternehmung erreicht.

Controller-Berichtswesen

2.3.1 Produkterfolgsrechnung

Die Produkterfolgsrechnung verfolgt den Wertefluss über die Rohstoffe, die einzelnen Arbeitsgänge bis zum Verkauf. In einer Produkthierarchie werden dabei ausgehend vom Produktdeckungsbeitrag durch zunehmende Verdichtung die relativen Einzelkosten der einzelnen Produkthierarchieebenen zugerechnet. In stufenweiser Verdichtung erscheint der Erfolg des Artikels, der Packungseinheit, der Produktgruppe, des Sortiments sowie der Marke:

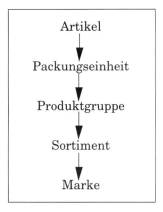

Die Produkterfolgsrechnung baut auf folgendem Grundschema auf (vgl. auch Deyhle, Albrecht; Gewinnmanagement, 3. Aufl., München 1971, S. 193 ff.):

	A		B		C		Σ
	1	2	3	4	5	6	
Brutto-Erlöse	x	x	x	x	x	x	x
./. Standard-Grenzkosten	x	x	x	x	x	x	x
= Deckungsbeitrag 1	x	x	x	x	x	x	x
./. Artikeldirekte Fixkosten	x	x	x	x	x	x	x
= Deckungsbeitrag 2	x	x	x	x	x	x	x
./. Produktgruppendirekte Fixkosten		x		x		x	x
= Deckungsbeitrag 3		x		x		x	x
./. Unternehmens-Fixkosten							x
= Betriebsergebnis							x

Die Abbildung zeigt an einem vereinfachten Beispiel von 6 Artikeln und 3 Produktgruppen den Aufbau der Produkterfolgsrechnung. Ausgehend von den Bruttoerlösen wird durch Abzug der Standard-Grenzkosten im Plan sowie der Ist-Grenzkosten im Ist der Deckungsbeitrag 1 als Produktdeckungsbeitrag ermittelt. Durch Abzug der artikeldirekten Fixkosten für Werbung, Verkaufsförderung, Promotion, Verpackung usw. ergibt sich der Deckungsbeitrag 2 nach zurechenbaren Fixkosten. Die Summe der Deckungsbeiträge 2 der Produkte 1 und 2 bildet den Einstieg für die Produktgruppenbeurteilung, wo unter Abzug der produktgruppendirekten Fixkosten der Deckungsbeitrag 3 als Deckungsbeitrag der Produktgruppe erscheint. Durch Abzug der Unternehmensfixkosten wird das Betriebsergebnis ermittelt.

Der Deckungsbeitrag 1 dient der Artikelbeurteilung und zeigt, wie dieser Artikel am Markt beurteilt wird. Der Deckungsbeitrag 2 der einzelnen Artikel zeigt den Beitrag, den der einzelne Artikel nach zurechenbaren Fixkosten, die als relative Einzelkosten vom Deckungsbeitrag 1 abgesetzt sind, zur Deckung des Fixkostenblocks bringt. Er gestattet eine Aussage über das Deckungsbeitragsvolumen der Einzelartikel. Entsprechend erlaubt der Deckungsbeitrag 3 eine Beurteilung des Produktgruppen-Deckungsbeitrages und zeigt, welche Wertigkeit die einzelnen Produktgruppen besitzen.

2.3.2 Vertriebserfolgsrechnung

Während die Produkterfolgsrechnung in stufenweiser Verdichtung den Beitrag der einzelnen Produkte, Produktgruppen usw. zum Gesamtergebnis zeigt, macht die Vertriebserfolgsrechnung eine Aussage über den Beitrag, den die einzelnen Vertriebsbereiche zum Unternehmenserfolg leisten. Sie siedelt damit neben der Produkterfolgsrechnung eine zweite Informationspyramide an:

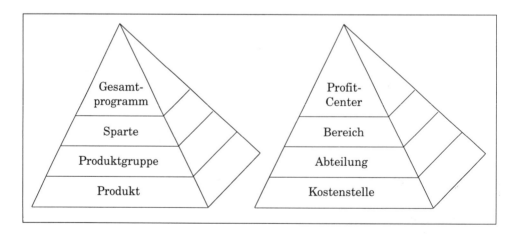

Der Aufbau der Vertriebserfolgsrechnung ähnelt im Grundschema dem der Produkterfolgsrechnung:

	A		B		C		Σ
	1	2	3	4	5	6	
Netto-Erlöse	x	x	x	x	x	x	x
./. Standard-Grenzkosten	x	x	x	x	x	x	x
= Deckungsbeitrag 1	x	x	x	x	x	x	x
./. Artikeldirekte Fixkosten	x	x	x	x	x	x	x
= Deckungsbeitrag 2	x	x	x	x	x	x	x
./. Spartendirekte Fixkosten	x		x		x		x
= Deckungsbeitrag 3	x		x		x		x
./. Unternehmens-Fixkosten							x
= Betriebsergebnis							x

Die Nettoerlöse werden zu Planwerten in der Planung und Istwerten im Ist angesetzt. Dies ist erforderlich, weil der Vertrieb die Höhe der Nettoerlöse entscheidend über die gewährten Erlösschmälerungen beeinflusst. Die Grenzkosten werden sowohl im Plan als auch im Ist zu Standardwerten angesetzt, da Abweichungen in diesem Kostenbereich von anderen Unternehmensbereichen, aber nicht vom Vertrieb zu verantworten sind.

Die artikeldirekten Fixkosten haben in der Vertriebserfolgsrechnung die gleichen Bestandteile wie in der Produkterfolgsrechnung. Hingegen enthalten die spartendirekten Fixkosten Personalkosten, Mieten, Versicherungen, Reisekosten und Spesen usw.

Der Deckungsbeitrag 1 ist in der Vertriebserfolgsrechnung Beurteilungsmaßstab für den Erfolg der einzelnen Artikel. Der Deckungsbeitrag 2 dient der Beurteilung der Marktstrategie und zeigt, inwieweit die Maßnahmen des Außendienstes zur Marktdurchdringung gegriffen haben. Der Deckungsbeitrag 3 dient der Beurteilung der Bereichsleitung. Er ergibt sich, nachdem alle dem Vertriebsbereich zurechenbaren Fixkosten vom Deckungsbeitrag 2 abgesetzt sind. Ebenso wie die Produkterfolgsrechnung führt auch die Vertriebserfolgsrechnung logischerweise zum Betriebsergebnis:

	1	2	3	A (1–3)	4	5	6	B (4–6)	7	8	9	C (7–9)	Gesamt
Nettoumsatz	300	450	400	1.150	250	300	350	900	400	300	500	1.200	3.250
Grenzkosten	100	210	230	540	100	130	210	440	200	150	220	570	1.550
Deckungsbeitrag 1	200	240	170	610	150	170	140	460	200	150	280	630	1.700
Personalkosten	70	60	50	180	70	60	75	205	90	80	80	250	635
Miete	10	5	8	23	3	8	7	18	10	8	5	23	64
Versicherungen	2	3	2	7	2	2	2	6	2	3	2	7	20
Reisekosten	10	10	15	35	15	30	25	70	15	25	18	58	163
Werbung	30	20	25	75	20	30	25	75	30	30	25	85	235
direkte Kosten der Gebietsleitung	122	98	100	320	110	130	134	374	147	146	130	423	1.117
Deckungsbeitrag 2	78	142	70	290	40	40	6	86	53	4	150	207	583
Personalkosten				90				80				85	255
Miete				3				3				3	9
Versicherungen				2				4				3	9
Reisekosten				11				15				30	56
Werbung				30				40				25	95
direkte Kosten der Verkaufsleitung				136				142				146	424
Deckungsbeitrag 3				154				56				61	159
Fixkosten der Vertriebsleitung													130
Deckungsbeitrag 4													29

Aus Vereinfachungsgründen wurde abweichend von dem auf Seite 145 dargestellten Grundschema der Deckungsbeitrag 2 für die Artikelbeurteilung nicht gesondert ausgewiesen. Ebenso wurde darauf verzichtet, Plan- und Istwerten einander gegenüberzustellen.

Eine leicht abgewandelte Struktur der Vertriebserfolgsrechnung für die Vertriebsleitung zeigt nachfolgendes Formular, welches die vorher genannten Teilbereiche enthält:

Controller-Berichtswesen

	VERTRIEBSERFOLGSRECHNUNG																	
		Vorjahr TEUR	%	Plan TEUR	%	Ist TEUR	%	Abweichung TEUR	%		Vorjahr TEUR	%	Plan TEUR	%	Ist TEUR	%	Abweichung TEUR	%
	Bruttoumsatz zu Listenpreisen																	
	Aktionsrabatte																	
	Rechnungsrabatte																	
	Bruttoumsatz Faktura																	
	Retouren																	
	Sonstige Umsätze																	
	Bruttoumsatz																	
	Boni, Skonti, Delkredere																	
	Nettoumsatz																	
	Materialeinsatz																	
	Rohertrag																	
	variable Fertigungskosten																	
	Deckungsbeitrag 1																	
	fixe Fertigungskosten																	
	Deckungsbeitrag 2																	
	Logistikkosten																	
	Deckungsbeitrag 3																	
	Vertrieb Innen																	
	Vertrieb Außen																	
	Marketing																	
	Werbung																	
	Deckungsbeitrag 4																	

2.3.3 Kundenerfolgsrechnung

Unsere Märkte haben sich in den vergangenen Jahren mit zunehmender Dynamik gewandelt. Dieser Strukturveränderungsprozess hatte folgende Etappen: Während in den 50er und Anfang der 60er Jahre eindeutig der Hersteller dominierte und die Denkrichtung produktionsorientiert war, setzte in den 60er Jahren eine Produkt- und Verbraucherorientierung ein. Diese wurde Anfang der 70er Jahre mit der zunehmenden Verengung der Märkte ersetzt durch Machtzusammenballungen auf der Absatzseite. Damit wurden die Abnehmer zum Engpassfaktor für die meisten Hersteller.

Die bisher beschriebenen Informationsinstrumente haben bei der Transparentmachung dieses Strukturveränderungsprozesses weitgehend versagt, da sie schwerwiegende *Nachteile und Mängel* besitzen:

- Das Fixkosten-Controlling ist an seinen Grenzen angelangt; die Budgetsteuerung erfolgt auch heute noch kompetenzorientiert.
- Der Schwerpunkt liegt auf der Globalsteuerung und nicht auf einer gezielten Segmentsteuerung.
- Nach wie vor steht die Kostenplanung und -kontrolle im Vordergrund; die heute enorm wichtige systematische Erlösplanung und Erlösschmälerungsplanung kommt dagegen zu kurz.
- Unser Controlling-Instrumentarium ist immer noch vom introvertierten Betriebsabrechnen geprägt und nicht von der notwendigen umwelt- und strategieorientierten Zielgruppensicht.

Diese Aufgaben werden von der Kundendeckungsbeitragsrechnung als eine die bisher bekannten Informationssäulen überlappende dritte Informationspyramide erfüllt:

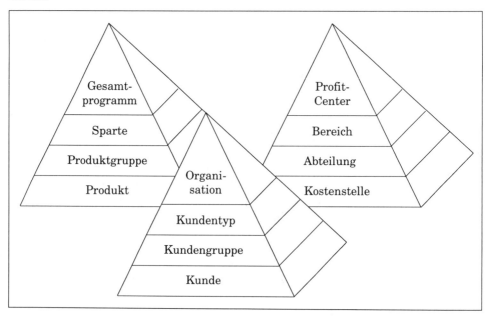

2.3.3.1 Entstehung

Jedem Markenartikelhersteller ist folgende Situation bekannt:

Der Verkaufsleiter eines Markenartikelherstellers trifft sich mit dem Geschäftsführer einer Handelsorganisation zu einer Verkaufsverhandlung. Die Handelsorganisation deckt mit ihren angeschlossenen „Outlets" im Verkaufsgebiet Nielsen I eine physische Distribution von 15% für die Marken des Herstellers ab. Der Hersteller erzielt mit dieser Organisation 3% seines Gesamtumsatzes.

Die einzelnen Verbrauchermärkte werden vom Hersteller in regelmäßigen Touren angefahren. In den einzelnen Läden hat das LKW-Personal folgende Einzelaufgaben wahrzunehmen:

❏ Ware anliefern
❏ Ware platzieren
❏ alte Waren zurücknehmen.

Zusätzlich werden die Geschäfte vom Außendienst des Herstellers betreut. Dazu gehören:

❏ Anlieferung und Aufbau von Verkaufsförderungsmaterial
❏ Beratung derMarktleiter bei Aktionen und Verkaufsförderungsrunden
❏ Sonderplatzierung bei Aktionen
❏ Ordersätze besprechen
❏ Regalpflege.

Während des Gesprächs macht der Geschäftsführer der Handelsorganisation den Vorschlag, die Belieferung der einzelnen Geschäfte selbst zu übernehmen. Er sei dazu jetzt in der Lage, da seine Organisation plane, das hierfür notwendige Frischwarenlager in der erforderlichen Ausstattung zu bauen. Allerdings lässt er sich diesen Sonderservice entsprechend honorieren, sodass es in dem Gespräch letztlich nur noch um die Höhe der Erlösschmälerungen geht.

In dieser Situation helfen unsere heutigen Informationspyramiden des operativen Controlling nicht weiter. Die Frage, die dieses Gespräch aufwirft, ist:

Erzielen wir mit dem Kunden nach Gewährung von Erlösschmälerungen und dem Wegfall der uns bisher entstandenen Kosten noch den gleichen Deckungsbeitrag wie vorher?

Diese Frage kann nur eine Kundendeckungsbeitragsrechnung beantworten, in der alle dem Kunden zurechenbare

❏ Erlöse
❏ Erlösschmälerungen
❏ Kosten

erfasst werden.

2.3.3.2 Gliederungsschema

Nach unseren bisherigen Erfahrungen hat sich für den Aufbau einer Kundendeckungsbeitragsrechnung nachfolgendes Gliederungsschema als zweckmäßig herausgestellt:

```
      Bruttoumsatz zu Listenpreisen
  ./. Rechnungsrabatte/Skonti/Preisdifferenzen
  =   Nettoumsatz 1
  ./. Kalkulatorische Erlösschmälerungen
      (zeitliche Abgrenzungen)
  =   Nettoumsatz 2
  ./. Wareneinsatz
  =   Rohertrag
  ./. Variable Produktionskosten
  =   Deckungsbeitrag 1 (nach Produktion)
  ./. Proportionale, dem Kunden direkt zurechenbare Kosten (z.B. WKZ, Delkredere, Finanzierungsvergütungen)
  =   Deckungsbeitrag 2
  ./. dem Kunden direkt zurechenbare Marketingkosten
  =   Deckungsbeitrag 3
  ./. dem Kunden zurechenbare Verkaufskosten
  =   Deckungsbeitrag 4
  ./. dem Kunden direkt zurechenbare Logistik-/Service-Kosten
  =   Deckungsbeitrag 5
  ./. Kosten für Sonderleistungen durch die Industrie an den Kunden
  =   Deckungsbeitrag 6
```

Das Schema der Kundendeckungsbeitragsrechnung ist nicht neu, da es nur die konsequente Anwendung des Denkens in relativen Einzelkosten nach Riebel darstellt. Schauen wir uns die einzelnen Positionen näher an, so wird das Problem der Zurechenbarkeit mit zunehmender Zurechnungstiefe schwieriger.

Der Ansatz des Bruttoumsatzes sollte zu Listenpreisen erfolgen, um eine Vermischung von Brutto- und Nettoumsätzen zu vermeiden. Diese Vermischung ist heute noch überall üblich; jeder kennt die Begriffe Nettoumsatz, Nettonettopreis, Nettonettonettopreis. Durch Fakturierung zum Listenpreis werden die oftmals noch bestehenden kunden-individuellen Preisdifferenzen als Preisdifferenz zwischen Listenpreis und fakturiertem Preis als Erlösschmälerungen erfasst. Die Position Erlösschmälerungen sollte zweckmäßigerweise zwei große Gruppen umfassen:

❏ Rechnungsrabatte / Skonti / Preisdifferenzen
❏ Erlösschmälerungen, die nicht an der Rechnung abgehen.

Während die erste Gruppe mit den Rechnungsrabatten, Skonti und Preisdifferenzen alle diejenigen Erlösschmälerungen umfasst, die direkt von der Rechnung abgehen, fallen in die zweite Gruppe die Erlösschmälerungen, die nicht an der Rechnung abgesetzt werden, sondern in bestimmten Perioden als Quartals-, Halbjahres- oder Jahresrückvergütungen fällig werden. Hier entsteht insbesondere das zeitliche Abgrenzungsproblem und bei Staffeln das Hochrechnungsproblem zur Eingruppierung der einzelnen Kunden in die entsprechende Rabattstaffel.

Die variablen Produktionskosten sind zu Standardgrenzkosten sowohl in der Hochrechnung als auch in der Planung und im Ist in Ansatz zu bringen.

In die Position proportionale, dem Kunden zurechenbare Kosten fallen alle Erlösschmälerungen, die nicht direkt oder indirekt an der Rechnung abgesetzt werden, sondern als Kostenbelastungen oder Zusatzleistungen wirksam werden. Hierzu gehören insbesondere Werbekostenzuschüsse, Delkredere-Vergütungen, Waggonvergütungen, Wechselspesen etc.

Marketingetats sind auf die Verbraucheransprache gerichtet und dienen in erster Linie dem Aufbau eines Produkt- und Markenimages. Insofern sind die größten Positionen des Marketingetats im Bereich der klassischen Werbung nicht dem Kunden zurechenbar. Anders sieht es auch bei den so genannten Verkaufsförderungskosten aus, die in der Regel in den Marketingetats enthalten sind. Diese lassen sich bis auf geringe Ausnahmen dem Kunden zurechnen. Allerdings machen sie in Abhängigkeit von dem Umfang und der Zielsetzung des Etats nur ein Volumen zwischen 20 und 40 % aus, sodass der größere Teil der Marketingkosten als Fixkosten verbleibt, die aus der Summe der Kundendeckungsbeiträge zu decken sind.

Die Verkaufskosten sind nur bedingt dem Kunden zurechenbar. Ansatzpunkte ergeben sich aus der Besuchsfrequenzsteuerung des Außendienstes und der Verwendung der daraus abgeleiteten Mindestkosten pro Besuch als Verrechnungspreise. Diese Kostensätze lassen sich für Verkaufsförderer und Außendienstmitarbeiter zurechnen, sofern sie für bestimmte Großkunden tätig sind. Nicht zurechnen lassen sich die Kosten der Verkaufsdirektion, des Verkaufsinnendienstes und der Verkaufsleitungen.

Die zurechenbaren Logistik-/Service-Kosten umfassen Kosten für Hilfskräfte beim Regaldienst, Auszeichnung, zurechenbare Speditionskosten sowie Lagerkosten, die durch den Kunden entstehen. Die Zurechnung der Kosten des eigenen Fuhrparks scheitert in der Regel an der nicht kostenverursachungsgerechten Organisation des Fuhrparks. Hier bleibt ein weites Betätigungsfeld, um insbesondere über kundenorientierte Fuhrparkaufteilungen, systematische Tourenplanungen und Tourenoptimierungen Standardrichtsätze zur Zurechnung auf die einzelnen Kunden zu finden.

Kosten für Sonderleistungen umfassen in erster Linie Zuschüsse an den Kunden für Einrichtungsgegenstände, kalkulatorische Zinsen für Valuta etc.

2.3.3.3 Aufbau

Der Aufbau einer Kundendeckungsbeitragsrechnung ist eine Aufgabe, die vom Verkauf, Marketing und Controlling gemeinsam zu lösen ist:

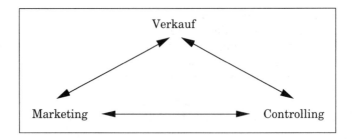

Ihr zweckmäßiger Einsatz ist nur im Rahmen eines kundenorientierten Informationssystems möglich, das folgende Mindestbausteine umfassen muss:

❏ Absatzstatistiken nach
   Kundengruppen
   Verkaufsstellen-Typen
   Verkaufsstellen-Strukturen
   Verbraucherorganisationen
❏ Daten der Handelsmarktforschung
❏ Daten der Verbrauchermarktforschung
❏ Kundendeckungsbeitragsrechnung.

Daneben ist es notwendig, auch im Außendienst die notwendige Kundenorientierung durch organisatorische Maßnahmen zu untermauern. Dazu gehören

❏ eine zielgruppenorientierte, organisatorische Ausrichtung des Absatzbereichs,
❏ eine systematische Kundenplanung und Kundenanalyse,
❏ eine kundenorientierte Besuchsrhythmus- und Besuchsfrequenzsteuerung,
❏ am Kundendeckungsbeitrag orientierte Provisionssysteme.

Auch diese Maßnahmen helfen nicht, wenn die Unternehmenskonzeption weiter in Produktkategorien verankert ist.

2.3.3.4 Einzelprobleme

Beim Aufbau einer Kundendeckungsbeitragsrechnung zeigen sich folgende Probleme:

(1) Kontierung

Neben der Kostenart und der Kostenstelle kommt der Kunde als drittes Kontierungskriterium hinzu.

(2) Erstellungsrhythmus

Eine Kundendeckungsbeitragsrechnung sollte in gleichen Zeitabschnitten erstellt werden wie die übrigen im Rahmen des operativen Controlling zur aktiven Gewinnsteuerung notwendigen Informationen. Dazu gehört auch, dass eine systematische Planung und permanente Hochrechnung auf der Basis der Kundendeckungsbeitragsrechnung erfolgt.

(3) Verdichtungsebenen

In den meisten Fällen ist es notwendig, die in den Absatzbereichen zu findenden absatzorientierten Kundengruppensystematiken in steuerungsfähige Verdichtungseinheiten, die eine Profitcenterzuordnung zulassen, überzuleiten. Die Anzahl der Verdichtungsebenen und Verdichtungsstufen im Rahmen einer Kundendeckungsbeitragsrechnung ist abhängig von den Informationsbedürfnissen und den Steuerungsnotwendigkeiten, die vom Außendienst zu präzisieren sind. Diese Verdichtungsebenen können nur unternehmungsindividuell festgelegt werden.

(4) Einheitliche und durchgängige Konditionssysteme

Die Kundendeckungsbeitragsrechnung deckt in der Regel die an unterschiedlichen Stellen des Unternehmens behüteten Einzelkonditionen der Kunden auf. Beim Aufbau einer Kundendeckungsbeitragsrechnung ist es daher in der Regel notwendig, einheitliche, transparente und durchgängige Konditionssysteme zu schaffen.

(5) Anwendungsbereich

Die Kundendeckungsbeitragsrechnung ist als Einzelanalyse nur auf die Kunden anzuwenden, bei denen ein echtes Steuerungsbedürfnis erforderlich ist, z.B. die 50, 100 größten Kunden. Die Ergebnisse der restlichen Kunden sind als Summe zu erfassen, um zu garantieren, dass über die Deckungsbeiträge der übrigen Kunden und die nicht zurechenbaren Kosten die dritte Informationspyramide ebenfalls zum Betriebsergebnis führt.

2.3.3.5 Organisatorische Eingliederung

Ebenso wie die Erstellung und die Umsetzung in Steuerungsaktivitäten bei den bekannten Bausteinen des operativen Controlling gehören hinsichtlich der Kundendeckungsbeitragsrechnung folgende Aufgaben zum Kompetenzbereich des Controlling:

❏ Erstellung und laufende Aktualisierung des Systems zusammen mit Marketing und Vertrieb,
❏ Analyse und Vorschlag von Gegensteuerungsmaßnahmen bei gravierenden Abweichungen,
❏ Verbesserung des Systems und Integration in bestehende Gewinnsteuerungssysteme.

Das Controlling besitzt nicht die alleinige Kompetenz bezüglich der Kundendeckungsbeitragsrechnung als interdisziplinärem Berichts- und Steuerungsinstrument. Aufgabe des Controlling ist es vielmehr dafür zu sorgen, dass jeder sich selber steuern kann im Hinblick auf die Einhaltung der von der Geschäftsleitung gesetzten Ziele. Dies gilt auch für die Kundendeckungsbeitragsrechnung. Die zuständigen Abteilungen im Vertrieb sollen mithilfe der Kundendeckungsbeitragsrechnung die Selbststeuerung realisieren. Diese dispositiven Steuerungstätigkeiten laufen so lange ohne Eingriff des Controlling ab, wie sich die Entwicklung innerhalb vorher fixierter Toleranzwerte bewegt. Bewegen sich die Abweichungen innerhalb einer bestimmten Bandbreite außerhalb der Toleranzlimits, so sollte der Controller versuchen, zusammen mit den Abteilungen des Verkaufs die Gegensteuerungsmaßnahmen einzuleiten. Nur bei gravierenden Abweichungen sind zusammen mit der Geschäftsleitung die notwendigen Korrekturen zu erarbeiten.

2.3.3.6 Gewinnsteuerung

Die Kundendeckungsbeitragsrechnung gibt vielfältige Möglichkeiten des Eingriffs bei der Gewinnsteuerung:

(1) Erlösschmälerungen

Der detaillierte Ausweis der Erlösschmälerungen eröffnet Ansatzpunkte für die zukünftige Erlösschmälerungspolitik. Allein durch die mit der Kundendeckungsbeitragsrechnung erreichte Transparenz im Erlösschmälerungsbereich und dem Zwang zur systematischen Erlösschmälerungsplanung eröffnen sich viele Möglichkeiten des Eingriffs. Dabei sollte die Erlösschmälerungspolitik immer unter dem Leitsatz der Gleichheit von Leistung und Gegenleistung stehen. Dieser Grundsatz ist in der Vergangenheit nicht immer beachtet worden, allein weil aussagefähige und transparente Steuerungsinstrumente gefehlt haben.

(2) Wareneinsatz

Der Wareneinsatz und damit der Deckungsbeitrag 1 repräsentiert in der Kundendeckungsbeitragsrechnung das Sortimentsmix des Kunden. Hier repräsentiert sich die Leistungsfähigkeit des Kunden bei der Durchsetzung der Sortimentsstrategien des Herstellers. Die Position lässt erkennen, inwieweit die Sortimentspolitik des Kunden und des Herstellers kongruent sind.

(3) Dem Kunden zurechenbare Kosten

Die dem Kunden zurechenbaren Kosten sind bei jeder Entscheidungssituation in ihrem Verhältnis zur Veränderung der Erlösschmälerungen zu betrachten. Die Kundendeckungsbeitragsrechnung gibt hier dem Verkauf bei den Verkaufsverhandlungen eine Entscheidungsgrundlage, die ein sicheres Auftreten in schwierigen Verhandlungen gewährleistet.

Wie die Deckungsbeitragsrechnung ist auch die Kundendeckungsbeitragsrechnung dann ein gefährliches Instrumentarium, wenn die zur Gewinnsteuerung notwendigen Richtgrößen und Sollwerte fehlen. Als Zielgrößen kommen infrage:

(1) Soll-Deckungsbeiträge

Ebenso wie bei den übrigen Ausprägungsformen der Deckungsbeitragsrechnung gilt auch hier die Forderung, dass jedes Teilsegment den vorgegebenen Solldeckungsbeitrag zur Abdeckung der fixen Kosten erbringen soll. Eine Subventionierung von Teilbereichen aus den Deckungsbeiträgen anderer Teilsegmente ist unter kurzfristigen operativen Gesichtspunkten auch bei der Kundendeckungsbeitragsrechnung nicht machbar. U.E. reicht aber die Vorgabe von Solldeckungsbeiträgen mit der Forderung, dass jedes Teilsegment diese Richtwerte erreichen soll, bei der Kundendeckungsbeitragsrechnung nicht aus.

(2) Unternehmensindividuelle Richtwerte

Vergleiche der einzelnen Kundendeckungsbeiträge sowohl innerhalb der Teilsegmente als auch relativ unter den einzelnen Teilsegmenten sind u.E. als Richtwerte innerhalb der Kundendeckungsbeitragsrechnung abzulehnen. Auch unternehmensindividuelle Anspruchsniveaus, die nicht durch unternehmenspolitische Entscheidungen untermauert sind, können als Steuerungsgrößen nicht befriedigen.

(3) Strategische Zielgrößen

Als strategische Zielgrößen kommen bei der Kundendeckungsbeitragsrechnung als zielgruppenorientiertem extravertiertem Steuerungsinstrument
❑ Marktpotenziale
❑ Verkaufsstellen-Typenpotenziale
❑ Vertriebsweg-Potenziale
infrage.

Diese Zielgrößen können nur durch Ableitung aus der Unternehmensstrategie fixiert werden und sind eine Aufgabe aller Abteilungen der Unternehmung. Insofern stellt gerade die Kundendeckungsbeitragsrechnung das Bindeglied zwischen operativem und strategischem Controlling dar. Eine Steuerung mithilfe der Kundendeckungsbeitragsrechnung ist ohne eine strategische Untermauerung durch eine strategische Unternehmensplanung nicht möglich. Insofern sind alle Versuche, die Kundendeckungsbeitragsrechnung ohne eine strategische Unternehmensplanung einzusetzen, letztlich zum Scheitern verurteilt, manifestieren sie doch nach wie vor produktorientiertes, introvertiertes Denken anstelle des notwendigen Zielgruppendenkens.

2.3.3.7 Nutzenprovision und Kundendeckungsbeitragsrechnung

Bildet der Absatzmarkt den Unternehmensengpass, so stellt die Kundendeckungsbeitragsrechnung das adäquate engpassorientierte Steuerungsinstrument dar. Die notwendige Umsetzung der auf die Zielgruppe gerichteten Maßnahmen wird nur dann erreicht, wenn neben einer kundenorientierten Ausrichtung der Organisationsstruktur im Absatzbereich das Provisionssystem auch an den Kundendeckungsbeitrag gekoppelt wird. Nur dadurch werden Sortimentsaufblähungen, hohe Absatzzahlen bei deckungsbeitragsschwachen Artikeln, die Gewährung von Rabatten und die Bereitwilligkeit, Sonderausführungen ohne Mehrpreis zu liefern, eingeschränkt. Eine Nutzenprovision auf Basis des Kundendeckungsbeitrags ermöglicht den selektiven Verkauf.

Durch Gewährung einer Nutzungsprovision auf Basis des Kundendeckungsbeitrages wird sichergestellt, dass alle die in der Vergangenheit beklagten Beigaben zur Erreichung hoher Absatzzahlen kontrollierbar werden; der Verkäufer wird angehalten, bei der Gewährung von Rabatten darauf zu achten, dass diese in einem angemessenen Verhältnis zur vom Kunden übernommenen Gegenleistung stehen. Zielsetzung sollte immer sein, Rabatte nur in Höhe der beim Hersteller entfallenden Kosten zu gewähren. Dazu ist es natürlich erforderlich, dass die dem Kunden zurechenbaren Kosten (Verkauf-, Marketing-, Logistikkosten) zu Standardwerten angesetzt werden.

Die Kopplung der Nutzungsprovision an den Deckungsbeitrag des Kunden gewährleistet darüber hinaus, dass sich die Kundenorientierung auch beim Verkäufer durchsetzt. Sie trägt dazu bei, dass die Ausnutzung des Engpassfaktors „Kunde" mit dem nötigen Nachdruck angestrebt wird und das „Account-Management" nicht nur ein Lippenbekenntnis darstellt, sondern aktiv betrieben wird.

Die Ausgestaltung des Provisionssystems auf Basis des Kundendeckungsbeitrages hängt von den speziellen unternehmenspolitischen Zielsetzungen mit der Zielgruppe ab. Sie garantiert die Erreichung des notwendigen Umdenkungsprozesses auf die Zielgruppe hin im gesamten Absatzbereich.

Die alleinige Gewährung von an den Kundenerfolg gekoppelten Nutzenprovisionen garantiert zwar eine deckungsbeitragsoptimale Ausschöpfung des Potenzials der Zielgruppe, verhindert aber die Erreichung der produkt- und sortimentspolitischen Zielsetzungen des Herstellers. Deshalb sollte die an den Kundenerfolg gekoppelte Nutzenprovision um ein Provisionssystem ergänzt werden, das die Erreichung der produkt- und sortimentspolitischen Zielsetzungen des Herstellers gewährleistet. Im Rahmen der Kundendeckungsbeitragsrechnung hat sich die Provision zur Forcierung des Produkt- und Sortimentsniveaus am Wareneinsatz (Standardgrenzkosten) zu orientieren. Die Standardgrenzkosten der Produktion repräsentieren in der Kundendeckungsbeitragsrechnung das Sortimentsmix und sind deshalb der Anknüpfungspunkt für diese Provisionssysteme.

2.3.3.8 Ergebnis

Die Kundendeckungsbeitragsrechnung besitzt folgende Gefahren:

❏ Sofern die notwendige Zielgruppenorientierung innerhalb der Unternehmung fehlt, ist sie letztlich nur ein Spielzeug mit Alibifunktion.

❏ Falls die einzelnen, dem Kunden zurechenbaren Kosten nicht nach dem Prinzip der Kostenverursachung zugerechnet werden, hat die Kundendeckungsbeitragsrechnung schwerwiegende Fehlentscheidungen zur Folge.

❏ Ohne Zielgrößen, die aus der strategischen Unternehmensplanung abgeleitet sind, führt die Kundendeckungsbeitragsrechnung dazu, dass sich die Unternehmung an der Zielgruppe vorbei manövriert. In diesem Falle steht die Unternehmensleitung bei jeder größeren Entscheidung vor der Wand und wird letztlich gezwungen, taktische Entscheidungen ohne den Filter der strategischen Zielgrößen treffen zu müssen.

Wer obige Punkte nicht beachten will, sollte auf die Einführung einer Kundendeckungsbeitragsrechnung verzichten. Wer sich dieser Gefahren bewusst und gewillt ist, die Kundendeckungsbeitragsrechnung aktiv im Sinne eines zielgruppenorientierten Controllings einzusetzen, dem bringt die Kundendeckungsbeitragsrechnung folgende Vorteile:

❏ Durch eine Kundendeckungsbeitragsrechnung wird eine konsequente mehrdimensionale Durchleuchtung des Fixkosten- (Gemeinkosten-) Bereichs erreicht mit dem Effekt, dass anstelle einer Globalsteuerung die gezielte Segmentsteuerung ermöglicht wird.
❏ Die an „Portfolio-Gesichtspunkten" ausgerichtete strategische Kundensteuerung erfährt ihre im operativen Bereich notwendige instrumentelle Untermauerung.
❏ Die Kundendeckungsbeitragsrechnung stellt den konsequenten Übergang vom introvertierten zum extrovertierten zielgruppenorientierten Denken innerhalb des Controlling dar und ist das Bindeglied zwischen operativem und strategischem Controlling.
❏ Die Kundendeckungsbeitragsrechnung ist der Übergang von der kompetenzorientierten zur zielgruppenorientierten Budgetsteuerung; sie garantiert den zielgruppenorientierten Mitteleinsatz und verhindert die Budgetsteuerung nach funktionsorientierten Eigeninteressen.

2.3.3.9 Checklist

Wenn sich nachfolgende Symptome zeigen, ist die Einführung einer Kundendeckungsbeitragsrechnung erforderlich:

	Ja	Nein
(1) Im Rahmen der operativen (monatlichen) Ergebnisrechnung treten Abweichungen auf, die mithilfe des vorhandenen Analyse-Instrumentariums nicht mehr erklärbar sind.	☐	☐
(2) Die monatlichen Abweichungen in der Ergebnisrechnung erfordern zunehmend tiefergehende Strukturanalysen bei den Erlösen, Erlösschmälerungen und im Bereich der Fixkosten.	☐	☐
(3) Die Durchschnittserlöse pro Mengeneinheit werden zunehmend schlechter. Dieser Aushöhlungsprozess der Erlösstruktur verstärkt sich im Zeitablauf. Die Gegensteuerungsmöglichkeiten, die das produktorientierte Steuerungsinstrumentarium (Produkterfolgsrechnung, Produktgruppenerfolgsrechnung) zulässt, greifen nicht mehr.	☐	☐
(4) Die Erlösschmälerungen werden in ihrer Höhe nicht mehr von den Umsätzen der einzelnen Produkte allein bestimmt.	☐	☐
(5) Die Anzahl verschiedener Erlösschmälerungsarten nimmt im Zeitablauf ständig zu.	☐	☐
(6) Die Höhe der Erlösschmälerungen in Prozent vom Bruttoumsatz zeigt im Rahmen einer Zeitreihenanalyse steigende Tendenz.	☐	☐
(7) Die Änderungsraten, mit denen die Erlösschmälerungen steigen (zusätzlicher jährlicher Erlösschmälerungsbedarf) werden im Zeitablauf größer.	☐	☐

(8) Ein ehemals relativ gleichförmiger Umsatzverlauf innerhalb des Jahres verschwindet zunehmend und wird ersetzt durch atypische Lieferrhythmen mit den bekannten Problemen
– innerhalb der Produktion (Spitzen, Umrüstzeiten)
– Lagerhaltung (Lagerspitzen)
– Logistik (Spitzenauslastungen und Leerfahrten)
Ursache dafür sind zunehmende Aktionsumsätze mit großen Handelspartnern, die einer normalen Abnahme weichen. ☐ ☐

(9) ABC-Analysen zeigen, dass mit den größten Kunden mehr Umsätze gemacht werden als mit den Hauptumsatzträgern bei den Produkten. ☐ ☐

(10) Die Kundenstruktur verändert sich zunehmend zu Großkunden. ☐ ☐

(11) Trotz Verwässerung der Umsatzstruktur durch permanent steigende Erlösschmälerungen tritt keine Entlastung im Kostenbereich ein, da die so genannten „Leistungen des Handels" nicht zu einem Kostenabbau in gleicher Höhe führen. ☐ ☐

2.3.4 Unternehmenserfolgsrechnung

Die Unternehmenserfolgsrechnung zeigt über den Ausweis der einzelnen Kosten- und Erlösarten sowie das Betriebsergebnis und das neutrale Ergebnis das Gesamtergebnis der Unternehmung. Im Gegensatz zu den Spartenerfolgsrechnungen, die vorher erläutert wurden, stellt die Unternehmenserfolgsrechnung die Abstimmung der Managementerfolgsrechnung (Betriebsergebnis) mit dem Bilanzergebnis her.

Ein Gliederungsschema für eine Unternehmenserfolgsrechnung zeigt nachfolgende Abbildung (s. S. 160 u. 161), in der die Unternehmenserfolgsrechnung als Addition der Spartenergebnisse der Vertriebserfolgsrechnung auf Seite 147 wiedergegeben ist.

Das Schema der Unternehmenserfolgsrechnung trennt streng zwischen Betriebsergebnis und neutralem Ergebnis. Im Betriebsergebnis wird auf Basis des Umsatzkostenverfahrens und mit Grenzkosten gerechnet. Abschreibungen und Zinsen sind der Anlagenrechnung entnommen und enthalten kalkulatorische Abschreibungen, die abweichend vom bilanziellen Ansatz auf Wiederbeschaffungswerten beruhen. Ebenfalls kalkulatorisch angesetzt sind die Zinsen.

Das neutrale Ergebnis enthält alle betriebsfremden, aperiodischen und außerordentlichen Positionen wie Rückstellungen, Sonderabschreibungen, a.o. Erträge, a.o. Aufwendungen usw. Die Abstimmung zwischen Managementerfolg und Bilanzergebnis erfolgt in der Bilanzbrücke als Teil des neutralen Ergebnisses. Es ist deshalb zweckmäßig, das neutrale Ergebnis zu unterteilen in die Positionen Bilanzbrücke und übriges neutrales Ergebnis. Diese Bilanzbrücke enthält folgende Positionen:

❏ die Differenz zwischen bilanziellen und kalkulatorischen Abschreibungen;

- den Differenzbetrag zwischen kalkulatorischen und effektiv gezahlten Zinsen;
- die Fixkostenanteile in den Wertansätzen der Bestände für Halb- und Fertigfabrikate, die in der Position Fixkosten der Bestandsveränderung auftauchen;
- den Differenzbetrag zwischen den auf die Artikel verrechneten „Sollkosten" aus dem Plan-Ist-Vergleich und den in der Unternehmensrechnung anfallenden effektiv gebuchten Kosten (Standardkostenabweichung).

Die Abstimmung zur Buchhaltung erfolgt über 4 Positionen:
- den Bruttoumsatz-Faktura
- den Nettoumsatz
- das Betriebsergebnis und
- den Gewinn vor Steuern.

2.4 Organisatorische Voraussetzungen

Der Aufbau der einzelnen Teile des Management-Informationssystems verlangt die Segmentierung des Ergebnisgefüges der Unternehmung in unterschiedliche Abrechnungskreise. Dieser Aufbruch der Ergebnisrechnung in die einzelnen Abrechnungskreise verfolgt die Zielsetzungen:

- zum einen überschaubare und auf den Entscheidungsträger zugeschnittene Abrechnungskreise zu schaffen,
- zum anderen eine klare Trennung der unterschiedlichen Ergebniseinflussfaktoren sicherzustellen.

Grundsätzlich unterscheidet man
- die Einkaufsabrechnung,
- die Produktionsabrechnung und
- die Verkaufsabrechnung,

die in unterschiedlicher Form weiter aufgegliedert werden können.

2.4.1 Einkaufsabrechnung

Die Einkaufsabrechnung verfolgt die Zielsetzung, die im Bereich des Einkaufs entstehenden Ergebniseinflussfaktoren dem Verantwortungsträger zuzuordnen. Maßgröße des Einkaufserfolgs ist die Erreichung der budgetierten Einkaufswerte, die als Plan-Einkaufspreise in die Artikelstammdatei des Budgets und damit in die Plan-Ergebnisrechnung eingehen.

Zur Ermittlung des Einkaufserfolgs ist es erforderlich, dass zunächst im Unternehmen die unterschiedlichen Wareneingänge organisatorisch in sich geschlossen werden. Das bedeutet, dass klar definiert wird, an welcher Stelle im Unternehmen Wareneingänge in die Verantwortung des Einkaufs fallen.

Auf Basis dieser organisatorischen Zuordnung der Läger wird jeder Wareneingang festgehalten nach Materialnummer, Menge und Lagernummer. Nach Prüfung des

UNTERNEHMEN		Vorjahr		Plan		Ist		Abweichung	
		TEUR	%	TEUR	%	TEUR	%	TEUR	%
	Bruttoumsatz zu Listenpreisen								
	Aktionsrabatte								
	Rechnungsrabatte								
	Bruttoumsatz Faktura								
	Retouren								
	Sonstige Umsätze								
	Bruttoumsatz								
	Boni, Skonti, Delkredere								
	Nettoumsatz								
	Materialeinsatz								
	Rohertrag								
	variable Fertigungskosten								
	Deckungsbeitrag 1								
	fixe Fertigungskosten								
	Deckungsbeitrag 2								
	Logistikkosten								
	Deckungsbeitrag 3								
	Vertrieb Innen								
	Vertrieb Außen								
	Marketing								
	Werbung								
	Deckungsbeitrag 4								

Controller-Berichtswesen

	Standardkostenabweichung	– Fertigung	– Einkauf	– Logistik	Zentrale	Finanzen	Betriebswirtschaft	EDV	Personalwesen	Gewerbesteuer	Betriebsergebnis	Bilanzbrücke	Neutrales Ergebnis	Gewinn vor Steuern

physischen Lagereingangs werden die physischen Wareneingänge in der Einkaufsabrechnung gebucht mit ihrer Materialnummer, der Eingangsmenge, dem Plan-Materialpreis je Einheit aus dem Budget und dem tatsächlichen Einkaufspreis laut Wareneingangsrechnung. Auf dieser Basis ergibt sich je Artikel und Lager das Einkaufsvolumen der Periode zum tatsächlichen Wert, zum budgetierten Wert und aus der Differenz die Einkaufspreisabweichung, die den Einkaufserfolg darstellt. Die nachfolgende Abbildung zeigt schematisch den Ablauf:

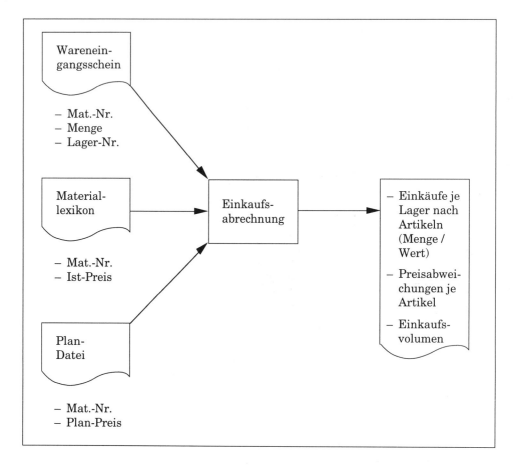

In der Praxis hat es sich als zweckmäßig erwiesen, die Einkaufserfolge zum einen nach den einzelnen Konten der Buchhaltung darzustellen und zum anderen – sofern dieses Abrechnungserfordernis besteht – nach Artikeln, Produktgruppen oder Sparten.

In der Unternehmenserfolgsrechnung und den diversen Spartenrechnungen wird, wie bereits erläutert, zu Standards gerechnet. Der Einkaufserfolg erscheint dann entweder auf die Sparten zugeordnet oder als Gesamtsumme in der Erfolgsrechnung des Unternehmens. Dabei ist sicherzustellen, dass in der Ergebnisrechnung die Einkaufspreisabweichung getrennt wird nach dem Materialverbrauch und nach der Preisabweichung, die auf die Produkte entfällt, die zu Standards bewertet den Beständen zuzurechnen sind.

2.4.2 Produktionsabrechnung

Die Produktionsabrechnung macht eine Aussage über die Einhaltung der Kostenstandards im Bereich der Fertigung.

Zum Aufbau einer Produktionsabrechnung ist es erforderlich, den Produktionsbereich im Sinne der Abrechnungszielsetzung organisatorisch von den Eingangslagern und vom Fertigwarenlager zu trennen. An der Schnittstelle zum Fertigwarenlager wird eine so genannte „interne Fakturierung" vorgenommen.

Im Rahmen der Produktionsabrechnung wird in der einfachsten Form jedes Fertigwarenprodukt, das ins Fertigwarenlager geht, multipliziert mit dem Standard-Herstellkostensatz, der im Rahmen der Budgetierung ermittelt worden ist. Zur Berücksichtigung sowohl der Anforderungen der Management-Erfolgsrechnung als auch den Erfordernissen der Bestandsbewertung empfiehlt es sich, den Standard-Herstellkostenwert zu trennen in die Bestandteile

❏ Materialeinsatz
❏ variable Fertigungskosten (Lohn und Sozialkosten auf den Lohn)
❏ fixe Fertigungskosten (Materialgemeinkosten und alle sonstigen Fixkosten des Produktionsbereichs).

Aus der Multiplikation der erstellten Leistungen des Produktionsbereichs mit diesem Standard-Herstellwert und seiner Einzelkomponenten sowie der Bewertung aller Halbfabrikate mit diesen Standardwerten ergibt sich für die Abrechnungsperiode ein interner Umsatz des Produktionsbereiches. Von diesem internen Umsatz des Produktionsbereiches werden die in der entsprechenden Periode entstandenen effektiven Kosten für Materialverbrauch, Lohn und Fixkosten laut Kostenstellenrechnung abgesetzt. Auf dieser Basis ergeben sich folgende Abweichungen:

❏ die Verbrauchsabweichung als Differenz zwischen Soll-Materialverbrauch und effektivem Materialverbrauch,
❏ die Lohnkostenabweichung als Differenz zwischen Soll-Lohneinsatz und effektivem Lohn,
❏ die Fixkosten-Abweichung oder Beschäftigungsabweichung, die die Mehr- oder Minderauslastung des Produktionsbereichs zeigt.

Wenn auch der Aufbau einer Produktionsabrechnung und die gedankliche Logik sehr einfach erscheinen, wird man bei der praktischen Umsetzung feststellen, dass gerade im Produktionsbereich ein hoher Aufwand entsteht, um einerseits die Abweichungen zielgerichtet analysieren zu können und um andererseits den Produktionsbereich „in den Griff zu bekommen". Da der Idealfall einer chargen- oder losgrößenabhängigen Materialabrechnung mit der Verfolgung der Einzelabweichung bis auf die Charge bzw. die Losgröße sehr aufwendig ist, empfiehlt es sich, in einem ersten Schritt global für den gesamten Produktionsbereich zu starten und sich dann gezielt die einzelnen Abweichungen anzusehen. Auf der Basis der sich dann ergebenden Ergebnisse empfiehlt es sich nach Absprache mit dem technischen Bereich, die Bereiche einer detaillierten Analyse zu unterziehen, wo der Erfolg der Aussage am größten ist. Gerade bei dieser Form der Abrechnung sollte beachtet werden, dass die Ergebnisse den Aufwand rechtfertigen müssen.

2.4.3 Verkaufsabrechnung

Basis der Verkaufsabrechnung ist eine den Controlling-Anforderungen gerechtwerdende Fakturierung, die neben den durch die Buchhaltung bedingten Erfordernissen, die durch das Controlling und die diversen Spartenrechnungen hervorgerufenen Erfordernisse abdeckt.

Die aus der Fakturierung aufzubauenden Absatzstatistiken müssen eine ausreichende Verdichtung der unterschiedlichen Werte ermöglichen. Es empfiehlt sich, die Absatzstatistik nach dem so genannten „Kunden-All" aufzubauen, um die unterschiedlichen Strukturebenen der Kundschaft ausreichend abzudecken. Dies ist unbedingt erforderlich, wenn die Kundendeckungsbeitragsrechnung aussagefähig sein soll. Darauf aufbauend muss die Absatzstatistik eindeutige Nummernkreise und eine klare Zuordnung des Artikelnummernsystems ermöglichen. Zusätzlich sind die Absatzmengen als Bruttomengen (ausgelieferte Mengen) zu erfassen. Gutschriften und Retouren von Kunden sind separat zu ermitteln und abzuspeichern. Darüber hinaus muss sichergestellt sein, dass die kundenbezogenen Preisabweichungen in einer separaten Rabattdatei erfasst werden:

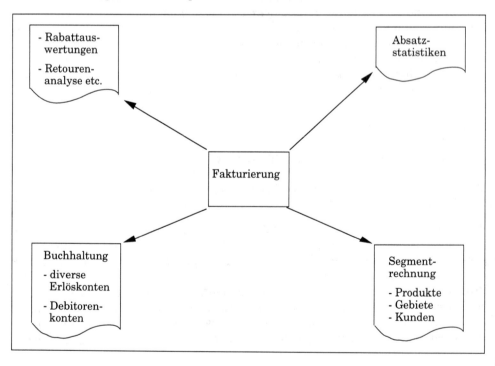

Wenn diese organisatorischen Voraussetzungen getroffen sind, ist der Aufbau von Produkt-Erfolgsrechnungen, Vertriebs-Erfolgsrechnungen und Kunden-Erfolgsrechnungen relativ einfach. Alle diese Spartenrechnungen beginnen auf der Artikelebene durch Multiplikation der einzelnen aus den Absatzstatistiken ermittelten Absätze mit dem zugehörigen Standard-Deckungsbeitragssatz aus dem Budget.

2.4.4 Diverse Budgetabrechnungen

Neben den mehr verantwortungsbezogenen Erfolgsrechnungen ist es zweckmäßig, im monatlichen Reporting Budgetabrechnungen zu erstellen für diverse Aufwands- und Ausgabenpositionen, die für das Unternehmen ein entsprechendes Volumen besitzen. Die bekanntesten Budgetabrechnungen sind die Abrechnung des Investitions-Budgets und des Marketing-Budgets.

Ein genehmigtes Investitions-Budget ist die Ermächtigung der Entscheidungsträger, über die entsprechenden Geldbeträge zu disponieren. Jedes Investitions-Budget ist aufgebaut nach den einzelnen Investitionsobjekten, die mit einer Nummer versehen und dem zugehörigen Geldbetrag im Investitions-Budget erscheinen. Nicht entscheidend für die Höhe des Investitions-Budgets ist die Frage, wann die entsprechenden Wirtschaftsgüter in Betrieb genommen, d.h. aktiviert werden.

Die Abrechnung des Investitions-Budgets läuft zweckmäßigerweise nach dem nachfolgenden Schema ab:

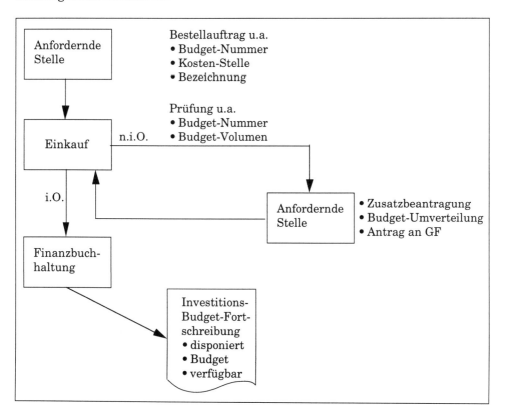

Jede anfordernde Stelle hat einen Bestellauftrag zu erstellen mit der Nummer des Investitions-Budgets, der Kostenstelle und der Bezeichnung des Investitions-Objektes. Nach Prüfung z.B. durch den Einkauf läuft der Investitionsantrag in die Finanzbuchhaltung, die die Investitions-Budget-Fortschreibung erstellt. Sofern der Investitionsantrag nicht in Ordnung ist, weil entweder das Investitionsobjekt nicht im Budget enthalten ist oder das Budget-Volumen zu hoch ist, geht der entsprechende Antrag an die anfordernde Stelle zurück, um entweder durch Budget-Umverteilung oder Zusatzbeantragung den Anforderungsweg neu zu durchlaufen. Für jedes Investitionsobjekt wird nun im Rahmen der Investitions-Budget-Fortschreibung mit der Bestellung das entsprechende Investitionsobjekt als disponiert festgehalten. Die Investitions-Budget-Fortschreibung macht dann in Summe eine Aussage darüber, welche Teile des Investitions-Budgets zu einem bestimmten Stichtag bereits disponiert sind und welches Volumen des gesamten Investitions-Budgets noch verfügbar ist. In der praktischen Handhabung ist es zweckmäßig, das Investitions-Budget für das monatliche Berichtswesen nach Kostenstellen aufzubauen und dem gesamten Jahresbudget der Kostenstelle die bis zum Stichtag gebuchten und aktivierten Beträge, die bestellten Beträge und noch verfügbaren Beträge zuzuordnen. Diese Zuordnung ist bis auf Kostenstellenebene für jedes Einzelprojekt vorzunehmen:

Kostenstelle Bereich	Über-hang aus 1999	Bestellg./ Abrechng. 2000	Anzahlg. für 2001 in 2000	Lieferung disponiert 2001	Noch verfügbar
5167					
5170					
5171					
5175					
5181					
Werk 1					
5277					
5290					
5291					
5292					
Werk 2					

Neben dem Investitions-Budget kommt dem Marketing-Budget in vielen Unternehmen eine herausragende Bedeutung zu. Typisch ist beim Marketing-Budget, dass die einzelnen Beträge aperiodisch disponiert werden und sich das Ergebnisbild eines Unternehmens in den monatlichen Einzelrechnungen dann verzerrt, wenn man das Marketing-Budget aufwandsmäßig nur mit den gebuchten Beträgen in die Ergebnisrechnung einfließen lässt. Aus diesem Grunde hat es sich als zweckmäßig herausgestellt, auch in der Ist-Abrechnung einer Periode den anteiligen Jahresbudgetbetrag auszuweisen und aufwandsmäßig durch Rückstellungen zu korrigieren. Zur Erhöhung der Transparenz empfiehlt es sich, die gebuchten Beträge und die in die Ergebnisrechnung einlaufenden Beträge separat zu zeigen.

2.4.5 Organisationsstruktur, gesellschaftsrechtliche Struktur, Informationssystem

Abrechnungssysteme wachsen in jedem Unternehmen mit fortschreitender Unternehmensentwicklung. Ausgangspunkte sind in den meisten Fällen die Abrechnungskreise gesellschaftsrechtlicher Einheiten, die oftmals viel zu lange unkritisch fortgeführt werden.

Controlling ist ein zukunftsorientiertes Steuerungsinstrument, das den einzelnen Entscheidungsträgern die Möglichkeit gibt, innerhalb ihres Verantwortungsbereiches auf die vorgegebenen Ziele ihre Maßnahmen zu steuern. Gemäß diesem Grundtatbestand sind den einzelnen Entscheidungsträgern die für ihre Entscheidungen maßgeschneiderten Informationen zur Verfügung zu stellen. Das bedeutet zwangsläufig, dass das Informationssystem gemäß der Verantwortungshierarchie und der Organisationsstruktur aufgebaut sein muss. Leider wird in vielen Fällen gegen diesen Grundsatz verstoßen aus folgenden Gründen:

- ❏ Die Finanzbuchhaltung ist in vielen Unternehmen noch immer hierarchisch höher angesiedelt und dominiert die Abrechnungsbelange des Controlling.
- ❏ Historisch gewachsene gesellschaftsrechtliche Abrechnungskreise und der Wunsch, „steueroptimal" zu agieren, lassen Rechnungswesenkreise entstehen, die mit der Verantwortungs- und Organisationsstruktur nichts zu tun haben.
- ❏ Bei Vorliegen von Mutter-Tochterverhältnissen innerhalb eines Unternehmensverbundes wird aus der gesetzlichen Notwendigkeit dezentraler Abrechnungskreise eine eigene Unternehmensphilosophie gemacht.

Es kann an dieser Stelle nur dringend gefordert werden, dass in einem Unternehmen das Management-Informationssystem des Controlling der Organisationsstruktur kongruent aufgebaut sein sollte. Da die Organisationsstruktur in vielen Fällen über die gesellschaftsrechtliche Struktur als Führungsorganisation überlappt aufgebaut ist, hat auch das Controlling die Abrechnungskreise über die gesellschaftsrechtlichen Einheiten hinweg aufzubauen. Dazu ist es erforderlich, dass von der Unternehmensspitze eindeutig der Wunsch formuliert wird, dass die Steuerung des Unternehmens nicht nach gesellschaftsrechtlichen Einheiten, sondern nach der Verantwortungshierarchie erfolgt. Wenn diese Grundvoraussetzung gegeben ist, ist die abrechnungstechnische Ausgestaltung dieser Führungsorganisation sehr leicht machbar.

3 Analyse/Kontrolle: Plan-Ist-Vergleich

3.1 Abweichungsanalyse

Kontrolle bedeutet den Vergleich von Plan und Ist. Die Kontrolltätigkeit im Controlling bleibt allerdings nicht bei der Feststellung von Abweichungen stehen, sondern nutzt den Informationswert von Kontrollen als Soll-Ist-Vergleich für eine zukunftsorientierte Steuerung. Die Kontrolle bildet damit nur die Vorstufe für eine intensive Analyse der Ursachen von Abweichungen, die wiederum den Einstieg für die Gegensteuerungsmaßnahmen als Schwerpunktaufgabe des Controlling im Sinne der Unternehmenssteuerung bilden.

3.1.1 Plan-Ist-Vergleich

3.1.1.1 Abweichungen im Kostenbereich

Nachfolgende Abbildung zeigt eine flexible Kostenplanung auf Basis der Grenzkostenrechnung für die Kostenstelle Dreherei:

Kostenstellen-Nr.: Dreherei Kostenstellen-Leiter:		Planbeschäftigung 1.750 Std.	
	variable Kosten	fixe Kosten	Σ
Fertigungslöhne	350	–	350
Hilfslöhne	70	–	70
Gehälter	–	120	120
kalk. Sozialkosten	120	48	168
Werkzeugkosten	65	–	65
Instandhaltung	30	10	40
Energie	40	10	50
Abschreibungen	–	20	20
Zinsen	–	15	15
Gesamt	675	223	898

Dabei wurden die Kosten nach variablen Kosten und fixen Kosten für die Kostenstelle getrennt und die variablen Kosten für eine Planbeschäftigung von 1.750 Vorgabestunden geplant. Per Ende Juni des abgelaufenen Geschäftsjahres zeigt sich für die Kostenstelle Dreherei folgender Plan-Ist-Vergleich:

Plan-Ist-Vergleich

	Plan	Ist	Abweichung	
			absolut	%
Fertigungslöhne	175	140	35	20,0
Hilfslöhne	35	40	5	14,3
Gehälter	60	60	–	–
kalk. Sozialkosten	84	81	3	3,6
Werkzeugkosten	33	28	5	15,1
Instandhaltung	20	20	–	–
Energie	25	24	1	4,0
Abschreibungen	10	10	–	–
Zinsen	8	8	–	–
Gesamt	450	411	39	8,7

Ein Plan-Ist-Vergleich für ein Kostenstellenbudget sagt in der vorliegenden Form relativ wenig aus, da eine Ursachenanalyse der Einzelabweichungen aufgrund der globalen Plan-Ist-Abweichung nicht möglich ist. Der globale Plan-Ist-Vergleich macht nämlich keine Aussage über die Ursachen der Abweichungen, die nur dann zu erhalten ist, wenn die Plan-Ist-Abweichung in die Einzelkomponenten aufgeteilt wird. Nur eine solche Aufteilung gestattet die Ursachenanalyse und damit den gezielten Einsatz von Gegensteuerungsmaßnahmen.

Die flexible Plan-Kostenrechnung liefert hier über das Instrumentarium des Soll-Ist-Vergleiches ein flexibles Instrumentarium zur Abweichungsanalyse, indem in Ergänzung zur starren Plan-Kostenrechnung die Plan-Kosten und die Ist-Kosten um so genannte Soll-Kosten ergänzt werden. Dabei sind folgende Begriffe zu beachten:

(1) Soll-Kosten sind die geplanten Kosten bei der jeweiligen Ist-Beschäftigung einer Kostenstelle (Soll = Istmenge x Planpreis)

(2) Die Plan-Kosten sind die geplanten Kosten bei Plan-Beschäftigung der Kostenstelle (Plan = Planmenge x Planpreis)

(3) Die Ist-Kosten sind die effektiven Kosten einer Kostenstelle bei Ist-Beschäftigung (Ist = Istmenge x Istpreis)

Die flexible Plan-Kostenrechnung liefert mit den Soll-Kosten eine Kostengröße, die angibt, wie hoch die variablen Kosten aufgrund der technischen Leistungsbeziehungen bei der jeweiligen Ist-Beschäftigung sein müssen. Für unser Beispiel der Kostenstelle Dreherei hat der Soll-Ist-Vergleich für den Zeitraum Januar bis Juni folgendes Bild:

	Plan	Soll	Ist	Abweichung	
				absolut	%
Fertigungslöhne	175	160	140	20	12,5
Hilfslöhne	35	32	40	8	25,0
Gehälter	60	60	60	–	–
kalk. Sozialkosten	84	79	81	2	2,5
Werkzeugkosten	33	30	28	2	6,6
Instandhaltung	20	19	20	1	5,3
Energie	25	23	24	1	4,3
Abschreibungen	10	10	10	–	–
Zinsen	8	8	8	–	–
Gesamt	450	421	411	10	2,4

Zur Ermittlung dieser Soll-Kosten werden die variablen Plan-Kosten mit der Ist-Beschäftigung multipliziert. Für unser Beispiel war die Plan-Beschäftigung 875 Vorgabestunden, während die Ist-Beschäftigung bei 800 Vorgabestunden gelegen hat. Die geplanten Fixkosten werden auch in diesem Falle budgetiert und sind im Soll mit dem halben Jahresbudget angesetzt.

Wie der Soll-Ist-Vergleich zeigt, hat der Kostenstellenleiter eine Unterschreitung der Soll-Kosten um TEUR 10 (2,4%) erreicht. Diese Abweichung ist die so genannte Verbrauchsabweichung, die eine Aussage über den Mehr- oder Minderverbrauch von Kostengütern in den Kostenstellen macht.

Die so genannte Preisabweichung wird nicht auf der Ebene der Kostenstelle ausgewiesen, da der Kostenstellenleiter auf die Höhe der Beschaffungspreise keinen Einfluss hat. Die Preisabweichung ist vielmehr das Beurteilungskriterium für die Einkaufsabteilung. Die so genannten „Ist-Kosten" in unserem Beispiel des Kostenstellenbudgets sind aus diesem Grunde feste Verrechnungspreise, um die Abweichung nicht um Preisabweichungen zu verwässern.

Darüber hinaus zeigt die Abweichungsanalyse aus dem Vergleich von Plan und Soll eine positive Abweichung von TEUR 29. Diese Plan-Soll-Abweichung ist die so genannte Mengenabweichung, die eine Aussage über die Minderkosten aufgrund einer niedrigeren Beschäftigung als der geplanten Beschäftigung macht. Sie ist nicht zu verwechseln mit der Beschäftigungsabweichung der flexiblen Plankostenrechnung auf Vollkostenbasis, die de facto nichts anderes ist als eine Kalkulationskorrektur. Für Zwecke der Kostenanalyse sind damit die Mengenabweichung, die Preisabweichung und die Verbrauchsabweichung relevant:

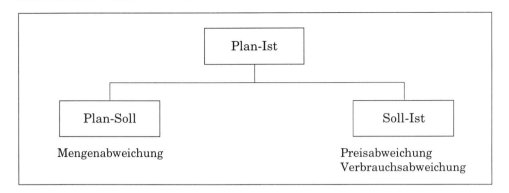

3.1.1.2 Abweichungen im Umsatzbereich

Während der Kostenbereich seit eh und je Mittelpunkt detaillierter Abweichungsanalysen ist, werden Abweichungsanalysen im Umsatzbereich mit einem ausgewählten Instrumentarium erst in jüngster Zeit vorgenommen. Diese Situation ist im Wesentlichen historisch und umweltbedingt: In den Zeiten ungezügelten Wachstums der 50er und 60er Jahre war die Erlösseite für die meisten Unternehmen relativ stabil und in Ordnung. Erst mit der zunehmenden Verengung unserer Märkte und dem Zwang zur Marktsegmentierung haben bei vielen Unternehmen Veränderungen der Absatzstruktur stattgefunden, die ohne ein entsprechendes Analyseinstrumentarium nicht in den Griff zu bekommen sind. Diese Strukturabweichungen haben ihre Ursachen im Wesentlichen in folgenden Entwicklungen:

(1) Auf der Abnehmerseite haben sich Machtzusammenballungen gebildet, die in der Lage sind, die Hersteller zu nicht zu unterschätzenden Preiszugeständnissen zu zwingen. Diese Preiszugeständnisse führen zu einer Verschlechterung der Durchschnittserlösstruktur.

(2) Aufgrund des Wachstums der 60er Jahre haben viele Unternehmen im Glauben an einen Fortgang dieser Entwicklung ihre Kapazitäten sehr stark erweitert. Mit der aufkommenden Rezession in den 70er und 80er Jahren sind ganze Branchen von Überkapazitäten befallen worden, die die Unternehmen veranlasst haben, in einer geradezu hektischen Preispolitik Zugeständnisse zu machen und die Kapazitäten mit so genannten „Grenzgeschäften" auszulasten.

Die Anwendung des Abweichungsinstrumentariums im Umsatzbereich ist deshalb besonders wichtig, weil sich dieser Strukturveränderungsprozess in der Regel langsam, aber mit zunehmender Dynamik fortsetzt und bei vielen Unternehmungen Abweichungen im Umsatzbereich allein auf diese Strukturveränderungen zurückzuführen sind. Damit ist das alt hergebrachte Mengendenken zum Scheitern verurteilt und führt dazu, dass Unternehmen langsam aber sicher in eine Ertragsklemme getrieben werden.

Die Umsatzstrukturanalyse sei an folgendem Beispiel dargestellt:

	Plan	Ist	Abweichung	
			absolut	%
Absatzmengen (Verkaufseinheiten)				
Orangensaft	5.000	12.000	7.000	140,0
Tomatensaft	10.000	10.000	–	–
Tonic-Wasser	13.000	9.000	– 4.000	– 30,8
Gesamtabsatz	28.000	31.000	3.000	10,7
Umsatz (EUR)				
Orangensaft	6.450	15.000	8.550	132,6
Tomatensaft	11.000	11.000	–	–
Tonic-Wasser	11.440	8.100	– 3.340	– 29,2
Gesamtumsatz	28.890	34.100	5.210	18,0
Erlös (EUR/VE)				
Orangensaft	1,29	1,25	– 0,04	– 3,1
Tomatensaft	1,10	1,10	–	–
Tonic-Wasser	0,88	0,90	0,02	2,3
Gesamt	1,03	1,10	0,07	6,8
DB (EUR/VE)				
Orangensaft	0,40	0,38	– 0,02	– 5,0
Tomatensaft	0,50	0,50	–	–
Tonic-Wasser	0,60	0,61	0,01	1,7
Gesamt	0,53	0,49	– 0,04	– 7,5

Die Abweichungsanalyse im Umsatzbereich zeigt folgendes Ergebnis:

Die Gesamtabweichung im Umsatz von EUR 5.210 (18,0%) wird zunächst in eine Mengen- und eine Preisabweichung zerlegt:

(1) Mengenabweichung.

Die Mengenabweichung des Gesamtsortiments ergibt sich aus der Differenz zwischen Soll-Umsatz und Plan-Umsatz. Dabei gelten folgende Beziehungen (Rundungsziffern sind ausgeklammert):

$X_I \cdot P_P - X_P \cdot P_P$

$(X_I - X_P) \cdot P_P$

(ISTMENGE – PLANMENGE) · PLANPREIS

$(31.000 - 28.000) \cdot 1,03 = 3.090$

Die Gesamtabweichung von EUR 5.210 ist mit EUR 3.095 auf eine Steigerung der Absatzmenge zurückzuführen.

(2) Preisabweichung

$X_I \cdot P_I - X_I \cdot P_P$

$(P_I - P_P) X_I$

(ISTPREIS − PLANPREIS) · ISTMENGE

$(1{,}10 - 1{,}03) \cdot 31.000 = 2.170$

(3) Strukturabweichung

Abweichungen, die zurückzuführen sind auf die Zusammensetzung der Absatzstruktur, treten bei der Umsatzanalyse in der Soll-Ist-Abweichung und damit in der Preisabweichung auf. Folglich ist die Preisabweichung aufzuteilen in eine strukturbereinigte Preisabweichung, die den isolierten Ergebniseffekt der Preisänderung auf die Abweichung transparent macht und die so genannte Strukturabweichung.

Zur Ermittlung der strukturbereinigten Preisabweichung sind vom Ist-Umsatz die Soll-Umsätze der einzelnen Produkte zu subtrahieren. Im Gegensatz zur globalen Preisabweichung wird hier bis auf die kleinste Ebene des Produktes durch Ermittlung der produktbezogenen Soll-Umsätze zurückgegriffen:

$31.000 \cdot 1{,}10 - (12.000 \cdot 1{,}29 +$
$\phantom{31.000 \cdot 1{,}10 - (}10.000 \cdot 1{,}10 +$
$\phantom{31.000 \cdot 1{,}10 - (}9.000 \cdot 0{,}88) = ./.\ 300$

Die Ermittlung der reinen Strukturabweichung zeigt sich in der Differenz der Soll-Umsätze der Produkte und des Soll-Umsatzes des Gesamtsortiments, sodass sich folgendes Gesamtergebnis ergibt:

Mengenabweichung	3.090 EUR
Preisabweichung	./. 300 EUR
Strukturabweichung	2.415 EUR
Gesamtabweichung	5.210 EUR

Die Abweichungsanalyse macht deutlich, dass Preiszugeständnisse (negative Preisabweichung) nur in geringem Umfang zur Umsatzausweitung beigetragen haben. Das größere Volumen resultiert aus einer Strukturabweichung, die durch Forcierung des erlösstarken Orangensaftes erfolgte.

Die reine Umsatzanalyse gestattet zwar schon einen ersten Einstieg und Einblick in die Ursachen der Abweichungen, macht aber relativ wenig Aussagen über die Ertragsstärke dieser Entwicklung. Deshalb ist es erforderlich, die Umsatzanalyse um eine Deckungsbeitrags-Abweichungsanalyse zu erweitern.

3.1.2 Plan-Soll-Ist-Vergleich

Am Beispiel des flexiblen Kostenbudgets der Dreherei (Seite 146) wurde gezeigt, dass die globale Plan-Ist-Abweichung für eine ursachengerechte Abweichungsanalyse und den effizienten Einstieg für Gegensteuerungsmaßnahmen nicht brauchbar ist. Es empfiehlt sich deshalb, nicht nur kostenstellenweise, sondern auch für das Gesamtunternehmen den Plan-Ist-Vergleich um einen Plan-Soll-Ist-Vergleich zu erweitern.

Eine derartige Form des Berichtswesens gestattet auf den ersten Blick eine sehr klare Aussage über die Situation des aktuellen Geschäftes, insbesondere durch den gleichzeitigen Ausweis der verschiedenen Abweichungsarten

- Plan-Ist-Abweichung (Plan-Ist)
- Mengenabweichung (Plan-Soll)
- Verbrauchsabweichung (Soll-Ist)
- Preisabweichung/Strukturabweichung (Soll-Ist).

3.1.3 Kontrolle der Standards

Der Plan-Ist-Vergleich hat neben der Signalisierung von Abweichungen und damit der Initiierung von Analysen der vergangenen Entwicklung auch die Aufgabe, permanent die Aktualität der Standards zu überprüfen. Die Standards sind als Messlatte, an der die tatsächliche Entwicklung abgeprüft wird, nur so lange brauchbar, wie sie das Unternehmensgeschehen hinreichend exakt abbilden. Entfernt sich die tatsächliche Entwicklung zu weit von den Standards (z.B. bei plötzlichen Einbrüchen auf der Rohstoffseite verändert sich das Wertgerüst der Rezepturen und Stücklisten grundsätzlich), so empfiehlt es sich, auch im laufenden Geschäftsjahr eine neue Standardkalkulation anzufertigen, an der die tatsächliche Entwicklung gemessen wird. Die Standards werden in der Jahresplanung fixiert. Sofern die Unternehmensentwicklung einen in etwa normalen Verlauf nimmt, empfiehlt es sich nicht, die Standards im laufenden Geschäftsjahr zu ändern. Wichtig ist aber, auch permanent das Mengengerüst, auf dem die Standards aufbauen, im Auge zu behalten. Diese permanente Prüfung der Standards auf der Mengenebene erfolgt in Unternehmen durch

- Rezeptur- und Stücklistenkontrollen im Rahmen der Materialabrechnung,
- Vorgabezeitüberprüfungen im Rahmen der Pflege des Leistungslohns,
- Mengenkontrolle sonstiger Kennziffern (Besuchsvorgaben, Absatz pro Mitarbeiter, Fertigungstonnage pro Mitarbeiter).

Die permanente Pflege der Standards hat herausragende Bedeutung für die Effizienz des Controlling-Systems.

3.2 Forecast

Der Plan-Ist-Vergleich und die Abweichungsanalyse liefern ein Feed-back: Sie zeigen, welche Ursachen dazu geführt haben, dass der Plan nicht erreicht wurde. Diese Informationen liegen aber in der Regel erst einen halben Monat nach Abschluss des Monats, für den sie erstellt wurden, vor und signalisieren dann nur noch einen Tatbestand, der geschehen ist. Sie geben aber keine Hinweise dafür, wie es zukünftig weitergehen soll.

Plan-Ist-Vergleich

Neben der Tatsache, dass die Informationen des Plan-Ist-Vergleichs zu dem Zeitpunkt, zu dem sie vorhanden sind, nicht mehr revidiert werden können, haben sie den weiteren Nachteil, dass das Feed-back vom psychologischen Standpunkt her immer als eine Suche nach Schuldigen interpretiert wird. Der Controller sollte deshalb die Abweichungsanalyse und den Plan-Ist-Vergleich lediglich als Einstieg für zukünftige Gegensteuerungsmaßnahmen verwenden und die Frage stellen: „Was können wir tun, um unser Ziel zu erreichen?" Insofern ruft jeder Plan-Ist-Vergleich geradezu Gegensteuerungsmaßnahmen hervor, die zusammen mit dem Verantwortlichen erarbeitet werden müssen und in einer Vorschaurechnung transparent zu machen sind. Das bedeutet, dass die feed-back-orientierte Plan-Ist-Analyse um eine feed-forward-orientierte Gegensteuerungsanalyse zu erweitern ist.

Die Hochrechnung ist keine Extrapolation, die dadurch entsteht, dass man die kumulierten Ist-Werte der Ergebnisrechnung und den Plan für den restlichen Zeitraum des Jahres addiert. Eine Hochrechnung hat zu zeigen, welche konkreten Maßnahmen aufgrund der bis zum Zeitpunkt der Hochrechnungserstellung eingetretenen Ist-Entwicklung ergriffen werden, um das Jahresziel zu erreichen. Insofern hat die Hochrechnung Planungs-Charakter und stellt bei einer seriösen Erarbeitung die gleichen Forderungen an den Hochrechnungserstellungsprozess, wie sie an die Erstellung einer Jahresplanung zu stellen sind.

Für eine aktive Gegensteuerung wird der monatliche Plan-Ist-Vergleich durch eine monatliche Hochrechnung ergänzt. Um auch bei den Empfängern den Blick für die Hochrechnung zu verstärken, empfiehlt es sich, anstelle des Plan-Ist-Vergleichsschemas die in der nachfolgenden Abbildung dargestellte Form des zukunftsorientierten Plan-Ist-Vergleichs zu verwenden (Mann, Rudolf: Praxis strategisches Controlling, a.a.O., S. 24):

„Zukunftsorientierter Plan – Ist – Vergleich"											
										Blatt	
		Monat			Jahresplan	Jahresvorschau				Abw. zu Jahresplan	
	Plan	Ist	Abw.			Plan kum.	Ist kum.	Er- wartg.	Vor- schau		
			abs.	%						abs.	./.
Bruttoumsatz Rohertrag Aufwendungen Betriebsergebnis											
Gesamtergebnis											
Rohertrag % vom Umsatz Betriebsergebnis % vom Umsatz											

Im Gegensatz zum vergangenheitsorientierten Plan-Ist-Vergleich beschränkt sich das Feed-back bei dieser Form des Plan-Ist-Vergleichs auf den linken Teil, und zwar bei der Analyse des Einzelmonats. Hingegen ist der gesamte rechte Teil im Bereich der Jahresvorschau ausschließlich zukunftsgerichtet und zeigt den kumulierten Plan, das kumulierte Ist, die Erwartung, die Vorschau für das Restjahr und die Abweichung zum Jahresplan.

Die Einführung einer monatlichen Hochrechnung scheitert häufig an dem damit verbundenen Aufwand, aber auch durch Widerstand der einzelnen Bereiche. Dieses Instrumentarium muss letztlich genauso verkauft werden wie eine Jahresplanung und stößt in einem ersten Schritt auf die gleichen Ressentiments, auf die man trifft, wenn man erstmalig eine Planung einführt. Aus diesem Grunde empfiehlt es sich, den Übergang zu einer monatlichen Hochrechnung stufenweise zu realisieren und zunächst quartalsweise eine Hochrechnung zu erstellen. Dabei sollte die erste Hochrechnung zum 31.12. (O. Hochrechnung) erstellt werden und Gegensteuerungsmaßnahmen aufgrund von Planabweichungen des abgelaufenen Geschäftsjahres beinhalten, die noch nicht in die Jahresplanung Eingang finden konnten, da der Erstellungstermin der Jahresplanung in der Regel im Herbst liegt. Durch dieses Instrumentarium ist man in der Lage, frühzeitig bei allen Beteiligten den Umdenkungsprozess und die Mentalität für die zukunftsorientierte Steuerung einzuleiten.

Um den Hochrechnungsprozess ebenso wie den Prozess der Jahresplanung zu rationalisieren, muss der Controller Ablauf- und Inhaltschecklisten festlegen. Diese sollten für die quartalsweise Hochrechnung detailliert sein und einen Schwerpunkt in der Abprüfung von Risiken auf das Jahresergebnis besitzen. Für die monatlichen Hochrechnungen, die der Controller – sofern die offiziellen Hochrechnungen nur quartalsweise erstellt werden – selbst vornimmt, empfehlen sich grobe Checklisten. Diese monatlichen Hochrechnungen des Controllers haben die Funktion, grob anhand der wesentlichen Ergebniseckwerte zu prüfen, ob aus der Entwicklung des abgelaufenen Monats Risiken und Revisionsmaßnahmen für die zu erstellende Hochrechnung entstehen.

3.3 Spielregeln bei Abweichungen

Abweichungen sind keine Schuldbeweise. Sie sind Reaktionen auf Umweltentwicklungen, die in die Planung in dieser Form keinen Eingang gefunden haben. Sie bilden den Einstieg für Gegensteuerungsmaßnahmen.

Die Einleitung von Gegensteuerungsmaßnahmen erfolgt nach Regeln, die die Zuständigkeiten zwischen Geschäftsleitung, Fachabteilungen und Controller festlegen. Auf der Basis von Ausnahmen gelten folgende Grundsätze:

(1) Bei so genannten kleinen Abweichungen liegt die Initiative zur Gegensteuerung allein bei den Fachabteilungen. Innerhalb ihres Budgetrahmens haben sie dispositiv gegenzusteuern, ohne dass die Geschäftsleitung oder der Controller mitwirken.

(2) Bei den so genannten mittleren Abweichungen schaltet sich der Controller ein und löst zusammen mit den Fachabteilungen die Probleme. Der Controller beurteilt dabei, ob die dezentrale Zuständigkeit zusammen mit seiner kooperativen Hilfe ausreicht, die Abweichungen zu kompensieren. Dieses System funktioniert solange, wie die Abweichungen nicht über den Bereich der denzentralen Zuständigkeiten hinausgehen.

(3) Bei größeren Abweichungen muss der Controller die Geschäftsleitung einschalten. Diese Einschaltungspflicht ist nicht so zu verstehen, dass über die Unternehmensleitung Sanktionen erlassen werden sollen, sondern stellt nur sicher, dass Abweichungen in ihrer Tragweite rechtzeitig erkannt werden und eine im Sinne des Gesamtunternehmens realisierbare Lösung gefunden wird, die ohne die hierarchische Zuständigkeit der Geschäftsleitung nicht durchsetzbar ist.

Diese Regeln gelten unabhängig von der Unternehmensgröße und der Branche. Sie sind ein generelles Prinzip der Arbeitsteilung im Controlling und garantieren,

❑ die volle Ausnutzung dezentralen Fach-Know-hows mit der Chance zur Motivation der dezentralen Einheiten und der Möglichkeit der Selbststeuerung;
❑ dass durch Exceptions und die Einschaltung des Controllers das Gesamtunternehmensziel nicht aus den Augen verloren wird, d.h. dass dezentrale Unternehmensziele zu Lasten des Gesamtzieles optimiert werden;
❑ die Einschaltung der Unternehmensleitung nur in den Fällen erfolgt, in denen dies aufgrund der Tragweite der zu treffenden Entscheidungen erforderlich ist.

3.4 Controller-Bericht

3.4.1 Anforderungen

Unabhängig davon, ob es sich um Routineberichte oder für Sonderprojekte zu erstellende Berichte des Controllers handelt, gelten folgende Empfehlungen:

(1) Berichten Sie empfängerorientiert, d.h., stellen Sie sich auf den Standpunkt, was der Empfänger des Berichtes wissen möchte und liefern Sie ihm die für seine operativen Ziele erforderlichen Informationen.
(2) Konzentrieren Sie ihre Berichte auf das Wesentliche. Nichts ist schlimmer als Zahlenfriedhöfe, die kein Mensch liest, weil sie den Empfänger überfordern und an dessen Informationsbedürfnis vorbeigehen.
(3) Halten Sie sich immer die Zielsetzung des Berichtes, den Sie als Controller anfertigen, vor Augen. Ergießen Sie sich nicht in langen Ausführungen, die das Ziel des Berichtes verwässern und den Blick auf Unwesentlichkeiten lenken.
(4) Denken Sie daran, dass Sie zwar in den Zahlen geschult sind, der Empfänger aber oft Interpretationsschwierigkeiten bekommen kann. Berichten Sie einfach und klar. Konzentrieren Sie sich auf das Wesentliche.
(5) Verwenden Sie grafische Darstellungen. Es hat sich in der Praxis gezeigt, dass eine gute grafische Darstellung mehr sagt als seitenlange verbale Ausführungen. Eine gute Grafik an der richtigen Stelle ist also angebracht.
(6) Ändern Sie Ihren Berichtsstil und Ihr Berichtswesen nicht fortwährend. Nichts ist schlimmer für einen Empfänger, als permanent mit anders aufbereiteten Zahlen und Berichten konfrontiert zu werden, aus denen ein Externer den sachlogischen Zusammenhang nicht erkennt.
(7) Benutzen Sie Ihre Controller-Berichte nicht dazu, Beweise für Dinge zu suchen, die in der Vergangenheit liegen. Nehmen Sie vielmehr die Vergangenheit als Input für aktive Gegensteuerungsmaßnahmen und bieten Sie Alternativen, die aufzeigen, wie die Ziele erreicht werden können.

(8) Nutzen Sie das persönliche Gespräch mit den Fachabteilungen. Verwenden Sie Ihren Bericht als Basis und versuchen Sie, durch Ihre persönliche Ausstrahlung wichtige Dinge voranzutreiben. Ein mündliches Gespräch ist oftmals hilfreicher als eine schriftliche Vorlage.

3.4.2 Berichtshierarchie

Je weiter das Entscheidungsfeld der Entscheidungsträger, um so höher ist der Verdichtungsgrad der Informationen, den diese zur Gegensteuerung benötigen. Der Verdichtungsgrad ist zwangsläufig bei der Unternehmensleitung am größten, da hier auch die größte Verantwortung für das Unternehmen liegt. Diese Tatbestände sind Basis eines jeden Controlling-Berichtswesens:

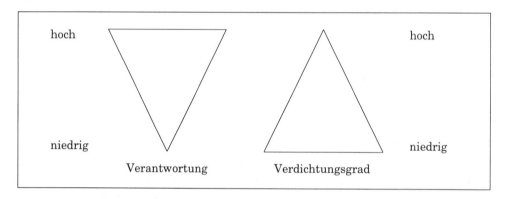

Wenn diese Forderungen berücksichtigt werden, erhält jeder die für seine Aufgabe „maßgeschneiderten" Informationen. Nur hierdurch stellen Sie als Controller sicher, dass jeder ausreichend gegensteuern kann und das Berichtswesen als aktive Hilfe akzeptiert.

Entsprechend diesem stufenweisen Verdichtungsgrad der Informationen innerhalb der Unternehmenshierarchie baut sich auch das Controlling-Berichtswesen auf. Nachfolgend ein Beispiel, wie in stufenweiser Konkretisierung die Bausteine des Controlling-Berichtswesens einzelnen Hierarchieebenen entsprechend deren Informationsbedürfnis zugeordnet sind:

Plan-Ist-Vergleich

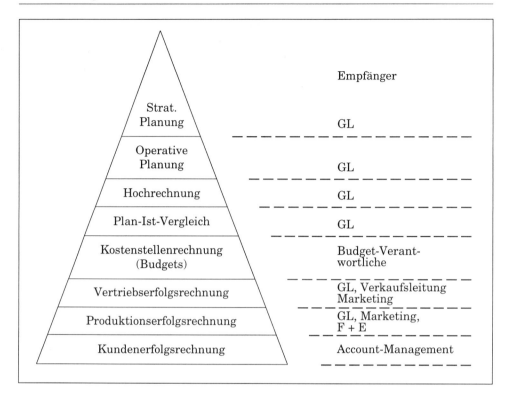

Diese Berichtshierarchie stellt sicher, dass

❏ diejenigen Einheiten die Informationen bekommen, die sie benötigen;
❏ Informationen innerhalb der Hierarchie nicht fehlgeleitet werden;
❏ nur die Unternehmensleitung die Unternehmensgesamtdaten erhält.

3.4.3 Inhalt

Der Routine-Controllerbericht, der in den meisten Unternehmungen mit dem monatlichen Plan-Ist-Vergleich erscheint, sollte die gleichen Bestandteile umfassen, die Basis der Jahresplanung sind und gemäß der Berichtshierarchie den einzelnen Unternehmenseinheiten zur Verfügung zu stellen sind.

Dabei handelt es sich im Einzelnen um

❏ Absatz-/Umsatz nach
 Sortimenten
 Vertriebswegen
 Kunden
❏ Kostenplan mit
 Grenzkosten
 Fixkosten/Overheads

❏ Ergebnisplan
❏ Finanzplan
❏ Investitionsstatus
❏ Personalstand
❏ Personalkosten
❏ Liquiditätsplan
❏ Finanzkennzahlen

Diese Berichte sind vom Controller monatlich zu kommentieren. Um im Stil der stufenweisen Verdichtung zu beginnen und einen Einstieg mit der Konzentration auf das Wesentliche zu ermöglichen, empfiehlt es sich, als Deckblatt für den Controlling-Bericht das unten wiedergegebene Formular zu benutzen. Dieses zeigt im ersten Teil die stufenweise Break-Even-Entwicklung im Zeitablauf und macht eine Aussage, in welchem Monat der Break-Even-Punkt erreicht wird, im zweiten Teil die wesentlichen Ergebniseckwerte bis zum Gesamtergebnis, im dritten Teil die Umsatzstruktur und im vierten Teil die Finanzkennzahlen. Dieses Deckblatt zeigt auf sehr knappem Raum die wesentlichen Eckdaten des Unternehmens und gibt einem schnellen Betrachter einen sehr guten Überblick:

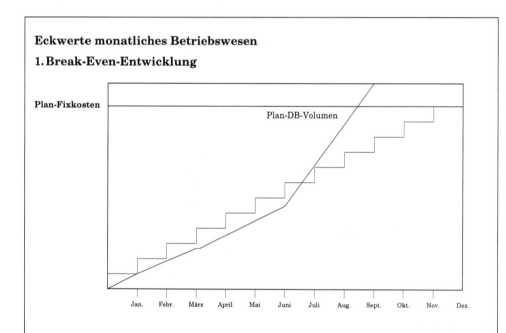

Plan-Ist-Vergleich

3. Umsatzstruktur

	Plan	Ist	Abw. abs.	Abw. %	Jahres-plan	Ist Vorjahr	Ist Vorj.	Plan	Ist	Abw. abs.	Abw. %
Produktgruppe 1											
Produktgruppe 2											
Produktgruppe 3											
Umsatz gesamt											
Vertriebsweg 1											
Vertriebsweg 2											
Vertriebsweg 3											
Umsatz gesamt											
Gebiet 1											
Gebiet 2											
Gebiet 3											
Umsatz gesamt											

4. Finanzkennzahlen

	Plan	Ist	Abw. abs.	Abw. %	Jahres-plan	Ist Vorjahr	Ist Vorj.	Plan	Ist	Abw. abs.	Abw. %
Bilanzsumme											
Vorräte											
Debitoren											
Kreditoren											
Working Capital											

4 Steuerung: Kurseinhaltung

4.1 Steuerung als Engpassaufgabe

4.1.1 Besonderheiten der Steuerungsfunktion

Die Steuerung als vierter Aktivitäten-Baustein garantiert die Kurseinhaltung der Unternehmung. Sie stellt sicher, dass über den Vergleich von Plan und Ist als Feedback und Einstieg und die Analyse im Sinne des Feed-forward Maßnahmen eingeleitet werden, um trotz des Auftretens von Abweichungen die vorgegebenen Objectives zu erreichen.

Abweichungen sind keine Schuldbeweise, sondern signalisieren, dass sich die Umwelt, in der die Unternehmung agiert, anders entwickelt, als dies in der Planung vorhergesehen wurde. Abweichungen stellen insofern das Feed-back auf Umweltreaktionen dar und haben für den Controller eine Informations- und Motivationsfunktion, das Controlling umweltorientiert zu betreiben:

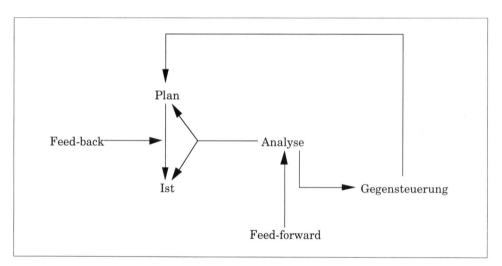

Controlling kann nur durch den aufeinander abgestimmten und geschlossenen Einsatz der Bausteine Planung, Information, Analyse und Steuerung funktionieren. Überall dort, wo die Steuerungsfunktion fehlt, ist der Controlling-Regelkreis offen mit der Gefahr, dass sich die Unternehmung ziellos selbst steuert.

Der permanente Zwang, diese Steuerung im Unternehmen zu garantieren, prägt das Controlling und hebt es von anderen Aufgaben im Unternehmen ab. Diese Steuerungsfunktion ist eine permanente Aufgabe des Controlling, die aber nicht routinemäßig erledigt werden kann. Vielmehr ist hier ganz besonders engpassorientiertes Vorgehen erforderlich, bei dem sich der Controller auf die brennendsten Probleme der Unternehmung konzentrieren muss. Nur so ist sichergestellt, dass die die Zielerreichung hemmenden Faktoren Priorität genießen und abgebaut werden.

Im Grad der Erfüllung dieser Aufgabe zeichnet sich der gute Controller aus: Bei strikter Verfolgung der Unternehmensziele, der Einbeziehung der einzelnen Funktionsbereiche beim Einsatz von Maßnahmen und dem permanenten Nachhaken bei der Umsetzung der erforderlichen Eingriffe.

4.1.2 Aufgabenverteilung und Zuständigkeiten

Der Controller steuert nicht alleine; er hat vielmehr dafür zu sorgen, dass die einzelnen Funktionsbereiche in der Lage sind, sich selbst zu steuern. Um dies zu erreichen, muss der Controller folgende Aufgaben einleiten:

❏ Aufbau eines Systems von Objectives und Exceptions, das die dezentrale Selbststeuerung ermöglicht
❏ Bereithalten eines Instrumentenkastens, der gezielt bei Steuerungsmaßnahmen eingesetzt wird
❏ Mitwirkung bei Gegensteuerungsmaßnahmen.

Zur Durchsetzung dieser Aufgaben ist folgender Rahmen erforderlich:

(1) Formulierung von Objectives
Die Festlegung der Objectives geschieht im Rahmen der Jahresplanung und hat für alle Unternehmenseinheiten Zielcharakter.

(2) Aufbau eines Systems von Exceptions
Exceptions sind Signale, die die Bedeutung und Wichtigkeit von Abweichungen zum Ausdruck bringen. Sie legen fest,
❏ innerhalb welcher Grenzen Aktivitäten einzuleiten sind und
❏ wer für die Einleitung dieser Aktivitaten zustandig ist.

Diese Zuständigkeitsfixierung kann nach folgendem System vorgenommen werden:

Abweichung	dezentrale Entscheidungsträger	Controller	Geschäftsleitung
< 3%	X		
≥ 3% < 5%	X	X	
≥ 5%		X	X

Die Abbildung zeigt, dass
❏ bei Abweichungen, die kleiner als 3% vom Ausgangswert sind, die dezentralen Entscheidungsträger die Steuerungsfunktion selbst übernehmen;
❏ bei Abweichungen zwischen 3% und 5% die Einschaltung des Controllers erforderlich ist, um gemeinsam Gegensteuerungsmaßnahmen zu erarbeiten;
❏ bei Abweichungen, die größer als 5% sind, die Steuerungsverantwortung beim Controller und bei der Geschäftsleitung liegt.

Diese Zuständigkeitsfixierung ermöglicht ein sehr flexibles Eingreifen bei Abweichungen von den Objectives. Sie garantiert, dass Maßnahmen eingeleitet werden, eindeutige Zuständigkeiten und Verantwortlichkeiten für den Einsatz der Maßnahmen existieren und die Abweichungen nach ihrem Gewicht von den für die Einleitung von Gegensteuerungsmaßnahmen kompetenten Entscheidungsträgern abgestellt werden.

Beim Aufbau eines solchen Systems von Exceptions muss man sich der generellen Problematik dieser Art der Kompetenzsteuerung bewusst sein:

❏ Die pauschale Festlegung von Abweichungen auf der Basis von prozentualen Größen birgt die Gefahr in sich, dass den sich hinter den Abweichungen verbergenden tatsächlichen Gegebenheiten nicht ausreichend Rechnung getragen wird. Jeder Kompetenzsteuerung über Prozentwerte ist die Gefahr immanent, dass die relative Bedeutung der Abweichungen über- oder unterschätzt wird. Dies wird recht deutlich an folgendem Beispiel:
  – Eine Abweichung von 2 % bei den Personalkosten, die beispielsweise ein Volumen von ca. 20% vom Bruttoumsatz ausmachen, kann die Zielerreichung des Gesamtunternehmens erheblich infrage stellen.
  – Eine Abweichung von 5,5% bei den Postkosten, die vielleicht nur ein Volumen von 0,5% vom Bruttoumsatz besitzen, sind in ihren Auswirkungen auf das Gesamtergebnis relativ gering.

  Aus diesem Grunde empfiehlt es sich, die Exceptions nach der relativen Bedeutung der einzelnen Ergebnispositionen zu differenzieren und dementsprechend auch die Zuständigkeiten festzulegen.

❏ Die alleinige Ausrichtung von Gegensteuerungsmaßnahmen an operativen Kriterien, d.h. an Abweichungen, die sich innerhalb eines Jahres zeigen, birgt die Gefahr in sich, dass langfristig sinnvolle Gegensteuerungsmaßnahmen, die die Umsetzung der Unternehmensstrategie sicherstellten, aber eventuell kurzfristig zu negativen Auswirkungen führen, nicht ergriffen werden. Zur Vermeidung dieser Situation ist es erforderlich, dass im strategischen Analysestadium die erforderlichen Maßnahmen fixiert werden und die operativen Gegensteuerungsmaßnahmen sich den langfristig erforderlichen Maßnahmen unterordnen.

❏ In vielen Unternehmen entstehen die größten Probleme im Bereich der Abweichungen durch so genannte Strukturabweichungen, wie z.B. Verschiebungen in der Kundenstruktur, im Vertriebswegemix, in der Sortimentsstruktur etc. Um rechtzeitig gegensteuern zu können, sind für diese Abweichungen andere Exceptions zu setzen und der Zuständigkeits- und Steuerungseingriff entsprechend der Bedeutung der Abweichungsart zu modifizieren.

Generell gilt für die Festlegung der Exceptions, dass die dezentrale Zuständigkeit solange bestehen bleibt, wie unter Ausnutzung des dezentralen Know-hows eine dezentrale Lösung machbar ist. Die zentrale Zuständigkeit beginnt dort, wo das dezentrale Fach-Know-how und die dezentrale Kompetenz zur Problemlösung enden.

4.1.3 Controller als Steuerungsmotor

Die Aufgabe des Controllers stellt im Rahmen der Durchsetzung hohe Anforderungen:

(1) Mentalität für Steuerungsnotwendigkeit wecken

Der Controller muss die Linieneinheiten davon überzeugen, dass es besser ist, selbst zu steuern, als sich steuern zu lassen. Diese Steuerungsmentalität ist beim einzelnen Entscheidungsträger sukzessive durch sachliche Überzeugung vom Controller aufzubauen.

(2) Voraussetzung für dezentrale Steuerung liefern

Damit die einzelnen Entscheidungseinheiten sich selbst steuern können, hat der Controller Folgendes bereitzustellen:
- Informationen, die rechtzeitig, verdichtet und problemorientiert dem Entscheidungsträger zur Verfügung stehen;
- Instrumente, die bei Abweichungen eingesetzt werden können, um die Objectives zu erreichen;
- persönliche Hilfestellung, sofern die Abweichungen über den Zuständigkeitsbereich des einzelnen Entscheidungsträgers hinausgehen.

(3) Aktivierung der Entscheidungsträger zur Ergebnisverantwortung

Die Steuerung funktioniert sehr gut, wenn dem einzelnen Entscheidungsträger die Möglichkeit gegeben wird, selbst Ergebnisverantwortung zu tragen. Dies kann geschehen durch Profit-Center-Bildung, Cost-Center-Einteilung und sonstige motivierenden Anreize.

Das Einleiten von Maßnahmen zur Ergebnissteuerung ist eine permanente Aufgabe aller Einheiten im Unternehmen. Das Controlling stellt zur wirksamen Ergebnissteuerung folgenden Rahmen bereit:

(1) Mit der Planung und den erarbeiteten Standards sind die Messlatten für die kommende Periode fixiert.
(2) Das Management-Informationssystem liefert mit dem Plan-Ist-Vergleich permanent Signale, die Abweichungen vom Kurs der Unternehmung signalisieren. Sie erzwingen damit den Einsatz von Maßnahmen, um trotzdem die vorgegebenen Ziele zu erreichen.
(3) Mit dem Analyse-Instrumentarium und der Möglichkeit, Zahlen „sprechen zu lassen", bietet der Controller den übrigen Linieneinheiten im Unternehmen Hilfestellung an.

Neben diesen Controlling-Voraussetzungen ist es erforderlich, dass im Unternehmen eine Mentalität zur Ergebnissteuerung von der Unternehmensleitung geschaffen wird. Dazu gehört u.a.:

(1) Ein organisatorischer Rahmen, der dem einzelnen Mitarbeiter Initiative und Verantwortung überträgt.
(2) Eindeutigkeit von Verantwortung, Entscheidung und Kompetenz, damit der einzelne Mitarbeiter in seinem Bereich Maßnahmen einleiten kann.

(3) Eine Organisationsstruktur, die Überschneidungen mit der Folge „unproduktiver Konflikte" vermeidet.

Vor dem Hintergrund dieses Rahmens wird jedes Unternehmen in der Lage sein, ausreichend aus sich heraus Maßnahmen zur Ergebnissteuerung zu entwickeln. Bei ausreichender Einbeziehung der Mitarbeiter lassen sich hierdurch erhebliche Beiträge zur Ergebnissicherung bereitstellen.

Neben dem dezentralen Steuerungssystem hat der Controller auch zentrale Steuerungsaufgaben. Hierzu gehören der ganze Bereich der Gesamtergebnissteuerung unter Ausnutzung der dezentralen Steuerungsverantwortlichkeiten. Im Rahmen seiner Steuerungsfunktion befindet sich der Controller in einem permanenten Konflikt; auf der einen Seite hat er die Ziele der Unternehmensleitung zu verwirklichen, auf der anderen Seite muss er dezentrale Machbarkeiten beachten.

4.1.4 Break-Even-Analysen als Instrumenten-Mischpult

Den idealen Einstieg für die Erarbeitung von Gegensteuerungsmaßnahmen liefern dem Controller Break-Even-Analysen. Eine Break-Even-Analyse zeigt

- ❏ die Erlöse (E)
- ❏ die variablen Kosten (K_v)
- ❏ die fixen Kosten pro Jahr (K_f)
- ❏ die Menge der abzusetzenden Produkteinheiten (x):

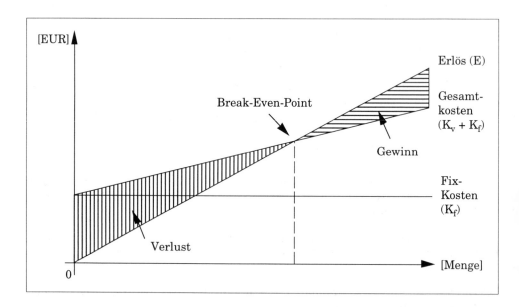

Die vorstehende Abbildung macht eine Aussage darüber,
- bis zu welcher Absatzmenge die Unternehmung Verlust macht, d.h., die fixen Kosten nicht über die Produkt-Deckungsbeiträge gedeckt werden;
- bei welcher Menge die Unternehmung weder Gewinn noch Verlust macht (Break-Even-Punkt);
- ab welcher Menge die Unternehmung Gewinne erzielt.

Das Break-Even-Diagramm kann auch als Deckungsbeitragsdiagramm gezeichnet werden:

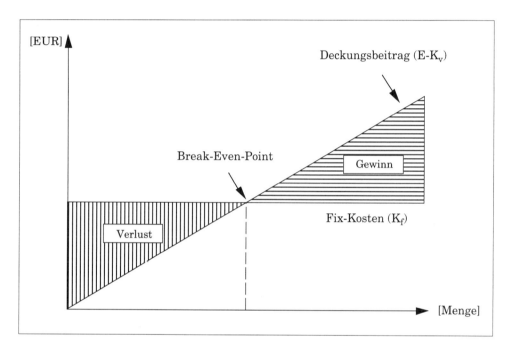

Break-Even-Diagramme finden Anwendung bei der Beantwortung folgender Fragestellungen (siehe dazu Deyhle, Albrecht: Controller Praxis I., 3. Aufl., Gauting bei München 1975, S. 31; Kleinebeckel, Herbert: Break-Even-Analysen... In: Zeitschrift für betriebswirtschaftliche Forschung, Kontaktstudium, 28. Jg. 1976, S. 51 ff. und S. 117 ff.):

(1) Bei welcher Absatzmenge sind die ausgabenwirksamen Gesamtkosten gedeckt?

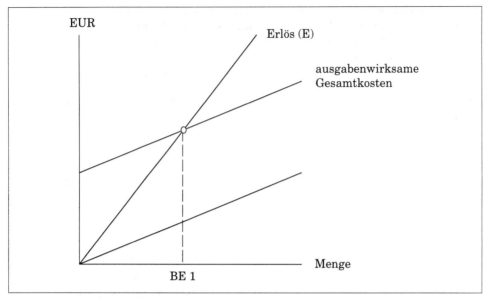

Der Punkt BE 1 ist der so genannte Out-off-Pocket-Point (Finanz-Break-Even-Punkt).

(2) Bei welcher Absatzmenge ist die Zielsetzung Deckung der Fixkosten erreicht?

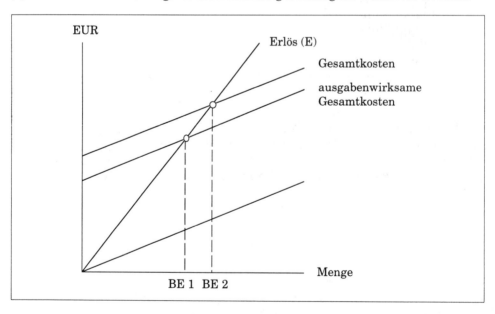

Der Punkt BE 2 ist der Punkt, an dem die gesamten Kosten gedeckt sind. Dieser Break-Even wird auch als Substanzerhaltungs-Break-Even-Punkt bezeichnet.

(3) Bei welcher Absatzmenge wird das Unternehmensziel erreicht?

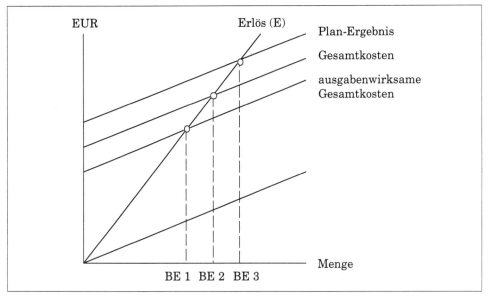

Der BE 3 ist der Break-Even für das Gesamtergebnis und zeigt, bei welcher Absatzmenge das Ergebnisziel erreicht wird. Dieser Punkt liegt jenseits des Finanz-Break-Even und jenseits des Substanzerhaltungs-Break-Even-Punktes.

(4) Welche zusätzlichen Ergebnisverbesserungen treten bei voller Kapazitätsauslastung ein?

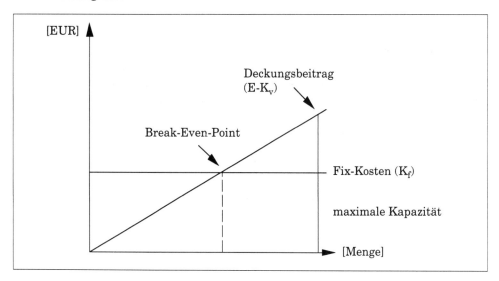

Die Abbildung zeigt den Abstand zwischen den für die Erreichung des Plan-Ergebnisses erforderlichen Absatzmengen und der Ergebnisverbesserung für den

Fall, dass die vorhandene Kapazität voll ausgelastet wird. In umgekehrter Richtung gibt dieses Diagramm Antwort auf die Frage, welche Ergebnisrisiken bei einer Verringerung der geplanten Kapazität eintreten.

(5) Welche Auswirkungen haben Veränderungen der Verkaufspreise auf die Lage des Break-Even-Punktes?

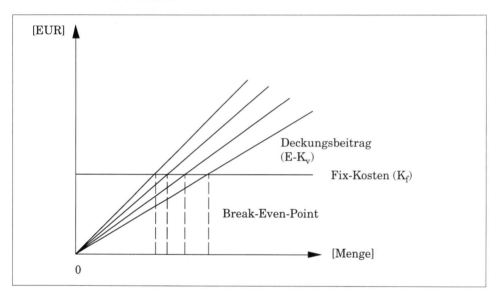

Die Erhöhung (Verminderung) der Verkaufspreise führt dazu, dass sich der Break-Even-Punkt in den Bereich geringerer (größerer) Absatzmengen verschiebt. Das Break-Even-Diagramm lässt somit sehr kurze Analysen in Verkaufspreisgesprächen oder preispolitischen Verhandlungen zu und zeigt recht klar die Konsequenzen der oftmals unterschätzten Veränderung der Verkaufspreise. Das Ausmaß der Erhöhung der Ergebniszielsetzung ist dabei entscheidend davon abhängig, wie die Lage der Deckungsbeitragskurve ist. Läuft die Deckungsbeitragskurve relativ flach, so haben schon geringe Preissenkungen einen erheblichen Einfluss auf die Verschiebung des Break-Even, d.h., die zusätzlichen Absatzmengen, die erforderlich sind, um die Preissenkung zu kompensieren, sind sehr hoch.

(6) Welche Auswirkungen haben Veränderungen der Grenzkosten auf die Lage des Break-Even-Punktes?

Veränderungen der Grenzkosten haben die umgekehrte Wirkung wie Veränderungen der Verkaufspreise auf die Lage des Break-Even-Punktes.

(7) Wie verschiebt sich der Break-Even-Punkt durch Veränderung der Fixkosten?

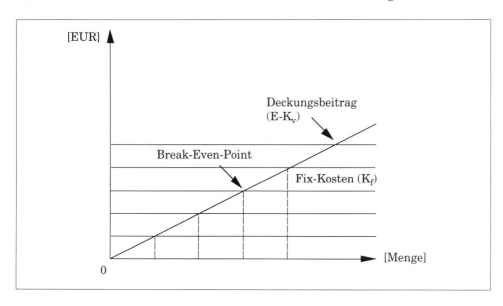

Die Erhöhung der Fixkosten verschiebt den Break-Even-Punkt in den Bereich größerer Mengen, eine Senkung der Fixkosten in den Bereich geringerer Mengen.

(8) Wie verhält sich der Break-Even-Punkt innerhalb des laufenden Geschäftsjahres?

Eine sehr gute Steuerungshilfe gibt die monatliche Fortschreibung des kumulierten Break-Even. Dazu werden die monatlichen kumulierten Fixkosten in einer Treppenkurve aufgetragen, bis im Dezember das geplante Jahresfixkostenvolumen erreicht ist. Das Plan-Deckungsbeitragsvolumen wird ebenfalls in der Kumulation fortgeschrieben. Als Ergebnis zeigt sich ein Diagramm, das eine Aussage darüber macht, in welchem Monat eine Unternehmung „Break-Even" erzielt. Mithilfe dieser Abbildung können alle die vorher beschriebenen Beispiele der Break-Even-Analyse auf den Zeitraum des Monats angewendet werden, sodass man nun nicht eine Antwort auf die Frage bekommt, wie sich Veränderungen von Ergebnispositionen auf die Absatzmengen, sondern wie sich Veränderungen der entscheidenden Ergebnispositionen auf die Lage des Break-Even im laufenden Jahr auswirken. Zudem gibt dieses Diagramm wesentliche Ansatzpunkte für die finanzielle Steuerung im laufenden Geschäftsjahr:

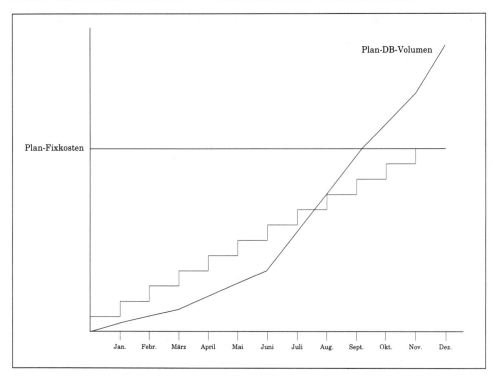

Neben diesen primär kurzfristigen Anwendungen von Break-Even-Analysen können die gleichen Fragestellungen natürlich über einen längerfristigen Zeitraum in einer Mittelfristprognose angewendet werden.

Break-Even-Analysen besitzen den wesentlichen Vorteil, dass man mit ihnen sehr schnell

- ❏ Aussagen über das Ergebnisgefüge einer Unternehmung erhält,
- ❏ Antworten auf die Frage bekommt, wie sich Veränderungen von Ergebnispositionen auf die Erreichung der Objectives auswirken,
- ❏ an welcher Stelle notwendige Gegensteuerungsmaßnahmen anzusetzen sind.

4.2 Maßnahmen zur Kostensteuerung

4.2.1 Gefahren traditioneller Kosten-Budgetierung

Die traditionellen Methoden der Kostenbudgetierung laufen nach folgendem Prinzip ab:

	Kostenbudget des Altjahres
+	Veränderungen des Mengengerüstes der Kosten
+	Voraussichtliche Kostensteigerung
=	Budget-Ansatz für das Folgejahr

Diese Vorgehensweise der Budgetierung ist typisch sowohl für flexible Budgets als auch für Budgets der so genannten Overhead-Bereiche. Der wesentliche Nachteil dieser konventionellen Budgetierung liegt in folgenden Punkten:

❏ Ausgangsbasis der Budgetierung ist immer das Vorjahr; die Budgethöhe des Vorjahres wird dabei als gerechtfertigt angesehen.
❏ Veränderungen der Kostenstrukturen in Form neuer Aktivitäten werden den alten Programmen hinzugeführt, ohne zu prüfen, ob die alte Kostenhöhe gerechtfertigt war. Die Entscheidungsträger haben dabei immer nur den Kostenzuwachs zu rechtfertigen.
❏ Durch die Addition von Zusatzkosten, die durch Strukturveränderungen begründet sind, zum alten Budgetvolumen, entsteht die Gefahr, dass niemals die Frage gestellt wird, ob aufgrund dieser partiellen Strukturveränderung nicht eine totale Strukturveränderung sinnvoller erscheint und zu niedrigeren Kosten führt.
❏ Kostenbudgets sind in der Regel das Ergebnis eines Verhandlungsprozesses über die Zuteilung finanzieller Ressourcen. Die Budgethöhe ist damit weitgehend abhängig von politischen Konstellationen und internen Machtverhältnissen, die einer sachlogischen Begründung manchmal widersprechen.
❏ Die Entscheidungsträger sind in jeder Periode gezwungen, das Budget voll auszuschöpfen; jede Minderausschöpfung hat schließlich zur Folge, dass das Budget des Folgejahres ebenfalls reduziert wird.
❏ Die Grundsatzfrage, ob die Budgetstruktur überhaupt den Anforderungen genügt, wird zwangsläufig nicht gestellt.

Die Kostenstruktur wird von vier Komponenten bestimmt:
❏ dem zu Grunde liegenden Mengenvolumen,
❏ dem Wertgerüst der Kosten,
❏ der aktuellen Ergebnissituation und
❏ der organisatorischen Struktur der Aufgaben.

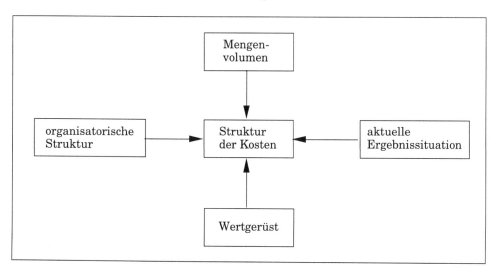

Die traditionellen Methoden der Kostenbudgetierung knüpfen entweder am Mengenvolumen der Kosten oder am Wertgerüst an. Die Art des Eingriffs in die Struktur der Kosten über diese beiden Komponenten ist wesentlich abhängig von der operativen Ergebnissituation. Das Kernproblem der traditionellen Methoden der Budgetierung liegt darin, dass die organisatorische Struktur der Aufgaben in der Unternehmung gänzlich vernachlässigt wird und damit eine entscheidende Kosteneinflussgröße nicht Grundlage der Betrachtung ist.

Aufgrund dieser Ausgangslage nehmen traditionelle Verfahren der Kostenbudgetierung in einer Situation, in der die Deckungsbeiträge aus dem aktuellen Umsatzgeschäft nicht mehr ausreichen, den Fixkostenblock abzudecken, oft folgenden Ablauf (Abb. S. 195):

(1) In vielen Unternehmungen hat das Mitschwimmen auf der allgemeinen Wachstumswelle der 60er und ersten 70er Jahre zu einer Aufblähung des „Overhead-Bereiches" geführt. Durch das relativ problemlose Wachstum wurde der Kosten-Schlendrian überdeckt. Bei einer positiven Ergebnissituation wird man kaum feststellen, dass sich das Management intensive Gedanken über die Umsetzung von Maßnahmen zur Kostensteuerung macht.

(2) Spätestens mit Beginn der Ölkrise zeichneten sich Ergebnisrückgänge ab, weil das quantitative Wachstum ausblieb. Die Gegensteuerungsmaßnahmen des Managements bewegten sich in sehr vielen Fällen zunächst auf eine unkontrollierte, vom Zwang der Ergebnissituation geprägte Budgetierung. Diese Budgetierung nach dem Gießkannenprinzip läuft derart ab, dass man jeder Abteilung und jedem Bereich Kosteneinsparungsziele für die einzelnen Budgetpositionen vorgibt, etwa in folgender Form:
 – Einfrieren der Telefonkosten auf Vorjahresniveau
 – Senkung der Personalkosten um 10%
 – Aussetzen der erforderlichen Instandhaltungsmaßnahmen
 – Streckung der Investitionen
 – Rücknahme des Werbebudgets usw.

(3) Diese Maßnahmen greifen in den ersten Jahren relativ gut. Der Grund dafür liegt darin, dass ein ungezügeltes Kostenaufblähen in der Vergangenheit zwangsläufig Rationalisierungspotenziale geschaffen hat, die nun genutzt werden können. Diese Leichtigkeit der Ergebnissicherung über Kosteneinsparungen führt dann zu erheblichen Problemen, wenn das Management die einzige Möglichkeit der Ergebnissicherung in Einsparungen im Kostenbereich sieht.

(4) Eine solche Politik der Ergebnissteuerung führt dazu, dass im Zeitablauf mögliche Rationalisierungspotenziale ausgemolken werden. Das hat zur Folge, dass man sich zukünftiger Wege einer vernünftigen Kostenreduzierung begibt.

(5) Bei Erreichen der kritischen Rationalisierungsschwelle zeigt sich als Konsequenz eine „Variabilisierung" wesentlicher Positionen des Overhead-Bereichs. Wenn diese Symptome auftreten, ist es in der Regel zu spät, über traditionelle Budgetierungsmaßnahmen diese Variabilisierung noch in den Griff zu bekommen, da sich die Einflussfaktoren der Kostenstruktur durch die ungezügelten

Kurseinhaltung

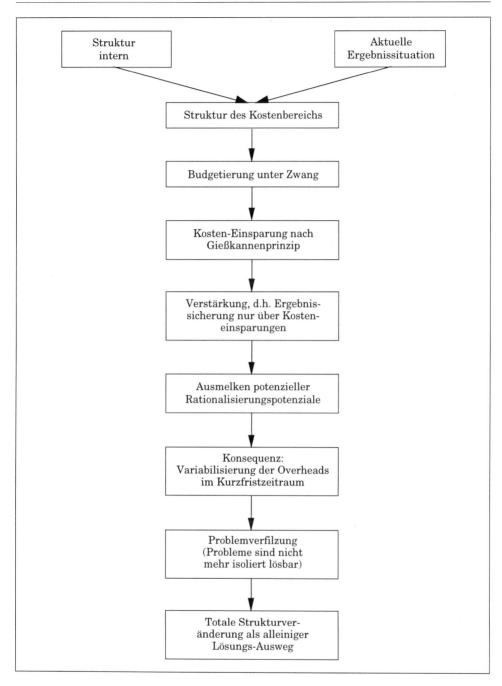

Einsparungsmaßnahmen grundlegend verändert haben. Zu diesem Zeitpunkt werden andere Struktureinflüsse maßgebend, die bei Überschreiten der kritischen Rationalisierungsschwelle zu einer Verfilzung der Kostenstruktur führen.

(6) Wenn dieser Punkt der totalen Problemverfilzung erreicht ist, bleibt als Ausweg nur die Zerschneidung dieses Kosten-Netzes. Eine solche Auflösung der Problemverfilzung ist nur über eine totale Strukturveränderung möglich, bei der die Einflussfaktoren des Kostenbereiches grundlegend verändert werden. Ein solcher Prozess ist hart, kostet viel Zeit und setzt eine Durststrecke voraus.

Neben der Gefahr der Problemverfilzung und des Ausmelkens potenzieller Rationalisierungspotenziale besitzen die traditionellen Budgetierungsmethoden einen weiteren erheblichen Nachteil. Sie sind in den meisten Fällen antizyklisch zur strategischen Notwendigkeit:

❏ Die Ergebnissicherung durch Einsparungen im Werbebudget – ein in der Praxis sehr gerne angewandtes Mittel, das kurzfristig immer zur Ergebnisverbesserung beiträgt – führt über einen längeren Zeitraum dazu, dass die Unternehmung am Markt Boden verliert.
❏ Sehr gern werden auch notwendige Instandhaltungen verschoben, um das Ergebnis zu sichern. Die Konsequenz solcher Maßnahmen ist, dass ab einer kritischen Schwelle ein Instandhaltungsnachholbedarf eintritt, der überproportionalen Aufwand erfordert.
❏ Die Streckung von Investitionsprogrammen im Zeitablauf ist ebenfalls strategisch schädlich. Das Aufschieben langfristig erforderlicher Investitionen blockiert eine Unternehmensstrategie, bevor sie in die Tat umgesetzt ist.
❏ Die Leidtragenden der Kosteneinsparungen nach dem Gießkannenprinzip sind stets die Kostenstellenverantwortlichen, die ihre Bereiche schon immer im Griff hatten. Somit werden gerade die guten Mitarbeiter demotiviert.

Diese Beispiele zeigen, dass es operativ sehr einfach ist, Ergebnisse zu präsentieren, dass das Problem aber darin liegt, wirtschaftlich sinnvoll den Kostenbereich zu steuern, um sich strategisch nicht die Zukunft zu verbauen.

4.2.2 Moderne Kostensenkungsprogramme

Während die traditionellen Ad-hoc-Maßnahmen zur Kostensenkung von den betroffenen Bereichen in den meisten Fällen als Druckmittel und Sanktion empfunden werden, zielen moderne Kostensenkungsprogramme in die entgegengesetzte Richtung. Sie wollen die einzelnen Unternehmensbereiche aktiv in die Kostenverantwortung mit einbeziehen und ihnen über seriöse Verfahren auch bei Kosteneinsparungsaktivitäten Erfolgserlebnisse vermitteln.

Um das Verständnis für den Einsatz derartiger Verfahren zu fördern, sind im Vorfeld unterschiedliche Aktivitäten erforderlich. Diese Vorkehrungen schaffen den Rahmen zu einem Kostenbewusstsein, innerhalb dessen sich andere Verfahren problemlos einsetzen lassen.

Um die Kosten in den Griff zu bekommen, empfiehlt es sich, dass der Controller mit den anderen Unternehmensbereichen folgende Aktivitäten einleitet:

(1) Klare Verantwortungsbereiche

Das Prinzip der Einheit von Aufgabe, Verantwortung und Kompetenz gilt auch im Bereich der Kostenverantwortung. Um dieses Prinzip aufrecht zu erhalten, sind die Kostenblöcke eines Unternehmens eindeutig auf die Verantwortlichen aufzuteilen, d.h., es dürfen keine Überschneidungen bei der Kostenverantwortung existieren. Gleichzeitig müssen aber alle Kosten zugeordnet sein. Eine wesentliche Voraussetzung hierfür ist, dass das Controlling ein Budgetierungssystem aufbaut, das ohne Kostenschlüsselungen arbeitet. Kostenschlüsselungen werden immer als ungerecht empfunden, da wesentliche Einflusskomponenten für die Kostenentstehung nicht in der Kompetenz des Verantwortlichen liegen.

(2) Profit-Center-Idee

Zur Erhöhung der Kosten-Motivation ist es sinnvoll, das Unternehmen in Profit-Center aufzuteilen. Diese Profit-Center-Einteilung darf aber nicht beim Absatzbereich enden, sondern hat alle Unternehmensbereiche einzubeziehen. Dabei sind die so genannten Cost-Center im Wege der innerbetrieblichen Leistungsverrechnung nach dem Verursachungsprinzip zu entlasten und die Negativ-Aspekte der Kostenschlüsselung zu vermeiden.

(3) Schaffung von Kostentransparenz

Nach dem Prinzip „die richtigen Kosten-Informationen zur rechten Zeit beim richtigen Empfänger" ist der Informationsfluss im Rahmen des Soll-Ist-Vergleichs für ein aktives Kosten-Denken aufzubauen. Um die Kosten-Mentalität zu erhöhen, empfiehlt es sich, dass der Controller bei entscheidenden Kostenpositionen im Sinne des Feed-forward Alternativrechnungen präsentiert, die dem Verantwortlichen die Entscheidung „wenn a, dann b" erleichtert.

Ist dieser Rahmen zur Schaffung einer Kostenmentalität vorhanden, so lassen sich moderne Kostensenkungsprogramme realisieren. Diese Verfahren besitzen gegenüber den traditionellen Budgetierungsmaßnahmen folgende wesentliche Unterschiede:

(1) Es wird im Team gearbeitet, da die Team-Arbeit der erste Schlüssel zum Erfolg ist. Die Kosten werden nicht mehr als Probleme einer Abteilung gesehen, sondern über bereichsübergreifende Lösungen werden die Auswirkungen von Kosten senkenden Maßnahmen beurteilt. Damit wird der wesentliche Nachteil der funktionsweisen Kosteneinsparung aufgehoben, die über „funktionsegoistische" Einsparungsmaßnahmen anderen Bereichen die Möglichkeit von Kostensenkungen verbauen.

(2) Kostensenkung beginnt nicht bei einzelnen Budgetpositionen, sondern stellt zunächst die den Kostenbereich bestimmende Struktur der Overhead-Bereiche infrage. Hierdurch wird an den Kern der Kostenverursachung gegangen und gefragt, ob über andere Strukturen Rationalisierungsreserven freigesetzt werden können, ohne die Qualität des Aufgabenvollzuges zu mindern.

(3) Es muss ein Kostensenkungsziel vorgegeben werden, da sich in der betrieblichen Praxis in vielen Bereichen gezeigt hat, dass eindeutige Ziele fehlen mit der

Konsequenz, dass die gemachten Vorschläge in unterschiedliche Richtung laufen und in ihrer Effizienz begrenzt sind. Bei Vorgabe eines konkreten Kostensenkungszieles wird zudem eine hohe Identifikation der an diesem Ziel arbeitenden Team-Mitglieder erreicht.

(4) Es wird nach einer systematischen Lösungsmethode vorgegangen.

(5) Es werden Kreativitätstechniken verwendet. Hierdurch werden traditionelle Denkbahnen und Denkbarrieren durchbrochen und auch originelle Lösungen in ihrer Ergebnisrelevanz akzeptiert.

(6) Die Sitzungen schließen mit einem konkreten Maßnahmenplan ab. Hierdurch ist sichergestellt, dass die beschlossenen Maßnahmen den nötigen Verbindlichkeitscharakter bekommen, die Umsetzung über konkrete Termine und Verantwortliche kontrollierbar wird und der Erfolg von Maßnahmen nachgehalten werden kann.

4.2.3 Wertanalyse

Die Wertanalyse ist ein Verfahren, das systematisch vorhandene Funktionsstrukturen durchdringt mit dem Ziel einer Wertsteigerung dieser Funktionen. Der Vorteil gegenüber den vorhandenen traditionellen Kostensteuerungsmethoden liegt darin, dass nicht mehr innerhalb vorhandener Funktionsstrukturen vertikal gedacht wird, sondern horizontal die Funktionsstrukturen durchleuchtet werden.

Für jedes Objekt (Rezeptur, Sortiment, Verwaltungsfunktion, Kostenstelle) werden die Funktionen, die dieses Objekt erfüllt, eingeteilt in Funktionsarten, Funktionsklassen und funktionsbedingte Eigenschaften:

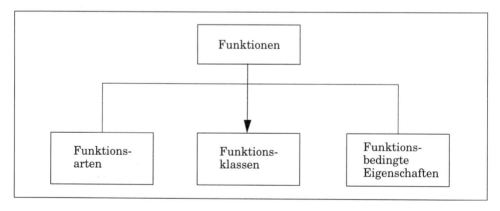

Die Einteilung nach Funktionsarten trennt die Funktionen in Gebrauchsfunktionen und Geltungs- oder Prestigefunktionen. Eine weitere Unterteilung in Funktionsklassen trennt nach Hauptfunktionen, Nebenfunktionen (Funktionen, die notwendig sind, um die Hauptfunktionen wahrnehmen zu können) und funktionsbedingte Eigenschaften (quantitative und qualitative Anforderungen an die Funktionserfüllung) der Objekte. Nach dieser Zerlegung können im Rahmen der Wertanalyse für jedes Objekt folgende Fragen beantwortet werden:

(1) Wozu dient das Objekt, wozu brauchen wir es, welche Funktion übt es aus?
(2) Ist diese Funktion erforderlich?
(3) Was kostet die Funktionserfüllung?
(4) Welche Einsparungen erzielen wir, wenn die Funktionserfüllung um einen Betrag X gesenkt wird?
(5) Ist diese Funktion nicht anders und billiger auszuführen?

Diese Durchleuchtung von Objekten im Rahmen der Wertanalyse findet sowohl Anwendung im Bereich der Grenzkosten als auch im Bereich der Fixkosten, sodass die Wertanalyse in die Bereiche der Produktwertanalyse und der so genannten Gemeinkostenwertanalyse getrennt werden kann:

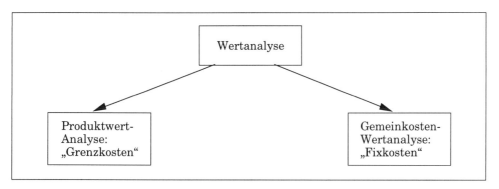

Die Wertanalyse läuft in folgenden Stufen ab:

(1) Vorbereitende Maßnahmen

Um einen erfolgreichen Projektablauf zu garantieren, sind folgende Maßnahmen vor Beginn durchzuführen:
- Auswahl des Wertanalyseobjektes
  Auswahlkriterien für die Bestimmung des Wertanalyseprojektes können sein
  - Ergebnisse einer ABC-Analyse über Produkte, Vertriebswege, Kunden, Herstellungsverfahren etc. Die Wertanalyse setzt zweckmäßigerweise bei den so genannten A-Teilen an, bei denen Einsparungen die größte Erfolgschance besitzen.
  - Abbau von Behinderungen, die der Unternehmung derzeitig im Wege stehen, z.B. Struktur von Abläufen, Wachstumsschwellen, Rohstoffe, Fachpersonal etc.
  - Zukunftsperspektiven wie Marktentwicklung, Konsumtrend usw.
- Fixierung der Aufgabenstellung
- Bildung des Projektteams
- Terminplanung und Festlegung des Arbeitsablaufes

(2) Ermittlung des Ist-Zustandes

Die Beschreibung des Ist-Zustandes umfasst folgende Teilschritte:
- Informationsbeschaffung über das Objekt
- Beschreibung der Funktionen des Wertanalyseobjektes
- Bestimmung der Funktionskosten.

(3) Prüfung des Ist-Zustandes

Die kritische Durchleuchtung des Ist-Zustandes umfasst die Stufen
- Prüfung der Plausibilität der Ist-Daten
- Prüfung der Funktionserfüllung
- Prüfung der Funktionskosten.

Unter Berücksichtigung der Funktionen und der Funktionskosten wird der Soll-Zustand, der an das Wertanalyseobjekt zu stellen ist, fixiert.

(4) Ermittlung von Alternativlösungen

Diese Phase, die vorwiegend mithilfe von Kreativitätstechniken abläuft, hat zur Aufgabe, Lösungen zur Erreichung des Soll-Zustandes zu finden.

(5) Prüfung der Lösungen

Die Prüfung der in der vierten Phase ermittelten Lösungen bezieht die Bereiche
- wirtschaftliche Prüfung
- technische Prüfung

ein und hat als Ergebnis einen Katalog von Vorschlägen zur Erreichung der Soll-Zustände mit einer kritischen Prüfung der einzelnen Alternativen.

(6) Vorschlag und Einführung

Die Wertanalyse besitzt folgende wesentliche Vorteile:
- Die Unternehmung und deren Funktionen und Objekte werden horizontal durchleuchtet und nicht mehr wie in der traditionellen, durch Organisationsstrukturen geprägten funktionalen oder vertikalen Betrachtungsweise. Diese Vorgehensweise ermöglicht es, Interdependenzen zwischen den Bereichen ausreichend zu berücksichtigen und die Schnittstellen zwischen den Funktionen abzudecken.
- Die Wertanalyse führt zu einer Bestandsaufnahme aller wesentlichen Unternehmensfunktionen und Objekte und liefert damit die Basis für zukünftige Budgetierungen und Gegensteuerungsmaßnahmen. Aus diesem Grunde sollte in jeder Unternehmung nach drei bis fünf Jahren eine intensive Durchleuchtung des Overhead-Bereichs und der wesentlichen Produkte und Produktgruppen erfolgen.
- Die Durchführung der Wertanalyse im Team fördert nicht nur die Motivation der einzelnen Funktionsbereiche, sonderen trägt wesentlich zum bereichsübergreifenden Denken und zur Erkennung der Probleme der einzelnen Funktionsbereiche dar. Hierin liegt ein nicht zu unterschätzender Nebeneffekt.

4.2.4 Zero-Base-Budgeting

Eine sehr starke Verwandtschaft mit der Wertanalyse besitzt das Verfahren des Zero-Base-Budgeting (Null-Basis-Budgetierung). Zero-Base-Budgeting ist eine Planungs- und Analysetechnik, die im Gemeinkostenbereich zur Senkung der Gemeinkosten eingesetzt wird. Die Vorgehensweise und der Denkansatz sind weitgehend ähnlich zum Verfahren der Wertanalyse, wobei allerdings mit anderen Begriffen gearbeitet wird.

Das entscheidend Neue am Verfahren des Zero-Base-Budgeting ist die Einteilung von Entscheidungseinheiten in so genannte Leistungsniveaus. Dabei bildet ein Leistungsniveau die Qualität oder Menge der Arbeitsergebnisse, d.h. den Output einer Entscheidungseinheit.

Über das Leistungsniveau werden im Rahmen des Zero-Base-Budgeting unterschiedliche Aktivitäten bewertet. Dabei wird in der Regel von einem hohen, einem mittleren und einem sehr niedrigen Leistungsniveau ausgegangen. Diese Denkweise zwingt noch stärker als die Wertanalyse dazu, sich Gedanken darüber zu machen, was wäre, wenn eine bestimmte Funktion oder Tätigkeit nicht durchgeführt würde. Hier wird quasi der Zustand auf der grünen Wiese simuliert.

Durch den Zwang, konsequent bis auf den Zustand Null zu denken, zwingt das Zero-Base-Budgeting, vorhandene Strukturen konsequent aufzugeben. Es bietet den Einstieg für grundlegend neue Strukturüberlegungen, wenn es ernst und konsequent durchgeführt wird.

Ein wesentlicher Nachteil des Zero-Base-Budgeting ist allerdings, dass es von der Gruppenmethodik innerhalb der vorhandenen Strukturen abläuft und hier die Gefahr besteht, dass Rationalisierungspotenziale bis zum Extremen ausgereizt werden. Dabei läuft eine Unternehmung sehr leicht Gefahr, dass die Qualität der erbrachten Leistungen auf ein solches Mindestmaß beschränkt wird, dass ein qualitativ geordneter Ablauf kaum noch machbar ist.

4.2.5 Struktur-Änderungen

Alle bisher beschriebenen Verfahren zur Kostensteuerung haben folgende wesentliche Nachteile:
- es wird weitgehend innerhalb vorhandener Strukturen gedacht;
- es handelt sich weitgehend um operative Gegensteuerungsmaßnahmen, die die Gefahr der Problemverfilzung in sich bergen, weil sie nicht ausreichend mit der von der Unternehmung verfolgten Strategie gekoppelt sind.

Die beschriebenen Kostensenkungsprogramme sind in der Regel einmalig durchgeführte Projekte. Häufig stellen sich zunächst die gewünschten Kostensenkungen ein, nach kurzer Zeit fällt man jedoch wieder in den alten Trott zurück. Eine für die laufende Steuerung der Gemeinkosten besser geeignete Methodik ist die Prozesskostenrechnung, die in Kapitel 6, Abschnitt 8.3.2, diskutiert wird.

Jede Unternehmensstrategie verlangt zur Umsetzung die mittelfristige Ausrichtung der Strategien für die einzelnen Funktionsbereiche der Unternehmung. Die Funktionsstrategien haben sich dabei hierarchisch an der übergeordneten Unternehmensstrategie auszurichten und sind für diese maßgeschneidert zu konzipieren. Dies gilt auch für die Organisationsstrategie einer Unternehmung: Die Strukturorganisation muss strategiekonform, d.h. stromlinienförmig der Strategie angepasst sein.

Viele Unternehmungen haben in den vergangenen Jahren ihre Absatz- und Marketingkonzeptionen geändert. Dabei sind die Änderungen teilweise von links nach rechts in eine total andere Richtung gegangen. Die Aktivitäten waren eindeutig marktorientiert. Der Kostenbereich ist dagegen in der Regel stiefmütterlich behandelt worden; hier hat man weiterhin mit vereinfachten Methoden gearbeitet, ohne zu fragen, welche Änderungen durch die Neuorientierung auf der Absatzseite im Kostenbereich und in der Strukturorganisation erforderlich sind. Dieses hat dann zu der bereits beschriebenen Problemverfilzung geführt, weil im Kostenbereich Einflussfaktoren wirksam wurden, die in der vorhandenen Struktur nicht mehr in den Griff zu bekommen waren.

Um über Strukturveränderungen den Kostenbereich in den Griff zu bekommen, gibt es zwei grundsätzliche Ansatzpunkte:

(1) Man hat den Kostenbereich von einer Problemverfilzung zu befreien. In diesem Falle bedeutet die Strukturveränderung einen harten Weg, hat man doch so genannte verfilzte Strukturen zu zerschlagen. Jede verantwortungsvolle Unternehmensführung sollte es nicht so weit kommen lassen.

(2) Mit der Änderung der Produkt-Markt-Strategie wird zwangsläufig die Frage nach den erforderlichen Funktionsstrategien gestellt. In einem solch frühen Stadium ist man in der Lage, den Kostenbereich entsprechend der Strategie relativ problemlos auszurichten, weil man durch ein solches Verfahren jegliche Verfilzung des Kostenbereiches vorab vermeidet. Zudem ist man in der Lage, relativ ruhig über grundlegend neue Ansätze nachzudenken, z.B.
- Abschaffung des eigenen Fuhrparks und Verwendung von Spediteuren
- Vergabe der EDV außer Haus in ein Gemeinschaftsrechenzentrum
- Bildung eigener Service-Unternehmen in einem Unternehmensverbund, die die typisch operativen Verwaltungsfunktionen zentral für verschiedene dezentral am Markt operierende Einheiten wahrnehmen usw.

4.3 Maßnahmen zur Erlössteuerung

4.3.1 Sortimentsbereinigung

Viele Unternehmungen leiden daran, dass sich ihr Sortiment im Zeitablauf unverhältnismäßig hoch erweitert hat. Die Ursachen dafür können sein:

❏ eine Unternehmenspolitik, die dem Kunden eine Systemproblemlösung präsentiert,
❏ Hektik in der Produktneuentwicklung, die zu unverhältnismäßig hohen Innovationen führt mit der Folge, dass viele Innovationen Flops werden,
❏ eine nicht konsequent durchgezogene Segmentierungspolitik,
❏ ein ungezügeltes Umsatzdenken im Verkauf,
❏ laufende Umorientierungen in der Sortimentspolitik.

Anhaltspunkte für eine notwendige Sortimentsbereinigung zeigen sich vor allem in folgenden Punkten:

- ❑ das Sortiment nimmt im Zeitablauf unverhältnismäßig stark zu,
- ❑ der Deckungsbeitrag in % vom Umsatz des Gesamtsortiments zeigt im Zeitablauf sinkende Tendenz,
- ❑ parallel entwickeln sich die Lagerkosten überproportional.

Wenn obige Symptome gegeben sind, sollte sich der Controller Gedanken machen, ob eine Sortimentsbereinigung sinnvoll ist und die Unternehmung in Bezug auf das Gewinnsteuerungsziel weiterbringt. Dazu hat der Controller folgende Aufgaben durchzuführen:

(1) Aufstellung der Produkt-Hitliste mit folgenden Angaben
  - Deckungsbeitrag je Artikel
    – absolut
    – in % vom Umsatz
    – je Engpasseinheit
  - Deckungsbeitragsvolumen des Artikels als Produkt aus abgesetzten Einheiten multipliziert mit dem Deckungsbeitrag pro Einheit
  - Deckungsbeitragsstruktur der wesentlichen Sortimente
    – absolut
    – in % vom Umsatz.

(2) Durchführung einer ABC-Analyse für das Sortiment. Teilen Sie dabei Ihre Produkte auf der Basis der Produkt-Hitliste wie folgt ein:

	Deckungsbeitragsanteil	Anzahl Artikel
A-Produkte	80 %	10–50 %
B-Produkte	15 %	20–60 %
C-Produkte	5 %	30–70 %

Grafisch ergibt sich folgendes Diagramm, das klar zeigt, dass mit einem kleinen Umsatzvolumen ein relativ hohes Deckungsbeitragsvolumen realisiert wird:

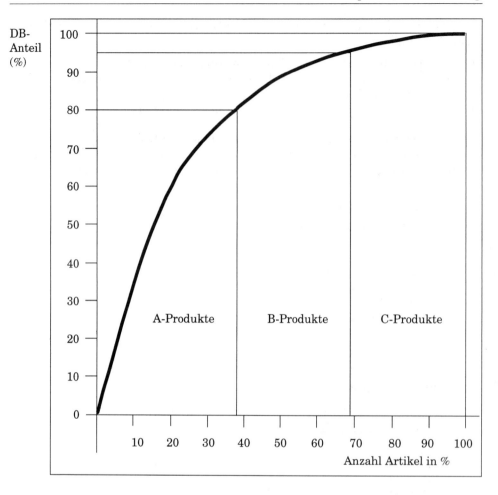

(3) Stellen Sie folgende Fragen:
- Eine Reduzierung der Artikelanzahl um 5% führt zu einem Umsatzverlust von x % und einem Deckungsbeitragsverlust von y %.
- Eine Reduzierung der Artikelanzahl um 10% führt zu einem Umsatzverlust von x % und einem Deckungsbeitragsverlust von y %.
- usw.

(4) Prüfen Sie, wo sich Kapazitätsengpässe zeigen und ob durch eine Rücknahme bestimmter Artikel mit geringerem Deckungsbeitrag andere Artikel mit höherem Deckungsbeitrag gefördert werden können.

(5) Prüfen Sie, wie sich alternative Sortimentsbereinigungen auf den Lagerbestand und die Höhe der Lagerhaltungskosten auswirken.

(6) Prüfen Sie, welche Einsparungen sich aufgrund einer Artikelreduzierung innerhalb der Fertigung ergeben, insbesondere durch günstigere Losgrößen, bessere Fertigungssteuerung, niedrigere Werkzeugkosten usw.

(7) Prüfen Sie, welche Auswirkungen eine Sortimentsreduzierung auf die Entwicklungsabteilung, die Werkzeugmacherei, die Arbeitsvorbereitung usw. hat.

(8) Prüfen Sie, ob eine Sortimentsbereinigung die Flexibilität bei der Auslieferung, bei der Bearbeitung von Kundenaufträgen, in der Produktion erhöht.

(9) Prüfen Sie, welche Auswirkungen Sortimentsbereinigungen auf den so genannten Overhead-Bereich, insbesondere die Verwaltung und die Auftragsbearbeitung haben.

In den meisten Fällen führen Sortimentsbereinigungen zu erheblichen Kosteneinsparungen in allen betroffenen Unternehmensbereichen, die die teilweise nur unwesentlichen Rückgänge im Deckungsbeitragsvolumen mehr als überkompensieren. Die Folge sind entweder freie Kapazitäten, die anderweitig besser genutzt werden können, oder die Möglichkeit, Rationalisierungsmaßnahmen mit dem Abbau von Personalstellen und Abteilungen durchzuführen. Gerade der Effekt in den indirekt betroffenen Unternehmensbereichen ist teilweise viel höher.

Bei der Durchführung einer Sortimentsbereinigung ist unbedingt das dem Außendienst gewährte Provisionssystem mit zu überprüfen. In vielen Fällen liegt die Ursache darin, dass der Außendienst nach dem erbrachten Umsatz honoriert wird, was oft zu einer Sortimentsaufblähung führt.

Die Sortimentsbereinigung ist ein typisch operatives Gegensteuerungsinstrument, das nicht ohne die Prüfung der verfolgten Strategie durchgeführt werden soll. In vielen Fällen ist die strategisch verfolgte Preispolitik die Ursache dafür, dass bestimmte Produkte als Neueinführung, mit denen ein Markt aufgeschlossen werden soll, zur Reduzierung der Deckungsbeiträge führen. Hier ist die operative und strategische Prüfung solcher Maßnahmen unbedingt erforderlich.

Oft ist ein relatives Absinken des Deckungsbeitrages nicht Indiz für die Notwendigkeit einer Sortimentsbereinigung. Es gibt Unternehmungen, deren Hauptproduktbereiche sich in angestammten, nicht mehr wachsenden Märkten mit hohen Marktanteilen befinden, sodass die Produktmatrix hauptsächlich so genannte Cash-Produkte zeigt. In diesem Fall muss jeder Neuaufbau von Produkten zwangsläufig zu einem Absinken der relativen Deckungsbeiträge führen, da die überwiegende Zuordnung von Produkten zum Cash-Bereich eine relative Gleichverteilung von deckungsbeitragsstarken Produkten zur Folge hat.

Eine Sortimentsbereinigung führt immer dann zu Ertragsverbesserungen, wenn
- schlecht kalkulierende Artikel ohne Beeinträchtigung der zukünftigen Marktposition eliminiert werden können,
- die abbaubaren Fixkosten höher sind als die entfallenden Deckungsbeiträge der zu streichenden Produkte,
- im Unternehmen Kräfte zur Konzentration auf die verbleibenden Bereiche freigesetzt werden.

Sind diese Voraussetzungen gegeben, so kann nach einer bestimmten Anpassungsperiode die Sortimentsbereinigung den gewünschten Erfolg bringen.

Eine Sortimentsbereinigung bedeutet aber gleichzeitig

- ❏ die Aufgabe einer – meistens mit viel Aufwand erarbeiteten – Unternehmensgröße,
- ❏ das Zurückschrumpfen des Unternehmens auf die letzte Wachstumsschwelle,
- ❏ die Aufgabe von Marktpositionen, die als Ausgangspunkt zukünftiger Aktivitäten dienen können.

4.3.2 Preispolitik

Die Zuschlagskalkulation ist nicht geeignet, die Anforderungen, die an die Preispolitik gestellt werden müssen, zu erfüllen. Dies hat zwei wesentliche Ursachen:

- ❏ Die Zuschlagskalkulation als Instrument der Vollkostenrechnung besitzt methodische Mängel, die eine Situation suggerieren, die in der betrieblichen Realität nicht gegeben ist.
- ❏ Die Zuschlagskalkulation basiert auf der Vorstellung, dass die Bestimmung von Preisen allein ein rechnerischer Vorgang ist.

Jede Preispolitik läuft vereinfacht in zwei Schritten ab:

(1) Ermittlung der Preisuntergrenze

Bei der Ermittlung der Preisuntergrenze handelt es sich um einen rechnerischen Vorgang, der vom Controlling vorgenommen werden kann. Die Preisuntergrenze bildet eine betriebswirtschaftliche Grundlage.

(2) Preisfixierung

Aufbauend auf der rechnerischen Ermittlung der Preisuntergrenze ist die Preisfixierung ein zwischen verschiedenen Funktionen des Unternehmens ablaufender Entscheidungsprozess, bei dem Marktgesichtspunkte sowie interne Ertrags- und Kostenaspekte in die Betrachtung einfließen.

4.3.2.1 Preispolitik bei Auftragsproduktion

Bei Auftragsproduktion erfolgt die Produktion erst, nachdem der Auftrag erteilt worden ist. Es handelt sich hier um auftragsindividuelle Leistungen, für die keine Marktpreise existieren. Eine Unternehmung mit Werkstattfertigung hat eine Vielzahl von Einzelprodukten zu fertigen. Für diese Unternehmung gestaltet sich die Preispolitik schwierig, da Fehler in diesem Bereich

- ❏ einmal über die Erteilung oder Nichterteilung des entsprechenden Auftrags entscheiden und
- ❏ durch langfristige Auftragsabwicklung Kalkulationsfehler schwerwiegende Folgen für die Ertragssituation des Unternehmens haben.

Für eine zielorientierte, auf dem Deckungsbeitragsschema aufbauende Preispolitik, die nach dem Kalkulationsschema arbeitet:

$$\text{Grenzkosten} + \text{Soll-Deckungsbeitrag} = \text{Preis}$$

können verschiedene Entscheidungssituationen aufgeführt werden, die unterschiedliche Anforderungen an die Preispolitik stellen. Diese Situationen sollen an folgendem Beispiel dargestellt werden (vgl. Mann, Rudolf: Die Praxis des Controlling, a.a.O., S. 136 f.):

Die Jahresplanung einer Unternehmung geht von folgenden Daten aus:
Geplanter Umsatz   TEUR 100.000
Geplante Fixkosten   TEUR 40.000
Geplanter Gewinn   TEUR 10.000

In der Fertigungsabteilung A besteht auf einer Fräsmaschine ein Kapazitätsengpass von 5.000 Stunden.

Von einem Großkunden kommt eine Anfrage für die Fertigung eines Auftrages, der folgende Daten besitzt:
Materialverbrauch   EUR 210.000
Fertigungslohn   EUR 90.000
Sondereinzelkosten   EUR 50.000

Der Auftrag beansprucht die Fräsmaschine insgesamt 120 Stunden. Der für den Auftrag notwendige Materialeinsatz befindet sich im Rohstofflager und ist bereits bezahlt.

Welche Preisuntergrenze würden sie für den Auftrag bei alternativen Zielsetzungen festlegen?

Folgende Sonderfälle sind zu beachten:

(1) Preispolitik bei finanziellen Engpässen

Befindet sich die Unternehmung in einem Liquiditätsengpass, so ist die Zielsetzung der Preispolitik, dem Unternehmen möglichst schnell einen Liquiditätszufluss zuzuführen. In diesem Fall ist die Preisuntergrenze dort erreicht, wo die ausgabenwirksamen Kosten gedeckt sind. Für unser Beispiel würde dies eine Preisuntergrenze von EUR 140.000,- bedeuten.

Material	–
Lohn	90.000,–
Sondereinzelkosten	50.000,–
Preisuntergrenze	140.000,–

(2) Preispolitik zur Kostendeckung

Die kurzfristige Preisuntergrenze wird durch die Höhe der Grenzkosten bestimmt und bedeutet in unserem Beispiel eine Preisuntergrenze von EUR 350.000,–. Eine solche Preisuntergrenze vernachlässigt das Ziel, die Unternehmensfixkosten zu decken.

Die langfristige Preisuntergrenze hat auch das Deckungsziel für die Fixkosten zu berücksichtigen. In diesem Falle würde sich für unser Beispiel eine Preisuntergrenze von EUR 630.000,– ergeben, die eine durchschnittliche Fixkostenbelastung auf den Auftrag von EUR 280.000,– einschließt:

Grenzkosten	=	350.000,–
+ Ø Fixkosten	=	280.000,–
Preisuntergrenze	=	630.000,–

(3) Preispolitik zur Kapazitätsauslastung

Liegt ein Kapazitätsengpass vor und besteht die Zielsetzung in der deckungsbeitragsoptimalen Auslastung der vorhandenen Kapazität, so wird die Preisuntergrenze bestimmt durch die Grenzkosten und den Deckungsbeitrag pro Engpasseinheit, multipliziert mit der Beanspruchung dieser Engpasseinheit.

In unserem Beispiel bedeutet dies, dass bei einem Soll-Deckungsbeitrag von 50 Mio. EUR und einer vorhandenen Kapazität von 5.000 Stunden jede Kapazitätsstunde einen Deckungsbeitrag von EUR 10.000,– erbringen muss. Damit stellt sich die Ermittlung der Preisuntergrenze wie folgt dar:

Grenzkosten	350.000,–
+ 120 x 10.000	1.200.000,–
Preisuntergrenze	1.550.000,–

(4) Preispolitik zur Markterschließung

Eine Preispolitik zur Markterschließung ist darauf gerichtet, Marktanteile zu gewinnen. Sie wird aus diesem Grunde vom „Normalpreis" abweichen. Normalpreis ist ein Preis, der als Soll-Deckungsbeitrag das Deckungsziel für die Fixkosten und das Gewinnziel der Unternehmung abdeckt. In unserem Beispiel wäre der Normalpreis EUR 700.000,–. Die Preispolitik zur Markterschließung wird einen Preis zwischen diesem Normalpreis und der kurzfristigen Preisuntergrenze von EUR 350.000,– festlegen.

Eine solche Preispolitik wird die Unternehmung nicht unbegrenzt durchführen, sondern nur solange, bis das Ziel der Markterschließung erreicht ist.

(5) Preispolitik zur Nutzung von Marktchancen

Bei einem „Alleinstellungsprodukt", bei dem es der Unternehmung gelungen ist, ein Segment aufzuschließen, würde in unserem Beispiel die Preisuntergrenze bei EUR 1.550.000,– liegen.

4.3.2.2 Preispolitik bei Serien-/Massenproduktion

Bei Serien- oder Massenproduktion werden standardisierte Leistungen für einen anonymen Markt angeboten. Bei diesen Produkten herrschen in der Regel feste Preise auf Basis einer Preisliste vor.

Auch in diesem Falle gilt, dass die kurzfristige Preisuntergrenze durch die Grenzkosten bestimmt wird, die langfristige Preisuntergrenze die Grenzkosten und den Soll-Deckungsbeitrag in Höhe der durchschnittlichen Fixkosten umfasst sowie der Normalpreis bei den Grenzkosten + dem Soll-Deckungsbeitrag zur Deckung der Fixkosten + des Planergebnisses liegt.

Für die Preispolitik sind in diesen Fällen folgende Grenzen zu beachten:
(1) Die Zuhilfenahme einer Preisabsatzfunktion lässt sich in den meisten Fällen der betrieblichen Praxis kaum realisieren. Wenn die Aufstellung einer Preisabsatzfunktion in der Praxis überhaupt möglich ist, so gilt sie lediglich für einen Kurzfristzeitraum und berücksichtigt nicht Verbundwirkungen zu anderen Produkten.
(2) Eine „Isodeckungsbeitragskurve", die auf der Preisabsatzfunktion aufbaut, ist aus den gleichen Gründen für eine Preispolitik nicht verwendbar.
(3) Für viele Unternehmen ist der Preis in einem gewissen Preisrahmen festgeschrieben, da aufgrund der Wechselwirkungen zwischen Preis und Image von einem Unternehmen eine ganz bestimmte Preispolitik erwartet wird.
(4) Aufgrund einer weitgehenden Preiskonstanz vieler Markenartikel und einer Preisband-Zugehörigkeit sind von vornherein die Angebotspreise auch für neue Produkte weitgehend fixiert.
(5) Kurzfristige Preissenkungen zur Markterschließung bringen in der Regel die Gefahr mit sich, dass eine Rückkehr zu dem Image des Normalpreises kaum möglich ist.

Aufgrund dieser Faktoren wird sich bei Unternehmen, die sich bei ihrer Preispolitik diesen Restriktionen gegenübersehen, die Preisfixierung retrograd gestalten. Das heißt, es wird zunächst am Markt festgestellt, welcher Preis aufgrund der

- Konkurrenzlage
- Unternehmenspolitik
- Preisband-Zugehörigkeit der Produkte
- Produkt-Markt-Strategie

durchsetzbar ist. Der nächste Schritt ist, die Grenzkosten des Produktes und den mit diesem Produkt bei dem entsprechenden Preis erzielbaren Deckungsbeitrag zu fixieren. Durch Vergleich der Soll-Deckungsbeiträge, die aufgrund des gesamten Kostengefüges der Unternehmung realisiert werden müssten, wird ermittelt, ob eine solche Preisstellung für das betreffende Produkt möglich ist. In der Regel beginnt ein harter Preisfixierungsprozess, in den unterschiedliche Faktoren einbezogen werden. (Siehe Simon, Hermann: Preisstrategien für neue Produkte. Opladen 1976).

4.3.3 Zusatzgeschäfte

Viele Unternehmungen sehen ihre Chance darin, über Zusatzgeschäfte, Zweitmarken, Füllaufträge, Lohnarbeiten zum Beschäftigungsausgleich oder durch Fertigung von Eigenmarken für bestimmte Abnehmer eine Unternehmensgröße und Ergebnissituation zu erreichen, die die tatsächlichen Gegebenheiten überdeckt und gefährliche Tendenzen zur Folge haben kann. Wenn der Fixkostenblock der Unternehmung und das Gewinnziel über den Deckungsbeitrag des Hauptgeschäftes abgedeckt werden, führt jedes Zusatzgeschäft bei freien Kapazitäten zu einem zusätzlichen Deckungsbeitrag, der zu einer Erhöhung des Jahresergebnisses in gleicher Höhe führt:

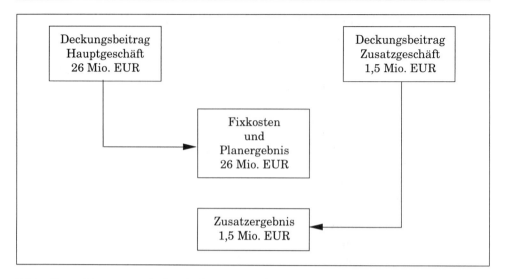

Viele dieser Zusatzgeschäfte sind aus einer falsch verstandenen Deckungsbeitragspolitik heraus konzipiert worden. Diese Situationen sind häufig anzutreffen in weitgehend gesättigten und stagnierenden Märkten, bei denen im Hauptgeschäft kein Wachstum mehr erzielbar ist. Aus diesem Grunde werden Zusatzaufträge, Eigenmarken oder Zweitmarken produziert, die dann relativ kurzfristig eine Ergebnissituation sicherstellen, die mit dem traditionellen Geschäft schon nicht mehr möglich gewesen wäre. Diese Situation ist in der nachfolgenden Tabelle dargestellt:

	Hauptgeschäft			Zusatzgeschäft			Unternehmen		
Periode	1	2	3	1	2	3	1	2	3
Absatz (Mio. Einh.)	8	7	6,4	1	3	3,6	9	10	10
Deckungsbeitrag (EUR/Einh.)	3,50	3,50	3,50	1,00	1,00	1,00	3,22	2,75	2,60
Deckungsbeitrag (Mio. EUR)	28	24,5	22,4	1	3	3,6	29	27,5	26
Fixkosten (Mio. EUR)	26	26	26	–	–	–	26	26	26
Gesamtergebnis (Mio. EUR)	2	– 1,5	– 3,6	1	3	3,6	3	1,5	0

In der Periode 1 hat die Unternehmung bei einem Absatz von 8 Mio. Einheiten zu einem Deckungsbeitrag von 3,50 EUR/Einheit ein Gesamtergebnis von 2 Mio. EUR erwirtschaftet. Die Geschäftsleitung nimmt ein Zweitmarkengeschäft mit einem Absatz von 1 Mio. Einheiten zu einem Deckungsbeitrag von 1,00 EUR/Einheit an, was entsprechend zu einem zusätzlichen Deckungsbeitragsvolumen von 1 Mio. EUR führt. Hierdurch ist es möglich, das Gesamtergebnis in dem betreffenden Geschäftsjahr auf 3 Mio. EUR zu erhöhen. Da die vorhandene Kapazität 10 Mio. Einheiten ausmacht, tritt hierdurch keine Erhöhung der Fixkosten ein.

In der zweiten Periode ist im Hauptgeschäft ein Rückgang auf 7 Mio. Einheiten zu verzeichnen, was entsprechend zu einer Minderung des Gesamtergebnisses auf ./. 1,5 Mio. EUR führt. Die Geschäftsleitung weitet das Zusatzgeschäft auf 3 Mio. Einheiten aus, um ein Gesamtergebnis von 1,5 Mio. EUR für die betreffende Periode zu erwirtschaften. Damit ist aber bereits die gesamte Kapazität des Unternehmens ausgelastet.

In der dritten Periode erfolgt im Hauptgeschäft ein weiterer Rückgang um 600.000 Einheiten, der durch eine nochmalige Erhöhung des Zusatzgeschäftes um die gleiche Anzahl mengenmäßig kompensiert wird. Dieser Effekt reicht nicht mehr, um ein positives Ergebnis zu erzielen.

In dieser Periode sinkt das Gesamtergebnis für das Unternehmen auf 0 EUR ab. Hier ist die so genannte kritische Substitutionsschwelle erreicht, die zeigt, dass die Verluste im Hauptgeschäft nicht mehr durch eine entsprechende Erhöhung des Zusatzgeschäftes kompensierbar sind.

Eine Unternehmung, die eine derartige Politik verfolgt, muss sich im Klaren sein, dass zur Kompensation von Verlusten im Hauptgeschäft ein x-faches mehr an Absatzmengen und damit an Deckungsbeitragsvolumen im Zusatzgeschäft erwirtschaftet werden muss, sofern die Ergebnissituation konstant bleiben soll. Eine solche Politik zwingt damit zwangsläufig zu einer unkontrollierten, niedrigpreisigen Mengenstrategie, die die Unternehmung in die Existenzkrise treibt, da die Investitionen auf Basis der Deckungsbeitragsrelationen des Hauptgeschäftes gedeckt werden müssen. Zusatzgeschäfte können diesen Beitrag nicht leisten, sodass spätestens mit einer Reinvestition das volle Ausmaß der Krise hervortritt.

Die Problematik einer derartigen Politik besteht darin, dass nicht die wesentlichen Voraussetzungen

❑ Trennung der Herkunftsauslobung
❑ Trennung der Zielgruppen
❑ Qualitätsunterschiede in Höhe der entsprechenden Preisdifferenzen zwischen Erst- und Zweitmarkengeschäft

beachtet werden. Oft wird sorglos die gleiche Qualität, die im Hauptgeschäft abgesetzt wird, im Zweitmarkengeschäft zu niedrigeren Preisen auf den Markt gebracht. Zwar wird sehr schnell Kapazitätsauslastung und Mengenwachstum erreicht, aber negative Folgen auf das Hauptgeschäft treten zwangsläufig ein. Deshalb sollte eine Zweitmarkenpolitik mit sehr viel Vorsicht angegangen werden, und immer überlegt werden, ob es nicht besser ist, die Kräfte auf das Hauptgeschäft zu konzentrieren.

Für den Controller ist es ratsam, die Jahresplanung niemals auf Zweitmarkengeschäften aufzubauen, sondern sie wirklich als echten Zusatz zu betrachten und sicherzustellen, dass das Zusatzgeschäft nie zum Hauptgeschäft wird. Wenn letzteres der Fall ist, ist es erforderlich, dass das Zusatzgeschäft

❑ eine entsprechend hohe Fixkostenbelastung aus der Kapazitätsnutzung trägt und
❑ entsprechende Soll-Deckungsbeiträge auch für diese Produkte kalkuliert werden müssen.

Wenn letzterer Punkt konsequent durchgeführt wird, scheiden viele Zweitmarkengeschäfte aus.

4.3.4 Preiserhöhungszyklen

Es gibt Branchen, in denen aufgrund stagnierender oder rückläufiger Gesamtmärkte nur temporäre Preiserhöhungen möglich sind. In diesem Falle vollziehen sich durchsetzbare Preiserhöhungen in einem Zeitraum von zwei bis vier Jahren. Dies bedeutet für die Ertragssituation, dass in den Perioden, in denen Preiserhöhungen nicht durchsetzbar sind, Ertragsklemmen entstehen, weil die Kosten inflationsbedingt ansteigen.

Für den Controller entstehen dabei folgende Aufgaben:

(1) Die Preiserhöhungszyklen sind planbar. Es empfiehlt sich, in einer Mittelfristplanung diese Preiserhöhungen einzuplanen und zu zeigen, in welchen Perioden Ertragsklemmen entstehen.

(2) Die Perioden, in denen Preiserhöhungen durchsetzbar sind, bedeuten eine Abschwächung des Ergebnisdruckes. Notwendige Kostensenkungsmaßnahmen, die in Perioden ohne Preiserhöhung die Ergebniszielsetzung sicherstellen müssen, sollten deshalb in Perioden mit Preiserhöhungen geplant und eingeleitet werden. In diesen Perioden lassen sich Kostensenkungsprogramme leichter realisieren.

4.3.5 Qualitative Sortimentsverbesserung

Bei stagnierenden und rückläufigen Gesamtmärkten ist Wachstum nur durch qualitative Sortimentsverbesserung möglich. Qualitatives Wachstum bedeutet die Verbesserung der Erlös- und damit auch der Deckungsbeitragsstruktur bei gleicher Absatzmenge und gleicher Höhe des Fixkostenblocks. Diese Maßnahmen werden auch unter den Begriffen

❑ trading up
❑ Innovation
❑ Segmentierung

erfasst und bedürfen einer intensiven Begleitung durch den Controller im Hinblick auf folgende Aspekte:

(1) Die Zeitdauer zur Durchsetzung von qualitativen Sortimentsverbesserungen ist relativ lang. In der Regel besitzen die neuen Produkte nur ein geringes Deckungsbeitragsvolumen und sind nicht in der Lage, die Verluste in den angestammten Bereichen zu kompensieren. Aus diesem Grunde empfiehlt es sich, hier mit realistischen Werten zu planen und parallel andere Maßnahmen zur Ertragsverbesserung einzuleiten.

(2) In vielen Fällen handelt es sich nicht um Innovationen schlechthin, sondern es werden lediglich geringe Produktänderungen, Veränderungen der Packungsgestaltung, der äußeren Aufmachung usw. eingeleitet, deren Erfolg insgesamt relativ gering ist.

(3) Bei allen Absatzsteigerungen, die durch qualitative Sortimentsveränderung eintreten sollen, ist zu prüfen, welche Substitutionseffekte im vorhandenen Sortiment auftreten. In vielen Unternehmen ist das Sortiment innerhalb bestimmter Bandbreiten substituierbar.
(4) Viele neuen Produkte sind in der ersten Phase keine zusätzlichen Deckungsbeitragsbringer, sondern erhöhen zunächst den Fixkostenblock durch Werbung, Verkaufsförderung, Logistik und sonstige Promotions. Auch diese Effekte sind einzuplanen, um bei der Jahresplanung Überraschungen zu vermeiden.

4.4 Projekt-Controlling

4.4.1 Ausgangspunkt

Projekte sind neue, zeitlich begrenzte Aufgaben in einem Unternehmen mit fixiertem Start- und Endtermin. Projekte werden in den meisten Fällen im Team über das so genannte Projekt-Management abgewickelt und zeichnen sich durch ihren einmaligen und neuartigen Charakter aus.

Häufige Änderungen externer Rahmenbedingungen und interner Zielsetzungen haben in Unternehmungen das Projekt-Management zu einer häufig eingesetzten Organisationsform gemacht. Dabei kommt dem Projekt-Management die besondere Aufgabe zu, neuartige, komplexe und innovative Problemstellungen im Unternehmen zu lösen, die innerhalb der bestehenden Linienorganisation aufgrund funktionaler Blockaden kaum lösbar sind. Projekt-Management zeichnet sich durch ein hohes Maß an Flexibilität aus und ist ein ideales Instrument, um horizontal über die Funktionsbereiche im Unternehmen bezogen auf ein Projektziel Aktivitäten umzusetzen.

Aufgrund ihres Gewichtes im Unternehmen empfiehlt es sich, Projekte durch das Controlling zu begleiten. Während das laufende Controlling in einem jeden Unternehmen in erster Linie ein Verantwortungs- und Budget-Controlling darstellt und insofern darauf gerichtet ist, die Unterstützung bei der Zielerreichung im Unternehmen zu geben, ist das Projekt-Controlling in erster Linie aufgaben- und maßnahmenbezogen. Das Projekt-Controlling stellt insofern die ideale Ergänzung des verantwortungsbezogenen Controlling dar, als es eine weitere Methode ist, die langfristige Ergebnissteuerung im Unternehmen sicherzustellen. Projekte lassen sich für viele Aufgaben formulieren. Insofern ist auch das Projekt-Controlling universell einsetzbar. Gemäß unseren Erfahrungen hat sich das Projekt-Controlling aber im Wesentlichen als ein Instrument zum aktiven Fixkosten-Controlling etabliert.

In den heutigen Märkten stehen die meisten Unternehmen vor dem Problem, dass ohne den Einsatz von Maßnahmen die Fixkosten schneller steigen als die Deckungsbeiträge im Leistungsbereich. Insofern ist in jedem Unternehmen ein aktives Controlling gefordert. Zwar liefert das laufende Controlling insbesondere über die Spartenrechnungen auch die Möglichkeit, den Fixkostenbereich und damit die Einflussgrößen auf die Fixkosten mehrdimensional zu durchleuchten und über die

Verantwortungsträger und ihre Budgetverantwortung Fixkosten zu steuern. Die Praxis zeigt, dass innerhalb der normalen Führungsorganisation ein Fixkosten-Controlling schwer durchzuführen ist und entscheidende Fortschritte in diesem Bereich nur über ein Projekt-Controlling für ausgewählte Aufgaben erzielt werden.

Während das laufende Berichtswesen die Verantwortungsträger bei der Ergebnissteuerung unterstützt und nicht für jede beliebige Fragestellung Auskunft geben kann, ist das Projekt-Controlling notwendig für alle außerhalb der Normalentwicklung und durch das Budget gedeckten Aufgaben. Solche Aufgaben berühren in den meisten Fällen mehrere Funktionsbereiche und zeichnen sich durch ihren Neuheits- oder Einmaligkeitscharakter aus. Darüber hinaus benötigen die Projekte zu ihrer erforderlichen Umsetzung meistens mehrere Perioden und reichen damit über die laufende Budgetperiode hinaus und tangieren darüber hinaus mehrere Fachbereiche.

4.4.2 Bestandteile

Aus Sicht des Controlling sollten Projekte, damit sie projekt-controlling-reif sind, folgende Bestandteile umfassen:

- Im Unternehmen sollte die Organisationsform des Projekt-Managements bekannt und die leitenden Mitarbeiter in dieser Organisationsform geschult sein. Zweckmäßigerweise formuliert man so genannte „Richtlinien für Projekt-Management", die allen Beteiligten die Spielregeln klarmachen.
- Ein Projekt sollte eine klare Zielsetzung haben, die in einem vertretbaren Zeitaufwand erreichbar und ausreichend operational ist.
- Von der Geschäftsleitung sollte ein Projekt-Team einberufen sein, das mit allen, bezogen auf die Erreichung des Projekt-Ziels erforderlichen Kompetenzen ausgestattet ist.
- Ausgehend von der Projekt-Zielsetzung sollte ein Projekt-Auftrag formuliert werden und ein Netzplan zur Vorgehensweise der Projektarbeit vorliegen.
- Das Projekt sollte Termine und Verantwortliche besitzen und bezogen auf seine Arbeitsweise die notwendige Unterstützung im Unternehmen genießen.
- Das Projekt-Team hat über den Fortschritt seines Projektes in Form eines laufenden Reporting zu berichten.
- Die Arbeiten des Projekt-Teams haben bezogen auf die Zielerreichung und bezogen auf das für das Projekt bereitgestellte Budget Verbindlichkeitscharakter.

4.4.3 Arten

Ohne Anspruch auf Vollständigkeit werden nachfolgend drei Schwerpunktbeispiele für Projekt-Controlling beschrieben. Hierbei handelt es sich um Aufgaben, die in fast jedem Unternehmen mit dem ähnlichen Schwergewicht anzutreffen sind und die daher von grundsätzlicher Bedeutung sind.

4.4.3.1 Entwicklungsprojekte

Entwicklungsprojekte haben in den meisten Unternehmen strategische Bedeutung von höchster Priorität. Es sind Engpassaufgaben der zukünftigen strategischen Entwicklung, die Erfolg und Misserfolg in zukünftigen Perioden entscheidend beeinflussen. Aufgrund dieser Ausgangslage empfiehlt es sich, Entwicklungsprojekte über ein Projekt-Management zu steuern, das

- eine bessere Koordination der Handlungen im Hinblick auf die Entwicklungsziele,
- eine effiziente Ressourcennutzung im Unternehmen,
- eine systematische Bearbeitung der einzelnen Arbeitsschritte sicherstellt und
- die Motivation fördert.

Entwicklungsprojekte müssen mit der Unternehmensstrategie abgestimmt sein und Teilschritte zur Umsetzung der Unternehmenskonzeption bilden. Entwicklungsprojekte haben ein Projektziel als Ausgangspunkt und werden zweckmäßigerweise mit einem Projektauftrag durch die Unternehmensführung gestartet. Dieser Projektauftrag sollte bezogen auf das konkrete Entwicklungsvorhaben folgende Angaben enthalten:

- eine verbindliche Absatzprognose der einzelnen Vertriebsbereiche bezogen auf das Entwicklungsvorhaben,
- die entsprechenden Erlös- und Preisstrategien der einzelnen Produkte,
- erste Vorkalkulationen, die zeigen, welche Ergebnisbeiträge erwartet werden können,
- eine Break-even-Rechnung,
- eine Return-on-Investment-Rechnung,
- eine verbindliche Angabe über die mit dem Projekt zusammenhängenden Investitionen,
- den zugehörigen Forschungs- und Entwicklungsaufwand,
- eine konkrete Zeitschätzung.

Entwicklungsprojekte binden über mehrere Perioden Ressourcen im Unternehmen und zeigen ihre Erfolge erst einige Jahre nach Freigabe der entsprechenden Mittel. Insofern hat das Projekt-Controlling bei Entwicklungsprojekten neben der Aufgabe der ersten Prognose der wesentlichen Eckwerte sicherzustellen, dass in Form einer mehrperiodigen (mittelfristigen) Projektbegleitung die mit dem Entwicklungsprojekt betrauten Entscheidungsträger das, bezogen auf die konkreten Projekte, notwendige Reporting bekommen, damit die Ressourcennutzung und Ressourcensteuerung effizient erfolgen kann. Darüber hinaus hat das Controlling die Unternehmensführung in regelmäßigen Zeitabständen über den Stand der Entwicklungsprojekte zu informieren. Eine derartige Information kann zum einen quantitativ (über den Soll-Ist-Vergleich der wesentlichen quantitativen Projekt-Parameter) erfolgen, zum anderen aber auch qualitativ dergestalt, dass z.B. im monatlichen Rhythmus berichtet wird, ob das Projekt planmäßig läuft oder ob sich Abweichungen ergeben. Bei Abweichungen muss gemäß dem Prinzip des „Management by Exception" die Information detaillierter erfolgen.

Mit der Unterstützung des Projekt-Managements bei Entwicklungsprojekten durch das Controlling sind darüber hinaus folgende Bedingungen erfüllt:

- ❏ Ein Entwicklungsprojekt erhält schon im Rahmen der Projektdefinition die notwendige „quantitative" Hilfestellung mit der Zielsetzung, dass schon hier der notwendige Verbindlichkeitscharakter der Maßnahmen transparent wird.
- ❏ Neben dem Projekt-Team erhalten die übrigen Entscheidungsträger im Unternehmen Transparenz über
    - die in dem Projekt gebundenen Ressourcen
    - den Projektfortschritt
    - die Erfolgswahrscheinlichkeit von Projekten.
- ❏ Entwicklungsprojekte erhalten bezogen auf die Ressourcenzuordnung und die Ressourcennutzung eine bessere Koordination.
- ❏ Alle Entscheidungsträger werden stärker auf die operative und strategische Bedeutung von Entwicklungsprojekten sensibilisiert.
- ❏ Das Projekt-Controlling vermeidet die in vielen Unternehmen festzustellenden „Negativüberraschungen" bei Projekten, bei denen erst mit Projektfertigstellung sichtbar wird, dass die Projektziele nicht erfüllt werden.
- ❏ Auch bezogen auf Entwicklungsprojekte wird das betriebswirtschaftliche Gedankengut frühzeitig aktiviert mit der Chance, während des Projektablaufs notwendige Korrekturen dann einzuleiten, wenn sich zeigt, dass die quantitativen Projektziele nicht erreichbar sind.

Es empfiehlt sich, für Entwicklungsprojekte einen standardisierten Projektablauf im Unternehmen und in den einzelnen Stufen Zwischen-Checks mit Freigabe der weiteren Projektschritte einzurichten. Im Rahmen eines solchen Stufenplans für Entwicklungsprojekte sollten die Aktivitäten des Controlling – neben den Aufgaben, die durch andere Unternehmensbereiche beizusteuern sind – vorab fixiert werden, um sicherzustellen, dass die notwendigen Controlling-Erfordernisse ausreichend gewahrt sind.

4.4.3.2 Gemeinkosten-Strukturveränderungen

Mit zunehmender Stagnation der Märkte ist die Steuerung des Fixkosten- oder Gemeinkostenbereichs für die meisten Unternehmen eine notwendige Aufgabe geworden. Häufig ist die Situation, dass Absatzzuwächse und die damit verbundenen Deckungsbeitragsveränderungen nicht mehr ausreichen, die normalen Kostenerhöhungen im Gemeinkostenbereich zu kompensieren.

Mit dem verantwortungsbezogenen Reporting des Controlling ist zwar ein erster Ansatzpunkt der Steuerung des Gemeinkostenbereichs erreicht worden und über die unterschiedlichen Instrumente gelingt auch eine mehrdimensionale Durchleuchtung des Gemeinkostenbereichs. Wie alle Formen der Budgetierung nach Verantwortungsbereichen wird aber auch hierbei indirekt eine „Normalentwicklung" über die Zeitachse fortgeschrieben. Grundlegende Änderungen im Gemeinkostenbereich, die die Kostenstruktur nachhaltig beeinflussen, sind über diesen Weg nicht zu erreichen.

Mit der zunehmenden „Verfestigung" des Gemeinkostenbereichs empfiehlt es sich, auch hier über das Projekt-Controlling Gemeinkosten-Strukturveränderungen zu steuern und hinsichtlich ihres Ergebnisbeitrages transparent zu machen. Ähnlich wie Entwicklungsprojekte sind Gemeinkosten-Strukturveränderungen nur möglich, wenn über die bestehenden Verantwortungsbereiche hinweg Strukturen verändert werden und damit horizontal das Ergebnisgefüge optimiert wird. Derartige Maßnahmen werden zweckmäßigerweise nach der Organisationsform des Projekt-Managements angegangen und umgesetzt und verlangen insofern die Steuerung durch das Controlling.

Auch für diese Projekte empfiehlt es sich, ausgehend von einem Projektauftrag eine Projektspezifizierung vorzunehmen sowie Zeitbedarf, Termine, Verantwortliche und Ergebnisbeiträge zu spezifizieren (Mann, Rudolf: Strategisches Controlling, a.a.O., S. 192) (Abb. S. 218):

Diese Projektspezifizierung wird gleichmäßigerweise um einen Maßnahmenplan ergänzt, mit dem die groben Schritte des Projektes in kleinere Pakete und Detailschritte zerlegt werden (Abb. S. 219):

Die Vorgehensweise des Controlling läuft nun derart ab, dass die einzelnen Teilschritte und Aktivitäten hinsichtlich Zeitbedarf, Kosten und Erträge bewertet werden und daraus über die Zeitachse ein Projekt-Budget formuliert wird. Gerade bei Gemeinkosten-Strukturveränderungen tangieren die Maßnahmen mehrere Perioden und reichen damit über die normale Budgetperiode hinaus. Zu ergänzen sind die Beeinflussungen der Ergebnisrechnung um Einmalaufwendungen, die mit den meisten Strukturveränderungen im Gemeinkostenbereich anfallen.

Ähnlich wie bei Entwicklungsprojekten empfiehlt sich auch für Gemeinkosten-Strukturveränderungen ein Projekt-Reporting, das sowohl die quantitativen Aspekte der Projektumsetzung als auch die Termineinhaltung als qualitatives Reporting beinhalten sollte.

In der Praxis tauchen die größten Schwierigkeiten bei derartigen Projekten immer dann auf, wenn es darum geht, diese Projekte in das normale Budget zu überführen und dann das laufende Projekt-Controlling über das normale Informationswesen sicherzustellen. Um auch diese Arbeiten relativ einfach zu gestalten, empfiehlt es sich, wie folgt vorzugehen:

(1) Das Jahresbudget ist zu erstellen auf Basis der so genannten Normalentwicklung, d.h., ohne den Einfluss der Strukturveränderungs-Maßnahmen.
(2) Die Strukturveränderungs-Maßnahmen sind in Projekt-Budgets zu formulieren und als Projekt-Beitrag in das Budget einzustellen.
(3) Der laufende Plan-Ist-Vergleich des Normalbudgets der Unternehmung läuft über die Kostenarten-Kostenstellenrechnung ab. Das Projekt-Budget ist separat als Plan-Ist-Vergleich zu verfolgen. Dazu ist es notwendig, dass die Kontierung der mit dem Projekt verbundenen Ergebnisbeiträge projektbezogen vorgenommen wird. Durch diese Vorgehensweise ist sichergestellt, dass einerseits die Normalentwicklung der Unternehmung und der Einfluss der Strukturveränderung auf diese Normalentwicklung sichtbar werden, zum anderen das Projekt in seiner Umsetzung separat begleitet werden kann und die Projektfortschritte dann transparent werden.

PROJEKT-SPEZIFIZIERUNG

kurzfristig (innerh. 6 Monaten)	mittelfristig (6–12 Monate)	langfristig (über 12 Monate)
☐	☐	☐

Projekt-Nr.:

Datum:

Aussteller:

Projekt-Bezeichnung:

Zielsetzung:

Betroffene Abteilungen:

PROJEKT-ABLAUF

Nr.	Beschreibung der Schritte	Zeitbedarf		Termin		Aus- führender
		Soll	Ist	Soll	Ist	

PROJEKTAUFWAND	EUR		PROJEKTEINSPARUNGEN	EUR / Jahr	
	Soll	Ist		Soll	Ist
Gesamt			Gesamt		

Projekt zur Durchführung freigegeben

durch:

Datum:

Maßnahmenplan					
Projekt:			Datum:		
Aufgabe:			Blatt-Nr.:		
Verfasser:					
Rang	lfd. Nummer	MASSNAHME / ENTSCHEIDUNG	verantwortlich	Zeit-Aufwand	Beginn

4.4.3.3 Investitionen

Technische Investitionsprojekte legen die Kapazitäten von Unternehmen langfristig fest. Sie binden nicht nur erhebliche finanzielle Mittel, sondern stellen auch einen technischen Rahmen für die Zukunft dar, der die Handlungen in der Zukunft innerhalb dieses Rahmens bestimmt.

Betrachtet man die Art und Weise, mit der Investitionsprojekte in den meisten Unternehmungen geplant, einer Wirtschaftlichkeitsrechnung unterzogen und genehmigt werden, so fällt Folgendes auf:

(1) Investitionsprojekte sind für die technischen Bereiche Instrumente, für deren Beantragung alle Aktivitäten eingesetzt werden. Investitionsprojekte haben manchmal den Charakter von „Spielzeugen", die das technische Herzblut befriedigen.

(2) Die Wirtschaftlichkeitsrechnungen, die in Unternehmungen in den meisten Fällen gemacht werden, gehen von Amortisationsdauern aus, die zum Teil unter drei, manchmal auch unter zwei Jahren liegen. Investitionsprojekte werden bei Erreichen dieser Kennziffern gefördert, ohne dass gefragt wird, was die Ursache für solche kurzen Amortisationsdauern ist. Unseres Erachtens birgt die Zuordnung von Finanzmitteln nach der Amortisationsdauer die Gefahr, dass Finanzmittel in die Bereiche gelenkt werden, die hinsichtlich ihrer

Wirtschaftlichkeit extrem ungünstig sind, da nur in solchen Fällen derart kurze Amortisationsdauern erreichbar sind.

(3) Wenn man in Unternehmungen all die Einsparungen addiert, die mit der Beantragung von Investitionsmitteln vorgelegt werden, so dürften die meisten Unternehmen keine Probleme im Kostenbereich haben. Eine kritische Beleuchtung dieser Einsparungen in Form eines Plan-Ist-Vergleichs kommt jedoch zu dem Ergebnis, dass sich die meisten Einsparungen nach der Genehmigung des Investitionsprojektes und dessen Inbetriebnahme nicht wiederfinden lassen.

(4) Eine Investitionskontrolle dergestalt, dass die mit der Beantragung von Investitionsmitteln zusammenhängenden Einsparungen in Form eines Soll-Ist-Vergleichs nachvollzogen werden, existiert in den meisten Fällen nicht. Schließlich haben die technischen Bereiche mit der Genehmigung der Investitionsprojekte ihr Ziel erreicht, sodass eine detaillierte Nachverfolgung dessen, was man sich mit dem Investitionsprojekt vorgenommen hat, nicht mehr notwendig ist.

Bei vorgenannten Punkten setzt die Notwendigkeit des Projekt-Controlling bei Investitionsprojekten an. Dabei kommen dem Projekt-Controlling folgende Schwerpunktaufgaben zu:

(1) Festlegung eines Rahmens für die Beantragung, Genehmigung und Budgetierung von Investitionsprojekten.

(2) Aufstellung von Wirtschaftlichkeitsrechnungen für alternative Investitionsprojekte und Entscheidungsverfahren. Hierbei ist es zweckmäßig, dass die so genannten statischen Verfahren der Investitionsrechnung bis zu einem bestimmten Ausgabenbetrag bei Investitionsprojekten ausreichen. Darüber hinaus ist mit detaillierten Verfahren zu rechnen.

(3) Erstellung der Wirtschaftlichkeitsrechnung für Investitionsprojekte ausschließlich durch das Controlling.

(4) Einführung einer Investitionskontrolle als Plan-Ist-Vergleich der umgesetzten Investitionsvorhaben in Abhängigkeit der Größe des Investitionsprojektes mit einem regelmäßigen Reporting im Dreimonatsabstand.

Neben diesem organisatorischen Rahmen empfiehlt es sich, bei größeren Investitionsobjekten, die für die Unternehmung grundlegende Bedeutung haben, nicht mithilfe der klassischen, auf finanzmathematischen Kriterien aufbauenden Verfahren der Investitionsrechnung zu arbeiten, sondern in Form der klassischen Projektrechnung des Controlling das Investitionsprojekt zu beurteilen. Diese Form der Beurteilung von Investitionsprojekten muss folgende Bestandteile enthalten:

(1) Beschreibung der Ausgangslage und des Anstoßes für das Investitionsprojekt,

(2) detaillierte Beschreibung der technischen Konzeption des Investitionsprojektes hinsichtlich

- Zielsetzung
- Mengengerüst
- bauliche Alternativen

- technische Alternativen
- Ablauforganisation
- Produktivitätsfortschritte usw.

(3) Beurteilung der Investition anhand einer Check-List hinsichtlich

- Flexibilität
- Marktentwicklung
- Umwelt
- soziale Aspekte
- personelle Veränderungen
- Rationalisierungseffekte
- Kapazitätseffekte
- technische Fortschritte
- allgemeine Chancen und Risiken
- strategische Bedeutung usw.

(4) Investitionsrechnung

Die Investitionsrechnung sollte auf Basis der vorgenannten Ausgangsdaten folgende Zahlen über eine Mehrjahresperiode enthalten:

- Analyse der Investitionsausgaben. Hierzu empfiehlt sich das Formular auf Seite 222, das die Investitionsausgaben im Zeitablauf einschließlich der Veränderungen des Umlaufvermögens enthält.
- Einnahmen-Ausgaben-Rechnung für das Investitionsprojekt, die von der Struktur der Ergebnisrechnung der Unternehmung ausgeht und die durch das Investitionsprojekt verursachten Veränderungen des Ergebnisgefüges der Unternehmung im Zeitablauf transparent macht (Seite 223).
- Überleitung der Einnahmen-Ausgaben-Rechnung in die Ergebnisrechnung des Unternehmens (Seite 224).
- Ermittlung der Tilgung des mit dem Investitionsprojekt aufgenommenen Fremdkapitals (Seite 224).
- Erstellung der Zeitreihe der Abschreibungen für die Einzelobjekte des gesamten Investitionsprojektes (Seite 225).

		INVESTITIONSAUSGABEN									
Investitionsobjekt:							IP-Nr.:				
	Ausgabenart	Jahr									
		20..	20..	20..	20..	20..	20..	20..	20..	20..	20..
1.1	Grundstücke										
1.2	Gebäude										
1.3	Rechte										
1.4	Maschinelle Anlagen										
1.4.1	–										
1.4.2	–										
1.4.3	–										
1.4.4	–										
1.4.5	– aktivierte Transportkosten										
1.4.6	– aktivierte Montagekosten										
1.5	Fuhrpark										
1.6	Betriebs- und Geschäftsausstattung										
1.7	aktivierte Eigenleistungen										
1.8	Sonstiges										
1	ANLAGEINVESTITIONEN										
2.1	Liquidationserlös alte Anlagen										
2.2	Zuschüsse, Zulagen, Subventionen										
2.3	Auflösung, erhöhtes UV										
2.4	Liquidationserlös neue Anlagen										
2	KÜRZUNG DER ANLAGE-INVESTITIONEN										
3.1	Bestandsaufbau										
3.1.1	– Roh-, Hilfs- und Betriebsstoffe										
3.1.2	– Halbfertigerzeugnisse										
3.1.3	– Fertigerzeugnisse, Waren										
3 2	Zunahme Forderungen										
3.3	Zunahme sonstiges Umlaufvermögen										
3.4	./. Zunahme kurzfristiges Fremdkapital										
3	ERHÖHUNG NETTO-UMLAUFVERMÖGEN										
4	FOLGEINVESTITIONEN										
5	INVESTITIONSAUSGABEN (Z. 1 ./. 2+3+4)										

# Kurseinhaltung

		EINNAHMEN-/AUSGABEN-RECHNUNG										
Investitionsobjekt:								IP-Nr.:				
			Jahr									
			20..	20..	20..	20..	20..	20..	20..	20..	20..	20..
1.1 1.2 1.3	Bruttoumsatz Erlösschmälerungen Sonstige Einnahmen											
1	Laufende Einnahmen (1.1 ./. 1.2 + 1.3)											
2.1 2.2 2.3 2.4	Anlageinvestitionen Kürzung der Anlageinvestitionen Erhöhung des Netto-Umlauf- vermögens Folgeinvestitionen											
2	Investitionsausgaben											
3.1.1 3.1.2 3.1.3 3.1.4 3.1.5	Fertigungslöhne Rohstoffe Energie Verpackung sonst. variable Herstellkosten											
3.1	Variable Herstellkosten											
	Deckungsbeitrag 1 (Z. I ./. 3.1)											
3.2.1 3.2.2 3.2.3												
3.2	Sonst. variable Kosten											
4	Deckungsbeitrag 2 (Z. I ./. 3.1 ./. 3.2)											
5.1 5.2 5.3 5.4 5.5 5.6 5.7 5.8	Fixe Personalausgaben Hilfs- und Betriebsstoffe Energie Versicherung Instandhaltung Kostensteuern Verwaltung Sonstige produktions- und umsatzunabhängige Ausgaben											
5	Overheads											
6	Laufende Ausgaben (Z. 3.1 + 3.2 + 5)											
7	Rückfluss vor Ertragsteuern (Z. 1 ./. 6)											
8	Ertragsteuern											
9	Rückfluss nach Ertragsteuern (Z. 7 ./. 8)											
10	Einnahmenüberschuss gesamt (Z. 9 ./. 2)											

		ÜBERLEITUNG DER EINNAHMEN-/AUSGABEN-RECHNUNG IN DIE ERGEBNIS-RECHNUNG										
Investitionsobjekt:									IP-Nr.:			
			Jahr									
			20..	20..	20..	20..	20..	20..	20..	20..	20..	20..
1	Rückfluss vor Ertragsteuern											
2	./. FK-Zinsen											
3	./. Abschreibungen											
4	± Weitere Korrekturen											
5	= Gewinn vor Ertragsteuern											
6	./. Ertragsteuern											
7	= Gewinn nach Ertragsteuern											

		TILGUNG FREMDKAPITAL										
Investitionsobjekt:									IP-Nr.:			
			Jahr									
			20..	20..	20..	20..	20..	20..	20..	20..	20..	20..
1	Investitionsausgaben											
2	./. eigenfinanzierter Anteil											
3	= Fremdkapital vor Tilgung (Z. 1 ./. 2)											
4	Rückfluss nach Ertragsteuern											
5	FK-Zinsen											
6	Tilgung (Z. 4 ./. 5)											
7	Fremdkapital nach Tilgung (Z. 3 ./. 6)											

Kurseinhaltung

				Investitionsobjekt: IP-Nr.:									
	ABSCHREIBUNGEN												
	Abschreibungsgegenstände	Abschreibungs- ausgangs- betrag	Abschreibungs- zeitraum	Abschreibungs- Prozentsatz	Abschreibung im Jahr								Rest- Buch- wert
					20..	20..	20..	20..	20..	20..	20..	20..	
(1)	(Grundstücke)												
2	Gebäude												
3	Rechte												
4	Maschinelle Anlagen												
	–												
	–												
	–												
5	Fuhrpark												
6	Betriebs- und Geschäfts- ausstattung												
7	Akt. Eigenleistungen												
8	Sonstiges												
	Abschreibungsausgangsbetrag gesamt												
	Abschreibungsvolumen / Jahr												

Auf der Basis der vorstehend aufgeführten Einzelermittlungen lässt sich das Investitionsprojekt dann nach folgenden Kriterien beurteilen:

- Einfluss auf die Ergebnisrechnung des Unternehmens in den kommenden Perioden,
- Erreichung des Projekt-Break-Even-Punktes,
- Analyse des mit dem Investitionsprojekt verbundenen Cash Flows und des Break-Even der Cash Flow-Entwicklung,
- durchschnittliche Amortisationsdauer (Deckung der Investitionssumme durch die aufgelaufenen Kosteneinsparungen ohne Berücksichtigung von Zinsen) sowie Ermittlung der effektiven Amortisationsdauer, d.h. des Kapitalrückflusses unter Berücksichtigung der Verzinsung einschließlich Tilgung,
- Finanzierungsaspekte,
- Überleitung des Investitionsobjektes in die Mittelfristplanung.

Ein wie vorstehend zahlenmäßig transparent gemachtes Investitionsvorhaben gibt allen Entscheidungsträgern die Möglichkeit der Beurteilung des Gesamtvolumens hinsichtlich Ergebnisbeeinflussung, Finanzierung und finanzieller Möglichkeiten, die das Investitionsprojekt für das Unternehmen mit sich bringt. Es ermöglicht darüber hinaus die Darstellung der Beeinflussung des Ergebnisrahmens durch das Investitionsprojekt und auf Basis einer Überleitung in die Mittelfristplanung die Analyse der Veränderungen der Ergebnisstrukturen im mittelfristigen Zeitraum mit dem Investitionsprojekt und ohne das Investitionsprojekt.

4.4.3.4 Weitere Anwendungsbeispiele

Die zunehmende Umweltdynamik verlangt von Unternehmen ständige Evolution. Insofern wird das Projekt-Management und damit das Projekt-Controlling in den Unternehmungen in den nächsten Jahren noch weiter an Bedeutung gewinnen. Projekt-Controlling gestattet in der Kombination mit Projekt-Management das Aufbrechen der Innovationsfeindlichkeit der bestehenden Linienorganisation im Sinne einer besseren Koordination der Aktivitäten auf die übergeordneten Unternehmensziele und in Form einer besseren Nutzung der vorhandenen Ressourcen. Insofern ist das Anwendungsspektrum für das Projekt-Controlling sehr breit.

Die vorstehend beschriebenen Anwendungsbereiche Entwicklungsprojekte, Gemeinkosten-Strukturveränderungen und Investitionen sollten beispielhaft zeigen, wie bei unterschiedlichen Fragestellungen anzusetzen ist. Auf dieser Basis sind für die in den Unternehmen auftretenden Projekte die Controlling-Instrumente maßzuschneidern, wobei bestimmte Grundbestandteile – wie vorstehend erläutert – immer existieren werden.

Weitere Anwendungsbereiche für den Einsatz des Projekt-Controllings sind z.B.

- Beurteilung von Werbe- und Verkaufsförderungsmaßnahmen,
- Aufbau von neuen Geschäftsfeldern,
- Schließung unrentabler Teilbereiche,
- Analysen des Logistiksystems,

❑ Beurteilung von Standortalternativen,
❑ Aufbau neuer Produktlinien,
❑ Umstrukturierung von Teilbereichen usw.

4.5 Profit-Center-Konzept

4.5.1 Grundlagen

Nachdem lange Jahre in deutschen Unternehmen die Zentralisierungsthese vorgeherrscht hat und die Linieneinheiten immer bestrebt gewesen sind, möglichst viele Aufgaben zentral in ihren Zuständigkeitsbereich zu bekommen, ist diese Welle mittlerweile in das Gegenteil umgeschlagen. Gemäß den Grundsätzen „all business is local" und „small is beautiful" hat sich eine Tendenz zu mehr Dezentralisierung und zurück zu kleineren überschaubareren Einheiten in den Unternehmungen entwickelt. Zielsetzung dieser strukturellen Änderungen ist es, den verantwortlichen Entscheidungsträgern mehr unternehmerischen Freiraum und Verantwortung einzuräumen und gleichzeitig damit über die Segmentierung der Ergebnisbereiche eine überschaubarere Gesamtergebnis-Transparenz zu erhalten. Zudem stellt diese Organisationsform die konsequente Umsetzung des „Management by Objectives" dar, indem Ergebnisse dort ausgewiesen werden, wo sie beeinflusst werden können und wo die dezentrale Zielvorgabe und Zielerreichung leichter möglich ist.

4.5.2 Leistungsbereiche

Zielsetzung des Profit-Center-Konzepts ist die Zuweisung von Ergebnisbeiträgen auf dezentrale Entscheidungsbereiche. Zu diesem Zwecke wird das Unternehmen in organisatorisch und abrechnungstechnisch sinnvolle Einheiten aufgeteilt mit der Maßgabe, zwischen den Einheiten den Leistungswettbewerb zu fördern.

Bei dieser Form der Abrechnung kommt den Verrechnungspreisen eine zentrale Bedeutung zu. Verrechnungspreise sind Wertansätze, die eine Unternehmung Produktionsfaktoren und innerbetrieblichen Leistungen pro Einheit zuordnet und deren Aufgabe es ist, neben der Lenkungsfunktion die Ermittlung von Bereichserfolgen und Preisuntergrenzen zu ermöglichen und denen die Durchsetzung von Steuerungsaspekten und Motivationsaspekten zukommt. In der Diskussion über das Thema der Verrechnungspreise haben sich sehr viele Vorschläge für den Ansatz von Verrechnungspreisen gebildet. Dabei geht die Spannbreite vom Marktpreis als Verrechnungspreis über Vollkosten, Grenzkosten, Vollkosten plus Gewinnzuschlag, Grenzkosten plus Opportunitätskosten, Grenzkosten plus Fixkostenanteile, Grenzkosten plus Deckungsbeitragspauschale, Grenzkosten plus Deckungsbeitrags-Splitting, Marktpreise abzüglich Vertriebskosten, Vollkosten plus Verlustsplitting, freie Aushandlung bis zu zentral vorgegebenen Verrechnungspreisen. In Anlehnung an das in diesem Buch aufgebaute Konzept des operativen Controlling halten wir es für zweckmäßig, sich bei der Ermittlung von Verrechnungspreisen so weit wie möglich an bestehende Abrechnungskreise der Deckungsbeitragsrechnung sowie den Erfordernissen der Vollkostenrechnung für die handels- und steuerrechtliche Gewinnermittlung zu orientieren. Vor diesem Hintergrund zeigt das Profit-Center-Konzept vereinfacht folgendes Bild:

Ausgehend von der organisatorischen Trennung von Leistungsbereichen ist es in den meisten Unternehmen sinnvoll, das Gesamtunternehmen in

- Vertriebsbereiche
- Produktionsbereiche und die
- Overhead-Bereiche zu trennen.

Darüber hinaus kann es sinnvoll sein, den Logistikbereich als separates Profit-Center zu führen und auch den Entwicklungsbereich profit-center-mäßig über ein Projekt-Controlling zu behandeln.

Ausgehend von der Dreiteilung in Vertriebs-, Produktions- und Overhead-Bereiche stellen sich die Abrechnungslogiken eines Profit-Center-Konzepts vereinfacht wie folgt dar:

(1) Vertriebsbereiche

Der Vertrieb erhält eine Gutschrift für seine Leistungen in Form des Umsatzes abzüglich der diversen Erlösschmälerungen. Belastet wird der Vertrieb als Wareneinsatz mit den Standardherstellkosten der abgesetzten Einheiten bzw. dem Wareneinsatz bei Verkauf von Handelswaren, den Fixkosten des Vertriebsbereichs sowie dem Plan-Deckungsbeitrag zur Abdeckung der zentralen Overheads und des Ergebnisses. Im Ergebnis zeigt sich eine Über- oder Unterdeckung des Spartenergebnisses, d.h. eine Zielüber- oder -unterschreitung.

(2) Produktion

Die Produktion erhält eine Gutschrift für alle an den Vertrieb abgegebenen Fertigprodukte in Form der Standardherstellkosten. Die Produktion wird belastet mit den tatsächlich verursachten Kosten für Materialeinsatz, Lohn und Overheads. Im Ergebnis zeigt sich eine Über- oder Unterdeckung des Produktionsbereichs im Wesentlichen in Form der Standardkostenabweichung für Material und Lohn sowie den Kostendeckungserfolg aufgrund höherer Auslastung in Form der höheren Abgabe von Fixkostenanteilen in den Fertigfabrikaten gegenüber den budgetierten Fixkosten. In diesem Falle bleibt der Auslastungserfolg als Gutschrift in den Werken.

(3) Overhead-Bereiche

Die Overhead-Bereiche sind hinsichtlich der Profit-Center-Konzeption am schwierigsten zu fassen. Eine Gutschrift kann erfolgen über die Bewertung der abgegebenen Leistungen zu einem internen Verrechnungspreis. Dies setzt voraus, dass für alle von den Overhead-Bereichen abgegebenen Leistungen Standardverrechnungspreise gebildet werden. Ein Beispiel für solche innerbetrieblichen Leistungssätze zeigt die Abbildung auf Seite 229.

Belastet werden die Overhead-Bereiche mit den tatsächlich verursachten Kosten, sodass sich als Ergebnis die Über- oder Unterschreitung aus abgegebenen Leistungen und tatsächlich verursachten Kosten zeigt.

Kostensätze für innerbetriebliche Leistungen

Nr.	Leistung	Einheit	alt DM	neu DM	neu Euro
1.	Sachbuchhaltung	Buchungszeile	0,234	0,20	0,15
2.	Adressenstammsatzverwaltung				
	- Debitoren	Vorgang	2,90	2,45	1,25
	- Kreditoren	Vorgang	3,20	4,05	2,07
3.	Gemeinkostenstatistiken	Kostenst./Monat	16,00	20,90	10,69
4.	Rechnungsprüfung	Vorgang	4,75	6,25	3,20
5.	Kontokorrent	Posten	0,90	1,10	0,56
6.	Rechnungsvalutierung	Posten	10,60	12,20	6,24
7.	Personalkostenabrechnung über EDV				
	- Lohnabrechnung	Person/Monat	5,00	6,33	3,24
	- Gehaltsabrechnung	Person/Monat	4,50	4,60	2,35
	- Rentenabrechnung	Person/Monat	3,50	4,60	2,35
	- Provisionsabrechnung	Vertreter/Monat	25,00	33,60	17,18
8.	Adressenverwaltung (Kunden, Lieferanten)				
	- bis 1.000	Monat/Einheit	0,45	0,45	0,23
	- bis 6.000	Monat/Einheit	0,40	0,40	0,20
	- bis 15.000	Monat/Einheit	0,25	0,25	0,13
	- größer 15.000	Monat/Einheit	0,15	0,15	0,08
9.	EDV-Buchung	Buchungszeile	0,04	0,03	0,02
10.	EDV-Mahnung, -Kontoauszug, - Offene Posten	Einheit	0,60	2,45	1,25
11.	Anlagenbuchhaltung	Jahr/Anlagengut	1,50	1,96	1,00
12.	Materialabrechnung	Buchung	0,46	0,56	0,29

4.5.3 Erweiterungen

Die vorstehend in einfachen Zügen beschriebenen Grundgedanken des Profit-Center-Konzeptes lassen sich in folgenden Bereichen erweitern:

(1) Die Bewertung der abgegebenen Leistungen zu Produktionsstandard-Herstellkosten und die Belastungen der Vertriebsbereiche mit demselben Wert birgt den Nachteil in sich, dass Erfolge aufgrund höherer Absatzleistungen in Form der besseren Auslastung der Produktion gutgeschrieben werden. Dieses lässt sich vermeiden, wenn die abgegebenen Leistungen der Produktion mit Standard-Grenzkosten bewertet werden und mit diesem Wert den Vertriebsbereichen in Rechnung gestellt werden. Der Nachteil dieser Methode liegt dabei zum einen darin, dass den Vertriebsbereichen unseres Erachtens der notwendige „Kalkulationsdruck" fehlt und zum anderen, dass in Fällen, in denen auch Handelswaren vertrieben werden, die Margenstruktur der Vertriebsbereiche uneinheitlich wird. In diesem Falle würden wir immer für die Belastung zu Standardherstellkosten plädieren und würden damit eine sehr einfache Form der Vertriebsabrechnung erhalten, indem der Vertrieb vom Umsatz einen so genannten Wareneinsatz absetzt und damit ein Rohertragsergebnis zur Abdeckung seiner Kosten und des Plan-Deckungsbeitragsvolumens zu erzielen hat.

(2) Die Overhead-Bereiche werden zweckmäßigerweise mit den abgegebenen Leistungen multipliziert mit dem Kostensatz je Leistungseinheit entlastet, die gleichen Leistungen fließen in die entsprechenden Vertriebsbereiche und Produktionsbereiche als Belastung ein. Dieses Verfahren hat den Vorteil, dass eventuelle Kostenüberhänge in den Overhead-Bereichen transparent werden und diese gezwungen werden, die entsprechenden Kostenüberhänge abzubauen. Darüber hinaus gestattet dieses Verfahren sehr gut den Vergleich mit Fremdleistungen des Marktes und erzeugt so zusätzlichen Druck auf Kosteneffizienz in diesen oftmals sehr schwer zugänglichen Bereichen.

(3) Ergänzt werden kann das Verfahren der dezentralen Ergebnisstruktur um die Aufteilung der Unternehmensbilanz in die dezentralen Bilanzen der einzelnen Bereiche mit der Möglichkeit, auch die Bilanzverantwortung zu dezentralisieren. Dieses hat den Vorteil, dass Größen wie Vorräte und Debitoren das notwendige Augenmerk bei der Steuerung erhalten.

Beim Profit-Center-Konzept kommt der Rolle der Standards eine herausragende Bedeutung zu. Die Standards werden über das Budget festgelegt und bilden die Basis für die dezentrale Steuerung, da sie aus dem Budget abgeleitete Ziele und Messlatten für die dezentralen Bereiche bilden. Die Standards sind Voraussetzungen des „Management by Exception" und bilden die so genannten 98% der Normalentwicklung der Unternehmung ab. Über die von Budgetperiode zu Budgetperiode notwendige Veränderung der Standards ist es möglich, die Zielvorgaben sukzessive anzuheben und auf Basis der so ermittelten Ziele dezentrale Ergebnisverantwortung zu erzeugen.

Kapitel 4: Strategisches Controlling

1 Erweiterung des Gegensteuerungs-Zeitraums durch strategisches Controlling

1.1 Notwendigkeit des strategischen Controlling

Seit der Energiekrise hat sich das Umfeld der Unternehmen grundlegend geändert: Neben dem Rückgang der Nachfrage und damit dem Ende des quantitativen Wachstums sind zusätzliche neue Engpässe auf den Beschaffungsmärkten (Ressourcenverknappungen, Preissteigerungen) und im Bereich der Abnehmer und Kunden (Konzentrationen, Preisnachlassforderungen) hinzugekommen. Eine zunehmende Gesetzesflut und Einengung des Handlungsfeldes durch staatliche Stellen haben diesen Prozess noch kompliziert. Damit versagt die Extrapolation als Hilfsmittel der Planung, die bis in die frühen 70er Jahre hinein noch funktionierte, als sich die Unternehmen auf dem Wachstumspfad bewegten und Fehlentscheidungen vielfach durch das quantitative Wachstum überdeckt wurden.

Das operative Controlling, das mit den Instrumenten Planung, Information, Analyse und Gegensteuerung versucht, die Enden zusammenzuhalten, wird immer mehr in die Enge getrieben: Die operativen Gegensteuerungsmaßnahmen greifen in vielen Situationen nicht mehr. Das operative Controlling ist an Grenzen gelangt, die nur durch die Erweiterung um das strategische Controlling überwunden werden können.

Ein wesentlicher Nachteil des operativen Controlling ist die Konzentration aller Aktivitäten und Maßnahmen auf den Zeitraum eines Jahres. Auch die Ergänzung der Jahresplanung um die Mittelfristplanung und die Langfristplanung bringt keine Verbesserung, da beide letztlich nur eine Extrapolation vergangener Größen darstellen und den heutigen Anforderungen an ein sensibles Steuerungsinstrumentarium nicht gerecht werden.

Ein den heutigen Umweltanforderungen adäquates Steuerungsinstrument muss garantieren, dass heute Maßnahmen ergriffen werden, die geeignet sind, dem Ziel der Unternehmung – der langfristigen Existenzsicherung – zu dienen. Für diese Aufgaben ist das operative Controlling überfordert, da

❏ die Begrenzung auf die Ein-Jahres-Periode die Steuerung von Maßnahmen zur langfristigen Existenzsicherung geradezu blockiert,
❏ das operative Controlling durch das Arbeiten mit Kosten und Erträgen Größen nicht einbeziehen kann, die nicht quantifizierbar sind, aber die zukünftige Ertragskraft bestimmen.

Strategisches Controlling hat die Aufgabe, dafür zu sorgen, dass heute Maßnahmen ergriffen werden, die zur zukünftigen Existenzsicherung beitragen. Das heißt, es sind heute systematisch zukünftige Chancen und Risiken zu erkennen und zu beachten und damit Erfolgspotenziale für die Zukunft aufzubauen. Diese Erfolgspotenziale sind die Vorsteuerungsgrößen für den Gewinn, da sie doch mit hoher Wahrscheinlichkeit zukünftige positive operative Ergebnisse garantieren. Damit hat das strategische Controlling die Aufgabe, die Vorsteuerungsgrößen für zukünftige operative Ergebnisse aufzubauen und das Feld zur Erreichung zukünftiger Ergebnisse zu ebnen (Gälweiler, Aloys: Controller & Strategische Planung – 10 Thesen; Mann, Rudolf: Praxis strategisches Controlling, a.a.O., S. 29 ff.).

1.2 Besonderheiten des strategischen Controlling

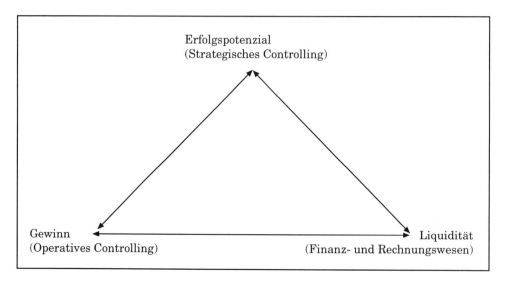

Ausgehend von diesem Controlling-Ziel-Dreieck und der Tatsache, dass diese Größen in einem direkten und indirekten Vorsteuerungs-Zusammenhang stehen, ergibt sich die Notwendigkeit unterschiedlicher Zuständigkeiten für die Erreichung dieser Zielsetzungen. Auf der anderen Seite wird deutlich, dass ebenso wie die Instrumente zur Liquiditätssteuerung nicht für ein operatives Controlling ausreichen, auch die Instrumente des operativen Controlling kein funktionierendes strategisches Controlling garantieren können. Aus diesem Grunde verlangt das strategische Controlling andere Steuerungsinstrumente, die dem Anspruch und der Zielsetzung des Aufbaus und der Steuerung von Erfolgspotenzialen zur Existenzsicherung der Unternehmung gerecht werden.

Diese Notwendigkeit anders gearteter Steuerungsinstrumente wird besonders deutlich, wenn man sich die wesentlichen Unterschiede zwischen dem strategischen und dem operativen Controlling vor Augen hält (Mann, Rudolf: Praxis strategisches Controlling a.a.O., S. 29):

(1) Zeitlicher Horizont: Im Gegensatz zum operativen Controlling, das eine Begrenzung des Zeithorizontes auf die jeweilige Planungsperiode kennt, arbeitet das strategische Controlling ohne eine Begrenzung des zeitlichen Horizontes.

(2) Dimension: Im operativen Controlling kennt man in erster Linie die Größen „Kosten" und „Erträge". Das strategische Controlling arbeitet grundsätzlich mit allen Größen, die für die zukünftige Entwicklung der Unternehmung relevant sind. Die dabei zu verarbeitenden, mehr qualitativen Einflussfaktoren sind zunächst nicht in Kosten und Erträgen quantifizierbar, sondern erfahren ihre Berücksichtigung im Controlling-System über die Skalierung und qualitative Komponenten.

(3) Umwelt: Während das operative Controlling historisch bedingt weitgehend introvertiert arbeitet und erst durch die Kundendeckungsbeitragsrechnung ein extrovertiertes Instrument bekommen hat, das den Übergang zum strategischen Controlling darstellt, arbeitet das strategische Controlling primär umweltbezogen. Das heißt, es werden alle im Umfeld des Unternehmens relevanten Faktoren und Tatbestände in ihrer Auswirkung auf die zukünftige Situation berücksichtigt. Ein Schwerpunkt dieser Umweltbetrachtungen sind die relevanten Wettbewerber, die Ressourcen, die Vertriebswege usw.

(4) Termindruck: Während das operative Controlling immer unter Termindruck und Zwang arbeitet, da durch das Geschäftsjahr gesetzte Zeitpunkte eingehalten werden müssen, ist dies für das strategische Controlling nicht erforderlich. Es gibt in jeder Entscheidungssituation die Möglichkeit, durch operative Entscheidungen strategisch notwendigen Umdenkungsprozessen auszuweichen.

(5) Planungs- und Führungsstil: Die operative Planung wird nach dem Netzplan-Prinzip erarbeitet: jeder Funktionsbereich hat zu bestimmten Zeitpunkten seine funktionalen Teilpläne vorzulegen, die nach verschiedenen Abstimmungsschritten zum Gesamtplanungswerk integriert werden. Hingegen fordert die strategische Planung, dass in einer interdisziplinären Klausursitzung durch das Team alle Funktionsbereiche Chancen und Risiken aus unterschiedlichen Blickwinkeln betrachten. Insofern ist die strategische Planung das Mittel, das zum Überspringen überkommener funktionaler Organisationsbarrieren geradezu zwingt und das Know-how nutzt, das im Tagesgeschäft unter funktionalen Eigeninteressen vielfach gar nicht hochkommt.

(6) Zielsetzung: Im Gegensatz zum operativen Controlling handelt es sich beim Gewinnziel nicht um ein strategisches Ziel, sondern lediglich um das Ergebnis richtigen strategischen Handelns. Die strategische Zielsetzung der Unternehmung ist die Existenzsicherung, die nur dann sichergestellt ist, wenn die Unternehmung in der Lage ist, bestimmte Probleme einer konkreten Zielgruppe nachhaltig besser zu lösen als die Konkurrenz.

Auch das strategische Controlling arbeitet mit den Bausteinen Planung, Information, Analyse/Kontrolle und Steuerung. Der Stellenwert und die Schwerpunktaufgaben der Einzelfunktionen jedoch haben eine andere Ausprägung. Im *operativen* Controlling liegen die Schwerpunktaufgaben in

❏ der Kursfixierung durch die Planung,
❏ dem Aufbau eines Controller-Berichtswesens zur Information der Entscheidungsträger,
❏ dem Plan-Ist-Vergleich als Mittel zur Analyse und Kontrolle und
❏ der Steuerung zur Kurseinhaltung der in der Planung fixierten Zielsetzungen:

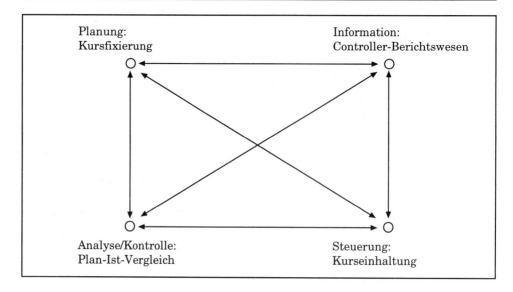

Im *strategischen* Controlling erhalten die Funktionen einen anderen Aufgabencharakter und Stellenwert:

❏ Planung: Schwerpunktaufgabe der strategischen Planung ist die Suche, der Aufbau und die Nutzung von Erfolgspotenzialen zur langfristigen Existenzsicherung.

❏ Information: Das strategische Informationssystem hat in der ersten Stufe nach Einführung einer strategischen Planung die Sensibilisierung der Entscheidungsträger für strategisches Handeln zur Aufgabe. Es liefert die Basisinformationen, die für die Ansteuerung der strategischen Ziele und die Umsetzung der Strategien erforderlich sind.

❏ Analyse/Kontrolle: Die Analyse/Kontrolle hat den Vergleich der strategischen Plan- und Ist-Werte zur Aufgabe und die Verzahnung zum operativen Controlling herzustellen.

❏ Steuerung: Die Steuerungsaufgaben im Rahmen des strategischen Controlling sind auf ihre operativen Auswirkungen und auf ihre langfristigen strategischen Auswirkungen zu prüfen. Dabei kommt es entscheidend darauf an, solche Maßnahmen auch im operativen Bereich zu treffen, die strategisch nicht schädlich sind:

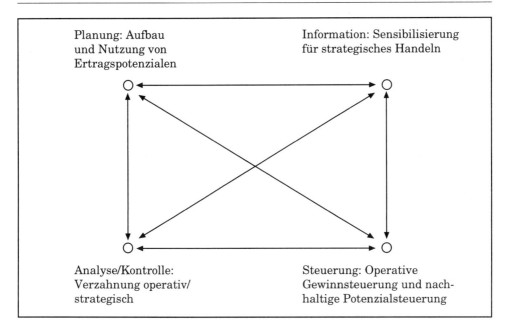

Damit wird klar, dass

❏ operatives und strategisches Controlling je einen funktionalen Regelkreis bilden,
❏ diese Regelkreise miteinander vermascht sind, d.h., dass sowohl operative als auch strategische Handlungen an den übergeordneten Zielsetzungen zu prüfen und in ihren Auswirkungen auf die einzelnen Parameter zu gewichten sind,
❏ eine organisatorische Trennung beider Zuständigkeiten in der Praxis nicht machbar ist, da für jede Funktion die Informationen des anderen Bereichs zwangsläufig erforderlich sind, um im Sinne eines interfunktionalen Feedforward die erforderlichen Impulse für die Gegensteuerungsmaßnahmen zu besitzen.

1.3 Strategische Planung, strategisches Controlling, strategisches Management

Es reicht nicht, das vorhandene operative Controlling-System um eine strategische Planung zu ergänzen, wenn man strategisches Controlling haben möchte. Dann passiert das, was in vielen Unternehmen, die eine strategische Planungsabteilung besitzen, oft anzutreffen ist: Strategische Planung ist eine Aufgabe einzelner Stabs-Spezialisten, die von keinem im Unternehmen ernst genommen werden. Die strategische Planung schwimmt wie eine Wolke über dem Tagesgeschäft.

Erst die Ergänzung der strategischen Planung um die Bausteine Information, Analyse, Kontrolle und Steuerung garantiert, dass strategisches Controlling aktiv praktiziert wird und sichert die Verzahnung der strategischen Planung und Steuerung mit dem operativen Tagesgeschäft. Erst in diesem Falle ist die Grundlage für ein integriertes Steuerungsinstrumentarium gelegt, das bei der Steuerung im Tagesgeschäft auch weitsichtig die langfristigen Steuerungserfordernisse einbezieht.

Strategisches Controlling erfordert die Ergänzung durch strategisches Management. Erst aus der Kombination beider Teile entsteht eine aktive strategische Steuerung des Unternehmens zur nachhaltigen Existenzsicherung. Strategisches Management ist dabei nicht eine neue Management-Philosophie, sondern die Art des Tätigwerdens in Bezug auf die langfristigen strategischen Unternehmensziele hin. Dabei besitzt das strategische Controlling den gleichen Stellenwert, den das operative Controlling im Rahmen des operativen Geschäftes besitzt. Die Frage, wie das strategische Controlling organisatorisch aufzuhängen ist, erfährt allerdings einen höheren Stellenwert. Von der zweiten Ebene aus ist das strategische Management durch den Controller nicht mehr durchzuführen. Controlling erfordert hier die Vertretung auf der obersten Hierarchieebene.

2 Planung: Aufbau und Nutzung von Ertragspotenzialen

2.1 Instrumente

Die Erarbeitung von Unternehmensstrategien ist nichts Neues. Auch vor der Entwicklung der heute bekannten Methoden hat es Unternehmen gegeben, die durch konsequente Umsetzung ihrer Strategien erfolgreich waren. Die heute bekannten Methoden helfen vielmehr, Strategien systematisch und strukturiert zu erarbeiten.

2.1.1 Strategische Grundregeln

Aus eigener Erfahrung, der Analyse erfolgreicher Strategien anderer Unternehmen, aus militärischen oder sonstigen Erfahrungen sind in jedem Unternehmen bestimmte strategische Grundregeln bekannt. Dabei handelt es sich um Lebenserfahrungen, die sich aufgrund ihrer Allgemeingültigkeit auch auf Strategieüberlegungen übertragen lassen.

Eine kurze Sammlung solcher strategischer Grundregeln gibt für die Strategieerarbeitung und -umsetzung nachfolgende Hinweise:

(1) Konzentration auf Stärken.
(2) Mitteleinsatz dort, wo die Wirkung am größten ist.
(3) Nicht kleckern, sondern klotzen.
(4) Angriff ist die beste Verteidigung.
(5) Nur nicht alle Eier in einen Korb werfen.
(6) Wer nicht wagt, der nicht gewinnt.

(7) Autonomie und unternehmerischen Freiraum schaffen.
(8) Marktspielregeln und Branchenprofessionalitäten beachten.
(9) Einfache Strukturen, „schlanke" Stäbe schaffen.
(10) Konsequenz und „Gerade-Linie" bei der Umsetzung bewahren.

Diese Aufzählung lässt sich erweitern. Entscheidend ist, dass diese recht einfach klingenden Grundregeln viel Wahres in sich bergen und den mehr analytisch orientierten Strategie-Instrumenten empirisch pragmatisch, zum Handeln antreibende Momente entgegensetzen.

Vergleichbare Empfehlungen werden auch von Peters und Waterman (Auf der Suche nach Spitzenleistungen, S. 38) als Besonderheiten der von ihnen untersuchten US-Unternehmen angeführt:

(1) Primat des Handelns
(2) Nähe zum Kunden
(3) Freiraum für Unternehmertum
(4) Produktivität durch Menschen
(5) Sichtbar gelebtes Wertsystem
(6) Bindung an das angestammte Geschäft
(7) Einfacher, flexibler Aufbau
(8) Straff-lockere Führung

Diese Grundregeln und Erfolgsfaktoren finden sich in vielen Unternehmensstrategien wieder. Es hat den Anschein, als dass die besonders erfolgreichen Unternehmen sich vor allem durch einfache „Grundtugenden" unternehmerischen Handelns auszeichnen.

Vergessen werden darf bei der Anwendung dieser strategischen Grundregeln aber nicht, dass es sich um Erfahrungen handelt, die allein noch kein strategisch gutes Konzept ausmachen. Viele Konzepte leiden daran, dass sie mit einer solchen Anhäufung derartiger Grundregeln aufgefüllt werden, dass die dahinterstehenden Kernaussagen verblassen und die an sich richtigen Empfehlungen durch die massive Anhäufung den Charakter von „Allgemeinplätzen" annehmen.

2.1.2 Potenzialanalyse

„Die faszinierendste Größe, mit der sich das strategische Controlling beschäftigt, ist das Potenzial. Es ist eine immaterielle Größe, die eine Unternehmung

❏ steuerbegünstigt aufbauen kann (da die immateriellen Investitionen sofort als Kosten den steuerpflichtigen Gewinn reduzieren)
❏ steuerfrei halten kann (da immaterielle Werte in unseren Bilanzen nicht erscheinen und deshalb keine Vermögensteuer verursachen) und
❏ von der Unternehmung zur Ertragsverbesserung kostenlos genutzt werden kann (da Potenziale als immaterielle Güter ohne Abnutzung gebraucht werden können; nur materielle Güter werden mit ihrer Verwendung auch abgenutzt oder verbraucht)." (Mann, Rudolf: Praxis strategisches Controlling, a.a.O., S. 53).

Potenziale, die von Gälweiler auch als Vorsteuergröße des Gewinns bezeichnet werden, sind die eigentlichen Stärken einer Unternehmung, die es ermöglichen, eigene Stärken auf fremde Schwächen zu konzentrieren. Nur wenn diese Konzentration gelingt, ist die Zielsetzung der Strategie als Befriedigung von Problemen der Zielgruppe möglich.

Wenn Strategie die Konzentration von eigenen Stärken auf fremde Schwächen ist, so setzt der strategische Planungsprozess am besten bei der Suche nach diesen eigenen Stärken zur Findung von Potenzialen an.

Es hat sich aus eigenen Erfahrungen bewährt, diese Potenzialanalyse ohne vorbereitetes Informationsmaterial im Team als „Ad hoc-Informationssammlung" durchzuführen. Dieser Prozess der Potenzialanalyse läuft in folgenden Stufen ab: (Siehe dazu Mann, Rudolf: Praxis strategisches Controlling, a.a.O., S. 53 ff.).

2.1.2.1 Stärken-Schwächen-Analyse

Die Stärken-Schwächen-Analyse vollzieht sich in folgenden Teilschritten:

(1) Sammlung vergangener Erfolge und Misserfolge: Hierbei handelt es sich um eine einfache Auflistung der Erfolge und Misserfolge, die die Unternehmung in der Vergangenheit zu verzeichnen hatte. Diese Faktoren werden auf einem „Flip-chart" gesammelt.

(2) Analyse der Ursachen vergangener Erfolge und Misserfolge: Die vergangenen Erfolge und Misserfolge werden im Team intensiv diskutiert, analysiert und auf ihre Ursachen reduziert. Diese Ursachen werden ebenso auf einem Flipchart festgehalten und so für die weitere Diskussion aufbereitet. Nach diesen beiden Teilschritten ist die Betrachtung der vergangenen Entwicklung der Unternehmung abgeschlossen.

(3) Sammlung der zukünftigen internen Stärken und Schwächen: In dieser Stufe nennt jeder Teilnehmer die aus seiner Sicht für den zukünftigen Erfolg wesentlichen Stärken des Unternehmens sowie die Schwächen, die den Erfolg beeinträchtigen können.

(4) Sammlung der externen zukünftigen Chancen und Risiken: Diese Sammlung erfolgt in der gleichen Form wie die Sammlung in Stufe 3, nur dass jetzt der Blick auf das Umfeld der Unternehmung gerichtet ist und geprüft wird, welche Chancen den Erfolg begünstigen und welche Risiken den Erfolg beeinträchtigen können. Auch diese Faktoren werden aufgelistet und auf einem Flip-chart festgehalten.

(5) Auswertung der Stärken-Schwächen-Analyse: Jeder Teilnehmer des Planungsteams bewertet mit 10 Selbstklebepunkten die aus seiner Sicht für die zukünftige Entwicklung wesentlichen positiven und negativen Faktoren.

(6) Fazit: Einer der Teilnehmer des Planungsteams zieht ein Fazit dieser Ausgangsanalyse, das ebenfalls auf einem Flip-chart festgehalten wird.

2.1.2.2 Schlüsselfaktoren

In den Zeiten des allgemeinen Wachstums unserer Märkte gab es für jedes Unternehmen genug Wachstumschancen. Es galt nur, das Wachstum intern durch Investitionen, Organisation etc. zu verkraften. Mit dem Rückgang der Nachfrage und der weitgehenden Stagnation der Märkte wurde es immer schwieriger, Märkte zu erschließen. Dieses Problem findet seinen Ausdruck in einer immer größeren Zahl von Schlüsselfaktoren, um Probleme der Zielgruppe zu befriedigen.

Schlüsselfaktoren sind diejenigen immateriellen Faktoren, die über den Erfolg in einem bestimmten Markt/Geschäft entscheiden (Widmer, Hans: Strategische Unternehmensführung, Zürich 1978, S. 6 ff.). Jede Branche und jedes Segment kennt solche Schlüsselfaktoren. Für den Erfolg einer Unternehmung ist es entscheidend,

❑ wie viele der für den Erfolg in dem betreffenden Geschäft entscheidenden Schlüsselfaktoren sie beherrscht,
❑ welche dieser Schlüsselfaktoren sie besser im Griff hat als der Wettbewerb,
❑ wie sie sich bezüglich der Schlüsselfaktoren von den Wettbewerbern differenziert.

Ebenso wie im Rahmen der Stärken-Schwächen-Analyse ist es erforderlich, sich über die Schlüsselfaktoren der Branche im Planungsprozess im Klaren zu sein, da sie den Ansatzpunkt der Strategien und durchzuführenden Maßnahmen sind.

Die Bestimmung der Schlüsselfaktoren läuft in folgenden Stufen ab:

(1) Ad hoc-Sammlung von Schlüsselfaktoren durch das Planungsteam in Form des Brain-storming.
(2) Prüfung der Schlüsselfaktoren auf Vollständigkeit. Hierzu empfiehlt sich die Benutzung einer Checklist:

Checklist: Schlüsselfaktoren

1. Marketing/Markt/Image
- Marke
- Markenimage Verbraucher
- Markenimage Handel
- Marktanteil
- Innovationskraft
- Marketing-Konzeption
- Werbung
- Produkt-Idee und Durchsetzungskraft
- Kompetenz beim Verbraucher
- Kompetenz beim Handel
- Abstimmung Marketing-Mix
- Zusammensetzung Marketing-Mix
- Kommunikation
- Hersteller-Kompetenz
- Tradition
- Selbstverständlichkeit der Markenverwendung
- Problemlösung
- Produkt-Qualität
- Kreativität

2. Außendienst/Vertrieb/Logistik
- Distributionskraft
- Außendienst-Organisation
- Kopfzahl Außendienst
- Beziehungen zu Handelspartnern
- gemeinsame Verkaufsförderung mit Handel
- Account-Management
- Handels-Marketing

- Distribution
- Motivation der Mannschaft
- Steuerung des Außendienstes
- Konditionenpolitik
- Aktionssteuerung
- Kooperation in Teilbereichen

- Handels-Manager
- physische Distribution
- Struktur der Außenläger
- Servicegrad
- Lieferbereitschaft

3. **Verwaltung**
- Flexibilität
- Controlling
- optimale Besetzung
- Informations- und Steuerungs-
  instrumentarium

- Finanzkraft
- gute externe Kontakte

4. **Produktion/Beschaffung**
- Produktions-Know-how
- Kenntnis Rohwaren-/Beschaffungs-
  märkte
- Produktivität

- Produktivitätsreserven
- günstige Standorte
- günstige Overhead-Struktur

(3) Bewertung der Schlüsselfaktoren nach ihrer Wichtigkeit für die zukünftige Unternehmensexistenz in der Branche. Dabei sollten sich die fünf bis zehn wesentlichen Schlüsselfaktoren herausbilden.

(4) Präzisierung der ausgewählten und bewerteten Schlüsselfaktoren. Dieser Schritt ist erforderlich, um die Schlüsselfaktoren mit Leben zu erfüllen und sicherzustellen, dass keine Allgemeinplätze verwendet werden.

(5) Prüfung der Schlüsselfaktoren an den eigenen Erfolgen und Erfolgen der Konkurrenz. Diese zusätzliche Plausibilitätsprüfung soll sicherstellen, dass nur solche Schlüsselfaktoren verwendet werden, die für den Erfolg in der Branche entscheidend sind.

2.1.2.3 Potenzial Stärken/Schlüsselfaktoren

Nach der Sammlung und Präzisierung von Schlüsselfaktoren und eigenen Stärken werden

- ❑ die Schlüsselfaktoren als externe und objektivierbare Faktoren
- ❑ die Stärken als interne, subjektive Erfolgskomponenten

grafisch mithilfe einer Profildarstellung unter Verwendung des nachfolgenden Formulars präzisiert.

Aufbau und Nutzung von Ertragspotenzialen

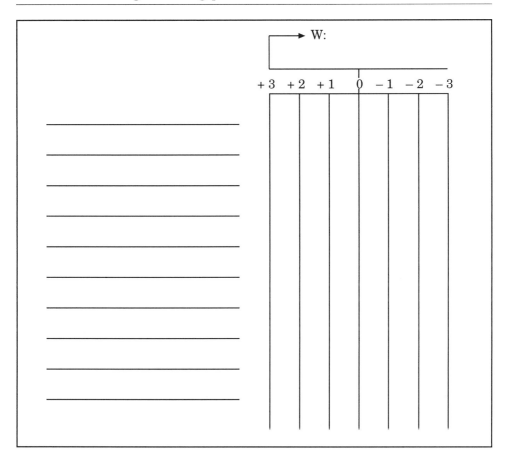

Diese Präzisierung läuft in folgenden Schritten ab:

(1) Eintragung der 10 Schlüsselfaktoren und Stärken in die Zeilen des Formulars.
(2) Festlegung des wichtigsten Wettbewerbers, mit dem man die eigenen Stärken und die Dominanz von Schlüsselfaktoren vergleicht.
(3) Die Bewertung von Stärken und Schlüsselfaktoren erfolgt nun relativ zum stärksten Wettbewerb, wobei dieser in der Quantifizierung die Bewertung „0" erhält.
(4) Im nächsten Schritt wird die relative Bewertung der eigenen Stärken und die Beherrschung der Schlüsselfaktoren im Vergleich zu diesem Wettbewerber dargestellt. Werte zwischen 0 und + 3 bedeuten, dass die Unternehmung besser abschneidet als der Wettbewerb, Werte zwischen 0 und − 3 entsprechend, dass die Unternehmung hier dem Wettbewerber unterlegen ist.
(5) In einem letzten Schritt wird sowohl für die Stärken als auch für die Schlüsselfaktoren die Verstärkung bei Unbegrenztheit aller dafür erforderlichen Mittel simuliert. Dieses Potenzial wird ebenfalls in der Grafik markiert.

2.1.2.4 Ergebnis der Potenzialanalyse

Aus der unterschiedlichen Ausprägung der beiden Profile für die eigenen Stärken und die Schlüsselfaktoren können folgende Aussagen abgeleitet werden:

- ❏ Die Zahl und Stärke der Ausprägung der genutzten Potenziale ist ein Indiz für die Lebenskraft der Unternehmung. Je mehr positive Ausprägungen in beiden Profilen vorhanden sind, um so stärker und profilierter gegenüber dem Wettbewerb ist die Unternehmung.
- ❏ Die Differenz zwischen genutzten und nutzbaren Potenzialen zeigt für die Zukunft Chancen auf. Ist diese Differenz groß, so eröffnen sich Möglichkeiten, die aktiv zu nutzen sind.
- ❏ Bei sehr schwach ausgeprägten Potenzialen stellt sich die Frage, ob es daran liegt, dass das Management kraftlos ist oder ob die schwache Profilierungsmöglichkeit an der grundsätzlichen Differenzierbarkeit innerhalb der Branche liegt. Hier müssen tiefergehende Analysen ansetzen.

Aus dem Vergleich des Stärkenprofils und des Profils der Schlüsselfaktoren lässt sich erkennen,

- ❏ ob die eigenen Stärken einer Unternehmung auch gleichzeitig Schlüsselfaktoren sind, d.h., ob die Faktoren, in denen die Unternehmung stark ist, auch über den Erfolg in der Branche bestimmen,
- ❏ und ob die Unternehmung sich nicht besser mit ihren Stärken in einer anderen Branche betätigt, wo die Stärken gleichzeitig Schlüsselfaktoren sind.

Im Anschluss an diese Auswertung empfiehlt sich ein kurzes Brainstorming, um Maßnahmen zur Verstärkung der vorhandenen Stärken zu suchen. Diese Maßnahmen können für einen späteren Zeitpunkt der strategischen Planung aufbewahrt werden, um dann konkretisiert zu werden.

2.1.3 Zielsetzung

2.1.3.1 Leitbild

Das Leitbild als qualitative Unternehmungszielsetzung macht eine Aussage darüber, wozu eine Unternehmung da ist und wozu nicht. Es drückt aus, was eine Unternehmung im Mittelfristzeitraum anstrebt und welche konkreten Probleme sie für welche Zielgruppe nachhaltig besser lösen will als die Konkurrenz. Diese qualitative Zielsetzung drückt die Existenzgrundlage der Unternehmung aus und soll für alle Beteiligten ein Ansporn und ein Identifikationsmerkmal sein.

Für den Mindestinhalt, den ein Leitbild umfassen soll, empfiehlt es sich, folgende Punkte durchzuarbeiten:

(1) Firma, Gruppe, Konzern
(2) Leistung, Produktion
(3) Absatz, Vertriebsleistung
(4) Produkte, Problemlösungen, Herkunft

(5) Qualität
(6) Preislage
(7) Marke, Firma, Ausstattung
(8) Eigener/fremder Vertriebsapparat
(9) Regionales, nationales, internationales Vertriebsgebiet
(10) Vertriebskanäle
(11) Zielgruppen (Mittler/Verbraucher/Käufer)

Erläuterungen:

(1) Firma, Gruppe, Konzern: Welche Aussage verbindet sich mit dem Namen der Firma, wie ist ihre Stellung innerhalb einer Unternehmensgruppe oder eines Konzerns, welche konkreten Aufgaben nimmt sie innerhalb dieses Verbundes wahr?

(2) Leistung, Produktion: Was produziert die Unternehmung an Gütern, zu welchen Zwecken? Produziert sie selbst, welche Teile bezieht sie zu, welche Produktionsbreite und -tiefe wird mittelfristig angestrebt?

(3) Absatz, Vertriebsleistung: Welche Vertriebsleistung nimmt die Unternehmung wahr? Vertreibt sie nur Eigen- oder auch Fremdprodukte?

(4) Produkte, Problemlösungen, Herkunft: Welche Produkte werden für welche Problemlösungen erstellt? Befinden sich diese Produkte im Stadium der Urproduktion, der Weiterverarbeitung oder eines hohen Reifestadiums?

(5) Qualität: Welche Qualität wird mit den Problemlösungen und Produkten angestrebt: mittlere Qualität, untere Qualität oder gehobene Qualitätsleistung?

(6) Preislage: In welchem Preissegment bewegen sich die wesentlichen Produktsortimente der Unternehmung? Vertreibt man in einer Preislage unterhalb der Mittellinie oder oberhalb der Mittellinie? Gibt es Produkte, die im oberen Preisniveau angesiedelt sind?

(7) Marke, Firma, Ausstattung: Werden alle Produkte unter einer Marke (Dachmarke) vertrieben oder besitzt jedes Produkt eine einzelne Marke (Solitär)? Ist der Firmenname mit dem Produktnamen identisch? Werden Markenartikel oder namenlose Produkte vertrieben?

(8) Eigener/fremder Vertriebsapparat: Wird über eine eigene Außendienstorganisation vertrieben, die nur eigene Produkte vermarktet, oder wird auch für fremde Produzenten gebrokert? Bedient man sich eines Handelsvertreterapparats für Teilsegmente oder geht man generell über den eigenen Vertriebsapparat?

(9) Regionales, nationales, internationales Vertriebsgebiet: Welche regionale Ausdehnung wird mit den Produkten mittelfristig angestrebt? Will man nur in Teilbereichen seine Produkte anbieten oder national als Markenartikler? Wann will man international expandieren?

(10) Vertriebskanäle: Geht jedes Produkt über einen Vertriebskanal oder alle Produkte über den gleichen Vertriebskanal oder gibt es produktspezifische Vertriebskanalsegmentierungen?

(11) Zielgruppen: Sind die Käufer der Produkte identisch mit den Verbrauchern der Produkte? Welchen Stellenwert erhält der zwischengeschaltete Absatzmittler?

Ein Leitbild, das zu diesen Fragen eine konkrete Aussage enthält, bildet für zukünftige strategische und operative Entscheidungen einen Filter, der garantiert, dass diese langfristigen qualitativen Zielsetzungen angestrebt werden.

2.1.3.2 Quantitatives Ziel

Das quantitative Unternehmensziel ist eine Mischung aus betriebswirtschaftlichen Zielgrößen, die die Ziele der Kapitaleigner, kurzfristige Ergebnisziele und branchenbezogene Zielsetzungen umfassen. Sie drücken den Anspruch aus, den die Unternehmung aufgrund ihres Leitbildes mittelfristig erreichen will. Sie betreffen folgende Teilbereiche:

1. **Ergebnisziele**
   - Umsatzrendite
   - Kapitalumschlag
   - Return-on-Investment
   - Eigenkapitalrendite
   - Rendite des zu verzinsenden Kapitals
   - Cash Flow usw.

2. **Bilanzkennzahlen**
   - Anlagendeckungsgrad
   - Working Capital
   - Eigenkapitalanteil
   - Fremdkapitalanteil
   - Bilanzsumme in % vom Umsatz
   - Investitionsquote usw.

3. **Produktivitätskennzahlen**
   - Umsatz je Beschäftigten
   - Gesamtleistung je Beschäftigten
   - Personalkosten je Beschäftigten
   - Umsatz je qm usw.

4. **Marktbezogene Zielsetzungen**
   - Marktanteil
   - Produktwachstum
   - Distribution
   - Preisabstand
   - Abverkauf pro führendes Geschäft usw.

5. **Umsatzbezogene Zielsetzungen**
   - Marketingaufwendungen in % vom Umsatz
   - Forschungs- und Entwicklungsaufwendungen in % vom Umsatz
   - Betriebsergebnis in % vom Umsatz
   - Personalkosten in % vom Umsatz
   - Deckungsbeitrag in % vom Umsatz
   - Kapitalkosten in % vom Umsatz usw.

2.1.3.3 Strategische Lücke

Um zu prüfen, ob die gesetzten Unternehmensziele mittelfristig erreichbar sind, empfiehlt sich das Instrument der strategischen Lücke. Im Beispiel auf Seite 125 zeigt sich eine strategische Lücke von TEUR 575 als Differenz zwischen der Planextrapolation mit Rationalisierungsmaßnahmen und der mittelfristigen Unternehmenszielsetzung einer 7%igen Umsatzrendite. Diese strategische Lücke macht deutlich, dass die Ergebnislücke nicht mehr durch operative Maßnahmen überbrückt werden kann und dass eine Änderung der Unternehmensstrategien erfolgen muss. Die strategische Lücke bildet damit den Einstieg für die Änderungsnotwendigkeit bisher gefahrener Strategien.

2.1.4 Wachstumskonzept

2.1.4.1 Quantitatives und qualitatives Wachstum

Quantitatives Wachstum bedeutet Wachstum durch Erhöhung der Absatzmengen in bestehenden Sortimenten und Problemlösungen. Eine solche Wachstumsstrategie ist gerechtfertigt zur

- Erreichung einer in der Branche konkurrenzfähigen Unternehmensgröße,
- Ausnutzung von Kosteneinsparungsmöglichkeiten nach dem „Boston-Effekt",
- bessere Auslastung vorhandener Kapazitäten,
- effizientere Nutzung noch nicht genutzter Ertragspotenziale.

Wenn diese Chancen nicht gegeben sind, sollte qualitatives Wachstum Vorrang haben, d.h., Wachstum durch eine qualitative Verbesserung der Absatzstruktur. Dieses kann geschehen durch

- Verbesserung der Absatzstruktur bei Kunden, Sortimenten, Vertriebswegen etc.,
- stärkere Differenzierung gegenüber den Wettbewerbern durch eine Politik der Marktnischen,
- Verbesserung der Problemlösungsfunktion des vorhandenen Sortiments.

Eine solche Politik zielt darauf, durch qualitative Verbesserung der Absatzstruktur in stagnierenden Märkten zu Wachstum zu kommen, indem eine konsequente Politik der Marktsegmentierung betrieben wird.

2.1.4.2 Diversifikation und Konzentration

Konzentrationsstrategien zielen darauf, die Möglichkeiten im vorhandenen Betätigungsfeld der Unternehmung noch stärker auszureizen. Eine Konzentrationsstrategie bedeutet aber auf der anderen Seite

- die Konzentration aller Mittel der Unternehmung auf die angestammten Bereiche,
- die Beibehaltung der in der Vergangenheit praktizierten Reinvestitionsautomatik,

- die Abhängigkeit des Schicksals der Unternehmung von einem „Standbein",
- den Zwang zu schnellerem Wachstum als der Wettbewerb, wenn man bisher in der Position des Marktzweiten ist.

Das Gegenteil zur Konzentrationsstrategie ist die Diversifikationsstrategie. Die Diversifikation verfolgt die Zielsetzung der Risikostreuung und der Ausweitung der Betätigungsfelder auf neue Bereiche. Für das Wachstum gibt es die nachfolgend dargestellten Möglichkeiten (vgl. auch Wittek, Burkhard F.: Strategische Unternehmensführung bei Diversifikation, Berlin-New York 1980, S. 50 ff.):

Produkte / Problemlösungen	Märkte / Zielgruppen		
		Alt	Neu
	Alt	Konzentration Marktdurchdringung	Marktausweitung regional international
	Neu	Sortimentsausweitung horizontal vertikal	Diversifikation

(1) Eine Strategie, die mit dem heutigen Sortiment für heutige Märkte agiert, ist die Konzentration.

(2) Die Ausweitung alter Produkte für neue Märkte kann regional oder überregional erfolgen, sich aber auch auf neue Problemlösungen und Zielgruppen konzentrieren.

(3) Die Positionierung neuer Produkte für vorhandene Märkte und Zielgruppen kann horizontal durch Sortimentsverbreiterung oder vertikal durch Vertiefung der bisherigen Sortimentsansätze erfolgen.

(4) Geht man mit neuen Produkten in völlig neue Märkte, so liegt der Fall der lateralen Diversifikation vor.

Diversifikationsstrategien bieten sich an, wenn

(1) in den heutigen strategischen Geschäftseinheiten rückläufige Entwicklungen zu verzeichnen sind,

(2) die Gewinnpotenziale dieser vorhandenen Geschäftseinheiten ausgereizt sind,

(3) die Unternehmung über hohe Gewinne verfügt, die im vorhandenen Betätigungsfeld nicht mehr wirtschaftlich sinnvoll angelegt werden können.

Wenn diese drei Fälle gegeben sind, bietet die Diversifikation die Möglichkeit eines weiteren Unternehmenswachstums, der Risikostreuung und der Investition vorhandener Mittel zum Aufbau neuer Ertragspotenziale.

Diversifikationsstrategien tragen allerdings nicht zur Lösung von Problemen bei, die in den angestammten Arbeitsgebieten der Unternehmung auftreten. Viele Unternehmungen versuchen, nicht mehr vorhandenes Wachstum in angestammten Bereichen allein über eine Diversifikation zu kompensieren, ohne Möglichkeiten einer Konzentrationsstrategie geprüft zu haben.

Handelt es sich hierbei um Unternehmungen mit schlechter Rentabilität, so führt die Diversifikation oft in eine Sackgasse.

Diversifikationsstrategien sind darüber hinaus strategisch falsch, wenn sie darauf gerichtet sind,

❑ in ein langsam wachsendes oder stagnierendes Marktsegment einzudringen,
❑ den Marktanteil in einem gering wachsenden oder stagnierenden Segment zu erhöhen,
❑ in ein Marktsegment einzudringen, das von einigen wenigen Unternehmungen beherrscht wird, die die Kostenvorteile der betreffenden Branche ausspielen können (Hinterhuber, Hans H.: Strategische Unternehmensführung, Berlin-New York 1977, S. 109).

Aus diesen Gründen sollte eine Diversifikationsstrategie folgende Komponenten berücksichtigen:

❑ Nutzung von „Synergieeffekten",
❑ möglichst nahe um das vorhandene Betätigungsfeld, um eigenes Know How einsetzen zu können,
❑ Verstärkung der eigenen angestammten Position durch Besetzung von Randfeldern,
❑ Erschließung attraktiver Wachstumssegmente.

Die nachfolgende Checklist hilft, die für die Beurteilung einer Diversifikation wesentlichen Punkte zu berücksichtigen. Diese Checklist kann ebenso verwendet werden, wenn es sich um Unternehmensakquisitionen handelt, die im oder außerhalb des vorhandenen Betätigungsfeldes liegen. Diese Kriterien treten dann in Ergänzung zu den traditionellen Faktoren der Unternehmensbewertung wie Ertragswert, Substanzwert, übernahmefähiges Deckungsbeitragsvolumen etc.:

Checklist zur Diversifikationsprüfung		
	Ja	Nein
Synergiechancen	☐	☐
• Außendienst	☐	☐
• Verwaltung	☐	☐
• Produktion	☐	☐
Realisierung des Boston-Effektes	☐	☐
Ergebnisverbesserung	☐	☐
Deckungsbeitragsverbesserung	☐	☐
Unabhängigkeit	☐	☐
Wachstumschancen nutzen	☐	☐
Risikostreuung	☐	☐
Know How Übernahme	☐	☐
Verlustfreie Expansion	☐	☐
Nutzung von Marktchancen	☐	☐
Abblocken der Konkurrenz	☐	☐
Abhängigkeit von Vorlieferanten reduzieren	☐	☐
Gewinnung von Marktmacht	☐	☐
Abwehr potenzieller Wettbewerber	☐	☐
Einsatz vorhandenen Know Hows	☐	☐
Verstärkung der heutigen Position	☐	☐

2.1.5 Konzept der Erfahrungskurve

Das Konzept der Erfahrungskurve (auch „Boston-Effekt" genannt) wurde von Bruce D. Henderson, Geschäftsführer der Boston-Consulting-Group, in der Mitte der 60er Jahre anhand empirischer Untersuchungen entdeckt. Wesentlich beeinflusst wurden die Untersuchungen von der Erklärung der wettbewerbspolitischen und preispolitischen Vorgänge in einigen sehr schnell wachsenden Bereichen der elektronischen und der chemischen Industrie.

Das hinter der Erfahrungskurve stehende Konzept besagt, dass die Kosten eines Produktes mit jeder Verdoppelung der kumulierten Erfahrung (Ausbringungsmenge) um 20–30 % gesenkt werden können.

Für die Gültigkeit und das Verständnis des Erfahrungskurven-Konzeptes ist Folgendes zu beachten:

❏ Der Kostenrückgang bezieht sich auf konstante Geldwerte; es handelt sich somit um inflationsbereinigte Kosten.
❏ Das Erfahrungskurven-Phänomen gilt bei komplexen Produkten und Dienstleistungen und bezieht sich im strengen Sinne auf den Wertschöpfungsanteil.
❏ Der Boston-Effekt betrifft alle Kosten-Elemente. Diese Kosten-Elemente beziehen sich ausschließlich auf Cash Flow-Größen und nicht auf Kostenzurechnungen, wie sie in der Kostenrechnung üblich sind. Insofern gibt die Erfahrungs-

Aufbau und Nutzung von Ertragspotenzialen

kurve die Veränderungsrate der Cash Flow-Aufwendungen im Verhältnis zur kumulierten Leistung in Stück an.
- Die Kostensenkung tritt nicht automatisch ein, sondern wird nur realisiert, wenn sie durch aktives Kostenmanagement unterstützt wird. Das Konzept der Erfahrungskurve weist somit auf ein Potenzial zur Kostensenkung hin.
- Die Erfahrungskurve eines Endproduktes ist die Annäherung an die Erfahrungskurve der in das Endprodukt eingehenden Teile und Leistungen.

Die Wirkung, die mit dem Erfahrungskurven-Konzept erläutert werden soll, geht über die Erkenntnisse der Theorie der Lernkurve hinaus. Sie ist das Ergebnis des Zusammenwirkens von

- Lernkurven,
- Größendegressionseffekten,
- permanenter Rationalisierung und
- fortschreitenden technischen Fortschritts.

Die Konsequenz aus dem Boston-Effekt für strategische Überlegungen ist damit:
- Konzentration auf Geschäfte, wo Mengenvorteile bestehen,
- Durchführung maximaler Investitionen, um das Mengenpotenzial auszuschöpfen,
- Einsatz einer Preispolitik, die auf Basis der Kostenvorteile die Wettbewerber am Einstieg in das Marktsegment hindert.

Darüber hinaus gibt die Erfahrungskurve folgende weiteren Empfehlungen für strategische Überlegungen:
- Die relative Wettbewerbsposition wird von der relativen Erfahrung bestimmt. Der Anbieter mit dem höchsten Erfahrungspotenzial hat die beste Kostenposition.
- Der Anbieter mit dem höchsten Marktanteil hat die Chance, die beste Kostenposition zu erreichen.
- So weit wirksame Konkurrenz besteht, müssen die Preise wie die Kostensenkungsrate fallen.
- Anhand der Erfahrungskurve haben Marktanteile einen Wert in Höhe der mit ihnen verbundenen Kostensenkungspotenziale.
- Die Kostensenkung tritt um so stärker ein, je stärker das Marktwachstum ist.
- Bei einem neuen Produkt sollte die Preispolitik das Ziel verfolgen, die Wettbewerber am Markteinstieg zu hindern und ein marktbeherrschendes Volumen zu erreichen, das einen nicht mehr einholbaren Kostenvorsprung sichert.

Das Konzept der Erfahrungskurve empfiehlt damit tendenziell die Ertragssteigerung durch Konzentration auf hohe Stückzahlen. Das begünstigt eher einige wenige homogene Artikel und bedeutet einen Weggang von breiten Sortimenten.

Bei der Anwendung des Erfahrungskurven-Effektes ist zu beachten, dass die Gesamt-Erfahrungskurven-Wirkung um so geringer ist, je heterogener und differenzierter
- die Produkte sind und / oder
- die mit wachsenden Produktmengen verbundenen Vertriebs- und Marketingleistungen werden.

Insofern kann der Effekt eintreten, dass die Erfahrungskurve zwar für die Fertigung gilt, aber nicht für den Vertrieb, sodass durch gegenläufige Entwicklungen im Vertriebsbereich die ertragssteigernden Effekte des Erfahrungskurven-Effektes in der Fertigung mehr als kompensiert werden.

Darüber hinaus ist zu beachten, dass die realen Kostensenkungen in vielen Ländern durch Inflation überdeckt werden. Insofern ist für die volle Wirksamkeit des Boston-Effektes die schnelle Verdoppelung der kumulierten Erfahrung erforderlich, um eine jährliche Kostensenkungsrate zu realisieren, die höher ist als die jährliche Inflationsrate.

Weiterhin sollte sich jedes Unternehmen, das seine Strategie auf den Boston-Effekt für bestimmte Marktsegmente aufbaut, überlegen, ob

- es die für die Durchsetzung der für die Kostensenkung erforderlichen Marktanteilsziele notwendigen finanziellen Ressourcen besitzt,
- es die finanzielle Kraft besitzt, Gegenmaßnahmen einzuleiten, wenn der für die Umsetzung des Boston-Effektes notwendige Expansionsdrang durch Wettbewerber oder gesetzgeberische Maßnahmen gestoppt wird.

Es empfiehlt sich deshalb, bei der Formulierung von Strategien, mit denen die Gesetzmäßigkeiten des Boston-Effektes umgesetzt werden sollen, Alternativstrategien für den Fall zu formulieren, dass die Umsetzung der Strategie durch externe Einflüsse gehindert wird.

Das Erfahrungskurven-Konzept gibt für die Formulierung und Umsetzung von Unternehmensstrategien wertvolle Hilfen und Anregungen. Es bietet Erklärungszusammenhänge für die in vielen Branchen zu beobachtenden permanenten Preissenkungen, für die Berechenbarkeit des Wertes von Marktanteilen und für das wettbewerbspolitische Verhalten in bestimmten Branchen. Vergessen werden darf aber nicht, dass dieses Konzept neben einer sorgfältigen Planung hohe Konsequenz in der Umsetzung verlangt und nicht jedes Unternehmen in der Lage ist, die erforderlichen Maßnahmen umzusetzen.

2.1.6 Ergebnisse der PIMS-Studie

Die PIMS-Studie (**P**rofit **I**mpact of **M**arket **S**trategies) basiert auf branchenübergreifenden empirischen Erhebungen über Erfolgs- und Misserfolgsfaktoren verschiedener strategischer Geschäftseinheiten von Großunternehmen.

Entwickelt wurde das PIMS-Programm auf Anregung der General Electric Cooperation. Zielsetzung der Untersuchungen war die Beantwortung der Fragestellung, ob es grundsätzliche Gesetzmäßigkeiten über Erfolgsfaktoren und strategische Konsequenzen bestimmter Unternehmenspolitiken gibt. Um eine breitere empirische Basis zu erhalten, wurde das Programm mittlerweile über 250 großen US-amerikanischen Firmen und 20 europäischen Firmen zur Beteiligung zur Verfügung gestellt, von denen die Daten von über 1.500 strategischen Geschäftseinheiten in der Datenbasis gespeichert sind.

Aufbau und Nutzung von Ertragspotenzialen 253

Die Ergebnisse der PIMS-Studie besagen Folgendes:

(1) Investitionsintensität

Die Investitionsintensität (Investitionen/Umsatz in %) korreliert deutlich negativ mit den ROI (Return-on-Investment). Die gleiche Aussage gilt für die Größe Residualgewinn/Umsatz.

(2) Produktivität

Ist die Erhöhung der Produktivität mit einer Erhöhung der Investitionsintensität verbunden, dann sind die negativen Auswirkungen der verstärkten Investitionsintensität auf den ROI in aller Regel höher als die positiven der Produktivitätserhöhung.

(3) Wettbewerbsposition

Ein hoher Anteil eines Unternehmens an dem von ihm belieferten Markt hat einen deutlich positiven Einfluss auf den ROI. Diese Größe ist der am stärksten positiv mit dem ROI korrelierte Faktor.

(4) Marktwachstum

Der Einfluss dieses Faktors auf den ROI ist indifferent.

(5) Qualität von Produkten und Dienstleistungen

Der positive Einfluss der Produktqualität ist bei niedrigem Marktwachstum bei weitem ausgeprägter als bei hohem.

(6) Innovation / Differenzierung von Mitbewerbern

Maßnahmen, die Innovationen zur Folge haben, wirken sich positiv auf den ROI aus, wenn die Geschäftseinheit diese Anstrengungen von einer starken Marktposition aus unternimmt; in anderen Fällen ist das Gegenteil zu beobachten.

(7) Vertikale Integration

Betätigt sich eine Geschäftseinheit in ausgereiften oder stabilen Märkten, dann hat ein hoher vertikaler Integrationsgrad in der Regel eine positive Auswirkung auf den ROI. Wachsen die Märkte rasch, sind sie im Niedergang begriffen oder oszillieren sie, so ist das Gegenteil der Fall.

Diese grundlegenden Forschungsergebnisse lassen sich bezüglich ausgewählter strategischer Determinanten wie folgt erweitern:

(1) Markt

Bezogen auf die Marktentwicklung bzw. den Produkt-Lebenszyklus sind zwei Ergebnisse festzuhalten:
- In einem langsam wachsenden Markt ist Qualität sehr bedeutsam.
- Geringe Marktanteile zu Beginn des Produktlebenszyklus sind wenig gewinnträchtig.

(2) Wettbewerbsposition

Die Wettbewerbsposition wird bei PIMS über den absoluten und den relativen Marktanteil (Marktanteil in Beziehung zum Marktanteil der drei größten Mitbewerber) erfasst. Als Forschungsergebnisse sind festzuhalten:
- Der relative Marktanteil steht in einer engen Verbindung zum Gewinn.
- Die Möglichkeit, einen „angemessenen" ROI zu erreichen, verbessert sich mit steigenden Marktanteilen.
- Marktanteile sind in vertikal integrierten Industrien besonders gewinnträchtig.
- Hohe Forschungs- und Entwicklungs-Ausgaben beeinträchtigen den Gewinn bei schwachen Marktanteilen.

(3) Abgrenzung zu den Mitbewerbern

Dieser Aspekt wird durch die Qualität der Produkte, den relativen Preis und die Einführung neuer Produkte gemessen. Aus der Analyse der Datenbasis ergeben sich folgende Beziehungszusammenhänge:
- Hohe Qualität von Produkten und Dienstleistungen sind sehr gewinnträchtig.
- Die Möglichkeit, einen „angemessenen" ROI zu erreichen, verbessert sich mit der Produktqualität.
- Marktposition und Qualität der Produkte sind partiell substituierbar.
- Hohe Marketingausgaben beeinträchtigen den Gewinn insbesondere bei geringer Produktqualität.

(4) Kapitalstruktur

Die Kapitalstruktur wird repräsentiert durch die Größen Investitionsumfang und Umfang des Anlagevermögens, wobei sich folgende Ergebnisse ableiten lassen:
- Mit steigender Investitionsintensität sinkt der ROI (hierbei handelt es sich nicht nur um ein arithmetisches Ergebnis aufgrund der ROI-Formel, sondern offensichtlich um einen empirischen Befund, der mit der Wettbewerbsintensität im Zusammenhang steht).
- Hohe Kapitalintensität und kleiner Marktanteil sind gleichzusetzen mit einem Desaster.

Neben diesen grundlegenden Ergebnissen werden den PIMS-Mitgliedsfirmen geliefert:
❏ Vergleichsberichte zur Prüfung der eigenen strategischen Position im Vergleich zur „normalen" Position, d.h. den Leistungen anderer Geschäftseinheiten unter gleichen Bedingungen,
❏ Strategieberichte mit der Simulation von Alternativstrategien für die strategische Geschäftseinheit und dem
❏ Bericht zur optimalen Strategie, der Strategiekombinationen enthält, die zum Erfolg führen sollen.

Das PIMS-Programm gibt damit die Möglichkeit eines Branchen übergreifenden Betriebsvergleichs für ausgewählte Strategievariablen. Die Beteiligung ist mit nicht unerheblichem Aufwand verbunden (permanente Datenaufbereitung) und eignet sich von daher eher für Großunternehmen. Allerdings sollten die Untersuchungsergebnisse und ihre Relevanz für strategische Entscheidungen nicht überbewertet werden.

In einer im Jahr 1982 auf Basis der PIMS-Daten durchgeführten Untersuchung (Woo, Carolyn Y.; Cooper, Arnold C. The Surprising Case for Low Market, a.a.O., S. 106–113) von 126 Geschäftseinheiten wurden dagegen Ergebnisse für 40 Einheiten nachgewiesen, die in einem gewissen Widerspruch zu den Ergebnissen der Basis-PIMS-Studie stehen, nämlich, dass trotz niedriger Marktanteile hervorragende Ergebnisse erzielt werden. Diese Einheiten waren durch folgende Merkmale charakterisiert:

(1) In Märkten mit niedrigem Wachstum etablieren sich Einheiten mit guten Ergebnissen bei niedrigen Marktanteilen.
(2) Die Erzeugnisse der Einheiten mit niedrigen Marktanteilen ändern sich nicht sehr häufig.
(3) Die meisten Produkte dieser Einheiten sind standardisiert; es werden wenig zusätzliche Dienstleistungen angeboten.
(4) Die meisten Einheiten fertigen Zulieferungen und Teile für die Industrie.
(5) Die Produkte werden in häufiger Folge verkauft.
(6) Einheiten mit niedrigen Marktanteilen rangieren in Wirtschaftsbereichen mit hoher Wertschöpfung.

Die Ergebnisse dieser Untersuchung bestätigen sehr deutlich, dass die Messung des Erfolges von Unternehmensstrategien sowie des Ursache-Wirkungs-Zusammenhangs nicht über empirische Unternehmensmodelle hinreichend exakt messbar ist, weil die hinter den Ursache-Wirkungs-Beziehungen stehenden Mechanismen zu komplex sind. Insofern gibt die PIMS-Studie zwar Hilfestellungen und Tendenzaussagen bei der Prüfung eigener strategischer Alternativen, liefert aber kein in sich geschlossenes strategisches Konzept.

2.1.7 Produkt-Matrix

2.1.7.1 Instrument

Die Produkt-Matrix (auch Vier-Felder-Matrix oder Boston-Matrix genannt) wurde von der Boston-Consulting-Group entwickelt. Ausgangspunkt war die Feststellung, dass unterschiedliche Produktfelder in unterschiedlichen Wettbewerbspositionen und Märkten mit differenzierten Wachstumsmöglichkeiten gezielt gesteuert werden müssen. Da ein Unternehmen nicht gleichzeitig nur in Wachstumsfeldern tätig sein kann, müssen einzelne Produktbereiche in ihrem Wachstum gefördert werden, andere gehalten und wieder andere aufgegeben werden.

Strategisches Management muss diese unterschiedlichen Positionen der einzelnen Produktfelder beachten und nutzen und jedes Geschäft entsprechend seiner strategischen Position und Perspektive steuern.

Aus dieser Überlegung heraus entwickelt sich die Produkt-Matrix zu einem Strukturierungshilfsmittel zur strategischen Bestandsaufnahme von Sortimenten und Produkten. Sie ermöglicht die Ableitung von Basis-Strategien und ist ein

Hilfsmittel zur Findung von Produkt-Markt-Strategien. Sie ist ein Teilausschnitt aus der Diversifikations-Matrix und ermöglicht die Spreizung der Konzentrationsstrategie bezüglich ihrer Ansatzpunkte in Sortimente und Produkte:

Produkte / Problemlösungen		Märkte / Zielgruppen		
		Alt		Neu
	Alt	Star	Problem	Marktausweitung regional international
		Cash Cow	Dog	
	Neu	Sortimentsausweitung horizontal vertikal		Diversifikation

2.1.7.2 Sortierungskriterien

Die Produkt-Matrix ordnet Sortimente und Produkte nach den Kriterien
- relativer Marktanteil
- Marktwachstum.

Beide Kriterien sind zu zentralen Begriffen im strategischen Konzept der Boston-Consulting-Group geworden:

(1) Der relative Marktanteil wird als Nährungskriterium für die relative Kostenposition innerhalb der Branche verwendet. Gemäß der Erfahrungskurve misst er Kostenunterschiede zwischen Wettbewerbern. Die Praxis zeigt, dass Kostenvorteile sich meist erst dort fundamental bemerkbar machen, wo ein Marktführer mindestens eineinhalbmal so groß wie der nächst größere Wettbewerber ist. Diese relative Kostenposition ist Ausgangspunkt der Preispolitik und der Gewinnsituation. Als empirisch nachgewiesen gilt, dass die Höhe des relativen Marktanteils einen deutlich positiven Einfluss auf den Return-on-Investment einer Produktgruppe hat (siehe PIMS-Studie).

(2) Während der relative Marktanteil das potenzielle Cash Flow-Volumen einer Produktgruppe signalisiert, bestimmt die Wachstumsrate des Marktes den Cash Flow-Bedarf zur Finanzierung des Wachstums der betreffenden Produktgruppe. Je höher das Wachstum, desto höher ist der Cash Flow-Bedarf zur Wachstumsfinanzierung.

Aus diesen Grundlagen heraus wird deutlich, dass die Veränderung von Marktanteilen und Wachstumsraten die Finanzmittelbewegungen eines Unternehmens-Portfolios bestimmen.

Unter Heranziehung der beiden Sortierungskriterien lassen sich in der Boston-Matrix vier strategische Positionen unterscheiden:

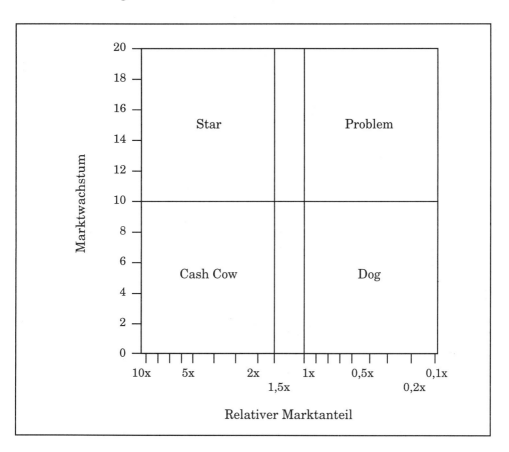

Die einzelnen Produktfelder lassen sich wie folgt charakterisieren:
- Cash Cows sind Produktgruppen mit hohem relativen Marktanteil bei relativ niedrigem Marktwachstum. Sie liefern mehr Cash Flow, als sie verbrauchen.
- Stars als Produktgruppen in wachsenden Märkten mit relativ hohem Marktanteil erfordern Investitionen zur Stabilisierung des Wachstums, die sie teilweise selber bringen.
- Problem-Kinder als Produktfelder mit relativ niedrigem Marktanteil in wachsenden Märkten erfordern mehr Finanzmittel als sie abwerfen, um das Wachstum mitzuhalten.
- Dogs als Produktfelder in stagnierenden Märkten mit relativ niedrigem Marktanteil sind potenzielle Liquidationskandidaten.

2.1.7.3 Beispiel

Die nachstehende, quantifizierte Produktmatrix für sechs Produktgruppen lässt folgende Aussagen zu:

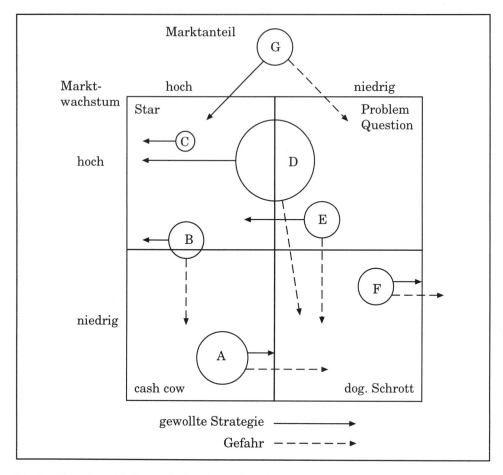

❏ Im Star-Bereich liegen bei außenstehender Betrachtung die Produktgruppen B und C. Die strategische Stoßrichtung sieht für beide Produktgruppen weiteres Wachstum vor, mit der Zielsetzung, diese fest im Star-Bereich zu positionieren. Die Produktgruppe G ist eine Innovation mit der Zielsetzung, diese im Star-Bereich zu etablieren. Hier besteht die Gefahr des Abgleitens in den Problem-Bereich und damit auch in den Dog-Bereich. Eine kritische Position nimmt die Produktgruppe D ein, die auf der Mittellage zwischen Problem- und Star-Bereich liegt. Bei dem von ihr repräsentierten Umsatz- und Deckungsbeitragsvolumen kann die unternehmerische Zielsetzung nur die volle Konzentration der Kräfte auf diese Produktgruppe bedeuten, da bei einem Scheitern der Wachstumsstrategie die Gefahr des Abgleitens in den Problem- und Dog-Bereich (Cash-Falle) besteht und damit ein erhebliches zukünftiges Potenzial verloren geht.

- Im Problem-Bereich liegt die Produktgruppe E, für die die Gefahr des Abgleitens in den Dog-Bereich besteht. Auch hier wird eine Wachstumsstrategie verfolgt.
- Im Cash Cow-Bereich liegt allein die Produktgruppe A, die noch einen relativ hohen Cash-Beitrag zur Finanzierung der Wachstumsstrategien der Produktgruppen im Star- und Problem-Bereich liefert. Die strategische Zielsetzung kann nur auf eine Halten-Position abgestimmt sein, um den hohen Cash-Beitrag dieser Produktgruppe noch langfristig zu nutzen.
- Im Dog-Bereich liegt die Produktgruppe F, für die ebenfalls eine Halten-Strategie verfolgt wird. Für diese Produktgruppe werden keine Investitionen mehr getätigt, sondern es werden bewusst Finanzmittel abgezogen. Die Gefahr, dass diese Produktgruppe stirbt, ist latent vorhanden, sodass auch hier die Gefahr des Verlustes eines Cash-Bringers besteht.

Das Portfolio in vorstehender Abbildung zeigt insgesamt einige kritische Momente:
- Für die meisten Produktgruppen ist eine Wachstumsstrategie erforderlich, die aus dem Cash-Beitrag des Cash Cow- und Dog-Segmentes (der Produktgruppen A und F) nicht ausreichend finanziert werden kann. Es entsteht damit eine Überbeanspruchung der Selbstfinanzierungskraft strategischer Maßnahmen mit dem Zwang, Prioritäten setzen zu müssen.
- Die zukünftige Existenz der Unternehmung hängt entscheidend von der erfolgreichen Durchsetzung der Wachstumsstrategie für die Produktgruppe D ab. Wenn dies nicht gelingt, und die Produktgruppe D in den Problem- und Dog-Bereich abfällt, führt dies nicht nur zum Verlust von hohen Investitionen in die Produktgruppe, sondern auch dazu, dass in der Zukunft der Star-Bereich weitgehend leer ist, da das Potenzial der Produktgruppen C und G kaum ausreicht, die zukünftige strategische Position sicherzustellen. Damit ist die Unternehmung bei heute noch solider Ertragslage mittelfristig gefährdet.

Das Beispiel der Produktmatrix auf Seite 236 zeigt, dass bei der strategischen Beurteilung von Produkten und Sortimentsteilen ganz andere Argumentationskategorien Verwendung finden als bei der operativen Beurteilung von Produkten anhand der Produktgruppenerfolgsrechnung. Die Produktmatrix zwingt damit dazu, sich recht früh Gedanken über die Zukunft des Unternehmens zu machen und gibt dem Betrachter gleichzeitig einen sehr guten Einblick in die heutige Struktur der Unternehmung. Entscheidungsträger werden mithilfe dieses Instrumentariums für zukünftige Denkalternativen sensibilisiert.

2.1.7.4 Gesetzmäßigkeiten

Innerhalb der Produktmatrix gelten folgende Gesetzmäßigkeiten:

(1) Produktverlauf
Der ideale Produktverlauf innerhalb der Produktmatrix ist gegeben bei einer Innovation, die vom Star- über den Cash Cow-Bereich in den „Dog-Bereich" läuft. Die finanziell aufwendigere Strategie ist die „me-too-Position", die im Problem-

Bereich beginnt, in den Star-Bereich gebracht werden muss und von dort aus, ähnlich wie die Innovation, über den Cash Cow-Bereich in den Dog-Bereich läuft.

(2) Finanz-Strategie

Produkte im Cash Cow- und Dog-Bereich sind Cash-Lieferanten. Sie setzen Finanzierungsmittel frei zur Finanzierung von Produkten im Star- und Problem-Bereich. Im Sinne einer Bewegungsbilanz ist der Cash Cow- und Dog-Bereich der Bereich der Mittelherkunft, während der Star- und Problem-Bereich der Bereich der Mittelverwendung ist.

An dieser Stelle zeigt sich deutlich der Unterschied zwischen operativer und strategischer Produktsteuerung. Operativ sollen alle Produkte einen Deckungsbeitrag zur Abdeckung zentraler Overheads leisten. Produkte mit negativem Deckungsbeitrag sind operativ gesehen nicht zu dulden. Strategisch kann letzterer Effekt gewollt sein, wenn es sich um Nachwuchsprodukte handelt, zu deren Aufbau kurzfristig hohe Finanzierungsmittel eingesetzt werden müssen.

(3) Strategische Gewinn- und Verlustrechnung

Legt man durch die Produktmatrix ein T-Kreuz, so zeigen sich auf der linken Seite, d.h. für die Star- und Cash-Produkte zukünftige Gewinnchancen, während die rechte Seite mit dem Problem- und Dog-Bereich zukünftige Verlustrisiken signalisiert.

2.1.7.5 Erstellung

Die Erstellung der Produkt-Matrix (siehe Abbildung auf Seite 262) läuft in folgenden Schritten ab:

(1) Aufteilung des Absatzprogrammes in die wesentlichen Produktgruppen/ Sortimentsbestandteile
Es ist zweckmäßig, dass diese Aufteilung 10 bis 15 Sortimentsteile umfasst, die in etwa gleiche Umsatzgrößenordnungen besitzen.

(2) Festlegung der Umsätze der einzelnen Produktgruppen nach dem
   - Ist und
   - dem Planansatz des Mittelfristzeitraumes.

(3) Ermittlung der Deckungsbeiträge absolut und in % vom Nettoumsatz ebenfalls für das Ist und den Plan der einzelnen Sortimentsteile. Dabei ist es zweckmäßig, über den Deckungsbeitrag I hinauszugehen und so weit wie möglich die den Produktgruppen zurechenbaren Kosten zu erfassen:

Aufbau und Nutzung von Ertragspotenzialen

```
          Bruttoumsatz
 ./.      Erlösschmälerungen
 =        Nettoumsatz
 ./.      Grenzkosten
 =        Deckungsbeitrag 1
          (nach Produktion)
 ./.      zurechenbare Logistik- und Verkaufskosten
 =        Deckungsbeitrag 2
 ./.      strategische Kosten
          (Marketing, Forschung und Entwicklung
          Verkaufsförderung)
 =        Deckungsbeitrag 3
 ./.      Ausgaben für produktbezogene materielle Investitionen
 =        „Cash-Beitrag" des Produktes
```

Der Cash-Beitrag des Produktes ist die Größe, die zeigt, wie die Produktgruppe unter strategischen Finanzmittelaspekten zu betrachten ist. In der Regel ist diese Größe im Zeitpunkt der Erstellung der Produktmatrix noch nicht greifbar, sodass es auch ausreicht, bis zum Deckungsbeitrag 2 zu quantifizieren.

(4) Bestimmung des relativen Marktanteils. Der relative Marktanteil wird ermittelt, indem der eigene Marktanteil durch den Marktanteil des nächstgrößten Wettbewerbers dividiert wird.

(5) Bestimmung des relativen Marktwachstums. Diese Fixierung ist relativ schwierig. Aus Vereinfachungsgründen kann allerdings davon ausgegangen werden, dass heute ein reales Marktwachstum von 5 % als hohes Marktwachstum gilt.

Zur Vorbereitung der Erstellung der Produkt-Matrix dient das auf der nächsten Seite abgedruckte Formular:

Produkt/ Sortiment	Umsatz		Cash-Beitrag		Marktanteil			Marktwachstum	Strategische Positionierung			
	TEUR	%	TEUR	%	Eigen	Wettbewerb	relativer Marktanteil		Star	Cash Cow	Problem	Dog
Gesamt		100,0		100,0								

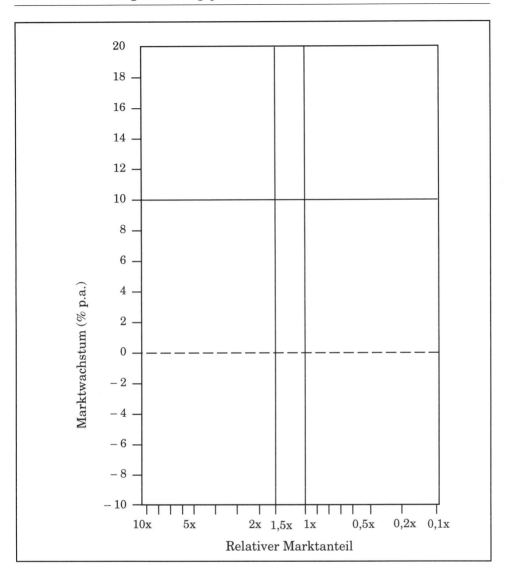

Um eine Vorstellung über das Volumen der einzelnen Produktgruppen zu erhalten, empfiehlt es sich, die Produktgruppen innerhalb der Produkt-Matrix als Kreise grafisch darzustellen. Der Durchmesser der Kreise wird dabei bestimmt von dem Cash Flow-Volumen der einzelnen Produktgruppen.

2.1.7.6 Weitere Anwendungsbereiche

Für die praktische Anwendung der Produkt-Matrix zeigen sich folgende weitere Anwendungsbereiche und Grenzen:

(1) Zusätzliche Sortierungskriterien

Die Anwendung der Produkt-Matrix erstreckt sich nicht nur auf Produkte und Sortimente. Sie kann ebenso Anwendung finden auf
- Kunden
- Vertriebswege
- Vertriebskanäle
- Verkaufsgebiete
- Regionen
- Verkaufsstellen
- Problemlösungen usw.

(2) Wettbewerbsvergleich

Die Produkt-Matrix hilft zudem bei der Simulation der strategischen Situation der Wettbewerber. Durch Quantifizierung der Wettbewerber-Matrix ist es möglich, die eigene strategische Position und die zu fahrenden Strategien auf Logik, Plausibilität und Machbarkeit abzuprüfen. Dieses relativ einfache Denkspiel gibt Anhaltspunkte über die aktuelle Wettbewerbssituation.

(3) Ist- und Soll-Produkt-Matrix

Die strategische Bestandsaufnahme der einzelnen Produktgruppen kann erweitert werden durch Quantifizierung der mittelfristigen Ziel-Position. Dazu sind die Ist-Werte der Bestandsaufnahme in die Ziel-Werte am Ende des Mittelfristzeitraumes zu überführen. Aus dieser Überleitung wird ersichtlich, ob die Strategien für die einzelnen Produktgruppen vor dem Hintergrund der strategischen Cash Flow-Steuerung ein ausgeglichenes Portfolio garantieren.

(4) Grenzen

Schwierigkeiten bereitet die Anwendung der Produkt-Matrix in Unternehmen, deren Produktgruppen relativ homogene Strukturen (gleiche Fertigungstechnologie, gleiche Vertriebswege usw.) aufweisen und sich hinsichtlich des Wettbewerbsumfeldes nicht stark differenzieren. In diesem Falle ist es sinnvoll, zur strategischen Bestandsaufnahme der eigenen Situation nicht die Produkt-Matrix, sondern auf die Seite 277 ff. dieses Buches dargestellte Vorteils-Matrix heranzuziehen.

2.1.8 Portfolio-Matrix

2.1.8.1 Instrument

Eines der wohl ältesten und auch am meisten angewendeten Instrumente zur Erarbeitung von Unternehmensstrategien ist das Portfolio-Modell von McKinsey & Co. Es wurde Anfang der 70er Jahre entwickelt und ist auch unter den Begriffen Neun-Felder-Matrix, Branchenattraktivitäts-Geschäftsfeldstärken-Portfolio oder einfach Portfolio-Matrix bekannt.

Ausgangspunkt für die Entwicklung dieses Instruments war die Erkenntnis, dass Renditen in einzelnen Branchen unterschiedlich sind. Folglich werden auch die verschiedenen Geschäfte einer Unternehmung unterschiedliche Renditegrößen zeigen. Unter Anlehnung an die Denk- und Vorgehensweise bei der Zusammenstellung von Wertpapier-Portfeuilles haben die Unternehmen, die sich in unterschiedlichen Branchen betätigen, die einzelnen Aktivitäten derart zu fördern oder zu bremsen, zusammenzustellen oder zu eliminieren und mit Investitionsmitteln oder Desinvestitionsaktivitäten zu versehen, dass aus dem gesamten Mix der unterschiedlichen Betätigungsfelder eine derartige „Mischung", d.h. ein Portfolio, entsteht, das den Zielvorstellungen der Unternehmensleitung nach Renditeerwartungen, Risikoausgleich, Zukunftsperspektive usw. entspricht.

Vor diesem Hintergrund ist das Portfolio-Modell von McKinsey & Co. in erster Linie ein Instrument, das der „Sortierung" der einzelnen Aktivitäten eines Unternehmens nach den langfristigen strategischen Gesichtspunkten unter Ausbalancierung von Investitionen, Risiko und Zielerreichungsgrad dient.

Die Portfolio-Matrix kann als Erweiterung der Produkt-Matrix angesehen werden mit der Zielsetzung, die Schwächen der Produkt-Matrix

❑ zu abstrakte Einteilungskriterien mit Marktanteil und Marktwachstum
❑ nicht einfache Quantifizierung innerhalb der Vier-Felder-Matrix

zu beseitigen.

2.1.8.2 Sortierungskriterien

In der Neun-Felder-Matrix wird die Position Marktanteil der Vier-Felder-Matrix ersetzt durch eine Summe von Einzelkriterien, die unter dem Begriff „Wettbewerbsposition" zusammengefasst werden. Dabei ist der Marktanteil nur eines der Kriterien, die die Wettbewerbsposition einer Unternehmung bestimmen. Die wesentlichen Faktoren, die die Wettbewerbsposition einer Unternehmung bestimmen, sind von Hinterhuber in einer Checklist angegeben worden. Sie ähneln weitgehend den Schlüsselfaktoren, die auf Seite 219 f. in einer Checklist aufgeführt worden sind. Nachfolgende Kriterien werden von Hinterhuber als Kriterien für die Wettbewerbsposition aufgeführt (Hinterhuber, Hans H.: Strategische Unternehmensführung, a.a.O., S. 77):

(1) Relative Marktposition
- Marktanteil und seine Entwicklung
- Größe und Finanzkraft der Unternehmung
- Wachstumsrate der Unternehmung
- Rentabilität (Deckungsbeitrag, Umsatzrendite und Kapitalumschlag)
- Risiko (Grad der Etabliertheit im Markt)
- Marketingpotenzial (Image der Unternehmung und daraus resultierende Abnehmerbeziehungen, Preisvorteile aufgrund von Qualität, Lieferzeiten, Service, Technik, Sortimentsbreite usw.)
- u.a.m.

(2) Relatives Produktionspotenzial
- Prozesswirtschaftlichkeit
  - Kostenvorteile aufgrund der Modernität der Produktionsprozesse, der Kapazitätsausnutzung, Produktionsbedingungen, Größe der Produktionseinheiten usw.
  - Innovationsfähigkeit und technisches Know How der Unternehmung
  - Lizenzbeziehungen
  - u.a.m.
- Hardware
  - Erhaltung der Marktanteile mit den gegenwärtigen oder in Bau befindlichen Kapazitäten
  - Standortvorteile
  - Steigerungspotenzial der Produktivität
  - Umweltfreundlichkeit der Produktionsprozesse
  - Lieferbedingungen, Kundendienst usw.
  - u.a.m.
- Energie- und Rohstoffversorgung
  - Erhaltung der gegenwärtigen Marktanteile unter den voraussichtlichen Versorgungsbedingungen
  - Kostensituation der Energie- und Rohstoffversorgung
  - u.a.m.

(3) Relatives Forschungs- und Entwicklungspotenzial
- Stand der orientierten Grundlagenforschung, angewandten Forschung, experimentellen Entwicklung und anwendungstechnischen Entwicklung im Vergleich zur Marktposition der Unternehmung
- Innovationspotenzial und Innovationskontinuität
- u.a.m.

(4) Relative Qualifikation der Führungskräfte und Mitarbeiter
- Professionalität und Urteilsfähigkeit, Einsatz und Kultur der Kader
- Innovationsklima
- Qualität der Führungssysteme
- Gewinnkapazität der Unternehmung, Synergien usw.
- u.a.m.

Die Übersicht macht deutlich, wie weit die Portfolio-Matrix in der Bewertung über die Produkt-Matrix hinausgeht. Sie ermöglicht es zudem, branchenspezifische Besonderheiten (z.B. Eintrittsbarrieren, Kapitalintensität usw.) gezielt zu erfassen und zu bewerten, die in die Produkt-Matrix keinen Eingang finden können.

Das Kriterium Marktwachstum wird in der Neun-Felder-Matrix durch das Kriterium der Branchenattraktivität ersetzt. Auch für diesen Punkt gibt Hinterhuber eine Checkliste, die die unterschiedlichen Kriterien aufführt. Auch diese Checkliste ist im Einzelfalle um die Besonderheiten der zu beurteilenden Unternehmung zu erweitern (Hinterhuber, Hans H.: Strategische Unternehmensführung, a.a.O., S. 71):

(1) Marktwachstum und Marktgröße

(2) Marktqualität
- Rentabilität der Branche (Deckungsbeitrag, Umsatzrendite, Kapitalumschlag)
- Stellung im Markt-Lebenszyklus
- Spielraum für die Preispolitik
- Technologisches Niveau und Innovationspotenzial
- Schutzfähigkeit des technischen Know How
- Investitionsintensität
- Wettbewerbsintensität und -struktur
- Anzahl und Struktur potenzieller Abnehmer
- Verhaltensstabilität der Abnehmer
- Eintrittsbarrieren für neue Anbieter
- Anforderungen an Distribution und Service
- Variabilität der Wettbewerbsbedingungen
- Substitutionsmöglichkeiten
- u.a.m.

(3) Energie- und Rohstoffversorgung
- Störungsanfälligkeit in der Versorgung von Energie und Rohstoffen
- Beeinträchtigung der Wirtschaftlichkeit der Produktionsprozesse durch Erhöhungen der Energie- und Rohstoffpreise
- Existenz von alternativen Rohstoffen und Energieträgern
- u.a.m.

(4) Umweltsituation
- Konjunkturabhängigkeit
- Inflationsauswirkungen
- Abhängigkeit von der Gesetzgebung
- Abhängigkeit von der öffentlichen Einstellung
- Risiko staatlicher Eingriffe
- u.a.m.

2.1.8.3 Erstellung

Die Erstellung der Portfolio-Matrix läuft im Team in folgenden Schritten unter Zuhilfenahme des nachfolgenden Formulars ab:

Branchenaktivität	Bewertung						Relative Wettbewerbs-situation
	niedrig 0–33	mittel 34–66	hoch 67–100	niedrig 0–33	mittel 34–66	hoch 67–100	

(1) Teilen Sie zunächst Ihr Unternehmen in strategische Geschäftseinheiten ein. Eine strategische Geschäftseinheit unterscheidet sich von einer anderen durch
 – das spezifische Kundenproblem,
 – besondere Marktverhältnisse, Kostenstrukturen und Vertriebssysteme,
 – eine von anderen Geschäftseinheiten unabhängige Strategie.

(2) Nehmen Sie eine checklistartige Sammlung von Kriterien zur Messung der Branchenattraktivität vor. Diskutieren Sie jedes Kriterium ausführlich, damit bei den Teilnehmern Klarheit über den dahinterstehenden Begriffsinhalt besteht. Wählen Sie sodann die 5–10 wesentlichen Kriterien durch Bewertung des Teilnehmerkreises aus.

(3) Gehen Sie in der gleichen Form vor zur Festlegung von Kriterien, anhand derer die relative Wettbewerbsposition der einzelnen strategischen Geschäftseinheiten gemessen werden soll.

(4) Lassen Sie jeden Teilnehmer die unter (2) und (3) festgelegten Kriterien in das auf dieser Seite wiedergegebene Formular eintragen.

(5) Bitten Sie jeden Teilnehmer, seine subjektive Bewertung der einzelnen Geschäftseinheiten nach den festgelegten Kriterien anhand der 0–100-Skala vorzunehmen.

(6) Sammeln Sie nach Abschluss der Bewertung die einzelnen Formulare ein und addieren Sie sowohl für die Branchenattraktivität als auch für die Wettbe-

werbsposition die einzelnen Werte und dividieren Sie den gefundenen Wert durch die Anzahl der Teilnehmer, die die Bewertung abgegeben haben.

(7) Positionieren Sie Ihre Geschäftseinheiten nach dem Durchschnitt der von den Teilnehmern festgelegten Bewertungen in der Portfolio-Matrix.

(8) Lassen Sie jeden Teilnehmer in Ruhe das Ergebnis der Bewertung analysieren. Einer der Teilnehmer soll seine Analyse vortragen. Diskutieren Sie diese Analyse im Teilnehmerkreis.

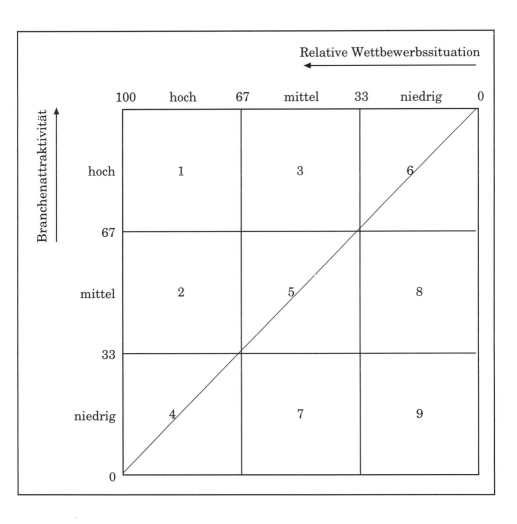

2.1.8.4 Ergebnisse

Die Portfolio-Matrix lässt folgende Ergebnisse erkennen:

(1) Produktgruppen oberhalb der Risikolinie (zur linken Seite hin) sind tendenziell positiv zu beurteilen, während Produktgruppen unterhalb der Risikolinie potenziell gefährdet sind.

(2) Eine Definition der neun Sektoren auf dieser Seite zeigt Ansatzpunkte für die zu fahrende Strategie (Hinterhuber, Hans H.: Strategische Unternehmensführung, a.a.O., S. 84).

(3) Für die Beurteilung der Produktgruppen gelten folgende Aussagen:
- Produktgruppen in den Feldern 1, 2, 3 erfordern eine Wachstumsstrategie.
- Produktgruppen in den Sektoren 4, 5, 6 sind differenzierter zu beurteilen. Hier geht es um die Frage, ob man stärker investieren soll, um in die Sektoren 1, 2, 3 zu gelangen oder ob man sich durch Abziehen von finanziellen Mitteln in die Sektoren 7, 8, 9 bewegt.
- Für Produktgruppen in den Sektoren 7, 8, 9 empfiehlt sich eine Ernten- oder Aussteige-Strategie:

Branchenattraktivität	Relative Wettbewerbssituation		
	100 hoch 67	mittel 33	niedrig 0
hoch	Marktführer	Investition	Investition oder Rückzug
mittel	Wachstum	Übergang	Abschöpfung und stufenweise Desinvestition
niedrig	Abschöpfung	Abschöpfung und stufenweise Desinvestition	Desinvestition

In der praktischen Handhabung hat es sich bewährt, die Portfolio-Matrix zur „Sortierung" von strategischen Geschäftseinheiten zu verwenden und nach dieser Sortierung die strategische Bestandsaufnahme der Sortimente mithilfe der Boston-Matrix durchzuführen.

Der Vergleich der derzeit gefahrenen Strategien für die einzelnen Geschäfte mit Normstrategien kann einfach unter Zuhilfenahme des nachfolgenden Formulars erfolgen. Er zeigt, ob die derzeitigen Strategien richtig liegen:

Strategische Geschäftseinheit	Normstrategie	Derzeit verfolgte Strategie

Die Normstrategien lassen sich noch weiter ausdehnen auf die einzelnen Funktionsstrategien, wofür es ebenfalls ein Bündel von Standardvorgaben gibt:

Portfolio-kategorie Ziele		WACHSEN	SELEKTIEREN	ERNTEN
		Aufbauen der Marktposition für nachhaltigen Gewinn	Hohe kurzfristige Rentabilität, mittelfristiger Cash-flow	Maximale Finanzmittelfreisetzung
STANDARDSTRATEGIEN	Investitionen	Vertretbares Maximum	Gezielt	Minimum bzw. Stilllegen
	Risiko	Akzeptieren	Begrenzen	Vermeiden
	Marktanteil	Gewinnen, Basis verbreitern	Gezielt wachsen, Position verteidigen	Aufgeben zu Gunsten von Erträgen
	Preispolitik	Preisführer Wertanalyse	Stabilisieren des hohen Deckungsbeitr.	Tendenzielle Hochpreispolitik
	Programmpolitik	Führen, Diversifizieren	Spezialisierung	Programmbegrenzung
	Kosten	Mengendegression	Rationalisierung	Konsolidieren
	Absatz	Absatzpotenzial aktiv aufbauen	Absatzpotenzial halten	Absatzpotenzial abbauen

2.1.8.5 Kritische Geschäftseinheiten

Kritische Geschäftseinheiten entstehen bei der Positionierung in der Portfolio-Matrix in folgenden Fällen:

(1) Im Bereich der „Grenzlage", d.h. wenn keine klare Zuordnung der Geschäftseinheit zu den einzelnen Sektoren möglich ist.

(2) In den Feldern 4, 5, 6, wo als Strategieempfehlung die Aussage „Selektieren" gegeben wird. Liegen die Geschäftseinheiten in dem Feld Nr. 4 (niedrige Branchenattraktivität, hohe relative Wettbewerbsvorteile), so ist der Höhepunkt in der Branche in der Regel überschritten. Hier gilt es, die vorhandene Wettbewerbsposition zu stabilisieren und über Konsolidierungsstrategien die Kostenposition zu verbessern. Liegen die Geschäftseinheiten im Feld Nr. 6 (hohe Branchenattraktivität, geringe relative Wettbewerbsvorteile), so empfiehlt es sich, eine Wachstumsstrategie zu fahren. In Feld Nr. 5 (Übergangslage) sind detaillierte Analysen erforderlich, um die strategische Stoßrichtung in die eine oder andere Richtung festzulegen.

(3) Bei einer Abweichung der derzeit gefahrenen Strategien von den Normstrategien im Rahmen des Soll-Ist-Vergleichs ist detailliert die Ursache zu untersuchen und evtl. eine Revision einzuleiten.

2.1.9 Basis-Strategien

Aus der Produkt- und der Portfolio-Matrix ergeben sich Norm- oder Basis-Strategien für die einzelnen Produktgruppen. Dabei können die Basis-Strategien

Aufbau und Nutzung von Ertragspotenzialen

❑ Wachsen, Halten, Ernten

unterschieden werden.

Eine Wachstumsstrategie ist sinnvoll für Produktgruppen, die

❑ im Star- und in Teilen des Problem-Bereichs der Produkt-Matrix und
❑ in den Feldern 1, 2, 3 der Portfolio-Matrix positioniert sind.

Eine Wachstumsstrategie bedeutet die Konzentration der Kräfte auf die in diesen Bereichen positionierten Produktgruppen. Die Zielsetzung ist, unter Verlust auf kurzfristige Ergebnismaximierung gezielt Finanzmittel zu investieren, um Ertragsbringer für die Zukunft aufzubauen.

Diese Wachstumsstrategie kann durch qualitatives oder quantitatives Wachstum erfolgen. Bei quantitativem Wachstum gibt es drei Einzelstrategien (Mann, Rudolf: Praxis strategisches Controlling, a.a.0., S. 119):

❑ Vernichtung,
❑ Konfrontation,
❑ Umgehung.

Die Vernichtung der Konkurrenten ist eine Strategie, bei der gezielt auf die Schwächen der Konkurrenz angespielt wird mit der Zielsetzung, den Konkurrenten die Basis zu entziehen.

Bei der Konfrontation wird mit den gleichen strategischen Mitteln gearbeitet wie beim Wettbewerb, nur mit dem Unterschied, dass diese Mittel noch massiver eingesetzt werden.

Die Umgehungsstrategie ist identisch mit dem Ausmanövrieren des Wettbewerbers durch Nutzung von Marktlücken und wird auch oft „Markt-Nischen-Politik" bezeichnet.

Eine Ernten- oder Aussteigen-Strategie empfiehlt sich für

❑ den Cash Cow- und Dog-Bereich der Produkt-Matrix und
❑ die Felder 7, 8, 9 der Portfolio-Matrix.

Eine Ernten-Strategie bedeutet, dass in diesen Produktbereichen nicht mehr investiert wird, sondern der Finanzbeitrag aus diesen Produktfeldern gezielt abgezogen wird zur Finanzierung von Wachstumsstrategien. Bei der Ernten-Strategie kann unterschieden werden, ob es sich um eine Halten-Strategie handelt, bei der die Zielsetzung darin besteht, die Produktfelder in der vorhandenen Position zu halten, um noch lange aus ihnen Finanzmittel abziehen zu können, oder um eine Aussteigen-Politik, bei der man sich von Produktbereichen trennt, weil diese entweder neu aufzubauende Produktgruppen stören, Kapazitäten blockieren oder bei einem späteren Aussteigen unnötig hohe Aussteige-Kosten verursachen.

Eine Halten-Strategie als Grenzfall zwischen einer Wachstums- und Ernten-Strategie bietet sich an für

❏ Teile des Problembereichs und den Cash Cow-Bereich in der Produkt-Matrix und
❏ für die Bereiche 4, 5, 6 der Portfolio-Matrix.

Bei der Halten-Strategie werden in einzelnen Produktbereichen nur noch solche Investitionen getätigt, die erforderlich sind, um die Bereiche in dem heutigen Niveau zu halten. Zudem bietet sich diese Strategie an, wenn aufgrund anderer Prioritäten für Wachstums-Strategien einzelne Produktgruppen heute noch nicht die ausreichende finanzielle Unterstützung erfahren können, um eine Wachstums-Strategie durchzuführen.

Sofern für die Bereiche 4, 5, 6 der Portfolio-Matrix eine Halten-Strategie verfolgt wird, kann das nur vorübergehend sein (Prioritäten). Danach ist über selektive Strategien zu prüfen, ob man mit den hier positionierten Produktgruppen wachsen oder ernten und aussteigen will.

Das untenstehende Formular ermöglicht eine sehr schnelle Bestandsaufnahme der Strategien für die einzelnen Produktgruppen zusammen mit dem Umsatz und Deckungsbeitragsvolumen:

	Strategien			Umsatz				DB 1			
				Ist		Plan		Ist		Plan	
Produkte/-gruppen	Wachsen	Halten	Ernten/ Aussteigen	TEUR	%	TEUR	%	TEUR	%	TEUR	%

2.1.10 Funktions-Strategien

Bei den aus der Produkt- und aus der Portfolio-Matrix abgeleiteten Basis-Strategien handelt es sich in erster Linie um Produkt-Markt-Strategien, die die grobe strategische Stoßrichtung für die einzelnen Sortimente angeben. Diese grobe Formulierung der strategischen Stoßrichtung ist allerdings bei weitem nicht ausreichend, um die Strategien für die Umsetzung „griffig" zu präzisieren. Aus diesem Grunde leiten sich aus den Basis-Strategien hierarchisch Strategien für die einzelnen Funktionsbereiche ab. Diese Funktions-Strategien enthalten alle die Maßnahmen, die von den einzelnen Funktionsbereichen zur Umsetzung der Produkt-Markt-Strategie getroffen werden müssen. Sie stehen zu den Produkt-Markt-Strategien in einem Unterordnungsverhältnis.

Die Funktions-Strategien enthalten folgende Aussagen:

(1) Die Marketing-Strategie zeigt, welche Aktivitäten im Rahmen der Programm-Politik, der Vertriebswege-Politik, der Preis-Politik usw. für die übergeordnete Produkt-Markt-Strategie umzusetzen sind. Ein Beispiel zeigt nachfolgende Abbildung, die bei Hinterhuber entnommen wurde. Im Rahmen der Marketing-Politik geht es um konkrete Maßnahmen zur Erreichung von Marktanteilszielen, Distributionszielen, Abverkäufen pro führendem Geschäft usw. (Hinterhuber, Hans H.: Strategische Unternehmensführung, a.a.O., S. 159):

Elemente der Marketing-strategie	Basis-Strategien	
	Wachstumsstrategie	Ernte-Strategie
1. Programmpolitik	Sortiment ausbauen; Diversifizieren; Innovation	Programmbegrenzung (keine neuen Produkte; Aufgeben ganzer Linien)
2. Abnehmermärkte und Marktanteile	Gewinnen, Basis verbreitern – Neue Regionen – Neue Anwendungen	Aufgeben zu Gunsten von Erträgen – Kundenselektion – Regionaler Rückzug
3. Preispolitik	Preisführer (nach oben und unten)	Tendenzielle Hochpreispolitik (Preisabschläge nicht mitmachen)
4. Vertriebspolitik (Werbung und Absatzkanäle)	Aktiver Einsatz von – Werbemitteln – Zweitmarken – Markennamen	Zurückgehender Einsatz des vertriebspolitischen Instrumentariums
5. Risiko	Akzeptieren	Vermeiden
6. Investitionen	Vertretbares Maximum (Invest. > Abschr.)	Minimum bzw. Stilllegen (Invest. < Abschr.)

(2) Die Organisations-Strategie macht eine Aussage über die zur Umsetzung der Produkt-Markt-Strategien erforderlichen organisatorischen Umstrukturierungen im Bereich des Gesamtunternehmens und einzelner Teilbereiche.

(3) Die Investitions-Strategie gibt Hinweise für zukünftige Investitionsaktivitäten bezüglich der vorhandenen Produktionsstätten, neu aufzubauender Produktionsstätten, Stilllegungen von Produktionsstätten usw.

(4) Die Beschaffungs-Strategie macht Aussagen über das zukünftige Verhalten auf den Beschaffungsmärkten, die Sicherung der Rohstoffquellen, das Verhältnis zu Lieferanten und die Aktivitäten zur Integration der Beschaffungsseite in das eigene Unternehmen usw.

(5) Die Produktions-Strategie trifft Aussagen über das Ausmaß von Eigenfertigung und Fremdbezug, Entscheidungskriterien für die Vergabe von Aufträgen, Zielsetzungen der eigenen Fertigung, Standard der eigenen Fertigung usw.

(6) Die Personal-Strategie gibt an, wie sich das Unternehmen bei der Personalsuche und -beschaffung, gegenüber den Mitarbeitern, im Schulungs- und Ausbildungswesen usw. betätigen will.

(7) Die Cash-Strategie legt fest, wo investiert wird und wo nicht und wie der mittelfristige strategische Finanzmittelstrom abläuft.

2.1.11 Lebenszyklus-Konzept

Auch im strategischen Planungsmodell der Unternehmensberatung Arthur D. Little nimmt das Portfolio-Konzept eine zentrale Stellung ein.

Dieses Portfolio-Konzept ordnet die einzelnen Geschäftseinheiten nach ihrer

- Wettbewerbsstellung und ihrer
- Stellung im Produkt-Lebenszyklus.

Dabei wird die Wettbewerbsstellung danach gemessen, wie leicht von der betreffenden Position aus der Marktanteil verbessert werden kann. Die Einteilung nach der Stellung in Produkt-Lebenszyklus erfolgt nach den Phasen

- Einführung
- Wachstum
- Reife
- Sättigung.

Aus der Kombination dieser Einteilungskriterien liefert auch dieses Portfolio-Modell eine Anzahl von Normstrategien zur Prüfung der Plausibilität der eigenen Produkt-Markt-Strategien:

Wettbewerbsstellung	Stellung im Produkt-Lebenszyklus			
	Einführung	Wachstum	Reife	Sättigung
Dominierend	Marktanteil entschieden erhöhen; halten	Stellung halten; Marktanteil Stellung halten	Stellung halten; mit Branche wachsen	Stellung halten
Stark	Stellung verbessern; Marktanteil entschieden erhöhen	Stellung verbessern; Marktanteil erhöhen	Stellung halten, mit Branche wachsen	Stellung halten oder abbauen
Günstig	Marktanteil selektiv oder überall erhöhen; Stellung selektiv verbessern	Stellung verbessern; Marktanteil selektiv erhöhen	Stellung schützen oder halten; Nische finden u. schützen	Abbau; schrittweiser Rückzug
Dürftig	Stellung selektiv verbessern	Nische finden und schützen	Schrittweiser Rückzug oder Nische finden	Schrittweiser Rückzug oder Aufgabe
Schwach	Verbessern oder Aufgabe	Verbessern oder Aufgabe	Verbessern oder kontrollierter Rückzug	Aufgabe

Der Vergleich der eigenen Produkt-Markt-Strategien mit den Normstrategien dient dabei neben der grundsätzlichen Plausibilitätsprüfung insbesondere der Beantwortung der Frage, ob die Steuerung der Finanzmittel zwischen den strategischen Geschäftseinheiten ihrer Stellung im Lebenszyklus und ihrer Wettbewerbsstellung konform ist. Bei dieser Prüfung wird Kongruenz zwischen der Stellung im Lebenszyklus, der Rendite des eingesetzten Kapitals und dem Netto-Finanzmittelfluss angestrebt.

Auch dieses Planungsmodell gibt zwar interessante Denkanstöße und Anregungen zur Formulierung von Strategien, die auf Normstrategien aufbauen. Der Aussagegehalt für die praktische Arbeit ist allerdings begrenzt, da

- ❏ die Abgrenzung der einzelnen Phasen in der Praxis äußerst schwierig ist,
- ❏ das Konzept um so plausibler ist, je allgemeiner die Bezugsgrößen sind.

2.1.12 Vorteils-Matrix

Eine der wesentlichsten Zielsetzungen strategischer Unternehmensführung ist es, einen verteidigungsfähigen Vorteil gegenüber der Konkurrenz zu erreichen und damit die relative Wettbewerbsposition gegenüber den Mitbewerbern langfristig abzusichern.

Die Vorteils-Matrix, die von der Boston-Consulting-Group entwickelt wurde, geht davon aus, dass die Erfolgsbedingungen eines Geschäftes von zwei wesentlichen Faktoren bestimmt werden:

(1) der Größe des Vorteils, den ein Unternehmen gegenüber seinen Wettbewerbern aufbauen kann,

(2) der Anzahl der Vorteile, die ein Unternehmen besitzt.

Aus der Kombination dieser Faktoren ergeben sich vier Felder mit unterschiedlichen Wettbewerbssituationen:

Anzahl möglicher Vorteile	Größe des Vorteils	
	Klein	Groß
Viele	Fragmentierung	Spezialisierung
Wenige	Patt	Volumen

Die einzelnen Felder der Vorteils-Matrix unterscheiden sich durch die spezifischen Merkmale und verlangen eine spezifische Strategie, je nachdem, ob man in dem betreffenden Feld bleiben möchte oder in ein anderes Feld überwechseln will.

In der Vorteils-Matrix gibt es vier typische Wettbewerbspositionen:

(1) Fragmentierung: viele, aber kleine Vorteile

Diese Situation ist typisch für Klein- und Mittelbetriebe. Der Markt ist aufgrund der Vielzahl der Anbieter wenig transparent. In diesem Markt können viele Anbieter gut leben und relativ zur Größenordnung gute Gewinne realisieren. Will das Unternehmen in diesem Markt bleiben, empfehlen sich die Strategien
- Erhaltung der Flexibilität,
- Sicherung des engen Kontaktes mit der Zielgruppe,
- klein bleiben, um nicht durch Fixkosten und Kapitalbindung zur Größe verurteilt zu sein.

Aufbau und Nutzung von Ertragspotenzialen

(2) Spezialisierung: viele, aber große Vorteile

In dieser Wettbewerbsposition sind zwar weniger Differenzierungsmöglichkeiten gegeben, dafür sind die Vorteile aber wirkungsvoller mit der Folge von Wachstum und Marktausweitung.

Eine Halten-Strategie hat den Schwerpunkt auf Know How-Vorsprung zu legen, die Aussteigestrategie führt zur Expansion und dem Zwang zum quantitativen Wachstum.

(3) Volumen: wenige, aber große Vorteile

In der Volumen-Situation sind die Märkte mit nur wenigen Anbietern besetzt, von denen nur ein oder zwei Unternehmen Gewinne erwirtschaften. Vorteile sind nur über eine günstigere Kostenposition gegeben.

Eine Halten-Strategie führt zwangsläufig zu weiterem Wachstum mit der Gefahr, dass die Patt-Situation entsteht.

(4) Patt: wenige und kleine Vorteile

In dieser Wettbewerbssituation besitzt kein Wettbewerber mehr einen nachhaltigen Vorteil. Alle haben die optimale Betriebsgröße erreicht.

Die Halten-Strategie bedeutet den Zwang zur Realisierung von weiteren Kostenvorteilen. Die Aussteige-Strategie führt zur Segmentierung und Spezialisierung, wenn eine Innovation gelingt. Dabei tun sich diese Unternehmen aber tendenziell schwer, sodass die Dezentralisierung von Verantwortung und Innovation und damit die Teilung des Unternehmens zweckmäßig ist, um die Vorteile abzusichern.

Die Vorteils-Matrix ist eine sinnvolle Ergänzung der bekannten Strategie-Instrumente zur Analyse der eigenen Aktivitäten eines Unternehmens. Sie provoziert Fragen nach

❏ der eigenen Position im wettbewerblichen Umfeld,
❏ dem zukünftigen Weg und
❏ der Plausibilität der eigenen Strategien.

2.1.13 Sortimentsbreite

Die optimale Sortimentsbreite gehört zu den zentralen Fragestellungen einer jeden Unternehmensstrategie. Die Beantwortung der Frage wird von einem komplexen Bündel von Faktoren beeinflusst:

(1) Unternehmensstrategie

Die Sortimentsbreite ergibt sich aus der Unternehmensstrategie. Interessant ist, welche Argumente für die Notwendigkeit eines breiten bzw. eines schmalen Sortiments in Strategiediskussionen häufig angeführt werden. Obwohl diese Argumente einleuchtend klingen, fehlt ihnen oftmals der analytisch rechnerische Bezug zum Unternehmensertrag, weil dieser Schritt der Wertung in vielen Fällen versäumt wird.

Argumente für ein breites Sortiment:

❏ Markenausweitung / Markenstabilisierung
❏ Dachmarken-Notwendigkeiten
❏ breitere Basis für Mediawerbung
❏ Zugpferdeffekte im Sortiment
❏ Abblocken der Konkurrenz
❏ Image- und Kompetenzsicherung
❏ Gewinnung von Distributionsbreite für die Marke
❏ Kostendegression in den absatzbezogenen Overheads
❏ volle Problemlösung für den Handel
❏ qualitatives Wachstum
❏ konkurrenzfähige Unternehmensgröße.

Argumente für ein schmales Sortiment:

❏ Solitärmarken-Notwendigkeiten
❏ Distribution
❏ Konzentration von Media-Etats
❏ Nischenpolitik
❏ hohe Kompetenz im angestammten Bereich
❏ Marktanteil in strategisch relevanten Segmenten
❏ konzentrierte Nutzung begrenzter Vertriebskapazitäten
❏ Alleinstellung
❏ qualitatives Wachstum

(2) Produktionsverbund

Verfügt ein Unternehmen über weitere Möglichkeiten zur Nutzung vorhandener Anlagen und vorhandenem technischen Know How, so hat eine solche Situation tendenziell eine Sortimentsverbreiterung zur Folge. Diese Sortimentsverbreiterung verfolgt die Zielsetzung der

❏ Degression in den Fertigungskosten (Senkung der durchschnittlichen Herstellkosten)
❏ Nutzung des Erfahrungskurveneffektes in der Fertigung bei homogenen Produkten
❏ Erreichung eines konkurrenzfähigen Herstellkostenniveaus.

Diese Effekte einer Sortimentsverbreiterung treten aber nur dann ein, wenn es sich um fertigungstechnisch mit dem vorhandenen Sortiment verwandte Produkte handelt. Ist dies nicht der Fall, so führt eine Sortimentsverbreiterung im Gegenteil zu sprungfixen Kosten in der Produktion.

(3) Marktauftritt

Der Marktauftritt eines Unternehmens, der durch Branchenspielregeln und die Schlüsselfaktoren eines Geschäftes bestimmt wird, beeinflusst entscheidend die Kostenstruktur in Vertrieb und Logistik. Je kostenintensiver der Marktauftritt ist, um so breitere Sortimente hat er tendenziell zur Folge. Einflussfaktoren sind in diesen Fällen:

- das Absatzgebiet (regional/national)
- die Struktur des Außendienstes (eigener Außendienst, Handelsvertreter)
- die Anzahl der Vertriebskanäle (ein Vertriebsweg, mehrere Vertriebswege)
- die Struktur des Logistiksystems (eigen, fremd)
- die verfolgte Kundenselektion (breite nummerische Distribution und damit breite Kundenabdeckung oder geringe nummerische Distribution bei hoher gewichtiger Distribution und damit Konzentration auf wenige Großkunden).

Es gibt Branchen, in denen ein Anbieter aufgrund des gewählten Marktauftritts eine Entscheidung für ein schmales Sortiment überhaupt nicht besitzt.

(4) Fixkostenstruktur

Allgemein gilt, dass die Sortimentsbreite mit steigender Fixkostenstruktur zunimmt (Wahrnehmung von Degressionschancen).

Dabei wird vielfach übersehen, dass zusätzliche Sortimentsteile strukturbedingte Steigerungen der Overheads zur Folge haben etwa in den Bereichen

- Produktion (Abläufe, Mehrkapazitäten, Sortenwechselkosten)
- Logistik (Verpackung, Lagerflächen, Abwicklung, Touren)

und negative Einflüsse in der Effizienz des Außendienstes (neue Einkäuferzielgruppe, qualitative Überforderung der Mitarbeiter) zur Folge haben können.

In vielen Unternehmen sollte anstelle einer permanent steigenden Sortimentsverbreiterung (und oftmals Sortimentsverzettelung) besser der umgekehrte Weg eines Abbaus vorhandener Overheads verfolgt werden.

(5) Erlösverbund / kalkulatorischer Ausgleich

In Branchen mit Kuppelproduktion wird eine optimale Kostenposition bei der Nutzung des Kuppelprodukts immer dann erreicht, wenn die Möglichkeiten der Kuppelproduktion voll genutzt werden.

Diese volle Nutzung der Vorteile hat tendenziell breite Sortimente zur Folge.

Diese optimale Kostenposition durch volle Nutzung des Kuppelproduktes durch breite Sortimente tritt aber nur dann ein, wenn die Vermarktung des Kuppelproduktes nicht gleichzeitig überproportionale Kostennachteile gegenüber der Konkurrenz in anderen Bereichen (Vertrieb, Logistik) nach sich zieht, die die Positiveffekte der Nutzung des Kuppelproduktes überkompensieren.

Ist letzteres der Fall, so ist ein anderes Optimum zu suchen, was im Extremfall so weit gehen kann, dass anstelle der eigenen Ausnutzung der Kuppelproduktion auf Fremdbezug übergegangen wird und damit eine flexiblere Kostenposition erkauft wird.

(6) Branchengesetze

Für jedes Unternehmen wird eine wettbewerbsfähige Kostenposition durch die Kostenstruktur der Branche und damit durch Branchengesetzmäßigkeiten und Branchen-„Spielregeln" bestimmt. Somit wird auch die Sortimentsbreite in einer bestimmten Form durch diese Gesetzmäßigkeiten vorgegeben wie in den meisten Konsumgütermärkten.

- Breite Sortimente:
  - Suppen- und Saucenhersteller
  - Fleischwarenindustrie
  - Tiefkühlkost
  - Backwaren
- Schmale Sortimente:
  - Brauereien
  - Sektindustrie
  - Spirituosenhersteller

(7) Marktvolumen / Marktwachstum

Der heutigen weitgehenden Stagnation vieler Konsumgütermärkte wird in den meisten Fällen durch Marktsegmentierungsstrategien begegnet.

Die unterschiedlichen Marktsegmentierungsstrategien haben in den meisten Fällen eine Sortimentsausweitung zur Folge als Antwort auf nachlassendes Wachstum in angestammten Bereichen. Wird die Segmentierungsstrategie ohne Berücksichtigung der eigenen Stärken und der eigenen Kostenposition durchgeführt, ist ihr Einfluss auf die Ertragsposition des Unternehmens negativ.

(8) Kundenstruktur

Bei der heutigen Konzentration auf der Abnehmerseite geht der Kunde in vielen Fällen dazu über, seine Lieferanten (Anbieter) auf einige wenige zu reduzieren. Die daraus resultierende Forderung – wie z.B. in der Nahrungsmittelindustrie – nach zwei bis drei nationalen Lieferanten (Anbietern) als Partner macht auf der Anbieterseite ein volles und damit breites Sortiment notwendig, um der Forderung nach einem nationalen Anbieter mit der vollen Problemlösung gerecht zu werden. Dieses bedingt zwangsläufig eine Sortimentsausweitung.

Bei dieser Marktsituation kann ein nationaler Anbieter zwar der größte der Branche sein (höchster durchschnittlicher Marktanteil), aber in den einzelnen Segmenten Konkurrenten haben, die zwar von der Gesamtbedeutung kleiner sind, aber in den von ihnen bearbeiteten Segmenten den höchsten Marktanteil besitzen (Marktanteil in strategisch relevanten Segmenten gegenüber Marktanteil am Gesamtmarkt).

Die vorstehenden Ausführungen haben gezeigt, dass aufgrund der Komplexität des Themas die Beantwortung der aufgeworfenen Frage nicht eindeutig möglich ist. Unabhängig davon gelten einige Thesen, die bei der Beantwortung der Frage nützlich sind:

(1) Die heutige Stagnation (bzw. Rückgang) vieler Märkte fördert die Tendenz zu breiten Sortimenten. Der damit einhergehende Fixkostenzuwachs ist durch Fixkostenabbau in anderen Unternehmensbereichen zu kompensieren.

(2) In Unternehmungen, deren angestammte Sortimentsteile überwiegend in der Cash-Cow-Position liegen, haben Sortimentsausweitungen tendenziell einen Rückgang des relativen Ertrages zur Folge.

(3) Je höher die nutzbaren Synergien sind (fertigungstechnisch homogene Produkte; Markenstabilisierung durch angrenzende Sortimente; freie Kapazitäten

Aufbau und Nutzung von Ertragspotenzialen

im Außendienst bei gleicher Abnehmerzielgruppe), um so erfolgreicher ist eine Sortimentsausweitung.

(4) Eine Sortimentsschwerpunktbildung zur Ausnutzung des Boston-Effektes setzt die Konzentration aller Kräfte voraus. Ist die Sortimentsschwerpunktbildung kein Vorteilsfaktor in dem betreffenden Markt, so sind die Negativauswirkungen einer solchen Maßnahme schwerwiegend.

(5) Bei weitgehend stagnierenden Märkten haben massive Sortimentsbereinigungen nur selten eine positive Ertragsauswirkung.

Als Hilfestellung in der praktischen Arbeit dient die nachfolgende Checklist, die zur Beantwortung der Frage über die angemessene Sortimentsbreite herangezogen werden kann:

Checklist: Sortimentsbreite

	Ja	Nein
(1) Dient die Sortimentsbreite der Verstärkung der vorhandenen Potenziale?	☐	☐
(2) Führt eine Ausweitung/Einengung des Sortiments zum Abbau von Behinderungen, die der Nutzung der Potenziale im Wege stehen?	☐	☐
(3) Entspricht die Sortimentsbreite den im Unternehmensleitbild formulierten qualitativen Unternehmenszielen?	☐	☐
(4) Garantiert die Sortimentsbreite die Erreichung der quantitativen Unternehmensziele (Umsatzrendite, ROI, Cash Flow)?	☐	☐
(5) Wird mit der Sortimentsbreite die Wachstumszielsetzung erreicht?	☐	☐
(6) Fördert die Sortimentsbreite qualitatives/quantitatives Wachstum?	☐	☐
(7) Ist ein breites Sortiment ein wesentlicher Vorteilsfaktor in dem Markt, in dem das Unternehmen tätig ist?	☐	☐
(8) Wird die positive Umsetzung des Erfahrungskurven-Effektes in der Fertigung nicht von negativen Auswirkungen (Kosten) auf der Absatzseite kompensiert?	☐	☐
(9) Lässt die Ausgangssituation der Unternehmung weiteres Wachstum nur über eine Diversifikation in neue Bereiche zu?	☐	☐
(10) Führt die Sortimentsausweitung zur Nutzung vorhandener Fertigungs- und Vertriebskapazitäten?	☐	☐
(11) Verlangt der gewählte Marktauftritt schmale oder breite Sortimente? Ist gegebenenfalls die Form des Marktauftritts zu ändern?	☐	☐
(12) Ist bei Kuppelproduktion die optimale Nutzung des Kuppelprodukts bereits realisiert?	☐	☐
(13) Ist die Verbesserung des Unternehmensertrages nur über Marktsegmentierungsstrategien erreichbar?	☐	☐
(14) Sind zur Lösung der Kundenprobleme breite Sortimente erforderlich?	☐	☐
(15) Sind die positiven und negativen Auswirkungen einer Sortimentsbereinigung ausreichend geprüft?	☐	☐
(16) Wird mit der Sortimentsbreite die Wachstumsschwelle überschritten?	☐	☐
(17) Stehen die Funktionsstrategien in logischem Zusammenhang zur Sortimentsstrategie?	☐	☐
(18) Kann die Umsetzung der Sortimentsstrategie über Kontrollpunkte abgeprüft werden?	☐	☐

2.2 Planungsprozess

2.2.1 Planungsteam

Für die Durchführung des strategischen Planungsprozesses gibt es drei Alternativen:
- den externen Berater, von dem man die Unternehmenspolitik durch Fremdbezug kauft,
- die strategische Stabsstelle, der die Gefahr anhaftet, dass ihre Leistungen von den Linieneinheiten ignoriert werden,
- das Planungsteam, das sich aus Mitgliedern der ersten und zweiten Ebene zusammensetzt und im Team gemeinsam die strategische Planung erarbeitet.

Nachfolgend wird die dritte Alternative beschrieben, die der Autor aus eigener Erfahrung kennt (siehe im Einzelnen Mann, Rudolf: Praxis strategisches Controlling, a.a.O., S. 135 ff.).

Das Planungsteam sollte maximal 8 bis 10 Personen umfassen, um eine moderierbare Gruppe zu bilden. Diese Personen haben sich aus Mitgliedern der ersten und zweiten Ebene zusammenzusetzen. Dabei ist in jedem Falle die Geschäftsführung Teilnehmer und mindestens die gleiche Anzahl von Personen aus Mitgliedern der zweiten Ebene. Die Mitglieder der zweiten Ebene sollten aus den für die zukünftige Entwicklung wesentlichen Unternehmensfunktionen kommen.

Für die Moderation der Gruppe empfiehlt sich nach Möglichkeit eine Fremdmoderation, bestehend aus zwei Personen. Diese sind erstens nicht unternehmensblind und haben zweitens die Möglichkeit, auch extreme Denkalternativen über die Moderation zu steuern.

Ein derart zusammengesetztes Planungssystem hat folgende Vorteile:
- Es ist gewährleistet, dass das Denken in Alternativen als grundlegende Voraussetzung für strategisches Denken im Team praktiziert wird.
- Die Teamzusammensetzung garantiert, dass vorhandene Denkbarrieren übersprungen werden und man sich aus den Funktionsschranken löst.
- Die strategische Planung als Ergebnis des Planungsprozesses wird von den wesentlichen Entscheidungsträgern der Unternehmung getragen, was zur zusätzlichen Motivation beiträgt.
- Dadurch, dass die wesentlichen Entscheidungsträger hinter der strategischen Planung stehen, ist auch die Umsetzung garantiert.
- Ein Planungsteam, das sich aus unterschiedlichen Unternehmensbereichen rekrutiert, garantiert, dass die Probleme aus den Blickwinkeln aller Funktionen diskutiert werden.

2.2.2 Vorgehensweise

Der strategische Planungsprozess läuft am effizientesten ab, wenn er als gruppendynamischer Prozess unter Verwendung von Kreativitätstechniken wie

- Methode 635
- Brainstorming
- Basic synecties
- Gruppenarbeit
- Utopie-Spiele etc.

moderiert wird. Zielsetzung ist es, den Gedanken nach Möglichkeit freien Lauf zu lassen, um über vorhandene Denkbarrieren hinwegzuspringen und auch im Tagesgeschäft unübliche Denkansätze zu diskutieren.

Um einen funktionsfähigen gruppendynamischen Prozess zu garantieren, ist es zweckmäßig, dass die strategischen Planungssitzungen

(1) außer Haus und
(2) in gelöster und lockerer Atmosphäre in einem angenehmen Umfeld stattfinden.

In den Sitzungen gelten folgende Spielregeln:

(1) Offenheit und Vertraulichkeit
Diese Spielregel soll sicherstellen, dass zum einen alle notwendigen Punkte angesprochen werden, zum anderen aber die Ergebnisse mit der nötigen Vertraulichkeit gehandhabt werden.

(2) Entscheidung und Revision
Diese Spielregel sichert, dass in den Sitzungen zwar Vorentscheidungen getroffen werden, die aber nach näherer Prüfung durch jeden der Teilnehmer wieder revidiert werden können.

(3) Moderation und Störung
Diese Spielregel bedeutet, dass die Teilnehmer zwar die Fremdmoderation akzeptieren, jeder Teilnehmer aber die Möglichkeit hat, die Moderation zu stören, sofern er fruchtbare Gedanken in den Prozess einbringt.

2.2.3 Zeitlicher Ablauf

Der strategische Planungsprozess läuft bei diesem Verfahren in der Regel in zwei Sitzungen ab. Zur Vorbereitung auf die Sitzungen empfiehlt es sich,

- die Unternehmung in die wesentlichen strategischen Geschäftseinheiten aufzuteilen,
- für die wesentlichen Produktgruppen und Sortimente die Absatzstruktur nach relativen Deckungsbeiträgen, Marktanteilen, Marktwachstum und Distributionswerten aufzulösen,
- Vorüberlegungen zum gleichen Thema kurz zusammenzufassen.

Die erste Sitzung des strategischen Prozesses ist die Analyse-Sitzung, in der die Potenzial-Analyse erarbeitet wird, die Unternehmenszielsetzung formuliert wird sowie die wesentlichen Produkt-Markt-Strategien in einem ersten Grobansatz erarbeitet werden:

(1) Potenzialanalyse
  - Schlüsselfaktoren
  - Präzisierung Schlüsselfaktoren
  - Vergangene Erfolge und Misserfolge
  - Ursachen vergangener Erfolge und Misserfolge
  - Zukünftige interne Stärken und Schwächen
  - Zukünftige externe Chancen und Risiken
  - Fazit Potenzialanalyse
  - Potenzial-Stärken
  - Potenzial-Schlüsselfaktoren
(2) Verstärkung der Stärken
  - Maßnahmen zur Verstärkung der Stärken
  - Was hindert uns am meisten an der Verstärkung der Stärken
(3) Zielsetzung
  - Quantitative Zielsetzung
  - Qualitative Zielsetzung
  - Wachstum
(4) Produkt-Markt-Strategien
  - Bewertungsskala
  - Portfolio-Matrix

Am Ende der ersten Sitzung sollte die Frage beantwortet werden können, ob die bisherige Strategie gangbar ist oder nicht. Ist dies der Fall, so kann in der zweiten Sitzung die Konzeption formuliert werden. Ist dies nicht der Fall, sind unterschiedliche Alternativ-Sitzungen erforderlich, um alternative Zukunfts-Strategien zu erarbeiten. Diese Strategien müssen jeweils operationalisiert werden, um zu prüfen, ob

- ❏ sie zur Erreichung der Unternehmensziele beitragen,
- ❏ sie von der Unternehmung bewältigt werden können.

2.2.4 Ergebnis

Die strategische Planung als Ergebnis eines im Team durchgeführten Denkprozesses macht Aussage über

- ❏ den Aufbau und die Nutzung von Potenzialen als Basis zukünftiger Gewinnchancen,
- ❏ die Konzentration auf eigene Stärken, die für den Erfolg in dem betreffenden Geschäft von Bedeutung sind (Schlüsselfaktoren),
- ❏ und damit über die Wege (Strategien) zur Erreichung des strategischen Ziels, bestimmte Probleme für bestimmte Zielgruppen nachhaltig besser zu lösen als der Wettbewerb.

Die strategische Planung konkretisiert mithin folgende Teilbereiche:

- ❏ die Potenziale und die Probleme und Behinderungen, die der Nutzung der Potenziale entgegenstehen;

❑ die Unternehmenszielsetzung in Form des Leitbildes, der quantitativen Zielsetzung und der strategischen Lücke, die zeigt, ob die mittelfristigen Unternehmensziele erreichbar sind;
❑ die Wachstumszielsetzung, die eine Aussage über die Richtung des mittelfristigen Wachstums (qualitativ, quantitativ; Diversifikation, Konzentration) macht;
❑ die Produkt-Markt-Strategien, über die in Form der Basis-Strategien Wachsen – Halten – Ernten die Probleme der Zielgruppe unter Ausmanövrierung des Wettbewerbes optimal gelöst werden;
❑ die Funktionsstrategien, die die Aufgabe haben, Behinderungen bei der Umsetzung der Produkt-Markt-Strategien abzubauen.

Diese weitgehend verbal formulierten Aussagen werden bis zu den Funktionsstrategien zunehmend konkreter:

Grad der Konkretisierung	1. Potenziale 2. Probleme, Behinderungen 3. Leitbild 4. Quantitatives Ziel 5. Wachstum 6. Produkt-Markt-Strategie 7. Funktions-Strategie 8. Operationalisierung 9. Prämissen, Check-Points 10. Maßnahmen, Kontrollen, Projekte

Zur Prüfung der Vollständigkeit der strategischen Planungsüberlegungen empfiehlt sich die nachfolgende Checklist:

Checklist: Vollständigkeit der strategischen Planung	Ja	Nein
(1) Sind auf Basis einer sorgfältigen Ausgangsanalyse die eigenen Stärken festgestellt?	☐	☐
(2) Sind die eigenen Stärken auch für den Erfolg in dem betreffenden Geschäft von Bedeutung (Schlüsselfaktoren)? → Potenziale	☐	☐
(3) Enthält die strategische Planung Maßnahmen (mit Terminen und Verantwortlichen), die den Abbau der Behinderungen zur Nutzung der Potenziale sicherstellen?	☐	☐
(4) Ist das Leitbild präzise formuliert und enthält es die Existenzgrundlage, um als strategische Zielsetzung ansteuerbar zu sein?	☐	☐
(5) Zeigt die strategische Planung Wege zur Schließung der Leistungslücke und der strategischen Lücke?	☐	☐
(6) Sind die Produkt-Markt-Strategien ausreichend durch Simulation der Wettbewerbsreaktionen überprüft?	☐	☐
(7) Haben Alternativstrategien gezeigt, dass die verabschiedete Strategie vor dem Hintergrund der eigenen Möglichkeiten der beste Weg ist?	☐	☐
(8) Stehen die Funktionsstrategien in logischem Zusammenhang zu den Basisstrategien?	☐	☐
(9) Enthalten die Funktionsstrategien Projekte und Maßnahmen mit Terminen und Verantwortlichen?	☐	☐

2.2.5 Erfolgsvoraussetzungen

2.2.5.1 Ergebnissituation der Unternehmung

Praktische Erfahrungen zeigen, dass die operative Ergebnissituation einer Unternehmung die Bereitschaft des Managements zur Erarbeitung einer strategischen Planung sowie die Qualität der Unternehmensstrategie entscheidend bestimmen:

		Zukünftiges Ertragspotenzial		
		Hoch	Mittel	Niedrig
Derzeitige operative Ergebnissituation	Hoch	1	2	3
	Mittel	4	5	6
	Niedrig	7	8	9

Aus der Kombination der derzeitigen operativen Ergebnissituation mit dem zukünftigen Ertragspotenzial als Maßgröße für die Überlebenschance einer Unternehmung lassen sich folgende Situationen herleiten:

1 : Idealfall: Es wird strategisches Management unter Ausbalancierung von kurz- und langfristigen Erfolgen betrieben.

2 : Grenzsituation: Das Management erkennt die Notwendigkeit des Aufbaus neuer Ertragspotenziale.

Aufbau und Nutzung von Ertragspotenzialen

3   : Abmelkstrategie: Das Management steht vor der Pensionierung?!
4.7: Zukunftsperspektive: Das Management hat zu Lasten kurzfristiger Ergebnisse zukünftige Ertragspotenziale aufgebaut.
5.6: Grenzlage: Es muss sowohl strategisch als auch operativ etwas getan werden.
8.9: Zeitnot: Konsolidierungs- und Sanierungsstrategien haben Vorrang.

Die hier idealtypisch dargestellten Situationen finden sich in der betrieblichen Realität immer wieder. Es hängt damit an den Letztverantwortlichen (Beirat, Aufsichtsrat, Firmeneigner), aus der intimen Kenntnis der Firmensituation das Erfordernis für die Erarbeitung von Unternehmensstrategien durchzusetzen.

2.2.5.2 Freiraum des Managements

Der Freiraum des Managements zur Erarbeitung eigenständiger Unternehmensstrategien ist tendenziell am größten bei anonymen Publikumsgesellschaften ohne Dominanz einer Anteilseignergruppe. Je stärker die Einbindung in ein Konzerngebilde ist, um so stärker greifen Rahmenbedingungen, die von der Zentrale gesetzt werden:

	Teil eines Konzerns	
Freiraum des Unternehmens	Ja	Nein
Niedrig	Normalfall	Ausnahme
Hoch	Ausnahme	Normalfall

Zur Erhaltung der Motivation des Managements ist es erforderlich, dass von den übergeordneten Entscheidungsträgern eine klare Antwort auf die Frage gegeben wird, ob die Erarbeitung und Umsetzung einer eigenständigen Strategie überhaupt gewünscht wird. Geschäftsordnungen, Beiratsordnungen, Vorstandsverträge und derartige auf Rechtsnormen beruhende Freiraumeingrenzungen können diese Funktion nicht garantieren. Notwendig ist, dass sich die Letztverantwortlichen klar darüber sind, was mit einem Unternehmen geschehen soll.

2.2.5.3 Richtige Einschätzung der eigenen Ausgangssituation

Viele Unternehmensstrategien sind geschliffen formuliert: Begriffe wie Innovation, Degressionswachstum, Speerspitzenpolitik usw. enthalten die an der Sprachbörse gehandelten Begriffe und suggerieren dem oberflächlichen Betrachter eine fabelhafte Managementleistung ein. Bei der Häufigkeit der anzutreffenden Grundsatzaussagen muss in Zweifel gezogen werden, dass solchen Strategien die richtige Analyse der eigenen Ausgangssituation vorangegangen ist.

Die richtige Einschätzung der eigenen Ausgangssituation hat bei der Erarbeitung der Strategie die folgenden Bereiche zu umfassen:
- die Analyse der vergangenen Erfolge und Misserfolge, der zukünftigen Chancen und Risiken sowie der eigenen Stärken und Schwächen;
- die kritische Bestandsaufnahme der internen und externen Abhängigkeiten einer Unternehmung anhand der strategischen Bilanz;
- die kritische Analyse des strategischen Wettbewerbsumfeldes;
- die Diskussion der eigenen Möglichkeiten (Finanzen, Managementkapazität usw.).

Daneben empfiehlt sich die Prüfung
- der politischen und psychologischen Möglichkeiten der Durchsetzung von Veränderungen,
- der eigenen finanziellen und personellen Kräfte zur Umsetzung,
- der Beharrlichkeit des Managements zur Durchsetzung der eigenen Linie,
- des Zeit- und damit Kostenbedarfs zur Einleitung der erforderlichen Maßnahmen (Befreiung von Ergebnisdruck),
- der organisatorischen Voraussetzungen im Unternehmen (Hierarchie, Teamfähigkeit, klare Zuständigkeiten und Verantwortliche).

Die hier genannten Prüfkriterien mögen zwar recht einfach klingen, sind aber in ihrer Bedeutung nicht zu unterschätzen. Viele praktische Beispiele zeigen, dass die Umsetzung an sich effizienter Unternehmensstrategien an der Nichtbeachtung dieser einfachen Faktoren gescheitert ist.

2.2.5.4 Fazit

Für die Erarbeitung und Umsetzung von Unternehmensstrategien lassen sich folgende Erfolgsvoraussetzungen zusammenfassen:
(1) Die Unternehmensstrategie ist vom Management zu erarbeiten und nicht von Stabsstellen.
(2) Schwerpunktvoraussetzung für erfolgreiche Unternehmensstrategien ist die richtige Einschätzung der eigenen Ausgangssituation und damit verbunden die Kenntnis der eigenen Stärken.
(3) Neben der Kenntnis der eigenen Ausgangssituation ist die richtige Analyse des Marktes, seiner Gesetzmäßigkeiten und der Wettbewerber erforderlich. Die

Vernachlässigung der „Markt-Spielregeln" hat schon manche Unternehmensstrategie zum Scheitern verurteilt.

(4) Die Methoden zur Erarbeitung von Unternehmensstrategien sollten zwar im Managementkreis bekannt sein, sie sind aber bei der Erarbeitung der Strategien nicht überzubewerten.

(5) Die Einbeziehung der Letztverantwortlichen in Zwischenergebnisse und in die Diskussion des Gesamtkonzeptes stärkt dem Management den Rücken und gibt die Möglichkeit, unterschiedliche Interessenslagen frühzeitig auszubalancieren.

(6) Auch für die strategische Planung gilt die Forderung nach einem gesunden Maß an Flexibilität. Es ist nicht empfehlenswert, Pläne starr zu formulieren, zu stark zu formalisieren und ohne den nötigen Pragmatismus auch für die Umsetzung zu verabschieden.

(7) Die Unternehmensstrategie darf keine einseitige Schwerpunktbetonung z.B. nur des Absatzbereiches haben. Sie ist ein ausgewogenes Bündel von längerfristigen Maßnahmen aller Unternehmensbereiche.

(8) Strategische Planungen erfordern Durchhaltevermögen bei der Umsetzung. Sie verlangen Konsequenz und eine „Gerade-Linie" bei der Durchsetzung.

(9) Die besten Unternehmensstrategien sind „einfache" Strategien, die kommunizierbar sind, von den Mitarbeitern verstanden werden und damit auch umsetzbar sind.

2.3 Operationalisierung

2.3.1 Operationalisierungszwang

Strategisches Controlling hat die Aufgabe, in Form eines den Umweltanforderungen angepassten sensiblen Steuerungsinstruments den Gegensteuerungszeitraum zu verlängern und damit eine aktive langfristige Unternehmenssteuerung zu ermöglichen. Es bildet die Voraussetzung für ein gesteuertes strategisches Management. Um dies zu garantieren ist es erforderlich, die strategische Planung in einer solchen Form zu operationalisieren, dass sie die gleichen Möglichkeiten zur Gegensteuerung wie die Jahresplanung bietet:

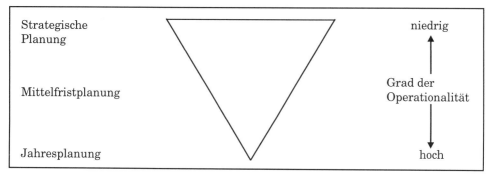

Die Operationalisierung der strategischen Aussagen setzt an folgenden Punkten an:

(1) Bei der Erarbeitung der strategischen Planung als Denkprozess in Alternativen ist die Operationalisierung erforderlich, um die Plausibilität, Machbarkeit und den Zielerreichungsgrad einzelner Alternativen auf die langfristigen Ziele abzuprüfen.

(2) Im Stadium der Umsetzung der strategischen Planung garantiert die Operationalisierung die nachprüfbare Leitlinie im Tagesgeschäft und bildet die Basis zur Gegensteuerung.

(3) Für Tagesentscheidungen besitzt die operationalisierte strategische Planung eine Filterwirkung: Sie stellt die Verzahnung zwischen operativen und strategischen Zielsetzungen her und ermöglicht, den strategischen Nutzen operativer Tagesentscheidungen zu beurteilen.

(4) Durch Festlegung von Verantwortlichen und Terminen für die Umsetzung von Maßnahmen wird die notwendige Verbindlichkeit gesichert.

(5) Eine operationalisierte strategische Planung ermöglicht in Form eines Soll-Ist-Vergleiches die Abprüfung der Umsetzung von Einzelmaßnahmen.

2.3.2 Extrapolation

Sowohl im Rahmen der Erarbeitung der strategischen Planung als auch für die spätere Operationalisierung einer verabschiedeten strategischen Planung bildet die Extrapolation die Ausgangsbasis. Die Extrapolation zeigt einen weitgehend von Strategieänderungen freien Geschäftsverlauf, indem auf Basis des Ausgangsjahres die zukünftige Entwicklung unter Berücksichtigung normaler Kosten- und Erlössteigerungen sowie Mengenerhöhungen „fortgeschrieben" wird. Als Ergebnis der Extrapolation zeigt sich im Vergleich zur mittelfristigen Zielsetzung

❑ die Leistungslücke, die durch Optimierungsarbeiten geschlossen werden kann,
❑ die strategische Lücke als Herausforderung für zukünftige Strategieänderungen (vgl. Seite 125):

Die Extrapolation kann als Mittelfristplanung immer dann weitgehend beibehalten werden, wenn sich zwischen der Entwicklung auf Basis der Extrapolation und der mittelfristigen Zielsetzung keine Differenz zeigt. In diesem Falle führen die bisherigen Strategien zur Erreichung der mittelfristigen Zielsetzung, sodass keine grundlegende Veränderung des Geschäftsverlaufes notwendig ist. In diesem Fall der so genannten Normalstrategien ergibt sich keine Notwendigkeit für größere Änderungsprozesse (Aurich, Wolfgang; Schroeder, Hans-Ulrich: Unternehmensplanung im Konjunkturverlauf, 2. Aufl., München 1977, S. 245).

2.3.3 Projekte/Maßnahmen

Das Ausmaß der Bestimmung der Mittelfristplanung durch die Extrapolation hängt von der Anzahl der Strategien ab, die im Mittelfristzeitraum gefahren

Aufbau und Nutzung von Ertragspotenzialen

werden. Je größer die Anzahl der Strategien zur Schließung der strategischen Lücke ist, um so weiter entfernt sich die Mittelfristplanung als operationalisierte strategische Planung von der Extrapolation.

Die Vorgehensweise zur Formulierung umsetzbarer Strategien besteht in der hierarchischen Zerlegung übergeordneter strategischer Stoßrichtungen in Teilprobleme: Die globale Strategie wird in umsetzbare Teilstrategien bis zu Projekten und Maßnahmen segmentiert:

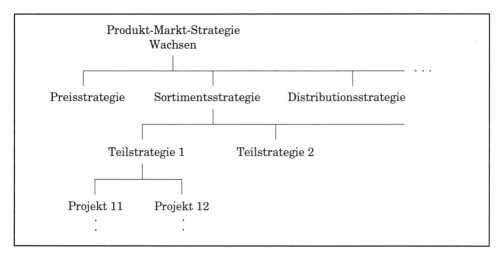

Jede dieser Teilstrategien und Maßnahmen wird nun hinsichtlich der Ergebnisauswirkungen quantifiziert. Dabei werden über Grenzbetrachtungen die Verzahnungen zu anderen Teilbereichen hergestellt und die Auswirkungen auf die Ergebnisrechnung, die Planbilanz, den Finanzplan usw. quantifiziert. Damit entsteht aus einer Strategie eine quantifizierte Projektrechnung, die in dieser Form in die Ergebnisrechnung überführt wird:

	Ausgangsjahr	1. Jahr	2. Jahr	....	n-tes Jahr
Gesamtergebnis lt. Extrapolation					
Teilstrategie 1					
Teilstrategie 2					
"					
"					
"					
"					
"					
Gesamtergebnis Mittelfristplanung					

Eine strategisch abgesicherte Mittelfristplanung entsteht folglich aus einer Extrapolation und der projektweisen Quantifizierung der Teilstrategien:

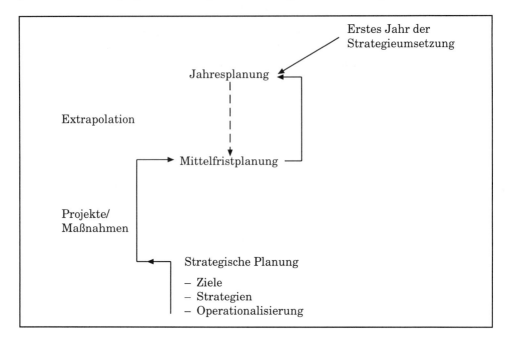

2.3.4 Engpassaufgaben

Jede strategische Planung einer Unternehmung ist die Summe der Strategien der einzelnen strategischen Geschäftseinheiten. Jede dieser Strategien hat eine ganz bestimmte Schwerpunktaufgabe zur Priorität. Diese strategischen Engpassaufgaben sind hinsichtlich ihrer Operationalisierung unterschiedlich auszugestalten:

(1) Wachstum

Die globale Wachstumszielsetzung wird in den meisten Fällen als Umsatz- oder Absatzmengenwachstum quantifiziert. Während eine absatzmengenorientierte Quantifizierung dann sinnvoll ist, wenn es sich um weitgehend homogene Fertigungsstrukturen handelt, ist in den meisten Fällen die umsatzorientierte Quantifizierung anzutreffen.
Qualitatives Wachstum durch

❑ Verbesserung der Absatzstruktur bei Kunden, Sortimenten, Vertriebswegen,
❑ stärkere Differenzierung gegenüber den Wettbewerbern durch eine Politik der Marktnischen,
❑ Erhöhung der Problemlösungsfunktion des vorhandenen Sortimentes,

ist operativ dadurch prüfbar, dass es mit einer Erhöhung des relativen Deckungsbeitrages 1 verbunden sein muss (→ Prüfkriterium). Hingegen erfolgt quantitatives Wachstum bei gleichem relativen Deckungsbeitrag 1 durch eine weitgehend mengenbedingte Ausweitung des absoluten Deckungsbeitragsvolumens ($\to$ Prüfkriterium!). Eine solche Strategie ist gerechtfertigt zur

❑ Erreichung einer konkurrenzfähigen Unternehmensgröße ($\to$ Messkriterium)
❑ Ausnutzung von Kosteneinsparungsmöglichkeiten durch den Boston-Effekt ($\to$ Projektrechnung)
❑ bessere Auslastung vorhandener Kapazitäten ($\to$ Degressionsgewinne)
❑ effizientere Nutzung noch nicht genutzter Ertragspotenziale.

Die Diversifikation als Eintritt in neue Betätigungsfelder ist ebenfalls durch eine Ergebnisrechnung zu stützen, die zeigt, ob die strategischen Zielsetzungen eine vernünftige Perspektive erlauben. Zudem ist Zeitpunkt und Richtung der Diversifikation anzugeben und das Risiko der zeitlichen Verzögerung (bei Akquisitionen!) und des Abbruchs der Aktivitäten (Aussteigeverlust).

Die Konzentration als stärkste Ausschöpfung der vorhandenen Aktivitäten bedeutet ($\to$ Prüfkriterien)

❑ den Einsatz aller Mittel in den angestammten Bereichen ($\to$ Cash-Herkunft/Cash-Verwendung),
❑ die Beibehaltung der in der Vergangenheit praktizierten Reinvestitionsautomatik ($\to$ steigender, gleichbleibender, sinkender Mitteleinsatz je Bezugseinheit),
❑ die Abhängigkeit des Schicksals der Unternehmung von einem einzigen Standbein ($\to$ Risikorechnung),
❑ den Zwang zum schnelleren Wachstum als der Wettbewerb ($\to$ Konkurrenzreaktionen, Marktanteilsentwicklung).

(2) Ernten / Aussteigen

Bei einer Ernten-Strategie wird der Cash-Beitrag bestimmter Teilbereiche oder Produkte gezielt so lange abgezogen, wie dieser Bereich Erträge abwirft. Der Endpunkt einer Ernten-Strategie ist das Aussteigen aus vorhandenen Bereichen, was gleichbedeutend mit einer Schrumpfung bisheriger Aktivitäten ist. Bei einer Ernten-Strategie ist der Cash-Beitrag dieser Aktivitäten zu quantifizieren und der Zeitpunkt, bis zu dem diese Mittel abgezogen werden können.

Hingegen ist bei einer Aussteige-Strategie der entfallende Cash-Beitrag, der Zeitpunkt des Aussteigens und die Einmal-Kosten, die mit dem Austritt aus diesen Aktivitäten verbunden sind, zu quantifizieren. Zu den Einmal-Kosten zählen Sozialplankosten, Abbruchkosten für Betriebsmittel, Verwertung von Vorräten u.a. Das Kernproblem einer solchen Schrumpfungsstrategie besteht darin, den für diese Aktivität vorgehaltenen Overhead-Bereich entsprechend zu reduzieren. Viele praktische Beispiele zeigen, dass sich der Overhead-Bereich in der Regel nur unterproportional reduzieren lässt, sodass in vielen Fällen mit einer nicht sauber geplanten Schrumpfungsstrategie Kostenremanenzen verbunden sind, die den Erfolg einer solchen Strategie ins Gegenteil verkehren. Eine Aussteige-Strategie hat nur dann den gewünschten Erfolg, wenn der Gesamteffekt aus entfallendem Cash-Beitrag, abbaubaren Overheads und kalkulatorisch verteilten Einmalkosten positiv ist.

(3) Halten

Bei einer Halten-Strategie wird versucht, eine einmal vorhandene Position im Zeitablauf zu stabilisieren, um den Ergebnisbeitrag dieser Aktivitäten möglichst langfristig zu nutzen. Investitionen werden in diesem Falle nur getätigt, um die vorhandene relative Marktposition zu halten.

Eine Halten-Strategie bietet sich immer nach Phasen intensiven Wachstums und bei Konsolidierung der Märkte an. Im Overhead-Bereich bedeutet eine Halten-Strategie die Konsolidierung der vorhandenen Strukturen und hat damit den Schwerpunkt auf Optimierungsaufgaben zur Ausschöpfung von Ertragspotenzialen, die in Phasen intensiven Wachstums nicht ausreichend genutzt werden konnten. Insofern liegt hinsichtlich der Strategienquantifizierung der Schwerpunkt auf dem Bereich der Funktionsstrategien.

2.3.5 Produkt-Markt-Strategien

Die Operationalisierung der Produkt-Markt-Strategien der wesentlichen Sortimente läuft in folgenden Schritten ab:

(1) Im ersten Schritt werden die heutige Position hinsichtlich der wesentlichen strategischen Faktoren
- Marktwachstum
- Marktanteil
- Distribution
- derzeitige Position in der Produkt-Matrix
- derzeitige Basis-Strategie

und die mit diesen verbundenen Kosten und Erträge
- Umsatz
- Deckungsbeitrag nach direkten Kosten
- strategische Kosten
- Deckungsbeitrag nach strategischen Kosten
- materielle Investitionen
- Cash-Beitrag nach Investitionen

festgehalten. Durch diese Quantifizierung ist die heutige Position der einzelnen Produktgruppen operationalisiert.

(2) Im nächsten Schritt werden für die gleichen Kriterien die mittelfristigen Zielwerte fixiert. Dabei reicht es zunächst aus, nur die mittelfristigen Ziele für das Ende des Betrachtungszeitraumes festzuhalten.

(3) Um die Machbarkeit einer Strategie zu prüfen, empfiehlt es sich, die Position und die Zielsetzungen der wesentlichen Wettbewerber bezüglich der einzelnen Produktgruppen entsprechend zu durchleuchten. Nach Möglichkeit sollte versucht werden, die Wettbewerbsstrategien in der gleichen Form zu quantifizieren wie die eigenen Strategien. Nur so kann die Frage beantwortet werden, was die eigene Strategie für die Wettbewerber bedeutet und wie diese reagieren werden. Damit wird gleichzeitig absehbar, ob die eigene Strategie machbar ist.

(4) Im nächsten Schritt werden die einzelnen Strategien in konkrete Projekte und Maßnahmen, die operativ planbar und kontrollierbar sind, überführt.

(5) Die in dieser Form für den Beginn und das Ende des Mittelfristzeitraumes festgelegten Strategien werden anschließend über die einzelnen Perioden des Mittelfristzeitraumes aufgebrochen. Damit ist die Grundlage für den noch zu diskutierenden strategischen Plan-Ist-Vergleich, der die Eckwerte und den Projekt- und Maßnahmen-Fortschritt transparent macht, gelegt.

2.3.6 Funktionsstrategien

Während die Marketingstrategie die engste Verzahnung mit der Produkt-Markt-Strategie aufweist, sind die übrigen Funktionsstrategien primär auf Veränderungen im Overhead-Bereich gerichtet. Die Zielsetzung der Funktionsstrategien besteht im Wegschaffen von Behinderungen, die einer Umsetzung der Produkt-Markt-Strategien entgegenstehen und in der Freisetzung von nicht genutzten Ergebnispotenzialen.

Bei einer übergeordneten Wachstumsstrategie besteht die wesentliche Aufgabe in einer Ausrichtung des Overhead-Bereiches derart, dass für das Wachstum keine Behinderungen bestehen. Im Rahmen einer Wachstums-Strategie liegt allerdings der Schwerpunkt der strategischen Aufgaben auf marktbezogenen Aktivitäten.

Im Gegensatz dazu kommt den Funktionsstrategien im Rahmen von Konsolidierungs- und Schrumpfungsstrategien eine übergeordnete Priorität zu. In diesen Fällen geht es darum, im Overhead-Bereich entweder Ertragspotenziale freizusetzen oder durch Veränderungen im Overhead-Bereich eine Struktur zu schaffen, die den neuen Marktgegebenheiten entspricht.

Die Operationalisierung der Funktionsstrategien umfasst folgende Punkte:

(1) Projekte

Jede Funktionsstrategie ist grundsätzlich als Projekt zu formulieren mit den zugehörigen Kosten, den Terminen und den Verantwortlichen. In Abhängigkeit des Grades der Unsicherheit sind Erträge in die Ergebnisrechnung einzubeziehen oder nicht („stille" Ergebnisreserven).

(2) Investitionen

Bei der Operationalisierung der Funktionsstrategien umfassen Investitionsstrategien allein die materiellen Investitionen. Während bei Erweiterungsinvestitionen die Marktseite explizit einbezogen wird, sind Ersatz- und Rationalisierungsinvestitionen allein kostenorientiert. Investitionsprojekte sind sowohl hinsichtlich ihrer Liquiditätsauswirkungen als auch hinsichtlich ihrer Ergebnisauswirkungen zu erfassen.

(3) Degressionseffekte

Während bei Konsolidierungsstrategien explizit mit Maßnahmen im Overhead-Bereich angesetzt wird, findet in Zeiten starken quantitativen Wachstums in den meisten Fällen eine Freisetzung von Ergebnispotenzialen durch Degressionswachstum statt. Degressionswachstum ist immer dann gegeben, wenn die Wachstumsrate des Umsatzes bei gleicher relativer Deckungsbeitragsstruktur über der Kostensteigerungsrate liegt (→ quantitatives Wachstum).

(4) Synergienutzung

Die Zielsetzung bei Akquisitionen und Zusammenlegung von Betriebsteilen ist in den meisten Fällen die Nutzung von Synergieeffekten. Über den 2 + 2 = 5 Effekt sollen nicht genutzte Ertragspotenziale freigesetzt werden. Hierbei ist zu bedenken, dass die Synergieeffekte bei verwandten Aktivitäten sehr hoch sind, dass sie aber um so geringer werden, je weiter die Aktivitäten markt- und produktionsseitig auseinander liegen. In letzterem Fall lassen sich Synergieeffekte in den meisten Fällen nur im Verwaltungsbereich realisieren.

2.3.7 Schubladenpläne

Jede strategische Planung besitzt kritische Strategien, die eine sehr sensible Gegensteuerung verlangen. Für diese Strategien empfiehlt sich die detaillierte Festlegung von Frühindikatoren, die den Erfolg oder Misserfolg signalisieren. Für diese Strategien ist es darüber hinaus erforderlich, in Form von Schubladenplänen den Gegensteuerungszeitraum schon bei der Erarbeitung der Strategien zu erhöhen. Da jede strategische Planung als Denken in Alternativen ohnehin die Erarbeitung mehrerer Teilstrategien voraussetzt, empfiehlt es sich, diese Alternativstrategien in Form von Schubladenplänen für die Gegensteuerung bereitzuhalten. Auch für diese Alternativstrategien gilt eine Operationalisierung in der Form, dass sie umsetzungskonform sind.

2.3.8 Prämissen – interne und externe Risikofaktoren

Interne und externe Risikofaktoren, in die das strategische Konzept eingebettet ist, werden üblicherweise als Prämissen in die strategische Planung eingegeben. Es sind Annahmen über den internen und externen Datenkranz, die für das Gelingen des strategischen Konzeptes eintreffen müssen wie z.B.

- ❏ Konkurrenzentwicklung
- ❏ Abnehmersituation
- ❏ staatliche Rahmenbedingungen
- ❏ sozio-ökonomische Trends
- ❏ Rohstoffversorgung

2.3.9 Erfolgssignale und Etappenziele

Erfolgssignale sind qualitative Argumente, die die positive Umsetzung einer Strategie signalisieren. Diese Faktoren lassen sich nur sehr schwer planen, da einerseits sehr viele qualitative Argumente infrage kommen können, andererseits auch sehr wenig Erfahrung über diese Faktoren herrscht, da sie, ohne dass man das

Auge auf sie richtet, leicht übersehen werden. Qualitative Argumente für eine positive Strategieumsetzung können zum Beispiel sein:

- Die Unternehmung hat mit einer entscheidenden Produktgruppe bei einem wesentlichen Abnehmer die Listung erhalten.
- Der größte Konkurrent entfaltet in seinen Aktionen zunehmende Aktivitäten, weil er sich von den Aktionen des Unternehmens bedrängt fühlt.
- Es ist erstmals gelungen, dem Hauptwettbewerber eine entscheidende Niederlage beizubringen.
- Der Außendienst wird von einem bisher nicht gekannten Motivationsschub für die Strategien getrieben.
- Die Konkurrenz spricht zunehmend positiver über das Unternehmen.
- Es ist erstmals gelungen, beim Kunden X das Abnahmevolumen ohne zusätzliche Erlösschmälerungen zu erhöhen.

Es empfiehlt sich, über die Erfolgssignale formlos zu berichten und auch solche Vorkommnisse weiterzugeben, die subjektiv einen nicht zu hohen Stellenwert haben. In der Regel setzen sich die Erfolgssignale wie ein Mosaik zusammen und erzeugen synergieartig zusätzliche Motivationseffekte.

Während Erfolgssignale bereits die positive Umsetzung von Strategien signalisieren, sind Etappenziele Voraussetzungen für die erfolgreiche Umsetzung. Auch hier handelt es sich um qualitative Momente, deren Berücksichtigung im Informationssystem wesentlich ist, um die Entscheidungsträger über die positive Gestaltung von Rahmenbedingungen in Kenntnis zu setzen. Etappenziele können z.B. sein

- erfolgte personelle Umbesetzungen
- Gesetzesentwicklungen
- Lieferantenverhalten
- Beurteilung durch die Fachpresse
- erzielte technische Fortschritte durch Investitionsvorhaben
- Abschluss wichtiger Verträge
- Vergabe von Lizenzen
- Forschungsergebnisse der eigenen Entwicklungsabteilung usw.

Checklist: Operationalisierung der strategischen Planung	Ja	Nein
(1) Das Unternehmen praktiziert operatives Controlling als instrumentale Voraussetzung des strategischen Controlling seit Jahren erfolgreich.	☐	☐
(2) Die mittelfristigen Unternehmensziele sind quantitativ untermauert und erreichbar.	☐	☐
(3) Die Produkt-Markt-Strategien sind vor dem Hintergrund der Wettbewerbssituation bzgl. Marktanteil, Marktwachstum, Distribution, Cash-Beitrag formuliert.	☐	☐
(4) Quantitatives Wachstum führt zu Degressionsgewinnen, qualitatives Wachstum zeigt eine Erhöhung der relativen Wertschöpfung.	☐	☐
(5) Diversifikationsstrategien sind hinsichtlich Richtung, Zeitdauer, Verantwortliche, Mitteleinsatz präzisiert.	☐	☐
(6) Die Steuerung der Strategien ist über Prioritäten eindeutig festgelegt.	☐	☐

(7) Cash-Herkunft und Cash-Verwendung stehen in einem ausgewogenen Verhältnis zueinander. ☐ ☐
(8) Die Umsetzung der Strategien ist vor dem Hintergrund der Möglichkeiten der Unternehmung (Zeitdauer, Finanzierung, Ergebnisperspektive) realistisch. ☐ ☐
(9) Interne und externe Risikofaktoren sind als Prämissen in die strategische Planung eingegangen. ☐ ☐
(10) Über Maßnahmen- und Aktivitätenpläne sind wichtige Etappenziele fixiert. ☐ ☐
(11) Das Zielsystem und die Strategiewerte bilden den Filter für operative und strategische Gegensteuerungsmaßnahmen. ☐ ☐
(12) Die Mittelfristplanung ist ausreichend über Schubladenpläne ergänzt. ☐ ☐

3 Information: Sensibilisierung für strategisches Handeln

Das operative Berichtswesen wird um strategische Komponenten ergänzt mit der Zielsetzung,

- die Informationen gemäß dem in der Planung gesetzten Planrahmen für den Soll-Ist-Vergleich aufzubereiten,
- die Entscheidungsträger für strategisches Handeln zu sensibilisieren und
- strategisches Controlling mit der Zielsetzung der strategischen Unternehmenssteuerung zu ermöglichen.

Für den Aufbau des strategischen Plan-Ist-Vergleichs gelten die gleichen Regeln wie im operativen Bereich:

- empfängerorientierte Aufbereitung,
- Konzentration auf die wesentlichen Informationen,
- Nutzung als Einstieg für aktive Gegensteuerungsmaßnahmen,
- keine permanenten Änderungen.

Die Erweiterung des operativen Berichtswesens umfasst folgende Teile:

(1) Mittelfristplanung Gesamtunternehmen

Die Einbeziehung der Mittelfristplanung bedeutet den Übergang zu einem rollierenden Forecast. Die laufende Hochrechnung in der Jahresbetrachtung wird auf die Erreichung der mittelfristigen Plandaten überprüfbar.

(2) Produkt-Markt-Strategien

Über die Umsetzung der Produkt-Markt-Strategien als Schlüsselaufgaben der strategischen Planung sollte monatliche Transparenz herrschen. Dazu kann nachfolgender Berichtsaufbau verwendet werden:

Sensibilisierung für strategisches Handeln

	Monat			Jahres-plan	Jahresvorschau				Abw. zu Jahres-plan	
	Plan	Ist	Abw.		Plan	Ist	Erwar-	Vor-		
			abs.	%		kum.	kum.	tung	schau	abs.	%
Marktwachstum Marktvolumen Marktanteil Distribution											
Bruttoumsatz Erlösschmälerungen											
Nettoumsatz											
Grenzkosten											
Deckungsbeitrag I											
zurechenbare Verkaufs-, Prod.- u. Logistikkosten											
Deckungsbeitrag 2											
Strategische Kosten											
Deckungsbeitrag 3											
Ausgaben für materielle Investitionen											
Cash-Beitrag											

(3) Funktionsstrategien

Die Funktionsstrategien umfassen im Berichtswesen
- die Projektkosten, die mit der Umsetzung der Projekte entstehen (laufende Kosten, Einmalkosten),
- Informationen über den qualitativen Projektfortschritt, die den Reifezustand und den Terminfortschritt bei der Umsetzung von Projekten und Maßnahmen dokumentieren.

Während die Projektkosten weitgehend quantifizierbar sind, handelt es sich bei der Meldung über den Projektfortschritt wieder um qualitative Informationen, die ähnlich erfasst werden können wie die internen und externen Risikofaktoren.

(4) Prämissen, interne und externe Risikofaktoren

Prämissen der strategischen Pläne als kritische Erfolgsvoraussetzungen werden zweckmäßigerweise qualitativ mit den Messgrößen

+: für den Fall, dass sich für dieses Kriterium die tatsächliche Entwicklung so gestaltet, wie bei der Erstellung der strategischen Planung angenommen wurde,
./.: falls die tatsächliche Entwicklung abweichend von den bei der Erstellung der strategischen Planung gemachten Annahmen verläuft,

erfasst.

Die Prüfung der Prämissen anhand dieser Messgrößen innerhalb eines Jahres zeigt nachfolgender Berichtsteil:

	J	F	M	A	M	J	J	A	S	O	N	D
1. Externe Risikofaktoren												
• Konkurrenzentwicklung	+	+	+									
• Abnehmersituation	+	+	/									
• staatliche Rahmenbedingungen	+	+	+									
• Sozio-ökonomische Trends	+	+	+									
• technologische Entwicklungen	+	+	/									
• Marktentwicklung												
• Rohstoffversorgungen												
2. Interne Risikofaktoren												
• Sortimentsbereinigung	+	+	+									
• Abschluss Kostensenkungsprogramm	/	/	+									
• Umstellung-Steuerungssysteme	/	/	+									
• Aufbau Beschaffungsmarketing	/	/	/									

(5) Erfolgssignale / Etappenziele

Erfolgssignale können in standardisierter Form nicht im Berichtswesen einbezogen werden. Über sie ist ad hoc zu berichten entsprechend der Informationsempfängerpyramide. Etappenziele lassen sich standardisiert wie die Prämissen in das Informationssystem einbeziehen.

Für die Berichtszyklen gelten folgende Regeln:

❏ Das operative Berichtswesen läuft weiterhin in den gleichen Zeitrhythmen (monatlicher Plan-Ist-Vergleich) ab.
❏ Strategische Komponenten, die operativ so weit detailliert sind, dass sie eine operative Gegensteuerung ermöglichen, werden ebenso monatlich in den Plan-Ist-Vergleich einbezogen.
❏ Strategische Faktoren, für die längere Gegensteuerungszyklen erforderlich sind, werden zwar monatlich in das Berichtswesen übernommen, die Gegensteuerungsmaßnahmen setzen aber nicht zu den festgelegten Zeitzyklen ein.

4 Analyse / Kontrolle: Verzahnung operativ-strategisch

4.1 Analysefelder

Die Analyse und Kontrolle strategischer Pläne hat sicherzustellen, dass die Verzahnung zwischen operativem Geschäft und strategischen Zielsetzungen erreicht wird. Dabei ist die Analyse strategischer Komponenten die Ergänzung zum operativen Analyse- und Kontrollinstrumentarium des Controllers. Aus dem Wechselspiel zwischen operativen und strategischen Abweichungen sind die im Sinne der strategischen Zielsetzungen entsprechenden Gegensteuerungsmaßnahmen zu ergreifen.

Im Gegensatz zum operativen Analyse-Instrumentarium, das sich schwerpunktmäßig auf quantifizierbare Größen bezieht, treten mit der strategischen Analyse mehr externe qualitative Analyse-Komponenten in den Vordergrund. Diese Analyse-Aufgaben verlangen viel Übung und Beurteilungsvermögen. Grundsätzlich gilt:

❑ die operative Analyse hat weiterhin ihren Stellenwert mit der Einschränkung, dass
❑ Abweichungen bei strategischen Zielen und darauf aufbauende Gegensteuerungsmaßnahmen Vorrang vor operativen Abweichungen besitzen.

Aus diesem Zwang zum strategischen Gegensteuern resultiert eine noch stärkere Anwendung von Strukturabweichungen und die Ergänzung der Analyse um das Feed-forward.

4.2 Exceptions

Ebenso wie für die operative Analyse und Kontrolle sind auch für strategische Analysen und Gegensteuerungsmaßnahmen hierarchische Zuständigkeiten erforderlich. Insofern tritt neben die operativen Zuständigkeiten ein System von strategischen Zuständigkeiten, das entsprechend der kritischen Bedeutung für die zukünftige Unternehmensstrategie die Zuständigkeiten auf die einzelnen Unternehmensbereiche fixiert:

	GL	Funktionsbereiche	Projektverantwortl.	Controlling
Interne und externe Risikofaktoren	X			X
Produkt-Markt Strategie	X	X		X
Funktions-Strategien	X	X		X
Projekte/Maßnahmen			X	X

Das Controlling hat die Aufgabe, die einzelnen Abweichungen zu kommentieren und zu analysieren und sich mit den entsprechenden Verantwortlichen in Verbindung zu setzen. Hierin besteht kein Unterschied zu dem operativen System der Abweichungs- und Zuständigkeitsanalyse.

Die Zuständigkeiten der Geschäftsleitung betreffen in jedem Falle Abweichungen im Bereich der internen und externen Risikofaktoren, Abweichungen von der Produkt-Markt-Strategie und Abweichungen bei den Funktions-Strategien. Während Abweichungen bei der Produkt-Markt-Strategie und bei den Funktions-Strategien – sofern diese eine kritische, unternehmensindividuelle Grenze nicht überschreiten – zusammen mit den zuständigen Funktions-Bereichen und dem Controlling gelöst werden, lösen gravierende Abweichungen in diesen Bereichen, ebenso wie im Bereich der internen und externen Risikofaktoren, eine Überarbeitung der strategischen Planung aus. In diesem Falle geht die Zuständigkeit wieder auf das strategische Planungsteam, dem ohnehin die Funktionsbereiche und die Geschäftsleitung angehören, über. Projekte und Maßnahmen werden am sinnvollsten vom Controlling und dem Projektverantwortlichen auf Gegensteuerungsmaßnahmen zu prüfen sein.

Der Übergang der Zuständigkeit für die Einleitung von Gegensteuerungsmaßnahmen von der Geschäftsleitung und den Funktionsbereichen in den strategischen Planungskreis bedeutet nicht, dass damit die Verantwortung der Geschäftsführung aufgehoben ist. Vielmehr können bei nicht gravierenden Abweichungen von der Geschäftsleitung und dem betreffenden Funktionsbereich die erforderlichen Gegensteuerungsmaßnahmen eingeleitet werden, wohingegen bei gravierenden Abweichungen alle Funktionsbereiche in den Planungsprozess wieder mit einbezogen werden müssen.

4.3 Analyse-/Kontrollzyklen

Für die Analyse und Kontrolle strategischer Pläne empfehlen sich folgende Zyklen:

(1) Die laufende monatliche Überprüfung der wesentlichen Bestandteile der strategischen Planung ist durch das Berichtswesen sichergestellt.
Damit ist jedem Entscheidungsträger die Möglichkeit gegeben, aus seiner Sicht die Entwicklung der wesentlichen strategischen Eckwerte zu analysieren.

(2) Zur Sensibilisierung der Entscheidungsträger, zur Erhöhung ihrer Identifikation mit den strategischen Plänen und um zu verhindern, dass operative Entscheidungen allein das Geschäft bestimmen, empfiehlt sich zumindest monatlich nach Vorliegen des Plan-Ist-Vergleichs eine Diskussion der wichtigsten strategischen Eckwerte auf Basis des Plan-Ist-Vergleichs durch die Geschäftsleitung und die Team-Mitglieder in einer gemeinsamen Sitzung. Zu diesem Zweck reicht eine Sitzung von vier Stunden aus, in der neben der Analyse des Plan-Ist-Vergleichs auch qualitative Momente, die von den Teilnehmern erlebt worden sind oder die ihnen verbal zugeleitet wurden, eingebracht werden können. Hierdurch nimmt das strategische Gedankengut auch im Tagesgeschäft den erforderlichen Raum ein und dokumentiert die Bedeutung der strategischen Planung.

(3) Vor Beginn des Planungsprozesses für die Jahresplanung ist es ratsam, jährlich das strategische Konzept zu überprüfen. Hierzu tritt der gleiche Teilnehmerkreis zusammen, der die strategische Planung des Vorjahres erstellt hat. Als Einstieg ist es vorteilhaft, anhand der weiter unten wiedergegebenen Checklist das bisherige strategische Konzept zu überprüfen und den veränderten Anforderungen anzupassen.

(4) Sofern sich zwischen den jährlichen Kontrollzyklen Abweichungen bei wesentlichen Eckwerten des strategischen Konzeptes zeigen, die die bisher gefahrene Strategie infrage stellen, sollte sofort eine ad-hoc-Prüfung des Gesamtkonzeptes erfolgen. In diesem Falle gilt die alte strategische Planung nicht mehr und muss bezüglich der Faktoren, die Änderungen hervorrufen, neu erarbeitet werden.

Checklist: Überprüfung der strategischen Planung	Ja	Nein
(1) Wurde in der vergangenen Periode entsprechend dem Unternehmensleitbild gehandelt?	☐	☐
(2) Ist eine Erweiterung oder stärkere Einengung des Leitbildes erforderlich?	☐	☐
(3) Müssen die mittelfristigen Unternehmensziele unter Berücksichtigung des abgelaufenen Geschäftsjahres revidiert werden?	☐	☐
(4) Haben sich im Bereich der Produkt-Markt-Strategien Abweichungen ergeben, die für die positive Umsetzung des strategischen Konzeptes entscheidende Bedeutung haben?	☐	☐
(5) Kann die Konzentrations-/Diversifikationsstrategie noch beibehalten werden?	☐	☐
(6) Führen Abweichungen bei den wesentlichen internen und externen Risikofaktoren zu einer grundlegenden Änderung der Strategie?	☐	☐
(7) Konnten die Funktions-Strategien und die daran gekoppelten Projekte und Maßnahmen umgesetzt werden?	☐	☐
(8) Erfolgte die Erreichung der operativen Ein-Jahres-Ziele strategiekonform, d.h. ohne Beeinträchtigung der strategischen Position?	☐	☐
(9) Wurde die Durchdringung der Tagesarbeit mit den strategischen Gedanken und Zielen erreicht?	☐	☐
(10) Haben wir unsere Wettbewerber und das externe Unternehmens-Umfeld richtig eingeschätzt?	☐	☐

5 Steuerung: Operative Gewinnsteuerung und nachhaltige Potenzialsteuerung

Die strategische Unternehmenssteuerung mit der Priorität strategischer Ziele vor kurzfristigen Handlungen wird für die meisten Unternehmen noch ein schwieriges Feld bilden. Hierzu ist im Management eine grundlegende Umorientierung erforderlich, um den Konflikt „kurz-/langfristig" zu bewältigen. Es bedeutet die Abkehr vom problemlosen Tagesgeschäft zu diffizilen strategischen Entscheidungen, die in ihrer Tragweite für die Unternehmungen grundlegende Bedeutung haben.

Vom Controlling ist mit der strategischen Planung, dem Informationssystem und der Bereitstellung des Analyse- und Kontrollinstrumentariums der entscheidende Beitrag geleistet. Es sind für die strategische Steuerung Filter in Form

- des Zielsystems sowie der
- Strategieeckwerte

fixiert, die die operativen kurzfristigen Ziele beherrschen. Damit reduziert sich die Gegensteuerung auf die Beantwortung der Frage:
„Ist bei Abweichungen die Strategie zu ändern oder reichen innerhalb der bestehenden Strategie operative Gegensteuerungsmaßnahmen aus, um die Ziele zu erreichen?"

5.1 Ebenen der Unternehmenssteuerung

Die erfolgreiche Umsetzung von Unternehmensstrategien unterscheidet sich grundlegend von der Umsetzung der Jahresbudgets. Während letztere mithilfe der Einzelbudgets und dezentraler Ziele relativ schematisch und mit operativen Maßnahmen vonstatten geht, bedeutet die Umsetzung von Unternehmensstrategien mehr als das, was wir aus dem Tagesgeschäft kennen.

Rudolf Mann hat in einem bemerkenswerten Beitrag sehr eindrucksvoll beschrieben, welche unterschiedlichen Ebenen der Unternehmenssteuerung für das Handeln im Unternehmen entscheidend sind (Mann, Rudolf: Ein Unternehmen führen heißt offen sein für den Wandel. Über das Management des „neuen Denkens". In: Frankfurter Zeitung, Blick durch die Wirtschaft, 24.10.1986). Mann unterscheidet vier Ebenen der Unternehmenssteuerung:

(1) Die unterste Ebene ist die Ebene der Materie, auf der mit der Bilanz, Aktiva und Passiva, dem Finanzstatus usw. gemessen wird. Es ist die Ebene, die das Resultat des Schaffens wiedergibt und materiell greifbar und begreifbar ist.

(2) Die darüber liegende Ebene ist die Ebene der Bewegung, die die Ursachen der Veränderungen der Materie enthält. Hier wird mit Informationen, dem Materialfluss, dem Geldfluss und dem Auftragsdurchfluss durch das Unternehmen gearbeitet. Es ist die Ebene, auf der das operative Controlling ansetzt und als Vorsteuergrößen der Aktiva und Passiva Maßnahmen durchführt.

(3) Während die Ebene der Materie und die Ebene der Bewegung vorrangig im Tagesgeschäft dominant sind, ist die dritte Ebene die Ebene der Energie, die die Beziehungen zwischen einem Unternehmen und der Umwelt, seine Abhängigkeiten von externen Restriktionen sowie seine Attraktivitäten gegenüber Kunden, Verbrauchern usw. enthält. Diese Ebene ist Basis des strategischen Controlling und wird instrumental erarbeitet mithilfe der bekannten Instrumente der strategischen Unternehmensplanung. Das Ergebnis dieser Ebene bestimmt die Ebene der Bewegung.

(4) Über der Ebene der Energie gibt es als oberste Ebene die Ebene des Geistes. Das ist die Ebene, die die Ursache der Energien widerspiegelt und beinhaltet die Visionskraft des Managements, das Vorstellungsvermögen, die Mission, das Gespür, die Intuition und all die Vorstellungsbilder, die Unternehmungen über die Menschen Kraft geben, außergewöhnliche Leistungen zu vollbringen.

Die unterschiedlichen Steuerungsebenen verdeutlichen, dass es wenig hilfreich ist, grundlegende Probleme von Unternehmen, in denen es nicht mehr weitergeht, auf den untersten beiden Ebenen mit den Instrumenten, die wir im Tagesgeschäft beherrschen, lösen zu wollen. In solchen Fällen ist es dringend an der Zeit, über die Erarbeitung von Unternehmensstrategien neue Visionen und Kräfte im Führungskader zu mobilisieren, die die entscheidenden Differenzierungen zum Wettbewerb und zur Zielgruppe ermöglichen. Hier liegt der Schlüssel für Erfolg und Misserfolg in stagnierenden Märkten, da letztlich nur Visionen auf der Geistesebene die Kräfte im Unternehmen mobilisieren, die viele Unternehmen in der Gründerphase zu dem gemacht haben, was sie heute sind. Es ist eine Steuerungsebene, die nicht mehr mit den herkömmlichen Management-Methoden zugänglich ist und im Schwerpunkt Teamvermögen des Führungskaders und Visionsfähigkeit verlangt.

Die erfolgreiche Umsetzung von Unternehmensstrategien hängt damit letztlich davon ab, inwieweit es dem Management-Team gelingt, sich selbst und seinen Mitarbeitern Visionen aufzubauen, die die Differenzierung nach außen ermöglichen. Es ist das Ergebnis der Fähigkeit, Wunschbilder für das eigene Unternehmen aufzubauen, die es ermöglichen, mit Harmonie und Begeisterung nach innen die Aggressionen nach außen auf den Wettbewerb zu richten, um hierdurch die entscheidenden Vorteile zu bekommen. Nur wenn es dem Management-Kader gelingt, eine Vision aufzubauen, die die im Menschen schlummernden Kräfte mobilisiert, ist die Basis für die erfolgreiche Umsetzung von Unternehmensstrategien gelegt.

5.2 Umsetzung ins Tagesgeschäft

Die im Management-Team erarbeitete Strategie und die Wunschbilder und Visionen, die die Umsetzung der Strategie vorantreiben, sind allen Mitarbeitern im Unternehmen mitzuteilen. Nur so ist gewährleistet, dass die notwendige Verzahnung der Unternehmensstrategie im Tagesgeschäft greift und das Unternehmen von der Vorstellungskraft und von der Zielrichtung auf einem Kurs führbar wird.

Notwendige Schritte zur Umsetzung ins Tagesgeschäft sind die Kommunikation und Präsentation der Unternehmensstrategie, seiner Kernaussagen, der Potenziale des Unternehmens und der Produkt-Markt- und Funktionsstrategien an die Führungskräfte der einzelnen Unternehmensbereiche. Dabei sind in den Präsentationen die Schwerpunkte der Strategie bezogen auf den jeweiligen Unternehmensbereich besonders herauszuarbeiten und in segmentierbare und kommunizierbare Teilschritte zu zerlegen. Bei diesen Präsentationen ist es erforderlich, dass die Wunsch- und Vorstellungsbilder, die als treibende Kräfte hinter der Strategie sitzen, an die Mitarbeiter überbracht werden.

Daneben ist es zweckmäßig, zumindest das Unternehmensleitbild an alle Mitarbeiter zu verteilen. Dies stellt sicher, dass im Unternehmen einheitlich der Auftrag des Unternehmens und seine Vision verstanden wird und das Gedankengut, das hinter diesem Auftrag als treibende Kraft steht, kommunizierbar wird.

In der praktischen Umsetzung ist es zweckmäßig, für die Umsetzung der Unternehmensstrategie ein Führungskonzept zu entwickeln. Dieses Führungskonzept hat die „mentalen Eckpfeiler" der Umsetzung der Unternehmensstrategie, der Kommunikation, der Führung der Mitarbeiter und des übergeordneten Auftrages in Form der für die Führung relevanten Komponenten zu umfassen. Dieses Führungskonzept ist die unterstützende Triebfeder des Strategiekonzeptes:

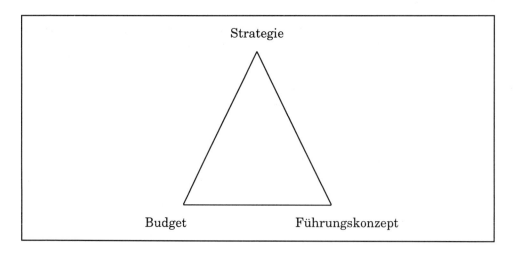

5.3 Jahresbudget als Etappenziel der Strategieumsetzung

Strategisches und operatives Controlling sind integrale Bestandteile der Unternehmenssteuerung. Insofern ist das Jahresbudget Etappenziel bei der Strategieumsetzung, da es die aus der qualitativen Strategie umgesetzt in die Mittelfristplanung abgeleiteten Budgetziele der Einzeljahre enthält und umsetzt.

Das Jahresbudget hat auch bei Vorhandensein einer strategischen Unternehmensplanung nach wie vor den bedeutenden Stellenwert für die operative Steuerung des Unternehmens. Im Unterschied zum Zustand ohne Strategie ist das Jahresziel aber fest eingebettet in die mittelfristigen strategischen Überlegungen und stellt insofern einen Umsetzungsschritt zur Erreichung der strategischen Ziele dar. Aus diesem Grunde empfiehlt es sich, vor Einstieg in die Budgetierungsarbeiten im Strategiekreis eine Check-up-Sitzung des Strategiekonzeptes durchzuführen, um festzustellen, inwieweit bisher strategiekonform die einzelnen Maßnahmeschritte umgesetzt worden sind und welche möglichen Revisionen sich bezogen auf das Jahresbudget ergeben. Es wird in keinem Unternehmen der Fall sein, dass die Umsetzung der Strategie so „glatt" verläuft, dass man derartige Sitzungen nicht nötig hat. In jedem Unternehmen sind die strategischen Gedankengänge und ihre konkrete Ausgestaltung in umsetzungsreife Schritte jederzeit wieder zu aktivieren und gleichzeitig in Form des Plan-Ist-Vergleichs abzuprüfen, wo man operativ bezogen auf die strategischen Ziele steht. Der entscheidende Vorteil bei dieser Form der Unternehmenssteuerung besteht darin, dass die Arbeiten für das Jahresbudget insgesamt leichter ablaufen, da der übergeordnete strategische Unternehmensrahmen vorhanden ist.

5.4 Erfolge des strategischen Plan-Ist-Vergleichs

Der strategische Plan-Ist-Vergleich hat die Aufgabe, das Strategieteam und die wesentlichen Entscheidungsträger des Unternehmens über die Erfolge bei der Umsetzung der Unternehmensstrategie zu sensibilisieren. Im Gegensatz zum Informationssystem des operativen Controlling arbeitet der strategische Plan-Ist-Vergleich im Wesentlichen mit qualitativen Informationen.

Um das Gedankengut des strategischen Plan-Ist-Vergleichs im Unternehmen ausreichend einzubringen, empfiehlt es sich, ein Team einzuberufen, das die Aufgabe hat, die notwendigen Informationen für die Erstellung des strategischen Plan-Ist-Vergleichs aus den in den einzelnen Unternehmensbereichen vorhandenen Informationen strukturiert zusammenzutragen und hinsichtlich der Einhaltung der strategischen Eckpfeiler zu gewichten und zu werten. Dieses Team sollte in Abständen von zwei bis drei Monaten die Ergebnisse des strategischen Plan-Ist-Vergleichs dem Strategieteam präsentieren und damit den Anstoß für weitere Diskussionen und Sensibilisierungen im Strategiekreis geben.

6 Der Stand der strategischen Unternehmensführung in der Praxis

In einem kooperativen Forschungsprojekt zwischen Wissenschaft (Lehrstuhl für betriebswirtschaftliche Planung der Universität München) und Praxis (Dr. Höfner & Partner, Management- und Marketing-Beratung) wurde ein Bereich empirisch untersucht, über den weder in der Wissenschaft noch in der Praxis gesicherte Daten vorlagen.

Zielsetzung der empirischen Erhebung war die Untersuchung der Erarbeitung und Durchsetzung von Unternehmensstrategien. Hiermit sollte gleichzeitig eine repräsentative Übersicht über den gegenwärtigen Stand der strategischen Unternehmensführung in der Bundesrepublik Deutschland gewonnen werden.

Die Untersuchung brachte folgende Ergebnisse:

(1) Sowohl bei Unternehmungen, die eine strategische Planung besitzen als auch bei denjenigen, in denen nicht strategisch geplant wird, überwiegen die Argumente für die Notwendigkeit einer strategischen Planung und der strategischen Unternehmensführung.

(2) Die Widerstände gegenüber der strategischen Planung, die sich in Argumenten wie Einschränkung der Flexibilität und Improvisation, Konfliktträchtigkeit, intellektuelle Spielerei zusammenfassen lassen, haben ihre Ursache im Top-Management.

(3) Nahezu alle Unternehmungen, die über eine strategische Planung verfügen, sind der Meinung, dass sie ihre Planungsprobleme ohne fremde Hilfe bewältigen können. Damit ist von dieser Gruppe eine eindeutige Absage an den Strategie-Fremdbezug über einen Berater gemacht.

(4) In Unternehmungen, die eine strategische Planung besitzen, vollzieht sich die Entwicklung als geplante Evolution: Die Unternehmensentwicklung wird entlang der durch die strategische Planung fixierten Generalrichtung als Folge kleiner überschaubarer Schritte (Risikominimierung) vorangetrieben.

(5) Unternehmungen mit strategischer Planung sind eher straff durchorganisiert, beteiligen die Mitarbeiter am Planungsprozess und der Umsetzung und investieren deutlich mehr in die Ausbildung der Führungskräfte.

(6) Unternehmungen, die eine strategische Planung besitzen, nehmen gegenüber Neuerungen eine tendenziell flexiblere Haltung ein.

(7) Die Verbreitung schriftlich formulierter Unternehmensgrundsätze ist überraschenderweise noch gering: In nur 50% der Unternehmen, die eine strategische Planung besitzen, werden die Strategieeckwerte und Leitlinien schriftlich fixiert.

(8) Im Rahmen der Ausgangsanalyse werden zur Prüfung der Schlüsselfaktoren und der eigenen Stärken in den einzelnen Unternehmen unterschiedliche Kriterien herangezogen. Dieses Ergebnis war zu erwarten, da Branchendifferenziertheiten sich gerade in Schlüsselfaktoren, aber auch in den eigenen Stärken niederschlagen müssen. Interessant ist die Aussage, dass Faktoren wie Marktwachstum, relative Wettbewerbsposition, Attraktivität der Branche, Eintrittsbarrieren, Wettbewerbsintensität und relativer Marktanteil in Unternehmen mit mehr als 1.000 Mitarbeitern im Rahmen der Strategiediskussion häufiger herangezogen werden.

(9) Im Rahmen der Strategieerarbeitung werden in der ersten Stufe strategische Geschäftsfelder unabhängig von organisatorischen Regelungen gebildet. Hier zeigt sich sehr klar, dass strategische Geschäftsfelder nichts mit organisatorischen Zuständigkeiten zu tun haben. Die Produktgruppen und strategischen Geschäftsfelder werden im Rahmen der Strategiediskussion auf Basis konkreter Erfolgsgrößen beurteilt. Dabei nahm die Kapitalrendite in den Unternehmungen mit strategischer Planung einen höheren Stellenwert ein als bei den Unternehmen, die keine strategische Planung besitzen.

(10) Im Rahmen der Erarbeitung der Unternehmensstrategie finden sich bei den Unternehmen die Instrumente Konkurrenz-Analyse, Stärken/Schwächen-Analyse, Kosten/Nutzen-Analyse und Analyse von Produktteilmärkten am häufigsten wieder. Die Portfolio-Analyse wurde nur in 34% der Fälle angewendet, während Risiko-Analysen, Produkt-Markt-Matrizen und Lebenszyklus-Analysen in nur 25% der Fälle angewendet wurden. Dieser Untersuchungsschritt zeigt sehr deutlich, dass das instrumentale Niveau bei der Erarbeitung von Unternehmensstrategien auch heute noch entwicklungsbedürftig ist. Vielerorts mag es daran liegen, dass in der praktischen Handhabung zu wenig Möglichkeiten bestehen, die einzelnen Instrumente an praktischen Beispielen zu prüfen.

(11) Unternehmensstrategien werden anhand unterschiedlicher Beurteilungskriterien gemessen. Am häufigsten werden folgende Kriterien angewendet:
- Erreichung vorgegebener Ziele
- Vereinbarkeit mit behördlichen Auflagen und Gesetzen
- operative Umsetzbarkeit
- Reaktion der Konkurrenz
- Chancen-/Risiko-Verhältnis

Interessant ist, dass in den meisten Unternehmen die Vereinbarkeit einer Strategie mit behördlichen Auflagen und Gesetzen einen sehr hohen Stellenwert hat. Hier wird untermauert, dass die in vielen anderen Ländern schon viel weiter fortgeschrittene Forderung nach der Praktizierung von Governmental-Management in der Bundesrepublik in Zukunft noch an Bedeutung gewinnen muss.

(12) Unternehmensstrategien werden im Wesentlichen umgesetzt über:
- Budgets,
- die Anpassung des Informations- und Kontrollsystems (Frage: nicht ausreichendes operatives Controlling),
- Projekte,
- Schulung der Mitarbeiter.

Nach wie vor bestehen die größten Probleme darin, im Rahmen der operativen Umsetzung frühzeitig Gegensteuerungsmaßnahmen zu ergreifen. Diese Probleme werden allerdings um so geringer, je stärker die für die Umsetzung verantwortlichen Mitarbeiter in den strategischen Planungsprozess integriert werden. Hier zeigt sich sehr klar die Notwendigkeit der Integration des Managementteams in die Erarbeitung der strategischen Überlegungen. Interessanterweise werden Incentives zur Motivation bei der Umsetzung auch heute noch kaum eingesetzt.

(13) Hauptverantwortliche für die Erarbeitung und Umsetzung von Unternehmensstrategien sind die Mitglieder der Geschäftsführungen und Vorstände. Ebenfalls spielen Spartenleiter eine bedeutende Rolle. Hingegen haben Planungsabteilungen und Planungsstäbe lediglich die Aufgabe, Analysen der internen Situation als Input in den Planungsprozess einzubringen. Planungskomitees und Planungsausschüsse haben so gut wie keine Bedeutung.

(14) Übereinstimmend betonten die Unternehmen, dass sie die strategische Planung aus eigener Kraft erarbeiten und umsetzen. Insofern wird externen

Beratern nur für ganz bestimmte Sonderaufgaben eine Rolle im strategischen Planungsprozess zugebilligt:
- für Aufgaben, die vom vorhandenen Mitarbeiterbestand nicht bearbeitet werden können (qualitative und quantitative Erweiterung),
- Einbeziehung bei der Überwindung interner Widerstände,
- Erstellung von Analysen.

Bei der Umsetzung von Unternehmensstrategien haben externe Berater ebenfalls geringe Bedeutung.

(15) Unternehmen, die einen hohen qualitativen Stand der strategischen Planung erreicht haben, setzen häufiger Instrumente ein wie
- Portfolio-Analyse
- Lücken-Analyse
- Stärken/Schwächen-Analyse
- Konkurrenz-Analyse
- Szenario-Methode
- Risiko-Analyse
- Produkt-Markt-Matrizen.

(16) Neben einem vergleichsweise höheren Stande bei der Erarbeitung von Unternehmensstrategien weisen so genannte strategisch fortschrittliche Unternehmen auch eine höhere Qualität bei der Umsetzung von Unternehmensstrategien auf.

(17) Erfolgreiche Unternehmen werden durch folgende Faktoren geprägt:
- starke Dezentralisation der Entscheidungsbefugnisse
- hohe Übereinstimmung zwischen der Unternehmensidentität und dem Firmenimage
- Unternehmensentwicklung gemäß geplanter Evolution
- hohe Innovationsbereitschaft und Aufgeschlossenheit gegenüber neuen Produkten, Technologien und Märkten.

(18) Die strategische Planung stellt ein wesentliches Erfolgspotenzial der Unternehmensführung dar. Erfolgreiche Unternehmen sind eher in der Lage, plötzlich auftretende Gefahren und Chancen so frühzeitig zu erkennen, dass ausreichend Zeit verbleibt, rechtzeitig geeignete Maßnahmen zu ergreifen.

(19) Die strategische Planung hat einen eindeutig positiven Einfluss auf die Ertragskraft von Unternehmen. Bei Unternehmen mit strategischer Planung liegen in dem untersuchten Zeitraum der Umsatz um 62% und der Cash Flow um 44% höher, während die Unternehmen, die keine strategische Planung besitzen, ein Umsatzwachstum von lediglich 29% und ein Cash Flow-Wachstum von lediglich 17% aufweisen konnten.

Kapitel 5: Funktionales Controlling

1 Arbeitsteilung im Controlling

Controlling ist ein Steuerungsinstrument, das über die Funktionen Planung, Information, Analyse/Kontrolle und Steuerung die dezentralen Handlungen im Unternehmen auf die gemeinsame Zielerfüllung hin ausrichtet und koordiniert.

Die dynamische Entwicklung der Unternehmen gepaart mit zunehmenden Anforderungen an die Unternehmenssteuerung haben dazu geführt, dass sich im Controlling recht bald eine Arbeitsteilung entwickelte. Diese Arbeitsteilung hat die Aufgabe, gemäß der Engpasssektoren des Unternehmens die Controlling-Instrumente spezifisch anzuwenden.

Einflussfaktoren für die Arbeitsteilung im Controlling sind

❑ die Unternehmensgröße,
❑ die Segmentierung und Aufgabengliederung im Rahmen der Führung,
❑ die Ausgestaltung der Führungsstruktur in zentrale und dezentrale Führung,
❑ die damit einhergehende grundlegende organisatorische Ausrichtung und
❑ die daraus resultierenden Koordinationserfordernisse.

Während in kleineren Unternehmungen die verschiedenen Controlling-Aufgaben durchaus in einer Abteilung wahrgenommen werden können, haben bezüglich der personellen Ausgestaltung zweifelsohne die Unternehmensgröße und die Komplexität der Aufgabenstruktur den entscheidenden Einfluss.

2 Organisation und Controlling

2.1 Funktionale Organisation

Die am häufigsten anzutreffende Aufgabengliederung im Controlling wird durch die funktionale Organisation vorgegeben. Sie ist in den meisten Fällen auch die erste Stufe einer Arbeitsteilung im Controlling.

2.1.1 Absatz-Controlling

Die Aufgaben im Absatz-Controlling sind darauf gerichtet, alle mit der Absatzfunktion zusammenhängenden Planungs-, Informations-, Analyse-/Kontroll- und Steuerungsaufgaben zu lösen. Es ist die Fokussierung des Controllinginstrumentariums auf absatzrelevante Informationen mit der Zielsetzung, die spezifischen Engpassaufgaben im Absatzbereich zu steuern.

Die Aufgabenstrukturen im Absatz-Controlling sind vielschichtig. Sie hängen von der relativen Bedeutung der Absatzfunktion im Unternehmen ab. Einen Überblick der vielschichtigen Aufgaben gibt die Abhandlung über die Aufgaben des Marketing-Controlling im nachfolgenden Abschnitt 3.

Es ist gebräuchlich, in den einzelnen Bereichen Kennzahlen für die spezifischen Controlling-Funktionen zu erarbeiten. Die Kennzahlensystematik auf S. 297 u. 298 von Krauss für den Marketing- und Vertriebsbereich gibt einen Überblick, wie der Absatzbereich im Controlling über Kennzahlen gesteuert werden kann (Krauss, Heinz: Betriebswirtschaftliche Kennzahlen als Steuerungsinstrumente des Controlling. In: Controlling-Konzepte für den Mittelstand. Existenzsicherung durch Innovation und Flexibilität. Elmar Mayer zum 70. Geburtstag, hrsg. von Konrad Liessmann, Freiburg i.Br. 1993, Seite 246 bis 247):

2.1.2 Produktions-Controlling

Das Produktions-Controlling nimmt alle die Aufgaben wahr, die erforderlich sind, um die im Produktionsbereich anstehenden Aufgaben controllingorientiert zu koordinieren und zu lösen. Das Schwergewicht der Aufgaben hängt davon ab, welche relative strategische Bedeutung der Produktionsbereich für die Erfüllung des Unternehmensauftrages hat. So kommt der Steuerung der Produktion in technischen Unternehmen eine relativ höhere Aufgabe zu als z.B. in Konsumgüter-Unternehmen. In Abhängigkeit der spezifischen Aufgabenstruktur sind die Anforderungen an das Controlling unterschiedlich gelagert.

Die üblicherweise im Produktions-Controlling wahrzunehmenden Aufgaben sind unter Nutzung der Funktionen Planung, Information, Analyse/Kontrolle und Steuerung

- ❏ das Controlling des Kostenbereiches mit der Kostenartenrechnung, Kostenstellenrechnung und der Kostenträgerrechnung,
- ❏ Abweichungsanalysen im Kostenbereich mit den Schwerpunkten der Verbrauchsabweichung, Sortenwechselabweichung, Analyse der Stillstandszeiten, Steuerung der Komplexität der Produktionsstruktur,
- ❏ Investitionsplanung, Investitionsrechnung und Investitionskontrolle,
- ❏ Make- or buy-Analysen,
- ❏ Entscheidungen über die Zuteilung von Produktionen auf verschiedene Fertigungsstätten,
- ❏ Entscheidungen über Produktionen in unterschiedlichen Währungsräumen,
- ❏ Grundsatzentscheidungen über die Frage der Fertigungstiefe,
- ❏ Fragen der Dimensionierung der Kapazitäten,
- ❏ Vorkalkulationen mit der Grundsatzfrage der Auslegung der Kapazitäten im maschinellen Bereich, im Werkzeugbereich und in der Nachbearbeitung,
- ❏ die Steuerung der jährlich zu erzielenden Produktivitätsfortschritte, insbesondere bei langfristigen Aufträgen mit Preisbindungen,
- ❏ die permanente Überprüfung der Standards aus der Fertigung,
- ❏ die Zielvorgabe und Umsetzung für die einzelnen Fertigungsbereiche.

Für die Arbeiten im Produktions-Controlling kann auf die in diesem Buch bereits ausführlich beschriebenen unterschiedlichen Controlling-Instrumente zurückgegriffen werden.

Organisation und Controlling

Marketing/Vertrieb Controlling

Ausgangsdaten – Kennzahlen – Plan/Ist

Wirtschaftlichkeit
der vertrieblichen Aktivitäten
unter optimaler Nutzung des
marketingpolitischen
Instrumentariums

- ○ Absatz
- ○ Umsatz
- ○ Auftragseingang

| Struktur
| Händler
| Niederlassungen
| Direktvertrieb
| Endkunden

- ○ Preisermittlung
   Preisentscheidungsregeln

⇨ Produkt
⇨ Preise und Konditionen
⇨ Distribution
⇨ Information und Werbung
⇨ Qualität
⇨ After-Sales-Service
⇨ Logistik
⇨ Steuerung

- ○ Konditionen
- ○ Preisentwicklung
- ○ Wertschöpfung
- ○ Auftragsbestand
- ○ Reichweiten
- ○ Marktanteile/-segmentierung
- ○ Vertriebsorganisation
   Struktur/Netz
   Zielgruppen
   Effizienz
- ○ Kundenstruktur
- ○ After-Sales-Organisation
   Struktur/Netz
   Servicegrad/Lieferbereitschaft
   Effizienz
- ○ Projekte/Systeme
- ○ Vorräte
   Struktur
   Umschlag
- ○ Technik/Qualität
- ○ Mitarbeiter Vertrieb
- ○ Vertriebsaufwand/-Kosten
   Personal   Vertrieb
              Abwicklung
              Verwaltung
   Sach-Gemeinkosten
   Incentive-Programme
- ○ Information/Werbung/Messen
   Effizienz
- ○ Erfolgs-/Ergebnissegmentierung
   Brutto-Margen
   Deckungsbeiträge
- ○ Wettbewerb/Verhalten/Entwicklung

| Produkt
| Sparte
| Geschäfts-Einheit

| Händler
| Niederlassungen
| Direktvertrieb
| Endkunden

| Neuanlagen
| Halbfabrikate
| Ersatzteile

| Geschäfts-Einheit
| Sparte
| Produkt
| Kunde

Kennzahlen — Auswahl

1. $\dfrac{\text{Auftragseingang}}{\text{Umsatz}} \cdot 100$ — Auftragsentwicklung FRÜHINDIKATION/TREND

2. $\dfrac{\text{Ergebnis}}{\text{Umsatz}} \cdot 100$ — Umsatzrentabilität

3. $\dfrac{\text{Deckungsbeitrag}}{\text{Umsatz}} \cdot 100$ — Deckungsgrade

4. $\dfrac{\text{Brutto-Cash Flow}}{\text{Umsatz}} \cdot 100$ — Brutto-Cash Flow Umsatzrentabilität

5. $\dfrac{\text{Umsatz}}{\text{Mitarbeiter}} \cdot 100$ — Umsatz pro Mitarbeiter/TEUR

6. $\dfrac{\text{Vertriebskosten}}{\text{Umsatz}} \cdot 100$ — Vertriebskostenquote

7. $\dfrac{\text{Durchschnittl. Forderungsbestand}}{\text{Umsatz}} \cdot 100$ — Kundenkreditdauer

8. $\dfrac{\text{After-Sales-Umsatz}}{\text{Umsatz Neuanlagen}} \cdot 100$ — After-Sales-Quote

9. $\dfrac{\text{Umsatz}}{\text{Gesamt-Kapital}} \cdot 100$ — Kapitalumschlag

10. $\dfrac{\text{Auftragsbestand}}{\text{Durchschnitt Umsatz}} \cdot 100$ — Auftragsreichweite/Mon.

Legende:

- Umsatz ▷ Umsatzerlöse ohne MwSt
- Ergebnis ▷ Brutto-Ergebnis vor EEV-Steuern
- Deckungsbeiträge I, II, III ▷ Siehe Mann, R./Mayer, E., Controlling für Einsteiger, Freiburg 1993
- Cash-flow ▷ Brutto-Cash-flow *gemäß Ableitung* Text
- Mitarbeiter ▷ Durchschnitt Standardbeschäftigte

Monatliche/jährliche/andere intervallmäßige Aufbereitung in zum Teil weitergehender Aufsplittung und in Vergleichen

Auch für den Produktions-Bereich gibt es im Rahmen des Produktions-Controlling eine Fülle von Kennzahlen, die die Engpasssektoren steuerbar machen. Auch in diesem Falle kann das Kennzahlen-System von Krauss (s. S. 300 u. 301) herangezogen werden (Krauss, Heinz: Betriebswirtschaftliche Kennzahlen als Steuerungsinstrumente des Controlling, a.a.O., Seite 250 bis 251):

2.1.3 Verwaltungs-Controlling

Im Verwaltungsbereich liegen die Schwerpunktaufgaben des Controlling in erster Linie auf der Budget-Kontrolle. Dabei handelt es sich um die Planung und Kontrolle der Kostenarten nach Kostenstellen und die Kontrolle der Budgeteinhaltung.

Eine Grundsatzfrage im Verwaltungsbereich besteht darin, inwieweit die Kostenhöhe der Einzelabteilungen vor dem Hintergrund des Unternehmensauftrages gerechtfertigt ist. Hinlänglich bekannt ist die Situation, dass die Kosten in den Verwaltungsbereichen ständig steigen bei gleichen Aufgaben und moderatem Wachstum des Unternehmens. Das alles bei zunehmender Spezialisierung der Mitarbeiter, ständig steigender EDV-Unterstützung, aber auch ansteigender Komplexität der Aufgaben.

Um die klassischen Verwaltungsbereiche hinsichtlich der Kostenhöhe und der Angemessenheit der Kosten vor dem Hintergrund des Leistungsbeitrages messen zu können, empfiehlt es sich, auch auf die Verwaltungsbereiche das Verfahren der Standardkostenrechnung zu übertragen. Als Hilfsmittel bieten sich beispielsweise die auf Seite 227 ff. dieses Buches beschriebenen Möglichkeiten zur Leistungsmessung an. Dazu werden für die einzelnen Kostenbereiche die abgegebenen Leistungen in Form interner Verrechnungspreise bewertet und die erbrachten Leistungen mit diesen Verrechnungspreisen als Gutschrift bewertet. Aus dem Vergleich der tatsächlich angefallenen Kosten mit den verrechneten Kosten als Leistungsgutschrift entstehen Über- oder Unterdeckungen in den einzelnen Kostenstellen. Daraus lassen sich sehr schnell Zielvorgaben und Maßnahmen zur Effizienzerhöhung ableiten.

Die ermittelten Leistungskennzahlen sind aber nur dann ein vernünftiger Gradmesser, wenn sie zum einen die Leistungen adäquat wiedergeben und zum anderen die Leistungserstellung in den Wettbewerb zum Fremdbezug stellen. Hier haben sich die unterschiedlichen Verfahren des Benchmarking, auf die später noch einzugehen sein wird, bezahlt gemacht, die davon ausgehen, was der durchschnittliche und der beste Preis für entsprechende Leistungen sind. Diese Werte können gefunden werden über Betriebsvergleiche, wie sie aus unterschiedlichen Statistiken zugänglich sind, aber auch durch Vergleich mit anderen Unternehmen vergleichbarer Aufgabenstruktur und Größenordnung. Das Benchmarking ist zu verstehen als externe Zielvorgabe an die Leistungserstellung und gibt vielfältige Hinweise, die eigenen Leistungen vor dem Hintergrund des externen Wettbewerbs zu messen.

Fertigung/-steuerung Controlling

Ausgangsdaten – Kennzahlen – Plan/Ist

Wirtschaftlichkeit und Produktivität der Fertigungs- Aktivitäten unter (logistischer) Optimierung des Faktoreinsatzes Arbeit und Kapital für die Leistungserstellung

⇨ Produkt
  Dienstleistung
  System/Problemlösungen

⇨ Produktionsprogramm

⇨ Kernbereiche

⇨ Arbeitseinsatz

⇨ Kapitaleinsatz

⇨ Fertigungsart
  – Einzelfertigung
  – Serienfertigung
  – Auftragsfertigung
  – Vorratsfertigung
  – Sortenfertigung
  – Sonderfertigung

⇨ Fertigungssystem

⇨ Fertigungstiefe

⇨ Qualität

⇨ Logistik

⇨ Steuerung

○ Umsatz | Struktur
○ Gesamtleistung | Produkt
○ Ausbringung in technisch- | Produkt-Bereich
  mengenmäßigen Werten | Sparte
  (Produkt, Stück, t, KW, cbm, ...) | Geschäfts-Einheit
○ Wertschöpfung
○ Mitarbeiter
    Angestellte
    Fertigungs-Löhner
    Gemeinkosten-Löhner
○ Fertigungslohn
○ Fertigungs-Gemeinkosten/-Aufwand
    Personal
      Gehälter | Produkt
      Gemeinkosten-Löhne | Produkt-Bereich
      Sozialkosten | Sparte
    Sach-Gemeinkosten | Geschäfts-Einheit
    (Hilfs- und Betriebsstoffe)
    | Standorte
○ Qualitätskosten/Wagnisaufwand
○ Technik/Qualitäts-Prüfung
      -Systeme
      -Kriterien
○ Fehlzeiten/Stillstandzeiten
○ Überstunden
○ Krankheitsrate
○ Ausschussquote
○ Transportkosten intern
○ Produktivstunden/Arbeitsstunden
○ Maschinenstunden/-belegung
○ Investitionen   Planung
                  Vorlauf
                  Abwicklung
○ Betriebsnotwendige Anlagen
    Betriebsmittel
○ Eigen-/Fremdfertigung
○ Kapazität   Soll | Produkt
              Engpass | Produkt-Bereich
                      | Sparte
○ Gestaltung der Fertigungsabläufe
    Schnittstellen
    Schwachstellen
○ Abweichungen Beschäftigung
                Verbrauch u.a.

Organisation und Controlling

Kennzahlen — Auswahl

1. $\dfrac{\text{Gesamt-Leistung}}{\text{Mitarbeiter Fertigung}}$ — Arbeitsproduktivität/TEUR

2. $\dfrac{\text{Personalkosten Fertigung}}{\text{Gesamt-Leistung}} \cdot 100$ — Personalkostenquote

3. $\dfrac{\text{Fertigungslohn}}{\text{Gesamt-Leistung}} \cdot 100$ — Fertigungslohnintensität Fertigungstiefe

4. $\dfrac{\text{Fertigungskosten}}{\text{Fertigungsstunden}}$ — Fertigungsstundensatz/EUR

5. $\dfrac{\text{Ist-Fertigungsstunden}}{\text{Plan-Fertigungsstunden, Kapazität}} \cdot 100$ — Beschäftigungsgrad

6. $\dfrac{\text{Ist-Maschinenstunden}}{\text{Plan-Maschinenstunden/Installierte Kapazität}} \cdot 100$ — Maschinenauslastungsgrad

7. $\dfrac{\text{Kosten Ausschuss/Nachtarbeit}}{\text{Gesamt-Leistung}} \cdot 100$ — Ausschussquote

8. $\dfrac{\text{Gesamt-Leistung}}{\text{Betriebsnotwendiges Anlagevermögen}} \cdot 100$ — Anlagenproduktivität

9. $\dfrac{\text{Wertschöpfung}}{\text{Ist-Fertigungsstunden}}$ — Wertschöpfung pro Fertigungsstunde/EUR

10. $\dfrac{\text{Herstellkosten}}{\text{Umsatz}} \cdot 100$ — Herstellkostenquote

---

Legende

Umsatz ▷ Umsatzerlöse ohne MwSt
Gesamt-Leistung ▷ *gemäß Ableitung* Text
Fertigungskosten ▷ F.-Löhne + F.-Gemeinkosten + Sonderkosten der F.
Mitarbeiter ▷ Durchschnitt Standardbeschäftigte
Wertschöpfung ▷ *gemäß Ableitung* Text

Monatliche/jährliche/andere intervallmäßige Aufbereitung in zum Teil weitergehender Aufsplittung und in Vergleichen

2.2 Sparten-Organisation

2.2.1 Profit-Center-Controlling

Werden die Geschäftsbereiche eines Unternehmens nicht im Rahmen einer funktionalen Organisation bearbeitet, sondern in Form rechtlich unselbstständiger oder rechtlich selbstständiger Profit-Center, so sind die Aufgaben auf das Profit-Center-Controlling auszudehnen. Profit-Center-Controlling bedeutet die funktionale Zusammenfassung von Aufgaben eigenständiger Unternehmensbereiche, was gleichbedeutend mit einer Segmentierung des Unternehmensauftrages in verschiedene Führungsbereiche ist.

Zum Profit-Center-Controlling gibt es die unterschiedlichsten Anwendungsbereiche, etwa in Form

- der Vertriebserfolgsrechnung,
- der Kundenerfolgsrechnung oder
- der Übertragung der Unternehmenserfolgsrechnung auf die einzelnen Profit-Center.

Für die Aufgabenteilung im Controlling hat eine solche Gliederung zur Folge, dass in den meisten Fällen die einzelnen funktionalen Controlling-Aufgaben auf Profit-Center-Ebene angesiedelt sind, und diese bezogen auf das Gesamtunternehmen im Rahmen des zentralen Controlling koordiniert werden. Die Controller in den einzelnen Profit-Centern können dabei entweder dem Profit-Center-Leiter disziplinarisch unterstellt sein und sind dann in der Regel im Rahmen der Dotted-Line-Beziehung fachlich dem Zentralcontroller untergeordnet, oder es findet sich auch die Regelung, dass die einzelnen Spartencontroller disziplinarisch und funktional dem Zentralcontroller unterstellt sind. Welche konkrete Form der hierarchischen Unterstellung man wählt, hängt letztlich vom Führungsprinzip ab. Bei dezentraler Führung wird man eher dazu übergehen, dass die einzelnen Controller in den Sparten disziplinarisch und fachlich aufgehangen sind, während bei zentraler Unternehmensführung die direkte Unterstellung unter den Zentralcontroller üblich ist.

2.2.2 Querschnittsfunktionen

Auch im Rahmen einer Profit-Center-Struktur bleiben eine Menge von Aufgaben, die im Rahmen von Querschnittsfunktionen wahrgenommen werden. Diese sind üblicherweise

- Personal,
- Finanzen,
- Steuern,
- Recht,
- Beschaffung,
- Logistik usw.

Letztlich hängt es davon ab, ob die einzelnen Profit-Center unterschiedliche Märkte bearbeiten und die verbindenden Beziehungen zwischen den einzelnen Absatzbereichen eng oder gering sind. Davon ist auch abhängig, inwieweit die Einzel-Querschnittsfunktionen eigenständig einem Controlling unterworfen sind. Sind die einzelnen Profit-Center relativ autonom, so beschränkt sich auch das Controlling in den Querschnittsfunktionen auf die Wahrnehmung der klassischen Budgetkontrollfunktionen.

2.3 Funktionale Spezialisierung im Controlling

Die vorstehenden Gedanken haben bereits angedeutet, dass die Struktur des Controlling-Bereichs in Abhängigkeit der Unternehmensgröße, der Aufgabengliederung und der Führungsstruktur recht unterschiedlich sein kann. Wir werden in den nachfolgenden Kapiteln einige gängige funktionale Controlling-Bereiche näher beleuchten.

3 Marketing-Controlling

3.1 Marketing und Controlling

Marketing-Controlling war das Thema der 10. Kölner BFuP-Tagung am 3. und 4. Dezember 1981 in Köln. Diese zweitägige Veranstaltung galt der Klärung des oftmals kontrovers diskutierten Begriffs des Marketing-Controlling und der Ausräumung von Missverständnissen. Die abschließende Podiumsdiskussion stand unter der Leitlinie „Marketing und Controlling – miteinander statt gegeneinander". (Goetzke, W.; Sieben, G. (Hrsg.): Marketing-Controlling, Bericht von der 10. Kölner BFuS-Tagung am 3. und 4. Dezember 1981, Köln).

Auch heute, fünfzehn Jahre später, ist es nicht verwunderlich, dass in der seinerzeitigen Tagung sehr kontrovers diskutiert wurde und unterschiedliche Blick- und Denkweisen aus beiden Fachrichtungen aufeinander prallten. Zieht man einige Thesen dieser Tagung heran, so zeigt sich die ganze Komplexität des Themas an folgenden Aspekten:

(1) Marketing-Controlling aus der Sicht des Controllers
   (Hillenbrandt, Karlheinz, 1982, S. 51)
   - Gezieltes Erlös- und Kostenmanagement ist Voraussetzung für eine gesicherte Ertragslage.
   - Controlling (Zielfindung, Planung und Steuerung – strategisch und operativ –) hilft dabei.
   - Controlling ist nicht nur Sache des Controllers, sondern Managementfunktion.
   - Marketing-Entscheidungen sind dominante Unternehmensentscheidungen.

- Die Aufgaben von Marketing und Controlling sind komplex und ertragsrelevant.
- Spannungsprobleme zwischen Controlling und Marketing müssen und können reduziert werden.
- Controlling – zentral und dezentral – entwickelt sich weiter: Von der bloßen Rechenverantwortung hin zur Entscheidungs-Mitverantwortung.

(2) Nutzungsmöglichkeiten des Rechnungswesens für das Marketing-Controlling, insbesondere Operationalisierung strategischer Pläne
(Glock, Karl; Schröder, Ernst F.: 1982, S. 91 f.).
- Marketing-Controlling ist die für Absatzfragen kompetente Stelle im Funktionsbereich Controlling, die in enger Zusammenarbeit mit dem Absatzbereich hierarchisch und fachlich dem Controller untersteht.
- Die Unterstellung des Marketing-Controlling unter den Absatzleiter als Stabstelle ist der unausgesprochene Wunsch des Absatzbereiches
  – nach einem von ihm gesteuerten Controller,
  – der die kritische Distanz des zentralen Controlling nicht ausübt und
  – bei der Durchsetzung des funktionalen Abschottens des Absatzbereichs gegenüber dem zentralen Controlling Schrittmacherdienste leistet.

(3) Möglichkeiten des Zusammenwirkens von Controlling und strategischem Marketing
(Stahl, Peter; Wald, Siegfried, 1982, S. 80)
In diesem Aufgabenbereich betrachten Marketing und Controlling ein- und dieselbe Münze, lediglich von zwei verschiedenen Seiten:
- Das Controlling beobachtet, analysiert und steuert das ökonomische Zahlenwerk der Unternehmung, den „Niederschlag" vorausgegangener Entscheidungen.
- Das Marketing, insbesondere Marketing-Forschung und Marketing-Analyse, erforschen, analysieren und steuern die Kausalzusammenhänge in den (Absatz-) Märkten, die letztendlich ihren Niederschlag in den innerbetrieblichen ökonomischen Datenreihen finden.

Vor diesem Hintergrund sei an dieser Stelle die These aufgestellt, dass die Funktion des Marketing-Controllers unter anderem deshalb so viel Missverständnisse aufwirft, weil

❑ in funktionalen Eitelkeiten Marketing und Controlling in manchen Unternehmungen nicht zusammenfinden können,
❑ die Controlling-Funktion auch heute noch vielerorts missverstanden wird,
❑ der Wandel der Engpassaufgaben in vielen Unternehmen noch nicht begriffen worden ist und
❑ nicht eingesehen werden will, dass moderne Unternehmenssteuerung nur im funktionalen Zusammenwirken der einzelnen Bereiche effizient ablaufen kann.

3.2 Aufgaben und organisatorische Einbindung

3.2.1 Wandel der Engpassaufgaben

Das Controlling als engpassorientiertes Steuerungsinstrumentarium hat im Zeitablauf einen klar abgrenzbaren Wandel durchlaufen. Dieser Wandel der Aufgabenschwerpunkte wurde von den Veränderungen im Umfeld und der Märkte entscheidend geprägt.

Die erste Controlling-Phase ist der Zeitspanne bis zum Anfang der 60er Jahre zuzurechnen. In dieser Zeit waren die Märkte noch nicht gesättigt und die wesentliche Aufgabe der Unternehmungen bestand darin, die Nachfrage zu befriedigen. Die Denkweise der Unternehmungen war eindeutig produktionsorientiert und somit setzte das Controlling in seinen Aufgaben auch daran an, den Engpasssektor der Produktion und der damit zusammenhängenden Kosten zu steuern.

Die zweite Generation setzte Anfang der 60er Jahre mit ersten Sättigungstendenzen in unseren Märkten ein. Mit der stärkeren Verbraucher-/Produktorientierung konzentrierten die Unternehmungen ihre Kräfte stärker auf die Etablierung einer Markenpolitik mit Markenführung, Markendurchsetzung und Imageprofilierung. Das Produkt stand zunehmend im Vordergrund, da die Vermarktung schwieriger wurde. Die Aktivitäten wurden unterstützt durch Marketing-Abteilungen, die in dieser Zeit sehr zahlreich eingerichtet wurden.

Anfang der 70er Jahre begannen sich unsere Märkte weiter und mit zunehmender Dynamik zu verändern. Weitgehende Marktsättigung, Stagnation und teilweise Marktrückgang waren die Veränderungen, die zu wirken begannen. An die Stelle des früheren quantitativen Wachstums trat das segmentspezifische oder qualitative Wachstum, das von einer zunehmenden Verengung des Handlungsspielraums der Unternehmen begleitet war. Auf der Abnehmerseite kam es zu einem Konzentrationsprozess, der zu einer Abnehmersegmentierung der Kunden führte. Nach dem Verbraucher entstand damit für den Hersteller ein neuer Engpass: Der Abnehmer als Engpasssektor dominierte vor den übrigen bisher bekannten Engpassfaktoren.

Vor diesem Hintergrund des Wandels der Engpassaufgaben und der damit einhergehenden Fortentwicklung des Controlling-Instrumentariums wurden die Aufgaben des Marketing-Controlling tendenziell stärker.

> **WANDEL DER ENGPASSAUFGABEN
> UND CONTROLLING-INSTRUMENTARIUM**
>
> (1) *Produktionsorientierung*
> • Steuerung des Kostenbereiches
> • Plankostenrechnung
> • Abweichungsanalysen
> • Budgetierung
>
> (2) *Verbraucher-/Produktorientierung*
> • Produkterfolgsrechnung
> • Sortimentsstrukturen
> • Strukturabweichungen
>
> (3) *(Kunden-) Zielgruppen-Orientierung*
> • Kundendeckungsbeitragsrechnung
> • strategisches Controlling

Ansetzend an den Grundüberlegungen, die das Controlling in der Phase des zweiten Entwicklungsprozesses beanspruchte, weitete sich die marketing- und marktorientierte Denkweise im Controlling unserer Unternehmen zunehmend aus.

3.2.2 Funktionale Aufgabenteilung oder Grundhaltung

Controlling ist ein Führungskonzept, das über die Funktionen Planung, Information, Analyse/Kontrolle und Steuerung die dezentralen Handlungen in einem Unternehmen bei arbeitsteiliger Aufgabenerfüllung auf ein gemeinsames Unternehmensziel hin ausrichtet. Im Rahmen der ab einer bestimmten Unternehmensgröße notwendigen Aufgabenteilung ist es erforderlich, ganz bestimmte Unternehmensfunktionen zu delegieren. Insofern ist Marketing-Controlling die funktionale Segmentierung des Controlling-Gedankens mit der Zielsetzung der stärkeren funktionalen Spezialisierung. Marketing-Controlling ist dabei eine Möglichkeit der Aufgaben-Segmentierung neben dem Produktions-Controlling, dem Logistik-Controlling etc.

Aufgrund der historischen Entwicklung des Controlling hat das Marketing-Controlling sehr frühzeitig seine Anerkennung dadurch gefunden, dass in marketingorientierten Unternehmungen bei dezentraler Aufgabenteilung der Marketinggedanke controllingmäßig unterstützt werden musste. Vor diesem Hintergrund bedeutet Marketing-Controlling die Etablierung eines Verantwortungsbereichs mit der Aufgabe, die aus dem Controlling-Gedanken notwendigen Funktionen mit stärkerer Zuwendung auf markt- und marketingorientierte Aufgabenteile hin auszurichten. Marketing-Controlling bedeutet sowohl Funktion als auch Grundhaltung dergestalt, dass der Controlling-Gedanke marketingorientiert umgesetzt wird.

Marketing-Controlling ist Umsetzung des Controlling-Gedankens mit marketingorientierter Ausrichtung. Neben dieser mehr funktionalen Segmentierung des Controlling-Gedankens bedeutet Marketing-Controlling aber auch die Akzeptanz des Führungs-Konzeptes Controlling aus Sicht des Marketing-Bereichs.

Es setzt voraus, dass Marketing nicht, wie oftmals festzustellen, mit funktionaler Arroganz und dem Anspruch auf Allkompetenz für die Unternehmensentwicklung und die Unternehmensstrategie sein Aufgabenfeld in den Vordergrund stellt, sondern bereit ist zu akzeptieren, dass das Marketing seine Grenzen da findet, wo die Engpass-Sektoren des Unternehmens sich stärker in anderen Bereichen befinden und für die erfolgreiche Unternehmenssteuerung und Existenzsicherung Behinderungen abzubauen sind, die nicht nur durch das Marketing allein gelöst werden können.

Marketing-Controlling ist nicht nur funktionale Aufgabenteilung, sondern auch Grundhaltung im Unternehmen. Diese Grundhaltung verlangt, dass man ausgehend von den Erfordernissen und Notwendigkeiten des Marketing und des Controlling bereit und in der Lage ist, ein Unternehmen zukunftsorientiert zu steuern und dabei die mehr innovativ nach vorne gerichteten Funktionen des Marketing und Controlling als Schrittmacher für die zukünftige Unternehmensentwicklung zu akzeptieren. Es verlangt, über den eigenen funktionalen Bereich hinaus zu denken und Hilfestellung zu suchen, um die eigenen Aufgaben besser zu optimieren.

Fassen wir zusammen, so zeichnet sich Marketing-Controlling durch folgende Tatbestände aus:

(1) Marketing-Controlling ist zum einen funktionale Segmentierung der Controlling-Abteilung im Unternehmen und des Controlling-Gedankens zur Delegation von Aufgaben bei dezentraler Aufgabenteilung.

(2) Marketing-Controlling bedeutet für das Marketing und für das Controlling die Akzeptanz der anderen Funktion dergestalt, dass nur aus dem Zusammenwirken von beiden Funktionen eine zukunftsorientierte strategische Unternehmensführung möglich wird.

(3) Marketing-Controlling verlangt eine Form der Unternehmensführung, die die mehr nach außen gerichteten und innovativen Funktionen Marketing und Controlling als Schrittmacher-Funktionen der zukünftigen Unternehmensentwicklung einsetzt.

3.2.3 Operatives und strategisches Marketing-Controlling

Controlling ist ein Konzept zur Wertschöpfungssteuerung im Unternehmen. Das Marketing-Controlling hat die Aufgabe, seine Aktivitäten bei der Steuerung der Wertschöpfung auf die mehr absatzbezogenen Funktionen des Unternehmens auszurichten. Es hat seine Maßnahmen auf die Lösung der Engpassprobleme zu konzentrieren, die das Unternehmen an der Erhöhung der Wertschöpfungsraten der marktbezogenen Aktivitäten hindern.

Das operative Marketing-Controlling hat seinen Schwerpunkt in der kurzfristigen Ergebnissteuerung und konzentriert seine Aktivitäten auf geplante und realisierte Maßnahmen, das heißt Operationen. Die Aktivitäten des operativen Marketing-Controlling setzen somit vorwiegend im quantitativen Bereich und innerhalb der Budget-Periode an.

Das strategische Marketing-Controlling steuert die Wertschöpfung des Unternehmens in den absatz- und marktbezogenen strategischen Dimensionen. Es setzt an der Steuerung der Erfolgspotenziale der Unternehmen an und hilft, primär bezogen auf die absatz- und marktbezogenen Engpassaufgaben „hinter die Zahlen schauen zu können". Strategisches Marketing-Controlling arbeitet somit stärker im qualitativen Bereich ohne Beschränkung durch die Budgetperiode und konzentriert seine Aktivitäten auf Maßnahmen und Strategien, die langfristig angelegt sind und eine sensible Steuerung und Begleitung verlangen.

Viele Unternehmungen – gerade solche, die sehr stark marketingorientiert sind – befinden sich heute in Marktsituationen, die durch Stagnation oder Rückgang gekennzeichnet sind. Diese Marktsituationen stellen an die Unternehmensführung und an die Unternehmenssteuerung völlig neue Anforderungen, die mit dem Gedankengut und dem Gelernten aus den Zeiten der Wachstumsphase nicht mehr zu bewältigen sind. Diese Marktsituationen, die durch ein hohes Komplexitätsniveau sowohl auf der Verbraucher-, Anbieter- und Handelsseite gekennzeichnet sind, verlangen neue Maßnahmen und Aktivitäten, um die brennenden Engpassprobleme zu lösen.

Es stellt sich zunehmend stärker heraus, dass die simple Unterscheidung in operativ und strategisch heute nur noch sehr schwer möglich ist. Viele Aufgaben, die die Unternehmen im operativen Bereich zu bewältigen haben, sind ohne den strategischen Rahmen und Strategien, die im operativen Bereich umgesetzt werden, gar nicht mehr lösbar. Insofern ist auch bezogen auf das Marketing-Controlling die Unterscheidung der Aufgabenschwerpunkte in operative und strategische Aufgaben bei der Aufzählung von einzelnen Instrumenten zwar hilfreich, in der Praxis in dieser Form aber gar nicht mehr haltbar. Die Unternehmen werden heute viel stärker als früher gezwungen, mehr strategisch-orientiert zu arbeiten und damit im operativen Bereich die Umsetzung von Unternehmensstrategien sicherzustellen. Insofern wird die Unterteilung in operatives und strategisches Marketing-Controlling in der Zukunft ihren Stellenwert verlieren.

3.2.4 Organisatorische Einbindung

Die organisatorische Einbindung des Marketing-Controlling hat so zu erfolgen, dass

- die hierarchische Zuordnung ausreichend angemessen ist, um die mit der Einführung notwendigen Änderungsprozesse umzusetzen,
- die Funktion als Linienfunktion ausgestattet ist, um das Controlling-Führungskonzept umzusetzen.

Bezüglich des Marketing-Controlling ist neben diesen beiden Grundkriterien von besonderer Bedeutung, wie die Bereichszugehörigkeit zum Controlling oder zum Marketing generell geregelt wird. Dabei kann von folgenden Tatbeständen ausgegangen werden (Kiener, Joachim: Marketing-Controlling. Darmstadt 1980, S. 298 ff.):

- Die Institutionalisierung des Marketing-Controlling in einer eigenen Organisationseinheit ist erst ab einer bestimmten Unternehmensgröße, Bedeutung und Größe der Marketingorganisation sowie den zu Grunde liegenden Aufgabenschwerpunkten sinnvoll.
- Marketing-Controlling ist organisatorisch sowohl im Controlling als auch im Marketing einzubinden. Die Grundsatzfrage dabei lautet, ob das Marketing-Controlling einerseits funktional im Marketing-Bereich einzuordnen ist und damit mit dem Controlling nur nach dem „Dotted-Line-Prinzip" arbeitet, oder ob das Marketing-Controlling ein Teilbereich des zentralen Controlling ist und im Rahmen der Arbeitsteilung mehr kollegial mit dem Marketing-Bereich zusammenarbeitet.
- Der Marketing-Controller sollte in Abhängigkeit der grundsätzlichen Bedeutung des Marketing im Unternehmen ausreichend hierarchisch aufgehangen werden.
- Auch das Marketing-Controlling ist eine Linienaufgabe, die als Querschnitts-Funktion im Unternehmen arbeitet.

Vor diesem Hintergrund lassen sich in der betrieblichen Praxis unterschiedliche organisatorische Zuordnungen des Marketing-Controlling finden. Letztlich hängt auch diese organisatorische Einbindung in der Realität von einem Bündel komplexer Einflussfaktoren ab, wie jede organisatorische Lösung. Aus unserer Sicht ist die beste Zuordnung des Marketing-Controlling im zentralen Unternehmens-Controlling zu sehen. Diese Zuordnung stellt sicher, dass zum einen der Controlling-Gedanke im Unternehmen aus „einem Guß" vertreten und umgesetzt wird und zum anderen das Marketing-Controlling gegenüber dem Absatz- und Marketingbereich mit der nötigen „Distanz" und der notwendigen „Neutralität" arbeiten kann.

3.2.5 Anforderungsprofil

Auch das Marketing-Controlling wird bei seiner Einführung zu ähnlichen Konfliktquellen führen, wie die Einführung des Controlling grundsätzlich. Insofern ist die erfolgreiche Einführung des Marketing-Controlling im Unternehmen abhängig von

- dem klaren Auftrag der Geschäftsführung zur Einführung einer solchen Funktion und der Dokumentation, dass sie als Geschäftsführung auch hinter diesem Gedanken steht,
- der ausreichenden hierarchischen und funktionalen Einbindung des Marketing-Controllers sowie
- der Person des Stelleninhabers.

Der Erfolg des Marketing-Controlling steht und fällt gerade in der Einführungsphase mit der Person des Stelleninhabers. Insofern gelten auch für den Marketing-Controller ganz bestimmte Anforderungen, die weitgehend identisch sind mit dem Anforderungsprofil des Controllers schlechthin.

Daneben hat der Marketing-Controller natürlich ein ganz spezielles Wissen über das Funktionieren der Märkte, die Spielregeln des Wettbewerbs in den Märkten sowie Vertriebs- und spezielle Absatzfragen mitzubringen. Gerade er soll ja kompetenter Gesprächspartner des Vertriebs- und Absatzbereiches sein und hat damit gerade die in diesem Bereich notwendigen Anforderungen zu erfüllen, um als Gesprächspartner akzeptiert zu sein.

3.3 Instrumente des Marketing-Controlling

3.3.1 Planung, Information, Analyse/Kontrolle und Steuerung als Rahmen

Marketing-Controlling als primär absatzbezogene Controlling-Tätigkeit stellt sicher, dass die absatzbezogenen Engpassfaktoren im Sinne der Unternehmensziele steuerbar werden. Der Marketing-Controller stellt den kritischen, fachkompetenten Gesprächspartner des Absatzbereiches dar. Der instrumentale Rahmen zur Sicherstellung der Marketing-Controlling-Funktion baut auf den Controlling-Funktionen Planung, Information, Analyse/Kontrolle und Steuer auf. Sowohl im operativen als auch im strategischen Bereich kommen diesen Funktionen folgende Aufgaben zu:

(1) Die Planung legt den Kurs für die kommende Periode fest. Diese Kursfixierung erfolgt durch „Objectives", die allen Beteiligten angeben, welche Ziele anzustreben sind. Die Zielformulierung muss folgenden Anforderungen genügen:
- Es muss sich um operationale Ziele handeln.
- Die Einzelziele müssen mit dem übergeordneten Unternehmensziel vereinbar sein.
- Die Zielvorgaben müssen realistisch sein, damit sie den Entscheidungsträger anspornen.
- Es sollte sich um eine partizipative Zielformulierung handeln.

(2) Die Informationsfunktion übernimmt im operativen Bereich den Aufbau eines Management-Informations-Systems und liefert den Entscheidungsträgern die für ihre Maßnahmen maßgeschneiderten Informationen der Jahresperiode im Vergleich zur Planung (Plan-Ist-Vergleich).

Diese Informationen müssen
- rechtzeitig,
- in der notwendigen Verdichtung und
- problemadäquat

den Entscheidungsträgern zur Verfügung stehen. Bei Vorhandensein einer strategischen Planung wird dieses Informations-System um strategische Komponenten ergänzt, die die Entscheidungsträger rechtzeitig sensibilisieren, ob strategiekonform gearbeitet wird. Die größte Schwierigkeit beim Aufbau eines strategischen Informations-Systems besteht darin, dass hier vorrangig mit so genannten „schwachen Signalen" gearbeitet werden muss und strategische Ereignisse und deren Einfluss auf die Strategie-Umsetzung und die Potenziale nur qualitativ messbar sind.

Für den Aufbau des Informations-Systems gelten folgende Leitlinien:
- Dem einzelnen Entscheidungsträger sind nur solche Informationen zu liefern, die er auch beeinflussen kann.
- Die Informationen sind entscheidungs- und problemorientiert aufzubereiten.
- Jeder Entscheidungsträger erhält nur Informationen für seine „Objectives".

(3) Analyse- und Kontrollaufgaben werden initiiert durch das Berichtswesen und haben die Schwerpunkte
- Ursachenanalyse der Abweichungen,
- Suche von Lösungen zur Vermeidung der Abweichungen,
- Beobachtung der Auswirkungen der Maßnahmen.

Controlling ist nicht Kontrolle. Deshalb liegt der Schwerpunkt auch auf der Analyse. Der Sinn der Kontrolltätigkeiten im Rahmen des Controlling ist allein darauf gerichtet, den Informationswert von Kontrollen als Plan-Ist-Vergleich für eine zukunftsorientierte Steuerung zu nutzen. Die Kontrollinformationen sind damit der Einstieg für tiefergehende Analysen und Gegensteuerungsmaßnahmen.

(4) Die Steuerungsfunktion hat die Kurseinhaltung zu garantieren. Sie schließt den Regelkreis der Planungs-, Informations- und Analyse/Kontroll-Aufgaben, und ist der Maßnahmeninitiator, um die Unternehmung bei Abweichungen auf Kurs zu halten. Während im operativen Bereich mit kurzfristigen und sehr konkreten Maßnahmen gegengesteuert wird, konzentriert sich die Steuerung im Rahmen des strategischen Controlling auf die Beantwortung der Frage:

„Ist bei Abweichungen die Strategie zu ändern, oder reichen operative Maßnahmen aus, um innerhalb der bestehenden Strategie auf Kurs zu bleiben?"

3.3.2 Instrumente des operativen Marketing-Controlling

Die Instrumente des operativen Marketing-Controlling setzen vorwiegend innerhalb der Budgetperiode an und haben als Grundlage die Analyse und Auswertung von operativen Daten über geplante und realisierte Maßnahmen. Diese Instrumente des Marketing-Controlling können noch weitgehend dezentral eingesetzt werden und dienen der Kommunikation zum Absatz- und Vertriebsbereich. Es sind Instrumente, die weniger interfunktionales Arbeiten verlangen als die Strategie-Instrumente.

3.3.2.1 Analyse und Auswertung von Marktdaten

Typische, dem Marketing-Controlling zuzurechnende Aufgaben sind die Analyse und die Auswertung der unterschiedlichsten Marktdaten, die für die Beurteilung von marktbezogenen Aktivitäten und ihrer Auswirkungen auf das Ergebnisgefüge von Unternehmungen entscheidend sind. Es ist die Beobachtung von absatzrelevanten Faktoren zur Steuerung der absatzbezogenen Engpasssektoren des Unternehmens. Elemente dieser Aufgaben können die Analyse und Auswertung folgender Größen sein:

- Absatzbezogene Konkurrenzanalyse,
- Analyse und Auswertung von Marktforschungsdaten wie
  - Marktanteile des Unternehmens
  - Marktanteile der Konkurrenz
  - Distributionswerte
  - Umschlagsgeschwindigkeiten
  - Analyse der Werbeaufwendungen der Branche nach Wettbewerbern differenziert
  - Umschlag pro führendem Geschäft
  - Bestandsituation im Handel
  - Marktforschungsdaten über die Vertriebskanäle
  - usw.
- Bekanntheitsgrade
- Image-Positionen des eigenen Unternehmens und der Konkurrenz
- Analyse der Marktpenetration
- Wiederkaufraten
- Preisklassenanalyse
- usw.

Die Reihe der hier anzusiedelnden Aufgaben lässt sich noch beliebig fortsetzen. So sind insbesondere die unterschiedlichen Marktdaten über die Handelskanäle heute notwendiger denn je wie

Marketing-Controlling

- Marktanteile über Vertriebskanäle,
- Marktanteile bei den wesentlichen Key-Accounts,
- Zeitreihenentwicklung bei den Key-Accounts,
- Erlösniveau in den einzelnen Handelskanälen,
- Umschlagsgeschwindigkeit und Marktaufwendungen je Vertriebskanal,
- relative Wettbewerbsverteilung bei den Key-Accounts,
- usw.

Die Beurteilung und Analyse dieser Daten reicht sehr stark in Aufgaben der Marktforschung hinein und versucht, diese für die Controlling-Aufgaben im Sinne der Unternehmenssteuerung zu nutzen.

3.3.2.2 Produkt-, Vertriebs- und Kundenanalysen

Kernstück jeder Controlling-Arbeit ist ein auf die Steuerung der Engpasssektoren zugeschnittenes Informationssystem. Das Marketing-Controlling hat dafür zu sorgen, dass die Bestandteile des Controlling-Informationssystems im Sinne der Steuerung der absatzbezogenen Engpasssektoren strukturiert, aufgebaut und situationsbezogen eingesetzt werden. Dabei ist der Ansatzpunkt der Maßnahmen des Marketing-Controlling schwerpunktmäßig im Bereich der Produkterfolgsrechnungen, der Vertriebserfolgsrechnungen und der Kundendeckungsbeitragsrechnung zu finden. Auf dieser Basis lassen sich erstellen:

- Produktanalysen (Produktdeckungsbeitragsrechnung, Sortimentsdeckungsbeitragsrechnung, Sortimentshitlisten)
- Vertriebsanalysen über Deckungsbeitragsrechnungen für
  - Absatzgebiete
  - Absatzregionen
  - Absatzprojekte
- Kundenanalysen über Kundendeckungsbeitragsrechnungen zur Beurteilung von
  - Kunden
  - Aktionen
  - Absatzprojekten

Die drei Schwerpunkt-Instrumente Produkt-, Vertriebs- und Kundendeckungsbeitragsrechnungen bauen auf der stufenweisen Deckungsbeitragsrechnung auf und segmentieren das Ergebnisgefüge der Unternehmung mehrdimensional nach den unterschiedlichen Bezugsobjekten. Es sind damit gleichzeitig die Instrumente, die bezogen auf die absatzbezogenen Engpasssektoren die Ursache-Wirkungs-Beziehungen des Ergebnisgefüges einer Unternehmung transparent machen. Sie stellen gleichzeitig den Einstieg in ein aktives Fixkosten-Controlling im Unternehmen dar.

3.3.2.3 Projekt-Controlling für Marketing-Maßnahmen

Die zunehmende Komplexität von Unternehmen macht es erforderlich, für die Wertschöpfungssteuerung Instrumente einzusetzen, mit denen die Faktoren steuerbar werden, die über das mehr verantwortungsbezogene Informationssystem nicht mehr ausreichend abgedeckt werden. Hervorragende Dienste leistet dabei das Projekt-Controlling, das die Möglichkeit gibt, das Ergebnisgefüge und insbesondere den Gemeinkostenbereich diagonal steuerbar zu machen und sowohl über mehrere Verantwortungsbereiche als auch mehrere Perioden die Ergebnisprozesse im Unternehmen zu steuern. Das Projekt-Controlling

❑ erlaubt die controlling-orientierte Begleitung von Projektaufgaben,
❑ ist aufgaben- und maßnahmenbezogen einsetzbar,
❑ ist ein Instrument zum aktiven Fixkosten-Controlling und
❑ ist einsetzbar für alle außerhalb der Normalentwicklung laufenden und nicht durch das Budget gedeckten Aufgaben.

Projekte sind neue, zeitlich begrenzte Aufgaben mit fixiertem Start- und Endtermin. Sie werden über die Organisationsform des Projekt-Managements gesteuert, die die Abwicklung von Projektaufgaben durch horizontale Koordination der funktionalen Ressourcen auf das Projektziel hin sicherstellt. Das Projekt-Controlling hat zu seiner erfolgreichen Umsetzung die nachfolgenden Bestandteile zu umfassen:

❑ Kenntnis der Organisationsform des Projekt-Management („Richtlinien für Projekt-Management"),
❑ klare, operationale und mit vertretbarem Zeitaufwand erreichbare Projektziele,
❑ Projekt-Team mit den zur Zielerreichung ausgestatteten Kompetenzen,
❑ Projektauftrag und Vorgehenszeitplan,
❑ laufendes Projekt-Reporting über den Projekt-Fortschritt,
❑ Projekt-Budget.

Das Projekt-Controlling kann im Bereich der Aufgaben des Marketing-Controllers unter anderem an folgenden Aufgaben ansetzen:

❑ Entwicklungsprojekte (Steuerung von der Projektidee bis zur Realisierungsreife),
❑ Gemeinkosten-Strukturveränderungen,
❑ Investitionen in Produktfelder,
❑ Aufbau neuer Geschäftsfelder,
❑ Schließen von Produktbereichen,
❑ Beurteilung von Standortalternativen für die Herstellung von Produktlinien,
❑ Aufbau neuer Produktlinien,
❑ Beurteilung von Werbe- und Verkaufsförderungsmaßnahmen,

Marketing-Controlling 335

❑ Break-Even-Analysen für
- Preisveränderungen
- Wertanalyse-Maßnahmen
- Distributionsausweitung
- usw.

3.3.3 Instrumente des strategischen Marketing-Controlling

Strategisches Controlling
❑ setzt an der Steuerung der Erfolgspotenziale an,
❑ hilft, „hinter die Zahlen schauen zu können",
❑ arbeitet stärker im qualitativen Bereich und
❑ sollte zum operativen Controlling regelkreisartig verzahnt ablaufen.

Der Einsatz der im strategischen Marketing-Controlling zur Anwendung gelangenden Instrumente verlangt stärker als die operativen Instrumente ein interfunktionales Arbeiten mit anderen Unternehmensbereichen. Diese Instrumente lassen sich nicht mehr isoliert in einem Bereich einsetzen, sondern benötigen den Gedanken-Input aller Unternehmensbereiche.

Für die Erarbeitung von Unternehmensstrategien und damit für das strategische Controlling sind heute mehrere Instrumente bekannt:

❑ Potenzialanalyse
❑ Zielsetzung
❑ Wachstumskonzept
❑ Erfahrungskurve
❑ PIMS-Studie
❑ Boston-Matrix
❑ McKinsey-Matrix
❑ Lebenszyklen-Konzept
❑ Strategische Bilanz
❑ GAP-Analyse
❑ Vorteils-Matrix
❑ Sortimentsstrategie
❑ Produkt-Markt-Strategien
❑ Funktions-Strategien
❑ Schubladenpläne
❑ Operationalisierung

Gemeinsam ist allen diesen Instrumenten, dass sie den Prozess der Strategie-Erarbeitung strukturieren und Kommunikations- und Visualisierungsinstrumente sind, um eine gemeinsam getragene Unternehmensstrategie zu finden. Die Anwendung der vorhandenen Instrumente führt aber nur dann zur Erarbeitung einer erfolgreichen Unternehmensstrategie, wenn sie mit dem notwendigen „unternehmerischen Feeling" des Managements angereichert werden.

Nachfolgend wollen wir nur einige der heute bekannten Instrumente kurz betrachten. Hinsichtlich der übrigen Instrumente und tiefergehender Ausführungen sei auf die einschlägige Literatur verwiesen und auf die Seiten 238 ff. dieses Buches.

3.3.3.1 Potenzialanalyse

Die Potenzialanalyse dient der Suche und Ermittlung der Vorsteuergrößen des operativen Gewinns. Ausgehend von der Ausgangsanalyse werden über die Stufen

- vergangene Erfolge und Misserfolge,
- Ursachen vergangener Erfolge und Misserfolge,
- zukünftige interne Stärken und Schwächen,
- zukünftige externe Chancen und Risiken,

die Stärken des Unternehmens als langfristig wirksame Eigenarten zur Differenzierung vom Wettbewerb und die Schlüsselfaktoren als die Faktoren, die für den Erfolg in dem betreffenden Geschäft von Bedeutung sind, erarbeitet. Als Ergebnis der Potenzialanalyse erhält man eine Antwort darauf, wo die eigenen Stärken des Unternehmens identisch sind mit Schlüsselfaktoren, das heißt, wo das Unternehmen über solche Eigenarten verfügt, die als Basis der Differenzierung zum Wettbewerb für den Erfolg in dem betreffenden Geschäft entscheidend sind.

Die Potenzialanalyse ist der Einstieg in die Erarbeitung der Unternehmensstrategie und Basis des Aufbaus zukünftiger Erfolgspotenziale.

3.3.3.2 Portfolio-Technik

Die Portfolio-Technik hat im Rahmen der Strategie-Erarbeitung weite Verbreitung erfahren. Ausgehend von der Erkenntnis, dass die Renditen sowohl in einzelnen Branchen als auch in unterschiedlichen Geschäftsfeldern als auch in verschiedenen Produktkategorien unterschiedlich sind, ist die Unternehmensleitung gezwungen, diese unterschiedlichen Renditegrößen derart auszubalancieren, dass ein ausgeglichenes Portfolio der Aktivitäten vor dem Hintergrund der langfristigen Unternehmenssicherung und der finanziellen Stabilität entsteht.

Das Portfolio-Konzept kommt in unterschiedlichen Ausprägungen vor als

- Branchenattraktivitäts-Geschäftsfeldstärken-Portfolio (McKinsey-Matrix),
- Marktanteils-Marktwachstums-Portfolio (Boston-Matrix),
- Wettbewerbsstärke-Lebenszyklus-Portfolio,
- Geschäftsfeld-Ressourcen-Portfolio.

In der betrieblichen Praxis hat es sich bewährt, die unterschiedlichen Portfolio-Modelle für differenzierte Entscheidungssituationen anzuwenden. Dabei liefern diese verschiedenen Modelle unterschiedliche Ansatzpunkte für Normstrategien:

(1) Nach der Segmentierung des Unternehmens in strategische Geschäftseinheiten ist es zweckmäßig, zunächst mit der McKinsey-Matrix zu starten und die einzelnen Geschäftsfelder eines Unternehmens nach der Brachenattraktivität und der relativen Wettbewerbsposition einzuteilen. Auf der Basis einer solchen Einteilung erhält man eine Aussage über die unterschiedlichen Normstrategien für die einzelnen Geschäftsfelder.

(2) Aufbauend auf der vorstehend beschriebenen Strukturierung und Positionierung der einzelnen Geschäftsfelder empfiehlt es sich dann, für die Produktgruppen der einzelnen Geschäftsfelder mithilfe der Boston-Matrix die Positionierung nach den Kriterien Marktwachstum und relativer Marktanteil vorzunehmen. Auf dieser Basis erhält man die bekannte Positionierung der einzelnen Produktgruppen nach Cash-Cows, Dogs, Stars und Problemkindern:
Innerhalb der Boston-Matrix gelten Gesetzmäßigkeiten bezüglich
- Produktverlauf,
- Finanzstrategie und
- strategischer Gewinn- und Verlustrechnung.

(3) Über die Einteilung der einzelnen Geschäftsfelder und Produkte nach der
- Wettbewerbsstellung und ihrer
- Stellung im Produktlebenszyklus

lassen sich durch Vergleich mit den Normstrategien für die einzelnen Phasen Anhaltspunkte darüber finden, ob die eigene Strategie richtig angelegt ist.

3.3.3.3 Wachstums-Konzept

Das Wachstums-Konzept beantwortet Fragen nach
- der übergeordneten Wachstumszielsetzung,
- klärt, ob das Unternehmen stärker quantitativ oder qualitativ wachsen soll,
- und legt fest, ob das Wachstum in angestammten Bereichen durch Konzentration erfolgen soll oder ob es notwendig ist, über die Arrondierung neuer Bereiche in Form von Diversifikationsüberlegungen die eigene Geschäftsbasis auszuweiten.

Diese Überlegungen sind sowohl auf Geschäftsfelder als auch für Einzelprodukt-Kategorien und Produktfelder anzustellen. Es bedeutet ein Denken in Alternativen, um die unterschiedlichen Möglichkeiten der Realisierung von Wachstum auszubalancieren.

3.3.3.4 Positionierungs-Strategien

Die unterschiedlichen Positionierungs-Strategien zum Wettbewerb sind von Porter sehr markant herausgearbeitet worden (Porter, Michael E.: Wettbewerbsstrategie, a.a.O.). Ausgehend von der Frage, ob sich die Positionierung

❏ auf eine Profilierungs-Strategie durch Differenzierung über Leistungsvorteile oder eine Kostenvorteils-Strategie begründet und
❏ ob mit dieser Strategie der Gesamtmarkt oder Teilmärkte aus dem Gesamtmarkt abgedeckt werden,

entwickelt Porter das nachfolgende von Meffert (Meffert, Heribert: Marktorientierte Führung in stagnierenden und gesättigten Märkten. Arbeitspapier Nr. 9 der Wissenschaftlichen Gesellschaft für Marketing und Unternehmensführung e.V., Münster 1983) modifizierte Schema:

	Leistungsvorteil	Kostenvorteil
Gesamtmarkt	Qualitäts-Führerschaft	Aggressive Preisstrategien (Kostendegression)
Teilmarkt	Produkt-Segment-Spezialisierung (Nischen)	Niedrigpreis-Strategie

Im Rahmen der Strategie-Erarbeitung wird es für jedes Unternehmen Pflicht sein, sich über die grundsätzliche Positionierung zum Wettbewerb klar zu werden. Dabei ist das Marketing-Controlling besonders gefordert, um über die Sensibilität für Absatzfragen und die Konsequenzen auf die grundsätzlichen Möglichkeiten des Unternehmens Modellalternativen zu strukturieren.

4 Finanz-Controlling

Liquidität ist unverzichtbare Voraussetzung für die Existenzsicherung des Unternehmens. Alle strategischen und operativen Maßnahmen im Unternehmen haben neben ihrer Zielsetzung zur langfristigen Absicherung des Unternehmens indirekt auch die Aufgabe, die Liquidität im Unternehmen sicherzustellen. Sie haben die Liquiditätssicherung als unabdingbare Nebenbedingung wirtschaftlichen Handelns zu beachten.

Das Controlling ist von seiner historischen Entwicklung eher auf die Bestandteile der Gewinn- und Verlustrechnung ausgerichtet. Über die Planung und Steuerung der Kosten in der Weiterentwicklung über das Erlösmanagement waren die Aufgaben primär gewinn- bzw. ergebnisorientierter Natur. Dieser Mangel hat schon sehr frühzeitig dazu geführt, dass die Forderung nach Einbeziehung der Aktiva und Passiva und der Einnahmen und Ausgaben sowie das darauf aufbauende finanzielle Gleichgewicht eines Unternehmens in die Arbeiten des Controlling Eingang zu finden haben.

Die rechtzeitige Transparenz über finanzielle Stärken und Schwächen sowie Maßnahmen zu ihrer Behebung und zur Absicherung des finanziellen Gleichgewichts sind Aufgaben des Finanz-Controlling. Dieser Aufgabenschwerpunkt bedeutet aber nicht zwangsläufig, dass die Aufgaben des Finanz-Controlling von einer Abteilung des Controlling wahrgenommen werden müssen. Sie können ebenso innerhalb der Finanzbuchhaltung oder in besonderen Abteilungen des Finanzbereichs wahrgenommen werden. Entscheidend ist nur, dass die controllingorientierte Zielsetzung, die Engpasssektoren des Unternehmens zu steuern, auch im Finanz-Controlling ihren Niederschlag findet.

Aufbauend auf den Controlling-Funktionen Planung, Information, Analyse/Kontrolle und Steuerung setzen die Aufgaben des Finanz-Controlling bei der Steuerung der finanziellen Entwicklung des Unternehmens an.

4.1 Instrumente des Finanz-Controlling

Ein funktionierendes Controlling setzt ein Finanz- und Rechnungswesen voraus, das „controllinggerecht" organisiert ist. Das bedeutet, dass eine Synthese zwischen den gesetzlichen Anforderungen an die Finanzbuchhaltung und den Notwendigkeiten des Controlling gefunden werden muss und die in jedem Unternehmen gesetzlich ohnehin vorgeschriebenen Informationen controllinggerecht genutzt werden können.

Auf den Seiten 45 ff. dieses Buches wurden die organisatorischen Voraussetzungen, die die Buchhaltung zu liefern hat, in ihren Anforderungen für das Controlling skizziert:

- ❏ zweckmäßige Kontengliederung,
- ❏ Ordnung der Konten im Kontenrahmen und im Kontenplan,
- ❏ Kontierungsrichtlinien,
- ❏ Kontenverdichtung in Bilanz und Gewinn- und Verlustrechnung,
- ❏ Einführung von Monatsabschlüssen,
- ❏ Zeitnähe des Buchungsstoffes.

Damit ist die Grundlage der instrumentellen Basis des Finanz-Controlling als ein Instrument, das die finanzielle Entwicklung eines Unternehmens transparent macht, geliefert.

Aufbauend auf diesen Grundlagen kommt der Analyse der Bilanz und der Gewinn- und Verlustrechnung neben der unternehmensinternen Betrachtung eine fundamentale Bedeutung auch in der externen Beurteilung aus Sicht der Kreditinstitute zu. Dabei werden Aussagen verlangt zur

- ❏ Kapitalausstattung (Eigen-/Fremdkapital),
- ❏ Vermögensstruktur (Anlage-/Umlaufvermögen),
- ❏ Liquidität/Zahlungsbereitschaft und
- ❏ Ertragskraft.

Um Aussagen zu diesen Größen zu erlangen, werden auf Basis der Jahresabschlüsse diverse Kennzahlen gebildet wie:

(1) Vermögensstrukturkennziffern

Vermögensstrukturkennziffern geben Auskunft über Art und Zusammensetzung des Vermögens sowie die Dauer der Vermögensbindung. Am häufigsten werden dafür die Kennzahlen verwendet, die den Anteil des Anlagevermögens und des Umlaufvermögens am Gesamtvermögen angeben:

$$\frac{Anlagevermögen}{Gesamtvermögen} \times 100$$

$$\frac{Umlaufvermögen}{Gesamtvermögen} \times 100$$

Häufig werden die Kennziffern durch Umsatzrelationen ergänzt. Diese Relationen lassen erkennen, inwieweit eine Änderung einzelner Vermögenspositionen auf wachsende oder schrumpfende Geschäftstätigkeit zurückzuführen ist.

So gibt die Kennzahl

$$\frac{Sachanlagen}{Umsatzerlöse}$$

an, wie viel EURO Sachanlagen für einen EURO Umsatz notwendig sind. Die Kennzahl

$$\frac{Vorräte}{Umsatzerlöse}$$

Finanz-Controlling

zeigt, wie hoch die Umschlagdauer ist.

Bei der Analyse des Sachanlagevermögens ist es interessant, in welcher Höhe sich die Veränderungen auf Nettoinvestitionen und Abschreibungen zurückführen lassen. Als ein Kennzeichen des Wachstums kann die Investitionsquote angesehen werden:

$$\frac{\text{Nettoinvestitionen bei Sachanlagen}}{\text{Abschreibungen auf Sachanlagen}} \times 100$$

Die Kennziffer sagt aus, in welchem Umfang über die Abschreibungen hinaus investiert wurde, d.h. in welchem Umfang ein Wachstum des Sachanlagebestandes stattgefunden hat.

(2) Kapitalstrukturkennziffern

Die Anlayse der Kapitalstruktur soll über Quellen und Zusammensetzung des Kapitals nach Art, Sicherheit und Fristigkeit zum Zwecke der Abschätzung der Finanzierungsrisiken Aufschluss geben. Dafür haben sich die folgenden Kennziffern eingebürgert:

$$\text{Eigenkapitalanteil} = \frac{\text{Eigenkapital}}{\text{Gesamtkapital}} \times 100$$

$$\text{Fremkapitalanteil} = \frac{\text{Fremdkapital}}{\text{Gesamtkapital}} \times 100$$

$$\text{Langfristkapitalanteil} = \frac{\text{Langfristkapital}}{\text{Gesamtkapital}} \times 100$$

(3) Finanzierungsstrukturkennziffern

Finanzierungsstrukturkennziffern sollen eine Antwort auf die Frage geben, wie die Vermögenswerte durch unterschiedliche Finanzierungsmittel gedeckt werden. Diese Kennzahlen machen Aussagen über das finanzielle Risiko, das seine Ursache in einer nur befristeten Verfügbarkeit bestimmter Kapitalteile hat. Die Kennzahlen

$$\text{Deckungsgrad 1 (Anlagendeckungsgrad)} = \frac{\text{Eigenkapital}}{\text{Anlagevermögen}} \times 100$$

$$\text{Deckungsgrad 2} = \frac{\text{Langfristkapital}}{\text{Anlagevermögen}} \times 100$$

zeigen, in welchem Umfang das Anlagevermögen durch Eigenkapital bzw. Langfristkapital gedeckt ist.

Die Kennzahlen

Working Capital = Umlaufvermögen ./. kurzfristiges Fremkapital

$$\text{Working Capital} = \frac{\text{Umlaufvermögen}}{\text{kurzfristiges Fremdkapital}} \times 100$$

zeigen, in welchem Umfang das Umlaufvermögen langfristig finanziert ist. Bei solider Finanzierung sollte ein Teil des Umlaufvermögens langfristig finanziert sein. In diesem Falle wäre die erste Kennzahl positiv, die zweite Kennzahl größer als 100 %.

Während bei den obigen Kennziffern gefragt wurde, welches Reservoir an potenziellen Finanzmitteln zu Beginn der betrachteten Periode zur Verfügung steht und welche Verpflichtungen gegenwärtig damit verbunden sind, versuchen Umsatzüberschusskennziffern, künftige Zahlungsströme aus Zahlungsströmen der Vergangenheit zu prognostizieren. Diese Kennziffern geben an, welchem Teil der Umsatzerlöse keine ausgabenwirksamen Aufwendungen gegenüberstehen und somit für Investitionen und Schuldentilgung verfügbar sind. Die hierfür am häufigsten angewendete Kennzahl ist der Cash Flow:

Cash Flow = Jahresüberschuss / Jahresfehlbetrag
+ Abschreibungen auf das Anlagevermögen
+ Veränderung der Pensionsrückstellungen

Die vorstehende Definition hat sich als einfachste Form der Cash Flow-Ermittlung weitgehend durchgesetzt. Sie kann mit der Zielsetzung der detaillierten Darstellung der Finanzmittelbewegungen ausgebaut werden, indem zum Jahresüberschuss bzw. Jahresfehlbetrag ausschließlich die Positionen hinzugerechnet werden, die Aufwand aber nicht Ausgaben darstellen, bzw. die Positionen abgezogen werden, die als Ertrag keine Einnahmen verursachen.

4.2 Auswertung von Bilanz und Gewinn- und Verlustrechnung

Die isolierte Ermittlung der vorstehend genannten Kennziffern ist ein erster Schritt in die tiefergehende Analyse der Bilanzen und Gewinn- und Verlustrechnungen. Diese Kennzahlen gewinnen an Aussagekraft, wenn

- ❏ Bilanzen mehrerer Jahre verglichen werden (Periodenvergleich),
- ❏ die Kennzahlen den Planbilanzen gegenübergestellt werden (Soll-Ist-Vergleich) und
- ❏ diese Kennzahlen mit den Kennzahlen von Unternehmen der gleichen Branche verglichen werden (Branchenvergleich).

Finanz-Controlling

Kreditinstitute führen diese Auswertungen heute durchweg maschinell durch. Zur Ergänzung dieser Kennzahlen sind sie daran interessiert, zusätzliche Informationen über operative und strategische Überlegungen der Unternehmen zu erhalten und damit die Kennzahlen in den Zusammenhang der Unternehmensplanung stellen zu können.

Kleinebeckel hat bereits in den 50er Jahren ein Modell einer bilanzorientierten Planung entwickelt, das auf den Bilanzen der letzten drei Geschäftsjahre aufbaut und für einen Zeitraum von drei Jahren

❏ die Planung des Finanzbedarfs,
❏ die Planung einer liquiditätssichernden Finanzdeckung und
❏ die Planung der Bilanzpositionen und der Bilanzstruktur

vornimmt. Die Aussagen über den Finanzbedarf (Mittelverwendung) und die Finanzdeckung (Mittelherkunft) entsprechen dabei dem Konzept der Bewegungsbilanz und zeigen unter anderem den Cash Flow als vom Unternehmen erwirtschafteten Finanzbeitrag. Die Grundstruktur des Modells zeigt die nachfolgende Abbildung auf den Seiten 344 u. 345 (Kleinebeckel, Herbert: Finanz-Controlling. In: Controlling-Konzepte für den Mittelstand, a.a.O., Seite 216 und 217).

4.3 Bilanzanalyse und Finanzplanung

Die aus der Entwicklung der Bilanzstruktur im Rahmen der Bilanzanalyse und aus der Deckung des Finanzbedarfs der Vergangenheit resultierenden Informationen fließen zusammen mit den an den strategischen Zielsetzungen orientierten Daten in die mittelfristige Finanzplanung ein. Dabei sind folgende Teilbereiche einer besonderen Fragestellung zu unterziehen:

❏ Investitionsplanungen und Entwicklung des Anlagevermögens,
❏ Kapitalbindung im Umlaufvermögen bei Vorräten, Debitoren und sonstigen Aktiva,
❏ Höhe der unter Liquiditäts-Gesichtspunkten erforderlichen langfristigen Finanzierung,
❏ Beitrag der kurzfristigen Finanzmittel zur Finanzdeckung.

4.4 Finanzplanung

Die Aufgaben der Finanzplanung liegen in

❏ der Feststellung, Kontrolle und Steuerung der Verschuldung,
❏ der Kontrolle der mittel- und langfristigen Verbindlichkeiten,
❏ der Planung der Entwicklung der kurzfristigen Verschuldung und der Zusammenstellung der Einnahmen und Ausgaben für verschiedene Planungszeiträume,
❏ der Ermittlung der Liquiditätsreserve und
❏ der Erarbeitung von Maßnahmen zur Sicherung einer ausreichenden Liquiditätsreserve für das Unternehmen.

Funktionales Controlling

Zeile		Wertangaben in		BILANZANALYSE		
				IST		
				20	20	20
a		b		c	d	e
1	FINANZBEDARF (−)	Investitionen				
2		Beteiligungen/Hypotheken				
3		Darlehnsrückzahlung				
4		Erhöhung Umlaufvermögen (−)				
5		Finanzbedarf	•			
6	FINANZDECKUNG (+)	Netto-Umsatz	⎫ siehe			
7		− Aufwand	⎬ Ergebnis-			
8		Brutto-Gewinn 1	⎭ Planung			
9		− Zinsen				
10		Brutto-Gewinn 2				
11		− Ertragsteuern				
12		Netto-Gewinn				
13		− Dividende				
14		Selbstfinanzierung	⎫ Netto			
15		Abschreibungsfinanzierung	⎬ "Cash-			
16		Pensionsrückstellungen	⎭ flow"			
17		Kapitalerhöhung				
18		Darlehnsaufnahme				
19		Kurzfr. Fremdfinanzierung (+)				
20		Finanzdeckung	•			
21	ANLAGEVERMÖGEN *)	Anschaffungswert	⎫ kumu-			
22		Abschreibungen	⎭ liert			
23		Buchwert Anlagen				
24		Beteiligungen/Hypotheken				
25		Anlagevermögen	•			
26	LANGFRISTIGE PASSIVA	Grundkapital				
27		Rücklagen/Gewinnvortrag				
28		Pensionsrückstellungen				
29		Langfristige Darlehen				
30		Langfristige Passiva	•			
31		• WORKING CAPITAL • (30−25) = (38−46)				
32	UMLAUFVERMÖGEN **)	Kasse, Bank, Wechsel, Schecks				
33		Wertpapiere				
34		Roh-, Hilfs-, Betriebsstoffe				
35		Halb- und Fertigfabrikate				
36		Warenforderungen				
37		Sonstige				
38		Umlaufvermögen	•			
39	KURZFRISTIGE PASSIVA	Warenverbindlichkeiten				
40		Akzeptverbindlichkeiten				
41		Bankverbindlichkeiten				
42		Steuerverbindlichkeiten				
43		Dividendenverbindlichkeiten				
44		Rückstellungen				
45		Sonstige Passiva				
46		Kurzfristige Passiva	•			
47		Bilanzsumme (25 + 38) = (30 + 46)				
48		• Horizontale Eigenkapitalquote •				
49		• Vertikale Eigenkapitalquote •				
50		• Dispositionskredit (Kreditlinie) •				

Finanz-Controlling

UND FINANZPLANUNG

PLAN			QUARTALSPLÄNE 20				JANUAR – 20			
20	20	20	I	II	III	IV	PLAN	IST	ABW	
f	g	h	i	k	l	m	n	o	p	q

Zeilen-Nummern:
21
24
29
38

43

27
22
28

26
29
46

*) Grundlage = detail. Investitionsprogramm mit Reserven für Unvorhergesehenes.
**) Grundlage = ziel- bzw. erfahrungsorientierte Kennzahlen, wie z.B. Lagerdauer in Tagen, Debitorenlaufzeit in Tagen usw.

"FINANZBEDARF" und "FINANZDECKUNG" (Zeile 1–20) führen zu "Bilanzbewegungen" in den Zeilen:

4.4.1 Mittelfristige Finanzplanung

Die mittelfristige Finanzplanung dient der Planung der Liquiditätssicherung für den Mittelfristzeitraum. Ausgehend von der mittelfristigen Unternehmensplanung mit

- der Ergebnisplanung,
- den Planbilanzen,
- der Investitionsplanung und
- den Tilgungplänen für mittel- und langfristige Verbindlichkeiten

werden

- der Kredit- und Tilgungsplan,
- der Investitionsplan,
- der finanzwirksame Cash Flow und
- die Finanzdeckung

erstellt.

4.4.1.1 Anlagevermögen

Ausgehend vom Anlagevermögen zum Bilanzstichtag des letzten Jahres wird unter Heranziehung

- des Investitionsprogrammes,
- abzüglich der geplanten Abschreibungen und
- geplanter Desinvestitionen

der Buchwert des Anlagevermögens zum Ende einer jeden Planungsperiode ermittelt. Das Investitionsprogramm ist im Rahmen der Finanzplanung von besonderer Bedeutung, weil hierdurch langfristige Finanzmittel im Unternehmen gebunden werden und Fehlentscheidungen in diesem Rahmen in den meisten Fällen schwer korrigierbar sind.

Darüber hinaus ist auch das Finanzanlagevermögen zu planen. In Abhängigkeit der Struktur des Unternehmens hat gerade das Finanzanlagevermögen eine für die Unternehmensexpansion fundamentale Bedeutung. Auch hier sind geplante Zugänge zum Finanzanlagevermögen sowie Abgänge und Abschreibungen – die in der Steuerbilanz nur sehr schwer umzusetzen sind – zu planen.

Sowohl die Veränderung des Sachanlagevermögens einschließlich der immateriellen Vermögensgegenstände als auch die Entwicklung des Finanzanlagevermögens fließen in die Planung des Anlagevermögens ein.

4.4.1.2 Umlaufvermögen

In vielen Unternehmungen ist das Umlaufvermögen für den zukünftigen Finanzbedarf entscheidender als das Sachanlagevermögen. So bekommt ein besonderer Stellenwert die Planung

Finanz-Controlling

❏ des Vorratsvermögens mit Roh-, Hilfs- und Betriebsstoffen, Halbfabrikaten und Fertigfabrikaten sowie bezogenen Waren als auch
❏ die Planung der Debitoren, insbesondere bezogen auf die zeitliche Fristigkeit.

Darüber hinaus umfasst die Planung des Umlaufvermögens auch die Planung der sonstigen Aktiva.

4.4.1.3 Finanzdeckung

Ausgehend von der Planung des Anlagevermögens und des Umlaufvermögens als auch der sonstigen Aktiva ist sodann die Frage zu stellen, wie der sich daraus ergebende Finanzbedarf im Mittelfristzeitraum zu decken ist. Aus dieser Planung ergeben sich die Grundsätze der Liquiditätssicherung bezüglich

❏ der ausreichend zu bemessenden Kreditlinien der Banken für saisonale Schwankungen und ausreichende Reserven für Unvorhergesehenes,
❏ der Planung des Working-Capital als der langfristig finanzierte Teil des Umlaufvermögens sowie
❏ ausreichender vertikaler Finanzdeckungsregeln wie
  • Verhältnis von Eigen- zu Fremdkapital, das bei 1 : 2 liegen sollte,
  • ausreichende Deckung des Anlagevermögens durch Eigenkapital,
  • Höhe des dynamischen Verschuldungsgrades, der gerade bei Ausleihungen von Versicherungsunternehmen zur Deckungsstockfähigkeit ein Verhältnis der verzinslichen Fremdmittel zum Netto-Cash Flow von maximal drei verlangt.

4.4.2 Kurzfristige Finanzplanung

Die kurzfristige Finanzplanung umfasst die finanzielle Steuerung innerhalb der Monatsperiode im Rahmen des Jahresbudget. Kernstück der kurzfristigen Finanzplanung sind der Liquiditätsstatus sowie die voraussichtliche Entwicklung der kurzfristigen Verschuldung.

Im Liquiditätsstatus werden alle Forderungen und Verbindlichkeiten sowie Warenvorräte erfasst. Dabei dient die letzte Bilanz als Kontrollmöglichkeit für die Erfassung der Werte. Die kurzfristige Verschuldung oder Liquiditätsstufe I enthält alle Forderungen und Verbindlichkeiten, die innerhalb eines Jahres fällig werden. Die Warenvorräte und eventuelle Bestände an Wertpapieren des Umlaufvermögens ergeben zusammen mit der Liquiditätsstufe I die Liquiditätsstufe II, die identisch ist mit dem Working-Capital. Die Bewertung der Warenvorräte erfolgt zu Herstellungs- oder Anschaffungskosten. Daran anschließend werden alle Forderungen und Verbindlichkeiten mit einer Laufzeit von mehr als einem Jahr aufgeführt. Die sich dann ergebende Liquiditätsstufe III stellt den Saldo sämtlicher Guthaben und Forderungen sowie Schulden dar. Sie umfasst die saldierte Gesamtverschuldung.

Aufbauend darauf wird monatlich bis zum Ende der Budgetperiode die Entwicklung der kurzfristigen Verschuldung anhand eines Einnahmen- und Ausgabenplanes ermittelt. Grundlage dafür ist der Kosten- und Ergebnisplan der nächsten Periode und der daraus abgeleitete finanzwirtschaftliche Cash Flow und aus der Planbilanz die Aufnahme und Tilgung von langfristigen Verbindlichkeiten sowie Ausgaben für Investitionen.

Darauf aufbauend wird die Planung der Liquidität erstellt. Vorgetragen wird der Saldo der geplanten Einnahmen und Ausgaben unter Berücksichtigung der am Beginn des Planungszeitraumes vorhandenen Bankguthaben und Verbindlichkeiten, zugesagter Kreditlinien und der am Beginn des Planungszeitraums nicht in Anspruch genommenen Linien. Daraus ergibt sich unter Einbeziehung aller kurzfristigen Kredite die Liquiditätsreserve zum Ende des Planungszeitraumes.

4.5 Plan-Ist-Vergleich

Ebenso wie im Plan-Ist-Vergleich der Erlöse und Kosten liefert die kurzfristige Finanzplanung innerhalb der Jahresperiode einen Plan-Ist-Vergleich, der als notwendige Ergänzung zum Plan-Ist-Vergleich der Ergebnisplanung dient. Die kurzfristige Finanzplanung stellt damit sicher, dass neben der Ergebnisseite auch die Entwicklung der Einnahmen und Ausgaben und der Aktiva und Passiva in ihrer Auswirkung auf die Liquiditätsentwicklung im Auge behalten wird. Zusammen mit der mittelfristigen Finanzplanung wird das Unternehmen in die Lage versetzt, sehr stringent die finanzielle Auswirkung geplanter kurzfristiger und mittelfristiger Maßnahmen der Unternehmensstrategie vor dem Hintergrund der finanziellen Machbarkeit im Auge zu behalten.

Hilfreich für die Arbeit im Finanzcontrolling sind die von Heinz Krauss zusammengestellten Kennzahlen zum Controlling der Finanzierung (Krauss, Heinz: Kennzahlen als Steuerungsinstrument, a.a.O., Seite 254 und 255):

Finanz-Controlling

Finanzierung/Steuerung Controlling

Ausgangsdaten – Kennzahlen – Plan/Ist

Wirtschaftlichkeit, Rentabilität,
Produktivität, Kapitalstruktur,
Liquidität als Kriterien
für den Mitteleinsatz
– Faktoren Arbeit und
Kapital – in Unternehmen

⇨ Unternehmens-Typ

⇨ Unternehmens-Zweck
  Kernbereiche
  Markt

⇨ Unternehmens-Führung

⇨ Unternehmens-Ziel
  Formulierung
  Bewertung
  Entscheidung
  Durchführung

  System

  – politisch/Leitbild
  – strategisch
  – operativ
    Planung
    Information
    Kontrolle/Analyse

⇨ Unternehmensgliederung
  ORG-Struktur
  Aufbau-Ablauf

⇨ Unternehmens-Kultur
  Orientierung
  Verhalten

⇨ Arbeitseinsatz

⇨ Kapitaleinsatz

⇨ Umfeld

⇨ Logistik

⇨ Steuerung

○ Umsatz | Struktur
○ Gesamt-Leistung | Produkt
○ *Wertschöpfung* | Produkt-Bereich
○ *Ergebnis* | Sparte
  Betriebs-E. | Geschäfts-Einheit
  Umsatz-E. | Perioden
  Unternehmens-E. (vor Steuer)

○ Deckungsbeitrag

○ Cash Flow (Brutto-Netto)

○ Mitarbeiter (Gesamt-Unternehmen)
  Angestellte
  Fertigungs-Löhner
  Gemeinkosten-Löhner
  Sonstige M. (Aushilfen, Zeit-Arbeiter ...)

○ Kosten/Aufwand (Gesamt-Unternehmen)
  Personal
  Gehälter
  Löhne
  Sozialkosten/-Aufwand
  Sach-Gemeinkosten
  Neutrale Aufwendungen

○ Abschreibungen

○ Ergebnis Finanzbereich
  Zinsaufwand
  Zinsertrag

○ Mitarbeiter "Finanzen und Verwaltung"
  Zentral-, Konzern-, Holdingfunktionen)

○ Gesamt-Vermögen | Geschäfts-Einheit
  Anlagevermögen | Unternehmen
  Betriebsnotwendige Anlagen
  Umlaufvermögen
  Vorräte
  Forderungen
  Flüssige Mittel
  (kurzfristig verfügbare Mittel)

○ Gesamtkapital
  Eigenkapital
  Fremdkapital   kurz-/langfristig

○ Investitionen
  Sachanlagen
  Finanzanlagen

○ Gestaltung der Informationsabläufe und
  Abgrenzung der Entscheidungskompe-
  tenzen/Schnittstellen

Kennzahlen — Auswahl

1. $\dfrac{\text{Ergebnis + Fremdkapitalzinsen}}{\text{Gesamtkapital oder durchschnittl. invest. Kapital lt. DVFA}} \cdot 100$ — Rentabilität des Gesamtkapitals

2. $\dfrac{\text{Ergebnis}}{\text{Eigenkapital}} \cdot 100$ — Rentabilität des Eigenkapitals

3. $\dfrac{\text{Langfristiges Kapital}}{\text{Anlagevermögen}} \cdot 100$ — Anlagedeckungsgrad

4. $\dfrac{\text{Umsatz}}{\text{Gesamtkapital oder durchschnittl. invest. Kapital lt. DVFA}}$ — Umschlagshäufigkeit des Gesamtkapitals

5. $\dfrac{\text{Effektivverschuldung}}{\text{Netto-Cash Flow}}$ — Dynamischer Verschuldungsfaktor

6. $\dfrac{\text{Netto-Cash Flow}}{\text{Gesamt-Investition}} \cdot 100$ — Innenfinanzierungsgrad der Investitionen

7. $\dfrac{\text{Flüssige Mittel}}{\text{Kurzfristige Verbindlichkeiten}} \cdot 100$ — Liquidität 1. Grades (Kassa-Liquidität)

8. $\dfrac{\text{Umlaufvermögen}}{\text{Kurzfristige Verbindlichkeiten}} \cdot 100$ — Net working capital (Current Ratio)

9. $\dfrac{\text{Ergebnis}}{\text{Umsatz}} \cdot 100$ — Umsatzrentabilität

10. $\dfrac{\text{Brutto-Cash Flow}}{\text{Umsatz}} \cdot 100$ — Cash Flow-/Umsatzrentabilität

Legende

- Umsatz ▷ Umsatzerlöse ohne MwSt
- Gesamt-Leistung ▷ Brutto-Ergebnis vor EEV-Steuern
- Fertigungskosten ▷ Brutto-/Netto-Cash-flow *gemäß Ableitung* Text
- Effektivverschuldung ▷ lt. DVFA
- Gesamtinvestition ▷ Zugänge Sach- und Finanzanlagen

Monatliche/jährliche/andere intervallmäßige Aufbereitung in zum Teil weitergehender Aufsplittung und in Vergleichen

5 Investitions-Controlling

5.1 Unternehmensplanung als Ausgangspunkt

Investitionsentscheidungen gehören ohne Zweifel zu den bedeutenden Grundsatzentscheidungen von Unternehmungen, da sie in hohem Maße die zukünftige Entwicklung der Unternehmen durch die Kapazitätsmöglichkeiten und die langfristige Bindung finanzieller Mittel bestimmen. Gerade Investitionsentscheidungen gehören aufgrund ihrer weitreichenden Folgewirkungen unabhängig von der Organisationsstruktur zu Grundsatzentscheidungen, die in die Kompetenz der Unternehmensleitung fallen.

Ausgangspunkt der Investitionsplanung bildet in jedem Falle die strategische Unternehmensplanung. Aufbauend auf den Stärken und Potenzialen einer Unternehmung werden im Rahmen der Produkt-Markt-Strategien die langfristigen Richtungen der einzelnen Geschäftsfelder festgelegt. Investitionen sind dabei Mittel zur Erreichung der in den einzelnen Geschäftsfeldern anvisierten Ziele, die aufgrund ihrer hohen Bindung und ihrer zeitlich langfristigen Festlegung grundlegende Bedeutung haben. Im Gegensatz zum Kosten-Controlling ist der Zeithorizont des Investitions-Controlling eher langfristiger Natur.

Aufgrund dieser Ausgangslage kommt insbesondere bei anlagenintensiven Unternehmungen dem Investitions-Controlling eine herausragende Bedeutung zu. Seine Aufgaben liegen in der (Küpper, Hans-Ulrich: Gegenstand, theoretische Fundierung und Instrumente des Investitions-Controlling. In: Controlling. Selbstverständnis Instrumente – Perspektiven. ZfB Ergänzungsheft 3/91, hrsg. von Horst Albach und Jürgen Weber, Wiesbaden 1991, Seite 172 f.):

❑ Koordination der Investitionsplanung,
❑ Koordination der Investitionsprozesse,
❑ Informationsbereitstellung für die Investitionsplanung und -kontrolle.

Während bei Unternehmungen, für die die Investitionsplanung nicht diese engpassorientierte Bedeutung hat, die Aufgaben des Investitions-Controlling im Controlling-Bereich im Rahmen der Budgetplanung und Budgetkontrolle wahrgenommen werden, haben gerade anlagenintensive Unternehmen einen sehr hohen Aufwand im Rahmen des Investitions-Controlling zu treiben.

5.2 Strategische Investitionsplanung

Abgeleitet aus der Unternehmensplanung ergibt sich die strategische Investitionsplanung, die zeigt, wie für die einzelnen Geschäftsbereiche in der langfristigen Schau das Investitionsprogramm strukturiert ist, die für die Marktzielsetzungen notwendigen Kapazitäten bereitgehalten werden und aus dem langsamen Aufbau der Kapazitätsnutzung der Pay-back der Investition realisiert wird.

Neben diesen grundlegenden Aufgaben hat die strategische Investitionsplanung aber noch weitere Schwerpunkte:

(1) Grundsätzlich gilt, dass über eine strategisch angelegte Investitionspolitik nachhaltig Erfolgspositionen aufgebaut werden können. Die Investitionspolitik ist Ausfluss der Technologiestrategie, mit denen Unternehmungen technologische Vorteile und Fortschritte aus Vorteilen einer wettbewerbsfähigen Kostenposition gegenüber der Konkurrenz realisieren. Strategische Investitionsplanung heißt letztlich, Vorteilspositionen gegenüber der Konkurrenz aus dem Einsatz von Investitionsmitteln zur nachhaltigen Senkung der Kostenpositionen und der Verbesserung des Preis-/Leistungsverhältnisses aufzubauen.

(2) In vielen Branchen sind die Unternehmens- und Marketingstrategie eng verbunden mit der Technologieposition. In diesen Branchen ist es erforderlich, dass man sich ständig vor Augen führt, ob die eigene Technologieposition gemessen an den technologischen Anforderungen der Branche Vorteilspositionen absichert.

Mitarbeiter von Arthur D. Little haben vorgeschlagen, zu diesem Zweck die einzelnen Technologien einzuteilen nach
- Basis-,
- Schlüssel- und
- Schrittmacher-Technologien.

Auf Basis dieser Technologiepositionen sowie der eigenen Position innerhalb der einzelnen Technologien lässt sich mit relativ geringem Aufwand die auf Seite 353 dargestellte Technologiematrix erstellen, die einen ersten Einstieg zur Bestandsaufnahme der eigenen Technologieposition gibt.

(3) Auf der Basis dieser Technologiematrix liefert die strategische Investitionsplanung einen Überblick, in welche Technologiearten zur Festigung von eigenen Vorteilspositionen ein Unternehmen investiert. Zweckmäßigerweise sollte bei Investitionen in Schrittmacher-Technologien eine eigene relativ hohe Wettbewerbsstärke gegeben sein. Vielerorts findet man aber nach wie vor hohe Investitionen in Basistechnologien bei schwacher oder mittlerer eigenen Position. Diese Dynamik ist erklärbar aus der klassischen Investitionsvorgabe „Investitionen in Höhe der verdienten Abschreibungen".

(4) Schwerpunktaufgabe der strategischen Investitionsplanung ist es ebenfalls, die Frage zu beantworten, ob nicht mit den gleichen geplanten Investitionsmitteln über die Investition in ein anderes Verfahren nachhaltigere Vorteilspositionen aufgebaut werden können, die einen Vorsprung garantieren und durch den Wettbewerb kurz- und mittelfristig nicht nachahmungsfähig sind.

(5) Eine weitere Grundsatzfrage im Rahmen der strategischen Investitionsplanung besteht darin, ob nicht die gleichen Effekte mit geringeren Investitionsmitteln oder über eine grundlegend andere Fertigungsstruktur realisierbar sind.

	TECHNOLOGIEART		
EIGENE POSITION	Basis	Schüssel	Schrittmacher
schwach			
mittel			
stark			

5.3 Investitionsbudget

5.3.1 Projektplanung

In Abhängigkeit der Größe des Investitionsprojektes sind die Projektplanung und das Projekt-Controlling bei Investitionen die klassische Aufgabenstruktur. Dabei kommt der Projektplanung die technische, organisatorische und rechnerische Projektierung der einzelnen Investitionsvorhaben zu. Zur Investitions-Projektplanung gehören folgende Mindestbestandteile:

(1) Beschreibung der Ausgangslage und des Anstoßes für das Investitionsprojekt,

(2) detaillierte Beschreibung der technischen Konzeption des Investitionsprojektes hinsichtlich
- Zielsetzung,
- Mengengerüst,
- bauliche Alternativen,
- technische Alternativen,
- Ablauforganisation,
- Produktivitätsfortschritt usw.,

(3) Beurteilung der Investitionen anhand einer Checkliste hinsichtlich

- Flexibilität,
- Marktentwicklung,
- Umwelt,
- soziale Aspekte,
- personelle Veränderungen,
- Rationalisierungseffekte,
- Kapazitätseffekte,
- technische Fortschritte,
- allgemeine Chancen und Risiken,

(4) strategische Bedeutung und Notwendigkeit des Investitionsprojektes:
- Markteinstieg,
- Marktdurchdringung,
- Verbesserung Kostenposition,
- Kapazität zur Marktbereinigung,
- Realisierung des Boston-Effektes usw.

Diese Investitions-Projektplanung liefert den Einstieg in die nächsten Stufen der Investitionsbeurteilung.

5.3.2 Investitionsrechnungen

Es ist unseres Erachtens heute unstrittig, dass die hinlänglich verwendeten Verfahren der Investitionsrechnung für größere Investitionsprojekte die

❑ interne Zinsfußmethode und
❑ die dynamische Amortisationsdauer

sind. Die größte Schwierigkeit in der Praxis besteht darin, die qualitativen und quantitativen Daten aus der Projektplanung in die Investitionsrechnungen zu überführen. Zweckmäßigerweise werden diese Investitionsrechnungen und Investitionsplanungen anhand von Formularen in speziellen Handbüchern niedergelegt. Zurückkommend auf die Ausführungen in diesem Buch auf den Seiten 219 ff. umfassen die Investitionsrechnungen zumindest folgende Bestandteile:

❑ Analyse der Investitionsausgaben
❑ Einnahmen-Ausgaben-Rechnung
❑ Überleitung der Einnahmen-Ausgaben-Rechnung in die Ergebnisrechnung
❑ Ermittlung des Tilgungsplanes
❑ Zeitreihe der Abschreibungen

Auf Basis der vorstehend aufgeführten Einzelrechnungen lässt sich das Investitionsprojekt nach nachfolgenden Kriterien beurteilen:

❑ Einfluss auf die Ergebnisrechnung des Unternehmens in den kommenden Perioden,
❑ Erreichung des Break-Even-Punktes des Investitionsprojektes,
❑ Analyse des mit dem Investitionsprojekt verbundenen Cash Flows und des Break-Even der Cash Flow-Entwicklung,
❑ durchschnittliche Amortisationsdauer,

Investitions-Controlling

❑ Finanzierungsaspekte.

Diese Investitionsrechnungen sind für alle Investitionsprojekte nach den gleichen standardmäßigen Kriterien zu erstellen.

5.3.3 Verzahnung mit der Ergebnis- und Finanzplanung

Die Investitionsplanung für einzelne Objekte ist zunächst eine projektbezogene Planung. Diese projektbezogene Planung der Einzelobjekte ist im Investitionsplan zusammenzustellen und in die Ergebnisrechnung des Unternehmens und die Finanzplanung überzuleiten. Nur aus der Verzahnung der Investitionsrechnung mit der Ergebnisrechnung und der Finanzplanung lässt sich erkennen, welche Gesamtwirkung ein Investitionsprogramm auf die Ergebnis-, Liquiditäts- und Bilanzstruktur eines Unternehmens hat.

5.3.4 Vorsicht bei kalkulatorischen Einsparungen

Aus den Methoden der statischen Investitionsrechnung ist uns hinlänglich bekannt, dass wir sehr häufig Amortisationsdauern für Investitionsprojekte finden, die unter drei und mancherorts auch unter zwei Jahren liegen. Diese Investitionsprojekte werden aufgrund ihrer günstigen Kapitalrückflussdauer gefördert, ohne dass gefragt wird, was die Ursache für solche kurzen Amortisationsdauern ist. Unseres Erachtens birgt die Zuordnung von Finanzmitteln in dieser Form die Gefahr, dass Finanzmittel in Bereiche gelenkt werden, die hinsichtlich ihrer Produktivität ungünstig sind, da nur in diesen Fällen kurze Amortisationsdauern zu realisieren sind. Normalerweise müsste sich in diesen Fällen die Grundsatzfrage anschließen, was die Ursache dafür ist, dass derartige kurze Amortisationsdauern möglich sind. Es müsste der Einstieg für die tiefergehenden Strukturfragen sein.

Die bekannten statischen Verfahren für Investitionsrechnungen liefern so genannte kalkulatorische Einsparungen, die einzelprojektbezogen betrachtet werden. Eine Überleitung dieser einzelprojektbezogenen Einsparungen in budgetwirksame Einsparungen und deren nachhaltiger Kontrolle erfolgt in den meisten Fällen nicht. Dieser Gefahr ist dahingehend zu begegnen, dass in Form von konkreten Umsetzungsbudgets die Einsparungen gesammelt, in Budgetvorgaben übergeleitet und in Form von Investitionskontrollen nachgehalten werden.

5.3.5 Investitionsprogramm

Auf der Basis der vorstehend beschriebenen Einzelermittlungen ergibt sich das Investitionsprogramm eines Unternehmens für bestimmte Perioden.

Die größte Schwierigkeit in der Praxis besteht darin, im Rahmen der Konkurrenz um die knappen Finanzmittel Investitionsobjekte zu fördern und andere zu vernachlässigen. Unseres Erachtens kann die alleinige Beurteilung anhand der finanzmathematischen Methoden kein Gradmesser sein. In vielen Fällen haben gerade strategische Etappenziele bei der Genehmigung von Investitionsobjekten viel höheren Stellenwert als einzelprojektbezogene Rechengrößen. Diese schwierige Aufgabe der Entscheidung, welche Projekte zu fördern sind und welche nicht, ist eine unternehmerische Entscheidung. Sie kann nur anhand der langfristigen Zielsetzungen der einzelnen Geschäftsbereiche unter Berücksichtigung der Lebenszyklusphase des Geschäftes, der relativen Marktposition, der Wettbewerbsposition und der strategischen Zielsetzungen erfolgen.

5.4 Investitionskontrolle

5.4.1 Prämissenkontrolle

Aufgabe der Prämissenkontrolle ist die Überprüfung der Eingangsdaten, die Basis der Investitionsrechnungen sind. Es ist die detaillierte Kontrolle der Annahmen, auf deren Basis die Investitionsplanung und damit die Vorbereitung der Investitionsentscheidung beruht. Dazu gehört neben der Kontrolle der Eingangsdaten auch die grundlegende Frage, ob die mit dem Investitionsprojekt geplanten Verfahrensfortschritte Kosteneinsparungsmöglichkeiten und Marktzielsetzungen sicherstellen. Die Prämissenkontrolle liefert aus der Erfahrung vergangener Objekte sehr wichtige Hinweise für die Prämissenerarbeitung und die Planung zukünftiger Investitionsprojekte.

5.4.2 Erfolgskontrolle

Aufgabe der Erfolgskontrolle im Rahmen der Investitionsplanung ist die Beantwortung der Frage, ob das Gesamtobjekt seine Zielsetzungen erreicht hat. Sie schließt sich logisch an die Prämissenkontrolle an und soll die Frage beantworten, ob die Gesamtwirkung des Investitionsprojektes bezüglich der Markt- und Ergebniszielsetzungen erreicht wurde.

6 F + E-Controlling

6.1 Entwicklungstendenzen im F + E-Management

In den hochindustrialisierten Ländern sind Unternehmen nur dann wettbewerbsfähig, wenn sie durch innovative Produkte und Dienstleistungen mit hoher Wertschöpfung Marktführerpositionen erringen können. Diese Marktführerpositionen sind besonders attraktiv in Märkten mit hoher Produktwertschöpfung.

Steigender Wettbewerb, Verkürzung der Lebensdauer der Produkte, globale Konkurrenz, Zunahme des Wissens und anspruchsvollere Konsumenten stellen zunehmende Herausforderungen an das F + E-Management in Unternehmungen dar. Langfristig ist keine Unternehmensstärke so wirksam wie die Differenzierung über herausragende Produktleistungen in attraktiven Märkten.

Infolgedessen wird das F + E-Management von vier neueren Entwicklungstendenzen zur Produktivitäts- und Effizienzsteigerung geprägt (Mayer, Elmar; Liessmann, Konrad: F + E-Controller-Dienst. Stuttgart 1994, Seite VIII):
❑ Konzentration auf Kernkompetenzen,
❑ Dezentralisierung / Unternehmertum,
❑ Internationalisierung,
❑ Planung-, Steuerungs- und Kontrollinstrumente.

Der besondere strategische Stellenwert von Forschung und Entwicklung ist unbestritten. Um so verwunderlicher ist es, dass auch heute noch folgende Schwachstellen immer wieder anzutreffen sind (Ziegenbein, Klaus: Controlling, a.a.O., Seite 139; Singer, Stephan: F + E-Controlling. Konzept-Methoden-Erfahrungen. In: Controlling-Konzepte für den Mittelstand, a.a.O., Seite 270 f.):

❑ Entwicklungsvorhaben werden zu spät gestartet, dauern zu lange und kosten damit viel Geld und – was viel wesentlicher ist – Zeitverlust durch verspätete Markteinführung.
❑ Gewohnheitsentscheidungen und zu geringe Kenntnisse des Marktes bzw. der Fertigung begünstigen bekannte Lösungen und lassen neue Produktideen versickern.
❑ Sicherheitsüberlegungen und Risikoscheu führen dazu, dass nur qualitativ beste Produkte mit der Gefahr des „Over-Engineering" entwickelt werden.
❑ Entwicklungsprozesse sind nicht flexibel genug auf die Kundenwünsche abgestellt.
❑ Die Frage nach der marktgerechten Qualität wird nicht beantwortet.
❑ Unzureichende Kenntnis der Marktanforderungen führt zu überhöhten Produktkosten.
❑ Unklare Produkt- und Projektziele verursachen Änderungen der Entwicklungsphasen, Terminabweichungen und erhöhte Projektkosten.
❑ Fehlende Erfahrungsdaten mit unzureichender Risikoabschätzung führen zu unrealistischen Terminen.
❑ Zu spätes Erkennen von Zielabweichungen, die Auswirkungen auf das Umsatzergebnis haben, verhindern rechtzeitige Kurskorrekturen.
❑ Vorkalkulationen sind zu optimistisch. Ausreichende Reserven in der Vorkalkulation fehlen für die während der Entwicklungszeit zwangsläufig entstehenden Abweichungen.

An diesen Punkten hat das F + E-Controlling anzusetzen.

6.2 Unternehmensstrategie und F + E

Ebenso wie die Investitionsstrategie eng verzahnt mit der Unternehmensstrategie ist, kommt der F + E-Strategie eine herausragende Verbindung mit der Unternehmensstrategie zu. Diese herausragende Bedeutung mögen folgende Punkte verdeutlichen:

1. In den meisten Märkten tendieren vergleichbare Leistungen zu einer Umsatzrendite von null. Vernünftige Ergebnisse lassen sich nur erzielen durch eine von der Konkurrenz sich abhebende Marktleistung und eine außergewöhnliche Befriedigung von Kundenbedürfnissen. Diese Tatsache bedingt bestimmte strategische Stoßrichtungen zur Differenzierung vom Wettbewerb.

2. Gerade in der Bundesrepublik Deutschland stellen wir fest, dass die Anmeldung von Patenten deutscher Unternehmen im internationalen Vergleich relativ zurückgeht. Die Fernwirkungen dieser Entwicklung zeichnen sich zum Teil heute schon ab: Keine herausragende Differenzierung bei Produkten und höchste Priorität auf Kostenmanagement, das letztlich Aktivitäten für Marktoffensiven bindet.

3. Aus den Planungen unserer Unternehmen ist uns bekannt, dass ohne Neuprodukte jede Planung einen Umsatzrückgang zeigt. Alternde und auskonkurrenzierte Produkte verlieren – auch wenn keine großen Wettbewerbsaktivitäten die Spielregeln verändern – jährlich an Absatz- und Umsatzvolumen und führen zu einem Rückgang des Gesamtumsatzes. Die Differenz dieser Umsatzentwicklung zur Zielumsatzentwicklung, die zur Erreichung der Zielrendite erforderlich ist, zeigt die Entwicklungslücke der Unternehmungen.

4. Forschungs- und Entwicklungsinvestitionen haben in den unterschiedlichen Phasen und Lebenszyklen der Märkte einen unterschiedlich hohen Stellenwert. Der Lebenszyklus spiegelt auch die Technologieposition in den Märkten wider (s. Abb. S. 353 oben):

5. Unternehmen sollten sich klar vor Augen führen, ob sie ihre F + E-Etats richtig investieren. Hilfreich dabei ist die Portfolio- Matrix, die auf der einen Achse das F + E-Potenzial und auf der anderen Achse die Attraktivität der einzelnen Märkte zeigt (s. Abb. S. 359 unten) (Günther, Jürgen; Weiers, Ralf-Rainer: Portfolio-Analyse als Werkzeug im Forschungs- und Entwicklungs-Controlling (Solvay Deutschland GmbH): In: Mayer, Elmar; Liessmann, Konrad: F + E-Controller-Dienst, a.a.O., Seite 99):

Sowohl die operativen als auch die strategischen Faktoren sind herausragende Ansatzpunkte für ein wirksames F + E-Controlling. Dabei ist diese Funktion – in Abhängigkeit des relativen Stellenwertes von Forschung und Entwicklung im Unternehmen – natürlich differenziert ausgeprägt.

F + E-Controlling

Durchdringung der Technologie ↑	Schrittmacher-technologie	Schlüssel-technologien	Basis-/Verdrängte Technologien	
Indikatoren	**Entstehung**	**Wachstum**	**Reife**	**Alter**
Technisches Risiko	Hoch	Mittel	Niedrig	Sehr niedrig
Investitionen	Mittel (Grundlagen)	Hoch (Anwendungen)	Niedrig (Kostensenkung)	Sehr niedrig
Anzahl der Anwendungs-gebiete	Unbekannt	Groß	Stabil	Abnehmend
Eintritts-barrieren	FuE-Potenzial	Personal	Lizenzen	Anwendungs-Know-how

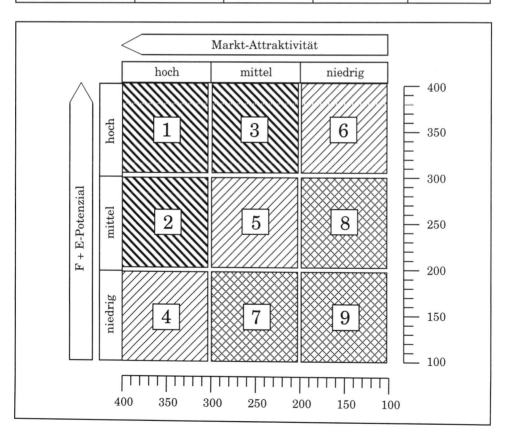

6.3 Controlling der F+E-Kosten

Das Controlling der F+E-Kosten konzentriert sich mit seinen Funktionen Planung, Information, Analyse/Kontrolle und Steuerung auf nachfolgende Bereiche:

(1) F+E-Kostenarten

Die F+E-Kosten werden in die laufende Kostenartensystematik eingeteilt und in die projektbezogenen Kostenarten. Während die laufenden Kostenarten im normalen Berichtswesen den Controllingaufgaben unterzogen werden, sind die projektbezogenen F+E-Kosten Aufgaben des Projekt-Controlling.

(2) Kostenstellen-Controlling

In Abhängigkeit der Größe des F+E-Budgets ist es zweckmäßig, dieses in Kostenstellenbugets zu unterteilen, um ein effizientes Kosten-Controlling auf Kostenstellenebene zu gewährleisten.

(3) F + E-Projekt-Controlling

Im Rahmen der Leistungsabgabe der F+E-Kostenstellen ist es empfehlenswert, die abgegebenen Leistungen auf die einzelnen F + E-Projekte zu erfassen. Hier erfolgt dann das Controlling der Kosten bezogen auf die einzelnen F+E-Aufträge im Rahmen der bekannten Instrumente.

6.4 Projekt-Controlling

Entwicklungsprojekte werden zweckmäßigerweise über Projekt-Management gesteuert. Dadurch ist es möglich

- eine bessere Koordination der Einzelmaßnahmen im Hinblick auf die Entwicklungsziele zu erreichen,
- eine effizientere Ressourcennutzung zu garantieren,
- die systematische Bearbeitung der einzelnen Arbeitsschritte sicherzustellen und
- die Motivation der an dem Projekt beteiligten Mitarbeiter zu fördern.

Das Projekt-Management ist durch Projekt-Controlling zu unterstützen. Das Projekt-Controlling hat die Aufgabe, alle für die Projektumsetzung erforderlichen Ressourcen auf das Entwicklungsziel hinzusteuern. Die einzelnen Aufgaben sind auf den Seiten 213 ff. dieses Buches beschrieben.

6.5 F+E - Prozess-Controlling

Die zunehmende Komplexität der F+E-Projekte sowie der steigende Ressourcenaufwand machen es erforderlich, die Analyse als Vorstufe zur Verbesserung der Entwicklungsprozesse in die Betrachtung einzubeziehen. Das Prozess-Controlling steigert die Effizienz der F+E-Prozesse. Zielgrößen sind primär Durchlaufzeit und

Prozessqualität (Singer, Stephan: F+E-Controlling (Siemens AG). In: F+E-Controller-Dienst, a.a.O., Seite 71 ff). Instrumente des Prozess-Controlling sind

- das Benchmarking,
- die Prozessanalyse und
- das Performance Measurement.

Nach Singer sind die Einsparungs- und Verbesserungspotenziale im F+E-Bereich größer als vermutet:

- „Die Grundlast lässt sich um 30% bis 50% reduzieren,
- Basistechnologien und -komponenten mit einem Entwicklungsanteil von bis zu 50% können extern vergeben werden,
- Reduzierung unwirtschaftlicher Entwicklungsprojekte ist um 50% bis 90% möglich,
- vom Kunden nicht honorierte Produktfunktionen mit einem Anteil von 5% bis 40 % lassen sich vermeiden,
- Produkt- und Teilevielfalt kann um 50% bis 80% gesenkt werden,
- Überschreitung des Markteintrittstermins von bis zu 50% kann verhindert werden,
- Überschreitung der Produktkostenziele kann bis zu 40% der gesamten Kostensteigerung ausmachen,
- Entwicklungsprozesse lassen sich bis zu 50% verkürzen."

In Form einer Checkliste empfiehlt Singer folgende Erfolgsfaktoren für ein wirksames F+E-Controllingkonzept:

- „F+E-Controllingkonzept auf die Geschäftsziele ausrichten,
- F+E-Zielvorgaben an Markt und Wettbewerb orientieren,
- F+E-Ressourcen auf die Technologien, Komponenten und Produktfunktionen fokussieren, die Wettbewerbsvorteile bewirken,
- den gesamten Entstehungsprozess mit einbinden,
- Zeit und Prozessqualität als Zielgrößen im Prozesscontrolling verbinden,
- Termine und Produktqualität/-kosten als Zielgrößen im Projekt-Controlling vernetzen,
- Projekt- und Produkt-Controlling integrieren,
- Projekt- und Bereichs-Controlling integrieren,
- Transparenz durch Performance Measurement schaffen,
- Selfcontrolling durch schnelle Rückmeldung und Visualisierung der Arbeitsergebnisse ermöglichen,
- Ursachen für Abweichungen erforschen, Schwachstellen beseitigen,
- mit robusten und flexiblen Methoden starten, konsequent anwenden und dann stufenweise ausbauen."

7 Konzern-Controlling

Zunehmende Unternehmensexpansion hat dazu geführt, dass in den meisten Fällen ausgehend von einer Muttergesellschaft die Aktivitäten über die Gründung oder den Zuerwerb von anderen Unternehmungen umgesetzt wurde. Vielerorts sind auch durch steuerliche, haftungsrechtliche oder organisatorische Einflussfaktoren aus ehemals einer Unternehmung ein Unternehmensgebilde mit einer Muttergesellschaft und verschiedenen Tochterfirmen zur Führung der unterschiedlichen Aktivitäten entstanden.

In vielen Branchen und Unternehmen kennen wir somit heute das so genannte Unternehmen als umfassende rechtliche Einheit für alle Aktivitäten nicht mehr. Von Konzern spricht man hinlänglich in den meisten Fällen dann, wenn es sich um größere Unternehmenseinheiten handelt. Konzernfaktoren sind aber nicht alleine abhängig von der Unternehmensgröße, sondern auch vom gesellschaftsrechtlichen, führungsmäßigen und haftungsrechtlichen Verbund her zu sehen.

Für das Controlling entstehen damit neue Aufgaben. Es kommt darauf an, die zunehmende Komplexität und Interdependenzen in Unternehmenseinheiten wiederum so transparent zu machen, wie das Controlling in einem Unternehmen ebenfalls Strukturen transparent macht. Entscheidend bei Unternehmensgebilden ist nur, dass sich andere Stufen der Berichtspyramide, andere Zusammenhänge, Strukturen und Reportingeinheiten ergeben. Die nachfolgenden Ausführungen wollen aufzeigen, welche Voraussetzungen für Konzern-Controlling existieren und welche anderen Anforderungen an das Controlling bei einem Unternehmensverbund zu stellen sind.

7.1 Konzernmerkmale

Der Aufbau eines effizienten Controllingsystems setzt die intime Analyse und Kenntnis der internen Strukturen eines Unternehmens bzw. eines Unternehmensverbundes voraus. Nur so ist der Controller später in der Lage, die für die Existenzsicherung und Unternehmensentwicklung wesentlichen Schwachstellen transparent, steuerbar und für das Controlling der einzelnen Führungseinheiten beherrschbar zu gestalten. Nachfolgend werden die wesentlichen Konzernmerkmale angesprochen.

7.1.1 Einheitliche Leitung

Das deutsche Aktienrecht versteht unter einem Konzern die Zusammenfassung rechtlich selbstständiger Unternehmen unter einer einheitlichen Leitung. Die Klammer eines Konzernverbundes ist dabei meist die Mehrheitsbeteiligung eines als Obergesellschaft agierenden Unternehmens an den einzelnen Beteiligungsunternehmen, die somit Konzerneinheiten sind. Dabei hängt die Intensität der durch die Obergesellschaft ausgeübten Leitungsmacht über die Konzernglieder von

Konzern-Controlling

- der strategischen Zielsetzung der Obergesellschaft,
- dem Grad der vertikalen Integration,
- den Beteiligungsverhältnissen,
- den Verbundeffekten zwischen den Konzerneinheiten,
- der Unterschiedlichkeit der Branchenstruktur der einzelnen Konzerneinheiten

ab. Die wesentlichen Konzernmerkmale lassen sich wie folgt darstellen (Liessmann, Konrad: Ziele und Strategien im Spannungsfeld der Führungsaufgaben von Konzernleitung und ergebnisorientiertem Geschäftsfeld-Management. In: Meilensteine im Management. Band 3: Management-Controlling, Hrsg. von Hans Siegwarth, Julian I. Mahari, Ivo G. Caytas, Stefan Sander. Basel, Frankfurt am Main, Stuttgart 1990, Seite 108):

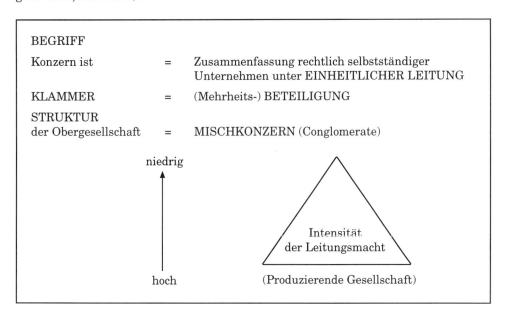

Während bei Mischkonzernen, die ausschließlich voneinander unabhängige Einheiten führen, die Leitungsmacht der Zentrale sich im Wesentlichen auf die Vorgabe des strategischen Rahmens und die Kontrolle der operativen Ergebnisentwicklung gemäß gesetzten Standards beschränkt, findet die stärkste Umsetzung der Leitungsmacht in vertikal integrierten Konzernstrukturen statt. Vergessen werden darf dabei aber nicht, dass in allen Fällen die Höhe der Beteiligungsquote, Sperrminoritäten bei anderen Aktionärsgruppen und sonstige Unternehmensverträge den Rahmen und einschränkende Bedingungen der Ausübung jeglicher Leitungsmacht in einem Unternehmen darstellen.

7.1.2 Strukturen

Die Ausübung der Leitungsmacht ist – wie bereits angedeutet – ganz entscheidend von der vertraglichen Konzernstruktur abhängig. Dabei sind der Leitungsmacht der Obergesellschaft in vielen Fällen Grenzen gesetzt. Im deutschen Unternehmensrecht unterscheiden wir nach faktischem Konzern, Vertragskonzern und Entherrschungskonzern (Liessmann, Konrad: Konzernleitung und Geschäftsfeld-Management, a.a.O., Seite 109):

Faktischer Konzern		
Merkmal	=	Mehrheitsbeteiligung § 16 AktG
Leitungsmacht	=	Satzung, Gesellschaftsverträge, Geschäftsordnung
Grundlage	=	§ 18 AktG
Formen	=	Unterordnungskonzern
		– Leitungsmacht
		Gleichordnungskonzern
		– Leitungsmacht durch Organverflechtung
Nota bene	=	Nachteilsausgleich (§ 311 AktG)
Vertragskonzern		
Merkmal	=	Mehrheitsbeteiligung § 16 AktG/Abhängigkeit § 17 AktG
Leitungsmacht	=	Unternehmensverträge
		Beherrschungs- und Gewinnabführungsvertrag
Grundlage	=	§ 291 oder § 319 AktG
Folge	=	Weisungsrecht (§ 308 und 323 AktG)
Nota bene	=	Kein Erfolgsausweis bei Untergesellschaft (§ 302 AktG)
Entherrschungskonzern		
Merkmal	=	Entherrschungsvertrag
Grundlage	=	§ 171 AktG
Folge	=	kein Weisungsrecht des Konzernvorstandes
Nota bene	=	Sorgfaltspflicht § 93 AktG
		Informationspflicht und -recht

7.1.3 Rechtsformen

Für die Ausgestaltung und Umsetzung des Führungskonzepts eines Konzerns ist die Beachtung der in- und ausländischen gesellschaftsrechtlichen Tatbestände zu berücksichtigen. Dabei werden durch die Rechtsform der Ober- bzw. der Untergesellschaft Einschränkungen der Weisungsmacht der Konzernobergesellschaft a priori vorgegeben (Liessmann, Konrad: Konzernleitung und Geschäftsfeld-Management, a.a.O., Seite 110):

AG	=	Keine (direkten) Weisungen möglich § 76 AktG (Ausnahme: Vertragskonzern)
GmbH	=	Weisungsabhängige GF (§ 45 und 37 Abs. 1 GmbHG)
PersGes	=	Keine Konzerneigenschaft gegeben

Die stärksten möglichen Einschränkungen sind damit immer bei einer Untergesellschaft in der Rechtsform der Aktiengesellschaft gegeben, sofern nicht ein Vertragskonzern vorliegt. Das Aktiengesetz schränkt damit die Leitungsmacht der Konzernobergesellschaft am stärksten ein.

Ist die Untergesellschaft eine Gesellschaft mit beschränkter Haftung, so ist qua GmbH-Gesetz die Geschäftsführung immer weisungsabhängig von der Gesellschaftsversammlung. Liegen alle Gesellschaftsrechte bei der Konzernobergesellschaft, so ist die Geschäftsführung der Untergesellschaft in der Rechtsform der GmbH eben von dieser Konzernobergesellschaft weisungsmäßig abhängig.

Bei der Personengesellschaft liegt keine Konzerneigenschaft vor. Die Untergesellschaft in der Rechtsform der Personengesellschaft steht zwangsläufig unter der einheitlichen Leitung der Konzernobergesellschaft, da bei der Personengesellschaft die Konzernobergesellschaft als Anteilseigner Mitunternehmer ist.

7.1.4 Größenmerkmale

Wir haben bereits darauf hingewiesen, dass Größenmerkmale die Entwicklung von Unternehmensgebilden zu Konzernen hin fördern. Größenmerkmale sind aber keine notwendige Voraussetzung für das Bestehen eines Konzerns. Auch bei kleineren Unternehmenseinheiten, die in verschiedenen Rechtsformen unter einheitlicher Leitung einer Obergesellschaft stehen, liegt gesellschaftsrechtlich der Tatbestand eines Konzerns vor. Im Umgangs-Deutsch hat sich allerdings eingebürgert, die Konzernmerkmale auch gleichzeitig mit einer bestimmten Größenordnung von Unternehmen und Unternehmensgebilden zu assoziieren.

7.1.5 Synergienutzung

Inwieweit eine Zentralisierung oder eine Dezentralisierung von Aktivitäten Voraussetzung erfolgreicher Konzernführung ist, lässt sich nicht grundsätzlich beantworten. Zwar neigt eine Konzernstruktur aufgrund der gesellschaftsrechtlichen Zwangsläufigkeiten eher zu einer Zentralisierung von Leitungs- und Entscheidungsmacht. Auch war in früheren Jahren das Anstreben zentralistischer Entscheidungs- und Leitungsmacht ein durchaus gewollter unternehmerischer und organisatorischer Tatbestand. Basis für den Erfolg von Unternehmen darf man hieraus aber nicht ableiten, auch wenn dieses organisatorische Gestaltungsmerkmal in früheren Zeiten eindeutig überwog.

In der heutigen Zeit der sich dramatisch wandelnden Umfelder, in denen Unternehmen agieren, und dem Management von Zeitkonstanten als strategischem Erfolgsfaktor nimmt die Dezentralisierung von Verantwortung in den Unternehmenseinheiten tendenziell zu. Auch darf man nicht die hohen motivationalen Wirkungen dezentraler Verantwortung und dezentralen Unternehmertums auch in Konzernstrukturen vergessen. Zusätzlich gefördert werden dezentrale Strukturen durch die in den heutigen Märkten unbedingt notwendige Kundenorientierung, die nie mit zentralistischer Führung einhergehen kann.

Größere Unternehmenseinheiten und damit auch Konzerne haben mit Sicherheit den Vorteil, dass die Zentralisierung bestimmter zentralisierungswürdiger Aufgaben die Ausschöpfung konzerninterner Synergien und Ressourcen durch Kontrolle, Kommunikation und effizienteres Management ermöglicht. Ganz bestimmte Aufgaben lassen sich einfach nur dann effizient lösen und umsetzen, wenn eine bestimmte kritische Größenordnung erreicht ist und man für das Management der Aufgabe somit die bestimmte „kritische Masse" vorzuweisen hat. Bei diesen Aufgaben darf man die positive Zentralisationswirkung von Konzernstrukturen mit Ausschöpfung von Synergieeffekten durchaus bejahen. Da gleichzeitig aber viele Konzernaufgaben, besonders diejenigen, die Marktnähe erfordern, eher in die Richtung der Dezentralisierung tendieren, sind in Konzerngebilden auch zur Ausschöpfung von Synergieeffekten klare Führungs-, Berichts-, Kommunikations- und Kontrollstrukturen erforderlich. Dieses Erfordernis ist zwangsläufig, um die oftmals in großen Unternehmensgebilden auftretenden unproduktiven Konflikte und „politischen Winkelzüge" im Managementkader zu vermeiden oder zumindest zu reduzieren und damit zu verhindern, dass die positiven Effekte der größeren Einheit aus der Nutzung von Synergieeffekten durch politische Konfliktstrukturen auf der anderen Seite wieder verspielt werden.

7.2 Holdingstruktur

7.2.1 Zunehmende Aktualität des Holdinggedankens

Chandler hat bereits in den 60er Jahren darauf hingewiesen, dass die Struktur der Strategie einer Unternehmung zu folgen hat. Während wir, vorangetrieben durch die dynamische Wachstumsentwicklung der Großunternehmen, zunächst in den 60er Jahren vielerorts den Übergang von der funktionalen zur Geschäftsbereichsorganisation beobachten durften, hat sich darauf aufbauend, bedingt durch Wandel der Umwelt und neue Anforderungen aus Technologie und Märkten in vielen großen Konzernen, danach die Strukturorganisation der Matrix-Organisation etabliert. Zielsetzung der Matrix-Organisation war die bewusste Nutzung der positiven Effekte aus der funktionalen Spezialisierung und der mehr spartenorientierten, auf Markt oder Kunden oder Regionen orientierten Umsetzung der operativen Geschäfte.

Der Wandel der Umwelt hat in den 80er Jahren für alle Unternehmen und in allen Umfeldern ständig zugenommen. Diesem fundamentalen Wandel werden Unternehmen auch in der Zukunft ausgesetzt sein. Zunehmende Wettbewerbsintensität, Komplexität von Technologien, immens steigende Aufwendungen für Forschung und Entwicklung, Globalisierung des Wettbewerbes usw. setzen Maßstäbe, denen sich Unternehmen ständig anzupassen haben. Dieser Wandel trifft Unternehmen in den grundsätzlichen Fragestellungen nach

- ❑ der eigenen Größe,
- ❑ der funktionalen Hierarchie,
- ❑ der für die Märkte erforderlichen Flexibilität,

- der notwendigen Kundenorientierung,
- der Internationalisierung des Wettbewerbs,
- den Eintrittsbarrieren und rechtlichen Beschränkungen bei der Umsetzung von Globalisierungsstrategien,
- dem Eingehen von strategischen Allianzen usw.

Vor diesem Hintergrund verwundert es nicht, dass sich Organisationsstrukturen herausbilden, die versuchen, die

- Synergieeffekte großer Strukturen optimal zu nutzen,
- die von den Märkten verlangte notwendige Entscheidungsflexibilität vor Ort zu sichern,
- der Verbürokratisierung von Organisationen zu begegnen durch Ausrichtung der Geschäfte nach der Devise „Small is beautiful" und
- den Leistungsträgern im Unternehmen durch unternehmerischen Freiraum und Dezentralisierung von Entscheidungen die unternehmerische Flexibilität vor Ort zu gewähren, um Motivation und Unternehmenserfolg sicherzustellen.

Vor diesem Hintergrund hat sich zunehmend herausgestellt, dass die klassischen Organisationsinstrumente bei zunehmender Größe und Komplexität der zu bewältigenden Aufgaben den obigen Anforderungen nicht mehr gerecht werden. In logischer Konsequenz der Umsetzung dieser Grundgedanken finden sich immer mehr Unternehmen, national und international, die sich von funktionalen Geschäftsbereichs- oder Matrix-Organisationen zu Holding-Strukturen hin umstrukturieren, um die mit der Führung der Geschäfte notwendigen Komplexitäten beherrschbar zu machen und gleichzeitig den strategisch erforderlichen Zeitwettbewerb durch effiziente Anpassung an die Markterfordernisse zu bestehen.

Holdingstrukturen garantieren die von uns im Abschnitt 9 dieses Kapitels noch anzusprechenden Grundvoraussetzungen an heutige moderne Organisationsstrukturen:

- Strategiekonformität,
- Sicherung der Umsetzung der Unternehmensziele im Tagesgeschäft,
- Garantie von Autonomie und unternehmerischem Freiraum,
- Innovationsfreundlichkeit.

Hinzu kommen die notwendigen führungstechnischen Voraussetzungen wie

- Ergebnisorientierung,
- stärkere Kompetenztrennung zwischen Konzernzentrale und operativen Einheiten,
- Integration von in- und ausländischen Töchtern,
- Ausgewogenheit von Zentralisierung und Dezentralisierung.

Holdingstrukturen verfolgen damit den wesentlichen Zweck, die Führungsspitze eines Konzerns in der Holding von operativen Aufgaben zu entlasten und ihr die Möglichkeit zu geben, sich auf die grundlegenden strategischen und führungstechnischen Aufgaben einer Unternehmensgruppe zu konzentrieren. Gleichzeitig stellen sie sicher, dass die operativen Einheiten den nötigen Freiraum für die Führung der Geschäfte vor Ort besitzen und damit mit den notwendigen Branchenprofessionalitäten dezentral die Märkte richtig bearbeiten können. Zudem sichern sie ab, dass Entscheidungsstaus an der Unternehmensspitze vermieden werden.

Holding-Gesellschaften sind rechtlich verselbstständigte Konzernverwaltungen, die zunächst nicht eigenunternehmerisch tätig sind. Dabei kommt der Konzern-Obergesellschaft ausschließlich die Aufgabe zu, den Konzern und die Beteiligungsgesellschaften zu führen. Die Führungsaufgabe der Konzernleitung ist eine andere als diejenige in einem reinen Konzern, aber auch eine andere als in so genannten „Stammhauskonzernen". Ex Definition übt die Holding keine (nennenswerte) eigenunternehmerische Tätigkeit im Sinne von Leistungserstellung und Leistungsverwertung aus.

7.2.2 Holdingstruktur als Führungsorganisation

In der Diskussion um die Aktualität der Holdingstruktur werden heute üblicherweise drei Holdingmodelle (s. Seite 369) aus führungstechnischer Sicht unterschieden (vom Diener zum Herrn. In: Manager Magazin 10/1990, Seite 226):

Während die Finanz-Holding sich im Wesentlichen auf die Verwaltung von Beteiligungen konzentriert und die operative Management-Holding identisch ist mit der Konzernzentrale in einem straff gegliederten Konzern, kommt aus führungstechnischer Sicht heute der strategischen Management-Holding größere Bedeutung zu. In einer Untersuchung von Rolf Bühner (Bühner, Rolf: Management-Holding – Ein Erfahrungsbericht. Unveröffentlichtes Manuskript, Passau 1990) wurde die hohe Aktualität dieser Organisations- und Führungsstruktur zur Steuerung komplexer Geschäfte bestätigt.

Die Management-Holding ist eine besondere Ausprägung der Geschäftsbereichs-Organisation. Die Geschäftsbereiche sind gesellschaftsrechtlich eigenständig und werden von einer Konzern leitenden Obergesellschaft geführt, die selbst keine operativen (Produktions-)Tätigkeiten betreibt. Damit grenzt sich die Management-Holding von der reinen Geschäftsbereichs-Organisation im Einheitsunternehmen ebenso wie von einer reinen Finanz-Holding ab.

Die Management-Holding stellt eine strategisch-koordinierende Einflussnahme seitens der (Konzern-)Führungsgesellschaft sicher. Sie bietet eine Grundstruktur, die die Vorteile großer Unternehmenseinheiten (Kapitalkraft, Marktmacht, Größendegressionsvorteile) mit den Vorteilen kleiner Einheiten (Flexibilität, Kooperationsfähigkeit, Marktnähe) zu verbinden sucht. Die Management-Holding betont die Eigenständigkeit des Managements der Tochtergesellschaften zur Sicherstellung dezentraler Motivationen.

Die Management-Holding wird in der Praxis entweder durch rechtliche Verselbstständigung von bestehenden Geschäftsbereichen aus einem Einheitsunternehmen heraus gebildet oder durch Ausgründung der Obergesellschaft „nach oben".

Wege zur Macht
Die drei Grundtypen der Holding

	Finanz-holding	Strategische Managementholding	Operative Managementholding
Führungsanspruch der Holding	rein finanziell	finanziell und strategisch	finanziell, strategisch und operativ
Charakter der Beteiligung	Rechtlich selbstständige Einheiten sind gleichzeitig organisatorische Einheiten mit selbstständiger operativer Führung		Rechtlich selbstständige Einheiten müssen nicht zwingend mit organisatorischen Einheiten übereinstimmen
Ausrichtung der Gesamtführung – divisional	Eigenständige Beteiligungen werden durch die Firmenleitung nur über finanzielle Vorgaben/Ziele geführt, keine Eingriffe in strategische oder operative Aktivitäten	Holding hat nur Führungsfunktionen, nimmt funktionale Koordination zwischen den Beteiligungen wahr	Holding nimmt Führungs- und Zentralaufgaben wahr und bildet operative Klammer über gleichartige Geschäfte
funktional		Holding hat nur Führungsfunktionen, bildet strategische Klammer über alle Beteiligungssparten	Holding nimmt Führungs- und Zentralaufgaben wahr und bildet funktionale Klammer über die Hauptfunktionen der Geschäfte

→ zunehmende Eingriffsführung der Geschäftsführung

Quelle: Roland Berger & Partner

Koordinationsinstrumente der Management-Holding sind:

- zentrale Finanzhoheit der Führungsgesellschaft,
- Abschluss von Unternehmensverträgen,
- Personalunion von Führungskräften zwischen Obergesellschaft und Untergesellschaften,
- Führungsinstrumente (Strategiekreise, Beirats- und Aufsichtsratsmandate).

Die größte Koordinationswirkung wird der zentralen Finanzhoheit eingeräumt. Die Aufgaben der zentralen Finanzhoheit sind die Kapitalzuteilung und die Kapitalbeschaffung. Trotz möglicher Demotivationseffekte beim dezentralen Management wird einer gezielten Förderung bzw. Drosselung von Bereichsaktivitäten durch diese Zuständigkeit der Vorrang gegeben. Sämtliche Management-Holdings sind durch Unternehmensverträge abgesichert.

Bezüglich der Besetzung der Führungspositionen entstand auch die Frage, inwieweit die Personalunion zwischen Vorstand der Obergesellschaft und gleichzeitigem Mandat in Untergesellschaften noch eine effiziente Koordination im unternehmerischen Gesamtinteresse sicherstellt. Die große Gefahr wird darin gesehen, dass bei Doppelmandaten die Interessen des Tochterunternehmens dominieren und die Gefahr des „Kuhhandels hinter den Kulissen" nicht von der Hand zu weisen ist.

Hinsichtlich der Anzahl der Mitarbeiter sind Management-Holdings vergleichbar gut besetzt. Während die qualitative Ausstattung der Mitarbeiter überwiegt, ist die quantitative Anzahl im Vergleich zur Gesamtbeschäftigungszahl im Konzern gering. So ergab die Untersuchung, dass in der Holding im Vergleich zur Beschäftigtenzahl im Konzern 0,7% der Mitarbeiter tätig waren, der Verwaltungsaufwand der Holding-Zentrale 0,63% vom Konzernumsatz betrug.

7.2.3 Gesellschafts- und steuerrechtliche Aspekte

Bei der Umsetzung des Holding-Gedankens in die Unternehmenspraxis werden die

- juristischen,
- steuerrechtlichen,
- führungstechnischen

Aspekte des Holding-Gedankens in der Praxis nicht immer sauber getrennt. So gibt es durchaus Fälle, wo führungstechnisch nach dem Holding-Gedanken operiert wird, die gesellschaftsrechtlichen und steuerrechtlichen Aspekte und Konsequenzen einer solchen Vorgehensweise aber nicht ausreichend umgesetzt worden sind.

7.2.3.1 Holding als Konzern-Obergesellschaft

Holding-Unternehmen haben an ihrer Spitze meistens eine rechtlich selbstständige Gesellschaft in Form einer juristischen Person (AG, GmbH, Stiftung des Privatrechts). Denkbar sind als Konzern-Obergesellschaft aber auch Personengesellschaften wie die KG und die OHG.

Holding-Gesellschaften können in Konzernen auf jeder Ebene der Konzern-Hierarchie auftreten. Dabei ist notwendige Voraussetzung, dass unterhalb der Holding immer noch eine Ebene von Tochtergesellschaften existiert.

Ein wichtiges und in der Praxis häufig bestimmendes Element und Vorteilhaftigkeitskriterium für Holding-Strukturen ist die verbleibende rechtliche Selbstständigkeit der unter der Holding zusammengeschlossenen Beteiligungen. Dieses ermöglicht eine gesellschaftsrechtlich vielfältige Struktur der einzelnen Tochtergesellschaften, die Fortführung von Beteiligungsanteilen konzernfremder Gesellschafter, aber auch hohe Flexibilität bei der Strukturierung von Beteiligungen.

Die rechtliche Selbstständigkeit der Tochterunternehmen bedeutet gleichzeitig, dass die bestehenden arbeitsrechtlichen und betriebsverfassungsrechtlichen Regelungen eines Beteiligungsunternehmens im Grundsatz bestehen bleiben. Auch wenn bestimmte Beteiligungsunternehmen unter derselben Holding unterschiedlich ausgestaltete Regelungen aufweisen, entsteht hieraus keine rechtliche Notwendigkeit zu einer Anpassung oder Harmonisierung.

Holding-Gestaltungen können ferner ein Instrument zur Abschirmung von Haftungsrisiken aus Beteiligungsunternehmen sein. Risiken einzelner Geschäftsbereiche wirken nicht auf andere Konzernbereiche über, sofern nicht weitere haftungsbegründende Tatbestände wie der Abschluss von Beherrschungs- und Gewinnabführungsverträgen bestehen.

Bezüglich der steuerrechtlichen Aspekte sind an eine deutsche Holding folgende Anforderungen zu stellen (Herzig, Norbert: Die deutsche Holding aus steuerlicher Sicht. Vortragsmanuskript, Aachen 1991):

(1) Eine Holding hat ein Handelsgewerbe zu besitzen. Während in der Rechtsform der Kapitalgesellschaft eine Holding immer zu den Formkaufleuten gehört, kann eine Holding in der Rechtsform der Personengesellschaft nur dann als Personenhandelsgesellschaft gegründet und in das Handelsregister eingetragen werden, wenn ihre Tätigkeit den in §§ 1, 2 HGB genannten Anforderungen entspricht. Grundsätzlich kann davon ausgegangen werden, dass auch eine Personengesellschaft dann zu den Sollkaufleuten zählt, wenn eine Holding mehrere Beteiligungen besitzt und führt und wenn von dieser Holding in der Rechtsform der Personengesellschaft die einheitliche Leitung ausgeht.

(2) Zwischen einer Holding in der Rechtsform der Personengesellschaft und in der Rechtsform der Kapitalgesellschaft bestehen vom Grundsatz her erhebliche Unterschiede bezüglich der Haftungsbegrenzung.

(3) Während eine Holding in der Rechtsform der Kapitalgesellschaft unabhängig von ihrer Tätigkeit immer gewerbliche Einkünfte erzielt, richtet sich die Einkunftsart bei einer Holding in der Rechtsform der Personengesellschaft in erster Linie nach der tatsächlich ausgeübten Tätigkeit. Ist aber die Frage nach der Sollkaufmannseigenschaft zu bejahen, so ist auch ein Gewerbebetrieb für die Holding in der Rechtsform der Personengesellschaft gegeben.

(4) Nach § 14 Satz 1 Körperschaftsteuergesetz und nach § 2 Abs. 2 S. 2 Gewerbesteuergesetz kann jedes inländische gewerbliche Unternehmen Organträger sein. Dabei bestehen hinsichtlich der Rechtsform des Organträgers keine Beschränkungen. Für Holding-Gesellschaften ergibt sich allerdings aus dem Merkmal des „gewerblichen Unternehmens" eine wichtige Einschränkung, da diese Voraussetzung nach der Rechtsprechung des BFH nur dann erfüllt ist, wenn der Organträger selbst eine gewerbliche Tätigkeit entfaltet. Diese ist dann gegeben, wenn die einheitliche Leitung über mindestens zwei abhängige Unternehmen ausgeübt wird.

Bezüglich weiterführender Fragen sei hier auf die entsprechende Fachliteratur verwiesen.

7.2.3.2 Geschäftsleitende Holding

Anknüpfend an das zuvor Gesagte werden in der Praxis und im Steuerrecht häufig die Trennung des Holding-Gedankens in verwaltende Holding und geschäftsleitende Holding vorgenommen. Sofern sich die Holding ausschließlich auf das Halten von Beteiligungen und die Ausübung der damit verbundenen Gesellschafterrechte beschränkt, ohne Einfluss auf die Geschäftspolitik zu nehmen und damit eher verwaltenden Charakter hat, spricht man von einer verwaltenden Holding. Da der Organträger in diesem Falle keine gewerbliche Tätigkeit entfaltet, die wiederum Voraussetzung für das Vorliegen der Organschaft ist, ist auch ein Organschaftsverhältnis zu einer nur verwaltenden Holding nicht möglich.
Anders ist die uns hier mehr interessierende Frage zu beantworten, wenn die Holding auch nach außen erkennbar die einheitliche Leitung im Konzern über mindestens zwei abhängige Unternehmen ausübt. Die Koordinierung der Geschäftsleitung verschiedener rechtlich selbstständiger Gesellschaften wird als eine gewerbliche Tätigkeit angesehen. Zu dieser geschäftsleitenden Holding ist auch die Organschaft möglich.

7.2.3.3 Zwischenholding

Zwischenholdings sind in internationalen Konzernen häufig anzutreffen als so genannte Landesholdings. Während der Begriff der Zwischenholding aus den klassischen Holding-Ländern kommt, sind sie heute in den meisten Industrie-Ländern als steuerliches Gestaltungsinstrument anzutreffen. Landesholdings ermöglichen es, vor allen Dingen steuerlich motiviert die Zusammenfassung der in einem Land ansässigen Gesellschaften unter gemeinsamer Leitung vorzunehmen. Häufig sind diese Zwischen- oder Landesholdings auch mit direkten Führungsfunktionen verbunden und bilden damit den Ausgangspunkt für eine Länder-Division in einem Konzern.

7.3 Konzernführung

7.3.1 Führungsaufgaben

Grundsätzlich hat die Konzernleitung folgende Führungsaufgaben:
- Ziele setzen,
- kontrollieren,
- entscheiden,
- organisieren,
- Impulse geben.

Darauf aufbauend sind die wesentlichen Führungsaufgaben der Konzernleitung in folgenden Bereichen zu sehen (Liessmann, Konrad: Konzernleitung und Geschäftsfeld-Management, a.a.O., Seite 111; Scheffler, Eberhard: Konzernleitung aus betriebswirtschaftlicher Sicht: In: Der Betrieb, 38. Jahrgang 1985, Seite 2007):
- Visionen/Unternehmensleitbild/Unternehmenspolitik,
- Konzernzielsetzung, Globalstrategien, Geschäftsfeld-Zielsetzungen,
- Organisationsform und -struktur,
- Bilanz-, Finanz-, Investitions- und Steuergrundsätze,
- Personalführungskonzept (Grundsätze, Führungspositionen, Förderung),
- Ressourcen-Allokation (Personal, F. + E., Finanzen),
- Entscheidungen mit wesentlichem Einfluss auf Finanz-, Ertrags- und Vermögenslage,
- Koordination (Produkte, Kunden, Märkte, F. + E., Beteiligungen),
- Kontrolle der strategischen (Potenziale) und operativen (Gewinne) Entwicklungen des Unternehmens,
- formaler Führungsbereich (Satzung, Rechtsform, Geschäftsordnung, Gesellschaftsverträge),
- betriebswirtschaftliche Grundsätze,
- Informationsstruktur.

Die Aufgaben der Konzernleitung sind somit eher dem strategischen Bereich zuzuordnen. Es handelt sich um unabdingbare Aufgaben der Führung im Konzern, selbst wenn der Konzern auf einer dezentralen Führungsstruktur aufbaut.

7.3.2 Führungsrahmen

Der Führungsrahmen der Konzernleitung baut auf den Komponenten
- Konzernstruktur,
- Konzept der Obergesellschaft,
- Rechtsform,
- Unternehmensphilosophie,
- Grad der vertikalen/horizontalen Integration,

- Internationalisierung,
- Homogenität/Heterogenität der Märkte,
- Führungskonzept,
- Gesellschafter-/Finanzstruktur,
- F. + E.-Risiken

auf. Dabei sind die Führungs- und Steuerungsinstrumente der Konzernleitung nach konzernpolitischen und strategischen Instrumenten sowie Instrumenten der operativen Steuerung zu unterscheiden (Scheffler, Eberhard: Konzernleitung aus betriebswirtschaftlicher Sicht, a.a.O., Seite 2011):

Führungs- bzw. Steuerungsinstrumente

(1) Konzernpolitische und -strategische Steuerung
- Satzung, Gesellschaftsverträge,   gesellschaftsrechtliche und vertragliche
  Rechtsform
  Unternehmensverträge   Architektur
  Beteiligungshöhe und -art

- Strategische Planung   Strategisches
  Strategischer Soll-Ist-Vergleich   Controlling
  Strategische Korrekturen

(2) Operative Steuerung
- Unternehmenspläne, Budgets   Operatives
  Konzern-Richtlinien   Konzern-
  lfd. Berichterstattung,   Controlling
  Soll-Ist-Vergleich
  (Veranlassung von) Korrekturmaßnahmen
  Gespräche

- Finanzierung im lang- und   Zentrale
  mittelfristigen Bereich   Finanzwirtschaft
  Cash-Management, Clearing
  Devisenmanagement,
  Kurssicherung

- Bilanzierung   Zentrales
  steuerliche Organschaft   Bilanz- und Steuerwesen
  Dividenden, Gewinnthesaurierung

- Verrechnungspreise

- Konzernrevision

7.3.3 Controlling-Struktur

Die strategische Konzernführung ist Hauptaufgabe der Obergesellschaft. Die Umsetzung dieser Führungsaufgabe ist ohne ein Konzern-Controlling, das von der

Konzern-Obergesellschaft wahrgenommen wird, nicht machbar. Konzern-Controlling ist die Voraussetzung für strategisches Management im Konzern. Das strategische Konzern-Controlling baut auf folgenden Säulen auf:

❑ Formulierung der Konzernführungs-Philosophie des obersten Managements,
❑ Festlegung der institutionalen und formalen Organisation (einschl. Controller-Organisation),
❑ Festlegung der wesentlichen strategischen und operativen Instrumente im Konzern-Controlling,
❑ Planung und Steuerung der Controlling-Prozesse im Konzern-Verbund.

Die vier Säulen des strategischen Konzern-Controlling zeigt nachfolgende Übersicht (Liessmann, Konrad.: Konzernleitung und Geschäftsfeld-Management, a.a.O., Seite 116):

Führung	Organisation	Instrumente	Prozesse
• Vision/ Konzernphilosophie	• Controller-Institution – funktional – divisional – Matrix – Projekt u.a.	• Strategischer Werkzeugkasten	• Strategische Information
• Leitbild		• Strategische Planung	• Strat./Plan/ Vergleich
• Führungsgrundsätze	• Controller-Aufgaben	• Strategisches Berichtswesen	• Strategiesitzung
	• Controller-Kompetenz	• BWL-Sonderregeln – Verrechnungspreise – Investitionsrechnungsverfahren – Kostenrechnungssystem	• Moderation • Maßnahmen zur Gegensteuerung

Die Effizienz eines jeden Controlling hängt davon ab, dass es auf einer zweckgerichteten Organisationsstruktur aufbaut. Dabei hat sich das Controlling-Konzept an der grundlegenden Konzern-Organisations-Struktur auszurichten, die in den Ausprägungen

❑ funktionale Organisation,
❑ divisionale Organisation,
❑ Matrix-Organisation,
❑ Geschäftsfeld-Organisation

vorkommen kann. Hinsichtlich der Effizienz des Controlling ist dabei entscheidend, welche Vor- und Nachteile alternative Unterstellungsmöglichkeiten von dezentralen Controllern zur Folge haben (s. Seite 376; Welge, Martin K.: Organisation des Controlling. In: Controlling, Heft 3 1989, Seite 143):

Unterstellung Linieninstanz		Unterstellung Zentralcontroller		„dotted-line-Prinzip"	
positiv	negativ	positiv	negativ	positiv	negativ
• gute und vertrauliche Zusammenarbeit mit Linieninstanz	• Controllinggesamtkonzept wird vernachlässigt	• einheitliche Durchführung des Controllingkonzeptes	• Spezialcontroller = Spion der Zentrale	• Kompromiss zwischen zwei Extremen	• Doppelunterstellung Dauerkonflikt
• hohe Akzeptanz in der Linie	• Verstärkung des Partikularismus	• Gegengewicht bei Beteiligung an Entscheidungen der Linieninstanz	• Informationsblockade der Linie	• Möglichkeit, Linienerfordernisse mit Controllingnotwendigkeiten zu verbinden	• wird weder von der Linie noch vom Zentralcontroller akzeptiert
• guter Zugang zu formellen wie informellen Quellen	• Berichterstattung an Zentralcontroller wird vernachlässigt	• starke Betonung des integrativen Koordinationsaspektes	• Spezialcontroller wird isoliert	• flexible Einflussnahme auf Spezialcontroller	• Objektivität und Neutralität nicht gewährleistet
• Möglichkeit, Linieninstanz bei Entscheidungen zu unterstützen	• mangelnde Distanz und Objektivität zu Linienaktivitäten	• schnelle Durchsetzung neuer Konzepte	• geringe Akzeptanz		
• starkes Eingehen auf Linienbedürfnisse		• Unabhängigkeit gegenüber Linieninstanz	• wird nicht zur Entscheidungsunterstützung herangezogen		
		• schnelle Information der Zentrale	• linienspezifische Besonderheiten werden zu wenig beachtet		

Konzern-Controlling

Wir haben bereits darauf hingewiesen, dass die Bestimmungsfaktoren der Konzern-Organisation und deren Komplexität, ausgedrückt durch

- Zielsetzung,
- Größe,
- Führungskonzept,
- Produktionsstruktur,
- Regionalstruktur,
- vertikale Integration usw.

die Controlling-Struktur bestimmen. Im Großunternehmen gliedert sich das Controlling institutional in die Bereiche

- Zentral-Controller,
- Divisions-Controller,
- Funktions-Controller,
- Projekt-Controller.

Während der Zentral-Controller bei der Konzern-Obergesellschaft angesiedelt ist und die Planungs-, Kontroll- und Steuerungsfunktion des obersten Konzern-Managements steuert, erfüllt der Divisions-Controller die gleichen Service-Funktionen für das Divisions-Management. Der Funktions-Controller begleitet die wirtschaftlichen funktionalen Aufgaben, wie Vertrieb, Produktion, Einkauf usw. Projekt-Controller erfüllen darüber hinaus alle über die normalen Aufgaben hinausgehenden Planungs- und Steuerungsaufgaben für definierte Projektaufgaben.

Die organisatorische Einordnung des Controllers kann in folgenden unterschiedlichen Modellen auftreten:

- volle Unterstellung aller Controller-Einheiten unter den Zentral-Controller,
- fachliche und disziplinarische Anbindung der Divisions-, Projekt- und Funktions-Controller an das jeweilige Bereichs-Management,
- fachliche Unterstellung unter den Zentral-Controller, disziplinarische oder organisatorische Zuordnung zum Bereichs-Management mit Richtlinien-Kompetenz.

Die nachfolgenden Abbildungen zeigen diese alternativen Organisationsstrukturen:

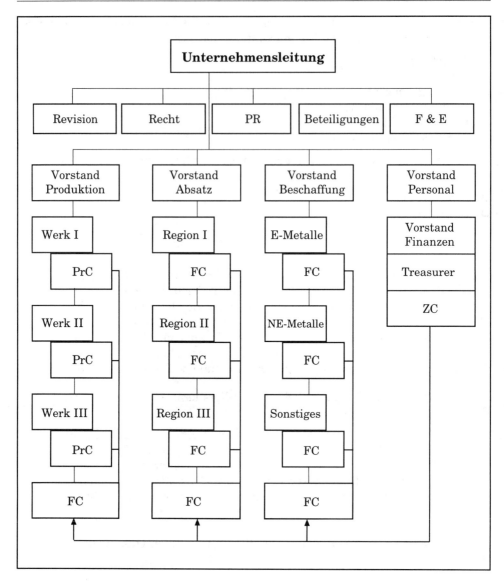

FC   =   Funktionsbereichscontroller   ⟵   =   fachliche (nicht disziplinarische)
ZC   =   Zentralcontroller   Unterstellung
PrC =   Produktions- oder Werkcontroller   —— =   volle Unterstellung

Konzern-Controlling

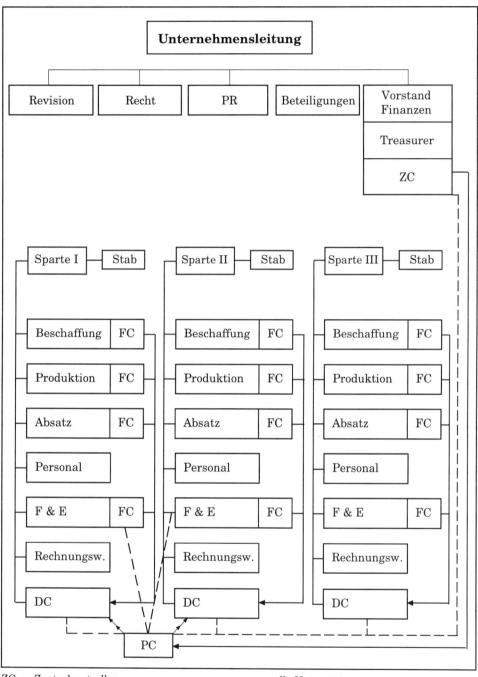

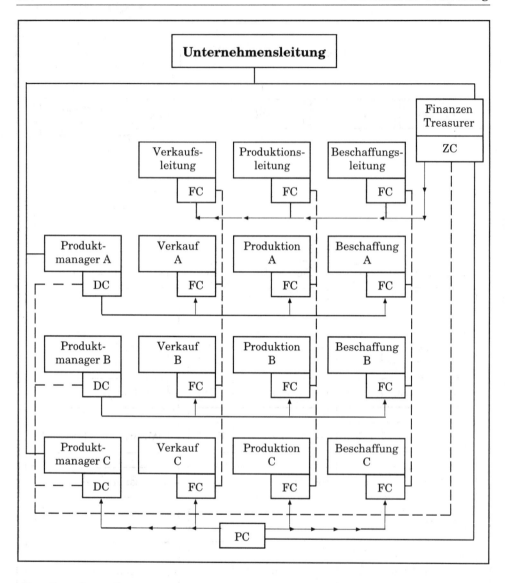

ZC = Zentralcontroller
DC = Divisions-(Sparten)controller
PC = Projektcontroller
FC = Funktionsbereichscontroller

―――― = volle Unterstützung
― ― = keine unmittelbare Unterstellung (Richtlinienkompetenz, Globalsteuerung)
◄―― = fachliche (nicht disziplinarische) Unterstellung

Konzern-Controlling

Für die Einführung des Controlling auf Konzernebene empfiehlt sich nachfolgende von Liessmann zusammengestellte Controller-Checklist:

> **Controller-Checklist:**
>
> Die Checklist soll bei Neueinführung oder Fortentwicklung konzerneinheitlicher Controllingkonzepte dem Controlling-Praktiker die Arbeit erleichtern. Sofern Bestimmungen des deutschen Gesellschaftsrechts (AktG) herangezogen werden, dient das nur der Verdeutlichung. Die Aussagen sind generell und international gültig.
>
> (1) Ist ein rechtlicher oder faktischer Konzern (i.S. § 18 AktG) bei Ihrer Unternehmensgruppe gegeben, das heißt, steht die Gruppe unter einer „einheitlichen Leitung"?
>
> (2) Welche Konzernstruktur liegt vor?
> - Faktischer Konzern
> - Vertragskonzern
> - Gleichordnungskonzern
> - Unterordnungskonzern
>
> (3) Wie wird die Leitungsmacht der Konzernführung sichergestellt?
> - Beherrschungsverträge (z.B. Vertragskonzern gem. §§ 291, 319 AktG)
> - Weisungsmacht aufgrund Mehrheitsbeteiligung
> - Satzung, Geschäftsordnung, Gesellschaftsverträge
> - nur faktisch, informell, personelle Vernetzung
>
> (4) Reicht die effektive Leitungsmacht aus, Ihr Controllingkonzept auch durchzusetzen, oder müssen die rechtlichen Strukturen geändert werden?
>
> (5) Welche Unternehmensphilosophie liegt der Struktur der Obergesellschaft zu Grunde?
> - Mischkonzern (Conglomerate)
> - (Finanz-) Holding
> - Divisionalkonzern
> - Vertikalgegliederter Konzern
>
> (6) Stimmt diese (Frage 5) mit der obersten Konzernzielsetzung überein?
> - ROI-Maximierung
> - Rendite bzw. Vermögenszuwachs
> - Risikoausgleich und Wachstum
> - Synergiewirkung
>
> (7) Welche rechtlichen Strukturen haben die Untergesellschaften und entspricht die Struktur Ihrem Controllingkonzept?
> - Aktiengesellschaft *(Corporate)*
> - Gesellschaft mit beschränkter Haftung *(Limited)*
> - Sonstige (Genossenschaft, Personengesellschaft etc.).
>
> (8) Ordnen Sie die Führungsaufgaben der Konzernleitung den Objektbereichen
> - strategische
> - finanzielle
> - operative
> - personelle
> - sonstige
>
> Führung zu.

(9) Prüfen Sie, ob alle Führungsaufgaben der Konzernleitung einem Objektbereich der Obergesellschaft federführend und letztverantwortlich zugeordnet wurden.

(10) Regeln Sie die notwendigen Schnittstellen durch klare Richtlinien, um Konfliktfelder innerhalb der Obergesellschaft auszuschließen.

(11) Sammeln Sie alle Faktoren, Erkenntnisse und Informationen, die für den Grad der Zentralisierung bzw. Zentralisierung der Entscheidungs- und Kompetenzgliederung relevant sind.

(12) Entscheiden Sie im Zweifel zu Gunsten der Dezentralisierung und Delegation.

(13) Überprüfen Sie, ob Ihr Controllingkonzept in Bezug auf Führungstiefe (Zentralisation/Dezentralisation) mit der Konzernphilosophie (s. Fragen 5 und 6) übereinstimmt.

(14) Schaffen Sie klare, schriftliche Regelungen zur Abgrenzung von Befugnissen und Aufgaben innerhalb Ihres Controllingkonzeptes.

(15) Überprüfen Sie kritisch die Übereinstimmung von Verantwortung und Kompetenz bei allen Leistungsebenen.

(16) Stellen Sie sicher, dass die Führung von der Konzernobergesellschaft bis zur Untergesellschaft der untersten Ebene lückenlos ineinander vernetzt ist.

(17) Verfügt Ihr Konzern über ein Führungskonzept, das mindestens folgende Elemente umfasst:
- einsichtige, konzernweit bekannte und akzeptierte Konzernphilosophie (Vision)
- eine qualitative Zielsetzung (Leitbild)
- allgemein akzeptierte Führungsgrundsätze

(18) Stimmt die formale Controller-Organisation konzernweit mit dem Führungskonzept überein?

(19) Sind Aufgaben, Kompetenz und Entscheidungsbefugnisse der Controller-Organisation auf allen Hierarchiestufen klar und schriftlich geregelt?

(20) Beherrschen Ihre Controller auf allen Stufen des Konzerns das strategische Analyse- und Bewertungsinstrumentarium, um die Strategieentwicklung der Geschäftsführung und Vorstände wirksam zu unterstützen?

(21) Werden Ihre Controller laufend weitergebildet und qualifiziert, z.B. durch Kenntnisse in
- Moderationstechnik
- Informationsverarbeitung?

(22) Verfügen Sie über ein wirksames strategisches Berichtswesen?

(23) Wird der Grad der erreichten strategischen Zielsetzung laufend kontrolliert (Regelkreissystem)?

(24) Bestehen konzerneinheitliche betriebswirtschaftliche Regeln bezüglich:
- Verrechnungspreise
- Kostenrechnungssysteme
- Investitionsrechnungsverfahren?

7.3.4 Reporting-Struktur

Ausgangspunkt der Reporting-Struktur auf Konzernebene ist die Planungsstruktur im Konzern. Dabei gelten für die Konzernbereiche und den Gesamtkonzern die Planungsstufen

- Jahresplanung („Budget"),
- Mittelfristplanung,
- strategische Planung.

Diese Planungen werden ergänzt im finanziellen Bereich um rollierende

- Finanzplanungen,
- Liquiditätsplanungen,
- Plan-Gewinn- und Verlustrechnungen,
- Plan-Bilanzen.

Innerhalb des Konzerns läuft schematisch die Planungspyramide in ähnlicher Verdichtung ab wie auf Einzelfirmen-Ebene. Gemäß der Leitlinie, dass jeder Entscheidungsträger die Planungen seines Verantwortungs- und Kompetenzbereiches erstellt und der Verdichtungsgrad und Gegensteuerungsrahmen auf Konzernebene am größten, aber am wenigsten detailliert bezogen auf einzelne Operationen ist, sieht die Planungs-Struktur auf Konzernebene vereinfacht wie folgt aus:

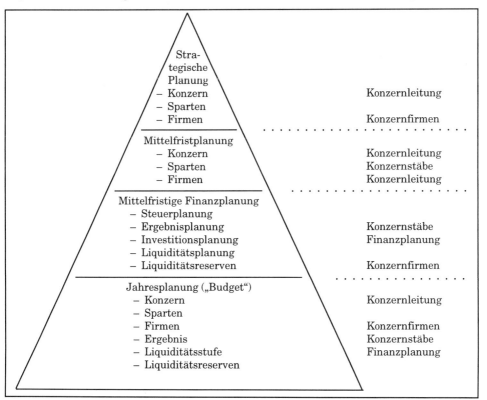

Die Planungsstruktur stellt den Rahmen der Reporting-Struktur im Controlling-System dar. Das gilt auch auf Konzernebene. Gemäß dieser Grundleitlinie (wir verweisen auf die Darstellung zum Informationssystem in diesem Buch) erscheinen zwangsläufig an der Konzernspitze die Informationen im höchsten Verdichtungsgrad.

Bezüglich der konkreten Ausgestaltung der Konzern-Reporting-Struktur sind die Führungsstruktur und die Leitlinie des Konzerns ausschlaggebend. Während für vertikal integrierte Konzerne auch bis auf Konzernebene in hoher Verdichtungsstufe relativ detaillierte Informationen über Produktgruppen, Regionen, Märkte, Kostenstellen, kritische Kostenbereiche usw. anzutreffen sind, finden wir bei Holding-Strukturen eher eine Konsolidierung unterschiedlicher Einzelfirmenergebnisse. Diese kann nach dem Muster auf Seite 385 vorgenommen werden.

Während obige Darstellung eine mögliche Ausprägung der Reporting-Struktur auf Konzernebene für eine Management-Holding darstellt, wird sich bei einer rein vermögensverwaltenden Holding die Reporting-Struktur eher an den grundlegenden Bereichen

❑ Beteiligungserträge/Dividenden,
❑ Ergebnis-Cash-Management,
❑ Ergebnis-Konzern-Clearing,
❑ Ergebnis-Immobilien-Bereich usw.

orientieren.

Auch für die Ausgestaltung der Reporting-Struktur auf Konzernebene gilt, dass die spezifischen Belange des Unternehmens, seiner Struktur und seiner Führungsphilosophie in der Reporting-Struktur ihren Ausdruck finden müssen.

Konzern-Controlling

						ERGEBNISBERICHT 200X				X–01
						BEREICH X				
	Berichtsmonat		Abweichung		Text	Januar – Berichtsmonat			Abweichung	
Vorjahr	Plan	Ist	abs.	%		Vorjahr	Plan	Ist	abs.	%
Unternehmen 1										
					Nettoumsatz					
					Betriebsergebnis					
					Gesamtergebnis					
Unternehmen 2										
					Nettoumsatz					
					Betriebsergebnis					
					Gesamtergebnis					
Unternehmen 3										
					Nettoumsatz					
					Betriebsergebnis					
					Gesamtergebnis					
Unternehmen 4										
					Nettoumsatz					
					Betriebsergebnis					
					Gesamtergebnis					
Bereich X										
					Nettoumsatz					
					Betriebsergebnis					
					Gesamtergebnis					
KENNZAHLEN										
					Umsatzwachstum (%)					
					Umsatzrendite (%)					
					Umsatzrendite vor Zinsen (%)					
					Kapital-umschlag					
					Return on Investment (%)					
					Cash Flow (TDM)					
					Cash Flow (%)					

7.3.5 Bilanzierungs-Struktur

Die Bilanzierungs-Struktur auf Konzernebene wird durch die §§ 290–315 HGB geregelt.

Die Bilanzierungsvorschriften für den Konzernabschluss gelten überwiegend für Mutterunternehmen in der Rechtsform der Kapitalgesellschaft. Konzernobergesellschaften in der Rechtsform der Personengesellschaft können dabei die Erleichterungen des Publizitätsgesetzes in Anspruch nehmen. Das neue Recht für den Konzernabschluss, das seit 1.1.1986 in Kraft ist, findet seine zwingende Anwendung auf das Geschäftsjahr 1990.

Ein wesentliches Prinzip, das der Aufstellung des Konzernabschlusses nach HGB zu Grunde liegt, ist der Grundsatz der einheitlichen Bilanzierung und Bewertung. Das bedeutet, dass – von Besonderheiten bei Kreditinstituten und Versicherungsunternehmen sowie unwesentlichen Vorgängen abgesehen – die Bilanzierung und Bewertung aller Vermögensgegenstände und Schulden nach einheitlichen Kriterien, nämlich denen des Mutterunternehmens und damit der Konzernobergesellschaft – bei allen konsolidierten Unternehmen Anwendung findet.

Im Konzernabschluss nach HGB erfolgt die Konsolidierung aller Unternehmen, die unter der einheitlichen Leitung (Weltabschlussprinzip) der Obergesellschaft stehen mit Ausnahme solcher Unternehmen, deren Tätigkeit vom Hauptunternehmenszweck abweichen.

Bezüglich der Kapitalkonsolidierung ist nur die reine angelsächsische Methode anzuwenden. Für die Publizierung ist die Erstellung und Veröffentlichung eines Anhangs nunmehr zwingend.

Die gemäß Handelsgesetzbuch vorgegebene Struktur für die Bilanz und die Gewinn- und Verlustrechnung zeigen die nachfolgenden Abbildungen:

Gliederung der Bilanz gem. § 266 Abs. 2 und 3 HGB

Aktivseite

A. **Anlagevermögen**
  I. Immaterielle Vermögensgegenstände
     1. Konzessionen, gewerbliche Schutzrechte und ähnliche Rechte und Werte sowie Lizenzen an solchen Rechten und Werten
     2. Geschäfts- oder Firmenwert
     3. Geleistete Anzahlungen
  II. Sachanlagen
     1. Grundstücke, grundstücksgleiche Rechte und Bauten einschließlich der Bauten auf fremden Grundstücken
     2. Technische Anlagen und Maschinen
     3. Andere Anlagen, Betriebs- und Geschäftsausstattung
     4. Geleistete Anzahlungen und Anlagen im Bau
  III. Finanzanlagen
     1. Anteile an verbundenen Unternehmen
     2. Ausleihung an verbundene Unternehmen
     3. Beteiligungen
     4. Ausleihungen an Unternehmen, mit denen ein Beteiligungsverhältnis besteht
     5. Wertpapiere des Anlagevermögens
     6. Sonstige Ausleihungen

B. **Umlaufvermögen**
  I. Vorräte
     1. Roh-, Hilfs- und Betriebsstoffe
     2. Unfertige Erzeugnisse, unfertige Leistungen
     3. Fertige Erzeugnisse, Waren
     4. Geleistete Anzahlungen
  II. Forderungen und sonstige Vermögensgegenstände
     1. Forderungen aus Lieferungen und Leistungen
     2. Forderungen gegen verbundene Unternehmen
     3. Forderungen gegen Unternehmen, mit denen ein Beteiligungsverhältnis besteht
  III. Wertpapiere
     1. Anteile an verbundenen Unternehmen
     2. Eigene Anteile
     3. Sonstige Wertpapiere
  IV. Schecks, Kassenbestand, Bundesbank- und Postgiroguthaben, Guthaben bei Kreditinstituten

C. **Rechnungsabgrenzungsposten**

Passivseite

A. Eigenkapital

   I. Gezeichnetes Kapital

  II. Kapitalrücklage

 III. Gewinnrücklagen
- 1. Gesetzliche Rücklage
- 2. Rücklage für eigene Anteile
- 3. satzungsmäßige Rücklagen
- 4. andere Gewinnrücklagen

 IV. Gewinnvortrag/Verlustvortrag

  V. Jahresüberschuss/Jahresfehlbetrag

B. Rückstellungen
- 1. Rückstellungen für Pensionen und ähnliche Verpflichtungen
- 2. Steuerrückstellungen
- 3. Sonstige Rückstellungen

C. Verbindlichkeiten
- 1. Anleihen
  davon konvertibel
- 2. Verbindlichkeiten gegenüber Kreditinstituten
- 3. Erhaltene Anzahlungen auf Bestellungen
- 4. Verbindlichkeiten aus Lieferungen und Leistungen
- 5. Verbindlichkeiten aus der Annahme gezogener Wechsel und der Ausstellung eigener Wechsel
- 6. Verbindlichkeiten gegenüber verbundenen Unternehmen
- 7. Verbindlichkeiten gegenüber Unternehmen, mit denen ein Beteiligungsverhältnis besteht
- 8. Sonstige Verbindlichkeiten
  davon aus Steuern
  davon im Rahmen der sozialen Sicherheit

D. Rechnungsabgrenzungsposten

Gewinn- und Verlustrechnung nach dem Gesamtkostenverfahren

(1) Umsatzerlöse

(2) Erhöhung oder Verminderung des Bestands an fertigen und unfertigen Erzeugnissen

(3) Andere aktivierte Eigenleistungen

(4) Sonstige betriebliche Erträge

(5) Materialaufwand
   a) Aufwendungen für Roh-, Hilfs- und Betriebsstoffe und für bezogene Waren
   b) Aufwendungen für bezogene Leistungen

(6) Personalaufwand
   a) Löhne und Gehälter
   b) Soziale Abgaben und Aufwendungen für Altersversorgung und für Unterstützung

(7) Abschreibungen
   a) auf immaterielle Vermögensgegenstände des Anlagevermögens und Sachanlagen sowie auf aktivierte Aufwendungen für die Ingangsetzung und Erweiterung des Geschäftsbetriebs
   b) auf Vermögensgegenstände des Umlaufvermögens, so weit diese die in der Kapitalgesellschaft üblichen Abschreibungen überschreiten

(8) Sonstige betriebliche Aufwendungen

(9) Erträge aus sonstigen Beteiligungen

(10) Erträge aus anderen Wertpapieren und Ausleihungen des Finanzanlagevermögens

(11) Sonstige Zinsen und ähnliche Erträge

(12) Abschreibungen auf Finanzanlagen und auf Wertpapiere des Umlaufvermögens

(13) Zinsen und ähnliche Aufwendungen
davon an verbundene Unternehmen

(14) Ergebnis der gewöhnlichen Geschäftstätigkeit

(15) Außerordentliche Erträge

(16) Außerordentliche Aufwendungen

(17) Außerordentliches Ergebnis

(18) Steuern vom Einkommen und vom Ertrag

(19) Sonstige Steuern

(20) Jahresüberschuß / Jahresfehlbetrag

Die Erstellung des Konzernabschlusses läuft in der Regel so ab, dass

- die einzelnen Unternehmen des Konzerns anhand einer einheitlichen Konzernrichtlinie ihre Abschlüsse dezentral erstellen,
- ausgehend von diesen Einzelabschlüssen der einzelnen Konzerngesellschaften durch Überleitung der Handelsbilanz I in die Handelsbilanz II auf die einheitlichen Konzernbilanzierungsrichtlinien übergegangen wird.

Mittlerweile finden sich umfangreiche EDV-Programme, die nicht nur bei der Konsolidierung und Bilanzierung erhebliche Unterstützung leisten, sondern auch umfangreiche Auswertungen des Konzernabschlusses liefern, die den Reporting-Gedanken auf Konzernebene erweitern und auch einen an sich in der Materie doch relativ trockenen Jahresabschluss zusätzlich mit Informationen anreichern.

8 DV-Controlling

Die Weiterentwicklung und Umorientierung des Managements der Datenverarbeitung hin zum integrierten Informationsmanagement schreitet mit zunehmender Geschwindigkeit voran. Es ist nicht mehr die Hardware, der das Hauptaugenmerk im DV-Management zu gelten hat, sondern die integrierte, auf den Nutzer abgestimmte und in ihrer Komplexität täglich steigende Software, die es zu beherrschen gilt bezüglich ihrer

- Struktur,
- Anwendungsbreite,
- Komplexität,
- Kostenentwicklung und
- Nutzen für den Anwender.

Diese Entwicklung hat dazu geführt, dass das Controlling – zwar noch in den Anfängen – auf den DV-Bereich ausgedehnt wird. Allerdings zeigt sich hier, welche Grenzen das Controlling hat, wenn seitens der Fachabteilung und der Nutzer die Vorstellungen über die Perspektiven, Projekte und Gesamtstruktur der Informationssysteme nur wage sind.

8.1 Operatives DV-Controlling

8.1.1 Planung

Die ersten Ansätze des DV-Controlling finden sich im klassischen operativen Controlling mit der Planung des DV-Bereichs. Klassische Aufgaben im Rahmen der Planung des DV-Bereichs sind

- der Aufbau eines Planrahmens,
- die Planung der DV-Kosten nach
  - Kostenarten,

- Kostenstellen,
- Kostenträgern,
- Projekten,

❑ die Planung der Erlöse, auch für „interne" Nutzer,

❑ der Aufbau einer innerbetrieblichen Leistungsverrechnung zur Führung der DV-Abteilung als internes Profit-Center.

Diese Aufgaben können mit den heute bekannten Instrumenten des operativen Controlling und einer zeitnahen Kosten- und Erlösrechnung hinreichend abgedeckt werden. Die Planung zwingt die Verantwortlichen des DV-Bereichs zur Strukturierung ihrer Zukunftsperspektiven und die Anwender, ihre Leistungsanforderungen an die DV-Ressourcen zu definieren. Damit ist ein erster Schritt in ein funktionierendes Controlling geschaffen.

8.1.2 Information

Die Informationsfunktion im Rahmen des operativen DV-Controlling hat die Aufgabe, die im Rahmen der Planung über den Planrahmen und die einzelnen Teilbereiche gesetzten Planungsdaten in Form des laufenden Reporting in der Ist-Entwicklung darzustellen. Dazu wird auf die bekannten Instrumente im Rahmen des operativen Berichtswesens zurückgegriffen, das zweckmäßigerweise nach den Bereichen

❑ Kostenartenrechnung,
❑ Kostenstellenrechnung,
❑ Kostenträgerrechnung,
❑ Projektkosten-Entwicklung,
❑ Erlösrechnung und
❑ innerbetriebliche Leistungsverrechnung

vorgenommen wird.

Das Berichtswesen bildet dann den Einstieg für die klassische Analyse und Kontrolle im Rahmen der Controllingaufgaben.

8.1.3 Analyse/Kontrolle

Die Abweichungsanalyse im Rahmen des operativen DV-Controlling baut auf den klassischen Instrumenten zur Analyse von Abweichungen im Rahmen des Controlling auf. Anwendung finden

❑ Verbrauchsabweichungen,
❑ Preisabweichungen,
❑ Aufgaben-Mixabweichungen

sowohl auf der Kosten- als auch auf der Erlösseite. Im Rahmen des Projekt-Controlling werden die entsprechenden Aufgaben projektweise vollzogen.

8.1.4 Steuerung

Die Steuerungsaufgaben im Rahmen des operativen DV-Controlling haben die Aufgabe, durch Maßnahmen die Zielerreichung sicherzustellen. Dieses Maßnahmenbündel setzt sowohl auf der Kosten- als auch auf der Erlösseite an. Den Einstieg findet das Gedankengut über die Anwendung der Break-Even-Analyse und läuft in arbeitsteiliger Form des operativen Controlling zur Steuerung bei Abweichungen und zur Zielerreichung ab.

8.2 DV-Projekt-Controlling

8.2.1 Laufende Projekte

Die Steuerung der laufenden Projekte im Rahmen des DV-Controlling kann unter Zuhilfenahme der bekannten Aufgaben des Projekt-Controlling im Rahmen strukturierter Aufgaben angewendet werden, die im Rahmen des Projekt-Management gelöst werden. Die Aufgabe besteht darin, den klassischen Katalog des Projekt-Managements auf DV-Projekte anzuwenden wie

- Projekt-Zielsetzung,
- in dem Projekt gebundene Ressourcen,
- Controlling des Projektfortschritts,
- Plan-Ist-Vergleich der Projekterlöse und der Projektkosten,
- Kontrolle der Erfolgssignale und Etappenziele bei über längere Perioden laufender Projekte.

8.2.2 Komplexe Projekte

Mit der Zunahme der Komplexitätsstruktur der Projekte wird auch die Möglichkeit der Anwendung der klassischen Methoden des operativen Projektmanagements eingeschränkt. Komplexe Projekte haben eine Struktur, die sich nicht programmieren lässt. Insofern sind für komplexe Projekte ganz andere Aufgaben im Rahmen des Projekt-Controlling zu erfüllen. Hier bleibt nur der Weg, ausgehend von einer klar formulierten DV-Strategie, deren Plausibilität in die unterschiedlichsten Richtungen abzuklären ist, das Gesamtthema in verschiedene überschaubare Projekte zu segmentieren, die dann in sich wieder eine bestimmte Formalisierungsstruktur haben, die führbar und steuerbar ist.

8.3 Strategisches DV-Controlling

8.3.1 DV-Strategie

Ebenso wie für das Unternehmen oder einzelne Geschäftsbereiche empfiehlt es sich, aufgrund der Komplexitätsstruktur und der langfristigen Ressourcenbindung auch für den DV-Bereich eine Strategie zu erarbeiten. Ausgehend von den Erfolgsfaktoren und eigenen Stärken sind die strategischen Potenziale des DV-Bereichs festzulegen und auf dieser Basis die Einzelstrategien zu erarbeiten. Dabei kommt den Einzelstrategien die Aufgabe zu, die langfristige Ressourcensteuerung sicherzustellen. Übliche Inhalte der DV-Strategie sind

- Marktstruktur und Entwicklungen im DV-Markt,
- Erfolgsfaktoren im DV-Markt,
- eigene Stärken,
- strategische Potenziale,
- Hardwarestrategie,
- Softwarestrategie,
- Kapazitäten,
- personelle Besetzung,
- Schwerpunktaufgaben und
- operative Umsetzung.

Im Rahmen einer solchen Strategie sind neben der grundlegenden Ausrichtung auch Fragen der Eigenfertigung oder des Fremdbezugs zu prüfen sowie zu überlegen, ob eigene Potenziale nicht auch außerhalb des Unternehmens eingesetzt werden können. Gerade im DV-Bereich hat in den letzten Jahren der Trend zum Outsorcing und zum Aufbau eigenständiger DV-Dienstleistungsfirmen rapide zugenommen. Aus der Zielsetzung heraus, die kostentreibenden Faktoren des Geschäftes über das Angebot standardisierter Leistungen zu reduzieren, ergibt sich hier noch ein breites Feld der Neuausrichtung für viele Unternehmen.

8.3.2 Datenverarbeitung und Informationsmanagement

Die technischen Möglichkeiten und die Komplexität der Informationsnachfrage lassen strategische Datenverarbeitungsentscheidungen heute letztlich zu Entscheidungen über das zukünftige Informationsmanagement werden. Dabei ist von folgenden Tatsachen auszugehen:

1. Für viele Bereiche der Industrie und des Handels gibt es heute hervorragende Standardsoftware. Standardsoftware bedeutet Reduktion der Entwicklungsaufwendungen, Unabhängigkeit von Personen und ständige Weiterentwicklung der Software. Standardsoftware bedeutet aber auch, dass das einzelne Unternehmen in bestimmten Informationsroutinen an die Standards, die viele Anwender anwenden, angepasst werden muss. Individualität kostet viel Geld.

2. Die Hardwarepreise fallen von Jahr zu Jahr. Nicht mehr die Hardware ist der Engpasssektor in der DV, sondern die Möglichkeit der Nutzung standardisierter integrierter Software ist der Engpassfaktor, der die langfristige Entwicklung bestimmt.

3. Die Nutzer am Bildschirm treiben die Verarbeitungslast der Hardware von Jahr zu Jahr hoch. Auch bei gleichen Anwendungen steigt die Inanspruchnahme der CPU-Zeit um ca. 10% bis 20% pro Jahr an. Die Kompensation der

zusätzlichen Kosten wurde in den letzten Jahren über fallende Preise auf dem Hardwaremarkt kompensiert.

4. Die Grundsatzfrage für viele Anwender besteht heute darin, ob man noch auf der Mainframe-Architektur bleibt, oder im Rahmen der UnixWelt mit verteilter Intelligenz operiert. Zur Zeit gilt noch, dass die Mainfraime-Anwendungen für hohe Datenbestände und komplexe Anwendungen günstiger sind. Die Unix-Anwendungen, die zunächst ihr Feld im Mittelstand haben, werden weiter an Raum gewinnen und zunehmend in der Lage sein, auch größere und komplexere Aufgaben wahrzunehmen. Damit wird für viele Anwender Ende der 90er Jahre die Grundsatzfrage über die zukünftige Hardware- und Softwarerichtung anstehen.

8.3.3 Ressourcen-Nutzung

Die Komplexität der Informationsverarbeitung und die Inanspruchnahme der notwendigen Kapazitäten hat für viele Unternehmungen zur Folge, dass die Kosten zwangsläufig steigen. Auch durch hoch effizientes Arbeiten in den Fachabteilungen und in der DV-Abteilung ist es nicht möglich, die Kostensprünge zu kompensieren. Damit stellt sich für jedes Unternehmen die Grundsatzfrage, ob

❏ es eine eigene Hardware noch weiter betreibt, oder bei Nutzung von Standardsoftware in ein maßgeschneidertes externes Rechenzentrum überwechselt, das in der Lage ist, die kostentreibenden Faktoren über die hohe Anwenderzahl zu senken und die Softwareentwicklung gemeinsam zu betreiben oder

❏ ob es selbst den Weg geht, seine eigene Hardware und Standardsoftware für externe Nutzer zu öffnen und damit den Kostendegressionseffekt selbst zu managen.

Vor diese Grundsatzfrage sind viele Unternehmen gestellt. Die starke Ausweitung des „Outsorcing-Marktes" gerade bei Rechenzentren zeigt, dass hier noch ein weites Feld des kostengünstigen Managements der eigenen Informationsverarbeitung besteht.

8.4 Benchmarking für DV-Prozesse

Gerade DV-Prozesse bieten sich bei Anwendung integrierter Standardsoftware für Benchmarking an. Michels hat in einem Beitrag im Controller-Magazin einen Ansatzpunkt gezeigt, wie aus Branchenvergleichen Ansätze für Benchmarking gewonnen werden können (Michels, Jochen K.: Benchmarking und Best Practice. Jetzt auch für Großrechenzentren. In: Controller-Magazin, Heft 4 1994, Seite 382 bis 386). Die Tabelle auf Seite 395 der Mittelpreise der Leistungseinheiten für Großrechenzentren im Zeitablauf gibt interessante Hinweise für die eigene Position und Hilfestellung bei Grundsatzentscheidungen über die zukünftige eigene Richtung.

Über derartiges Benchmarking ist jedes Unternehmen in der Lage, relativ gut seine eigene Position für tiefergehende Fragestellungen zu finden.

DV-Controlling

Mittelpreise der Leistungseinheiten für Rechenzentrumsleistungen

Leistungsart	Einheit	Preis 1993	1994	1995	1996	1997
CPU-Zeit	1 MIPS-Stunde	270	201	174	90	62
CPU-Zeit gewichtet	1 MIPS-Stunde	123	103	80	50	35
Plattenplatz	1 MByte/Monat	6,67	4,20	2,18	1,84	1,33
Plattenplatz gewichtet	1 MByte/Monat	4,31	2,60	1,27	1,22	0,84
Plattenzugriffe	1000 Stück	1,22	1,03	0,66	0,61	0,53
Plattenzugriffe gewichtet	1000 Stück	0,96	0,42	1,42	0,57	0,44
Bandzugriffe	1000 Stück	1,92	1,75	1,52	1,62	1,31
Bandmontage	pro Stück	6,78	5,30	6,94	6,76	9,35
Bandlagerung	Stück/Monat	7,92	6,52	7,27	7,78	7
Impact-Druck	1000 Zeilen	2,33	2,22	2,31	1,92	1,71
Laser-Druck	1000 Seiten	99,20	88,85	93,20	85,09	84,21
Drucker-Miete	pro Monat	260	236	177	177	153
Drucker-Anschaltzeit	100 Stunden	227	178	120	98	90
Drucker-Arbeitsplatz	pro Monat	435	367	280	283	246
Bildschirm-Miete	pro Monat	173	160	146	116	109
BS-Anschaltzeit	100 Stunden	598	148	98	106	74
BS-Arbeitsplatz	pro Monat	402	315	241	193	174
PC/Workstation-Miete	pro Monat	311	227	222	237	221
PC/Workstation-Anschaltzeit	100 Stunden	330	421	368	150	169
PC/Workstation-Miete	pro Monat 100 Stunden	491	326	299	305	298
DFÜ-Steuereinheit	pro Monat	878	2366	1841	888	884
DFÜ-Anschluss	pro Monat	274	373	148	158	120
DFÜ-Bandbreite	1 kbps/Jahr	k. A.	628	250	240	524
DFÜ-Übertragung	1 Mio. Zeichen	29,83	29,60	20,68	14,42	14,45
Arbeitsvor-/Nachbereitung	pro Stunde	88	71	79,48	60,87	58,75
Arbeitsvor-/Nachbereitung	Job/Step	8,17	5,19	3,04	2,21	2,70
Systemarbeit	pro Stunde	129	99,50	92,40	81,84	71
Anwendungsentwicklung	pro Stunde	148	122	121	129	149
Datenerfassung	1000 Zeichen	9,55	9,68	13,60	14,73	19,23

9 Organisatorischer Wandel und Controlling

9.1 Wandel im Unternehmen

9.1.1 Externe Einflussfaktoren

Die Umfelder, in denen Unternehmen heute zu agieren haben, weisen von Jahr zu Jahr höhere und schnellere Veränderungen auf. In manchen Fällen zeigen sich massive Turbulenzen, die die bekannten Instrumente der langfristigen Extrapolation und des Aufbaus von Mittelfristplanungen zur Unternehmenssteuerung zunehmend infrage stellen. Die Unternehmensführung steht damit vor der schwierigen Aufgabe, Pläne qualitativ zu formulieren und quantitativ zu untermauern und diese permanent zu revidieren, neu aufzubauen und den extern gewandelten Einflüssen anzupassen.

Der Wandel in den Rahmenbedingungen der Unternehmen findet seinen Ausdruck in

- dem generellen Wertewandel der Konsumenten,
- dem Aufkommen neuer Wertkategorien und des Verlustes von alten Wertvorstellungen,
- einem Überangebot an Technik und Konsum, das vor 10 Jahren noch unvorstellbar war,
- einem hohen Informationsstand der Konsumenten, der diese zunehmend kritischer in ihren Einstellungen gegenüber Angeboten macht,
- der Globalisierung der Märkte durch zunehmende Reisetätigkeit und breiteres Bildungsniveau in den meisten Bevölkerungsschichten.

Dieser Wandel der Umfelder wird für die Unternehmen zunehmend kompliziert durch eine generelle Intensivierung des Wettbewerbs, da

- in den Unternehmen das strategische Denkvermögen zugenommen hat,
- die Unternehmen durch massiven Wettbewerbsdruck ihre Kostenpositionen entscheidend verbessert haben,
- die Internationalisierung im Wettbewerbskampf zugenommen hat.

Verstärkt werden diese Veränderungen durch Turbulenzen wie

- Unternehmenszusammenschlüsse von unvorstellbaren Größenordnungen,
- der Zunahme von Leveraged Buyouts und Management Buyouts, die grundsätzliche strategische Änderungen herbeiführen,
- den in Bewegung geratenen Finanzmärkten mit nach Anlage suchendem Kapital,
- dem Zwang, auch für größere Unternehmen Joint Ventures und Kooperationen einzugehen.

Daneben kommt der Zwang zum Wandel und zur Veränderung durch

- die Lebenszyklusentwicklung von Branchen,
- die Phasenentwicklung der Märkte über Fragmentierung, Spezialisierung, Volumen bis zum Patt hin,
- den Wandel der Engpasssektoren (Produktion, Verbraucher, Kunde),
- die Veränderung der Schlüsselfaktoren,
- das Aufkommen von Substitutionskonkurrenz und
- die Marktmacht von Zulieferern und Käufern.

Vor diesem Hintergrund haben Unternehmungen

- die Spielregeln am Markt in immer kürzerer Folge neu zu definieren,
- müssen Wettbewerbsvorteile durch neue Produkte viel härter verteidigt werden,
- wird die Zukunft immer weniger prognostizierbar.

Die Zeiten der Prognose und Extrapolation sind damit endgültig vorbei; Flexibilität und Einstellung auf neue Situationen stellen die Herausforderungen der Zukunft dar.

9.1.2 Interne Einflussfaktoren

Der durch externe Einflussfaktoren hervorgerufene und notwendig werdende Wandel im Unternehmen wird in vielen Fällen durch interne Faktoren verstärkt. Solche internen Einflussfaktoren, die eine Änderung der Unternehmensrichtung zur Folge haben, können beispielsweise Folgende sein:

- Wachstumsschwellen, die sich in Systemen, der Innovationsfähigkeit oder der generellen Grundrichtung im Unternehmen äußern,
- das notwendig werdende Wachstum in neue Bereiche,
- ein Generationenwechsel und die damit verbundenen notwendigen Neuausrichtungen,
- Wechsel in entscheidenden Management-Positionen,
- grundlegende strategische Umorientierungen,
- Turn-around-Situationen, die in den meisten Fällen harte strukturelle Einschnitte bedeuten,
- Technologie-Sprünge,
- größere Investitionen und damit verbundene langfristige Obligen,
- die forciert vorangetriebene Internationalisierung usw.

9.1.3 Ausdruck des Wandels

Die vorstehend nur aufgeführten Komponenten rufen in den meisten Unternehmen größere Änderungsprozesse hervor, die ihren Ausdruck finden in

- Personen,
- Strukturen,

- Abläufen,
- Prioritäten,
- Maßnahmen,
- Konzepten.

Für die Unternehmensführung kommt es darauf an, diese Einflussfaktoren und ihre langfristigen Tragweiten rechtzeitig zu erkennen und die erforderlichen Maßnahmen im Unternehmen umzusetzen. Die Maßnahmen-Umsetzung hat in den meisten Fällen organisatorische Veränderungen zur Folge, die – betrachten wir uns die vielfach geübte Praxis in den Unternehmungen – nur recht selten oder halbherzig die erforderlichen organisatorischen Veränderungen nach sich ziehen. Es kann heute als gesicherte Erkenntnis angesehen werden, dass die mit notwendigen Umorientierungen im Unternehmen erforderlichen organisatorischen Maßnahmen in den meisten Fällen der entscheidende Hebel sind, um die Veränderungen erfolgswirksam umsetzen zu können. Nur wenn der organisatorische Rahmen und damit der Einklang von Strategie, Struktur und Führung gegeben ist, werden sich die erforderlichen Erfolge einstellen.

9.2 Organisatorische Gestaltungsprinzipien und Controlling

9.2.1 Controlling als Steuerungskonzept

Controlling bedeutet Bereitschaft und Wille, eine Unternehmung zielorientiert zu steuern und eine Einheit im Unternehmen zu akzeptieren, in deren Kompetenz und Verantwortung die Sicherstellung dieser Funktion fällt. Es handelt sich somit um eine „Führungsphilosophie", bei der ein transparentes, auf die Steuerungsbelange der Unternehmung aufgebautes System genereller Regelungen anstelle des fallweisen Improvisierens tritt, das für den einzelnen transparent und praktikabel sein muss, um aktiv genutzt zu werden.

Controlling ist ein modernes Konzept der Unternehmenssteuerung. Es hat die Aufgabe, die Unternehmung auf dem Kurs zu halten, der zur Zielerreichung führt. Aus der Mischung von Planungs- und Kontrollaufgaben wird eine entscheidungsorientierte Unternehmenssteuerung möglich, bei der der Controller als Steuermann und Lotse die Verantwortung für den Aufbau eines funktionsfähigen Steuerungs-Instrumentariums trägt. Controlling vermeidet die unkoordinierte bereichsweise Steuerung durch Koordination der dezentralen Interessenslagen.

In diesem Sinne hat das Controlling dafür zu sorgen, dass

- die zunehmende betriebswirtschaftliche Komplexität der Unternehmen transparent gemacht wird,
- rechtzeitig Signale gesetzt werden, um Gegensteuerungsmaßnahmen einzuleiten,

❏ garantiert wird, dass Unternehmen aus ganzheitlicher Sicht geführt werden,
❏ das betriebswirtschaftliche Gleichgewicht aus Umsatz-Kosten-Gewinn-Finanzen vor dem Hintergrund der strategischen Zukunftssicherung aufrechterhalten wird,
❏ zukunftsorientiert geholfen wird, die Engpassprobleme von Unternehmen zu lösen.

Ein engpassorientiertes Steuerungs-Instrument wie das Controlling verlangt die Berücksichtigung der firmenspezifischen Besonderheiten, die durch die Struktur der Unternehmung festgelegt werden und die sich ausdrücken in

❏ Produkten/Problemlösungen,
❏ Vertriebswesen,
❏ Werken,
❏ relativen Wertschöpfungsstrukturen usw.

Für die Einführung des Controlling gibt es kein „Rezept von der Stange", wobei aber keine Branche so besonders ist, dass sich die hinlänglich bekannten Instrumente des Controlling nicht einführen lassen. Letztlich kommt es darauf an, dass über das Controlling die sog. fünf Knöpfe transparent werden, an denen man richtig drehen muss, um erfolgreich zu sein.

9.2.2 Management by Objectives und Management by Exceptions als Basis

Voraussetzungen zum Einsatz des Controlling als Steuerungs-Instrument sind:

(1) der Aufbau eines Systems von Zielen (Objectives) und Ausnahmesituationen (Exceptions) zur dezentralen Steuerung,
(2) das Bereithalten eines Instrumenten-Kastens seitens des Controlling und
(3) die Unterstützung der Linieneinheiten bei der Umsetzung von Gegensteuerungsmaßnahmen.

Organisatorische Voraussetzungen zur Einführung des Controlling sind damit die Etablierung des Management by Objectives und des Management by Exceptions. Das Management by Objectives stellt sicher, dass im Rahmen der dezentralen Zielvorgabe innerhalb der Jahresplanung ein System von Zielen für die dezentralen Linieneinheiten formuliert wird. Diese Ziele haben folgenden Anforderungen zu genügen:

❏ es muss sich um operationale Ziele handeln,
❏ die Ziele müssen im Einklang mit den übergeordneten Zielen stehen, d.h. es hat Kongruenz in der Zielhierarchie zu bestehen und
❏ die einzelnen Ziele müssen realistisch sein.

Um diese dezentrale Zielvorgabe im Rahmen des Management by Objectives wirksam werden zu lassen, ist der Aufbau eines Management by Exceptions erforderlich. Dieses beinhaltet zwei Bereiche:

(1) Den Aufbau eines Systems von Ausnahmesituationen, welches

(2) festlegt, innerhalb welcher Grenzen von den einzelnen Einheiten Aktivitäten einzuleiten sind und wer innerhalb der einzelnen Einheiten für das Ergreifen von Gegensteuerungsmaßnahmen zuständig ist.

9.2.3 Management-Informationssystem

Das Management-Informationssystem wird vielfach als das Herzstück eines jeden Controlling-Systems bezeichnet. Zum Aufbau dieses Informations-Systems kennen wir folgende Bereiche:

(1) Basis-Informationssystem
  - Kostenarten-Rechnung
  - Kostenstellen-Rechnung
  - Kostenträger-Rechnung

(2) Entscheidungsorientiertes Informationssystem
  - Produkt-Erfolgsrechnung
  - Vertriebs-Erfolgsrechnung
  - Kunden-Erfolgsrechnung
  - Unternehmens-Erfolgsrechnung

Bei dem Aufbau des Informationssystems ist zu beachten, dass Kongruenz bestehen muss zwischen

❏ der gesellschaftsrechtlichen Struktur des Unternehmens,
❏ der Organisationsstruktur,
❏ den Abrechnungskreisen des Finanz- und Rechnungswesens und
❏ dem darauf aufzubauenden Controlling-Informationssystem:

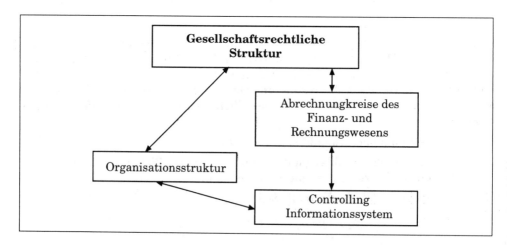

Je klarer und vollständiger die Kongruenz zwischen diesen verschiedenen Komponenten ist, um so effizienter ist das Controlling-System in seinem Einsatz und in seinen Ergebnissen.

9.2.4 Profit-Center-Konzeption

Nachdem lange Jahre in deutschen Unternehmen die Zentralisierungsthese vorgeherrscht hat und die Linieneinheiten immer bestrebt gewesen sind, möglichst viele Aufgaben zentral in ihren Zuständigkeitsbereich zu bekommen, ist diese Welle mittlerweile in das Gegenteil umgeschlagen. Gemäß den Grundsätzen „all business is local" und „small is beautiful" hat sich eine Tendenz zu mehr Dezentralisierung und zurück zu kleineren überschaubaren Einheiten in den Unternehmen entwickelt. Zielsetzung dieser strukturellen Änderungen ist es, den verantwortlichen Entscheidungsträgern mehr unternehmerischen Freiraum und Verantwortung einzuräumen und gleichzeitig damit über die Segmentierung der Ergebnisbereiche eine überschaubare Gesamtergebnis-Transparenz zu erhalten. Zudem stellt diese Organisationsform die konsequente Umsetzung des „Management by Objectives" dar, indem Ergebnisse dort ausgewiesen werden, wo sie beeinflusst werden können und wo die dezentrale Zielvorgabe und Zielerreichung leichter möglich ist.

Zur Einführung der Profit-Center-Konzeption sind folgende Voraussetzungen zu schaffen:

(1) Aufbruch der Ergebnisstruktur,

(2) Schaffung überschaubarer und auf den Entscheidungsträger zugeschnittener Abrechnungskreise,

(3) Sicherstellung einer klaren Trennung der unterschiedlichen Ergebnis-Einflussfaktoren.

Hinsichtlich der Umsetzung der Profit-Center-Konzeption ist die Ausgestaltung und controllingmäßige Abrechnung der einzelnen Bereiche mit unterschiedlichen Schwierigkeitsgraden behaftet:

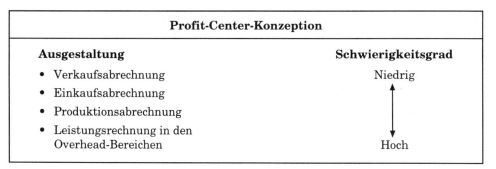

Während die Verkaufsabrechnung in den meisten Unternehmen keine große Schwierigkeit bereitet, steigt der Schwierigkeitsgrad insbesondere bei der Produktionsabrechnung durch die Notwendigkeit des organisatorischen Abgrenzens der Produktion, der Schaffung interner Läger und des Arbeitens über Verrechnungspreise. Zudem sind die Analyse-Instrumentarien zur Erläuterung der Abweichungen in diesem Bereich relativ hoch. Die größten Schwierigkeiten tauchen auf bei der Einführung von Systemen zur innerbetrieblichen Leistungsverrechnung in den Overhead-Bereichen.

9.2.5 Projekt-Controlling

Projekte sind neue, zeitlich begrenzte Aufgaben in einem Unternehmen mit fixiertem Start- und Endtermin. Projekte werden in den meisten Fällen im Team über das sog. Projekt-Management abgewickelt und zeichnen sich durch ihren einmaligen und neuartigen Charakter aus.

Häufige Änderungen externer Rahmenbedingungen und interner Zielsetzungen haben in Unternehmen das Projekt-Management zu einer häufig eingesetzten Organisationsform gemacht. Dabei kommt dem Projekt-Management die besondere Aufgabe zu, neuartige, komplexe und innovative Problemstellungen im Unternehmen zu lösen, die innerhalb der bestehenden Linienorganisation aufgrund funktionaler Blockaden kaum lösbar sind. Projekt-Management zeichnet sich durch ein hohes Maß an Flexibilität aus und ist ein ideales Instrument, um horizontal über die Funktionsbereiche im Unternehmen, bezogen auf ein Projektziel, Aktivitäten umzusetzen.

Während das Projekt-Management eine Organisationsform zur Abwicklung von Projektaufgaben durch horizontale Koordination der funktionalen Ressourcen auf das Projektziel ist, ist das Projekt-Controlling die controlling-orientierte Begleitung von Projektaufgaben. Es ist aufgaben- und maßnahmenbezogen und ein Instrument zum aktiven Fixkosten-Controlling. Darüber hinaus ist das Projekt-Controlling einsetzbar für alle außerhalb der Normalentwicklung laufenden und durch das Budget gedeckten Aufgaben.

Die Anwendung des Projekt-Controlling setzt Folgendes voraus:

- Kenntnis der Organisationsform des Projekt-Managements („Richtlinien für Projekt-Management"),
- klare, operationale und mit vertretbarem Zeitaufwand erreichbare Projektziele,
- ein Projekt-Team, ausgestattet mit den zur Zielerreichung notwendigen Kompetenzen,
- den Projektauftrag und den Vorgehenszeitplan,
- ein laufendes Projekt-Reporting über den Projekt-Fortschritt und
- ein Projekt-Budget.

Das Projekt-Management und das Projekt-Controlling sind sehr flexible Instrumente. Häufig werden sie bei folgenden Projekten eingesetzt:

❏ Entwicklungsprojekte,
❏ Investitionsprojekte,
❏ Werbemaßnahmen,
❏ Gemeinkostenstruktur-Änderungen,
❏ neue Geschäftsfelder,
❏ Portfolio-Überlegungen usw.

9.3 Strategie, Organisation und Controlling zur Steuerung des Wandels im Unternehmen

9.3.1 Strategie, Struktur, Führung

Das Management des Wandels bedeutet die Steuerung eines Prozesses aus Strategie, Struktur und Führung. Nur aus dem gleichzeitigen Zusammenwirken dieser drei Komponenten ist sichergestellt, dass im Rahmen der Strategie-Erarbeitung zur Begegnung des Wandels die dort formulierten Ziele und Visionen über eine adäquate Struktur in der Umsetzung und Führung des Unternehmens erfolgsträchtig sind. Ausgangspunkt zum Management des Wandels ist die Erkenntnis der Veränderungen und der Notwendigkeit der Reaktion auf diese. Darauf aufbauend erfolgt die Erarbeitung der Strategie zur Begegnung des Wandels, der Schaffung der für die Umsetzung dieser Veränderungsprozesse notwendigen Strukturen und das Aufbauen eines Systems von Zielen, Visionen und mentalen Komponenten, um die Führung und die Steuerung des Wandels sicherzustellen.

9.3.2 Organisatorische Voraussetzungen für ein effizientes Controlling

Die Effizienz des Controlling wird gesteigert, wenn folgende Voraussetzungen im Unternehmen existieren:

❏ Ein organisatorischer Rahmen, der dem einzelnen Mitarbeiter Initiative und Verantwortung überträgt.
❏ Die Eindeutigkeit von Verantwortung, Entscheidung und Kompetenz, damit der einzelne in seinem Bereich Maßnahmen einleiten kann.
❏ Eine Organisationsstruktur, die Überschneidungen mit der Folge „unproduktiver Konflikte" vermeidet.

Die Umsetzung des Controlling-Gedankens im Unternehmen wird um so schwieriger, je verstrickter die Organisationsstruktur ist. Jede Organisationsstruktur wirkt verhaltensprägend auf die Mitarbeiter, ihre Leistung für das Unternehmen und das Zusammenwirken der einzelnen Einheiten im Unternehmen. Diese verhaltensprägende Wirkung ist das Ergebnis des Zusammenspiels von Ablauf- und Aufbauorganisation, die ihren Ausfluss in der Führungsstruktur des Unternehmens findet.

In der Zukunft, vielleicht vielmehr als in der Vergangenheit, werden sich in Unternehmungen Organisationsstrukturen herausbilden, die schwer in ein bestimmtes Organisationsschema einzureihen sind. So ist es durchaus denkbar, dass eine erfolgreiche Organisation in bestimmten Marktsituationen aus folgenden Komponenten besteht:

- der formalen „Ordnungsorganisation", die allerdings nicht mehr den Stellenwert wie in der Vergangenheit besitzt,
- dem Strategie-Team als nach-vorne-treibende Institution beim kreativen Auffinden neuer zukunftsgerichteter Strategien,
- diverser Projekt-Gruppen, die als Ergebnis der Unternehmens-Strategie sporadisch und ad hoc neue Aufgaben bearbeiten,
- Gruppenbeziehungen auf mehr menschlicher Basis, die nach wenig geordneten Kriterien arbeiten, sich zusammenfinden, ein Problem lösen und als Glaubensgemeinschaft und visionsträchtige Beziehungsgebilde die Unternehmensentwicklung nach vorne treiben.

Controlling macht die Unternehmensentwicklung berechen- und steuerbar und führt zur Disziplinierung der Handlungen der einzelnen Entscheidungsträger im Hinblick auf das übergeordnete Unternehmensziel. Ein Controlling-Konzept arbeitet erfolgswirksam, wenn es durch permanente Information auf die Engpassprobleme des Unternehmens aufmerksam macht. Grundvoraussetzung hierfür ist ein organisatorischer Rahmen, der das Controlling effizient arbeiten lässt.

9.3.3 Zusammenarbeit von Organisator und Controller

Für das Zusammenwirken von Organisator und Controller im Unternehmen zur Steuerung des organisatorischen Wandels gibt es folgende Schwerpunktbereiche:

- der Aufbau und die Strukturierung des Informationssystems,
- die Analyse der Notwendigkeiten und die Erarbeitung von Maßnahmen für strukturelle Änderungen,
- generelle Schwachstellen-Analysen in unterschiedlichen Unternehmensbereichen,
- die Begleitung des organisatorischen Wandels und der Umstrukturierung als Hilfestellung durch das Controlling,
- die Strukturierung der Informationsbedürfnisse der dezentralen Einheiten.

Das Controlling allein kann zwar die Notwendigkeiten organisatorischen Wandels signalisieren und transparent machen, die Lösung kann aber nur im Zusammenwirken mit der Organisation und den einzelnen Unternehmensbereichen erfolgen.

9.3.4 Einfluss von Strategie, Organisation und Controlling auf Führung und Kultur

Strategie, Struktur und Führung steuern den organisatorischen Wandel. Die Schwerpunkt-Aufgaben des Controlling in diesem Prozess liegen im Rahmen der Strategie-Erarbeitung durch Bereitstellung der Instrumente und die Möglichkeit, „hinter die Zahlen schauen zu können", sowie im Bereich der Umsetzung und Führung durch Aufbau der Controlling-Mentalität im Unternehmen, der Hilfestellung der einzelnen Bereiche bei der Steuerung und der Lieferung des Soll-Ist-Vergleichs. Hingegen hat die Organisation im Bereich der Struktur über die unterschiedlichen Instrumente den erforderlichen Rahmen zur Steuerung des Wandels zu liefern:

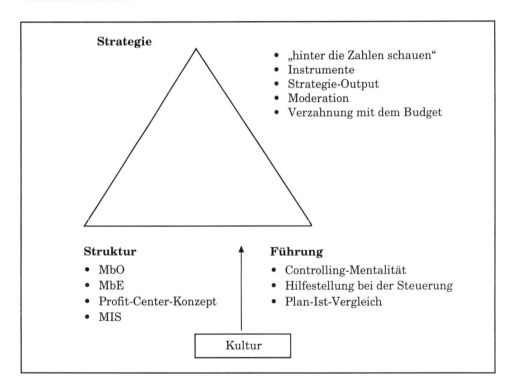

9.3.5 Zukunftsaufgaben

Im Rahmen der Steuerung des organisatorischen Wandels sind u.E. nachfolgende ungelöste Probleme einer Lösung zuzuführen, die eine intensive Begleitung durch das Controlling erfordern:

❏ die Blockade der formalen „Ordnungs-Organisation",

❏ die Sicherstellung der Steuerung von Ressourcen über Team-Organisationen,

- der Abbau von Stammhaus-Mentalitäten in Konzerngebilden,
- die Erarbeitung vernünftiger Regelungen zur Einbindung von Tochtergesellschaften bezüglich
  - Informationssysteme,
  - Führungsstruktur,
  - Autonomie und Freiraum für das dezentrale Geschäft,
- Bewältigung der Internationalisierung,
- Förderung des Denkens in strategischen Geschäftseinheiten.

9.4 Ausblick: Grundsatzfragen

Der zunehmende Wandel verlangt in der Zukunft viel stärker, dass wir uns aktiv organisatorischen Fragestellungen zuwenden. Diesen organisatorischen Fragestellungen haben wir uns häufiger zu stellen, da die notwendigen Veränderungen in Unternehmungen als Antwort auf den Wandel häufiger auf uns zukommen werden. An die Organisationsstrukturen sind dabei folgende Anforderungen zu stellen:

- strategiekonform,
- Steuerung der Umsetzung im Tagesgeschäft,
- Autonomie und unternehmerischer Freiraum,
- innovationsfreundlich,
- konsensfähig in der Führungscrew,
- menschlich.

Unabhängig von diesen Rahmenbedingungen bleiben aus unserer Sicht folgende Grundsatzfragen bestehen, die zur Begegnung des organisatorischen Wandels beantwortet werden müssen:

(1) Wie steuern wir die für Innovationen (in allen Bereichen) notwendige Aufgabe von formalen Prinzipien und eine gewisse „Disziplinlosigkeit"?

(2) Wie integrieren wir unterschiedliche und notwendige differenzierte Kulturen der einzelnen Bereiche, die zwangsläufig durch differenzierte Wertekategorien der Mitarbeiter und die Aufgabenstruktur bedingt sind?

(3) Wie steuern wir die Rahmenbedingungen, die aus der gleichzeitigen Umsetzung von Sanierungs- und Offensiv-Strategien in einem Unternehmen erforderlich sind?

Kapitel 6: Controlling und Unternehmensführung

Nachdem wir in den ersten Kapiteln die Grundlagen des Controlling und die Verzahnung zum Rechnungswesen beleuchtet haben, sind wir im 3. Kapitel auf die Instrumente des operativen Controlling eingegangen. Darauf aufbauend wurden im 4. Kapitel die Möglichkeiten der Erweiterung des Gegensteuerungszeitraumes durch das strategische Controlling dargestellt. Das 5. Kapitel zeigte die funktionale Ausgestaltung des Controlling bei zunehmender Aufgabensegmentierung.

Im nachfolgenden Kapitel wollen wir den Zusammenhang zwischen Controlling und Unternehmensführung beleuchten. Gerade das moderne Controlling leistet für die Unternehmensführung Schrittmacherdienste. Es ist die Grundlage und Basis für die Maßnahmenumsetzung in den einzelnen Unternehmensbereichen und gibt die Möglichkeit, Unternehmensführung, Unternehmenskonzeption und deren Umsetzung steuerbar und berechenbar zu machen.

1 Controlling-Schrittmacherdienste für die Unternehmenssteuerung

1.1 Einführungshinweise

Derjenige, der vor der Einführung des operativen Controlling im Unternehmen steht, macht in den meisten Fällen folgende Erfahrungen:

(1) Die einzelnen Unternehmensbereiche haben eigene Informationssysteme, die weder miteinander verbunden sind, noch eine im Unternehmen einheitliche „Sprache" erlauben. Die besten Beispiele sind die Umsatzbegriffe des Vertriebs und der Buchhaltung.

(2) Die Abrechnungsbereiche sind historisch gewachsen, laufend ergänzt, ohne im Zeitablauf einmal grundsätzlich neu konzipiert worden zu sein. Die Konsequenz ist, dass die einzelnen Systeme irgendwann an „Wachstumsschwellen" stoßen.

(3) Das betriebswirtschaftliche Gedankengut hat aufgrund der Systemmängel und des Fehlens einer ganzheitlichen Betrachtungsweise ein Schattendasein geführt. Auch einfache Wirtschaftlichkeitsberechnungen sind nur mit erheblichem manuellen Aufwand durchführbar, hinsichtlich der Beurteilung der Ergebnisse aufgrund des Fehlens von Spartenzielen schlecht zu verkaufen und werden von den einzelnen Unternehmensbereichen meistens ignoriert.

(4) Das Unternehmen wird nicht nach unternehmenseinheitlichen Standards, sondern nach dezentralen Kennzahlen gesteuert; die optimale Kombination des Zusammentreffens dieser einzelnen „Ziele" ist oftmals Zufall.

(5) Erfolgs- oder Misserfolgsquellen des Unternehmens sind nur unzureichend bekannt. Das Abrechnungssystem unterstützt vielmehr die „informellen Führer" des Unternehmens, sodass die Ergebnisse im Wesentlichen von politischen Konstellationen bestimmt werden.

Es ist klar, dass eine solche Ausgangssituation nicht den Anforderungen an die Steuerung zur Sicherung der Existenz- und Überlebensfähigkeit der Unternehmen gerecht wird. Gerade die zunehmende Umweltdynamik, stagnierende Märkte, steigender Wettbewerbsdruck, Einengungen des Handlungsspielraums durch neue Gesetze usw. haben in den letzten Jahren die Anforderungen an die Unternehmenssteuerung erhöht. Die daraus resultierenden Umdenkprozesse erfordern neue Steuerungsinstrumente, die

- die zunehmende betriebswirtschaftliche Komplexität von Unternehmen transparenter machen,
- rechtzeitig Signale setzen, um Gegensteuerungsmaßnahmen einleiten zu können,
- garantieren, dass Unternehmen aus ganzheitlicher Sicht geführt werden,
- dafür sorgen, dass das finanzielle Gleichgewicht für die strategische Zukunftssicherung erhalten bleibt,
- zukunftsorientiert helfen, die Engpassprobleme von Unternehmen zu lösen.

Diese Schrittmacherdienste bei der Unternehmenssteuerung leistet das Controlling-Führungskonzept mit seinen operativen Werkzeugen. Es steht in den meisten Firmen zeitlich vor dem Aufbau des strategischen Controlling und hilft, von der Rückschaurechnung der Finanzbuchhaltung den Blick nach vorne zu kehren, um innerhalb des begrenzten Zeitraums der Einjahresperiode rechtzeitig Maßnahmen einzuleiten, sofern sichtbar wird, dass das Unternehmen von dem durch die Planung gesetzten Kurs abweicht. Das operative Controlling liefert in Zahlen verdichtete Informationen über geplante und realisierte Maßnahmen (Operationen) und dient der kurzfristigen Gewinnsteuerung im Unternehmen.

Die Einführung des operativen Controlling beginnt bei der Prüfung der Finanzbuchhaltung im Hinblick auf die Anforderungen des Controlling. Die erforderlichen organisatorischen Änderungen richten sich auf die Auswahl der Konten, die Organisation der Konten im Kontenplan, die Einführung von Monatsabschlüssen und Abgrenzungen sowie die Festlegung von Kontierungsrichtlinien.

Im Anschluss daran ist die Artikelkalkulation kritisch zu prüfen. Die Artikelkalkulation bildet neben ihren Aufgaben im Rahmen der Festlegung von Preisuntergrenzen die Basis für die verschiedenen Formen des entscheidungsorientierten Informationssystems. Wichtig ist, dass festgestellt wird, ob die Artikelkalkulation alle Kostenbestandteile erfasst (hinsichtlich Mengen- und Wertgerüst), die einzelnen Kostenbestandteile hinreichend trennbar sind und bei Integration mit der Finanzbuchhaltung über die Artikel-Deckungsbeitragsrechnung sich der Rohbetrag gemäß der Unternehmensergebnisrechnung ergibt.

Im Anschluss an diese Prüfungen empfiehlt es sich, mit der Einführung einer Jahresplanung zu beginnen. Dieses hat den Vorteil, dass nicht unnötig Zeit bei der Einführung des Berichtswesens verloren geht und die Planung – auch wenn sie hinsichtlich ihres formalen Anforderungsgrades noch nicht ausreichend ist – über den Plan-Ist-Vergleich doch sehr wertvolle Informationen für den Aufbau des Controllingkonzepts liefert. Auf der Basis der noch recht einfach formulierten Jahresplanung erhält der Controller die Möglichkeit, im Rahmen des in der kommenden Periode ablaufenden Plan-Ist-Vergleichs die notwendigen Detailinformationen sowohl für die Konzipierung als auch für den Aufbau des Controllingkonzepts zu erhalten. Dieser Plan-Ist-Vergleich liefert unterschiedliche Messlatten zur Prüfung der Standards und macht die Ergebnisstrukturen des Unternehmens transparent. In der Einführungsphase des Controlling werden diese Analysearbeiten sehr umfangreich sein, weil gesicherte Informationen und Erkenntnisse aus der Vergangenheit noch nicht vorliegen.

Der Aufbau des Controlling läuft dann als ein interdependenter Prozess von Analysearbeiten, Konzeptionsarbeiten und Einführung von Teilsystemen des Controllsystems ab. Zweckmäßigerweise beginnt der Systemaufbau bei der Artikel-Deckungsbeitragsrechnung, der hierarchischen Zuordnung von Kosten auf Verantwortungsbereiche und dem Aufbau eines Analyse-Instrumentariums, das monatlich Mengen- und Strukturabweichungen, Preisabweichungen und in der letzten Stufe Verbrauchsabweichungen liefert.

1.2 Leben mit aktuellen Informationen

Die Einführungsphase des Controlling liefert allen Beteiligten eine Fülle von Informationen, die bisher in der Verdichtung, in dem Umfang und in der Aktualität im Unternehmen nicht zur Verfügung gestanden haben. Es ist zweckmäßig, diese monatlichen Informationen des Berichtswesens permanent im Kreis der Entscheidungsträger intensiv zu diskutieren. Dazu empfehlen sich monatliche Budgetgespräche.

Diese monatlichen Budgetgespräche bieten die Möglichkeit, das im Unternehmen vorhandene dezentrale Fach-Know How bei der Beurteilung, Bewertung und dem Einsatz von Gegensteuerungsmaßnahmen auf Basis der Zahlen des Berichtswesens zu nutzen. Es gibt dem Controller darüber hinaus wertvolle Hinweise, in welcher Richtung das Controlling-Konzept zu erweitern ist und wo die engpassbezogenen Informationsbedürfnisse der einzelnen Entscheidungsträger liegen. Diese Informations- und Analysearbeit im Kreis der Entscheidungsträger dient gleichzeitig der Identifikation der einzelnen Verantwortlichen mit den Zahlen des Unternehmens und treibt die Fortentwicklung des Controlling bei der Durchsetzung im Unternehmen voran.

1.3 Disziplinierung und „Berechenbarkeit" der Unternehmensentwicklung

Das operative Controlling macht die Unternehmensentwicklung berechenbar und führt zur Disziplinierung der Handlungen der einzelnen Entscheidungsträger im Hinblick auf das übergeordnete Unternehmensziel. Ein Controlling-Konzept arbeitet erfolgswirksam, wenn es durch permanente Information auf die Engpassprobleme des Unternehmens aufmerksam macht.

Da der Erfolg eines jeden Unternehmens letztlich davon abhängt, inwieweit die Entscheidungsträger an den wesentlichen „fünf Knöpfen" richtig drehen können, ist ein Controlling-Konzept dann optimal, wenn es die Entscheidungsträger in die Lage versetzt, diese berühmten fünf Knöpfe zu erkennen und anhand dieser die Unternehmensentwicklung zu steuern. Um dieses zu erreichen, muss der Controller in der Einführungsphase und bei der Erweiterung der Systeme permanent die einzelnen Linieneinheiten einbeziehen. Nur dann ist gewährleistet, dass mit dem Controlling-Konzept das erreicht wird, worauf es ankommt: Hilfestellung und Schrittmacherdienste bei der Unternehmenssteuerung zu leisten.

1.4 Brücke zur Unternehmensstrategie

Jede Unternehmensstrategie ist individuell und differenziert. Sie hat den Möglichkeiten des Unternehmens, seiner spezifischen Ausgangslage und der im Unternehmen steckenden Managementkraft zu entsprechen. Sie hat sich gleichzeitig von den Verhaltens- und Vorgehensweisen der Wettbewerber zu differenzieren und hat somit selektiv und einzigartig zu sein. Diese Anforderungen verlangen, dass die Strategien vom Management unter Zuhilfenahme der bekannten Techniken und bei Kenntnis der vorhandenen Strategiegesetze erarbeitet werden, unterstützt durch Wunsch- und Visionskraft des Managements. Eine solche Strategie gibt Differenzierungsmöglichkeiten und Erfolgsgarantien.

Die Umsetzung von Unternehmensstrategien in den heutigen sich schnell wandelnden Marktumfeldern stellt hohe Anforderungen an alle Entscheidungsträger. Der Schwierigkeitsgrad bei der Umsetzung wird bestimmt durch

- ❑ den manchmal recht schmalen „Grat", auf dem die Unternehmung sich selektiv bewegen kann,
- ❑ die hohe Umfeld- und Konkurrenzsensibilität, die Unternehmen in den heutigen Marktumfeldern aufzuweisen haben,
- ❑ die zum Teil relativ hohen „Zeitkonstanten", die dazu führen, dass viele Entscheidungen und deren Auswirkungen nur im Mittelfristzeitraum wirken können und damit eine sehr differenzierte Steuerung erfordern,
- ❑ die permanente Notwendigkeit, die besondere Ausgangssituation in den Marktfeldern im Führungskader nicht in Vergessenheit geraten zu lassen.

Die Umsetzung von Unternehmensstrategien verlangt neben einer auf Selektivität und Differenzierung aufbauenden Strategie

- ❑ ein wirksames Controlling als Basis für die Steuerung der Strategieumsetzung,
- ❑ eine umsetzungsfreundliche Organisation als Rahmen, die strategiekonform die Umsetzung und deren Erfolg beschleunigt,
- ❑ Informationsinstrumente für die Kommunikation der Strategieeckpfeiler und deren erfolgreiche Umsetzung an die Mitarbeiter.

Controlling ist ein Steuerungsinstrument, das

❏ die zunehmende betriebswirtschaftliche Komplexität von Umwelt und Unternehmen transparent macht,
❏ rechtzeitig Signale setzt, um Gegensteuerungsmaßnahmen einzuleiten,
❏ garantiert, dass Unternehmen aus ganzheitlicher Sicht geführt werden,
❏ dafür sorgt, dass das finanzielle Gleichgewicht für die strategische Zukunftssicherung erhalten bleibt,
❏ zukunftsorientiert hilft, die Engpassprobleme von Unternehmen zu lösen.

Das Controlling-Führungskonzept baut auf dem Rechnungswesen auf und hilft, von der Rückschaurechnung der Finanzbuchhaltung den Blick nach vorn zu kehren. Die Ebenen der Wertschöpfungssteuerung liegen im operativen und im strategischen Bereich:

❏ Das operative Controlling liefert in Zahlen verdichtete Informationen über geplante und realisierte Maßnahmen, d.h. Operationen, und dient im Schwerpunkt der kurzfristigen Ergebnissteuerung im Unternehmen.
❏ Das strategische Controlling setzt an der Steuerung der Erfolgspotenziale von Unternehmen an und hilft, „hinter die Zahlen schauen zu können".

Der Aufbau des strategischen Controlling liegt in den meisten Unternehmen zeitlich nach dem Aufbau des operativen Controlling. Das strategische Controlling ist notwendig, weil mit der Betrachtung der Jahresperiode im operativen Controlling viele Maßnahmen, die heutzutage in Unternehmen zu treffen sind, nicht mehr ausreichend „abgefangen" werden können. Das strategische Controlling erweitert den Gegensteuerungszeitraum, indem es erlaubt, zunehmend die kritischen Erfolgsfaktoren zu steuern, die über die Jahresperiode hinausreichen.

Auch das strategische Controlling als Brücke zur Unternehmensstrategie baut auf den Funktionen Planung, Information, Analyse/Kontrolle und Gegensteuerung auf:

(1) Die strategische Planung steuert den Aufbau von Erfolgspotenzialen. Sie hat als Ergebnis folgende Mindestbestandteile:
 • Ausgangslage,
 • Potenziale,
 • Zielsetzung (Leitbild und quantitative Ziele),
 • Produkt-Markt-Strategien,
 • Funktions-Strategien,
 • Operationalisierung.

(2) Auch bei Vorhandensein einer strategischen Planung läuft das operative Informationssystem unverändert ab. Es wird um strategische Komponenten ergänzt, die die Entscheidungsträger rechtzeitig dafür sensibilisieren, ob strategiekonform gearbeitet wird.

(3) Die Analyse von Abweichungen, die der strategische Plan-Ist-Vergleich liefert, ist ein in der Anfangsphase schwieriger Prozess. Er lässt sich nicht formalisiert und standardisiert durchführen und setzt bei den Entscheidungsträgern aufgrund der Tragweite der Ergebnisse hohe Lernbereitschaft voraus.

(4) Die strategische Steuerung von Unternehmen wird durch das strategische Controlling mit den vorstehend beschriebenen Funktionen unterstützt. Die Steuerung im Rahmen der Umsetzung von Unternehmensstrategien reduziert sich damit auf die Prüfung der Frage, ob bei Abweichungen im Rahmen der operativen Entwicklung solche Konsequenzen absehbar sind, dass die Strategie zu ändern ist oder ob innerhalb der bestehenden Strategie operative Maßnahmen ausreichen, um das Unternehmen auf Kurs zu halten.

1.5 Mittelfristplanung als Maßnahmeninitiator

Strategisches Controlling erweitert den Gegensteuerungszeitraum und ist Basis der strategischen Führung von Unternehmen. Der Erfolg von Unternehmensstrategien zeigt sich letztlich in der konsequenten Umsetzung strategischer Maßnahmen und Vorstellungsvermögen. Der Erfolg von Strategien hängt damit letztlich von der konsequenten Umsetzung ab.

Mit der Ausdehnung des Gegensteuerungszeitraumes wird zwangsläufig die Bedeutung des Jahresbudgets relativiert. Zunehmend tritt die Mittelfristplanung als Maßnahmeninitiator in den Vordergrund, da sie aufbauend auf der Extrapolation und der Quantifizierung von strategischen Projekten und Maßnahmen die mittelfristige und damit das Jahresbudget übersteigende Leitlinie der Unternehmenssteuerung bildet.

Die Übersicht auf Seite 294 dieses Buches zeigt die Vorgehensweise und die Stellung der Mittelfristplanung im Rahmen der Umsetzung von Strategien:

(1) Ausgehend von der mittelfristigen Extrapolation und der Ergänzung und Operationalisierung von strategischen Projekten und Maßnahmen entsteht die Mittelfristplanung.

(2) Aus der Mittelfristplanung leiten sich durch Aufbrechen auf die einzelnen Jahresperioden die entsprechenden Jahresbudgets ab.

(3) Das Jahresbudget bildet nach wie vor die Basis der operativen Disposition und Steuerung.

Bei dieser Art der Vorgehensweise ist es völlig normal, dass im Rahmen des jährlichen Planungsprozesses das Jahresbudget von dem Jahresbudget aus der Mittelfristplanung abweicht. Hier ist dann wieder zu fragen, ob die Abweichungen zu Strategieänderungen führen, oder ob sie im Rahmen der bestehenden Strategie mit operativen und dispositiven, auf die Jahresperiode bezogenen Maßnahmen korrigierbar sind. Im Zweifel sind auf der Basis dieser Ergebnisse die Mittelfristplanung und die Folgejahre in der operativen Entwicklung zu revidieren.

Der entscheidende Vorteil der Mittelfristplanung liegt darin, dass sie frühzeitig erlaubt, langfristige Entwicklungen und Trends in ihren operativen Auswirkungen zu ermessen. Die Mittelfristplanung wird somit Maßnahmeninitiator für mittelfristige Maßnahmen und die operative Umsetzung und Korrektur von strategischen Maßnahmen. Die Mittelfristplanung erlaubt somit, frühzeitig Korrekturen einzuleiten und damit die operative Entwicklung innerhalb des Jahresbudgets vorher transparent und steuerbar zu machen.

Die Jahresplanung hat bei Einführung der strategischen und der Mittelfristplanung einen anderen Stellenwert. Die grundsätzliche langfristige Orientierung ist qualitativ im Strategiekonzept festgeschrieben und wird über eine rollierende Mittelfristplanung mit den wesentlichen Etappenzielen quantitativ untermauert. Die Mittelfristplanung ist jährlich zu aktualisieren und entsteht als Mischung aus Extrapolation und dem Einbau konkreter Projekte in allen Unternehmensbereichen wie

- Produktkonzepte,
- Standortmaßnahmen,
- Gemeinkostenaktionen,
- Länderstrategien,
- globale Produktgruppenführungen usw.

Die Jahresplanung ist damit Etappenziel im Rahmen der Umsetzung der Mittelfristplanung, die wiederum abgeleitet ist aus dem qualitativen Strategiekonzept.

Vergleicht man diesen Standard der Planungsmentalität mit dem Vorgehen, wie es sich in den 70er Jahren noch zeigte, so lässt sich etwas ganz Wesentliches festhalten: Während früher in jedem Jahr das Budget neu von unten hochgeknetet wurde und relativ isoliert in der Entwicklung stand, ist das Jahresbudget heute ein Etappenziel bei der Umsetzung der Mittelfristplanung und wird von solch vielen langfristig laufenden Projekten und Maßnahmen aus der Strategie determiniert, dass der potenzielle Datenkranz und die Einflussnahme im Rahmen des Jahresbudgets im Vergleich zu früher relativ begrenzt sind. Dieses bedeutet gleichzeitig, dass man vom Jahresbudget und den Ergebnissen heute weniger „überrascht" wird, sondern aus der Mittelfristplanung und den langfristigen Orientierungen sich der Rahmen für das kommende Geschäftsjahr schon frühzeitig relativ klar abzeichnet.

Vor diesem Hintergrund hat das Jahresbudget folgende wesentliche Aufgaben:
- Etappenziel im Rahmen der Umsetzung der Mittelfristplanungen,
- Basis beim Aufbau von Standards,
- Formulierung der dezentralen Budgets und damit
- Basis für die dispositive operative Steuerung in der 12-Monats-Periode.

Herausragende Bedeutung kommt dann der Formulierung der Standards zu. Im Rahmen der Budgetierung haben das Ausreizen der Standards und die sukzessive Veränderung von Standards im Sinne einer nach oben gerichteten Messlatte die entscheidende Bedeutung. Die Pflege der Standards ist eine permanente Aufgabe des Controlling geworden und wird im Laufe der Budgetperiode permanent verfeinert. Somit haben wir einen rollierenden Budgetierungsprozess. Diese Standards sind mittlerweile auch derart gut durch aktuelle Entwicklungen untermauert, dass auf Basis der mittelfristigen Planung diese Standards durchaus Basis von mittelfristigen Überlegungen und auch langfristigen strategischen Planungen sein können.

Auf dieser Basis bildet sich die Mittelfristplanung zunehmend als Maßnahmeninitiator heraus. Mit Einführung der strategischen Planung, ihrer quantitativen

Untermauerung durch die Mittelfristplanung und deren rollierende Überprüfung in Form eines mittelfristigen Forecasts verändert sich auch die Orientierung der Führungskräfte. Es entsteht einfach eine größere Sensibilität für mittelfristige Notwendigkeiten, und es wird erreicht, dass bei allem operativen Kneten die langfristige Orientierung und die langfristige Steuerung des Unternehmens stärker im Vordergrund stehen.

1.6 Strategie, Struktur, Führung

Das Controlling bietet die Voraussetzung zur konsequenten und erfolgreichen Umsetzung von Unternehmensstrategien. Seine Effizienz hängt entscheidend davon ab, dass im Unternehmen eine Mentalität zur Ergebnissteuerung von der Unternehmensleitung geschaffen wird. Dazu gehören u.a.:

(1) Ein organisatorischer Rahmen, der dem einzelnen Mitarbeiter Initiative und Verantwortung überträgt.

(2) Eindeutigkeit von Verantwortung, Entscheidung und Kompetenz, damit der einzelne Mitarbeiter in seinem Bereich Maßnahmen einleiten kann.

(3) Eine Organisationsstruktur, die Überschneidungen mit der Folge „unproduktiver Konflikte" vermeidet.

Neben einer auf Selektivität und Differenzierung zum Wettbewerb aufbauenden Unternehmensstrategie, einem effizient arbeitenden Unternehmens-Controlling als Basis zur erfolgreichen Umsetzung und Führung strategischer Maßnahmen kommt einer umsetzungsfreundlichen Organisation und Struktur als Rahmen zur Steuerung des Verhaltens von Mitarbeitern herausragende Bedeutung zu.

Das Führungsverhalten steuert die mentalen Komponenten im Unternehmen und zieht seine Kräfte aus anderen Ebenen als der Ratio-Ebene, die unser Tagesgeschäft und unsere Budgets beherrscht. Das Führungsverhalten setzt an auf der Geistesebene und erzeugt die notwendigen zusätzlichen Kräfte durch Wunschbilder und Visionen, die einer erfolgreichen Umsetzung von Unternehmensstrategien vorausgehen müssen. Nur aus der gelungenen Kombination von Strategie, Struktur und Führung ist erfolgreiches Operieren und konsequente Umsetzung von Unternehmensstrategien möglich:

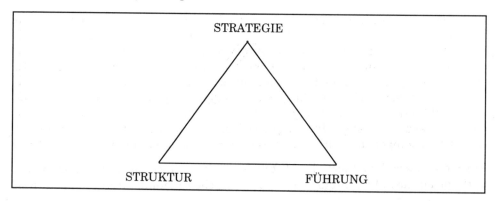

2 Zielbildungsprozess

Die Notwendigkeit, Unternehmen langfristig zu steuern und strategisch abzusichern, ist heute unbestritten. Der Erfolg dieser Maßnahmen hängt entscheidend davon ab, dass als Ausgangspunkt der Unternehmensstrategien klar formulierte Ziele existieren. Vor diesem Hintergrund soll nachfolgend der Versuch unternommen werden, unterschiedliche Zielbündel zu formulieren und zu zeigen, wie im Rahmen der Formulierung der Unternehmensstrategie ein unterschiedlich strukturiertes Zielbündel aufgebaut werden muss.

2.1 Strategien und strategisches Management

Strategien sind Wege zum Ziel. Strategisch handeln heißt Konzentration von Stärken auf fremde Schwächen. Maßstab für den strategischen Erfolg ist, ob die relative Wettbewerbssituation eines Unternehmens verbessert wird. Strategien sind zielbezogen, umwelt- und wettbewerbsbezogen, betonen Kreativität und Innovation und sind selektiv sowie differenziert. Strategisches Management hat die Aufgabe, die strategiebestimmenden Faktoren im Unternehmen zu steuern. Aus dieser Forderung heraus bedeutet strategisches Management weiterhin

- die Festlegung des Vorteils, den das Unternehmen erreichen muss (zur Verbesserung der relativen Wettbewerbsposition),
- die Motivation der Führungs-Crew zum Glauben an die Wettbewerbsvorteile, d.h. den Aufbau von Visionen,
- die Etablierung eines organisatorischen Rahmens zur Steuerung der Strategieumsetzung.

2.2 Ziele und Ebenen der Unternehmenssteuerung

2.2.1 Ebenen der Unternehmenssteuerung

Rudolf Mann hat in überzeugender Form gezeigt, dass es in Unternehmen vier Ebenen gibt, auf denen sich die gedanklichen Prozesse abzuspielen haben, während viele Unternehmen mit dem Verhaftet-Sein im Tagesgeschäft, dem praktizierten Führungsstil, der Rollenerwartung, der Hingabe an die Perfektion, der Aufgabe des Unternehmertums genau das Gegenteil praktizieren (Mann, 1986).

Diese vier Ebenen des Denkens und des Handelns im Unternehmen sind die Ebenen der Materie, der Bewegung, der Energie und des Geistes.

2.2.2 Zielebenen im Unternehmen

Ausgehend von den vorstehenden Zusammenhängen lassen sich folgende Zielebenen im Unternehmen darstellen:

Geist:	• Visionen • Mentale Faktoren • Persönliche Ziele
Energie:	• Potenziale, Leitbild • Problemlösungen (Kundennutzen)
Bewegung:	• Gewinn • Return-on-Investment • Cash Flow
Materie:	• Bilanzsumme • Eigenkapitalquote

Diese verschiedenen Ebenen der Ziele zur Steuerung im Unternehmen sind unterschiedlich vernetzt:

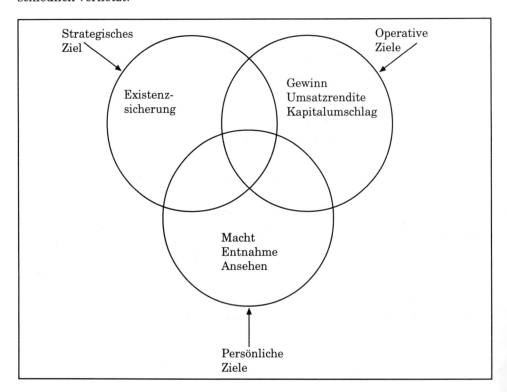

Die Übersicht zeigt, dass diese Ebenen und ihre Deckungsgleichheit nur in sehr seltenen Fällen und oftmals nur in sehr kleinen Ausschnitten realisiert werden können.

Strategisches Management hat dafür zu sorgen, dass der Ausschnitt der Überlappung dieser unterschiedlichen Zielebenen möglichst groß wird, um aus der Konsensfähigkeit die Kraft zur Steuerung des Unternehmens zu ziehen.

2.2.3 Controlling zur Steuerung der Wertschöpfung

Controlling ist ein Konzept zur Steuerung der Wertschöpfung im Unternehmen. Während es auf der operativen Ebene um in Zahlen verdichtete Informationen über geplante und realisierte Maßnahmen geht und der Wert sich in der Gewinngröße äußert, handelt es sich auf der strategischen Ebene um mehr qualitative Faktoren bezüglich Nützlichkeit, Güte, Wichtigkeit und Nutzen für die Zielgruppe. Wertschöpfung bedeutet auf der operativen Ebene das Abschöpfen und Realisieren von Gewinnen, während auf der strategischen Ebene Wertschöpfung das Entstehen, Entwickeln und Kreieren von etwas Neuem und Nutzen für die Zielgruppe bedeutet.

2.3 Zielkategorien

Für die Diskussion und Beantwortung der Frage, welche Zielgrößen man im Rahmen des strategischen Managements sinnvollerweise zur Unternehmenssteuerung aufbaut, wollen wir vier Kategorien von Zielen unterscheiden.
❏ Visionen und mentale Ziele
❏ Ziele aus Strategiemodellen
❏ quantitative Ziele
❏ Führungsziele.

2.3.1 Visionen und mentale Ziele

Die heutigen Märkte verlangen eine Zuwendung zu Visionen. Visionen sind Zielvorstellungen und Wunschbilder an ein Unternehmen, für die es sich lohnt, alle Kräfte einzusetzen. Visionen nehmen ihren Ausgangspunkt in Gedanken und sind ein gedanklich visionäres Bild des Unternehmens, das man sich erträumt und bei dessen Traum man eine hohe Bereitschaft für Engagement verspürt. Sie wirken weniger im Kopf als vielmehr im Bauch und sind selten rational zugänglich und sollten es auch nicht sein.

Visionen erlauben, die intuitiven Fähigkeiten der Menschen Wirklichkeit werden zu lassen. Sie versetzen Menschen in die Lage, sich von vorhandenen Zuständen mit all ihren Blockaden und Unmöglichkeiten zu lösen und in einen gedanklichen „Schwebezustand" auf ein neues, übergeordnetes Ziel hinzugehen, das man sich erträumt. Visionen haben insofern mentale Kräfte und können Handlungsansporn sein, der rational nie nachvollziehbar ist.

Die besondere Aufgabe des Managements in stagnierenden Märkten ist es, innerhalb der Führungs-Crew ein Klima aufzubauen, das sicherstellt, dass sich Visionen entwickeln können. Dazu ist es erforderlich, dass Gefühlen und Intuitionen freier Raum gelassen wird und dass man mit hoher Toleranz dem andern gegenüber zu verstehen versucht, was seine Gefühle sind.

Visionen bedeuten damit das Management der Strategie treibenden Faktoren. Es ist die Fähigkeit sicherzustellen, in welcher Art und Weise eine Organisation zu einer neuen Vorteilssicht kommt und alte Glaubenssätze aufgibt. Jede Vision hat damit zwei Teile:

❏ das Erkennen der neuen Richtung und
❏ die Mobilisierung in Richtung der neuen Leitlinie.

Visionen sind damit Verpflichtung und Wunsch zugleich.

2.3.2 Ziele aus Strategiemodellen

Die Erarbeitung einer Unternehmensstrategie und das Anwenden der bekannten Strategiemodelle sowie die Umsetzung von Erkenntnissen aus diesen Ergebnissen stellt ein unterschiedliches Zielbündel im Rahmen des strategischen Managements auf. Nachfolgend werden einige dieser aus Strategiemodellen ableitbaren Zielgrößen betrachtet.

2.3.2.1 Existenzsicherung und Gewinn

Es ist heute unstrittig, dass das übergeordnete Unternehmensziel die Existenzsicherung ist. Gewinne sind nichts anderes als operative Zielgrößen, die nur kurzfristigen Handlungsansporn bilden. Sie sind das Ergebnis richtigen strategischen Handelns aus der Herstellung eines Kundennutzens. Sie sind Restgrößen der strategischen Arbeit, aber niemals eigenständige, in sich begründbare strategische Ziele.

2.3.2.2 Unternehmensleitbild: Existenzgrundlage

Das Unternehmensleitbild bildet die Existenzgrundlage jeder Unternehmensstrategie und formuliert, wofür ein Unternehmen da ist und wofür nicht. Es stellt heraus, welche Probleme das Unternehmen nachhaltig besser lösen will als die Konkurrenz und sollte präzise, knapp und eng formuliert sein.

Das Unternehmensleitbild ist Ausgangspunkt der Unternehmensstrategie. Es verkörpert die Glaubensgrundsätze und die Richtung, in der die neue Vorteilssicht und die neuen Vorteilsfaktoren in einem Unternehmen mit Leben erfüllt werden. Zusammen mit Visionen stellt es die treibende mentale Kraft zur Steuerung der Unternehmensstrategie dar.

2.3.2.3 Potenzial-Analyse: Stärken und Schlüsselfaktoren

„Die faszinierendste Größe, mit der sich das strategische Controlling beschäftigt, ist das Potenzial. Es ist eine immaterielle Größe, die eine Unternehmung
- steuerbegünstigt aufbauen kann (da die immateriellen Investitionen sofort als Kosten den steuerpflichtigen Gewinn reduzieren),
- steuerfrei halten kann (da immaterielle Werte in unseren Bilanzen nicht erscheinen und deshalb keine Vermögensteuer verursachen),
- von der Unternehmung zur Ertragsverbesserung kostenlos genutzt werden kann (da Potentiale als immaterielle Güter ohne Abnutzung gebraucht werden können; nur materielle Güter werden in ihrer Verwendung auch abgenutzt und verbraucht)." (Mann, Rudolf: Praxis strategisches Controlling, a.a.O., S. 53)

Potenziale, die von Gälweiler auch als Vorsteuergröße des Gewinns bezeichnet werden, sind die eigentlichen Stärken einer Unternehmung, die es ermöglichen, eigene Stärken auf fremde Schwächen zu konzentrieren. Nur wenn diese Konzentration gelingt, ist die Zielsetzung der Strategie als Befriedigung von Problemen der Zielgruppe möglich.

2.3.2.4 GAP-Analyse als Einstieg: Strategie-Schwerpunkte

Die GAP-Analyse zeigt den Abstand zwischen der mittelfristigen Zielsetzung und den Zielerreichungsmöglichkeiten aufgrund der Extrapolation. Sie zeigt die
- Leistungslücke, die durch Optimierungsarbeiten geschlossen werden kann, und die
- strategische Lücke als Herausforderung für zukünftige Strategieänderungen.

Die GAP-Analyse macht eine Aussage über die grundlegenden Strategie-Typen, die im Mittelfristzeitraum zu fahren sind. Sofern zwischen der mittelfristigen Zielsetzung und der Unternehmensentwicklung auf Basis der Mittelfristplanung keine Differenz existiert, führen die bisherigen Strategien zur Erreichung der mittelfristigen Zielsetzung, sodass keine grundlegende Veränderung des Geschäftsverlaufs notwendig ist. In diesem Fall der so genannten Normalstrategien ergibt sich keine Notwendigkeit für größere Änderungsprozesse.

Zeigt die GAP-Analyse, dass der Abstand zum Ziel im Wesentlichen durch interne kostenbezogene Maßnahmen zu schließen ist, so haben wir den Strategietyp der Konsolidierung vorliegen. Dies sind Phasen von Unternehmen, wo keine ausreichende Kraft für Wachstum besteht und die Konsolidierung vorhandener Strukturen Vorrang genießt.

Im entgegengesetzten Fall, d.h. wenn Konsolidierungsstrategien keine Priorität genießen, die Strukturen in Ordnung sind und das Unternehmen über ausreichende interne Kräfte verfügt, sollten Expansions- und Wachstumsstrategien Vorrang haben. Bei diesen Strategietypen sind die grundlegenden Ziele und der Maßnahmeneinsatz in offensiver Form festzulegen.

2.3.2.5 Boston-Portfolio: Strategische Produktgruppen-Ziele

Die Boston-Matrix sortiert Produktgruppen nach den Kriterien relatives Marktwachstum und relativer Marktanteil. Aus der Positionierung der Produktgruppen nach diesen Kriterien ergeben sich innerhalb der Matrix Star-, Problem-, Cash-Cow- und Dog-Bereiche.

Auf der Basis dieser Sortierung lassen sich Norm-Strategien für die einzelnen Produktgruppen und damit strategische Produktgruppen-Ziele ableiten. Wachstumsstrategien empfehlen sich für Star-Produkte und bei Produkten im Problem-Bereich. Hingegen ist eine Halten-Strategie dann angebracht, wenn man bezüglich der Produkte im Problem-Bereich noch keine klaren Vorstellungen hat und die Position zunächst sondieren möchte sowie für Produkte im Cash-Cow-Bereich. Ernten- oder Aussteigen-Strategien empfehlen sich für den Cash-Cow- und Dog-Bereich. Dabei hat im Cash-Cow-Bereich das Halten der Position zum Ernten der in der Vergangenheit aufgebauten Ertragspotenziale Vorrang.

2.3.2.6 Positionierungs-Strategien: Marktverhaltens-Ziele

Die unterschiedlichen Positionierungs-Strategien zum Wettbewerb sind von Porter sehr markant herausgearbeitet worden. Ausgehend von der Frage, ob sich die Positionierung auf eine Profilierungs-Strategie durch Differenzierung über Leistungsvorteile oder eine Kostenvorteils-Strategie begründet und ob mit dieser Strategie der Gesamtmarkt oder Teilmärkte aus dem Gesamtmarkt abgedeckt werden, ist es für jedes Unternehmen Pflicht, sich über die grundlegende Positionierung zum Wettbewerb klar zu werden. Dabei sind Marketing und Controlling besonders gefordert, um über die Sensibilität für Absatzfragen und die Konsequenzen auf die grundsätzlichen Möglichkeiten des Unternehmens Modellalternativen zu strukturieren.

2.3.2.7 Sortiments-Strategie: Leistungs-Ziele

Fragen der Sortiments-Strategie gehören zu den zentralen Fragen der Ausrichtung des Unternehmens. Dabei hängt die für ein Unternehmen zu fahrende Sortiments-Strategie von einem unterschiedlichen und sehr differenziert wirkenden Bündel von Einflussfaktoren ab:

Zielbildungsprozess

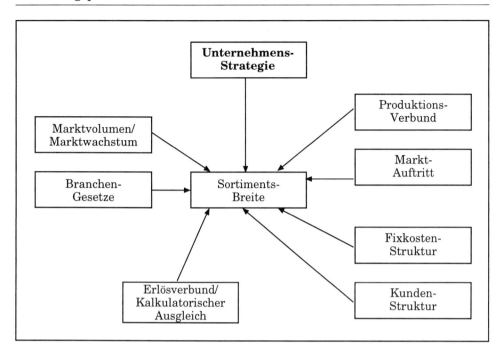

Die Beantwortung der Frage nach der adäquaten Sortimentsbreite und damit der Sortiments-Strategie ist nur im konkreten Einzelfall möglich und dabei auch immer risikobehaftet.

2.3.2.8 Technologie-Strategie: Innovations- und Investitions-Ziele

In vielen Branchen sind die Unternehmens- und Marketingstrategie eng verbunden mit der Technologieposition. In diesen Situationen ist es erforderlich, dass man sich eine Vorstellung davon macht, in welchem Technologiebereich man tätig sein will und welche Position man selber in diesem Technologiebereich besitzt.

Mitarbeiter von Arthur D. Little haben für diese Überlegungen wertvolle Anregungen gegeben (Arthur D. Little: Management im Zeitalter der Strategischen Führung. 2. Aufl., Wiesbaden 1986, S. 39 ff.). Sie empfehlen, die im Unternehmen vorhandenen Technologien nach

❏ Basis-,
❏ Schlüssel- und
❏ Schrittmacher-Technologien

zu sortieren.

Durch Feststellung der eigenen Position nach den Kriterien stark, mittel und schwach ergeben sich für die Unternehmensstrategie grundsätzliche Fragen nach den

- Innovationszielen,
- Möglichkeiten des Aufbaus neuer Vorteile,
- Prioritäten für Entwicklungsziele,
- Prioritäten für die Investitionsstrategie:

		TECHNOLOGIEART		
		Basis	Schüssel	Schrittmacher
EIGENE POSITION	schwach			
	mittel			
	stark			

2.3.3 Quantitative Ziele

Die im Rahmen der Unternehmensstrategie in der ersten Stufe mehr verbal und qualitativ formulierten Ziele und die Schwerpunkte der Unternehmensstrategie, wie sie vorstehend besprochen wurden, erfordern für die operative Umsetzung die Untermauerung durch operative Ziele. Operative Zielsetzungen finden sich in allen Jahresbudgets und Mittelfristbudgets und haben auch im Rahmen der Unternehmensstrategie ihre Existenzberechtigung zur Operationalisierung der qualitativen Strategiegrößen. Hinsichtlich der Möglichkeiten der Formulierung operativer Ziele stehen uns heute unterschiedliche Bündel von Einzelkriterien zur Verfügung:

- Betriebsergebnis
- Gesamtergebnis
- Umsatzrendite nach Zinsen
- Umsatzrendite vor Zinsen
- Kapitalumschlag
- Return-on-Investment
- Eigenkapitalrendite
- Working-Capital
- Finanzkennziffern
  - EK-Anteil
  - FK-Anteil
  - Anlagendeckungsgrad
- Produktivitätskennziffern
  - Umsatz je Beschäftigten, QM, Filiale ......
  - Personalkosten
  - Gesamtleistung je Mitarbeiter

Es hängt hier von den Ausgangsanlagen ab, welche dieser Zielsetzungen in dem betreffenden Geschäft zu formulieren sind.

Die Formulierung operativer Ziele im Rahmen der Steuerung von Unternehmensstrategien ist erforderlich, um die Umsetzung von Unternehmensstrategien zu garantieren.

2.3.4 Führungsziele

Strategisches Management bedeutet die Steuerung eines Prozesses aus Strategie, Struktur und Führung.

Nur aus dem gleichzeitigen Zusammenwirken dieser drei Komponenten ist sichergestellt, dass die im Rahmen der Strategieerarbeitung formulierten Ziele und Visionen über eine adäquate Struktur in der Umsetzung und Führung des Unternehmens erfolgsträchtig sind.

Hinsichtlich der Führungsziele gibt uns die Vorteils-Matrix Hilfestellung zur Formulierung und zum Aufbau der adäquaten Organisationsstruktur. Die Vorteils-Matrix, die von der Boston-Consulting-Group entwickelt wurde, geht davon aus, dass die Erfolgsbedingungen eines Geschäftes von zwei wesentlichen Faktoren bestimmt werden:

- der Größe des Vorteils, den ein Unternehmen gegenüber seinen Wettbewerbern aufbauen kann,
- der Anzahl der Vorteile, die ein Unternehmen besitzt.

Die einzelnen Felder der Vorteils-Matrix unterscheiden sich durch die spezifischen Merkmale und verlangen eine besondere Strategie, je nachdem, ob man in dem betreffenden Feld bleiben oder in ein anderes Feld überwechseln möchte.

Bezüglich der Organisations- und Führungsziele zeigen die Bedingungen der einzelnen Geschäfte folgende organisatorische Empfehlungen:

Fragmentierung:	• Flexibilität • Kundennähe • Klein bleiben • Keine Overheads
Spezialisierung:	• Produktgruppenführung • Profit-Center • Matrix-Organisation • Nationales Geschäft
Volumen:	• Kostenführerschaft • Kaum Differenzierung • Funktionale Organisation • Zentralisierung • Internationales Geschäft
Patt:	• Keine Vorteile • Keine Kostenvorteile • Produktions-Profit-Center • Regionale Organisation • Zellteilung: New Venture Divisions

Die Vorteils-Matrix gibt damit wertvolle Hilfestellung bei der grundlegenden Ausrichtung und den Eckpfeilern der Organisationsphilosophie.

Unabhängig davon muss festgestellt werden, dass in den heutigen Marktsituationen viele der vorhandenen Organisationsinstrumente über Bord geworfen werden können. Jede Organisationsstruktur eines Unternehmens wirkt verhaltensprägend auf die Mitarbeiter, ihre Leistung für das Unternehmen und das Zusammenwirken der einzelnen Einheiten im Unternehmen. Diese verhaltensprägende Wirkung ist das Ergebnis des Zusammenspiels von Ablauf- und Aufbauorganisation, die ihren Ausfluss in der Führungsstruktur des Unternehmens findet.

In der Zukunft – viel stärker als in der Vergangenheit – werden sich in Unternehmungen Organisationsstrukturen herausbilden, die schwer in ein bestimmtes Organisationsschema einzureihen sind. So ist es durchaus denkbar, dass eine erfolgreiche Organisation für Unternehmen in bestimmten Marktsituationen aus folgenden Komponenten besteht:

- der formalen „Ordnungsorganisation",
- dem Strategie-Team als nach-vorne-treibende Institution beim kreativen Auffinden neuer zukunftsgerichteter Strategien,
- diverser Projekt-Gruppen,
- Gruppenbeziehungen auf mehr menschlicher Basis.

Mit dieser mehr ungeordneten organisatorischen Struktur werden sich in vielen Unternehmen eine Menge Fortschritte ergeben können. Unabhängig davon ist die Organisationspraxis aber gezwungen, nachfolgende Probleme einer Lösung zuzuführen:

- die Blockade der formalen „Ordnungsorganisation",
- die Sicherstellung der Steuerung von Ressourcen über Team-Organisationen,
- den Abbau von Stammhaus-Mentalitäten in Konzerngebilden,
- die Erarbeitung vernünftiger Regelungen zur Einbindung von Tochtergesellschaften bezüglich Informationssystem, Führungsstruktur, Autonomie und Freiraum für das dezentrale Geschäft,
- Bewältigung der Internationalisierung sowie der Förderung des Denkens in strategischen Geschäftseinheiten.

Auch diese Führungsziele sind im Rahmen der Unternehmensstrategie zu erarbeiten und damit Bestandteil des strategischen Managements.

2.4 Steuerung des Zielbildungs-Prozesses

Die Steuerung des Zielbildungs-Prozesses im Rahmen des strategischen Managements erfolgt über drei Instrumente:
- die Strategie und ihrer Erarbeitung
- den Strategie-Output
- die Steuerung der Zielerreichung.

Zur Erarbeitung einer Unternehmens-Strategie gibt es drei Alternativen:
- die strategische Stabstelle
- den externen Berater
- das Strategie-Team.

Aus eigener Erfahrung kann nur der letzten Alternative Priorität eingeräumt werden, da sie die sicherste Basis für eine erfolgreiche Umsetzung von Unternehmens-Strategien darstellt.

Das Ergebnis der im Management erarbeiteten Unternehmens-Strategie macht Aussagen über den Aufbau und die Nutzung von Potenzialen als Basis zukünftiger Gewinnchancen, die Konzentration auf eigene Stärken, die für den Erfolg in dem entsprechenden Geschäft von Bedeutung sind (Schlüsselfaktoren) und damit über die Wege (Strategien) zur Erreichung des strategischen Ziels, bestimmte Probleme für bestimmte Zielgruppen nachhaltig besser zu lösen als der Wettbewerb.

Die strategische Planung konkretisiert mithin folgende Teilbereiche:
- ❏ die Potenziale und die Probleme und Behinderungen, die der Nutzung der Potenziale entgegenstehen;
- ❏ die Unternehmenszielsetzung in Form des Leitbildes, der quantitativen Zielsetzung und der strategischen Lücke, die zeigt, ob die mittelfristigen Unternehmensziele erreichbar sind;
- ❏ die Wachstumszielsetzung, die eine Aussage über die Richtung des mittelfristigen Wachstums (qualitativ, quantitativ; Diversifikation, Konzentration) macht;
- ❏ die Produkt-Markt-Strategien, über die in Form der Basisstrategien die Probleme der Zielgruppen unter Ausmanövrierung des Wettbewerbs optimal gelöst werden;
- ❏ die Funktions-Strategien, die die Aufgabe haben, Behinderungen bei der Umsetzung der Produkt-Markt-Strategien abzubauen.

Für die Steuerung der Zielerreichung und die Umsetzung der Unternehmens-Strategien ist das funktionale Zusammenwirken des adäquaten organisatorischen Rahmens, eines wirksamen Controlling-Führungskonzeptes und der Steuerung der Mitarbeiter über Kommunikation, Motivation, Plan-Ist-Vergleich und Hilfestellung erforderlich.

3 Stagnierende Märkte

3.1 Ausgangslage

3.1.1 Stagnierende Märkte: Kennzeichen und Fehleinschätzungen

Viele Branchen in den hochindustrialisierten Ländern befinden sich heute in der Stagnation. In stagnierenden Märkten
- ❏ findet ein zunehmender Verdrängungswettbewerb der einzelnen Anbieter statt, der durch Überkapazitäten bedingt ein zum Teil ruinöses Kämpfen um Marktanteile zur Folge hat,
- ❏ sind die Erstbedarfe in vielen Produktkategorien gedeckt, sodass sich das Marktniveau nur noch aus Ersatzkäufen hochhalten lässt,
- ❏ finden Substitutionsprozesse im Warenangebot statt, die ganze Industriezweige in die Enge treiben,
- ❏ führt ein steigendes Güterangebot – insbesondere bei wenig technologischem Schutz der angebotenen Leistungen – zu einer immer stärkeren Eintönigkeit der Leistungen und dem Mangel an Differenzierungsmöglichkeiten,

❏ nimmt die Kooperationsbereitschaft des Handels bei sinkenden Handelsspannen und tendenziell wachsender Handelsmacht ab.

Die größten Probleme für das Operieren in derartigen Marktsituationen liegen in der häufig anzutreffenden mangelnden Bereitschaft der Führungsmannschaft, die für solche Marktsituationen notwendigen Verhaltensänderungen im Unternehmen herbeizuführen. Typische Einstellungsfehler für das Operieren in stagnierenden Märkten sind

❏ eine falsche Selbsteinschätzung,
❏ das Fehlen profilierter Konkurrenzstrategien,
❏ die zu rasche Aufgabe von Marktanteilen zu Gunsten kurzfristiger Gewinne,
❏ Ressentiments und irrationale Argumente gegenüber dem Preiswettbewerb und veränderten Verhaltensweisen der Branche,
❏ die Hoffnung auf „neue" oder „kreative" Produkte anstelle der Verbesserung und des aktiven Verkaufs der vorhandenen Produkte,
❏ die Überbetonung von Qualitätssteigerung oder Trading-up als Ausflucht der Begegnung aggressiver Preisstrategien der Wettbewerber,
❏ das Halten von Reservekapazitäten für bessere Zeiten.

3.1.2 Turbulenzen und Wandel

Die veränderten Anforderungen durch die Stagnation der Märkte werden erhöht durch die Situation, dass die Umfelder, in denen Unternehmen heute agieren, von Jahr zu Jahr höhere und schnellere Veränderungen aufweisen. Der Wandel in den Rahmenbedingungen der Unternehmen findet seinen Ausdruck in

❏ dem generellen Wertewandel der Konsumenten,
❏ dem Aufkommen neuer Wertkategorien und des Verlustes von alten Wertvorstellungen,
❏ einem Überangebot an Technik und Konsum, das vor 10 Jahren noch unvorstellbar war,
❏ einem hohen Informationsstand der Konsumenten, der diese zunehmend kritischer in ihren Einstellungen gegenüber Angeboten macht,
❏ der Globalisierung der Märkte durch zunehmende Reisetätigkeit und breites Bildungsniveau in den meisten Bevölkerungsschichten.

Dieser Wandel der Umfelder wird für die Unternehmen zunehmend kompliziert durch

(1) eine generelle Intensivierung des Wettbewerbs, da
- in den Unternehmen das strategische Denkvermögen zugenommen hat,
- die Unternehmen durch massiven Wettbewerbsdruck ihre Kostenpositionen entscheidend verbessert haben,
- die Internationalisierung im Wettbewerbskampf zugenommen hat,

(2) Turbulenzen, wie
- Unternehmenszusammenschlüsse von unvorstellbaren Größenordnungen mit schwer zu rechtfertigenden Kaufpreishöhen,
- Leveraged Buyouts und Management Buyouts, die grundsätzliche strategische Änderungen herbeiführen,
- auch in Europa mittlerweile zunehmende Hostile Tender Offers,
- den Finanzmärkten mit nach Anlage suchendem freien Kapital,
- dem Zwang, auch für größere Unternehmen Joint-Ventures einzugehen,

(3) in Bewegung geratene Finanzmärkte, an denen von einer Gruppe von „Spielern" heute neue Konstellationen geschaffen werden, wie
- durch Dollar-Spekulationen bedingte Hektiken,
- der steigenden Volatilität der Finanzmärkte
- dem Zunehmen innovativer Finanzstrategien.

3.1.3 Neue Spielregeln im Wettbewerb

Die sich in unseren Märkten zeigenden Trends

❏ mehr Technik als Bedarf,
❏ tendenziell Stagnation bzw. Sättigung anstelle von Wachstum,
❏ Zugang von technologischen Möglichkeiten für breite Schichten von Anbietern,
❏ Wertewandel der Konsumenten,
❏ informierte Nachfrager und
❏ mehr globale Märkte

haben zur Folge, dass

❏ die Spielregeln am Markt in immer kürzerer Folge neu definiert werden müssen,
❏ Wettbewerbsvorteile durch neue Produkte viel härter verteidigt werden müssen aufgrund kürzerer Lebenszyklen,
❏ die Zukunft immer weniger prognostizierbar wird.

Vor diesem Hintergrund kommt es für alle Unternehmen darauf an, die sich in diesem gewandelten Umfeld ergebenden Chancen und Optionen

❏ zu erkennen,
❏ die neuen Möglichkeiten zu nutzen und
❏ die neuen Spielregeln permanent zu prüfen und anzuwenden.

Die Zeiten der Prognose und Extrapolation sind endgültig vorbei; Flexibilität und Einstellung auf neue Situationen stellen die Herausforderung der Zukunft dar.

3.2 Chancen für erfolgreiches Agieren in stagnierenden Märkten

Auch stagnierende Märkte bieten ausreichend Chancen, durch Definition der neuen Spielregeln und Differenzierung zum Wettbewerb erfolgreich zu agieren. In diesen Marktsituationen kommt es aber mehr als in der Vergangenheit darauf an, dass die Position des Unternehmens in allen Aktivitäten relativ zum Wettbewerb definiert wird und nicht mehr Imitation, sondern Einzigartigkeit die einzelnen Maßnahmen und ihre Umsetzung bestimmen.

Vor diesem Hintergrund sind die Voraussetzungen und Chancen für erfolgreiches Agieren in stagnierenden Märkten die

- ❏ Beantwortung von Grundsatzfragen zur Definition des neuen Spiels und
- ❏ die Lösung der Engpassprobleme, die die Unternehmen bisher am meisten an der erfolgreichen Umsetzung der eigenen Strategie gehindert haben.

3.2.1 Beantwortung von Grundsatzfragen

Aufbauend auf der

- ❏ Potenzialanalyse als Definition der Überlegenheit der eigenen Stärken in den Schlüsselfaktoren des Marktes gegenüber der Konkurrenz und
- ❏ der GAP-Analyse als Einstieg zur Festlegung der Strategie-Schwerpunkte (Normal-Strategien, Konsolidierungs-Strategien oder Wachstums-Strategien)

ist die Beantwortung folgender strategischer Grundsatzfragen erforderlich:

3.2.1.1 Positionierungs-Strategien

Michael Porter hat die unterschiedlichen Positionierungs-Strategien zum Wettbewerb sehr markant herausgearbeitet. Ausgehend von der Frage, ob sich die Positionierung

- ❏ auf eine Profilierungs-Strategie durch Differenzierung über Leistungsvorteile oder eine Kostenvorteils-Strategie begründet und
- ❏ ob mit dieser Strategie der Gesamtmarkt oder Teilmärkte aus dem Gesamtmarkt abgedeckt werden,

ergibt sich ein unterschiedliches Bündel von Strategie-Typen:

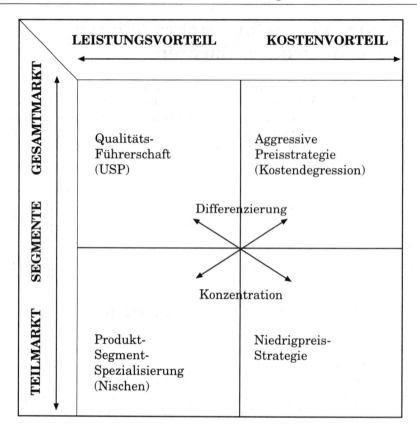

Jeder Strategietyp setzt unterschiedliche Anforderungen an das Unternehmen und die strategische Stoßrichtung und gibt differenzierte Möglichkeiten der Positionierung zum Wettbewerb.

3.2.1.2 Marktsegmentierungs-Strategien

Marktsegmentierungs-Strategien verfolgen die Zielsetzung, aus dem Gesamtmarkt ein Bündel von homogenen Teilmärkten für spezifische Konsumentenbedürfnisse zu definieren, mit der Zielsetzung, aus der besseren Befriedigung dieser Verbraucherbedürfnisse Vorteilspositionen gegenüber den Konkurrenten aufzubauen.

In der Praxis ist ein unterschiedliches Bündel von Kriterien zur Marktsegmentierung bekannt, die – zur Begründung von strategischen Vorteilspositionen – folgenden Anforderungen genügen müssen.

(1) Die Marktsegmentierungskriterien müssen eine praktikable und umsetzungskonforme Segmentierung des Gesamtmarktes ermöglichen.

(2) Die Marktsegmentierung hat sicherzustellen, dass aus dem Gesamtmarkt solche Marktbereiche segmentierbar sind, die „echte" Bedürfnisse der Konsu-

menten darstellen. Nur solche Segmente erlauben die Profilierung durch bessere Befriedigung der Zielgruppen-Bedürfnisse.

(3) Bei den aufzubauenden Segmenten muss es sich um langfristig stabile Marktsegmente handeln. Es muss sichergestellt sein, dass die Parameter, die zur Segmentierung des Marktes geführt haben, langfristig stabil sind und sich nicht leicht verändern lassen. Diese Segmente müssen Eintritts-Barrieren für die Konkurrenten schaffen.

(4) Die Marktsegmentierung ist nur in solchen Segmenten strategisch interessant, die ausreichend groß bezogen auf das Unternehmen sind und den Einsatz des gesamten unternehmenspolitischen Instrumentariums ermöglichen.

Die entscheidende Frage bei der Marktsegmentierung ist, ob über die Segmentierung und die spezifische Befriedigung der Kundenbedürfnisse eine Marktführerposition erreicht wird, mit der die sog. „Preisprämie" des Marktführers durchsetzbar ist.

3.2.1.3 Sortiments-Strategie

Die Sortiments-Strategie definiert die Leistungsziele des Unternehmens. Sie gehört zu den zentralen Fragen der Ausrichtung des Unternehmens und hängt von einem sehr unterschiedlich und differenziert wirkenden Bündel von Einzelfaktoren ab wie

- der Unternehmens-Strategie
- dem Produktionsverbund der einzelnen Sortimentsteile,
- dem vom Unternehmen gewählten Marktauftritt,
- der im Unternehmen bestehenden Fixkostenstruktur,
- der vom Unternehmen bedienten Kundenstruktur,
- dem Erlösverbund der Sortimentsteile und der Notwendigkeit des kalkulatorischen Ausgleichs,
- Branchenspielregeln und Branchengesetzen und
- dem Marktvolumen und dem Marktwachstum.

Die Beantwortung der Frage nach der adäquaten Sortimentsbreite ist nur im konkreten Einzelfall möglich und damit immer risikobehaftet. Unabhängig davon gelten einige Thesen, die bei der Beantwortung der Frage nützlich sind:

(1) Die heutige Stagnation (bzw. Rückgang) vieler Märkte fördert die Tendenz zu breiten Sortimenten.

(2) In Unternehmungen, deren angestammte Sortimentsteile überwiegend in der Cash-Cow-Position liegen, haben Sortimentsausweitungen tendenziell einen Rückgang des relativen Ertrages zur Folge.

(3) Je höher die nutzbaren Synergien sind, um so erfolgreicher ist eine Sortimentsausweitung.

(4) Eine Sortiments-Schwerpunktbildung zur Ausnutzung des Boston-Effektes setzt die Konzentration aller Kräfte voraus. Ist die Sortiments-Schwerpunktbildung kein Vorteilsfaktor in dem betreffenden Markt, so sind die Negativ-Auswirkungen einer solchen Maßnahme schwerwiegend.

(5) Bei weitgehend stagnierenden Märkten haben massive Sortimentsbereinigungen nur selten eine positive Ertragsauswirkung.

3.2.1.4 Diversifikations-Strategien

Nach wie vor sind für Unternehmen in stagnierenden Märkten Fragen der Diversifikation in neue Geschäftsfelder hochaktuell. Diversifikations-Strategien bieten sich an, wenn

- in den heutigen strategischen Geschäftseinheiten rückläufige Entwicklungen zu verzeichnen sind,
- die Gewinnpotenziale dieser vorhandenen Geschäftseinheiten ausgereift sind und
- die Unternehmung über hohe Gewinne verfügt, die im vorhandenen Betätigungsfeld nicht mehr wirtschaftlich sinnvoll angelegt werden können.

Wenn diese Fälle gegeben sind, bietet die Diversifikation die Möglichkeit eines weiteren Unternehmenswachstums, der Risikostreuung und der Investition vorhandener Mittel zum Aufbau neuer Ertragspotenziale. Diversifikations-Strategien tragen nicht zur Lösung von Problemen bei, die in den angestammten Arbeitsgebieten der Unternehmung auftreten. Viele Unternehmen versuchen, nicht mehr vorhandenes Wachstum im angestammten Bereich allein über eine Diversifikation zu kompensieren, ohne die Möglichkeiten einer Konzentrations-Strategie geprüft zu haben. Handelt es sich hierbei um Unternehmungen mit schlechter Rentabilität, so führt die Diversifikation oft in eine Sackgasse. Darüber hinaus sind Diversifikations-Strategien dann strategisch falsch, wenn sie darauf gerichtet sind,

- in ein langsam wachsendes oder stagnierendes Marktsegment einzudringen, ohne die Spielregeln des Wettbewerbs zu verändern,
- den Marktanteil in einem gering wachsendem oder stagnierendem Segment zu erhöhen,
- in ein Marktsegment einzudringen, das von einigen wenigen Unternehmen beherrscht wird, die die Kostenvorteile hoher Marktanteile in der betreffenden Branche ausspielen können.

3.2.1.5 Internationalisierungs-Strategien

Internationalisierungs-Strategien können folgende Ursachen haben:
- Marktenge im Heimatmarkt,
- Expansion im internationalen Rahmen,
- Markenausweitung,
- Risikostreuung usw.

Neben diesen mehr historisch begründeten Ursachen führen folgende, heute festzustellende Situationen zu einem Zwang, die Geschäfte international auszuweiten:
- die Angleichung der Nachfrage in den wesentlichen Industrieländern,
- Kostenvorteile durch internationale Stückzahl-Volumina,
- kapitalintensive Produktionen,
- dynamische, neue Technologien.

Im Rahmen der Internationalisierung des eigenen Unternehmens sollte man sich immer vor Augen führen, ob man die
- erforderlichen personellen Ressourcen,
- notwendige Management-Kapazität,
- richtigen Produkte und
- erforderliche Finanzkraft

besitzt, um in internationalen Märkten zu agieren. Auch hier gilt das Gleiche wie bei der Diversifikation, nämlich „weg vom bekannten, hin zum unbekannten Risiko".

3.2.2 Lösung von Engpassproblemen

3.2.2.1 Marktanteile: Halten oder Wachsen

Gerade in stagnierenden Märkten ist die Grundsatzfrage der Erhöhung oder des Haltens von Marktanteilen von grundlegender strategischer Bedeutung. Dabei gelten folgende Erkenntnisse:

(1) Auf Basis des Konzepts der Erfahrungskurve haben Marktanteile einen Wert in Höhe der mit ihnen verbundenen Kostensenkungsrate.

(2) Der Wert des Marktanteils im Vergleich zum Marktanteil der Konkurrenz ist um so höher, je höher der relative Marktanteil des Unternehmens ist, d.h. je größer die Marktanteilsdifferenz zum zweiten Anbieter im Markt sich darstellt.

(3) Der Wert des Marktanteils in Höhe der potenziellen Kostensenkungsrate wird nur dann ergebniswirksam, wenn das Kostensenkungspotenzial durch aktives Kostenmanagement ausgeschöpft wird.

(4) Gemäß der PIMS-Studie ist die Ertragsposition gemessen am Return-on-Investment um so höher, je höher der relative Marktanteil des Unternehmens ist.

(5) Der Unternehmensertrag als Folge des relativen Marktanteils ist um so höher, je früher die betreffenden Kostensenkungs-Aktivitäten im Gesamt-Lebenszyklus umgesetzt werden. In den späten Phasen des Lebenszyklus wird der Wert des Marktanteils geringer im Vergleich zu anderen Wettbewerbern.

(6) Tendenziell nimmt in reifen Märkten mit geringen Wachstumsraten der Wert von Marktanteilen als Voraussetzung für die potenzielle Kostensenkungsrate ab.

(7) Der Wert von Marktanteilen ergibt sich rechnerisch aus dem Gegenwartswert der Kostenposition, abzüglich der Kosten für den Erwerb der Marktposition.

Um den Wert des Marktanteils strategisch richtig auszuschöpfen und die Grundsatzfrage von „halten" oder „wachsen" beantworten zu können, ist es erforderlich, dass die Strategien zur Erringung von Marktanteilen in stagnierenden Märkten darauf gerichtet sind, solche Märkte marktanteilsmäßig zu besetzen, die strategisch relevant sind und in denen ein hoher relativer Marktanteil zu erzielen ist. Dies sind im Wesentlichen solche Märkte, die auch in stagnierenden Marktsituationen

❑ eine langfristige Stabilität besitzen,

❑ ausreichend groß sind, um eine relative Marktposition zu besetzen, die die Ausnutzung des Erfahrungskurven-Effektes und eine Differenzierung zum Wettbewerb ermöglichen,

❑ hinsichtlich der Segmentierung auf langfristig stabilen Kriterien aufbauen und

❑ mit einem für die eigenen Möglichkeiten vertretbaren Aufwand bearbeitet werden können.

3.2.2.2 Arbeiten an der Verbesserung der relativen Kostenposition

Die relative Kostenposition hat einen entscheidenden Einfluss auf die Wettbewerbsposition, das relative Ertragspotenzial und die Möglichkeiten zur Differenzierung zum Wettbewerb.

Gerade in stagnierenden Märkten kommt den Arbeiten an der Verbesserung der relativen Kostenposition grundlegende Bedeutung zu. Ausgehend von der vielfach festzustellenden Tatsache einer zu hohen Fixkostenlast aufgrund mangelndem Wachstums in der Vergangenheit mit einer in vielen Bereichen stattgefundenen Verfilzung der Problemstruktur ist es eine der Schwerpunktaufgaben, die relative Kostenposition zu verändern. Dazu empfehlen sich folgende Maßnahmen:

❑ Einführung der modernen Methoden zur Kostensenkung und Effizienzsteigerung wie
  • Aufbau klarer Verantwortungsbereiche,
  • Propagierung der Profit-Center-Idee,
  • Schaffung von Kostentransparenz,
  • Zero-Base-Budgeting usw.

❑ Grundlegende Ausrichtung der Kostenblöcke nach den strategischen Produktgruppenzielen,

❑ Beantwortung der Frage, welche Kostenpositionen und ihrer Durchführung durch das Unternehmen strategisch notwendig sind und welche nicht,

❑ grundlegende Durchleuchtung der Wertschöpfungsstrukturen usw.

Bei diesen Maßnahmen sollte man sich zusätzlich orientieren am

❑ Kostenniveau der Branche, um nicht hier grundlegende Nachteile zu erzielen,
❑ an der Pflege von Synergie-Vorteilen, die im bestehenden Unternehmen realisiert werden,
❑ der Rückbesinnung auf angestammte Funktionen.

3.2.2.3 Überwindung von Wachstumsschwellen

Wachstumsschwellen kommen in der Entwicklung der Unternehmungen ziemlich regelmäßig vor, und zwar etwa

❑ bei jeder Verdopplung bis Verdreifachung der Unternehmungsgröße,
❑ ca. alle 5 bis 7 Jahre,
❑ an Sättigungsgrenzen.

In diesen Situationen sind mengenmäßiges Wachstum und Expansion nicht mehr möglich. Augenfällig für die Mitarbeiter zeigt sich das Problem der Wachstumsschwelle, wenn es im normalen Betriebsablauf nicht mehr klappt. Es sind Phasen, wo man einfach nicht mehr vorankommt, auch beste Ideen irgendwo versanden, Sitzungen übermäßig lang dauern und die Motivation im Unternehmen langsam absinkt.

Unternehmen, die an Wachstumsschwellen stehen, müssen sich zunächst durch qualitatives Wachstum die Fähigkeit schaffen, dass das Unternehmen wieder mengenmäßig wachsen kann. Das Umschalten in den Aktivitäten hat sich zu konzentrieren auf

❑ das Produktprogramm und Sortiment,
❑ die Zielgruppendefinition und -ansprache,
❑ die Kapazitätsauslegung und -ausnutzung,
❑ die Organisation und das Führungskonzept,
❑ Wunschbilder und Visionen und
❑ das strategische Konzept.

Die Erfahrungen zeigen, dass Wachstumsschwellen zuerst in den Köpfen der Mitarbeiter entstehen. Hier haben alle Probleme ihre Ursache und ihren Kern. Insofern ist beim Abbau einer Wachstumsschwelle zuerst am Menschen, seinen Gedanken, seinen Hoffnungen, seinen Befürchtungen und seinem Vertrauen in die Zukunft anzusetzen. Der Führungsmannschaft kommt die Aufgabe zu, ein Klima zu schaffen, in dem sich Kreativität wieder entwickeln kann, die Leistung den entscheidenden Stellenwert hat und der Blick von innen nach außen auf den Markt und die Zielgruppe gekehrt wird. Die Behebung von Wachstumsschwellen gelingt in erster Linie duch die Einleitung eines Umdenkungsprozesses in der Führungscrew.

3.2.2.4 Alternativ-Strategien zum Mengenwachstum

Aus der Vergangenheit sind wir gewohnt, allein das Mengenwachstum als unternehmerischen Erfolg zu werten. Diese aus den Wachstumsjahren übernommene Denkmentalität und Wertung der Unternehmensleistung ist in stagnierenden Märkten nicht mehr angebracht. Insofern ist in stagnierenden Märkten ein grundsätzliches Umschalten in der Orientierung notwendig. Dabei zeigen sich folgende Aspekte:

- Die höchste Führungskunst zeigt sich in stagnierenden Märkten. Es sind Fähigkeiten verlangt, mit denen aus eigener Kraft Überlebensspielraum geschaffen wird.

- Stagnierende Märkte verlangen, dass man permanent besser und reifer wird und stärkere Differenzierungen zum Wettbewerb aufbaut. Nur diese Differenzierungen und dieses langfristige Bessersein geben langfristige Wettbewerbsvorteile.

- Auch in stagnierenden Märkten ist eine Verbesserung der relativen Wettbewerbsposition ein strategischer Erfolg. Diese Verbesserung der relativen Wettbewerbsposition ist möglich ohne quantitatives Mengenwachstum.

- Die Ansammlung innerer Stärke ist eine Alternativ-Strategie zum reinen mengenmäßigen Wachstum. Sie gibt dem Unternehmen Kraft und die Möglichkeit, auf dieser Basis differenzierte Unternehmens-Strategien aufzubauen.

- Stagnierende Märkte verlangen die Vision, dass der wirkliche Gewinner nicht nach vorgegebenen Spielregeln des Wettbewerbs spielt, sondern seine eigenen Spielregeln schafft. Diese eigenen Spielregeln sind meistens Konzepte, die das Ziel des Besserwerdens zur Maxime haben.

3.2.3 Ausgangslage und Strategietyp

Vor dem Hintergrund der vorstehenden Überlegungen lässt sich Folgendes zusammenfassen:

- In stagnierenden oder rückläufigen Märkten ist Mengenwachstum nicht die alleinige Antwort.

- Unternehmen, die an einer Wachstumsschwelle stehen, haben zunächst alle Maßnahmen darauf zu konzentrieren, das Unternehmen organisatorisch, ertragsmäßig, von der strategischen Grundrichtung und mental dafür fähig zu machen, die Wachstumsschwelle zu überwinden. Erst dann können wieder Offensiv-Strategien gefahren werden.

- Mithilfe der GAP-Analyse lässt sich die Frage beantworten, ob der Fall der so genannten Normal-Strategien vorliegt, bei dem keine großen strategischen Änderungen notwendig sind, oder ob Konsolidierungs-Strategien oder Wachstums-Strategien Vorrang haben.

- Unternehmungen mit unbefriedigender kurzfristiger Ertragsposition müssen zunächst innere Stärke ansammeln, um mit Offensiv- und Differenzierungs-Strategien nach vorne zu agieren.
- Die Grundhaltung im Management und die mentale Fähigkeit und Kraft, an den Erfolg zu glauben, bestimmen ganz entscheidend die zu fahrende Strategie.

3.3 Visionen als Voraussetzung zum Aufbau von Wettbewerbsvorteilen in stagnierenden Märkten

Visionen in der Führungscrew und im ganzen Unternehmen geben Unternehmen die entscheidende Kraft für Offensiv-Strategien in stagnierenden Märkten. Sie sind die mentale und emotionale Triebfeder des nach vorne Agierens und des Aufbaus von relativen Wettbewerbsvorteilen.

3.3.1 Management-Team

Für die Erarbeitung der Unternehmens-Strategie gibt es drei Alternativen:
- die strategische Stabstelle,
- den externen Berater und
- das Strategie-Team.

Aus eigener Erfahrung kann die Priorität nur der letzten Alternative eingeräumt werden. Das Strategie-Team der wesentlichen Unternehmensbereiche muss der Ausgangspunkt der Triebfeder für offensives Nachvorneagieren sein. Nur dieses Team kann beurteilen, welche Unternehmens-Strategie in Abhängigkeit der intellektuellen und persönlichen Fähigkeiten des Managements und der individuellen Stärken und Eigenarten eines Unternehmens die entscheidende Schubkraft nach vorne gibt. Das Management-Team ist damit der Ausgangspunkt zur Erarbeitung von Strategien in stagnierenden Märkten, die Aussagen über

- den Aufbau und die Nutzung von Potenzialen als Basis zukünftiger Gewinnchancen machen,
- die Konzentration auf eigene Stärken, die für den Erfolg in dem entsprechenden Geschäft von Bedeutung sind (Schlüsselfaktoren),
- und damit über die Wege (Strategien) zur Erreichung des strategischen Ziels, bestimmte Probleme für bestimmte Zielgruppen nachhaltig besser zu lösen als der Wettbewerb.

3.3.2 Die ethische Basis

Das Unternehmensziel muss die Mitarbeiter anspornen. Die Unternehmensführung muss den Mitarbeitern die Einsicht geben, dass sich der Einsatz für das Unternehmensziel und im Unternehmensalltag qualitativ und quantitativ lohnt. Das hat zur Konsequenz, dass der Einsatz für den Mitarbeiter erkenntlich

- im Einklang mit den gesellschaftlichen Werten unseres Umfeldes stehen muss und
- der Mitarbeiter sich selbst mit seinen veränderten Wertvorstellungen in seiner Tätigkeit im Unternehmen wiederfindet.

Strategische Führung in stagnierenden Märkten verlangt damit, dem Mitarbeiter permanent zu vermitteln, dass sich der Einsatz lohnt und der Sinn des Tuns tagtäglich vermittelt wird. Es ist diese ethische Basis, die im Mitarbeiter Kräfte freisetzt und ihn dazu bringt, für das, was er im Unternehmen tut, einzustehen. Diese ethische Basis ist Grundvoraussetzung für erfolgreiches Operieren in stagnierenden Märkten.

3.3.3 Kundennutzen als Basis einer neuen Vorteilssicht

Der Kundennutzen ist die Basis der neuen Vorteilssicht. Das Unternehmen muss feststellen, was der Kunde wirklich will und die Leistungen bringen, die der Kunde wirklich braucht. Einen von der Konkurrenz differenzierten Kundennutzen aufzubauen, stellt das höchste Ziel strategischer Führung in stagnierenden Märkten dar. Dabei ist der Kundennutzen das Instrument, das langfristig wirksamer ist als eine günstige Kostenposition. Kundennutzen durch bessere Zielgruppen-Problemlösung ist der langfristig strategische Vorteil, den jedes Unternehmen braucht. Nur durch den Kundennutzen erreicht ein Unternehmen Existenzberechtigung und langfristig absicherbare Vorteile.

Kundennutzen setzt die Nähe zum Kunden voraus. Die Organisation muss sich öffnen, um die Nutzenvorstellungen des Verbrauchers aufzunehmen, sie zu erkennen und in eigene Leistungen als Antwort auf die Kundenbedürfnisse umzusetzen. Diese Öffnung der Organisation zum Kunden hin verlangt bei aller Globalisierung viel mehr lokale Nähe und Kontakt zur Zielgruppe als in der Vergangenheit.

3.3.4 Führungsverhalten als Erfolgsfaktor

Neben einer auf Selektivität und Differenzierung zum Wettbewerb aufbauenden Strategie und mit einer herausragenden Position im Kundennutzen als Basis kommt dem Führungsverhalten als weiterem entscheidenden Erfolgsfaktor grundlegende Bedeutung zu. Das Führungsverhalten steuert die mentalen Komponenten im Unternehmen und zieht seine Kräfte aus anderen Ebenen als der Ratio-Ebene, die unser Tagesgeschäft und unsere Budgets beherrscht. Das Führungsverhalten setzt auf der Geist-Ebene an und erzeugt die notwendigen zusätzlichen

Kräfte durch Wunschbilder und Visionen, die einer erfolgreichen Umsetzung von Unternehmens-Strategien in stagnierenden Märkten vorausgehen müssen. Nur aus der gelungenen Kombination von Strategie, Struktur und Führung ist erfolgreiches Operieren in stagnierenden Märkten möglich.

Das Führungsverhalten in stagnierenden Märkten hat von einem Wertewandel in den Führungskomponenten auszugehen. Ausgehend von der Abkehr vom Wert des Wachstums an sich sind Evolutionen an den Strukturen und eigenen Persönlichkeiten und Einsichten vorzunehmen. Darauf aufbauend hat die verstärkte Nutzung der Menschen die Chance, schlummernde Potenziale zum Leben zu erwecken und in der Führungscrew die notwendige Offenheit für neue Wege aufzubauen. Nur aus der Umsetzung dieser Maßnahmen zusammen mit der Gewährung unternehmerischen Freiraums durch Rückbesinnung aufgrund Tugenden, Öffnung des Unternehmens für Optimismus-Kulturen, Einführung von Incentives und sinnvermittelnde Führung ist das notwendige Führungsverhalten und seine Veränderung gegenüber früher sichergestellt.

3.3.5 Aufbau von Visionen

Stagnierende Märkte verlangen eine Zuwendung zu Visionen. Visionen sind Zielvorstellungen und Wunschbilder an ein Unternehmen, für die es sich lohnt, alle Kräfte einzusetzen. Visionen nehmen ihren Ausgangspunkt in Gedanken und sind ein gedanklich visionäres Bild des Unternehmens, das man sich erträumt und bei dessen Traum man eine hohe Bereitschaft für Engagement verspürt. Sie wirken weniger im Kopf als vielmehr im Bauch und sind selten rational zugänglich und sollten es auch gar nicht sein.

Visionen erlauben, die intuitiven Fähigkeiten der Menschen Wirklichkeit werden zu lassen. Sie versetzen Menschen in die Lage, sich von vorhandenen Zuständen mit all ihren Blockaden und Unmöglichkeiten zu lösen und in einen gedanklichen „Schwebezustand" auf ein neues, übergeordnetes Ziel hinzugehen, das man sich erträumt. Visionen haben insofern mentale Kräfte und können Handlungsansporn sein, der rational nie nachvollziehbar ist.

Visionen bedeuten das Management der Strategie treibenden Faktoren. Es ist die Fähigkeit sicherzustellen, in welcher Art und Weise eine Organisation zu einer neuen Vorteilssicht kommt und alte Glaubenssätze aufgibt. Jede Vision hat damit zwei Teile:
❏ das Erkennen der neuen Richtung und
❏ die Mobilisierung in Richtung der neuen Leitlinie.

Visionen sind damit Verpflichtung und Wunsch zugleich.

Das Management von Visionen wird ergänzt durch die Bildung von Glaubensgemeinschaften in der Führungscrew, die die neuen Leitlinien der Unternehmensführung und der neuen Vorteilssicht in sich vereinen. Es hat darüber hinaus sicherzustellen, dass Leidenschaft und Engagement entstehen durch das Setzen von Zielen, die von den Mitarbeitern aufgrund ihres Wertsystems akzeptiert werden und darüber hinaus emotional getragen werden können. Gepaart mit Zufriedenheit und Harmonie nach innen entstehen damit neue Vorteilssichten und Kulturen, die für das Operieren in stagnierenden Märkten besondere Vorteilsfaktoren beinhalten.

3.4 Strategieumsetzung in stagnierenden Märkten

Die erfolgreiche Umsetzung von Unternehmensstrategien in stagnierenden Märkten verlangt vom Management neue Denkrichtungen. Die wesentlichen Unterschiede zur Führung von Unternehmen in Wachstumsmärkten zeigen sich in folgenden Punkten:

(1) Strategieumsetzung in stagnierenden Märkten verlangt Umorientierung in den Wertkategorien und Führungsverhalten. Das bedeutet zunächst einmal die Akzeptanz der Märkte und das Einstellen auf die spezifischen Erfolgsfaktoren. Das bedeutet gleichzeitig eine Abkehr von der Wachstumsmentalität, bei der das Unternehmenswachstum vom Markt automatisch gegeben war.

(2) In stagnierenden Märkten ist es erforderlich, die Fähigkeit zu besitzen, kreative, neue und andersartige Wege zu gehen. Es bedeutet gleichzeitig die Einsicht, dass sich nicht mehr wie in Wachstumsphasen Dinge von vornherein bis auf die letzte Stelle hinter dem Komma berechnen lassen und dass andere Faktoren hinter der Unternehmensentwicklung stehen als die, die wir mit unseren betriebswirtschaftlichen Kenntnissen transparent machen können.

(3) Stagnierende Märkte als solche gibt es nicht. Es gibt letztlich nur stagnierende Firmen, die es nicht verstehen, sich auf die neuen Umweltbedingungen einzustellen. Insofern gibt es auch keine Branchenkonjunktur, sondern es gibt in jeder Branche erfolgreiche Unternehmen, die es geschafft haben, sich vom allgemeinen Stagnationstrend abzusetzen. Diese Erkenntnis ist wichtig, weil sie Motivationstriebfeder genug sein muss, um auch in so genannten stagnierenden Märkten weiterhin erfolgreich zu operieren.

(4) Bei den heutigen Märkten ist Stetigkeit kein Erfolgsfaktor mehr. Vielmehr ist von Unternehmen Evolution als aktive Anpassung und Vorwärtsentwicklung gefordert, die nicht nur im Marketing- und Absatzbereich beginnen darf, sondern alle Unternehmensbereiche zu umfassen hat. Dies bedingt zwangsläufig, dass sich Unternehmensstrukturen viel häufiger ändern werden und ändern müssen, wenn das Unternehmen die notwendige Anpassungsflexibilität haben will.

(5) Die heutigen Märkte verlangen in Unternehmen viel stärker projektbezogene Arbeit als in der Vergangenheit. Es ist geradezu ein Wandel der Organisationsstrukturen festzustellen, da die normale Linienorganisation („Platz-Hirsch-Hierarchie") nicht mehr in der Lage ist, die notwendigen Evolutionsprozesse durchzumachen. Projektbezogene Arbeit und eine starke Dominanz innova-

tiver Unternehmensfunktionen wie Entwicklung, Marketing und Controlling sind die Folge. Von der Führung wird verlangt, dass diese Funktionen besonders gefördert werden und die normale Hierarchie mit ihren Bremswirkungen in den Hintergrund gedrängt wird.

(6) Noch stärker als in der Vergangenheit ist es erforderlich, schlummernde Potenziale der Menschen zum Leben zu erwecken. Gerade in der heutigen Zeit verlangen erfolgreiche Umsetzungen von Unternehmensstrategien alle Kraft der Menschen und hohes Engagement.

(7) Wunschbilder und Visionen sind neben dem Führungskonzept Triebfeder erfolgreicher Strategieumsetzungen. Sie aufzubauen und am Leben zu erhalten ist vordringlichste Aufgabe der Führung.

(8) Die Umsetzung von Unternehmensstrategien verläuft niemals „glatt". Insofern sind in den heutigen Märkten immer wieder Rückschläge festzustellen, die vom Management und Führungsteam hohes Durchhaltevermögen verlangen. Dieses Durchhaltevermögen zeichnet erfolgreiche Unternehmen aus, da jede auf den ersten Blick negative Überraschung gleichzeitig auch eine Chance für eine positive Fortentwicklung und Evolution darstellt (siehe auch Schröder, Ernst F.: Stagnierende Märkte als Chance erkennen und nutzen. Konzepte, Führung, Steuerung. Landsberg am Lech 1988).

3.5 Fazit

Im Gegensatz zu Wachstumsmärkten sind in stagnierenden Märkten ganz andere Management-Qualitäten und -Fähigkeiten gefordert. Stagnierende Märkte haben ihren besonderen Reiz. Sie geben nach wie vor mannigfaltige Möglichkeiten der Differenzierung und Profilierung und die Chance, mit echten Problemlösungen und dem Aufbau von Kundennutzen nachhaltige Vorteile zu erzielen. Unterstützt durch die intensive Nutzung der Qualitäten, die im Mitarbeiter stecken, können auch stagnierende Märkte lohnend und reizvoll sein. Dies zu erkennen, verlangt einen grundlegenden Aufbau und Wandel der Einstellung sowie die Aufgabe der Mentalität, mit der man in Wachstumsmärkten operiert hat. Wenn diese grundlegenden Veränderungen in den Einstellungen im Management erreicht sind, sind auch die positiven Seiten des Operierens in stagnierenden Märkten erkennbar und damit die Voraussetzungen gelegt, in stagnierenden Märkten erfolgreich zu operieren.

4 Wachsende Märkte

4.1 Produkt-Lebenszyklus und Branchenentwicklung

Branchen unterliegen ähnlich wie Produkte einem Lebenszyklus. Dieser spiegelt den Grad der Entwicklung des Marktes, seiner Stabilität und Prognostizierbarkeit sowie des Reifezustandes der Produkte und Aktivitäten wider. Allgemein anerkannt ist die Unterscheidung der Lebenszyklus-Phasen von Branchen in

- Entstehung,
- Wachstum,
- Reife,
- Alter.

Zur Festlegung der Phase, innerhalb derer sich eine Branche befindet, sind folgende Faktoren (Arthur D. Little: Management im Zeitalter der strategischen Führung, Seite 13) heranzuziehen:

- die Wachstumsrate und das Potenzial für zukünftiges Wachstum bzw. den Grad der Marktsättigung,
- die Breite des Sortimentes und die Intensität und Häufigkeit von Produktveränderungen,
- die Anzahl der Wettbewerber, die Wettbewerbsstruktur und die Wettbewerbstendenzen,
- die Loyalität der Kunden und die Stabilität der Kaufgewohnheiten,
- die Stabilität der Marktanteile,
- die Eintrittsmöglichkeiten in die Branche und die Attraktivität der Branche für neue Wettbewerber,
- die Rolle und Stabilität der Technologie.

Die Lebenszyklus-Phase einer Branche hat Auswirkungen auf Freiheitsgrade, die den strategischen Handlungsspielraum eines Geschäftes prägen:

- Sie bestimmt die „natürlichen Strategien", d.h. jene Strategien, die eine Geschäftseinheit ohne außerordentliche Risiken verfolgen kann. So ist z.B. eine aggressive Marktpenetrations-Strategie in alternden Branchen weniger natürlich und somit risikoreicher als in einer Wachstumsbranche.
- Die Phaseneinteilung lässt Aussagen über die zu erwartende Ertragsentwicklung sowie den zukünftigen Cash Flow eines Geschäftes zu. So generieren Geschäfte in reifen Branchen normalerweise mehr Cash als in Entstehungs- oder Wachstumsbranchen.
- Die Branchenentwicklung hat einen entscheidenden Einfluss auf das erforderliche Managementsystem. So werden stabile und reife Geschäfte nicht in der

gleichen Art und mit den gleichen Instrumenten geführt wie Geschäfte in der Entstehungs- oder Wachstumsphase.

- Die Entwicklung der Branche ist von besonderem Gewicht für die Ausgangslage der Strategieformulierung. Branchenveränderungen sind strategisch relevant, wenn die grundlegenden Schlüsselfaktoren, auf denen der Erfolg des Wettbewerbes ausgetragen wird, davon berührt werden und die Ausgangslage verändern. Die Einteilung in die Phasenentwicklung von Branchen liefert damit wichtige Ansatzpunkte zur Ausgangslage der Strategiefindung.

Für die uns hier interessierende Wachstumsphase von Märkten nennt Porter (Porter, Michael E.: Wettbewerbsstrategie, Seite 211 ff.) folgende typische Kennzeichen:

- Die Käufergruppe erweitert sich, die Kunden akzeptieren ungleiche Qualitätsniveaus.

- Die Produkte sind unterschiedlich in Technik und Leistung, bei komplexen Produkten ist Zuverlässigkeit entscheidend, es herrscht gute Qualität, der Wettbewerb um Qualitätsverbesserung beginnt.

- Die Werbeaufwendungen sind immer noch hoch, aber geringer in Prozent vom Umsatz als in der Einführungsphase. Werbung und Vertrieb sind bei nicht-technischen Produkten entscheidend.

- Es herrscht generell eine Produktion an den Kapazitätsgrenzen. Der Wechsel zur Massenproduktion ist erforderlich, in den Vertriebskanälen herrscht harter Wettbewerb um die Führungsposition.

- Der Erfolg der Produkte führt zu umfangreichen Exporten der Branche. Importe sind hingegen relativ gering.

- Diese Branchenphase gibt die Gelegenheit, Preis und Qualitätsimage zu verändern. Marketing wird zum Schlüsselfaktor.

- Das Wettbewerbsumfeld ist durch den Eintritt vieler Wettbewerber gekennzeichnet. Gleichzeitig ergeben sich aber erste Konzentrationen.

- Das Risiko ist tragbar, da auch unternehmerische Fehlentscheidungen durch das Wachstum und die damit einhergehende zusätzliche Ertragsrate abgedeckt werden.

- Bei relativ hohen Preisen, die allerdings niedriger als in der Einführungsphase der Produkte liegen, ermöglichen Erfahrungskurveneffekte hohe und sehr hohe Gewinne. Die Gewinne sind unempfindlich gegen Rezession, die Aktienrendite ist hoch und das Klima für Beteiligungen und Unternehmenserwerbe gut.

Auch wenn sich die Kennzeichen der einzelnen Branchentypen in der Realität nicht so scharf abgrenzen lassen, so liefert die Beschreibung des Lebenszyklus der Branchen und der Einflussfaktoren auf die Wettbewerbsfaktoren innerhalb der Geschäfte wichtige Ansatzpunkte für die strategische Positionierung und den Ansatz von Maßnahmen. Auch verläuft die Branchenentwicklung nicht typisch, und der Wettbewerb in den einzelnen Branchenstufen ist unterschiedlich. Im

Prinzip ist aufgrund der wenig geordneten Ausgangslage jede potenzielle Wettbewerbskonstellation möglich.

Entscheidend beeinflusst wird die evolutorische Entwicklung von Branchen durch bestimmte Faktoren, die jeder Branchenentwicklung zu Grunde liegen (Porter, Michael E.: Wettbewerbsstrategie, Seite 216 ff.):

- ❑ Langfristige Veränderung des Wachstums (Bevölkerungsentwicklung, Bedürfnistrends, veränderte Position von Ersatzprodukten, veränderte Position komplementärer Produkte, ausgeschöpftes Kundenpotenzial, Produktveränderungen),
- ❑ Wechsel der bedienten Abnehmersegmente,
- ❑ Lernprozesse bei den Abnehmern,
- ❑ Abnahme der Unsicherheit,
- ❑ Verbreitung von Know How,
- ❑ Sammeln von Erfahrung,
- ❑ Ausdehnung (oder Rückgang) der Größe,
- ❑ Veränderungen der Input-Kosten und Wechselkurse,
- ❑ Produktinnovationen,
- ❑ Marketinginnovationen,
- ❑ Verfahrensinnovationen,
- ❑ Strukturelle Veränderungen in benachbarten Branchen,
- ❑ Veränderungen der staatlichen Politik,
- ❑ Eintritte und Austritte.

4.2 Management von wachsenden Geschäften

4.2.1 Analyse der Marktsituation

Voraussetzung für das erfolgreiche Management wachsender Geschäfte ist zunächst die grundlegende Beantwortung der Frage, in welcher Lebenszyklus-Phase sich die Marktentwicklung befindet. Wir waren bereits darauf eingegangen, dass Faktoren wie

- ❑ die Wachstumsrate,
- ❑ die Sortimentsbreite,
- ❑ die Anzahl der Wettbewerber,
- ❑ die Loyalität der Kunden,
- ❑ die Stabilität der Kaufgewohnheiten,
- ❑ die Stabilität der Marktanteile und
- ❑ die Eintrittsmöglichkeiten in die Branche

wichtige Anhaltspunkte zur Festlegung der einzelnen Phasen sind. Für die einzelnen Lebenszyklus-Phasen der Branchenentwicklung gibt es dabei grundlegende

Verhaltensweisen, die im Kern richtig und hilfreich sind zur Umsetzung der eigenen Strategien.

Branchenentwicklungen finden in jedem Geschäft statt und verlangen spezifische strategische Antworten. Diese einzelnen Phasen sind aber Veränderungen unterworfen, wobei die grundlegende strategische Schwierigkeit darin besteht, zu erkennen, wann Branchen von einer Phase in die andere umschlagen und damit einen Wechsel in der Priorisierung von Unternehmensstrategien erfordern.

Ein weiterer wesentlicher Einflussfaktor auf die richtige Analyse der Marktsituation ist die Frage, welche Wettbewerbsstruktur in den einzelnen Branchenphasen vorherrscht. Wie wir bereits an anderer Stelle in diesem Buch erwähnt haben, werden die Erfolgsbedingungen eines Geschäftes von zwei wesentlichen Faktoren bestimmt:

(1) Der Größe des Vorteils, den ein Unternehmen gegenüber seinen Wettbewerbern aufbauen kann und
(2) der Anzahl der Vorteile, die ein Unternehmen gleichzeitig besitzt.

Ausgehend von dieser Fragestellung und der Festlegung des Branchenzyklus, in dem sich ein Unternehmen befindet, ergeben sich unterschiedliche Kombinationen, die sich in nachfolgender Matrix zum Lebenszyklus der Branche und zur Wettbewerberstruktur darstellen lassen:

	Entstehung	Wachstum	Reife	Rückgang
Fragmentierung	x	x		
Spezialisierung		x		
Volumen			x	x
Patt				x

Grundsätzlich können die verschiedenen Wettbewerberstrukturen in allen Phasen der Branchenentwicklung der Märkte auftreten. Aus unserer Erfahrung kann man aber tendenziell davon ausgehen, dass

❏ in der Entstehungs- und Wachstums-Phase der Branchenentwicklung eher fragmentierte Wettbewerbsstrukturen vorherrschen,
❏ die Spezialisierung der Geschäfte in der Wachstumsphase beginnt und hier neben der Fragmentierung der Wettbewerbsstruktur vorherrscht,

❏ Volumengeschäfte eher in der Reife und Rückgangsphase von Branchen anzutreffen sind und

❏ Pattbranchen für die Rückgangsphase von Märkten vorherrschend sind.

Aus dieser Kombination ergeben sich für wachsende Märkte folgende Wettbewerberstrukturen und Empfehlungen des strategischen Verhaltens:

❏ Bei fragmentierten Wettbewerberstrukturen empfiehlt sich die Beibehaltung der Flexibilität, das volle Ausspielen der erarbeiteten Kundennähe, das Bremsen ungezügelten Strukturwachstums und das Kleinhalten der Overheads.

❏ Sofern sich in Wachstumsmärkten die einzelnen Wettbewerber schon eher durch Spezialisierung auszeichnen, empfiehlt es sich, in der Führung der Geschäfte auf die Produktgruppenführung umzustellen, Profitcenter und Matrix-Organisationen einzurichten und hinsichtlich der Umsetzung der Wachstumsmärkte sich eher auf lokal und national begrenzte Märkte zu beschränken, um hier das Wachstum zunächst strategisch umzusetzen.

4.2.2 Unternehmensspezifische Ausgangslage

Neben der Branchenentwicklung und der Wettbewerbsstruktur wird die strategische Ausgangslage eines Geschäftes durch die relative Wettbewerbsposition bestimmt. Für die Bestimmung der Wettbewerbsposition sind von besonderer Bedeutung (Arthur D. Little: Management im Zeitalter der strategischen Führung, Seite 14 ff.):

(1) die Bestimmung der relevanten geografischen Grenzen der Branche,

(2) das Erkennen der relevanten strategischen Segmente innerhalb einer Geschäftseinheit.

Die Wettbewerbsposition und damit das zukünftige Rentabilitätspotenzial wird unter anderem bestimmt durch

❏ den Marktanteil,
❏ die relative Kostenstruktur und
❏ die internen Stärken und Schwächen der Geschäftseinheit.

Vor diesem Hintergrund kann die Wettbewerbsposition eines Unternehmens fünf wesentliche Positionen einnehmen, die zur Entstehung der nachfolgenden Matrix führen:

	Entstehung	Wachstum	Reife	Alter
Dominierend				
Stark				
Günstig				
Haltbar				
Schwach				

Für die strategische Analyse ist die Bestimmung der Wettbewerbsposition von Bedeutung:

- ❏ Dominierende Wettbewerbsstellungen sind relativ selten. Wenn sie aus einem Quasimonopol resultieren, sind sie meistens durch technologische Führerschaft geschützt.
- ❏ In einer starken Wettbewerbsposition sind die Unternehmen in der Lage, ihre Strategie umzusetzen und damit nachhaltig die Spielregeln der Branche zu fixieren. Gepaart mit Schnelligkeit der Umsetzung strategischer Maßnahmen führen diese Positionen durch konsequentes Management langfristig zur Erzielung der „Preisprämie des Marktführers".
- ❏ In fragmentierten Märkten ohne herausragende Wettbewerber sind die Branchenführer normalerweise in günstigen Wettbewerbspositionen.
- ❏ Haltbare Wettbewerbspositionen sind in den wenigsten Fällen profitabel. In diesem Falle gibt es nur die Möglichkeit der Spezialisierung und der Flucht in die Menge.
- ❏ Schwache Wettbewerbspositionen haben strategisch wenig Chance, langfristige Überlebensfähigkeit zu garantieren.

Ideal für die langfristige strategische Positionierung sind dominierende und starke Wettbewerbspositionen in wachsenden Märkten. Aber auch günstige Wettbewerbspositionen in wachsenden Märkten können dann strategisch noch von Chancen geprägt sein, wenn es sich um eine fragmentierte Wettbewerberstruktur handelt, die die Chance eröffnet, in die Position des Branchenersten zu gelangen.

4.2.3 Wachstumszielsetzung

Auch in wachsenden Märkten ist die Frage, ob und wenn ja, wie eine Unternehmung in zukünftigen Perioden wachsen soll, von grundsätzlicher strategischer Bedeutung. Wachstum kann ein Unternehmen zum einen quantitativ, zum anderen aber qualitativ erreichen.

Quantitatives Wachstum bedeutet Erhöhung der Absatzmenge in bestehenden Sortimenten und Problemlösungen. Eine solche Wachstumsstrategie ist gerechtfertigt zur

- Erreichung einer in der Branche konkurrenzfähigen Unternehmensgröße,
- Ausnutzung von Kosteneinsparungsmöglichkeiten nach dem „Boston-Effekt",
- besseren Auslastung vorhandener Kapazitäten,
- effizienteren Nutzung noch nicht genutzter Ertragspotenziale.

Quantitatives Wachstum ist in Wachstumsmärkten strategisch erforderlich, wenn die Wettbewerbsposition dominierend und stark ist oder wenn in fragmentierten Wettbewerbspositionen aus günstigen Wettbewerbsstellungen heraus Marktspielregeln noch verändert werden können. Wachstumsmärkte verlangen, dass über quantitatives Wachstum die Marktentwicklung mitgenommen und die relative Wettbewerbsposition verbessert wird. Ein Nachlassen des Wachstums in wachsenden Märkten führt zwangsläufig dazu, dass sich in Phasen der Festsetzung von Märkten und Wettbewerbsstrukturen das Unternehmen in der Wettbewerbsposition verschlechtert.

Hingegen ist qualitatives Wachstum in Wachstumsmärkten strategisch nicht so interessant. Es bietet sich eher an für stagnierende Märkte, d.h. wenn Märkte in die Reife- oder Rückgangsphase umgeschlagen sind, und verlangt anderen Mittel- und Maßnahmeneinsatz.

Unabhängig davon, ob qualitatives oder quantitatives Wachstum Vorrang hat, ist auch die Frage zu stellen, ob Konzentrations- oder Diversifikationsstrategien Vorrang haben. Konzentrationsstrategien bedeuten

- Verstärken, wo die vorhandenen Möglichkeiten noch nicht ausgereizt sind,
- Hinzunehmen, wo Ergänzungen sinnvoll die vorhandenen Aktivitäten nach vorn bringen,
- Weglassen von Aktivitäten, die die Konzentration auf die strategisch notwendigen Teile beeinträchtigen.

Konzentrationsstrategien verlangen gleichzeitig die Konzentration aller Mittel der Unternehmung auf die angestammten Bereiche und den Zwang zum schnelleren Wachstum als der Wettbewerb, wenn man bisher in der Position des Marktzweiten ist. Konzentrationsstrategien haben damit in wachsenden Märkten herausragende strategische Bedeutung und bieten sich wiederum für dominierende, starke und günstige Wachstumspositionen in fragmentierten Marktstellungen an. Hingegen sollten Diversifikationsstrategien in den Hintergrund treten und erst für reife und rückgängige Märkte vorbehalten sein.

4.2.4 Strategische Grundsatzfragen

Für den Erfolg in wachsenden Märkten sind verschiedene Grundsatzfragen zu beantworten. Aus unserer Sicht haben

- die Technologie als Erfolgsfaktor,
- das Timing des Markteintritts,
- die Ausrichtung der Organisation auf Wachstum und
- die finanzielle Basis

grundlegenden Einfluss auf die Frage des erfolgreichen Agierens in wachsenden Märkten.

Neben anderen Einflussfaktoren entstehen junge und wachsende Märkte häufig aus technologischen Innovationen. Technologische Innovationen und die daraus folgenden Verschiebungen der Konsumentenbedürfnisse sind die Triebfeder und Motorik der Entwicklung. Die Beherrschung der Technologie, die Innovation in neuen technischen Lösungen und das konsequente Umsetzen dieser technologischen Innovationen entscheiden über Erfolg oder Misserfolg in diesen Marktsituationen.

Für erfolgreiches Agieren in diesen wachsenden Märkten reicht aber die Innovation allein nicht aus. Neben der Beherrschung der Technologie und der Kreativität, die jeder Innovation vorausgeht, ist genauso wichtig das Timing der Markteinführung der Innovation und das konsequente Management der Innovation in der Umsetzung in ein marktfähiges Stadium. Viele Beispiele zeugen davon, dass zwar Innovation, Kreativität und technische Problemlösung vorhanden sind, die Umsetzung in marktbezogene Erfolge aber daran scheitert, dass konsequentes Projektmanagement intern, das richtige Timing, die Zeitprognose und auch marktgerechte Technik nicht vorhanden sind. Ein Unternehmen, das in wachsenden Märkten agiert, die durch technologische Innovation gekennzeichnet sind, sollte damit Folgendes beherrschen:

(1) Die technologische Führerrolle und die Fähigkeit, Schrittmachertechnologien zu entwickeln, die Bedürfnisse der Konsumenten erschließen.

(2) Ausreichende Kreativität nicht nur in der Entwicklung neuer technischer Lösungen, sondern auch in der marktgerechten Umsetzung technologischer Möglichkeiten und der Befriedigung von Konsumentenbedürfnissen.

(3) Die richtige Umsetzung der technischen Innovation. Das bedeutet, dass intern konsequentes Projektmanagement exerziert wird, richtige Kalkulationen erstellt und marktgerechte Preise gefunden werden, die sowohl den Preis als strategischen Erfolgsfaktor zur Markterschließung garantieren als auch ausreichend Cash für das Unternehmen generieren, um die technologische Führerrolle zu behalten.

(4) Die Fähigkeit, nicht alle Technologie, die man beherrscht, auch auf den Markt zu bringen, sondern die Konsumentenbedürfnisse mit den technologischen Lösungen zu befriedigen, die der Konsument auch noch in der Lage ist zu

verstehen und anzunehmen. Viele Beispiele zeugen davon, dass technisch brillante Lösungen kreiert werden, die Aufnahme beim Konsumenten aber scheitert, weil er einfach technologisch überfordert ist.

Darüber hinaus ist es wichtig, in junge und wachsende Märkte zum richtigen Zeitpunkt einzutreten. Dieser richtige Zeitpunkt hängt sowohl von internen Voraussetzungen als auch von externen Möglichkeiten ab. Intern muss ein Unternehmen in der Lage sein, einen Markteintritt in junge und wachsende Märkte zu verkraften. Das bedeutet, dass es auch in der Lage ist, ausreichend Kräfte in diese Wachstumsmärkte hineinzustecken und das Wachstum durchzuhalten. Hinsichtlich der externen Faktoren ist es wichtig, sich darüber klar zu sein, ob ein Markt schon ein Entwicklungsstadium hat, in welchem sich Spielregeln etablieren, die man selbst beherrscht. Es gibt genug Beispiele von Märkten, die sich noch erst „finden" müssen und die noch keine ausreichenden Spielregeln besitzen. In solche Märkte einzutreten kann sehr gefährlich sein, da die richtige Leitlinie der Marktentwicklung noch nicht sichtbar ist. Auf der anderen Seite bieten aber diese Marktsituationen auch die einmalige Chance, mit einer technologischen und managementmäßigen Führerrolle das Marktgeschehen nachhaltig zu bestimmen und dem Markt die eigenen Spielregeln aufzudrücken, die man selbst am besten beherrscht.

In wachsenden Märkten ist die Organisation auf Wachstum auszurichten. Die Ausrichtung einer Organisation auf Wachstum bedeutet die Sicherstellung von ausreichender Flexibilität und auch der notwendigen „Hemdsärmeligkeit", um den wechselnden Marktsituationen auch gerecht zu werden. Gleichzeitig ist im Unternehmen ein Klima für Wachstum zu schaffen, was immer dann besonders schwierig ist, wenn ein Unternehmen lange Phasen der Stagnation durchlaufen hat. Will ein solches Unternehmen an Wachstumsphasen von Märkten teilnehmen, empfiehlt es sich, hierfür organisatorische Einheiten auszugliedern, die nicht mit dem Ballast der Vergangenheit belastet sind.

Wachstumsmärkte verlangen in vielen Fällen mehr Cash-Einsatz, als sie Cash Flow abwerfen. Beim Eintritt in Wachstumsmärkte sollte man sich deshalb vorher ganz klar fragen, ob man in der Lage ist, finanziell das Wachstum mitzumachen, lange Phasen durchzustehen und genug Kraft besitzt, das Marktgeschehen aktiv zu gestalten. Empirische Untersuchungen und die Erfahrung zeigen, dass Unternehmen, die von einer sicheren vorhandenen Basis aus in bestehenden Sortimenten agieren, Innovationen und Wachstumsphasen immer erfolgreicher umsetzen können als Unternehmen, die selbst in einer labilen finanziellen oder Marktverfassung mit ihrem bestehenden Sortiment sind.

4.3 Wachstum und Branchenentwicklung

4.3.1 Geschäfte in jungen Branchen

Geschäfte in jungen Branchen entstehen häufig aus
- technologischen Innovationen,
- Verschiebungen der relativen Kostenstrukturen,
- neuen Konsumentenbedürfnissen und damit einhergehender Marktsegmentierungen.

Das Kennzeichen von jungen Branchen liegt darin, dass es noch keine nachhaltig festgeschriebenen Wettbewerbsspielregeln gibt. Solche Marktsituationen eröffnen für Unternehmen mit konsequent umgesetzten Visionen erhebliche Chancen der nachhaltigen Bestimmung der Märkte über die Spielregeln, die man als eigenes Unternehmen beherrscht.

Nach Porter (Porter, Michael E.: Wettbewerbsstrategie, Seite 275 ff.) weisen junge Märkte folgende strukturelle Merkmale auf:
- technologische Unsicherheit,
- strategische Unsicherheit,
- anfänglich hohe Kosten, aber steiler Kostenrückgang,
- neu gegründete Unternehmen und „Spin-offs",
- Erstkäufer,
- Subventionen.

Junge Branchen weisen in der Entwicklung, sich zu etablieren, unterschiedliche Hindernisse auf. Nach Porter sind dieses
- die Unfähigkeit, Rohstoffe und Einsatzteile zu beschaffen,
- oftmals explodierende Rohstoffpreise,
- fehlende industrielle Infrastrukturen,
- fehlende Standardisierung von Produkten oder Technologien,
- erwartete Wahrscheinlichkeit der Veralterung,
- Verwirrung der Kunden,
- schwankende Produktqualität,
- Image und Glaubwürdigkeit in der Finanzwelt,
- staatliche Anerkennung,
- hohe Kosten,
- Reaktionen großer Wirtschaftsteilnehmer.

Eine der entscheidendsten strategischen Fragen in jungen Branchen lautet damit, welche Märkte sich für das Produkt der neuen Branche früh öffnen werden und welche spät. Die Beantwortung dieser Frage ist zentral für die Vorhersage struktureller Änderungen und für die langfristige Branchenentwicklung. Unternehmensführung in jungen Branchen ist mit erheblicher Unsicherheit und Risiken verbunden. Die fehlenden Spielregeln, die im Fluss befindliche Branchenstruktur und schwer zu diagnostizierende Konkurrenten machen die Prognose der Entwicklung schwierig. Auf der anderen Seite liegen in solchen Branchen aber auch erhebliche Entwicklungen für das Unternehmen, das mit einer konsequenten Vision und deren Umsetzung die Marktspielregeln nachhaltig gestalten kann.

4.3.2 Geschäfte in Wachstumsmärkten

Geschäfte in Wachstumsmärkten zeichnen sich durch folgende Faktoren aus:

- Die Käuferschichten weiten sich nach wie vor aus. Der Kunde akzeptiert die unterschiedlichen Qualitätsniveaus.
- Produkte sind unterschiedlich in Technik und Leistung.
- Der Wettbewerb um Qualitätsüberlegungen beginnt.
- Es herrschen nach wie vor hohe Werbeaufwendungen.
- Es herrscht ein Mangel an Kapazitäten.
- In der Fertigung beginnt der Wechsel zur Massenfertigung.
- Neue Wettbewerber treten ständig in die Märkte ein.
- Die Risiken sind für alle Wettbewerber tragbar, da das Wachstum sie überdeckt.
- Die Unternehmen erzielen relativ hohe Preise.
- Es herrscht eine gute Gewinnsituation.

Diese von Porter aufgezählten Merkmale wachsender Märkte belegen, dass in solchen Marktsituationen gut zu überleben ist. Aus diesen guten Rahmenbedingungen der Märkte ergeben sich für das Management aber dennoch grundlegende Herausforderungen, die in folgenden Aufgaben bestehen:

(1) Vor dem Hintergrund der guten Konjunkturlage hat jedes Unternehmen anzustreben, in die Position des Marktersten zu gelangen. In dieser Phase lassen sich Marktanteile noch relativ gut gewinnen. Die Kosten zusätzlicher Marktanteile sind geringer als in Marktrückgangsphasen.

(2) Mit zunehmendem Einsatz der Massenfertigung wird die technologische Führerrolle Erfolgsfaktor. Bei zunehmenden Stückzahlen und Verfestigung von Produkten ist es möglich, erste Erfahrungskurveneffekte umzusetzen. Wenn diese sinnvoll in die Märkte reinvestiert werden, resultieren daraus langfristige strategische Erfolge.

(3) Wachstumsmärkte bieten die Chance, durch geschickte Segmentierung in strategisch langfristig stabile Segmente zusätzliches Absatzvolumen zu schaffen. Diese Chancen sollten genutzt werden, um insgesamt im Markt Marktanteile hinzuzugewinnen.

(4) Es sollte frühzeitig begonnen werden, im Unternehmen entsprechende Strukturen einzuziehen, die für die Phase des Marktrückgangs Bestand haben

können. Wachstumsmärkte bieten aufgrund der relativ besseren Ertragsposition die Möglichkeiten, in Strukturen, Systeme und Mitarbeiter rechtzeitig zu investieren. Diese Vorbereitungen für den Marktrückgang sind oberste Führungsaufgabe in Wachstumsmärkten.

4.3.3 Geschäfte in Hochkonjunkturen

Hochkonjunkturen werden getragen von einer allgemein guten Konjunkturlage. Sie zeichnen sich dadurch aus, dass auf eine Branchenentwicklung zusätzliche Nachfrage trifft, die nach einer bestimmten Zeit zur Konjunkturüberhitzung führt. Hochkonjunkturen sollten nicht über die grundlegenden Probleme von Unternehmen hinwegtäuschen. Sie sind nur eine temporäre Erscheinung und sollten genutzt werden, aus den „geschenkten Deckungsbeiträgen" notwendige Investitionen zu tätigen, um das Unternehmen zu wappnen für die Phasen, wenn die allgemeine Hochkonjunktur wieder umschlägt in normale Marktsituationen. Insofern ist es vordringlichste Aufgabe in dieser Phase, das Unternehmen zu stärken und sich nicht den Blick durch gute Marktentwicklungen dafür trüben zu lassen, wie die eigene Position des Unternehmens ist. Wir werden später noch auf diesen Punkt näher eingehen.

4.4 Begleiterscheinungen wachsender Geschäfte

4.4.1 Struktur des Portfolios

Wir haben bereits darauf hingewiesen, dass wachsende Geschäfte die Konzentration aller Kräfte auf Wachstumsanstrengungen erfordern und dass eine gute finanzielle Ausgangsbasis den Erfolg in wachsenden Geschäften nachhaltig bestimmt.

In der Boston-Matrix spiegeln sich wachsende Geschäfte in der Zusammensetzung des Produktportfolios derart wider, dass die Produktgruppen in den meisten Fällen in den oberen zwei Quadranten liegen. Strategisch entsteht damit für die Unternehmen der Zwang, das Wachstum zumindest mitzumachen, wenn man seine relative Wettbewerbsposition halten will, oder schneller zu wachsen als der Wettbewerb, wenn man seine eigene Position verbessern möchte. Strategischer Erfolg in wachsenden Märkten ist um so nachhaltiger und größer, je eher Unternehmen in der Lage sind, die Produktgruppen in den oberen beiden Quadranten, die tendenziell mehr Cash erfordern als sie abwerfen, zu fördern durch die Produkte, die in den Märkten liegen, die eher stagnieren und mehr Cash abliefern, als sie für ihre eigene Marktposition benötigen. Strategisch problematisch ist eine Situation, bei der das Produkt-Portfolio das nachfolgende Aussehen hat:

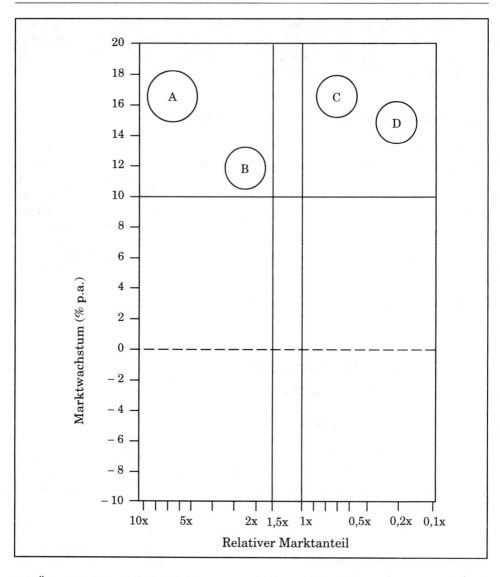

Die Übersicht zeigt vier Produktgruppen, die in wachsenden Bereichen liegen. Der Zwang für das Unternehmen besteht darin, die Produktgruppen A und B aufgrund der relativ guten Wettbewerbsposition in jedem Falle durchzusetzen. Für die Produktgruppen C und D besteht die Gefahr der Cash-Falle: bei relativ schwacher Wettbewerbsposition läuft das Unternehmen Gefahr, hier das notwendige Marktwachstum nicht ausreichend mitmachen zu können.

Alle vier Produktgruppen sind in der Wachstumschance dadurch beeinträchtigt, dass Produktgruppen in den unteren beiden Quadranten fehlen, die tendenziell mehr Cash liefern, als sie zu ihrer eigenen Existenz benötigen. Insofern ist das obige Portfolio in der Struktur sehr kritisch. Gegenüber Wettbewerbern, die Produktgruppen in den unteren beiden Quadranten besitzen, wird das Unternehmen tendenzielle Nachteile haben und strategisch gefährdet sein.

In wachsenden Märkten sind somit diejenigen Wettbewerber in der Vorteilsposition, die die wachsenden Produktgruppen aus Bereichen finanzieren können, die eher in stagnierenden Geschäftsfeldern liegen und hier eine relativ gute Wettbewerbsposition besitzen. Sie sind die Cash-Lieferanten, aus denen Wachstum finanzierbar ist. Ein Unternehmen, das eine solche Position nicht besitzt, wird tendenziell immer mit „kurzem Atem" in wachsenden Märkten agieren müssen und damit in der Nachhaltigkeit des Unternehmenserfolgs auf sehr „schmalem Grat" wandeln.

4.4.2 Innovationsrate und Stabilität des Geschäftes

Wachsende Märkte entstehen aus technologischen Innovationen und der Etablierung neuer Segmente und Kundenbedürfnisse. Wachsende Märkte erfordern um so mehr Kraft, je höher die technologische Innovationsrate ist und je mehr Wettbewerber mit technologischen Innovationen in die Märkte eindringen. Auch wenn die Innovationsrate allein – wie wir bereits erwähnt haben – nicht über den Erfolg in wachsenden Märkten entscheidet, sondern das Management und die Umsetzung von technologischen Innovationen ein ebenso großer Erfolgsfaktor ist, hat man zu bedenken, dass durch die Innovationsgeschwindigkeit die Stabilität der Geschäfte in Wachstumsmärkten tendenziell gering ist. Erfolg in wachsenden Geschäften wird somit nachhaltig beeinflusst von den Möglichkeiten und der Kraft, Innovationsraten umzusetzen und von dem notwendigen Atem, das operative Management der Innovationen durchzuhalten. Ähnlich wie im vorstehenden Abschnitt sind auch hier die Unternehmen im Vorteil, die mit einem Teil ihrer Produktfelder in eher stagnierenden und damit mehr Cash-generierenden Bereichen etabliert sind. Unternehmen, die ausschließlich in Wachstumsmärkten tätig sind und gleichzeitig hohe Innovationsraten erzeugen, müssen nicht zwangsläufig erfolgreich sein. So kann die strategisch fatale Situation entstehen, dass der innovativste Anbieter im Markt langfristig nicht den erforderlichen strategischen Erfolg erhält, wenn es ihm nicht gelingt, Produkte in Marktsegmenten zu etablieren, deren Wachstum nachlässt und die somit entsprechend Cash generieren. Nur von hohen Innovationsraten ist langfristiges Überleben nicht möglich, da die Geschäfte keine ausreichende Stabilität erhalten und die notwendigerweise erforderlichen Effizienzen, die für wirtschaftlichen Erfolg notwendig sind, nicht erreicht werden.

Unternehmen sollten sich deshalb vor dem Eintritt in Wachstumsmärkte darüber klar werden, dass diese Märkte wenig Stabilität aufweisen, geringe Effizienz haben in der operativen Umsetzung und durch die Geschwindigkeit der Innovationsrate permanentes Improvisieren notwendig ist. Ein Management, das eher auf Stabilität setzt, wird in solchen Marktsituationen nicht erfolgreich und auch nicht zufrieden und glücklich werden. Es ist somit der Ausgleich gefordert zwischen mehr stagnierenden und stabilen und bei hoher Effizienz Cash-generierenden Geschäften und wachsenden Bereichen, die durch Innovationsraten getrieben und bei geringer Stabilität das permanente Umsetzen neuer Ideen und Produktsegmente erfordern.

4.4.3 Management der Standards

Grundlage jedes erfolgreich laufenden operativen Controlling ist ein funktionierendes System von Standards, das im Rahmen des Jahresbudgets aufgebaut wird. Standards sind analytisch abgeleitete Kriterien für einzelne Aufgabenkomplexe, die bewertet mit finanziellen Größen die operativen Abläufe im Unternehmen steuerbar machen. Standards bilden idealerweise mehr als 95% der operativen Unternehmensentwicklung ab und gestatten, zusammen mit dem Aufbau eines Systems von Objectives das Management der Standards und damit die Konzentration der Unternehmensführung auf das Management von Abweichungen. Im Rahmen der Budgetierung liegt der Schwerpunkt auf dem Ausreizen der Standards und der sukzessiven Veränderung der Standards im Sinne einer nach oben gerichteten Messlatte und Zielvorgabe.

Das Management der Standards ist um so erfolgreicher, je mehr Stabilität und Kontinuität Geschäfte aufweisen. Standards können nur dann erfolgreich aufgebaut werden, wenn empirisches Wissen aus der Vergangenheit vorliegt, mit dem die so genannte „Normalentwicklung" von Geschäften, Maßnahmen und Aktionen abgebildet werden kann. Nur das Untermauern von Standards durch aktuelle Entwicklungen garantiert den Aufbau und die Pflege dieser für das operative Controlling notwendigen Basisinformationen.

Vor dem Hintergrund dieser Ausführungen ist es einsichtig, dass die operative Führung und Steuerung von Unternehmen in wachsenden Geschäften ausgesprochen schwierig ist. Wachsende Geschäfte haben beeinflusst durch hohe Innovationsraten geringe Stabilitäten. Damit fehlen die für den Aufbau des operativen Controlling und ein System von Standards notwendigen empirisch abgesicherten Daten und Vergleichsmaßstäbe zur Prüfung von Effizienzen. In wachsenden Geschäften wird damit das operative Controlling immer „Unzulänglichkeiten" aufweisen und immer Überraschungen in Form von Abweichungen und der Analyse der Abweichungen erleben. Management von Standards gestaltet sich in wachsenden Geschäften aufgrund der geringen Stabilitätsrate ausgesprochen schwierig.

4.4.4 Wachsende Ergebnisse und Effizienzen

Wachsende Geschäfte sind nur schwer mit hoher operativer Effizienz zu steuern. Trotzdem weisen wachsende Geschäfte normalerweise tendenziell gute Ergebnislagen für die einzelnen Wettbewerber aus. Diese sind aber nicht das Ergebnis effizienten operativen Managements, sondern eher das Ergebnis der Tatsache, dass sich die strategischen Maßnahmen der Unternehmen eher auf Produktentwicklungen und das Umsetzen von Innovationen bei ordentlichen Preisen aufgrund wachsender Konsumentenbedürfnisse beschränken.

So werden Unternehmen in wachsenden Märkten immer relativ „leichter" ordentliche Ergebnisse erwirtschaften können als Unternehmen in stagnierenden oder schrumpfenden Marktsituationen. Auch führt die oftmals in diesen Märkten anzutreffende Vollkostenkalkulation in den meisten Unternehmen zu positiven „Ergebnisüberraschungen": durch die Tatsache, dass wachsende Geschäfte meistens zu überproportionalen und im Vergleich zur Planung höherem Mengenwachstum führen, werden gemäß der Vollkostenkalkulation mehr „Fixkosten verrechnet", als periodenbezogene Fixkosten in der Budgetperiode anfallen. Die positiven Ergebnisüberraschungen überwiegen dabei immer, so lange das Wachstum in bestehenden Strukturen erfolgen kann. Der Aufbau von zusätzlichen Fixkosten ist allerdings durch die Vollkostenrechnung nicht abgesichert. Fixkostensprünge deckt dieses Instrument in den seltensten Fällen.

Eine Begleiterscheinung weist die tendenziell positive Ergebnissituation in wachsenden Geschäften aber auf. Durch die positiven Ergebnisüberraschungen entsteht eine Mentalität, dass die operativen Handlungen zwangsläufig Erfolge verheißen. Somit wird selten oder überhaupt nicht die Frage gestellt, ob man in den Marktsituationen aufgrund des überproportionalen Wachstums der Märkte nicht auch hätte bessere Ergebnisse erzielen können. Gleichzeitig bleibt es in diesen Situationen aus, dass Maßnahmen und Strukturen sowie konzeptionelle Entwicklungen kritisch hinterfragt werden. Positive Ergebnisüberraschungen decken diese in der Unternehmensführung immer erforderlichen Gedanken und Überlegungen förmlich zu. Wachstum und überraschend hohe Ergebnisniveaus verhindern damit zwangsläufig den Blick und das Auseinandersetzen mit Effizienzüberlegungen.

4.4.5 „Nachziehen" von Strukturen

Die Dynamik wachsender Märkte, die Innovationsrate auf der Produktseite und die damit einhergehende geringe Stabilität der Geschäfte erlauben es Unternehmen in Wachstumsmärkten meistens kaum, nachhaltig stabile Strukturen im Unternehmen aufzubauen. Gemäß dem Primat der Flexibilität und der Erhaltung hoher Dynamik im Unternehmen zur Begleitung des Wachstums der Märkte werden in den meisten Firmen die Unternehmensstrukturen geprägt sein von Improvisation, häufigem Wechsel und einem so genannten Nachziehen der Strukturen. Das bedeutet, dass Unternehmen in diesen Marktlagen nie die maximale Effizienz auf der strukturellen Seite besitzen und damit nicht die notwendige Vorbereitung für den Marktrückgang haben, sondern eher geneigt sind, gemäß der erforderlichen Flexibilität Strukturen improvisativ dann bereitzustellen, wenn sie von den Markterfordernissen her notwendig sind.

Die Unternehmensführung hat die Aufgabe sicherzustellen, dass trotz des Nachziehens von Strukturen das Unternehmen ausreichend vorbereitet ist, um Wellenbewegungen der Unternehmensentwicklung beggnen zu können und auch für die Phase des Marktrückgangs und der Stagnation gewappnet ist. Damit sollte man frühzeitig anfangen, sich die Frage zu stellen, welche strukturellen Grundkomponenten längerfristig trotz Wachstum und geringer Stabilität der Geschäfte so angelegt sind, dass sie das Unternehmen auch in andere Marktphasen überleiten können und ihm dann die notwendige Effizienz für Gegensteuerungsmaßnahmen geben. Dieses erfordert hohe Konzentration, da in wachsenden Märkten die Prioritäten in den meisten Fällen anders gelagert sind. Es empfiehlt sich, rechtzeitig in Phasen guter Unternehmensentwicklungen diese Maßnahmen vorzubereiten und das Unternehmen damit auf solche Strukturen zu stellen, die auch anderen Marktlagen begegnen können.

4.5 Symptome mangelnden Erfolgs in guten Konjunkturlagen

Auch wenn die natürlichen Wachstumsmotoren

- Bevölkerungswachstum und
- ungesättigte Märkte

heute in der Breite nicht mehr bestehen und damit die Unternehmen neue Schwerpunktsstrategien zu fahren haben, die sich konzentrieren auf

- den Kampf um Marktanteile
- die Übernahme anderer Unternehmen sowie
- die Expansion im Ausland,

gibt es im Rahmen der Wellenbewegungen der Unternehmensentwicklung immer wieder gute Konjunkturlagen. In diesen Konjunkturlagen stellen wir aber immer wieder fest, dass die auch in schwächeren Konjunkturlagen erfolgreichen Unternehmen diese guten Konjunkturen besser beherrschen und aus ihnen stärker profitieren als die Unternehmen, die auch in Marktrückgangs- oder Stagnationsphasen Schwächeerscheinungen zeigen.

Grundsätzlich hat sich heute eine Veränderung der Schwerpunktstrategien von Unternehmen ergeben. Man kann feststellen, dass im Vordergrund mit höchster Priorität Schwerpunktstrategien gefahren werden, die

- zunächst der Stärkung der Kerngeschäfte der Unternehmen dienen und
- der Umstrukturierung solcher Bereiche, die den Anforderungen der Unternehmensführung nicht genügen.

Erst daran anschließend erfolgt der Aufbau neuer Geschäfte.

Auch die Erfolgsfaktoren der Geschäfte haben sich verlagert. Während in früheren Jahren eher das Denken in „Economies of scale" im Vordergrund stand, haben sich die Erfolgsfaktoren der Geschäfte mittlerweile eher verlagert zu

- einem zunehmenden und von den Märkten geforderten Maß an Flexibilität,
- der in vielen Märkten notwendigen gestiegenen Innovationskraft und
- einer stärkeren persönlichen Identifizierung des Managements.

Gute Konjunkturlagen erscheinen in der Unternehmensentwicklung immer wieder. 1990 hatten wir in der Bundesrepublik Deutschland eine Hochkonjunktur, die anfänglich zunächst von Exporterfolgen trotz sinkenden Kurses des US-Dollars, der die exportierenden deutschen Unternehmen belastete, eingeleitet wurde und dann mittlerweile von einer zunehmenden Binnenkonjunktur getragen wird. Diese gute Konjunkturlage wurde dann zunehmend verstärkt durch die Öffnung der Grenze zur DDR und die deutsche Wiedervereinigung, die den meisten Unternehmen zumindest in konsumnahen Bereichen exzellente Konjunkturen bescherte. Aber auch diese Konjunkturlage hat wieder deutlich gemacht, dass sie

❑ erfolgreiche Unternehmen stärker begünstigt als die weniger erfolgreichen und
❑ nicht die strukturellen Probleme und Unternehmensschwächen der weniger erfolgreichen Unternehmen löst.

Die nachfolgenden Ausführungen beleuchten, welche Symptome dem erhofften Unternehmenserfolg in guten Konjunkturlagen entgegenstehen und wollen Empfehlungen geben, wie man solchen Entwicklungen gegensteuern kann.

4.5.1 Problem der Beharrungseffekte

Auch in guten Konjunkturlagen bleibt der erwünschte Erfolg aus, wenn entweder die strukturellen Schwächen eines Unternehmens überwiegen, um die Marktchancen wahrzunehmen oder das Unternehmen nicht ausreichend auf die Wahrnehmung positiver Chancen am Markt eingestellt ist. Dabei sollte nicht unterschätzt werden, wie stark die Wucht des Weiterrollens einer Organisation in der in der Vergangenheit und Gegenwart festgestellten Entwicklung das Unternehmensgeschehen dominiert (Tietz, Bruno: Marktbearbeitung morgen. Landsberg/Lech 1988, Seite 218 ff.). Jeder, der gezwungen war, eine Änderung im Unternehmen einzuleiten, kann beurteilen, wie schwer es ist, einen einmal eingeschlagenen Kurs umzudrehen. So fehlt vielen Unternehmen aufgrund der Schwungmasse, die in ihr steckt, in guten Konjunkturlagen die Möglichkeit der flexiblen Anpassung.

Grundsätzlich gilt aus der Erfahrung, dass die Wucht des Weiterrollens von Unternehmen in eine negative Unternehmensentwicklung sich kumulativ beschleunigt. Dabei spielen Demotivationseffekte der Führungsmannschaft eine nicht zu unterschätzende psychologische Rolle. Ebenso laufen Unternehmen, die sich in einer positiven Entwicklung befinden, schneller auf positive Ereignisse zu und sind in der Lage, diese in Unternehmenserfolge umzusetzen. Die kritische Ausgangslage zeigt sich allerdings beim Umschalten von Unternehmensentwicklungen. So sind negative Entwicklungen und das Rollen in negative Richtungen tendenziell schwieriger umzudrehen und mit erheblicherem Aufwand verbunden als die Unterstützung positiver Entwicklungen und das Freimachen der Organisation für die Wahrnehmung dieser Chancen.

4.5.2 Ignoranz des Wandels

Unternehmen sind in den heutigen Marktsituationen permanenten Veränderungen ausgesetzt. Dabei fordern geradezu die externen Einflussfaktoren die Unternehmen heraus, vorhandene eingeschlagene Richtungen zu überdenken. Solche Einflussfaktoren sind

- die Lebenszyklus-Entwicklung von Branchen mit der Phasenentstehung Wachstum, Reife, Niedergang,
- die Phasenentwicklung von Märkten über Fragmentierung, Spezialisierung, Volumen bis zu Pattmärkten,
- der Wandel der Engpass-Sektoren von der Produktionsorientierung über die Verbraucherorientierung hin zur Kundenorientierung,
- die Veränderung von Schlüsselfaktoren, die über den Erfolg von Unternehmen entscheiden,
- das Auftauchen von Substitutionskonkurrenz,
- die Marktmacht von Zulieferern und Käufern usw.

Die Ignoranz des Wandels und die Unterschätzung dieser Einflussfaktoren kann für Unternehmen schwerwiegende Folgen haben. Aus diesem Grunde empfiehlt es sich, die eigene Organisation ausreichend für die Entwicklung der Umfelder, in denen Unternehmen agieren, sensibel zu halten. Darüber hinaus sollte jede Organisation ausreichend flexibel gehalten werden, um sich verändernden Marktsituationen gerecht zu werden. Nicht unterschätzt werden dürfen – wie vorstehend schon erläutert – die Beharrungseffekte von Unternehmen in bestehenden Zuständen. Deshalb empfiehlt es sich, die bisherige Vorgehensweise bei der Problemlösung in Anbetracht des Wandels der Märkte permanent infrage zu stellen. Auch in guten Konjunkturlagen empfiehlt sich diese Vorgehensweise, damit man den Blick freihält für die strategischen Notwendigkeiten eines Geschäftes und sich nicht von vorübergehenden Hausse-Phasen beeinträchtigen lässt. Darüber hinaus sollte jede Unternehmung in regelmäßigen Abständen die Erfolgsfaktoren ihres Geschäftes kritisch hinterfragen. Diese Fragestellung erfolgt mit der Zielsetzung festzustellen, ob die Faktoren, die den vergangenen und gegenwärtigen Erfolg begründet haben, auch in der Zukunft noch gelten. Nur durch diese Vorgehensweise lässt sich sicherstellen, dass auch in der Zukunft an den richtigen Erfolgsfaktoren und deren Beherrschung gearbeitet wird.

4.5.3 Verkennung der Ausgangslage

Mangelnder Erfolg in guten Konjunkturlagen kann seine Ursache auch darin haben, dass das Unternehmen mit der Ausgangssituation nicht richtig angepassten Maßnahmen arbeitet. Es ist immer wieder anzutreffen, dass Unternehmen ihre Ausgangslage unterschätzen und damit für die gegenwärtige Situation mit falschen Strategien arbeiten. Grundsätzlich empfiehlt sich für die richtige Einschätzung der Ausgangslage und den einzelnen Strategietyp folgende Grundregel:

(1) In stagnierenden oder rückläufigen Märkten kann Mengenwachstum nicht die alleinige Antwort sein.

(2) Unternehmen, die an einer Wachstumsschwelle stehen, haben zunächst alle Maßnahmen darauf zu konzentrieren, das Unternehmen organisatorisch, ertragsmäßig, von der strategischen Grundrichtung und der mentalen Verfassung dafür fähig zu machen, die Wachstumsschwelle zu überwinden. Erst dann können wieder Offensiv-Strategien gefahren werden.

(3) Mithilfe der GAP-Analyse lässt sich die Frage beantworten, ob der Fall der so genannten Normalstrategien vorliegt, bei dem keine großen strategischen Änderungen notwendig sind, oder ob sich strategische oder operative Lücken zeigen, bei denen Konsolidierungs- oder Wachstumsstrategien Vorrang haben sollten.

(4) Unternehmen mit unbefriedigender kurzfristiger Ertragsposition müssen zunächst innere Stärke ansammeln, um mit Offensiv- und Differenzierungsstrategien nach vorn zu agieren.

(5) Die Grundhaltung im Management und die mentale Fähigkeit und Kraft, an den Erfolg zu glauben, bestimmen ganz entscheidend die zu fahrende Strategie.

4.5.4 Blauäugige Diversifikation

Es ist immer wieder überraschend, wie häufig Diversifikation als blauäugige Antwort für Probleme in angestammten Unternehmensfeldern angesehen wird. Grundsätzlich sollte bedacht werden, dass sich Diversifikations-Strategien immer dann anbieten, wenn

❑ in den heutigen strategischen Geschäftsfeldern einer Unternehmung rückläufige Entwicklungen zu verzeichnen sind,

❑ die Gewinnpotenziale dieser Geschäftseinheiten ausgereizt sind und

❑ die Unternehmung über hohe Gewinne verfügt, die im vorhandenen Betätigungsfeld nicht mehr sinnvoll angelegt werden können.

Wenn diese Fälle gegeben sind, bietet die Diversifikation die Möglichkeit des weiteren Unternehmenswachstums, der Risikostreuung und der Investition vorhandener Mittel zum Aufbau neuer Ertragspotenziale.

Mittlerweile ist aber auch hinlänglich bekannt, dass Diversifikationsstrategien kein Allheilmittel sind und die Diversifikation zwar Chancen bietet, der Eintritt in neue Geschäftsfelder gleichzeitig aber auch den Schritt vom bekannten ins unbekannte Risiko bedeutet. Dass trotzdem noch in vielen Unternehmen über Diversifikation stark nachgedacht wird, kann man eigentlich nur damit erklären, dass mehr psychologische und mentale Komponenten Triebfeder des Agierens sind. Diversifikationsstrategien werden meistens dann angestellt, wenn

- man in den angestammten Geschäftsfeldern keinen besonderen unternehmerischen Reiz mehr verspürt,
- wenn dem Management im vorhandenen Betätigungsfeld nichts mehr einfällt, weil man nicht bereit ist, über Konzentrationsstrategien intensiv nachzudenken,
- wenn man immer über den Tellerrand des eigenen Geschäftes hinausschielt und meint, dass andere Branchen attraktiver seien.

Diversifikation bedeutet weg vom bekannten Risiko, hinein ins unbekannte Risiko. Es gibt viele Beispiele dafür, dass Diversifikationsstrategien nicht erfolgreich sind. Die Quote des Misserfolgs liegt bei über 70% und signalisiert, dass intensive Prüfungen und eine seriöse Betrachtung der neuen Geschäftsfelder nicht stattgefunden haben. Interessant sind in diesem Zusammenhang Ergebnisse von Firmen, die ihre Daten im Rahmen des PIMS-Programms zur Verfügung gestellt haben (Guiniven, J.J.; Fischer, David S.: Einstieg in neue Geschäftsfelder. In: Absatzwirtschaft, Sonderausgabe 10/1986, Seite 60 ff.). Danach sind bei diesen Unternehmen mit dem Einstieg in neue Geschäftsfelder zwei Grundsatzfehler festzustellen:

(1) Das Unternehmen beschäftigt sich anfangs nur oberflächlich mit den verborgenen Risiken des neuen Geschäftsfeldes einschließlich der Prognose des Aufwands an Management-Kapazität und des Liquiditätsbedarfs.

(2) Die Unternehmen unterlassen es, einen realistischen Maßstab zur Beurteilung des Erfolgs eines neuen Betätigungsfeldes aufzustellen.

Die beiden Grundsatzfehler sind auf Basis der empirischen Untersuchung die wesentlichen Einflussfaktoren der relativ hohen Flop-Rate bei Diversifikationen. Darüber hinaus wurden folgende Einzelergebnisse festgestellt:

(1) Die Erschließung eines neuen Geschäftsfeldes erfordert mindestens 7 Jahre, bevor die Gewinnschwelle erreicht wird.

(2) Für neue Geschäftsfelder mit eigener Fertigung wird ein Liquiditätsbedarf bis zum 12. operativen Jahr gerechnet.

(3) Treten im Rahmen des Diversifikationsprojektes aufgrund mangelnder Prüfung nicht die gewünschten Erfolge ein, so erhöht sich der Druck auf das operative Management extrem mit der Konsequenz, dass die strategische Perspektive verloren geht.

(4) Alleinunternehmer benötigen eine wesentlich kürzere Periode, nämlich 3 Jahre, um ein neues Geschäftsfeld in die Gewinnzone zu führen. Bei Konzernen werden für vergleichbare Aufgaben 6–8 Jahre benötigt.

(5) Überdurchschnittliche Erfolge am Anfang schmälern den langfristigen Gewinn der neuen Geschäftseinheit.

(6) Der Schlüssel zum Erfolg liegt in einer aggressiven Wettbewerbsstrategie in den ersten Jahren, die natürlich Zeit und Geld kostet. Es hat sich aber gezeigt, dass neue Geschäftsfelder im 2. folgenden Geschäftsjahr bereits 60% des Marktanteils erreichen, der überhaupt erreichbar ist.

(7) Erfolg in einem neuen Geschäftsfeld setzt einen klar definierten strategischen Plan einschließlich aller Konsequenzen voraus.

Diversifikationsstrategien tragen auch bei Unternehmen in guten Konjunkturlagen nicht zur Lösung von Problemen bei, die in den angestammten Arbeitsgebieten auftreten. Viele Unternehmen versuchen, nicht mehr vorhandenes Wachstum in angestammten Bereichen allein über eine Diversifikationsstrategie zu kompensieren, ohne die Möglichkeiten der Konzentration und des intensiven Ausschöpfens der angestammten Geschäfte geprüft zu haben. Handelt es sich hierbei um Unternehmen mit schlechter Rentabilität, so führt die Diversifikation oft in eine Sackgasse. Nutzen Unternehmen gute Konjunkturlagen, um Diversifikationen anzugehen und unterschätzen dabei die Wellenbewegungen der Märkte, die nach guten Konjunkturlagen auch wieder in normalere Zeiten einmünden, so kann es passieren, dass notwendige Investitionsphasen in Diversifikationsfeldern und Konsolidierungsphasen in den angestammten Geschäftsfeldern zusammenfallen. Unternehmen, die von einer unsicheren Basis aus heraus in die gute Konjunkturlage gestartet sind, verdoppeln mithin über Diversifikationen ihre Probleme.

4.5.5 Blindes Marktanteilsdenken

Blindes Marktanteilsdenken hat schon viele Unternehmen in die Sackgasse getrieben. Auch in guten Konjunkturlagen ist natürlich der relative Marktanteil im Vergleich zur Konkurrenz Maßgröße strategischen Erfolgs. Unabhängig davon stellt sich aber die Frage, in welcher Angemessenheit ein Unternehmen Marktanteile oder eine Verbesserung der eigenen Marktanteilsposition anstreben sollte. Dazu können zusammengefasst folgende Grundtatbestände herausgearbeitet werden (Schröder, Ernst F.: Stagnierende Märkte als Chance erkennen und nutzen, a.a.O., Seite 111 ff.):

(1) Auf Basis des Konzepts der Erfahrungskurve haben Marktanteile einen Wert in Höhe der mit ihnen verbundenen Kostensenkungsrate.

(2) Der Wert des Marktanteils im Vergleich zum Marktanteil der Konkurrenz ist um so höher, je höher der relative Marktanteil des Unternehmens ist, d.h. je größer die Marktanteils-Differenz zum zweiten Anbieter im Markt sich darstellt.

(3) Der Wert des Marktanteils in Höhe der potenziellen Kostensenkungsrate wird nur dann ergebniswirksam, wenn das Kostensenkungspotenzial durch aktives Kostenmanagement ausgeschöpft wird.

(4) Gemäß der PIMS-Studie ist die Ertragsposition gemessen am Return-on-Investment um so höher, je höher der relative Marktanteil des Unternehmens ist.

(5) Der Unternehmensertrag als Folge des relativen Marktanteils ist um so höher, je früher die betreffenden Kostensenkungs-Aktivitäten im Gesamtlebenszyklus umgesetzt werden. In den späteren Phasen des Lebenszyklus wird der Wert des Marktanteils geringer im Vergleich zu anderen Wettbewerbern.

(6) Tendenziell nimmt in reifen Märkten mit geringen Wachstumsraten der Wert von Marktanteilen als Voraussetzung für die potenzielle Kostensenkungsrate ab. In reifen Märkten können andere Bestimmungsfaktoren der Kostenposition an Bedeutung gewinnen wie z.B. Betriebsgrößeneffekte aus dem Zusammenlegen von Produktionen, Verlagerung von Produktionen in Niedriglohnländer, Erhöhung des Grades der vertikalen Integration usw. (Witek, Burkhard F.: Strategische Unternehmensführung bei Diversifikation, a.a.O., Seite 103).

(7) Der Wert von Marktanteilen ergibt sich rechnerisch aus dem Gegenwartswert der Kostenposition abzüglich der Kosten für den Erwerb der Marktposition.

Die vorstehenden Überlegungen machen deutlich, welcher Wert Marktanteilen beizumessen ist. Um den relativen Wert des Marktanteils strategisch richtig ausschöpfen zu können, ist es erforderlich, alle Strategien darauf zu richten, solche Märkte marktanteilsmäßig zu besetzen, die strategisch relevant sind und in denen ein hoher relativer Marktanteil zu erzielen ist. Das sind im Wesentlichen solche Märkte, die

❏ eine langfristige Stabilität besitzen,

❏ ausreichend groß sind, um eine relative Marktposition zu besetzen, die die Ausnutzung des Erfahrungskurven-Effektes und eine Differenzierung zum Wettbewerb ermöglichen,

❏ hinsichtlich der Segmentierung auf stabilen Kriterien aufbauen und

❏ mit einem für die eigenen Möglichkeiten vertretbaren Aufwand bearbeitet werden können.

Für jedes Unternehmen ist es neben diesen Grundsatzfragen wichtig zu entscheiden, ob für das betreffende Unternehmen

❏ Mengen-Marktanteile oder
❏ Wert-Marktanteile

Vorrang haben. Grundsätzlich darf gesagt werden, dass bei Unternehmen, deren Produktpalette oberhalb der preislichen Mitte des Marktes angesiedelt ist, tendenziell eher Wert-Marktanteils-Zielsetzungen dominieren. Hingegen sind auf unteren Preisniveaus Mengen-Marktanteilsziele dominant und anzustreben, um in eine relativ günstige Kostenposition zu kommen, die wiederum die Umsetzung der Erfahrungskurven-Effekte auf der Kostenseite ermöglicht und den Einsatz der dabei erzielten Kostenvorteile in einer aggressiven Preispolitik umsetzbar macht. Fassen wir unsere Überlegungen zum Marktanteil zusammen, so liegt der Wert des Marktanteils letztlich in

❏ der Kostenposition und den sich daraus ergebenden strategischen Optionen und

❏ der Möglichkeit, über einen hohen Marktanteil Spielregeln in den besetzten Märkten kontrollieren zu können.

Wenn diese beiden Möglichkeiten nicht gegeben sind, sollte Marktanteilsdenken und die Verfolgung von Marktanteilszielen in den Hintergrund treten zu Gunsten anderer strategischer Segmentierungsstrategien zur Eroberung von Marktpositionen.

4.5.6 Kostenposition als Wettbewerbsfaktor

Auch bei guten Konjunkturlagen bleibt vielen Unternehmen der erhoffte Erfolg versagt, da eine im Vergleich zum Wettbewerb ungünstige Kostenposition die Umsetzung guter Marktkonjunkturen in vernünftige Ergebnisse behindert.

Wir haben uns bereits auf den Seiten 192 ff. dieses Buches mit Maßnahmen zur Kostensteuerung auseinander gesetzt. Neben den dort beschriebenen Maßnahmen dürfen wir davon ausgehen, dass grundsätzlich jede Kostenposition im Unternehmen veränderbar ist. Darüber hinaus sollten gerade gute Konjunkturlagen genutzt werden, Maßnahmen auch mit Einmalkosten einzuleiten, um für die Marktrückgangsphase wieder gewappnet zu sein. So sollte Folgendes zusätzlich beachtet werden:

(1) Mithilfe der Boston-Matrix ist bekannt, welche Produkte eines Unternehmens zu fördern sind, welche zu melken sind und bei welchen Produkten man besser aussteigt. Zerlegt man ein solches Produkt-Portfolio auf die Aktivitäten eines Unternehmens und ordnet den einzelnen Produkten die für diese vorgehaltenen Kostenblöcke zu, so wird man zwangsläufig einen ersten guten Einstieg in eine erhöhte Kostentransparenz erhalten. In vielen Unternehmen stellt man dann fest, dass man zwar auf der Produktseite intensiv Gas gegeben hat, den Kostenblock aber nach wie vor stiefmütterlich behandelt, wo hingegen bei Bereichen, in denen man am Markt gern aussteigen möchte und keine Aktivitäten mehr entfaltet, im Kostenbereich nach wie vor gemäß dem Muster „Investitionen in Höhe der verdienten Abschreibungen" weitergearbeitet wird. Das Produkt-Portfolio bringt somit erste Transparenz in die Kostenbetrachtung bei der Sortierung von Aktivitäten (Schröder, Ernst F.: Stagnierende Märkte als Chance erkennen und nutzen, a.a.O., Seite 128 ff.).

(2) Ausgehend von den unter (1) gewonnenen Erkenntnissen sollte man speziell für den Kostenbereich die Frage nach der strategischen Notwendigkeit der vorgehaltenen Strukturen sowie den einzelnen Stärken in Bezug auf die Schlüsselfaktoren des Marktes stellen. Aus der Kombination dieser zwei Grundsatzkriterien ergibt sich nachfolgende Matrix:

		STRATEGISCHE NOTWENDIGKEIT	
		HOCH	NIEDRIG
POTENZIAL	SCHWACH	Intensivierung Potenzial verstärken	Spielregeln verändern; Fremdeinsatz
	NIEDRIG	Position verbessern	Abbau

Aus der Kombination der zwei Kriterien lassen sich für den Kostenbereich und die für die Produktfelder vorgehaltenen Strukturen folgende Konsequenzen ableiten:

- Kostenblöcke und Strukturen, bei denen die Unternehmung Stärken besitzt und die strategisch notwendig sind, sind zu intensivieren.
- Strategisch notwendige Kostenpositionen, bei denen das Unternehmen Nachteile im Vergleich zum Wettbewerb hat, sollten in der Position verbessert werden. Hier sind Intensivierungsstrategien verlangt.
- Strategisch nicht notwendige Kostenpositionen, bei denen das Unternehmen zusätzlich Nachteile gegenüber der Konkurrenz besitzt, werden zweckmäßigerweise abgebaut.
- Kostenpositionen, bei denen das Unternehmen Stärken hat und die für das bestehende Geschäft nicht notwendig sind, sind daraufhin zu prüfen, ob mit diesen Stärken die Spielregeln im vorhandenen Geschäft nachhaltig verändert werden können oder diese Stärken anderweitig sinnvoller einzusetzen sind.
- Sind die Kostenpositionen, die ein Unternehmen vorhält, weder strategisch notwendig noch von einzigartigen Stärken geprägt, so empfiehlt sich der Abbau zur Freisetzung von Kräften für die angestammten Bereiche.

(3) Das Controlling läuft in den meisten Unternehmen heute verantwortungs- und produktbezogen ab. Für die Fixkostenblöcke, die von mehreren Bereichen in Anspruch genommen werden, haben sich über die Zeit für eine Zurechnung auf die einzelnen Bereiche Standards gebildet. Diese Standards gelten immer dann nicht, wenn sich die Struktur der Geschäfte „verschiebt". Für diese Fixkostenblöcke empfiehlt es sich, unterschiedliche Durchleuchtungen anzustellen, so nach der Zurechenbarkeit, der Abbaubarkeit und dem Verhalten bei unterschiedlicher Intensivierung der einzelnen Bereiche. Zielsetzung dieser Analyse ist die Beantwortung der Frage, wie einzelne Sparten kostenmäßig voneinander separierbar sind und welcher Gesamtblock an Fixkosten übrig bleibt, der nicht verteilbar ist. Diese Analyse liefert gleichzeitig den Einstieg für eine strukturelle Änderung im Gemeinkostenbereich.

(4) Als letzte Stufe der Vorgehensweise empfiehlt es sich, die Wertschöpfungs-Situation der einzelnen Unternehmensaktivitäten kritisch zu durchleuchten. Anknüpfend an die Frage der strategischen Notwendigkeiten empfiehlt sich der Aufriss der Wertschöpfungsrelationen und die Prüfung der Frage, ob die Leistungsinanspruchnahmen aus dem eigenen Kostenblock oder durch Fremdbezug realisiert werden sollten.

Für jedes Unternehmen wird die Kostenposition durch die Kostenstruktur der Branche und damit Branchenspielregeln und Branchengesetzmäßigkeiten in einer gewissen Weise bestimmt. Ausgangspunkt für diesen Zusammenhang bilden die Schlüsselfaktoren der einzelnen Märkte. Sie begründen Erfolgspositionen und verlangen eine bestimmte Struktur von Unternehmen, sofern sie am „Spiel" in den Branchen teilnehmen wollen. Auf dieser Basis haben sich in allen Geschäften Branchenspielregeln etabliert, die neben dem grundsätzlichen Verhalten auch den Auftritt von Unternehmen in den Geschäften bestimmen. Diese Branchenspielregeln wiederum haben Kostenstrukturen etabliert, die von den Märkten „gefordert werden". Sie stellen ein minimales „Eintrittserfordernis" dar, das derjenige erfüllen muss, der am Marktgeschehen teilnehmen will:

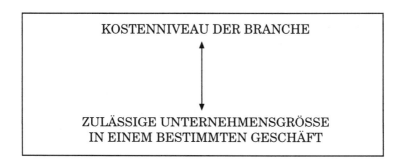

Ausgehend von diesen Grundpolen lassen sich hinsichtlich des Einflusses der Branche und der zulässigen Unternehmensgröße Grundmuster des Verhaltens in den Geschäften in Bezug auf die Kostenposition ableiten (Schröder, Ernst F.: Stagnierende Märkte als Chance erkennen und nutzen, a.a.O., Seite 133 ff.).

Neben der durch die Branchenspielregeln bedingten Kostenposition sollte sich aber auch jedes Unternehmen durch Rückbesinnung auf die angestammten Funktionen fragen, ob der heute vorgehaltene Kostenblock eigentlich zum ursprünglichen Unternehmensauftrag passt. So empfiehlt es sich, sich durchaus folgende Fragen vor Augen zu führen:

(1) Von welcher Vision und von welchem Auftrag ist unser Unternehmenszweck in den Anfangsjahren des Unternehmens ausgegangen?

(2) Wie sehen wir heute unseren Unternehmenszweck?

(3) Was waren die Erfolgsfaktoren in den Zeiten unserer Aufbaujahre, und was hat sich hinsichtlich der Erfolgsfaktoren bis heute verändert?

(4) Weshalb haben wir uns von den guten Grundtugenden der Aufbaujahre abgewendet?

(5) Welche Richtung und welche Triebfedern bestimmen heute unser unternehmerisches Handeln?

(6) Was hindert uns heute daran, visionsfähig und erfolgreich zu arbeiten?

Die Beantwortung der Fragen hilft in vielen Fällen dabei, hinsichtlich der Kostenbetrachtung auf ein nüchternes und bezüglich des Ansatzes von Maßnahmen erfolgreiches Niveau zurückzufinden.

Unternehmen sollten gute Konjunkturlagen nutzen, die relative Kostenposition als Wettbewerbsfaktor wieder zu erkennen und in Phasen, wo der Markt unverhofft zusätzliche Gewinne ins Unternehmen spült, nutzen, an der Verbesserung der Kostenposition zu arbeiten und damit das Unternehmen widerstandsfähig für die Jahre zu machen, in denen die Hochkonjunktur ausläuft.

4.5.7 Keine Richtung

Jedes Unternehmen muss wissen, wo es hin will. Es muss den Vorteil festlegen, den es erreichen will zur Verbesserung der relativen Wettbewerbsposition. Auch gute Konjunkturlagen und Hochkonjunkturen verlangen vom Unternehmen eine Richtung. Ohne diese wird auch in guten Konjunkturlagen der erhoffte und vielleicht auch mögliche Erfolg versagt bleiben. Die langfristige Führungsaufgabe besteht im Aufbau von Visionen. Das bedeutet

❏ das Management der Strategie treibenden Faktoren

❏ die Motivation der Führungs-Crew zum Glauben an die Wettbewerbsvorteile und die Aufgabe der alten Glaubenssätze.

Jede Vision hat zwei Teile: das Erkennen der neuen Richtung und die Mobilisierung der Organisation in die neue Richtung. Visionen sind Verpflichtung und Wunsch zugleich. Diese aufzubauen und zu pflegen ist vordringlichste Unternehmensaufgabe und bestimmt auch in guten Konjunkturlagen über den Erfolg relativ im Vergleich zur Konkurrenz.

5 Unternehmensführung und Konjunkturzyklen

Das richtige Management der Erfolgsfaktoren des eigenen Unternehmens in den unterschiedlichen Phasen des Konjunkturzyklusses ist eine immer aktuelle Fragestellung. Es geht dabei um die Beantwortung der Frage, inwieweit es in den einzelnen Phasen des Konjunkturzyklus unterschiedliche unternehmerische Schwerpunktmaßnahmen gibt, mit denen verstärkt an positiven Zyklen partizipiert und im Abschwung das eigene Unternehmen vor dem Schlimmsten bewahrt werden kann.

Diese Schwerpunktthemen sind von der Zielsetzung plausibel und für jeden verständlich. Die praktische Umsetzung bereitet aber immer wieder Probleme, da

❑ die Früherkennung der Konjunkturzyklen – auch wenn sie über statistisches Material absehbar sind – in der praktischen Tätigkeit – zumindest was die negativen Phasen anbelangt – ungern akzeptiert und zur Kenntnis genommen werden, insbesondere, da die Früherkennung im Boom stattfindet,

❑ das Umschalten von der einen auf die andere Konjunkturbewegung im Rahmen unserer engen Budgets und der gesetzlichen Rahmenbedingungen am Wirtschaftsstandort Deutschland äußerst schwierig ist,

❑ das „Nachlaufen" der Unternehmensentwicklung des eigenen Unternehmens aus der vorangegangenen Phase einem frühzeitigen Umschalten durch die Beharrungseffekte der Organisation entgegensteht.

5.1 Konjunkturzyklen

Konjunkturschwankungen sind zeitliche Änderungen der wirtschaftlichen Aktivitäten einer Volkswirtschaft. Die wissenschaftliche Behandlung von Konjunkturzyklen versucht zum einen, anhand empirischer Messgrößen diese Zusammenhänge zu erläutern, und zum anderen, die darüber hinausgehenden nicht messbaren Größen als Faktoren der Konjunkturerklärung zu nutzen.

Konjunkturschwankungen werden durch Konjunkturindikatoren erfasst und beschrieben. Diese Indikatoren lassen sich einteilen in Frühindikatoren, Präsensindikatoren und Spätindikatoren (nach Woll, Arthur: Allgemeine Volkswirtschaftslehre, 10. Auflage, München 1990, Seite 519 ff.).

Die wichtigsten Frühindikatoren sind

❑ die Auftragseingänge der Industrie und
❑ die Baugenehmigungen im Hochbau.

Die gegenwärtige Konjunkturlage wird vor allem am Präsensindikator industrielle Produktion und seiner Abwärtsentwicklung gemessen.

Die wichtigsten Spätindikatoren sind die Preise, und hier vor allem die Preise für Güter der Lebenshaltung, die durch den Lebenshaltungsindex gemessen werden. Die Preise folgen den Konjunkturphasen aus zwei Gründen: Erstens erhöhen sich die Masseneinkommen und damit die Konsumgüternachfrage im Konjunkturaufschwung ziemlich spät (Lohn-Lag). Zweitens kann im Aufschwung eine steigende Nachfrage zunächst zu relativ stabilen Preisen befriedigt werden.

Konjunkturzyklen zeigen bestimmte Phasen, wobei sich kein Konjunkturgeschehen in derselben Weise wiederholt. Allgemein wird der Konjunkturverlauf heute wie folgt beschrieben (Woll, Arthur: Allgemeine Volkswirtschaftslehre, a.a.O., S. 523):

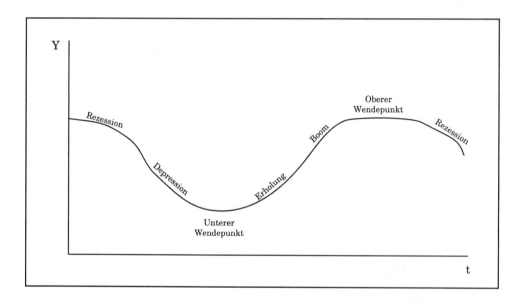

Die Schwierigkeit liegt darin, dass sich die einzelnen Konjunkturphasen in der Praxis nicht immer so scharf voneinander trennen lassen, wie in der obigen Abbildung angegeben. Die Abbildung misst den Konjunkturverlauf durch einen Präsensindikator.

Die einzelnen Indikatoren lassen sich in ihrer Veränderung zur Erfassung der einzelnen Phasen des Konjunkturzyklusses wie folgt darstellen (Woll, Arthur: Allgemeine Volkswirtschaftslehre, a.a.O., S. 524):

Indikatoren / Konjunkturphasen	Frühindikatoren (z.B. Auftragseingänge)	Präsensindikatoren (z.B. Produktion)	Spätindikatoren (z.B. Preise)
Rezession	schnell fallend	fallend	langsam fallend
Depression	langsam fallend	langsam fallend	langsam fallend, konstant
Erholung	steigend	langsam steigend	konstant, langsam steigend
Boom	schnell steigend	steigend	schnell steigend

In der Bundesrepublik Deutschland gibt es zwischen 1971 und 1994 vier Konjunkturzyklen, deren Phasen und Wellenlängen ungefähr 4–7 Jahre betragen.

Für die Nahrungsmittel- und Konsumgütermärkte ist der GfK-Konsumklima-Index ein bedeutender Frühindikator.

Die nachfolgenden Überlegungen gehen von folgenden Konjunkturphasen aus:

❑ Aufschwung (Hochkonjunktur),
❑ Stagnation nach Aufschwung,
❑ Rückgang (Rezession),
❑ Stagnation nach Rezession vor dem Konjunkturaufschwung.

5.2 Grundfragen des Managements in Konjunkturzyklen

Die automatischen Wachstumsbeschleuniger stehen den Unternehmungen nicht mehr zur Verfügung. Weder Bevölkerungswachstum noch ungesättigte Märkte, noch die Wachstumsbeschleuniger der 80er Jahre (Europa, Ostöffnung) geben die Möglichkeit, unterlassene Schularbeiten der Vergangenheit mit externer Unterstützung nachzuholen. Die Konsequenz für die Unternehmen sind

❑ ein intensiver Kampf um Marktanteile zur Sicherung der eigenen Position,
❑ die Übernahme schwächerer Unternehmungen (die aber zunehmend auch kritischer gesehen wird, da die eigenen Probleme dadurch nicht ausschließlich lösbar sind),

❏ zunehmender Wettbewerbsdruck aus dem Ausland bei gleichzeitiger Notwendigkeit, die angestammten Märkte im Binnenmarkt zu verteidigen.

Grundsätzlich gilt für die Schwerpunktstrategien von Unternehmungen:
1. Stärkung der Kerngeschäfte und
2. Umstrukturierung

Erst danach werden die Unternehmen wieder die Kraft haben, neue Geschäfte aufzubauen.

Aber auch die Erfolgsfaktoren der Geschäfte haben sich verlagert. Während früher „Economies of Scale" viele Unternehmensstrategien bestimmt haben, sind heute eher Faktoren wie

❏ Flexibilität,
❏ Innovationskraft,
❏ persönliche Identifizierung des Managements

gefragt.

Patentrezepte zur Unternehmensführung gibt es nicht. Trotzdem hilft die Beachtung einiger weniger Grundregeln, die Unternehmungen für unterschiedliche Konjunkturlagen und das Auf und Nieder von Konjunkturen widerstandsfähiger zu machen:

(1) Automatische Wachstumsbeschleuniger gibt es nicht. Auch Hochkonjunkturen lösen nicht die strukturellen Probleme von Unternehmungen. Wie wir aus dem letzten Konjunkturaufschwung wissen, werden durch eine positive Konjunkturlage die erfolgreichen Unternehmungen stärker begünstigt als die weniger erfolgreichen.

(2) Viele Märkte befinden sich heute in der Stagnation. Das größte Problem des Managements liegt darin, in der Führungsmannschaft die für solche Marktsituationen notwendigen Verhaltensänderungen herbeizuführen. Es bedeutet den Abbau der typischen Einstellungsfehler wie

– eine falsche Selbsteinschätzung,
– das Fehlen profilierter Konkurrenzstrategien,
– die zu rasche Aufgabe von Marktanteilen zu Gunsten kurzfristiger Gewinne,
– irrationale Argumente gegenüber dem Preiswettbewerb,
– die Hoffnung auf „neue" oder „kreative" Produkte,
– das Halten von Reservekapazitäten für bessere Zeiten.

Diese Einstellungsfehler verhindern in den meisten Fällen die richtige Antwort auf die Situation.

(3) Die größte Schwierigkeit beim Umkippen von der Hochkonjunktur in die Rückgangsphase ist es, die innere Einstellung und Erkenntnis im Unternehmen zu erzeugen, dass ein neues Spiel begonnen hat und notwendige Maßnahmen schnellstens umzusetzen sind. Diese Phasen werden gerade beim Umkippen davon begleitet, dass die „Nachläufer" einer guten Konjunktur wie das

Nachziehen von Budgets oder das Anspruchsniveau der sozialen Gruppen an die Unternehmungen noch nachwirken.

(4) Vielen Unternehmungen fehlt die Bereitschaft und Fähigkeit der richtigen Analyse der eigenen Ausgangslage im Konjunkturzyklus. Grundsätzlich gilt:
- In stagnierenden oder rückläufigen Märkten ist Mengenwachstum nicht die alleinige Antwort.
- Unternehmen, die an einer Wachstumsschwelle stehen, haben zunächst alle Maßnahmen darauf zu konzentrieren, das Unternehmen organisatorisch, ertragsmäßig, von der strategischen Grundrichtung und mental dafür fähig zu machen, die Wachstumsschwelle zu überwinden. Erst danach können wieder Offensiv-Strategien gefahren werden.
- Unternehmen mit unbefriedigender kurzfristiger Ertragsposition müssen zunächst innere Stärke ansammeln, um mit Offensiv- und Differenzierungsstrategien nach vorn zu marschieren.

(5) Auch Stagnationsphasen erlauben Wachstum: Für die Erfolgreichen einer Branche ergeben sich die Möglichkeiten, entweder über quantitatives Wachstum eine grundlegende Marktbereinigung zu erzeugen oder durch Umschalten auf qualitatives Wachstum mit sicherem Ertrag durch diese Phasen zu steuern.

(6) Empirische Untersuchungen zeigen, dass Krisen in den meisten Fällen der Anfang des Neubeginns sein können. Strategie-Initiativen entstehen in Unternehmen entweder aus
- innerem Antrieb oder
- äußerem Druck oder
- einer Unzufriedenheit oder
- einer manifesten Krise.

Nicht vergessen werden darf, dass Triebfeder für Strategieinitiativen auch die Angst des Verlierens sein kann.

(7) Voraussetzung für Erfolg ist die Motivation der Führungscrew zum Glauben an die eigenen Wettbewerbsvorteile und an die neue Richtung. Erfolgreiche Unternehmensführung wird in erster Linie von der Umsetzungs-Konsequenz und dem nötigen Pragmatismus bestimmt.

(8) Die Führung hat sicherzustellen, dass sich das Unternehmen strategisch richtig konzentriert auf das, was seinem Unternehmensauftrag entspricht. Das bedeutet die Konzentration auf
- einen entscheidenden Kundennutzen und
- besonders leistungsfähige Stufen der eigenen Wertschöpfungskette.

(9) Außerdem ist es erforderlich, dass der Unternehmensauftrag in einfachen Organisationsstrukturen mit dezentraler Verantwortung umgesetzt wird. Das sichert Transparenz, Flexibilität und Motivation.

(10) Unternehmungen mit optimierten Wertschöpfungsstrukturen erreichen ihre Kunden schneller.

(11) Überlegene Unternehmen konzentrieren sich ausschließlich auf ihre Stärken. Das Kerngeschäft hat Priorität.

(12) Unternehmen sind konjunkturunanfällig zu machen durch Aufbau von Risikoausgleichen. Solche strategischen Risikoausgleiche können bestehen zwischen
- verschiedenen Geschäftsfeldern, deren Konjunkturzyklen gegenläufig sind,
- unterschiedlichen Produktsegmenten, die konjunkturell unterschiedlich verlaufen,
- Ausgewogenheit des Unternehmensportfolio zwischen Cash-Verwendern und Cash-Erzeugern.

(13) Unternehmen benötigen ebenfalls einen finanziellen Risikoausgleich. Dieses bedeutet
- Anlegen von Reserven in guten Zeiten,
- konservative Bilanzierung und
- bescheidene Entnahmen.

Das prägt die Organisation, ihre Mitarbeiter und auch das eigene Handeln mit Augenmaß.

Zusammenfassend sollten folgende Schwerpunkt-Erfolgsfaktoren im Unternehmen ausreichend balanciert sein:
- ❑ Innovation,
- ❑ Flexibilität/Zeit,
- ❑ Kostenposition.

Letztlich geht es darum, dass im Unternehmen Firmenkonjunkturen aufgebaut werden. Firmenkonjunkturen machen Unternehmen unabhängig, erlauben, die Marktspielregeln nachhaltig zu prägen und lassen das Heft des Handelns bei der Führung.

5.3 Normstrategien für effizientes Management in unterschiedlichen Phasen des Konjunkturzyklusses

Wenn es in unserer Volkswirtschaft Zyklen der Wachstums- und Veränderungsraten gibt, so ist es völlig verständlich, dass diese auch ein Unternehmen in seiner Entwicklung begleiten. Die unterschiedlichen Zyklen treffen dabei auf das eine Unternehmen mehr, auf das andere Unternehmen weniger zu. Es hängt letztlich davon ab, in welcher Branchenstruktur das Unternehmen operiert.

Für alle Unternehmen gilt es, Wettbewerbsvorteile zu erzielen aus dem Wert, den ein Unternehmen für seine Abnehmer zu schaffen vermag. Der Wettbewerbsvorteil ist strategisch um so wertvoller, je höher der Abstand zum nächsten Konkurrenten ist. Wird diese relative Wettbewerbsposition in einer attraktiven Branche mit einer hohen langfristigen Rentabilität erzielt, so sichert das Unternehmen seine Position langfristig attraktiv ab. Es ist sehr schwierig, Ratschläge für richtiges Verhalten in den einzelnen Konjunkturphasen zu geben. Dafür ist das Thema einfach zu vielschichtig, hängt die Beantwortung der Frage doch ab von

❏ der Branchenstruktur,
❏ dem Alterungsgrad der Branche,
❏ der einzelnen Phase des Konjunkturzyklusses,
❏ dem Branchenverhalten,
❏ der relativen Marktposition,
❏ dem Verhalten der Wettbewerber usw.

Trotzdem seien an dieser Stelle – ohne den Anspruch auf Vollständigkeit zu erheben – einige Empfehlungen gegeben, deren Beachtung hilft, die zyklischen Wirkungen der Konjunktur auf das eigene Unternehmen in der negativen Richtung in Grenzen zu halten.

Grundsätzlich sind es einige wenige Punkte, die zu beachten sind:

(1) Erarbeiten Sie für Ihr Unternehmen eine Unternehmensstrategie, die Sie mit kurz- und mittelfristigen Projekt- und Maßnahmenplänen untermauern. Unternehmen mit einer klaren Richtung meistern Konjunkturzyklen besser.

(2) Vermeiden Sie für Ihr Unternehmen einseitige Abhängigkeiten. Einseitige Abhängigkeiten reduzieren Ihren Handlungsfreiraum. Sie können auftreten
- bei Kunden,
- bei Lieferanten,
- im Produktprogramm,
- bei der Bearbeitung von Währungsräumen,
- in den Vertriebskanälen.

(3) Legen Sie Ihr Unternehmen auf das aus, was Sie beherrschen, was zu Ihnen passt und was Ihrem Unternehmensauftrag förderlich ist. Lassen Sie alles weg, was man auch tun könnte und was wünschenswert wäre.

(4) Führen Sie Ihren Unternehmensauftrag in flexiblen Strukturen durch. Das heißt Konzentration auf Kernaktivitäten und die wesentlichen Stufen der Wertschöpfungskette, die Ihnen Wettbewerbsvorteile bringen. Das bedeutet z.B.
- in der Fertigung Konzentration auf Kernprozesse und den Aufbau einer leistungsfähigen Zuliefererstruktur,
- in den übrigen Unternehmensbereichen schlanke Strukturen und knapp operieren.

(5) Legen Sie Ihre Kapazitäten auf die langfristige Normalauslastung aus. Damit können Sie auch Rückgangsphasen parieren, ohne dass Sie von Fixkosten aus Zinsen und Abschreibungen bedrängt werden.

(6) Legen Sie finanzielle Reserven in guten Zeiten an, die in schwierigeren Phasen, wenn Ihren Konkurrenten der Atem ausgeht, genutzt werden können, um Ihre Marktposition zu verbessern.

(7) Es gibt Branchen mit Preiserhöhungszyklen. In diesen Branchen sind Kosten- und Strukturmaßnahmen im Jahr der Preiserhöhung umzusetzen. Dieses Jahr gibt Ihnen den meisten Spielraum, um sich für zukünftige Perioden zu entschlacken.

(8) Richten Sie Ihr Unternehmen darauf aus, dass es ausreichend sensibel für schwache Signale ist. Solche schwachen Signale geben Ihnen Hinweise auf Veränderungen Ihrer Branchenstruktur, bevor die allgemeinen Konjunkturdaten diese Richtung zeigen. Schwache Signale erhält man über
- Wettbewerber,
- Zulieferanten,
- Verhaltensänderungen in der Branche,
- Veränderungen bei Ihren Abnehmern usw.

Neben diesen allgemeinen Regeln der Unternehmensführung gibt es natürlich in einzelnen Phasen des Konjunkturzyklusses Maßnahmen, deren Verstärkung den Unternehmen vor dem Hintergrund des Aufbaus und der Absicherung seiner langfristigen Wettbewerbsvorteile Chancen gibt. Diese Normstrategien lassen sich – ebenfalls ohne Anspruch auf Vollständigkeit – für die einzelnen Unternehmensbereiche in den unterschiedlichen Konjunkturphasen wie auf Seite 479 darstellen.

Vergessen werden sollte aber nicht, dass die Zyklen der Konjunkturen, die Einfluss auf das Unternehmen haben, auch eine Menge Chancen bieten. Diese Chancen sind um so größer, je weniger der Wettbewerb auf diese Phasen reagiert oder für das Spiel in den unterschiedlichen Konjunkturphasen ausreichend gerüstet ist. Die Übersicht auf Seite 480 zeigt einige Schwerpunktstrategien, die in Abhängigkeit von der eigenen Marktposition und den unterschiedlichen Konjunkturzyklen empfehlenswert zur Verbesserung und zum Ausbau der eigenen relativen Wettbewerbsposition sind.

Wie die Übersicht zeigt, lassen die einzelnen Konjunkturzyklen, insbesondere die Abschwungphase, dem vernünftig ausgerichteten Unternehmen erhebliche Chancen, die eigene Wettbewerbsposition zu verändern. Letztlich bedeutet das Management in Konjunkturzyklen die Ausrichtung des Unternehmens in einer Form, die es flexibel und finanziell gut gerüstet auf die unterschiedlichen Konjunkturzyklen reagieren lässt mit der Zielsetzung, die eigene Wettbewerbsposition auszubauen.

Normstrategien für einzelne Funktionsbereiche im Konjunkturverlauf

	Rezession/Depression	Aufschwung	Hochkonjunktur (Boom)	Abschwung
F & E	– Forcierung F & E, um den Markt durch Innovationen zu beleben bzw. um für den Aufschwung gerüstet zu sein	– Pflege und Optimierung der Produkte	– Pflege und Optimierung der Produkte – Rationalisierung der Prozesse	– Forcierung F & E, um in der Rezession durch Innovationen weniger Umsatzverluste als Wettbewerber zu verzeichnen
Produktion	– Nutzung der Zeit zur Reorganisation und Entschlackung von Strukturen – Qualitative Verbesserung	– Aufbau von Beständen – Vorbereitung des Produktionsapparates für Vollauslastung – Optimierung der Prozesse – Schaffung von Kapazitäten	– Intensitäts- und zeitmäßige Anpassung	– Abbau von Kapazitäten – Abbau von Beständen – Substitution von fixen durch variable Kosten zur Erhöhung der Flexibilität
Absatz/Marketing	– Innovative und aggressive Marktbearbeitung – Pflege der Lieferanten- und Kundenbindungen – Preisniveau halten – Marktbereinigung durch Akquisition oder Verdrängung der Grenzbieter	– Forcierung der Aktivitäten, um am Aufschwung überproportional zu partizipieren – Forcierte Einführung von Neuprodukten	– Aktive Preispolitik (Preiserhöhungen)	– Deckungsbeitragsschwache Randsortimente eliminieren – Varianten einführen – Preisaktionen
Finanzierung/Investitionen	– Nutzung von Kreditsubstituten (Factoring, Leasing)	– Investitionsaktivitäten verstärken	– Stille Reserven schaffen – Stärkung der Eigenkapitalquote	– Verschiebung von Investitionen
Verwaltung	Grundsätzlich schlank halten; Hochkonjunktur und Baisse durch Flexibilisierung der Arbeitszeiten und des Personaleinsatzes ausgleichen.			

Normstrategien im Konjunkturverlauf

	Aufschwung	Stagnation nach Aufschwung	Rückgang	Stagnation nach Rückgang
Wachstumsmärkte				
Marktanteil	Erhöhung	Verstärkte Erhöhung	—	—
Investition	Maximal	Maximal zur Verbesserung der eigenen Position		
Produktentwicklung	Segmentierung	Wachstum in Segmenten		
Wachstumsrichtung Strukturen	Quantitativ	Quantitative und qualitative Neuausrichtung		
Stagnierende Märkte				
Marktanteil		Ausbauen zur Marktbereinigung	Marktbereinigung	Marktbereinigung
Produktentwicklung		Forcieren	Forcieren	Forcieren
Kostenmanagement		Daueraufgabe	Daueraufgabe	Daueraufgabe
Rückgehende Märkte				
Marktanteil	—	—	Ausbau Marktbereinigung	Ausbau Marktbereinigung
Investition				
Marktposition			Zur Kostensenkung Halten/Ausbau	Zur Kostensenkung Halten/Ausbau

6 Internationalisierung

6.1 Grundfragen

Die internationale Ausrichtung der Aktivitäten wird von vielen Unternehmungen als Antwort auf die Stagnation angestammter Märkte gesehen. Es ist der Versuch, nicht mehr mögliches Wachstum im „Heimatmarkt" außerhalb dieser Heimat zu realisieren und damit Erfolge auf Märkten zu verbuchen, die man mit Sicherheit nicht so gut kennt wie den eigenen Markt.

Betrachten wir die Argumente näher, die von Unternehmen für die Notwendigkeit der zunehmenden Ausdehnung der Aktivitäten auf Auslandsmärkte genannt werden, so findet man ein vielschichtiges Bündel von Antworten, die alle aus sich heraus plausibel und logisch klingen. Die am häufigsten genannten Kriterien für eine solche internationale Geschäftsausweitung sind:

(1) Marktenge im Heimatmarkt

Für viele Unternehmen ist im Heimatmarkt aus eigener Sicht heraus kein Wachstum mehr zu erzielen. Die Ursachen können vielschichtig sein (Eintritt der Branche in das Reifestadium, mangelnde Differenzierungsmöglichkeit unter den Anbietern, zu geringes Marktvolumen für die Umsetzung notwendiger Investitionen usw.). Die Ursachen liegen sowohl im analytisch messbaren Bereich als auch im mentalen Bereich. Viele Unternehmen haben es einfach aufgegeben, in einem bekannten Wettbewerbs-, Kunden- und Nachfrageumfeld sich über Jahre hinweg mit den gleichen Problembereichen herumzuschlagen. Als Antwort tritt im Management eine gewisse Resignation ein, die die Vorstufe der Meinung ist, dass sich Wachstum in der Zukunft überhaupt nicht mehr einstellt.

Vor dem Hintergrund dieser Ausgangslage und oftmals auch gestärkt durch – zumindest in der Presse publizierte – Erfolge von Konkurrenten auf Auslandsmärkten wird gemäß dem Motto „Was der kann, können wir auch" das gedankliche Augenmerk vom Heimatmarkt weggezogen und auf Auslandsmärkte gerichtet.

Vor dem Hintergrund einer solchen Ausgangslage werden Auslandsmärkte in Angriff genommen mit dem ganz klaren Vorstellungsbild, dass man hier in jedem Falle erfolgreich sein wird. Übersehen wird dabei aber, dass ein Weggehen vom Heimatmarkt zwangsläufig auch das Hingehen zu neuen unbekannten Märkten bedeutet und damit ein Einlassen auf neue unbekannte Risiken. Aber auch bei Auslandsstrategien ist offensichtlich der Mensch so gestellt, dass das unbekannte Risiko ihm weniger zu schaffen macht als bekannte Risiken.

(2) Expansion im internationalen Rahmen

Als Motiv für das Hinausgehen in die fremden Märkte hat der Expansionswunsch oftmals auch zum Inhalt, neue Marktgegebenheiten, neue Verbraucherwünsche, neue Anforderungen an die Produkte und neue Wettbewerbsspielregeln kennen zu lernen. In diesem Falle sollen mit der Expansion im internationalen Rahmen „Markt-Synergien" realisiert werden, die dem zentralen Forschungs- und Markt-Know-how des Unternehmens zugute kommen.

(3) Markenausweitung

Viele Unternehmen haben als Wert bestimmenden Faktor ihres Unternehmenswertes die Marke. Eine Marke, die eine Differenzierung zu Handel und Verbraucher ermöglicht und dem Unternehmen eine Wertschöpfungsrate im Vergleich zur Konkurrenz ermöglicht, die letztlich aus der Kraft und der Beliebtheit der Marke gezogen wird. Solche Situationen sind typisch für Konsumgüterunternehmen, bei denen sich die Produkte relativ wenig differenzieren.

Die Ausweitung einer Markenbasis über die Grenzen der vorhandenen – oftmals stagnierenden – Märkte hinaus stellt eine konsequente Fortsetzung der Marken-Politik und der Umsetzung der Wertschöpfungsstrategie in den Märkten dar. Die Strategie verfolgt die Zielsetzung, die Markentragfähigkeit in bisher nicht bearbeitete Märkte hineinzutragen, sie beim Konsumenten und beim Handel zu etablieren und aus dem sukzessiven Aufbau der Markentragfähigkeit Wertschöpfungspotenziale in Fremdmärkten zu schaffen.

(4) Risikostreuung

Der Ausbau des internationalen Geschäftes ist eine regionale Diversifikation. Dieser Ausbau der von einem Unternehmen zu bearbeitenden Märkte wird oftmals mit der Zielsetzung der Risikostreuung und des Abbaus von einseitigen Abhängigkeiten auf Einzelmärkten betrieben. Insofern gelten hier die gleichen Kriterien hinsichtlich Chancen und Risiken wie bei der Diversifikation. Zudem muss natürlich auch bedacht werden, dass zumindest bei der engen Verbundenheit der heutigen Industrienationen die Risikostreuung nicht mehr in dem Maße funktioniert, wie es vor 10 oder 20 Jahren noch der Fall gewesen ist.

(5) Emotionale Komponenten

Wie viele unternehmerische Entscheidungen kann auch der Ausbau des Geschäftes im internationalen Rahmen auf einem Bündel von emotionalen Komponenten beruhen. Neben der Tatsache, dass ein Unternehmen nach hinlänglicher Auffassung immer dann für Außenstehende attraktiver ist, wenn es auch „im Ausland tätig ist" und damit zumindest oberflächlich mehr Weltoffenheit besitzt, kommen noch andere Kriterien hinzu. So hat mit Sicherheit für viele deutsche Unternehmen die Internationalisierung mit der Reiselust der Anteilseigner oder des Managements begonnen. Bezeichnend dafür ist, dass die ersten Tochtergesellschaften vieler deutscher Unternehmungen entweder in der Schweiz aufgebaut wurden (bei der Größe des Schweizer Marktes ist dies verwunderlich) oder der französische Markt frühzeitig bearbeitet wurde (hier war der Glanz der Weltstadt Paris oftmals Triebfeder der Entscheidung).

(6) Steuerliche Aspekte

Es verwundert, wie oft Auslandsaktivitäten initiiert worden sind, weil in anderen Nationen günstigere steuerliche Rahmenbedingungen geherrscht haben als im Heimatland. Wenn man sich den Aufbau solcher Aktivitäten betrachtet, dann hat der alleinige Wunsch, mit einer geringeren Steuerlastquote zu operieren, den Blick für die Risiken, die damit verbunden sein können, häufig getrübt. Die Standorte, die dann in Angriff genommen wurden, hätten bei rationaler Auswahl des wirtschaftlichen Umfeldes, der Nachfragepotenziale der Märkte, der Verbrauchergewohnheiten und der eigenen Möglichkeiten nie angegangen werden dürfen.

Internationalisierung

Die Reihe der unterschiedlichen Kriterien lässt sich beliebig fortsetzen. Entscheidend ist, dass in vielen Fällen stagnierende Heimatmärkte, eine gewisse Müdigkeit im eigenen Lande und sonstige emotionale Kriterien zu einem Aufbau von Aktivitäten im Ausland geführt haben.

Betrachtet man die heutigen nationalen und internationalen Marktpotenziale, so gibt es eine Reihe sehr handfester Argumente, die für Internationalisierungsstrategien und damit den Aufbau des Geschäftes über den Heimatmarkt hinaus sprechen:

(1) Die Angleichung der Nachfrage in den wesentlichen Industrieländern

Ein Gang über die Königsallee in Düsseldorf, die Fifth Avenue in New York, durch die Ginsa in Tokio, über die Prachtstraßen Mailands, über den Champs-Elysee in Paris, am Watertower in Chicago usw. lässt uns bei einem Blick auf die angebotenen Waren in den Geschäften eines erkennen. Das Angebot und die Nachfrage nach Konsumgütern gleicht sich in den internationalen Zentren immer stärker aneinander an. Ob es Fotoapparate von Nikon und Canon, Walkman von Sony, Schreibgeräte von Mont Blanc, Lamy oder Cross, Koffer von Samsonite, Bekleidung von Lacoste, Gucchi, Bogner oder Head, Parfüm von Lancôme, Aramis oder Estée Lauder sind, die Nachfrage in den Industriezentren und das von den Herstellern dargebotene Warenangebot entsprechen sich weitgehend. Unterschiede gibt es in den den nationalen Geschmacksbedürfnissen angepassten Präsentationen, die Produkte sind aber gleich. Die Ursachen liegen in der Homogenisierung der Lebensgewohnheiten der einzelnen Länder, die wiederum bedingt sind durch bessere Ausbildung auf höherem Niveau, ein insgesamt in jedem Land vorhandenes „hohes Einkommen", mehr Freizeit, verstärkte internationale Reisetätigkeit, stärkerer Informationsaustausch über die Grenzen hinweg, internationales Presseangebot usw.

Diese Homogenisierung und Angleichung des Geschmacksempfindens über die Grenzen hinweg wird auch über die nächsten Jahre weiter zunehmen, da die Einflussfaktoren, die diese Entwicklung fördern, über die nächsten Jahre in jedem Falle noch zunehmen werden.

(2) Kostenvorteile durch internationale Stückzahlen

Die Kosten-Vorteils-These ist ein vielgebrauchtes Argument zur Internationalisierung der geschäftlichen Aktivitäten. Gemäß dem Erfahrungskurven-Effekt wird vereinfacht davon ausgegangen, durch Addition der Stückzahlen internationaler Märkte insgesamt in eine Stückzahlposition zu kommen, die eine Herstellungskostensenkung ermöglicht, die mit dem Home-Market allein nicht möglich ist.

So einleuchtend diese These klingt, so ist die Betrachtung auch hier recht einseitig. Die Herstellungskosten sind in vielen Branchen mittlerweile nur noch ein zunehmend geringer werdender Teil der gesamten Wertschöpfung des Unternehmens. Insofern treten Kostenvorteile aus der Addition von internationalen Stückzahlen zur Senkung der Herstellkosten nur dann ein, wenn alle übrigen Parameter der Wertschöpfungskette des Unternehmens davon unbeeinflusst bleiben. Betrachtet man die Realität, so wird die Kostenvorteils-These nur dann wirksam, wenn

- die Addition der internationalen Stückzahlen technisch möglich ist,
- die Produkte über die Weltmärkte einen Standardisierungsgrad erlauben, der insgesamt zu einer Addition von Stückzahlen führt,
- das Erlösniveau in den Einzelmärkten zumindest gleich ist, sodass die Ergebnisvorteile aus einer Herstellkostensenkung bezogen auf die gesamte Wertschöpfungskette wirksam werden,
- Währungsschwankungen nicht negativ in die Rationalisierungsanstrengungen hineinfallen.

(3) Kapitalintensive Produktion

In vielen Branchen hat in den letzten Jahren ein technologischer Wettkampf um die Kostensenkung stattgefunden. Ganze Bereiche der Industrie waren in der Lage, den Anteil der Lohnkosten an den Herstellkosten auf ein vor 15 Jahren noch nicht für möglich gehaltenes Niveau zu senken. Mit Robotern, nummerischen Steuerungen und sonstigen Teilautomatisierungen von Fertigungsprozessen durch automatisierte Verkettung ist aber gleichzeitig das Erfordernis nach hohen Stückzahlen gewachsen. Nur diese hohen Stückzahlen ermöglichen, den erforderlichen „Technologiesprung" zu realisieren, der wiederum zu einer drastischen Senkung der Herstellkosten führt.

Die erforderlichen Stückzahlen zur Erreichung von Kostenvorteilen sind in vielen Branchen heutzutage nur noch über die Addition der Stückzahlen der Weltmärkte möglich. Nur diese Stückzahlen wiederum rechtfertigen die Verteilung der aus den hohen Investitionen resultierenden Kapitalposten auf eine wirtschaftliche Stückzahl.

Aus diesem Blickwinkel heraus gibt es bestimmte Branchen wie Computer, Hi-Fi, Fotokameras, Video usw., die nur noch wirtschaftlich betrieben werden können mit dem Stückzahlvolumen der Weltmärkte.

(4) Dynamische neue Technologien

Viele Bereiche der Industrie sind heute durch ein sich enorm schnell wandelndes Technologiegeschehen gekennzeichnet. Man denke hier an die typischen High-Tech-Industrien wie Elektronik, Datenverarbeitung, Telekommunikation, Chemie etc. In diesen Industrien werden die Lebenszyklen neuer Produkte und damit andere Herstellungsverfahren zeitlich verkürzt, dass nur mit dem Stückzahlvolumen des Weltmarktes noch eine entsprechende Amortisation der hohen Investitionen möglich ist. Zudem sind diese Industrien durch hohe Vorleistungen auf der Forschungs- und Entwicklungs-Seite gekennzeichnet, die nur über ein größeres Stückzahlvolumen zu rechtfertigen sind. Darüber hinaus ist hier das Stückzahlvolumen der Weltmärkte erforderlich, um auch aus den unterschiedlichen Teilen der Welt Anregungen für neue Innovationen zu bekommen. Ein Unternehmen, das in diesen Bereichen nur auf Teilmärkte konzentriert ist, wird neben der mangelnden Möglichkeit, große Stückzahlen zu erreichen, gleichzeitig den Nachteil haben, dass es technologisch vom Know-how immer hinter der Konkurrenz hinterherläuft. Es ist einfach erforderlich, in diesen Branchen heute sowohl in Japan, USA und Europa präsent zu sein, um als Insider in den Technologieregionen am Informationsfluss beteiligt zu sein.

6.2 Voraussetzungen

6.2.1 Festlegung der Auslandsmärkte

Die Dynamik des Wettbewerbsumfeldes und der Märkte bestimmt den Zwang zur Ausdehnung des eigenen Geschäftes über die nationalen Grenzen hinaus.

Entscheidend für den Erfolg ist die richtige Festlegung der Märkte und die Prüfung der eigenen Stärken und Schwächen mit der Beantwortung der Frage, ob ein Unternehmen die ausreichende Kraft hat, international tätig zu sein.

Die Beantwortung der Frage nach der Attraktivität von Auslandsmärkten wird von zwei Einflussfaktoren bestimmt:

(1) In bereits bestehenden Auslandsmärkten, in denen das Unternehmen tätig ist, ist die relative Wettbewerbsposition und damit die strategische Ausgangslage festzulegen. Auf dieser Basis ergeben sich die logischen weiteren Schritte zur Erschließung der Märkte.

(2) In Auslandsmärkten, in denen das Unternehmen noch nicht tätig ist, orientiert sich die Frage, ob das Unternehmen in diesen Märkten tätig sein soll, an den marktbezogenen Zwängen, denen sich ein Unternehmen gegenübersieht und an der Attraktivität dieser Auslandsmärkte. Während letzte Einflussgröße anhand sehr analytischer Vorgehensweisen transparent gemacht werden kann, entstehen Zwänge zur Präsenz in Auslandsmärkten für Unternehmen aus

- bisherigen Marktpräsenzen,
- Strategien der Wettbewerber,
- notwendigen Größenvorteilen und damit relativen Kostenpositionen und
- grenzüberlappendem Wettbewerb.

Zur Bestimmung des Eintritts in bisher noch nicht besetzte Auslandsmärkte können folgende Kriterien zu Hilfe genommen werden:

(1) Länder-Ratings für eine Gruppenselektion der Ländermärkte

Länder-Ratings zur Gruppenselektion von Ländermärkten berücksichtigen Veränderungen im politischen und wirtschaftlichen Umfeld fremder Staaten. Die bekanntesten Ratings sind

- Business-Environment-Risk-Index (BERI),
- Länder-Rating des „Institutional Investor" (USA) und „Euromoney" (Großbritannien).

Die nachfolgende Übersicht gibt einen Überblick über die bekannten Länder-Ratings (Dr. Wieselhuber und Partner: Internationales Management, München 1990, Seite 32):

Konzepte	Herkunft der Konzepte	Zielgruppe; Anwendungsbereich	Untersuchungszeitraum	Prognosezeitraum	Inhaltliche Beschreibung	Methodik
mm-Ländertest	Manager-Magazin und Institut zur Erforschung techn. Entwicklungslinien	Exporteure und Investoren; erfasst alle Länderrisiken	1 x jährlich (1980/81/82)	augenblickliche Lage mit Prognosecharakter	Überkriterien: – Politische Stabilität – Binnenwirtschaft – Außenwirtschaft – mm-Ländertest 53 bis 55 Länder	Scoring-Modell: – 23 qualitative Kriterien (Expertenbefragung) – 7 quantitative Kriterien (statistische Daten)
BERI-Informationssystem	Business Environment Risk Informationsinstitut (BERI-Institut)	Investoren; erfasst alle Länderrisiken	3 x jährlich – ORI seit 1972 – PRI seit 1978 – R-F seit 1973 – POR seit 1978	1-Jahres-Prognosen 5-Jahres-Prognosen	Überkriterien: – Operation Risk Index = ORI – Political Risk Index = PRI – R-Factor = R-F – Profit Opportunity Recommendation = POR 48 Länder	Scoring-Modell: – 31 qualitative Kriterien (Expertenbefragung) – 9 quantitative Kriterien (statistische Daten)
FORELEND-Informationssystem	BERI-Institut	Banken; erfasst die Zahlungsunfähigkeit	3 x jährlich seit 1978	1-Jahres-Prognosen 5-Jahres-Prognosen	Überkriterien: – LRquant – LRqual – LRenvir – Recommended Lender Action 50 Länder	Scoring-Modell: – 29 qualitative Kriterien (Expertenbefragung) – 20 quantitative Kriterien (statistische Daten)
Euromoney Index	Euromoney Zeitschrift	Banken; erfasst die Bonität	2 x jährlich seit 1979	gegenwartsbezogen	ab 1979: 1 Kriterium, den weighted average Spread ab 1982: 3 Überkriterien für 66 bis 117 Länder	ab 1979: Formel mit quantitativen Größen ab 1982: Scoring-Modell mit anderen Kriterien

Konzepte	Herkunft der Konzepte	Zielgruppe; Anwendungsbereich	Untersuchungszeitraum	Prognosezeitraum	Inhaltliche Beschreibung	Methodik
BI-Country Rating	Business International Corporation (Marktforschungsinstitut)	Exporteure und Investoren; erfasst alle Länderrisiken	1 x jährlich seit 1975	augenblickliche Lage mit Prognosecharakter	Überkriterien: – pol., gesetzl. und soz. Entwicklungen – Wirtschafts-, Finanz- und Währungssituation – Energieversorgung – Gesamturteil 57 Länder	Scoring-Modell: – qualitative Kriterien (Expertenbefragung) – quantitative Kriterien (statistische Daten) – 34 Unterkriterien
Institutional Investor-Country Rating	Institutional Investor Magazine (New York)	Banken; erfasst die Bonität	2 x jährlich seit 1979	Lage in nächster Zukunft	1 Kriterium, die Bonität 105 bis 109 Länder	– qualitatives Kriterium (Expertenbefragung: 75 bis 100 Banken)
ESI (Economic Survey International)	IFO-Institut für Wirtschaftsforschung (München)	Exporteure und Investoren; erfasst alle Länderrisiken	2 x jährlich seit 1981	gegenwartsbezogen	keine Gesamtbeurteilung pro Land, sondern Aggregation der Länderwerte pro Kriterium 50 Länder	– 8 qualitative Kriterien (Expertenbefragung)

(2) Spezifische Länder-Portfolios als Entscheidungsgrundlage

Die strategische Analyse der eigenen Wettbewerbsposition auf internationaler Ebene sowie die Marktattraktivität von potenziellen Ländermärkten kann durch Portfolios untermauert werden. Für international agierende Unternehmen empfehlen sich Portfolios auf den Ebenen (Dr. Wieselhuber und Partner: Internationales Management, a.a.O., Seite 36 ff.)

- Ländermärkte pro Produkt bzw. Geschäftseinheit,
- Produkte bzw. Geschäftseinheiten pro Ländermarkt,
- Ländermärkte für das gesamte Unternehmen,
- Produkte bzw. Geschäftseinheiten für das ganze Unternehmen.

Aus der Kombination der verschiedenen Portfolios ergibt sich ein mehrfach strukturiertes Portfolio-System auf der Basis von Länder- und Produkt-Portfolios:

Mehrfach strukturiertes Portfoliosystem auf der Basis von Länder- und Produktportfolios

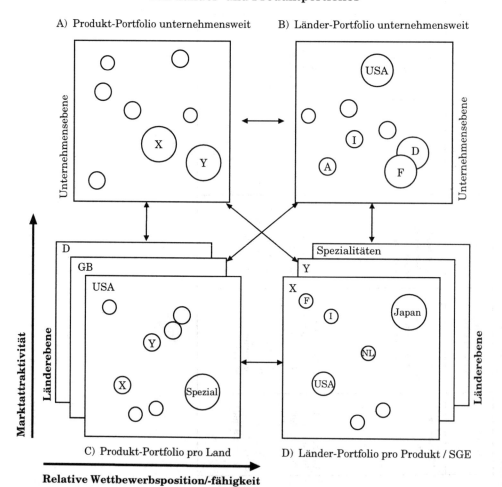

6.2.2 Globalisierungsfähige Produkte

Bei aller analytischen Auswahl der Attraktivitäten von Landermärkten und der inneren Bereitschaft, die Internationalisierung in neue Märkte voranzutreiben, steht und fällt der Erfolg jeder Internationalisierungspolitik eines Unternehmens mit dem Angebot einer globalisierungsfähigen Produktpalette. Globalisierungsfähige Produkte sind solche, die

- in unterschiedlichen Märkten abgesetzt werden können,
- in diesen unterschiedlichen Märkten die Verbrauchergewohnheiten gleichsam erreichen,
- deren Absatz in fremden Märkten keinen nationalstaatlichen Hindernissen obliegt und
- deren Absatz in fremden Märkten nicht durch Logistik- oder Fertigungskostenbarrieren blockiert ist.

Vor dem Hintergrund dieser Kriterien sollte sich jedes Unternehmen vor Beginn der Ausweitung des Geschäftes über die nationalen Grenzen hinaus fragen, ob die eigene Produktpalette diesen Anforderungen genügt. Nur wenn dieses der Fall ist, lassen sich in Auslandsmärkten attraktive Marktpositionen erarbeiten und über die internationale Ausweitung des Geschäftes Synergien für das Gesamtunternehmen in Form von Verbesserungen der relativen Kostenposition, Know-how-Aufbau im Produktprogramm usw. erzielen.

6.2.3 Sichere Position im Heimatmarkt

So wie jeder Erfolg einer neuen Aktivität von einer sicheren Ausgangslage bestimmt wird, so ist die Internationalisierung eines Unternehmens um so erfolgsträchtiger, je besser die Position des Unternehmens in seinen nationalen Grenzen, d.h. im Heimatmarkt ist. Eine sichere Position im Heimatmarkt gibt

- das notwendige Selbstbewusstsein, um fremde Märkte anzugehen,
- garantiert genug Know-how, wie Märkte erfolgreich bearbeitet werden
- und ist in den meisten Fällen auch mit einer guten finanziellen Grundausstattung des Unternehmens verbunden.

Gerade die finanzielle Basis ist für das Eingehen von Aktivitäten in fremden Märkten Grundvoraussetzung, da letztlich jede Internationalisierung auch den Schritt in unbekannte Risiken bedeutet und die Unternehmen diese Aktivitäten am besten umsetzen können, die von einer sicheren Basis und auch mit einem guten finanziellen „Polster" auf Rückschläge in Auslandsmärkten reagieren können.

6.3 Formen internationaler Marktbearbeitung

Wie wir gesehen haben, gibt es eine Reihe von Argumenten, Notwendigkeiten und auch Zwängen, die sowohl intern, zielorientiert oder seitens des Wettbewerbsumfeldes auf die Notwendigkeiten von Internationalisierungsstrategien wirken. Internationalisierung bedeutet gleichzeitig aber auch nicht unerhebliche Umstrukturierungen gedanklicher als auch faktischer Natur.

In den meisten Unternehmen haben sich Auslandsengagements nach einem festen Stufenplan entwickelt:

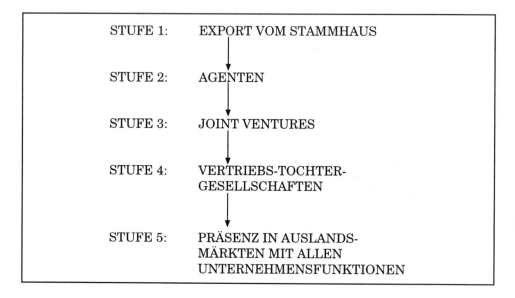

Entscheidend ist, dass man für jedes Unternehmen die auf die spezifischen Belange maßgeschneiderte Form vor dem Hintergrund der strategischen Notwendigkeiten und der eigenen Möglichkeit findet. Dazu ist es erforderlich, dass auch von der strategischen Seite das Auslandsgeschäft voll in das Gesamtgeschäft des Unternehmens integriert ist, dass man historisch gewachsene Strukturen bereit ist, über Bord zu werfen und dass man das Unternehmen mit der „Anchorage-Mentalität" sieht. Nur dann ist sichergestellt, dass den unterschiedlichen Markterfordernissen ausreichend Rechnung getragen wird.

Mit der zunehmenden Internationalisierung von Unternehmungen halten andere Mentalitäten Einzug in das Unternehmen. Angefangen von vermehrter Reisetätigkeit der „Stammhaus-Mitarbeiter" und den damit einhergehenden „Neid-Komplexen" der Mitarbeiter, die mehr im Innendienst arbeiten, bis hin zu der Tatsache, dass man für Auslandsmärkte Mitarbeiter braucht, die als Einheimische die Tochtergesellschaften führen. Darüber hinaus darf nicht vergessen werden, dass mit der Bearbeitung der ausländischen Märkte auch andere Mentalitäten und Kultur-Gegebenheiten Einzug in das Unternehmen halten. Der Unternehmensführung kommt hier die Aufgabe zu, diese unterschiedlichen Interessenslagen vor dem Hintergrund der strategischen Ziele und Notwendigkeiten auszugleichen. Nur wenn das sichergestellt ist, kann der mit der zunehmenden Entwicklung der Auslandsmärkte einhergehende Einschnitt in das Unternehmen reibungslos überbrückt werden.

Neben diesen Faktoren haben sich international orientierte Unternehmen mit einer Ausweitung der Auslands-Aktivitäten zunehmend mit Währungsrisiken zu beschäftigen (Abb. Seite 492). Die Betrachtung der Entwicklung des Außenwertes der D-Mark zeigt, welche zusätzlichen Risiken kalkulatorischer und ergebnismäßiger Natur auf die Unternehmen einwirken. Hier sind ganz andere Steuerungsnotwendigkeiten gefordert als bei Unternehmungen, die nur im Inlandsmarkt tätig sind. Es ist erforderlich, in Form einer langfristigen Aufstellung und Sortierung der Aktivitäten in den Auslandsmärkten einen Risikoausgleich zwischen unterschiedlichen Währungsräumen zu schaffen. Darüber hinaus sollte eine Entwicklung des Auslandsgeschäftes von der Ertragsseite ausreichenden Spielraum gewährleisten, um auch relativ kurzfristige grundlegende Veränderungen der Währungsparitäten, wie wir sie kürzlich beim US-Dollar erlebt haben, zu verkraften. Ist dieses nicht der Fall, dann zeigen sich zunehmende fundamentale Ergebnisrisiken, die kurzfristig kaum kompensierbar sind.

6.3.1 Entwicklung des Auslandsengagements

In vielen Unternehmungen war Zielsetzung der Entwicklung der Auslandsmärkte die Realisierung von größeren Stückzahlen, um damit in den Herstellkosten in die Kostendegression zu gelangen. Daneben gab es unterschiedliche andere Kriterien, die wir auf den Seiten 481 ff. dieses Buches beleuchtet haben.

Jahresdurchschnittskurse

Land	Währung	1977	1980	1985	1990	1991	1992	1993	1994	1995	1996	1997	1998
Belgien	100 BEF	6,48000	6,21700	4,95700	4,83700	4,85700	4,85700	4,85700	4,85300	4,86057	4,85920	4,84640	4,84760
Dänemark	100 DKK	38,69600	32,24500	27,76600	26,12000	25,93200	25,86900	25,50800	25,51300	25,57225	25,94500	26,24900	26,25800
Frankreich	100 FRF	47,25600	43,01300	32,76400	29,68000	29,40900	29,50000	29,18900	29,23800	28,71633	29,40600	29,70500	29,82900
Großbritannien	1 GBP	4,05100	4,22700	3,78500	2,87700	2,92600	2,75300	2,48300	2,48160	2,26108	2,34780	2,84100	2,91420
Irland	1 IEP	–	3,73500	3,11300	2,67300	2,67100	2,65600	2,42300	2,42540	2,29753	2,40700	2,62970	2,50490
Italien	1000 ITL	2,63200	2,12400	1,53940	1,34870	1,33770	1,27200	1,05260	1,00560	0,88067	0,97510	1,01840	1,01320
Japan	100 JPY	0,86710	0,80640	1,23380	1,11830	1,23460	1,23130	1,49450	1,58700	1,53064	1,38380	1,43780	1,34840
Niederlande	100 NLG	94,61000	91,45900	88,66400	88,75500	88,74200	88,81400	89,01700	89,17100	89,27358	89,24300	88,85700	88,71400
Schweiz	100 CHF	96,84300	108,47800	120,01600	116,50100	115,74000	111,19800	111,9400	118,71200	121,25983	121,89100	119,50800	121,41400
USA	1 USD	2,32170	1,81580	2,94240	1,61610	1,66120	1,55950	1,65440	1,62180	1,43314	1,50370	1,73480	1,75920

Quelle: Monatsberichte der Deutschen Bundesbank

In den meisten Unternehmungen ist das Auslandsgeschäft zunächst mit der „Stammhaus-Mentalität" geführt worden. Eine solche Führung der Auslandsmärkte bietet sich in den Aufbaujahren der Entwicklung der Märkte an. Es ist die Phase, wo zentrale Funktionen im Stammhaus helfen, eine noch nicht zu finanzierende Infrastruktur im Ausland teilweise zu ersetzen. Diese Form ist im Anfangsstadium richtig und sinnvoll. Diese Form ist aber nicht mehr sinnvoll, wenn sich die Auslandsmärkte anfangen zu entwickeln, da aufgrund von Besitzstandsdenken der Stammhaus-Mitarbeiter Hemmschuhe für die Entwicklung der Auslandsmärkte aufgebaut werden. Insofern gibt es für jedes Unternehmen einen Zeitpunkt, an dem von der Stammhaus-Mentalität Abschied zu nehmen ist und das Auslandsgeschäft als voll integrativer Bestandteil des Gesamtunternehmens

❑ organisatorisch
❑ von der Mitarbeiterseite
❑ von den Steuerungssystemen

zu führen ist. Dieses Umschalten ist nicht einfach, da es für Mitarbeiter des Stammhauses die Aufgabe liebgewonnener Richtlinien-Kompetenzen gegenüber den Töchtern bedeutet.

6.3.2 Globalisierung von Märkten

Für die Frage, wie im konkreten Unternehmensfall die internationalen Märkte zu bearbeiten sind, nachdem die Grundsatzentscheidung für eine über die nationalen Grenzen hinausgehende Öffnung des Unternehmens getroffen wurde, gibt es unterschiedliche Ansatzpunkte und Kriterien. Dabei ist in der Vergangenheit ein Begriff in die Diskussion geworfen worden, der aufgrund seiner „schillernden" verbalen Ausgestaltung oftmals mehr Verwirrung hervorruft, als er in der Diskussion für das Unternehmen im konkreten Einzelfalle hilft. Es ist die Frage, welche Chancen für eine Globalisierung des internationalen Geschäftes bestehen und wie man sich als Unternehmen ausrichten muss, wenn man global die Märkte bearbeiten will.

Aus den Einzelfragen der Diskussionen wissen wir, dass die Frage der Intensität der Bearbeitung ausländischer Märkte von einem unterschiedlichen Bündel von Einflussfaktoren geprägt wird (Henzler, Herbert; Rall, Wilhelm: Aufbruch in den Weltmarkt. In: Manager Magazin, Nr. 9/1985, S. 182):

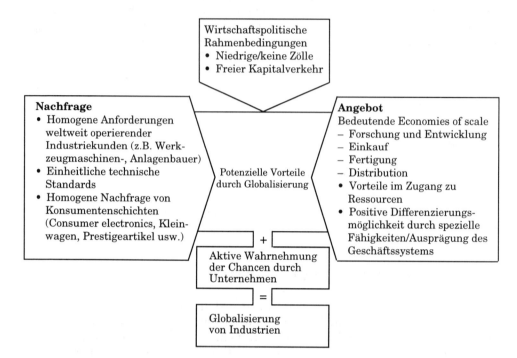

Die Globalisierung hat für den Unternehmensauftritt weitreichende Konsequenzen. Sie bedeutet neben den unterschiedlichen Notwendigkeiten hinsichtlich

❏ Produktentwicklung,
❏ Produktstandardisierung,
❏ Fertigungsstandorte,
❏ koordinierter Marketingeinsatz,
❏ parallele Einführung von Neuprodukten auf den Weltmärkten,
❏ organisatorische Vorbereitung,

die Abkehr des Blickes vom Heimatmarkt und die Betrachtung des Weltmarktes als Heimatmarkt. Eine solch weitreichende Umorientierung im Betrachten von Märkten, der gesamten Ausrichtung des Unternehmens und auch der Denkmentalität des Managements ist bisher in sehr wenigen Unternehmen und Branchen vollzogen worden. Zudem ist die Globalisierung in vielen Unternehmen anders entstanden, als man sie bei rationaler Vorgehensweise strategisch konzipieren würde.

Das Gegenteil zur Globalisierung ist die Lokalisierung oder die Konzentration auf nationale lokale Märkte. Hier wird bezogen auf eine abgegrenzte Markteinheit eine stärkere und den Verbraucher dieser Markteinheit besser ansprechende Problemlösung offeriert und die mit der internationalen Standardisierung als Globalisierungsfolge auftretenden Nachteile bewusst den Stärken des nationalen Anbieters untergeordnet. Viele Produkt- und Problemlösungsmärkte sind auch in der heutigen Zeit noch rein nationale Märkte, die zwar Ansätze einer Globalisierung vertragen und sich im Zeitablauf auch langsam dorthin entwickeln werden, aufgrund von

❑ Eintrittsbarrieren,
❑ Gesetzesbeschränkungen,
❑ psychologischen Konsumgewohnheiten,
❑ Notwendigkeiten des engen Kontaktes zur Zielgruppe,

aber auch in der nahen Zukunft weiterhin rein lokale Märkte bleiben werden.

Das Management hat damit auszubalancieren, ob

❑ die Vorteile und Notwendigkeiten der lokalen Anpassung oder
❑ die Vorteile aus einem globalen Marktauftritt überwiegen.

(*Quelle:* Henzler, Herbert; Rall, Wilhelm. Aufbruch in den Weltmarkt. In: Manager Magazin, Nr. 9/1985, S. 184):

		VORTEILE AUS NOTWENDIGKEIT DER LOKALEN ANPASSUNG	
		NIEDRIG	HOCH
VORTEILE AUS GLOBALEM GESCHÄFTSSYSTEM	HOCH	REIN GLOBALE GESCHÄFTE	BLOCKIERT GLOBALE GESCHÄFTE
	NIEDRIG	MULTINATIONALE GESCHÄFTE (MULTI-MARKET)	LOKALE/ NATIONALE GESCHÄFTE

Die Matrix auf Seite 495 zeigt vier typische Formen der internationalen Marktbearbeitung, die sich hinsichtlich ihrer Kriterien wie folgt unterscheiden:

(1) Geschäftsgebiete, in denen die starke lokale Anpassung keine Vorteile bringt, die hingegen Vorteile aus einer globalen Ausrichtung garantieren, sind die typischen globalen Geschäftsgebiete, wie wir sie aus der Computer-Industrie und der Unterhaltungselektronik kennen.

(2) Geschäfte, die eine begrenzte lokale Anpassung erfordern und in denen eine weltweite Integration aller Aktivitäten keine entscheidenden Wettbewerbsvorteile bringt, sind die so genannten multinationalen Geschäfte. Sie gliedern sich auf der Abnehmerseite auf mehrere Regionen auf und können in vielen Fällen die Vorstufe zu einem globalen Geschäft darstellen, wie wir es aus der Automobil- und Motorrad-Industrie oder der Fertigungsautomatisierung kennen.

(3) Geschäftsgebiete, in denen die Notwendigkeiten der regionalen und lokalen Anpassung hoch sind, in denen aber gleichzeitig die globalisierungsfördernden Faktoren Vorteile bringen, sind die so genannten „blockiert globalen Geschäfte". Es handelt sich um Märkte, in denen unter rein ökonomischer Betrachtung global operiert werden müsste, wo aber Eintrittsbarrieren, gesetzliche Rahmenbedingungen oder das Verhalten der Partner im Markt eine rein globale Ausrichtung nicht gestatten. Beispiele sind die Rüstungsindustrie, regionale Telefonnetze, die Flugzeugindustrie usw.

(4) Geschäfte, bei denen die Globalisierung keine Vorteile bietet und die darüber hinaus eine lokal sehr starke Anpassung an die Zielgruppenbedürfnisse verlangen, sind die so genannten lokalen oder nationalen Geschäfte.

Betrachten wir die Vor- und Nachteile der unterschiedlichen Formen der internationalen Marktbearbeitung am Beispiel ausgewählter Branchen, so lässt sich folgende vereinfachte Darstellung anfügen (*Quelle:* Henzler, Herbert; Rall, Wilhelm: Aufbruch in den Weltmarkt. In: Manager Magazin, Nr. 10/1985, S. 262):

Internationalisierung

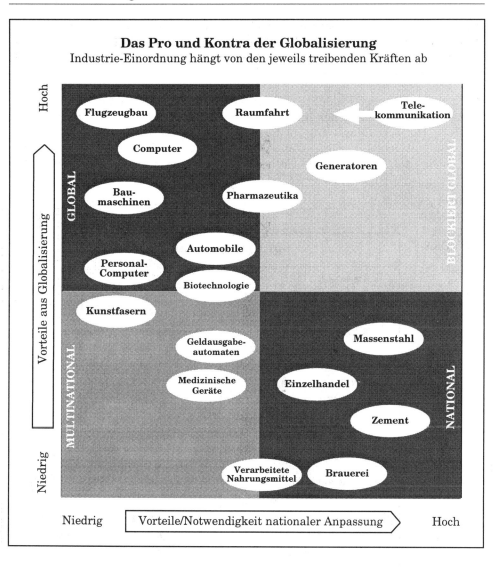

Die typische strategische Vorgehensweise in Richtung eines globalisierten Geschäftes wird immer beginnen beim nationalen, lokalen Markt, d.h. in der Matrix rechts unten. Das Geschäft wird sich durch gezielte strategische internationale Ausweitung und Penetration der Auslandsmärkte langsam zu einem multinationalen Geschäft, d.h. in der Matrix nach links unten hinbewegen und aus den mit der multinationalen Marktbearbeitung auf das Unternehmen zukommenden Synergien sowie der Änderung der Denkmentalitäten hinsichtlich der internationalen Ausrichtung in der Matrix nach links oben, d.h. zum globalisierten Geschäft entwickeln. Diese strategisch geplante Erschließung der Weltmärkte ist ein in Abhängigkeit der Branche, der Unternehmenszielsetzungen und Produkttypen unterschiedliche Zeitspannen andauernder Prozess. Es gibt Beispiele, wo diese Erschließung der Weltmärkte mehrere Jahrzehnte benötigt (z.B. Nahrungsmittel) und andere Beispiele, die hinsichtlich der Bearbeitung der Märkte von Anfang an als rein globalisierter Marktauftritt ausgelegt waren und in kürzester Zeit globale Erscheinungsformen besaßen (Swatch Uhr).

Betrachten wir einige Produkte und Marken, so kann folgende Zuordnung dieser Einzelmarken innerhalb der Internationalisierungsmatrix vorgenommen werden (Meffert, Heribert: Marketing im Spannungsfeld zwischen weltweitem Wettbewerb und nationalen Bedürfnissen. Arbeitsbericht Nr. 27 der Wissenschaftlichen Gesellschaft für Marketing und Unternehmensführung e.V., Münster 1986, S. 8):

GLOBALI-
SIERUNGS-
VORTEILE
(INTEGRA-
TION)

PRODUKTE / MARKEN

HOCH

- BOEING
- PEPSI
- ROLEX
- ADIDAS
- PENZER
- SWATCH
- PAMPERS
- MC DONALDS
- NISSAN
- SOSY
- CHANEL
- MARLICORD
- ASCONA
- LAGERFELD

- 3-SAT
- SIEMENS ANLAGENBAU
- VW-GOLF
- ROLLS ROYCE

NIEDRIG

- IKEA
- BALLY
- BRAUN
- JÄGERMEISTER
- TUBORG
- KÖNIG PILSENER
- VALSER WASSER

- CITY BANK
- LLOYDS
- CLUB MENTERALE
- CAMPELL
- NESCAFÉ
- MAGGI

NIEDRIG   HOCH   LOKALISIERUNGS-
                     VORTEIL/ERFOR-
                     DERNIS (DIFFE-
                     RENZIERUNG)

Internationalisierung

Die vorstehende Übersicht kann nur als Momentaufnahme aus einem dynamischen Prozess angesehen werden. Es wird auch in der Zukunft Marken geben, die heute noch rein lokale oder nationale Ausprägung haben und die sich im Zeitablauf zu einer mehr multinationalen oder globalen Marke entwickeln werden. Vergessen werden darf aber nicht, dass die unterschiedlichen Einflussfaktoren sorgsam bedacht werden müssen und dass Globalisierung und internationale Ausweitung nicht ein Allheilmittel sind, sondern auch dazu führen können, dass durch die Verteilung von Kräften auf mehrere Märkte eine Kräfte-Verzettelung eintreten kann.

Betrachten wir die unterschiedlichen Möglichkeiten des Marktauftritts zur Bearbeitung internationaler Märkte, so hängt die zweckmäßigste Form letztlich von zwei grundlegenden Einflussfaktoren ab:

❏ der relativen Größe des Auslandsgeschäftes für das betreffende Unternehmen,
❏ der Vorteile aus der Anpassung an die Notwendigkeiten der Auslandsmärkte.

Hinsichtlich des unterschiedlichen Wirkungsgrades dieser beiden Einflussfaktoren lassen sich folgende alternative Formen internationaler Marktbearbeitung betrachten:

		VORTEILE AUS DER ANPASSUNG AN DIE NOTWENDIGKEIT DER AUSLANDSMÄRKTE	
		NIEDRIG	HOCH
RELATIVE GRÖSSE DES AUSLANDSGESCHÄFTES IM UNTERNEHMEN	HOCH	VERTRIEBS-TOCHTERGESELL-SCHAFTEN	PRÄSENZ IN AUSLANDSMÄRKTEN MIT ALLEN UNTERNEHMENSFUNKTIONEN
	GERING	EXPORT VOM STAMMHAUS	JOINT VENTURES

(1) Sofern der relative Anteil des Auslandsgeschäftes für das betreffende Unternehmen gering ist und die Vorteile aus einer Anpassung an die Notwendigkeiten der Inlandsmärkte aufgrund mangelnder Globalisierungsvorteile hoch sind, stellt sich der Export vom Stammhaus als erster Einstieg in die internationale Bearbeitung von Märkten dar. Es ist gleichzeitig die Form der Bearbeitung der Auslandsmärkte, die zum ersten Sammeln von Know How über die Märkte, das Kennenlernen der Spielregeln des Marktes und der Wettbewerber und des Tests der eigenen Fähigkeiten fernab vom Heimatmarkt dient.

(2) Sofern der Anteil des Auslandsgeschäftes im Unternehmen relativ hoch ist und sich auf der anderen Seite keine Notwendigkeiten einer starken Anpassung an die Spielregeln der Auslandsmärkte zeigen, empfiehlt sich die Bearbeitung der Auslandsmärkte über Vertriebstochtergesellschaften. Durch diese Form des Marktauftritts ist sichergestellt, dass

- man zu einem gewissen „Insider" in den Auslandsmärkten wird, wobei sich dieses Insider-Wissen im Schwerpunkt auf die Märkte konzentriert,
- die Markenführung und Marktbearbeitung in den Händen des Unternehmens und ihrer örtlichen Repräsentanten liegt mit der Chance, sich selektiv auf Marktspielregeln des Auslandes einzustellen und gleichzeitig die Markenführungs- und Sortimentsnotwendigkeiten des Unternehmens im Auge zu behalten,
- die zentralen Know How-Ressourcen des Unternehmens in Forschung und Entwicklung, Qualitätssicherung, Engineering und Marketing sowie zentrale Produktions-Ressourcen genutzt werden können.

(3) Bei einem relativ geringen Anteil des Auslandsmarktes am Umsatz des Gesamtunternehmens, aber der Notwendigkeit der Anpassung an die Spielregeln der Auslandsmärkte empfiehlt sich der Marktauftritt über Joint Ventures. Joint Ventures werden gebildet, um die Schwächen des eigenen Unternehmens durch die Stärken des Partners auszugleichen und gleichzeitig das für den entsprechenden Markt erforderliche Insider-Wissen in die Marktbearbeitung einzubeziehen, das man aus eigener Kraft nicht in der betreffenden Form bewerkstelligen kann.

Nachteilig bei einem Joint Venture wirkt natürlich, dass man nicht mehr alle Parameter der Führung von Geschäften allein in der Hand hat. Insofern liegt die besondere Kunst der Marktbearbeitung über Joint Ventures in der Auswahl des Partners „auf der anderen Seite des Marktes". Dabei muss sichergestellt sein, dass es im Rahmen des Joint Ventures zu einer echten Partnerschaft kommt und letztlich für beide Seiten aus der Bearbeitung des Geschäftes Vorteile resultieren. Das Eingehen eines Joint Ventures, um den externen Partner nur vor seinen „Karren zu spannen" und ihn damit auszunutzen, wird über kurz oder lang scheitern. Hinsichtlich der Auswahl eines solchen Partners sollten einmal die räumliche Entfernung zum Auslandsmarkt und zum anderen das Geschäftsfeld des Partners als Auswahlkriterien herangezogen werden (Ohmae, Kenichi: Macht der Triade. Die neue Form des weltweiten Wettbewerbs. Wiesbaden 1985, S. 197):

		GESCHÄFTSFELD DES PARTNERS	
		ÄHNLICH	UNTERSCHIEDLICH
RÄUMLICHE ENTFERNUNG	GROSS	MÖGLICHER FREUND	?
	GERING	FEIND	IDEALER VERBÜNDETER

(4) Ist die relative Größe des Auslandsgeschäfts für das Unternehmen sehr bedeutend und ergibt sich gleichzeitig aus der Struktur der Auslandsmärkte der Zwang zur hohen Anpassung an diese Märkte, so empfiehlt sich die Präsenz in den Auslandsmärkten mit allen Unternehmensfunktionen. Es handelt sich hierbei um den Fall des so genannten multinationalen Unternehmens, das als Insider in allen Märkten präsent ist.

Ein solcher Marktauftritt in Auslandsmärkten setzt allerdings voraus, dass das Unternehmen die erforderliche Kraft hat, mit allen Unternehmensfunktionen in die Auslandsmärkte zu gehen und damit Vorteile zentraler Synergien aufzugeben. Darüber hinaus muss sichergestellt sein, dass die verbindenden Elemente für das Unternehmen hinsichtlich Markenführung, Entwicklungs-Knowhow, Qualitätsstandards und Produktionstechnologie erhalten bleiben.

6.4 Triade-Konzept

Kenichi Ohmae gebührt der Verdienst, mit bestechender Klarheit das von ihm postulierte Triade-Konzept als eine Form der Bearbeitung internationaler Märkte in die Diskussion eingeführt zu haben.

Die Triade sind die großen Märkte Japan, Europa und die USA. Hier konzentrieren sich mehr als 80% von Konsum und Produktion der gesamten Weltwirtschaft. Diese Konsumleistung wird zu Stande gebracht von 650 Mio. Triade-Bürgern. Der Zwang, in der Größenordnung der Triade die Auslandsmärkte zu bearbeiten, resultiert aus vier wesentlichen Faktoren, deren Beherrschung einem Triade-Unternehmen Wettbewerbsvorteile verschafft:

(1) Mit dem Drang in Billiglohnländer können langfristig keine strategischen Vorteile erreicht werden. Billiglohnländer bieten nur für kurze Zeit Wettbewerbsvorteile, die mit zunehmender Automatisierung und höherer Kapitalintensität der Produktion gepaart mit Größenvorteilen der Standardisierung überkompensiert werden.

(2) Um den technologischen Vorsprung von Produkten zu sichern, muss ein Unternehmen in der Lage sein, in alle Triade-Märkte gleichzeitig neue Produkte einzuführen. Nur durch diese Strategie ist das Überraschungsmoment gegenüber der Konkurrenz gewährleistet und der Wettbewerbsvorteil neuer Produkte und Technologien verteidigungsfähig.

(3) Die Triade-Bürger haben sich durch Ausbildung, Einkommensniveau, Lebensstil, Freizeitverhalten usw. mittlerweile in ihren Konsumbedürfnissen weitgehend angeglichen. Zudem bestehen in diesen Ländern ähnliche Infrastrukturen, politische Verhältnisse und Wertvorstellungen, die durch Produkte befriedigt werden können. Insofern sind die Triade-Bürger die Zielgruppe von Produkten und Problemlösungen.

(4) Trotz einer weitgehenden Liberalisierung der Weltwirtschaft nehmen aufgrund der massiven Verschiebungen der Einkommensverhältnisse der industrialisierten Länder protektionistische Tendenzen zu, die um so stärker greifen, je stärker die politische Macht des Landes ist, das diese Handelshemmnisse lanciert. Ein international auf die Triade ausgerichtetes Unternehmen kommt damit nicht umhin, Insider in den entsprechenden Märkten und damit ein quasi-einheimisches Unternehmen zu sein.

Ausgehend von der Tatsache, dass sich in vielen Märkten heute die einzelnen Wettbewerber und deren Leistungen kaum noch differenzieren und somit der Wettbewerb in vielen Märkten über die Kostenposition entschieden wird, muss ein Triade-Unternehmen in der Lage sein, große Mengen standardisierter Produkte möglichst gleichzeitig an den Endverbraucher innerhalb der Triade zu bringen. Aus dieser Notwendigkeit heraus ergeben sich für ein Triade-Unternehmen folgende Notwendigkeiten:

(1) Ein Triade-Unternehmen muss von der Unternehmensspitze aus seine Sichtweise ändern. Es muss verstehen, die einzelnen Märkte ungeachtet der regionalen Distanz zu ihnen mit der gleichen Aufmerksamkeit zu sehen. Ohmae prägt hierfür den Begriff der so genannten „Anchorage-Mentalität".

(2) Um alle Märkte gleichrangig zu bearbeiten, sollte das Unternehmen Insider in den entsprechenden Märkten sein. Damit verbietet sich der Drang in so genannte Billiglohn-Länder, die nur für kurze Zeit einen strategischen Vorteil

Internationalisierung

geben. Wichtiger ist, Insider in den Märkten zu sein mit der gesamten Unternehmens-Infrastruktur, um die Wünsche der Konsumenten in marktfähige Produkte für die Triade umsetzen zu können. Zudem schützt diese Einstellung das Unternehmen vor protektionistischen Maßnahmen.

(3) Die Bearbeitung der Triade bedeutet die Konzentration auf die Zielgruppe der Triade-Bürger, denen ein Unternehmen bessere Problemlösungen bietet als die Konkurrenz. Es ist die Abkehr einerseits vom Wasserfallmodell, das von einer sequenziellen Erschließung der einzelnen Absatzmärkte ausgeht und erfahrungsgemäß mit den Produktneueinführungen in den Heimatmärkten startet. Triade-Unternehmen müssen neue Produkte und Problemlösungen gleichzeitig in allen Triade-Ländern einführen, da nur dann der Vorsprung zur Konkurrenz gehalten werden kann und man der Zielgruppe rechtzeitig die Bedürfnisse offeriert. Gleichzeitig ist das UNO-Modell keine Form des wirksamen internationalen Wettbewerbs. Unternehmen, die entsprechend dem UNO-Modell noch immer in jedem der 150 Länder der Erde vertreten sein wollen, laufen Gefahr, sich zu verzetteln. Sie werden nämlich Erfolge meistens nur in kleinen, strategisch unbedeutenden Märkten verbuchen und finden nicht die Kraft, sich auf die großen Märkte der Triade zu konzentrieren. Ein Triade-Unternehmen arbeitet organisatorisch grundsätzlich anders als eine vom Stammhaus her entwickelte internationale Unternehmung. Während letztere die Märkte über Tochtergesellschaften aufrollt, die dabei überwiegend „geklonte" Miniaturversionen der Muttergesellschaft sind, wobei die absolute Dominanz der Muttergesellschaft nach wie vor herrscht, haben Triade-Unternehmen letztlich nur eine kleine Zentrale an einem symbolischen Ort, der die Umsetzung der „Anchorage-Mentalität" garantiert, und sind gleichzeitig starke Insider in den Märkten Japan, Europa und USA, um sich an den strategischen Bedürfnissen dieser Märkte zu orientieren. Die Merkmale einer solchen Insider-Position sind nachfolgend wiedergegeben:

(1) Gut eingespielte stabile Führungssysteme;

(2) vollständige Organisationsstruktur, die mit allen Funktionen spontan auf lokale Gegebenheiten reagiert (wenngleich ergänzt und unterstützt durch Funktionen der Konzernzentrale oder anderer Regionen, wann immer strategisch sinnvoll);

(3) ein Management, das mit den lokalen und regionalen Kunden und Konkurrenten bestens vertraut ist;

(4) Kontinuität in der Unternehmensführung mit größtenteils einheimischen, aber international erfahrenen Mitarbeitern;

(5) schnelle und autonome Entscheidungsfindung bei voller Abstimmung auf die Linie des Gesamtunternehmens (die Zentrale ist voll informiert, greift jedoch nur selten direkt in das regionale Management ein);

(6) großes Stehvermögen bei Schwierigkeiten und Rückschlägen in den Schlüsselmärkten, mit kreativen Lösungen für geänderte Marktbedingungen;

(7) aktive Kommunikation zwischen den Tochtergesellschaften und der Zentrale – durch Telefon, persönliche Kontakte und den langfristigen Austausch von Mitarbeitern, ohne Rücksicht auf Kommunikationskosten;

> (8) wenig Geduld mit „Dafür-kann-ich-nichts"-Entschuldigungen für Schwächen oder Fehler;
>
> (9) spürbarer Einfluss und deutliche Präsenz im öffentlichen Leben am jeweiligen Standort.

(4) Die Aufstellung als Triade-Unternehmen und die Arbeitsweise nach seinen Spielregeln stellt sicher, dass ein Unternehmen die notwendigen Gebote der Globalisierung am besten in der Hand behält (*Quelle:* Henzler, Herbert; Rall, Wilhelm. Aufbruch in den Weltmarkt. In: Manager Magazin, Nr. 9/1985, S. 117):

> (1) Konzentration auf die USA, Europa, Japan – und nicht: Ausbau und Pflege eines weltweiten „Flickenteppichs" („UNO-Modell").
>
> (2) Internationale Ausrichtung des Produktdesigns – und nicht: Konzentration auf deutsche Anforderungen, um dann schrittweise zu „internationalisieren".
>
> (3) Marktinvestitionen als Vorleistung – und nicht: Warten auf die Umsatzmark, aus der weiterer Marktaufbau finanziert werden kann.
>
> (4) Internationale Auslegung der unterstützten Funktionen und Leistungen – und nicht: fallweises Aushelfen, wenn Bedarf oder Engpässe auftreten.
>
> (5) Internationale Ausrichtung von Lieferprogramm und Lieferfähigkeit – und nicht: „Abladen" der Mengen, die der Inlandsmarkt nicht aufnimmt.
>
> (6) Durchgriff der Konzernleitung auf die Produktverantwortung der Landesgesellschaften – und nicht: unabhängiges Nebeneinander völlig autonomer Landesgesellschaften.
>
> (7) Gemeinsame Entwicklung von Produkt-/Marktstrategien durch Zentrale und Landesgesellschaften – und nicht: zentrale Vorgaben an dezentrale „Erfüllungshilfen".
>
> (8) Anpassung der Steuerungs- und Kontrollsysteme zur angemessenen Einschätzung von Anlaufverlusten aus unternehmensweiter Sicht – und nicht: pauschale Anwendung standardisierter Erfolgskriterien.
>
> (9) Aufbau einer Position als voll integrierter Insider im ausländischen Markt durch eigene Tochtergesellschaften oder Kooperationen – und nicht: Gastrolle als Exporteur nach dem „Hit and rund"-Grundsatz.

Am weitesten bei der Umsetzung des Triade-Konzepts dürften wohl die japanischen Großunternehmen sein. Für diese nennt Ohmae die typischen Vorgehensweisen bei der Erschließung von Auslandsmärkten. Dabei sind interessante Aspekte festzustellen, die in sich ein relativ geschlossenes und logisches Bild abgeben:

(1) Japan ist in vielen Branchen jenseits seiner Grenzen kaum wettbewerbsfähig.

(2) Auch die starken japanischen Industriezweige haben nur noch ein begrenztes Potenzial für weitere Exporte.

(3) Auslandsmärkte werden oft in Erwartung von Importkontingenten überschwemmt.

(4) Je attraktiver der japanische Binnenmarkt wird, um so mehr wird der Export an Bedeutung verlieren.

(5) Im Ausland haben japanische Unternehmen mit aufgekauften Produktionsfirmen und -anlagen oft ernsthafte Probleme.

(6) Die meisten Akquisitionen japanischer Firmen in Europa oder den USA erfolgen mit dem Ziel, sich durch eigene Fertigungsanlagen frühzeitig gegen Kontingente und Importrestriktionen abzusichern.

(7) Fehlende Managementfähigkeiten erschweren den Aufbau ausländischer Tochtergesellschaften.

(8) Das japanische Managementsystem ist nicht transferierbar.

(9) Die Führungskräfte sind überwiegend inlandsorientiert.

Japanische Unternehmen haben sich Triade-Positionen aufgebaut, nachdem sie in den Vorstufen auch die klassischen Formen der Bearbeitung internationaler Märkte gewählt haben. Historisch betrachtet sind japanische Unternehmen immer stärker exportorientiert gewesen und sind hier in vielen Bereichen vergleichbar mit deutschen und europäischen Unternehmen. Hingegen sind amerikanische Unternehmen von Natur aus nie „klassische Exporteure" gewesen und haben schon früh begonnen, sich in den Auslandsmärkten als Insider zu etablieren. Insofern haben sie sehr früh den Schritt zu multinationalen Unternehmen und den Aufbau von Insider-Positionen in den Auslandsmärkten vorangetrieben. Diese unterschiedlichen Mentalitäten in der Form der Bearbeitung von Märkten (USA versus Japan, Europa) sind eine der Ursachen für die weltweit sehr einseitigen Handelsströme und die sich daraus ergebenden Ungleichgewichte.

6.5 EU-Binnenmarkt

Mit Inkrafttreten der einheitlichen Europäischen Akte am 1. Juli 1987 ist von politischer Seite ein Datum gesetzt worden, das den zukünftigen Datenkranz der Unternehmen gegenüber der heutigen Situation grundlegend verändert. Der politische Wille als Anstoß hat einen sich selbst beschleunigenden und an Eigendynamik ständig zunehmenden Prozess auf der Unternehmensseite in Gang gesetzt, der schneller mit Leben ausgefüllt wird, als es vielleicht angenommen wurde. Europa 1992 ist zu einem zusätzlichen Beschleuniger in der Umsetzung von Unternehmensstrategien in einem größeren internationalen Rahmen geworden und setzt auf der Unternehmensseite Dynamiken frei, die auch in den nächsten Jahren uns alle zuversichtlich stimmen sollten, dass die wirtschaftliche Dynamik Europas weiter steigt und im internationalen Wettbewerbsumfeld Europa eine Führungsrolle übernehmen wird.

6.5.1 Europa nach 1992

6.5.1.1 Europa als Heimatmarkt

Wenn die notwendigen Voraussetzungen zum Aufbau des EU-Binnenmarktes
- Wegfall der Grenzkontrollen,
- Beseitigung technischer Schranken und sonstiger Hemmnisse,
- Abbau fiskalischer Schranken,
- Liberalisierung des öffentlichen Auftragswesens und
- Deregulierung des Finanzsektors

erst einmal geschaffen sind, so sehen sich die heute in Europa in den nationalen Grenzen operierenden Unternehmen als Teilnehmer des Marktspiels im Heimatmarkt Europa. Der sich ergebende Markt zeichnet sich aus durch
- ein hohes Wohlstandsniveau,
- eine lange und ausgereifte kulturelle Entwicklung,
- die technische und technologische Führerrolle in vielen Bereichen,
- eine Konsumleistung auf sehr hohem Niveau.

Der EU-Binnenmarkt ist mit 320 Mill. Einwohnern innerhalb der Triade der bevölkerungsstärkste Markt und liegt hinter den Vereinigten Staaten von Amerika im Bruttoinlandsprodukt zu Marktpreisen an der zweiten Stelle. Zusammen mit den Wachstumsimpulsen, die verschiedene Mitgliedsstaaten nach wie vor gegenüber den schon weiter entwickelten Staaten haben, ist schon heute abzusehen, dass Europa – sofern der politische Wille auf der Tagesebene mit Leben ausgefüllt wird – in sehr kurzer Zeit die Chance hat, innerhalb der Triade die Führerrolle einzunehmen.

Die einzelnen europäischen Unternehmen sind damit Marktteilnehmer in einem größeren Heimatmarkt, der ihnen gemessen an den heutigen Möglichkeiten zusätzliche Marktchancen öffnet. Europa als Heimatmarkt bedeutet aber auch, dass starke nationale Marktpositionen gemessen an Europa-Dimensionen tendenziell weniger wert sind und das neue Spiel darin besteht, im Heimatmarkt Europa eine Führungsposition zu besetzen.

6.5.1.2 Europabürger als Zielgruppe

Unabhängig von allen kulturellen Unterschieden, die auch in der Zukunft bleiben werden, und der Tatsache, dass sich die einzelnen nationalen Volkswirtschaften heute auf einem unterschiedlichen Wohlstandsniveau befinden, sind für die in Europa tätigen Unternehmen die Europabürger die Zielgruppe. Aus der Möglichkeit des freien Verkehrs über die Grenzen hinweg ergeben sich damit auch neue Verbraucherzielgruppen aus europaweiter Sicht, deren Ansprache durch nationale Grenzen nicht mehr beeinträchtigt wird.

Die Dr. Höfner Management Software GmbH in München hat im Jahr 1987 eine Untersuchung über neue Verbraucherzielgruppen in Westeuropa herausgegeben und die Konsequenzen aus dem Altersstruktur- und Wertewandel für das Zielgruppen-Marketing dargestellt. Diese Untersuchung kommt zu folgenden Ergebnissen:

(1) Die Gesamtbevölkerung in Westeuropa wird bis zum Jahr 2025 mit 350 bis 360 Mio. Einwohner relativ stabil bleiben. Innerhalb der einzelnen Länder gibt es aber sehr starke Unterschiede:
- stark ansteigend: Irland, Spanien, Griechenland, Portugal,
- ansteigend: Frankreich, Norwegen, Großbritannien, Niederlande,
- rückläufig: Italien, Belgien, Finnland, Österreich, Dänemark, Luxemburg, Schweden,
- stark rückläufig: Bundesrepublik Deutschland, Schweiz.

Darüber hinaus wird sich die Alterspyramide zunehmend dramatisch verändern und immer kopflastiger hin zu höheren Durchschnittsaltern werden. So wird der Anteil der älter als 60-Jährigen von 18,7% im Jahr 1985 auf 26,1% im Jahr 2025 wachsen. Ebenfalls wächst im Durchschnitt der Jahre die Gruppe der 40- bis 59-Jährigen, während die für die Dynamik von Volkswirtschaften notwendige Wachstumsrate der Gruppe der 0- bis 19-Jährigen mit 12,4% abnimmt und die der zwischen 20 und 39 Jahre alten Bevölkerung um 15,8% zurückgeht.

(2) Vor dem Hintergrund dieser Globalzahlen wird der Ansatz unternommen, neue Verbraucherzielgruppen für Westeuropa zu definieren. Diese neuen Zielgruppen sind:
- die Euro-Yuppies (20–39 Jahre),
- die Perspektiven-Sucher (40–59 Jahre),
- die Nachkarrieristen (55–64 Jahre),
- die jugendlichen 60er (60–69 Jahre),
- die aktiven 70er (70 und mehr Jahre).

(3) Unabhängig von der Problematik der Definition von Verbraucherzielgruppen zeigt die Untersuchung doch einige interessante Ansatzpunkte für Marketingaktivitäten und provoziert Fragen nach
- dem Leistungsprogramm der Unternehmen im Hinblick auf die neuen Zielgruppen,
- den notwendigen nationalen Besonderheiten im Hinblick auf die Bedürfnisse der neuen Zielgruppen,
- der Notwendigkeit länderübergreifender Vermarktung von Produkten und
- dem Zwang zur Durchsetzung länderübergreifender Vermarktungsstrategien.

(4) Für die Marketingpolitik kommt die Untersuchung zu folgenden Konsequenzen:
- Planung und Entwicklung europäischer Produkte durch internationales Vorgehen,
- zunehmende Transparenz für eine sorgfältig abgestimmte Preispolitik,
- selektive Vertriebskonzepte,
- einheitliche Ansprache der wesentlichen Zielgruppen.

Auch wenn in der Untersuchung nur 7% der europäischen Bevölkerung erfasst wurden und insofern die Zielgruppensegmentierung nicht ohne Kritik ist, wirft diese Studie doch einige brisante Aspekte und Fragen auf und zeigt, in welcher Richtung sich bei aller Berücksichtigung nationaler Besonderheiten die zielgruppenorientierte Vermarktung und Unternehmensstrategie auf den Europabürger als Zielgruppe zu orientieren hat.

6.5.2 Strategische Konsequenzen

6.5.2.1 Freier Verkehr über die Grenzen

Mit

- der Niederlassungsfreiheit für das einzelne Individuum und
- dem Wegfall der Grenzformalitäten

ist in Europa ein freier Verkehr über die Grenzen ohne Einschränkungen wie in Amerika möglich. Diese Freizügigkeit wird einige Konsequenzen für das wirtschaftliche Geschehen in Europa und die Dynamik in den Märkten haben:

- Die Niederlassungsfreiheit für das einzelne Individuum wird nicht nur zu einer Angleichung der Nachfrage in den einzelnen Staaten führen, sondern auch zur Folge haben, dass technologische und Know How-Engpässe in dem einen Land durch höhere Mobilität der personellen Ressourcen sehr schnell behoben werden können.
- Viele Unternehmen, die heute den hohen Aufwand von Auslandsgeschäften scheuen, werden zunehmend freier über Grenzen operieren und ihre schon im Heimatmarkt gezeigte Flexibilität ausspielen können.
- Freier Verkehr über Grenzen bedeutet auch erhebliche Synergieeffekte der einzelnen Unternehmen im Aufbau europaweiter Marketing- und Vertriebsstrategien.
- Freier Verkehr über die Grenzen hat ebenfalls zur Folge, dass nationalstaatliche Eigenbrödlereien zunehmend zurückgehen werden und man im Sinne des gemeinsamen Europa als Heimatmarkt denkt und handelt.

6.5.2.2 Rückgang des Preisniveaus

Wesentliche Akzente im Rahmen eines veränderten Datenkranzes für die Unternehmensstrategien wird die Tatsache setzen, dass europaweit ein Rückgang des durchschnittlichen Preisniveaus erwartet wird. Nach den Ergebnissen des Ceccini-Berichtes ist im Durchschnitt mit einem Rückgang der Verbraucherpreise um 6,0% zu rechnen. Dabei zeigt sich eine Bandbreite des Rückgangs der Verbraucherpreise zwischen 4,5 und 7,7%. Die wesentlichen Einflussfaktoren auf den Rückgang der Verbraucherpreise sind:

- die Abschaffung der Grenzformalitäten mit 1,0%,
- die Liberalisierung des öffentlichen Beschaffungswesens mit 1,4%,

Internationalisierung

- die Liberalisierung der Finanzdienstleistungen mit 1,4% und
- Größenvorteile für die Industrie und verschärfter Wettbewerb von 2,3%.

Während die ersten drei Einflussfaktoren hier nicht weiter beleuchtet und als Tatsache hingenommen werden, wird der Rückgang des durchschnittlichen Preisniveaus durch Größenvorteile in der Industrie und verschärften Wettbewerb in den nachfolgenden Ausführungen noch unser Augenmerk finden. Es ist durchaus möglich, dass diese Preisrückgangseinflussgröße in ihrer letztendlichen Auswirkung höher sein wird als 2,3% und es wird entscheidend davon abhängen, mit welchen Strategien die einzelnen Unternehmen auf Europa als Heimatmarkt antworten. Insofern sind wir der Meinung, dass Preissenkungen von 2,3% nur das äußerste Minimum sind und sich tendenziell durch mehr Wettbewerb und Größenvorteile größere Preissenkungsspielräume dann zeigen werden, wenn durch konsequentes Kostenmanagement und Ausnutzung des Wertes von Europamarktanteilen die Kostenpositionen aktiv ausgebaut werden.

6.5.2.3 Ein neues Spiel

Vor diesem Hintergrund wird auch Europa 1992 den Unternehmungen neue Daten setzen und neue strategische Konsequenzen zur Folge haben. Für die Unternehmungen kommt es mithin darauf an, die sich in diesem gewandelten Umfeld ergebenden Chancen und Optionen

- zu erkennen,
- die neuen Möglichkeiten zu nutzen und
- die neuen Spielregeln des Wettbewerbs permanent zu prüfen und anzuwenden.

Die Zeiten der Prognose und Extrapolation sind endgültig vorbei; Flexibilität und Einstellung auf neue Situationen stellen die Herausforderung der Zukunft dar.

Die neuen Herausforderungen werden von folgenden Erfolgsfaktoren geprägt:

- der Fähigkeit der Unternehmungen, schnell auf Marktanstöße zu reagieren,
- der ausreichenden Flexibilität, den gewandelten Bedingungen und Spielregeln der Märkte zu antworten,
- dem Zwang zu zunehmender Kundennähe, um auch emotional den Zielgruppen und Zielgruppenbedürfnissen nahe zu sein,
- einen Abgang vom bisher vorhandenen Zielgruppendenken und
- einer konsequenten Arbeit an der Verbesserung der Kostenposition, um aus einer günstigeren Kostensituation als der Wettbewerb Investitionsmittel für die Märkte zu generieren.

6.5.3 Euromarketing als Antwort

6.5.3.1 Erarbeitung europäischer Wettbewerbsvorteile

Europa 1992 verlangt, die eigenen Wettbewerbsvorteile in den Rahmen des EG-Binnenmarktes zu stellen. Damit hat die Erarbeitung von Wettbewerbsvorteilen in europäischer Dimension Vorrang mit folgenden Konsequenzen:

❏ Die eigenen Stärken sind am stärksten an europäischen Wettbewerbern zu messen. Potenziale als Übereinstimmung von eigenen Stärken und Schlüsselfaktoren des Marktes sind in Europagrößen zu betrachten.

❏ Die Unternehmen haben ihre Kostenposition an den Möglichkeiten des gemeinsamen Binnenmarktes zu orientieren. Kostenpositionen, die bisher durch nationalen Schutz strategisch effizient wirksam werden konnten, sind zukünftig in einem größeren Rahmen alternativer Kostenpositionen zu sehen.

❏ Trotz stärkeren globalen Denkens in Europakategorien hat Kundennähe und Flexibilität für dezentrale Kundenwünsche oberste Priorität.

❏ Die Unternehmensführung hat das Unternehmen für neue Kulturen und Wünsche im Europarahmen zu öffnen. Nicht mehr die Steuerung des Europageschäftes vom Stammhaus hat Vorrang, sondern Europa und die einzelnen regionalen Märkte sind gleichgewichtige Partner im Heimatmarkt.

Vor diesem Hintergrund sind die strategischen Antworten in unterschiedlichen Bereichen nachfolgend zu diskutieren. Dabei stehen Unternehmen verschiedene Antworten zur Verfügung, die bezogen auf die einzelnen Ausgangslagen der Unternehmen selektiv einzusetzen sind.

6.5.3.2 Offensives Marketing

Wir haben bereits darauf hingewiesen, dass Europa der größte Einzelmarkt in der Triade ist und der EG-Binnenmarkt der zwölf Mitgliedsstaaten auf dem besten Wege ist, über Wachstum sich zur ersten Position zu entwickeln. Dieser Markt und sein Marktpotenzial aufgrund des hohen erreichten Marktsättigungs- und Wohlstandspotenzials gibt durch den Wegfall der nationalen Grenzen die Möglichkeit, ein offensiveres Marketing zu treiben, als dies in der Vergangenheit innerhalb der nationalen Grenzen möglich war.

Auch im europäischen Binnenmarkt nach 1992 gilt das Prinzip

„Think global – act local".

Bei aller notwendigen Globalisierung aufgrund des größeren Einzelmarktes ist es erforderlich, die Kundennähe nicht aus den Augen zu verlieren und gerade aufgrund der mehr globalen Denkweise die Kundenorientierung und die Berücksichtigung der verschiedenen Kulturen der einzelnen Nationen stärker in die Marketingpolitik mit einzubeziehen. Das Gebot der Stunde wird sein, die Möglichkeiten der Kostensenkung aufgrund der stärkeren Globalisierung im Gegenzug durch mehr Kundennähe, stärkere Ausschöpfung der kulturellen Besonderheiten und differenzierteres Eingehen auf die spezifischen Kundenbedürfnisse umzusetzen. Zu diesem Zweck sind im Unternehmen folgende Vorkehrungen zu treffen:

❑ Die übergeordnete Produktpolitik des Unternehmens hat sich an mehr globalen Aspekten auszurichten.

❑ Das dezentrale Marketing in den einzelnen Regionen-Organisationen benötigt hohen Freiraum, um die verschiedenen differenzierten Kundenbedürfnisse zu befriedigen.

❑ Das Unternehmen ist in allen Ebenen auf die differenzierten Bedürfnisse der einzelnen Regionen und die Notwendigkeit des globalen Denkens in Europa-Kategorien auszurichten.

Marktsegmentierungs-Strategien verfolgen die Zielsetzung, aus dem Gesamtmarkt ein Bündel von homogenen Teilmärkten für spezifische Kundenbedürfnisse zu definieren mit der Zielsetzung, aus der besseren Befriedigung dieser Verbraucherbedürfnisse Vorteilspositionen gegenüber den Konkurrenten aufzubauen.

In der Praxis ist ein unterschiedliches Bündel von Kriterien zur Marktsegmentierung bekannt, die zur Begründung von strategischen Vorteilspositionen folgenden Anforderungen genügen müssen:

(1) Die Marktsegmentierungskriterien müssen eine praktikable und umsetzungskonforme Segmentierung des Gesamtmarktes ermöglichen.

(2) Die Marktsegmentierung hat sicherzustellen, dass aus dem Gesamtmarkt solche Marktbereiche segmentierbar sind, die „echte" Bedürfnisse der Konsumenten darstellen. Nur solche Segmente erlauben die Profilierung durch bessere Befriedigung der Zielgruppen-Bedürfnisse.

(3) Bei den aufzubauenden Segmenten muss es sich um langfristig stabile Marktsegmente handeln. Es muss sichergestellt sein, dass die Parameter, die zur Segmentierung des Marktes herangezogen werden, langfristig stabil sind und sich nicht leicht verändern lassen. Diese Segmente müssen Eintrittsbarrieren für die Konkurrenten schaffen.

(4) Die Marktsegmentierung ist nur in solchen Segmenten strategisch interessant, die ausreichend groß bezogen auf das Unternehmen sind und den Einsatz des gesamten absatzpolitischen Instrumentariums ermöglichen.

Die entscheidende Frage bei der Marktsegmentierung ist, ob über die Segmentierung und die Befriedigung der spezifischen Kundenbedürfnisse eine Marktführerposition erreichbar ist, innerhalb derer die „Preisprämie" des Marktführers zu realisieren ist.

Europa 1992 wird aufgrund der Größe des Gesamtmarktes mehr Ansatzpunkte für innovative Marktsegmentierungsstrategien geben als die bisher national aufgestellten Einzelmärkte der europäischen Gemeinschaft. Durch den Wegfall der

Handelsbarrieren bietet der europäische Markt ähnliche Möglichkeiten der Segmentierung wie heute der amerikanische Markt in seiner gesamten Größe. Mögliche Segmentierungskriterien können sein

- bestimmte Regionen,
- bestimmte Vertriebswegekombinationen,
- bestimmte Zielgruppenbedürfnisstrukturen usw.

Es bietet sich mit dem EG-Binnenmarkt damit eine ganz neue Möglichkeit des Ansatzes von Marktsegmentierungs-Strategien und der Aufspaltung des Gesamtmarktes in interessante Segmente, die dann wieder ausreichend groß für die einzelnen Unternehmen sind. Die Sortiments-Strategie definiert die Leistungsziele des Unternehmens. Sie gehört zu den zentralen Fragen der Ausrichtung des Unternehmens und hängt von einem sehr unterschiedlichen und differenziert wirkenden Bündel von Einflussfaktoren ab.

Marktgröße und Ausschöpfungspotenzial von Märkten haben Schwerpunktbildungen zur Konsequenz. Dieses gilt auch für die Sortiments-Strategie. Kombinieren wir die Alternativen von Schwerpunktsortimenten und Breitensortimenten mit starken lokalen Positionen in der Region oder europaweiten Marktpositionen, so lassen sich die grundlegenden Optionen der Sortiments-Strategie wie in der nachfolgenden Matrix darstellen:

		SORTIMENTSBREITE	
		HOCH	NIEDRIG
LOKALE MARKTPOSITION	NIEDRIG	EUROPAWEITER ANBIETER MIT BREITEM SORTIMENT	EUROPAWEITER ANBIETER MIT SCHWERPUNKT-SORTIMENTEN
	HOCH	LOKALER ANBIETER MIT BREITEM SORTIMENT	LOKALER ANBIETER MIT SCHWERPUNKT-SORTIMENTEN

Internationalisierung

Für die einzelnen Anbieter gibt es damit folgende strategische Grundsatzentscheidungen:

- Anbieter mit heute starker lokaler Marktposition und einem breiten Sortiment haben sich zu überlegen, ob sie eine solche Position mittelfristig halten können. Der konsequente Weg wäre, die gesamte Sortimentsbreite europaweit durchzufahren oder Schwerpunktsortimente zu bilden, um mit diesen europaweit zu expandieren.
- Anbieter mit lokaler Marktposition und Schwerpunktsortimenten haben die größten Möglichkeiten der Marktsegmentierung und des Europa-Wachstums zu einer Marktposition als europaweiter Anbieter in Schwerpunktsortimenten.
- Europaweite Anbieter mit breitem Sortiment werden nur noch wenige Unternehmen sein können. Aufgrund der Größe des Marktes wird es hier stärkere Segmentierungen geben, da der europaweite Marktauftritt mit breitem Sortiment nur ganz wenigen Unternehmen vorbehalten ist.

Vor diesem Hintergrund werden im Rahmen der Sortiments-Strategie tendenziell sich die Märkte stärker segmentieren. Die Unternehmen, die hinsichtlich der Marktsegmentierung nicht bereit sind und nach wie vor mit dem vollen Produktprogramm europaweit präsent sein wollen, werden gezwungen sein, über Akquisitionen die zusätzlichen Marktpositionen zu besetzen.

Die Übersicht macht aber auch deutlich, dass es für alle Anbieter ausreichend Möglichkeiten der Sortiments-Strategie und zunehmende Optionen im Bereich der Segmentierung der Märkte in der Zukunft geben wird.

Der gemeinsame Binnenmarkt wird die Frage nach der grundsätzlichen Positionierungs-Strategie von Unternehmen erneut stellen. Ausgehend von der Frage, ob sich die Positionierung

- auf eine Profilierungs-Strategie durch Differenzierung bei Leistungsvorteilen oder eine Kostenvorteils-Strategie begründet und
- ob mit dieser Strategie der Gesamtmarkt oder Teilmärkte aus dem Gesamtmarkt abgedeckt werden,

ergibt sich ein unterschiedliches Bündel von Strategietypen, die

- differenzierte Anforderungen an die Unternehmen,
- ihre strategische Stoßrichtung und
- ihre Möglichkeiten der Positionierung zum Wettbewerb

stellen.

Entscheidend beeinflusst wird die Positionierungs-Strategie von der grundsätzlichen Ausgangslage der Märkte:

- So werden Unternehmen in fragmentierten Geschäften sehr genau beobachten müssen, ob die Fragmentierung der Märkte bestehen bleibt und die grundlegenden Spielregeln in diesen Märkten noch gelten. In diesem Falle können sie mit ihren bisherigen Strategien der Kundennähe, Flexibilität und niedrigen Overheads weiterfahren.

❑ Grundlegend anders ist die Situation in Patt-Branchen. Hier haben zusätzliche Marktanteilsgewinne nur noch geringe Pay-back-periods und verlangen von den Unternehmen ganz andere Strategien als die Verbesserung der Kostenposition. Hier stellt sich die Frage, ob durch Segmentierung der Märkte eine Durchbruchstrategie nach vorne möglich ist.

Europa 1992 wird bestimmt nicht dazu führen, dass nur noch die großen Unternehmen Vorteile haben. Auch wenn sie sich dadurch auszeichnen, dass sie

❑ tendenziell schneller wachsen,
❑ eine insgesamt höhere Ertragskraft aufweisen,
❑ sehr starke Know How-Felder in Schwerpunktmärkten haben und
❑ alle Möglichkeiten des Kaufs von Marktanteilen besitzen,

müssen sie sich sehr genau fragen, welche neue Position in Europa sie einnehmen werden und welche neuen Wettbewerbskonstellationen sie vorfinden, die notfalls ihre Situation ins Patt treiben.

Kleinere Unternehmen werden auch weiterhin ihre Vorteile

❑ der Flexibilität,
❑ der größeren Kundennähe,
❑ der Möglichkeiten des Wachstums in der Nische,

behalten, wenn sie sich auf ihre Stärken konzentrieren und mit der notwendigen Sensibilität der Marktnähe weiter operieren. Für kleinere Unternehmen gibt es auch ausreichend Möglichkeiten der Bildung strategischer Allianzen über Joint-Ventures, Bündelung der Aktivitäten mit Unternehmen, die Angebote für gleiche Zielgruppen bereithalten usw. Insofern haben auch kleine Unternehmen im Europa 1992 ausreichend Chancen des Wachstums und der Profilierung, da gerade in der Zukunft die Märkte stärkere Segmentierungsmöglichkeiten zulassen.

Europa 1992 wird dazu führen, dass in den Unternehmen die Produktorientierung zunimmt gegenüber der heute noch vielfach praktizierten und im Auslandsgeschäft überwiegenden regionalen Absatzmarktorientierung. Für die Unternehmungen bedeutet diese Umorientierung auf das Denken in Produktkategorien bezogen auf die EG-Binnenmärkte die

❑ grundlegende Neuaufstellung der Marketingaktivitäten,
❑ die tendenzielle Neubewertung der Produktaufgaben zu mehr globalem Denken bei ausreichend lokaler Kundennähe,
❑ die Abkehr von den durch Marktauftrittskosten geprägten regionalen Denkweisen.

Die Veränderung der Denkweisen von der regionalen Absatzmarktorientierung hin zur produktorientierten Gesamtmarktbetrachtung ist ein Problem, das intern zu bewältigen ist. Es setzt voraus, dass die Unternehmen bereit sind, lange aufgebaute Organisationsstrukturen und „Stammhaus-Mentalitäten" über Bord zu werfen und die Ressourcen auf einen Binnenmarkt Europa hin aufzustellen anstelle der heute zersplitterten Ressourcen in den lokalen Absatzräumen.

Internationalisierung 515

6.5.3.3 Europaorientierte Vertriebspolitik

Die Konzentration des Handels in den einzelnen EG-Mitgliedsstaaten ist unterschiedlich fortgeschritten. Als Beispiel sei die Umsatzkonzentration im Lebensmittel-Einzelhandel auf Basis einer Quelle von A.C. Nielsen International angeführt:

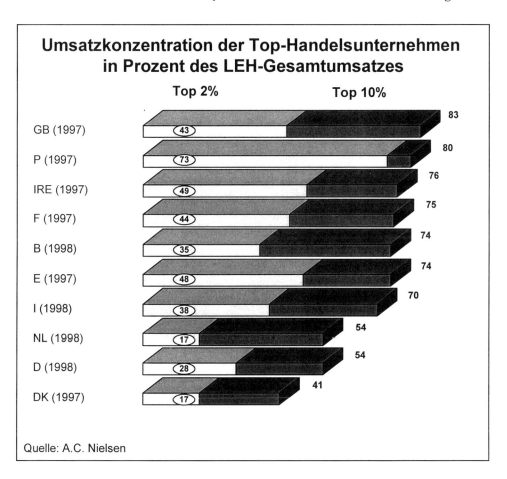

Nachdem der Handel im Wesentlichen über eine Flächenverdichtungs-Strategie sich in den zurückliegenden Jahren innerhalb der nationalen Grenzen konzentriert hat, ist davon auszugehen, dass mit dem Entstehen des EG-Binnenmarktes die Konzentration des Handels in Europa-Dimensionen konkrete Gestalt annehmen wird. Diese Zusammenschlüsse werden die Zielsetzung verfolgen,

❑ der Kostendegression der marktfernen Overheads,

❑ der Konzentration von Einkaufsvolumina mit der Zielsetzung, Kostensenkungspotenziale freizusetzen und

❑ über gegenseitige Anstöße aus den unterschiedlichen Marktfeldern neue Synergiepotenziale auf der Absatzseite zu realisieren.

Dieser Prozess wird beschleunigt und begünstigt durch die Tatsache, dass die Abdeckung der hoch industrialisierten Länder mit Verkaufsstellen heute ausreichend ist und durch Baunutzungsverordnungen und sonstige Beschränkungen ein weiteres Wachstum in der Region nicht mehr möglich ist. Zudem werden sich mit der Konzentration die einzelnen Vertriebstypen immer mehr verschieben und neue Vertriebslinien heranbilden, die im Sinne der zunehmenden Segmentierung der Märkte die Position der einzelnen Anbieter verbessern werden.

Vor diesem Hintergrund wird auf die einzelnen Industrieunternehmen ein zunehmender Druck zukommen. Wir haben bereits dargelegt, dass es in der Zukunft tendenziell weniger Anbieter gibt, die mit einem breiten Sortiment in europaweiten Angebotsformen präsent sein werden. Bedingt durch die Handelskonzentration und die mangelnde Möglichkeit, alles aus einer Hand in der Zukunft zu liefern, werden sich hier neue Formen der Arbeitsteilung und Segmentierung ergeben. Für die einzelnen Anbieter gibt diese Situation aber auch zusätzliche Chancen:

❑ Die Konzentration des Handels ermöglicht die Ansprache einzelner Partner und wird zusammen mit den verfolgten Segmentierungs-Strategien des Handels und der Industrie tendenziell stärkere Zielgruppenbedürfnis-Befriedigungen ermöglichen.

❑ Die Möglichkeit der Segmentierung und der konzentrierten Bedienung des Handels werden dazu beitragen, dass nicht mehr wie in der Vergangenheit durch regionale Aufstellung bedingt Wertschöpfungspotenziale für Marktaufstellungen investiert werden müssen.

Die einzelnen Hersteller werden auf die Konzentration des Handels in Europadimensionen mit einem europaorientierten Key-Accounting antworten. Diese Organisationsform, die sich in den einzelnen Ländern seit Mitte der 70er Jahre herausgebildet hat zur besseren Betreuung und Bedienung der Entscheidungszentralen im Handel im nationalen Rahmen wird dann zwangsläufig in eine Europa-Dimension übergehen. Es werden sich damit Organisationsstrukturen bilden, die ausgehend von einem europaweiten Key-Accounting unterstützt durch die mehr regionalen Organisationen im Feld die Bedienung des Handels vornehmen und damit ganz neue Strukturen aufbauen. Der europäische Key-Accounter wird die Organisationsform des Vertriebs in der Zukunft sein und ganz neue Anforderungen an Qualifikation und Arbeitsweise stellen. Neben der Mehrsprachigkeit wird es entscheidend davon abhängen, wie die Mitarbeiter auf diesen Ebenen in der Lage sind, globale Produkt-Marktkonzepte unter Berücksichtigung der regionalen und kulturellen Besonderheiten zu offerieren und gemeinsam mit dem Handel aus der Bündelung der Stärken von Handel und Industrie ein neues Optimum zu finden.

6.5.3.4 Marktanteile in Europa

Europa 1992 setzt für die Betrachtung der Marktanteile der Unternehmen neue Daten und hat erhebliche strategische Konsequenzen: bisherige hohe nationale Marktanteile werden in der Betrachtung von Europa als Binnenmarkt tendenziell weniger wert sein. Hohe nationale Marktanteile können europaweit nur eine unterproportionale Marktposition bedeuten und ohne dass sich die Unternehmen in der Bearbeitung ihrer Märkte verschlechtert haben, kann die relative Marktposition durch Öffnung der Märkte schlagartig verringert werden.

Auch wenn viele Unternehmungen heute bereits innerhalb Europas tätig sind, so lässt sich doch in den meisten Fällen feststellen, dass alle Auslandsmarktpositionen aufgebaut worden sind von einer starken Marktposition im bisherigen nationalen Heimatmarkt. Hieraus ergeben sich durch Europa 1992 folgende Konsequenzen:

❑ Hohe nationale Marktanteile können im europäischen Binnenmarkt nur die 3. oder 4. Marktposition bedeuten.

❑ Gerade deutsche Unternehmen, die hohe Marktanteile in der Bundesrepublik Deutschland haben, können sich plötzlich mit der Situation konfrontiert sehen, dass aufgrund des hohen Wohlstandsniveaus und der weitgehenden Ausschöpfung des deutschen Marktes die relative Marktposition zum Wettbewerb nur durch massive Erhöhungen der Marktposition in anderen europäischen Ländern möglich ist.

❑ Unternehmungen, die heute hohe nationale Marktanteile in Ländern haben, deren durchschnittliches Endverbraucherpreisniveau hoch ist, sehen sich mit der Situation konfrontiert, dass zur Festigung der Europamarktposition das Marktanteilswachstum in Regionen stattzufinden hat, wo die Wertschöpfungskette vom Markt gesehen nicht mehr die Spannen garantiert, die bisher im Heimatmarkt vorhanden waren.

❑ Die Veränderung der relativen Marktposition in Europa und der Zwang zur Ausdehnung von Marktanteilen wird das Spiel in den Märkten grundsätzlich verändern: Im Vorteil werden Unternehmen sein, die heute relativ hohe Marktpositionen in Ländern mit tendenziell niedrigerem Preisniveau und damit niedrigeren Faktorkosten haben und denen die Chance gegeben ist, zusätzliche Marktanteile in Ländern zu erzielen, deren durchschnittliche Wertschöpfungsstrukturen auf einem höheren Niveau liegen.

Vor diesem Hintergrund sind Europamarktanteile und ihre strategischen Konsequenzen grundsätzlich zu betrachten. Europa wird der größte zusammenhängende Binnenmarkt der Welt werden. Damit haben Marktanteile im europäischen Gesamtmarkt tendenziell die Chance, für die Unternehmungen den höchsten Marktanteilswert weltweit zu besitzen. Um den Wert dieses Europa-Marktanteils strategisch richtig einzuschätzen und ausschöpfen zu können und die Grundsatzfrage von „halten" oder „wachsen" beantworten zu können, ist es erforderlich, dass die Strategien zur Erringung von Europa-Marktanteilen darauf gerichtet sind, solche Märkte anteilsmäßig zu besetzen, die aus Sicht des Unternehmens strategisch relevant sind und in denen ein hoher relativer Marktanteil eine nachhaltige Absicherung und Verbesserung der strategischen Position bedeutet. Dieses sind aus der Sicht der Unternehmen solche Märkte, die

- eine langfristige Stabilität besitzen,
- ausreichend groß sind, um eine relative Marktposition zu besetzen, die die Ausnutzung des Erfahrungskurven-Effektes und eine Differenzierung zum Wettbewerb ermöglichen,
- hinsichtlich der Segmentierung auf langfristig stabilen Kriterien aufbauen und
- mit einem für die Möglichkeiten des Unternehmens vertretbaren Aufwand bearbeitet werden können.

Für die marktanteilsmäßige Besetzung des Europa-Marktes ist es erforderlich, die Kosten der Besetzung von zusätzlichen Marktanteilen zu bestimmen. Marktanteile haben nur dann einen Wert, wenn

- sie langfristig stabil sind,
- den Unternehmungen ein zusätzliches Kosteneinsparungspotenzial garantieren sowie
- über zusätzliches Markenimage und Markenausdehnung dem Unternehmen einen zusätzlichen Goodwill und die Möglichkeit der Durchsetzung von europaweiten Preisprämien garantieren.

Vor diesem Hintergrund ist für jedes Unternehmen die Frage zu beantworten,

- welcher Aufwand mit der Ausweitung des Marktanteils in Europadimensionen verbunden ist und
- welche Chancen sich aus einem ausgeweiteten Europa-Marktanteil ergeben.

Grundsätzlich gibt es dabei folgende Möglichkeiten:

- der Kauf von Marktanteilen durch Übernahme von Wettbewerbern,
- die Bildung von strategischen Allianzen zur Ausweitung der Marktposition verschiedener Unternehmen und der besseren europaweiten Marktabdeckung,
- die Umsetzung geschickter Segmentierungsstrategien und damit die Segmentierung der Märkte in langfristig stabile Teilausschnitte des Gesamtmarktes.

6.5.3.5 Zugewinn von Marktanteilen

Nach hinlänglich übereinstimmender Meinung bringt das Datum Europa 1992 die Akquisitionswelle neu ins Rollen. Hinsichtlich der Akquisitionen können zwei Motive unterschieden werden:

- die finanziell motivierte Akquisition und
- die industriell motivierte Akquisition.

Internationalisierung

Für die Beantwortung der Frage nach der strategischen Antwort auf den EG-Binnenmarkt sollen unter dem Thema der Akquisition hier nur die industriell motivierten Akquisitionen betrachtet werden.

Akquisitionen zielen darauf ab,

- ❏ die Geschäftsbasis im angestammten Bereich durch Zukauf eines Wettbewerbers und damit durch den Erwerb von Marktvolumen im angestammten Bereich zu vergrößern,
- ❏ über den Kauf eines Unternehmens eine gezielte Diversifikation einzuleiten und damit die Vorlaufkosten für den Aufbau neuer Märkte zu reduzieren.

Europa 1992 wird die Akquisitionen und den Zukauf von Marktanteilen beschleunigen aus folgenden Gründen:

- ❏ In vielen, sich der Patt-Situation nähernden Branchen ist eine nachhaltige Ausweitung der Wettbewerbsposition nur durch den Zukauf von Konkurrenten und damit die sprunghafte Vergrößerung des Marktvolumens möglich.
- ❏ In stagnierenden Märkten ist der Zugewinn von Marktanteilen relativ teuer. Der Erwerb von Wettbewerbern im angestammten Bereich gibt die Möglichkeit, schlagartig die Marktanteils-Basis zu erweitern.
- ❏ Unternehmensakquisitionen bieten sich in schrumpfenden Märkten zur Bereinigung einer grundlegend unbefriedigenden Marktsituation durch Konzentration und damit Abwehr von internationalen Wettbewerbern an. Die Zielsetzung ist in diesem Falle in einem so genannten „nationalen Interesse" durch Aufbau von Markteintrittsbarrieren für marktfremde Anbieter zu sehen.

Von diesen Zielsetzungen ausgehend ist die Akquisition und Übernahme von Unternehmen eine strategisch sinnvolle Maßnahme zur Ausweitung der Marktpräsenz im EU-Binnenmarkt. Viele Branchen werden von diesen Aktivitäten gekennzeichnet sein, und zwar immer dann, wenn durch die Bündelung von Marktanteilen eine Vorteilsposition verbessert werden kann.

Die alleinige Ausweitung von Marktanteilen in Form des Kaufs von Unternehmen reicht nicht aus, um die Wettbewerbsposition nachhaltig zu festigen. Das Zusammengehen von Unternehmen über Akquisitionen verfolgt auch die Zielsetzung, über Synergievorteile die Marktposition beider Unternehmen zu stärken.

Diese Synergievorteile werden benötigt, um Unternehmen, die nicht dem EG-Binnenmarkt angehören, am Markteintritt zu hindern oder an der Verbesserung deren Marktposition. Die Ausschöpfung von Synergievorteilen ist damit die logische Ergänzung zum Kauf von Marktanteilen und bietet die Möglichkeit, Marktanteile in eine strategisch notwendige Kostenvorteilsposition umzusetzen.

Joint Ventures bieten die Möglichkeit, ohne gegenseitige Beteiligungen viele der Vorteile des Zusammengehens von Unternehmen gemeinsam auszuschöpfen. Die positiven Wirkungen eines Joint Ventures sind aber nur dann gegeben, wenn sich beide Partner sinnvoll ergänzen. Bezogen auf den EU-Binnenmarkt tritt eine solche sinnvolle Ergänzung immer dann ein, wenn

- ❑ bei gleichem Geschäftsfeld der beiden Partner die räumliche Entfernung beider Partner vor dem Zusammenschluss gering ist und somit eine bessere Flächenabdeckung und Marktabdeckung erzielt wird, oder
- ❑ wenn bei unterschiedlichen Geschäftsfeldern der beiden Partner in räumlich naher Distanz Synergieeffekte aus der besseren räumlichen Abdeckung des Marktes resultieren.

Bei jedem Joint Venture sollte bedacht werden, dass der Erfolg der Maßnahmen mit den beiden Partnern steht und fällt. Insofern bieten die beiden oben angeschnittenen Voraussetzungen die ideale Basis für ein Zusammengehen. Alle anderen Verbindungen, auch bei unterschiedlicher Größe der Partner, sollten zweckmäßigerweise vermieden werden, da sie über kurz oder lang zur Störung der Gemeinsamkeiten führen.

6.5.3.6 Denken in Europadimensionen – Umsetzung in lokale Kundennähe

Europa 1992 zwingt dazu, in den Dimensionen des EU-Binnenmarktes zu denken. Dieses Denken in den Kategorien von Europa als Heimmarkt hat sich zu erstrecken auf

- ❑ Kundenwünsche,
- ❑ Produktpolitik,
- ❑ Vertriebswegepolitik,
- ❑ Marktsegmentierung in Europadimensionen.

Bei allem globalen Denken in Europadimensionen wird es notwendig sein, noch stärker als in der Vergangenheit in den Komponenten lokaler Kundennähe zu denken. Dieses Denken in lokaler Kundennähe hat sich zu erstrecken auf

- ❑ die Sensibilität für differenzierte Kundenwünsche in den einzelnen Regionen des Gesamtmarktes,
- ❑ die Berücksichtigung der kulturellen Unterschiede in den einzelnen Regionen,
- ❑ das Antworten auf regionale Bedarfe und
- ❑ die zielgruppenorientierte Präsentation von Problemlösungen.

6.5.4 Maßnahmen des Euro-Marketing

Der gemeinsame Binnenmarkt wird die Arbeiten im Marketing in vielen Bereichen beeinflussen und zu einer Umorientierung führen. Die wesentlichen Maßnahmen in den einzelnen Bereichen des Marketing seien nachfolgend angesprochen.

6.5.4.1 Markenpolitik

Es gibt heute kaum Unternehmen, die in allen Bereichen des europäischen Binnenmarktes eine gleiche historisch tradierte und beim Verbraucher akzeptierte Markenpräsenz haben. Markenimages haben sich über lange Jahre aus den regionalen Heimatabsatzmärkten herausgebildet und sind nur in den seltensten Fällen europaweit tragfähig. Vor diesem Hintergrund sind folgende Maßnahmen einzuleiten:

(1) Jedes Unternehmen hat sich die Frage zu stellen, ob seine Marke geeignet ist, eine „Euro Brand" zu werden.

(2) Vor dem Hintergrund der Zielsetzung des gleichartigen Markenauftritts ist eine Bestandsaufnahme des Markenbildes vorzunehmen und als vorbereitende Maßnahmen eine langsame Angleichung der historisch gewachsenen unterschiedlichen Ausprägungen des Markenbildes in den europäischen Ländern vorzunehmen.

(3) Das Markenbild und das Marken-Logo sind bezogen auf die Zielsetzung der europaweiten Markendurchsetzung anzupassen und vor dem Hintergrund der regionalen Besonderheiten anzugleichen.

(4) Die Vereinheitlichung des Markenauftritts betrifft nicht nur das Markenbild, sondern alle Erscheinungsformen der Präsentation der Marke, ausgehend von der Corporate Identity bis zur Warenplatzierung im Handel.

Bezogen auf die Zielsetzung der Vereinheitlichung des Markenauftritts sind bereits heute vorbereitende Maßnahmen zu treffen, da aus Erfahrung der Prozess der sukzessiven Angleichung sehr lange dauert und 10 Jahre durchaus eine normale Zeitspanne sind.

6.5.4.2 Produkt-/Sortimentspolitik

Trotz der heute noch bestehenden regionalen Besonderheiten, die im Rahmen der Produktpolitik auch in der Zukunft bestehen bleiben werden, ist vor dem Hintergrund des gemeinsamen Binnenmarktes die Produkt- und Sortimentspolitik neu zu überdenken. Bei aller Dominanz regionaler Verbraucherwünsche, die auch in der Zukunft bestehen, sind folgende Maßnahmen schon heute einzuleiten:

(1) Jedes Unternehmen sollte sich fragen, welchen Globalisierungsgrad die eigenen Produkte haben.

(2) Die Produktbezeichnungen sind vor dem Hintergrund einer globalen europäischen Sortimentsführung anzugleichen und auf die sprachlichen Besonderheiten der einzelnen Länder anzupassen.

(3) Jedes Unternehmen hat zu prüfen, ob es europaweit Marken- und Warenzeichenrechte bereits besitzt. Sofern noch nicht vorhanden, sind die notwendigen Anmeldungen und Eintragungen schnellstens nachzuholen.

(4) Bei einer europaorientierten Produkt- und Sortimentsführung ist es auch erforderlich, dass die Forschungs- und Entwicklungsaktivitäten der Unternehmen vor dem Hintergrund der Notwendigkeiten des Binnenmarktes neu überdacht und reorganisiert werden.

(5) Der gemeinsame Binnenmarkt wird den Unternehmen einen größeren Aktionsrahmen innerhalb der Sortimentspolitik geben. Durch größere Möglichkeiten der Segmentierung, die letztlich auf Differenzierung hinausläuft, werden im Rahmen der Produktpolitik zusätzliche Freiheitsgrade wirksam.

(6) Vor dem Hintergrund dieses größeren Aktionsrahmens wird zwangsläufig die Produktvielfalt zunehmen, wenn auch bei aller Globalisierung der Sortimente regionale Bedürfnisstrukturen weiterhin Berücksichtigung finden sollen. Es wird somit eine notwendige Standardisierung der globalen Eurosortimente und der regionalen Ländersortimente erfolgen müssen und darauf aufbauend wieder eine stärkere Sortimentsoptimierung, um ein Ausufern des Sortimentes zu verhindern.

6.5.4.3 Preispolitik

Der gemeinsame Binnenmarkt führt zu höherer Wettbewerbsintensität. Höhere Wettbewerbsintensität hat zwangsläufig einen Druck auf die Preise zur Folge mit der Konsequenz, dass über zusätzliche Euromarktanteile günstigere Kostenpositionen erreicht werden müssen. Wenn diese Kette in den Unternehmen nicht konsequent umgesetzt wird, werden sich zwangsläufig erhebliche Ertragsengpässe zeigen, weil die notwendigen Finanzmittel für die Pflege der Märkte nicht mehr generiert werden können.

Europa 1992 wird aber neben dem generell höheren Wettbewerbsdruck und dem damit verbundenen Rückgang des Preisniveaus auch zu einer grundlegenden Verschiebung der Preissegmente innerhalb der einzelnen Sortimentsbereiche führen. Aufgrund des relativen Wohlstandsgefälles zwischen den Ländern werden mit Sicherheit die unteren Preissegmente zu Lasten der mittleren Preissegmente wachsen, während die oberen Preissegmente aufgrund des Wunsches der Verbraucher nach Differenzierung weiterhin stärker werden. Insofern wird sich mittelfristig eine noch stärkere Polarisierung nicht nur auf der Sortiments-, sondern auch auf der Preisseite abspielen.

Vor diesem Hintergrund hat jedes Unternehmen eine kritische Bestandsaufnahme des europäischen Preisniveaus vorzunehmen. Ausgehend vom Ergebnis dieser Bestandsaufnahme ist grundlegend die Frage neu zu definieren, ob die zukünftige Unternehmensstrategie

❏ auf Qualitätsführerschaft mit der Zielrichtung, im oberen Preisband durch Differenzierung zu wachsen oder

❏ auf Kostenführerschaft mit der Maßgabe der Erreichung der Niedrigkostenposition und der Möglichkeit, tendenziell im unteren Preisband tätig zu sein, ihren Schwerpunkt hat. Europa 1992 wird durch die grundlegend neue Wertdefinition von Marktanteilen jedem Unternehmen diese Grundsatzentscheidung abverlangen.

6.5.4.4 Notwendige Euroglobalisierung

Es wird ein langer Zeitprozess sein, bis sich ein europäisches Verbraucherverhalten bildet. Parallel werden aber seitens der Marktteilnehmer sich selbst beschleunigende und kumulierende Prozesse in Gang gesetzt, die zwangsläufig auf ein Denken in Europakategorien hinsteuern.

Der steigende Wettbewerbsdruck wird die Unternehmen zwingen, größenbedingte Kostendegressionen durch Entwicklung von Basistechnologien mit hoher Produktvariationsbreite umzusetzen. Das Ziel dieser Maßnahmen wird es sein, die globalisierungsfähigen Komponenten in der Produktentwicklung und Fertigung zu nutzen, um darauf aufbauend lokale Varianten zur tieferen Ausschöpfung der regionalen Bedürfnisse im gemeinsamen Binnenmarkt zu setzen.

Jedes Unternehmen hat den Marktblick auf Europa zu lenken. Dazu sind die Marktforschungsaktivitäten auf den größeren Rahmen von Europa abzustellen, um zu erkennen, welche Bedürfnisse der Europabürger hat.

Daneben empfiehlt es sich, ein für Europa zuständiges zentrales Marketing aufzubauen, das die unterschiedlichen Märkte gleichgewichtig betrachtet, analysiert und dafür sorgt, dass im Unternehmen die notwendige Umorientierung für eine europaweite Produkt- und Sortimentspolitik umgesetzt wird. Gleichzeitig hat das zentrale Europamarketing die Mittler- und Katalysatorfunktion zwischen den heute noch bestehenden nationalen Tochtergesellschaften und der Muttergesellschaft und die Pflicht, hier den Ausgleich herzustellen.

Der gemeinsame Binnenmarkt wird die Unternehmen zwingen, auch bei der Produkteinführung europaweit zu agieren. Die Unternehmen werden sich darauf einstellen müssen, dass Testmärkte für Europa auszuwählen sind (Japanische Unternehmen haben hier bevorzugt die Niederlande als Testmarkt bearbeitet) und die Produkteinführungen gleichzeitig in den Schwerpunktmärkten des Binnenmarktes erfolgen. Die Umsetzung dieser Ziele wird noch diffizile logistische Abstimmungsprozesse und den notwendigen logistischen Aufbau des Backgrounds erforderlich machen.

6.5.4.5 Ein schrittweiser Prozess

Europa 1992 ist eine unternehmerische Herausforderung. Es ist ein Umdenkungsprozess im Unternehmen einzuleiten mit der Zielsetzung,

❑ die Führungskräfte auf die notwendigen Veränderungen hin zu sensibilisieren,

❑ den Umdenkungsprozess im Rahmen des gesamten Unternehmens umzusetzen und

❑ eine Europa-Strategie zu erarbeiten.

Mit der Erarbeitung einer Europa-Strategie hat das Unternehmen für den größten Markt der Triade seine Schwerpunkte neu zu definieren:

(1) Es ist die qualitative Zielsetzung bezogen auf die Rolle, die das Unternehmen in Europa spielen will, festzulegen.

(2) Ausgehend von der Europa-Zielsetzung sind die einzelnen Unternehmensstrategien beginnend bei den Produkt-Markt-Strategien an Europa-Dimensionen neu zu orientieren.

(3) Vor dem Hintergrund der diffizilen strategischen Umorientierung ist eine intensive Analyse des europäischen Wettbewerbs- und Verbraucherumfeldes zu erstellen.

(4) Aufbauend auf den Produkt-Markt-Strategien sind die Funktionsstrategien im Europa-Bereich zu überprüfen hinsichtlich
- Standorte,
- Logistikkonzepte,
- Vertriebsstrategie,
- Fertigungstiefen,
- Wertschöpfungsstrukturen,
- Personal- und Organisationsstrategie.

(5) Die Rolle des Marketings ist zu überdenken und die Marketing-Strategien sind gemessen am Europa-Rahmen neu zu definieren. Dabei wird es für jedes Unternehmen Aufgabe sein sich zu fragen, in welchem Bereich man europaweit die Führerrolle übernehmen will.

(6) Wie bei jeder anderen Unternehmensstrategie empfiehlt es sich, die Europa-Strategie ausreichend quantitativ zu untermauern und damit die notwendigen Zwischensteps und Check-Punkte vorab in das strategische Konzept einzubauen. Ausgehend von der Mittelfristplanung haben dann die Strategie und ihre Auswirkungen in einen rollierenden Forecast einzumünden.

Diejenigen Unternehmen, die bereit sind, sich rechtzeitig in der Führungscrew zusammenzusetzen und das Thema „Europa 1992" aktiv anzugehen, werden die größten Chancen bei der positiven Gestaltung der Zukunft haben. Erforderlich ist es, die Führungskräfte aus Europa zusammenzuziehen und mit diesen eine Strategie zu erarbeiten. Wir sind davon überzeugt, dass durch eine solche Vorgehensweise so viel Synergien in jedem Unternehmen freigesetzt werden, dass auch die Führungskräfte die Chancen erkennen, die im europäischen Binnenmarkt liegen. Darauf aufbauend ist im Unternehmen ein Prozess der sukzessiven Struktur- und Verhaltensänderung einzuleiten und eine Europa-Vision aufzubauen. Visionen als die Strategie treibenden Faktoren, die die Fähigkeit sicherstellen, dass die Organisation

Internationalisierung 525

❏ die neue Richtung und die Chancen von Europa 1992 erkennt und
❏ die Mitarbeiter in die neue Richtung und ihrer Chancen mobilisiert werden.

6.6 Erweiterter deutscher Wirtschaftsraum

Selten hat sich eine politische und wirtschaftliche Veränderung so schnell vollzogen wie die deutsche Vereinigung. Damit hat der deutsche Wirtschaftsraum und auch der Wirtschaftsraum der EU eine Ausdehnung erfahren, die von den wirtschaftlichen Ausgangsdaten andere Ansätze des Agierens verlangt, als die mit der EU-Öffnung bekannten Unternehmensstrategien.

Die Ausgangslage stellt sich im Vergleich zu den marktwirtschaftlichen Systemen wie folgt dar:

(1) Ein Vergleich ausgewählter volkswirtschaftlicher Kenngrößen zeigt zwischen beiden Teilen Deutschlands extreme Fälle.

(2) Ausgewählte Preisvergleiche bei einzelnen Gütern zeigen die zentralwirtschaftliche Subventionspolitik bei bestimmten Grundartikeln. Güter des täglichen Bedarfs waren stark subventioniert, höherwertige Gebrauchs- und Verbrauchsgüter dagegen durch öffentliche Abgaben verteuert.

(3) Die Branchenspezialisierung in den einzelnen Ländern der früheren DDR zeigt starke Schwerpunkte. Die Industrieansiedlungen haben überwiegend in Sachsen und Thüringen stattgefunden; Länder wie Brandenburg und Sachsen-Anhalt weisen eher geringe Industrialisierungen auf.

(4) Die internationale Wettbewerbsfähigkeit ist nur in wenigen Branchen auf den ersten Blick gegeben: diese Branchen sind Nutzfahrzeuge, Fördertechnik, Schienenfahrzeuge, Werkzeugmaschinen.

(5) Ab dem 1.7.1990 haben in den einzelnen Branchen massive Lohn- und Gehaltserhöhungen stattgefunden, denen kein Produktivitätszuwachs gegenübersteht.

(6) Bereits im ersten Halbjahr 1990 ist die Industrieproduktion der früheren DDR stark gesunken. Dieser Rückgang der Industrieproduktion hat sich seit Einführung der Währungs-, Wirtschafts- und Sozialunion noch verstärkt.

Für die Erschließung der früheren DDR zeigten sich in der Anfangsphase unterschiedliche Hemmnisse für unternehmerische Aktivitäten:

❏ Rechtsunsicherheit und unklare Durchführungsbestimmungen,
❏ keine kompetenten, entscheidungsfähigen und bevollmächtigten Gesprächspartner,
❏ mangelnde Klarheit über Bewertungsfragen und
❏ die Umsetzungsgeschwindigkeit der Treuhandanstalt, die weiß Gott vor einer schwierigen Aufgabe stand.

Vor dem Hintergrund dieser Ausgangslage wird in den neuen Bundesländern eine schmerzhafte Anpassungsphase beginnen mit

- beträchtlichen Produktionsausfällen,
- zunehmendem Wettbewerbsdruck durch marktwirtschaftliche Öffnung,
- massiven „Einfuhren",
- einem sinkenden realen Brutto-Inlandsprodukt,
- steigenden Arbeitslosen- und Kurzarbeiterzahlen,
- Rückgang der Verbraucherpreise,
- steigenden Löhnen und Gehältern,
- sinkender Produktivität,

bei Hochkonjunktur in der Bundesrepublik und nachlassenden Konjunkturen in den östlichen Wirtschaftsnationen, die von der Krise am Golf überlagert wurden.

Die Einführung der DM sorgt dafür, dass mit Marktorientierung und freiem Wettbewerb ein neues Preisgefüge entsteht. Der daraus resultierende Anpassungsbedarf wird hart sein und alle Branchen der früheren DDR in den marktwirtschaftlichen harten Wettbewerb stellen. Viele Betriebe werden im Verdrängungswettbewerb nur durch eine umfassende Neuorientierung aller Unternehmensbereiche überlebensfähig sein. Ob dafür die Zeit bei der Dynamik marktwirtschaftlichen Wettbewerbs noch vorhanden ist, bleibt abzuwarten.

Andererseits dürfen wir nicht vergessen, was wir in den Bereichen der früheren DDR bekommen:

(1) Langfristig tut sich eine Region mit zukünftigen Wachstumspotenzialen auf.

(2) Es entsteht eine neue Wirtschaftsregion mit gleicher
- Sprache,
- geschichtlicher Wurzel,
- Kultur und
- gleichen Ausbildungssystemen.

(3) Wir erhalten ein großes Potenzial an Arbeitskräften mit guter Ausbildung.

(4) „Ausgeruhte Köpfe" drängen in den Arbeitsmarkt und sind hungrig, zukünftige Wirtschaftsprozesse zu gestalten.

Unter Berücksichtigung dieser Ausgangslage und den zweifellos bestehenden Chancen in den neuen Bundesländern und der als Triebfeder unternehmerischen Handelns in diesem Teil Deutschlands nicht zu unterschätzenden emotionalen „Hinwendung" durch deutsche Unternehmen darf die strategische Bewertung der Aufgaben, die für Unternehmen aus diesem Teil der Bundesrepublik erwachsen, an Nüchternheit nicht fehlen lassen. Die meisten Unternehmen, auf die die Aufgabe der Erschließung dieses Marktes heute zukommt, sind gewöhnt, in hochkompetetiven und zum Teil nicht mehr automatisch wachsenden Märkten im internationalen Wettbewerb tagtäglich zu bestehen. Dieses hat schon vor sehr, sehr langen Jahren dazu geführt, dass Unternehmen ihre Kosten- und Infrastrukturen auf die durch den Wettbewerb diktierten Kostenstrukturen der jeweiligen

Geschäfte angepasst und ausgerichtet haben. Nur so ist es möglich, im internationalen Wettbewerbsumfeld zu bestehen.

Die Märkte in den neuen Bundesländern haben nach der Wirtschafts- und Währungsunion zunächst einen Absatzschub für Konsumgüterhersteller gebracht. Dieses unerwartete „Hoch" aus zusätzlichen Mengengerüsten und über lange Zeit der Planwirtschaft nicht befriedigten Bedarfen wird aber nur von zwischenzeitlicher Dauer sein, da mit zunehmender marktwirtschaftlicher Orientierung und Erschließung des Gebietes der Wettbewerb auch in diesen Teilen enger wird.

Betrachten wir vor diesem Hintergrund mit der notwendigen strategischen Nüchternheit die Aufgaben und Herausforderungen im anderen Teil Deutschlands, so müssen wir zu folgendem Fazit kommen:

(1) Sehr viele Unternehmen können die aus diesen Bundesländern zusätzlichen Absatzmengen in bestehenden Fertigungsinfrastrukturen produzieren.

(2) Im Rahmen zunehmender Internationalisierung und zumindest Europäisierung der Vermarktungsstrategien sind die fünf neuen Bundesländer gemessen am europäischen Marktvolumen in der Größe relativ unbedeutend und für das im Mittelfristzeitraum überschaubare Nachfragepotenzial eher überschaubar.

(3) Aus den vorstehenden Gründen werden Investitionen nur dann getätigt, wenn die Bedarfsdeckungsfunktion vor Ort diese investorische Präsenz unbedingt erfordert.

Bei nüchterner Betrachtung wird es somit für viele Unternehmen keinen Zwang geben und aus internationaler Wettbewerbsfähigkeit heraus sich verbieten, Werksstandorte in den neuen Bundesländern zu errichten. Auf der anderen Seite dürfen bei aller Nüchternheit der Bewertung folgende Aspekte nicht vergessen werden:

(1) Die wirtschaftliche Entwicklung dieses Raumes Deutschlands und der schmerzhafte vor uns stehende Anpassungsprozess wird die Bürger dieses Landes zwangsläufig wieder zu entweder bisher schon bekannten Produkten auf niedrigerem Preisniveau bringen oder dazu führen, dass sie sich aus regionaler Loyalität Produkten zuwenden, die in ihrer „Heimat" produziert werden.

(2) Längerfristig kann kein Unternehmen ständig in Regionen mit niedrigerem Lebensstandard verkaufen, ohne intensiv auch für diese Region etwas zu tun. Daraus wird sich aus logischer Konsequenz, aber auch einer nationalen Verantwortung ein Zwang zu Investitionen in den neuen Bundesländern ergeben.

(3) Investitionszulagen, Investitionszuschüsse und sonstige Anreize werden dazu führen, dass in der „Bottom-Line-Betrachtung" auch unter betriebswirtschaftlichen Gesichtspunkten ein neuer Standort in den neuen Bundesländern attraktiv wird. Diese Standorte bieten dann auch einmalige Chancen: es ist die Möglichkeit gegeben, quasi „auf der grünen Wiese" Fertigungsstandorte zu errichten, die den vorhandenen Standorten der Unternehmen überlegen sind. Visionen gehen bereits heute davon aus, dass für bestimmte Branchen und Fertigungsstrukturen in 10 Jahren in den neuen Bundesländern modernere Fabriken stehen als im bisherigen Bundesgebiet.

(4) Die bisherigen Unternehmensstrukturen in den neuen Bundesländern müssen völlig zerschlagen werden. Der Weg muss weggehen von großen Kombinatslösungen auf kleine flexible, dezentrale Einheiten, die mit dem unternehmerischen Elan vor Ort führbar, überschaubar und flexibel anpassungsfähig sind. Die Betriebe in den neuen Bundesländern müssen sich mit ihrem Leistungsangebot an Weststandards anpassen. Sie müssen ihr Leistungsangebot für westeuropäische Bürger und den nach Westen gerichteten neuen Wirtschaftsraum attraktiv machen.

(5) Die Frage, inwieweit die neuen Bundesländer als „Brückenkopf" für Vermarktungsstrategien in die RGW-Länder geeignet sind, sollte man mit Skepsis betrachten. Auch hier werden Strukturen sich in den nächsten Jahren hin zu marktwirtschaftlichen Systemen wandeln mit der Konsequenz, dass die alten Handelsbeziehungen und die Freundschaften im RGW-Raum sehr, sehr schnell der Vergangenheit angehören und sich Wirtschaftsbeziehungen auf Basis internationaler Wettbewerbsfähigkeit aufbauen und ausrichten.

Trotz des notwendigen und schmerzhaften Anpassungsprozesses, durch den die neuen Bundesländer und ihre Industriestrukturen gehen werden und gehen müssen, sollte ausreichend Mut zur Hoffnung und zum Optimismus sein: langfristig sichern wir uns neue Märkte und haben Arbeitsplätze zu schaffen, die uns zusätzliche Marktchancen in der Zukunft versprechen. Aufgrund der sehr, sehr langen falschen Strukturentwicklung in diesen Räumen wird dieser Prozess aber Zeit und schmerzhafte Anpassungen kosten.

6.7 Steuerung von Auslands-Tochtergesellschaften

Zur Steuerung von Auslands-Tochtergesellschaften ist ein ganz bestimmter Rahmen erforderlich, der

❏ die Notwendigkeiten des Gesamtunternehmens sicherstellt und
❏ die unterschiedlichen Gegebenheiten der Auslandsmärkte ausreichend berücksichtigt.

In den meisten Unternehmungen hat sich ein bestimmter Rahmen herausgebildet, der für die Steuerung von Tochtergesellschaften erforderlich ist und folgende Bereiche umfasst:

❏ gesellschaftsrechtlicher Rahmen,
❏ Unternehmensstrategie,
❏ Führungskonzept,
❏ strategisches Controlling,
❏ operatives Controlling,
❏ zentrale Service- und Koordinationsaufgaben.

Die nachfolgende Abbildung zeigt die Ausgestaltung dieses Rahmens zur Steuerung von Tochtergesellschaften:

(1) *Gesellschaftsrechtlicher Rahmen*
- Beteiligungsstruktur
- Rechtsform der Tochter
- Gesellschaftsvertrag, Satzung

(2) *Unternehmensstrategie*
- Strategie der Mutter und daraus resultierender Rahmen für die Tochter
- Funktion der Tochter im Unternehmensverbund

(3) *Führungskonzept*
- Unternehmensphilosophie
- Freiraum der Tochter
- Dezentrale Führung
- Profit-Center-Konzept
- Führungsgrundsätze
- Dotted-Line-Beziehungen
- Relative Größe (Umsatz, Ertrag, Mitarbeiter, Marktbedeutung) der Tochter
- Organisationsstruktur der Unternehmensgruppe (Gruppe oder Konzern)
- Branchennotwendigkeiten

(4) *Strategisches Controlling*
- Strategische Planung
- Produkt-, Markt-Strategien/Funktionsstrategien
- Strategischer Plan-Ist-Vergleich

(5) *Operatives Controlling*
- Jahresbudget
- Plan-Ist-Vergleich
- Forecast
- Budget- und Forecast-Meetings
- Berichtswesen
  - auf Basis der Buchhaltung (bei kleineren Firmen)
  - Margenrechnung
  - Spartenerfolgsrechnung
- Profit-Center-Rechnung

(6) *Zentrale Service- und Koordinationsaufgaben*
- Finanzen
- Bilanzen
- Steuerpolitik
- Verrechnungspreise
- Versicherungen
- Rechtsfragen
- Cash Management
- Devisenmanagement
- Revision
- Entwicklung
- Qualitätssicherung
- Public Relations
- Markenführung
- Imagewerbung

Dieser organisatorische und aufgabenbezogene Rahmen ist mit der Offenheit für andere Sitten in Auslandsmärkten auszufüllen. Er muss von Menschen gelebt werden und ist einzubetten in die Zielsetzung des Gesamtunternehmens. Wenn das sichergestellt ist, lassen sich auch im Zuge eines kontinuierlichen Entwicklungsprozesses Auslandsaktivitäten sehr fruchtbar in die angestammten Unternehmensziele integrieren.

6.8 Chancen und Risiken

Die vorstehenden Ausführungen haben gezeigt, dass eine Internationalisierung die Antwort auf Stagnation in angestammten Bereichen sein kann. Darüber hinaus eröffnet die Internationalisierung jedem Unternehmen neben

- der Ausweitung der Aktivitäten auf die Weltmärkte,
- der breiteren Markenpräsenz,
- der Chance zur Realisierung höherer Stückzahlvolumina,
- der Realisierung von Kostenvorteilen durch kapitalintensive Produktion,
- der Umsetzung von Marktimpulsen aus Auslandsmärkten,

die Chance der Realisierung „internationaler Synergien" in allen Unternehmensbereichen. Daneben versetzt sie das Unternehmen in die Lage, international ausgebildete Führungskader aufzubauen und damit auch auf der Mitarbeiterseite die entscheidenden strategischen Vorteile zu realisieren.

Unabhängig von diesen Chancen dürfen aber auch die Risiken von Internationalisierungsstrategien nicht vergessen werden wie

- Handelshemmnisse und Protektionismus,
- Anstieg des Komplexitätsniveaus in den Unternehmensfunktionen,
- Währungsrisiken,
- andere Mentalitäten,
- schärferes Wettbewerbsumfeld.

Insofern sollte sich jedes Unternehmen, das die Internationalisierung als Maßnahme zur Behebung von Stagnation in angestammten Bereichen sieht, vorher überlegen, ob es die

- erforderlichen personellen Ressourcen,
- die notwendige Managementkapazität,
- die richtigen Produkte,
- die notwendige finanzielle Kraft

besitzt, um in internationalen Märkten zu agieren. Es gilt hier das gleiche wie bei der Diversifikation, nämlich „weg vom bekannten hin zum unbekannten Risiko".

7 Akquisitionsstrategie

Vor dem Hintergrund weitgehend gesättigter Märkte haben für viele Unternehmen die Umstrukturierungen der bestehenden Geschäftsfelder grundlegende strategische Bedeutung gehabt. Ausgehend von massiven Restrukturierungen bei stärkerer Konzentration auf die strategischen Schwerpunktfelder haben nach Abschluss solcher Umstrukturierungsphasen Akquisitionsstrategien in den 80er Jahren überragende Bedeutung im Rahmen der Unternehmensstrategie vieler Firmen national und international erhalten. Akquisitionen zielen darauf ab,

❑ die Geschäftsbasis im angestammten Bereich durch Zukauf eines Wettbewerbers und damit durch den Erwerb von zusätzlichem Marktvolumen in schon bearbeiteten Marktfeldern zu vergrößern,

❑ über den Kauf eines Unternehmens eine gezielte Diversifikation einzuleiten und damit die Vorlaufkosten für den Aufbau neuer Märkte zu reduzieren.

Die nachfolgenden Kapitel beschäftigen sich mit der Akquisitionsstrategie und der Rolle des Controlling zur Begleitung des Akquisitionsprozesses von Unternehmen.

7.1 Grundfragen

7.1.1 Unternehmensstrategie als Ausgangsbasis

Akquisitionen bieten die Möglichkeit der Marktausweitung in bestehenden und neuen Tätigkeitsfeldern. Sie sind damit eine Möglichkeit der Unternehmensentwicklung (Gomez, Peter; Weber, Bruno: Akquisitionsstrategie. Stuttgart 1989, Seite 15):

	Expansion (angestammte Produkte/Märkte)	Diversifikation (Neue Produkte/ Märkte)
Internes Wachstum	• Marktdurchdringung	• Produktentwicklung • Marktentwicklung
Externes Wachstum	• Franchise • Joint Venture • Akquisition	• Lizenzen • Beteiligung • Joint Venture • Akquisition

Es steht außer Frage, dass Ausgangsbasis jeder Akquisitionsüberlegungen die Unternehmensstrategie sein sollte. Dieses hat den Vorteil, dass

- Akquisitionen gezielt angegangen werden können,
- der Überraschungseffekt bei Akquisitionen verringert wird,
- Akquisitionen gezielt im Rahmen der langfristigen Unternehmensentwicklung eingesetzt werden können.

Es steht unseres Erachtens außer Zweifel, dass die Unternehmensstrategie und die klare Leitlinie des Managements, die auf der Strategie aufbaut, grundlegende Erfolgsvoraussetzungen für Unternehmensakquisitionen sind. Sie geben die Möglichkeit, ein Akquisitionsobjekt sehr schnell bezüglich der Frage zu beantworten, inwieweit es der Unternehmensentwicklung im Rahmen der Unternehmensstrategie dienlich ist oder nicht.

Die Ursachen für den starken Anstieg akquisitorischer Überlegungen bei Unternehmen unterschiedlicher Größenordnungen ist auf folgende Faktoren zurückzuführen:

- In vielen, sich der Patt-Situation nähernden Branchen ist eine nachhaltige Ausweitung der Wettbewerbsposition nur durch Zukauf von Konkurrenten und die damit einhergehende sprunghafte Vergrößerung des Marktvolumens möglich.
- In stagnierenden Märkten ist der Zugewinn von Marktanteilen relativ teuer. Der Erwerb von Wettbewerbern in angestammten Produktfeldern gibt die Möglichkeit, schlagartig die Marktanteils-Basis zu erweitern.
- Die Marken-Tragfähigkeit vieler Unternehmen ist in stagnierenden Märkten weitgehend ausgereizt. Die Ausweitung der Geschäftstätigkeit wird deshalb sehr gern mit dem Zukauf einer neuen Marke vorgenommen, da in den heutigen Märkten – zumindest in Konsumgütermärkten – der Neuaufbau einer Marke und deren Durchsetzung bei Handel und Verbraucher kaum noch zu bezahlen ist.
- Branchen, wie der Lebensmittelhandel in Deutschland, haben von Gesetzesseite Expansionsgrenzen erfahren. Eine regionale Ausweitung über das Bundesgebiet oder über neue Verkaufsschienen ist aufgrund der Beschränkungen beim Neuaufbau von Standorten nur durch Zukauf von Wettbewerbern möglich.
- Unternehmen mit hohen Gewinnen in angestammten Bereichen und mit einer Situation, die sie mehr Cash generieren lässt, als sie zur Aufrechterhaltung der vorhandenen Marktposition benötigen, weiten gern ihre Tätigkeit durch Akquisition von anderen Unternehmungen aus. Neben der Ausweitung der unternehmerischen Tätigkeiten und einer gemäß dem Portefeuille-Gedanken sinnvollen Mittelanlage wird hierin auch ein Instrument zur Abwehr feindlicher Übernahmen gesehen.
- In vielen Unternehmen reicht das Wachstum in angestammten Bereichen oder auch über neue Produktaktivitäten nicht aus, vorhandene Fixkostenblöcke

abzudecken. In einem Zukauf von Marktanteilen und/oder dem Erwerb von neuen Unternehmen, mit denen der Overhead-Block sinnvoller abgedeckt werden kann, wird eine Ertragsverbesserung gesehen.

❑ Unternehmensakquisitionen bieten sich in schrumpfenden Märkten zur Bereinigung einer grundlegend unbefriedigenden Marktsituation durch Konzentration und damit Abwehr von internationalen Wettbewerbern an. Die Zielsetzung einer solchen Akquisition wird in einem so genannten „nationalen Interesse" durch Aufbau von Markteintrittsbarrieren für landesfremde Anbieter gesehen.

❑ Unternehmenskäufe können auch der Erweiterung der Know How-Basis durch gezielten Zukauf von Unternehmen und damit dem Know How von fremden Unternehmensbereichen dienen.

Daneben gibt es eine weite Reihe von Argumenten, die zur strategischen Begründung von Unternehmensakquisitionen herangezogen werden (Caytas, Ivo G.; Mahari, Julian I.: Im Banne des Investment-Bankings, Stuttgart 1988, S. 53):

Checklist: Strategische Gründe für Akquisitionsprojekte

(1) Gewinnsteigerung durch Synergie in der Kombination von Marketingpotenzialen

(2) Gewinnsteigerung durch Synergie in der Kombination von Produktionspotenzialen

(3) Gewinnsteigerung durch Synergie in der Kombination von Managementpotenzialen

(4) Gewinnsteigerung durch Einführung neuer Managementtechniken beim Target

(5) Gewinnsteigerung je Aktie beim Erwerber

(6) Steigerung von Marktanteilen

(7) Diversifikation in ein neues, aber mit dem bisherigen Geschäftsfeld zusammenhängendes Gebiet

(8) Diversifikation in ein völlig neues Gebiet

(9) Erwerb einer neuen Produktlinie zur Abrundung des eigenen Angebotes

(10) Sicherung der Rohstoff- und Halbfabrikatversorgung

(11) Realisierung von Unterbewertungen und Nutzung eines niedrigen Kurs/Gewinn-Verhältnisses

(12) Mobilisierung der liquiden Mittel und des Verschuldungspotenzials des Target

(13) Verwertung der liquiden Mittel und des Verschuldungspotenzials des Erwerbers

(14) Ablösung eines suboptimalen Führungsteams

(15) Größenwachstum des Erwerbers

(16) Erwerb einer Quelle stetigen und hohen Cash Flows

(17) Einkauf von Managementtalent

(18) Spekulation auf spätere inflationäre Entwicklung, die Schuldendienst mit abgewertetem Geld ermöglicht

(19) Nutzung vorübergehend reduzierter Aktionärsloyalität

(20) Elimination eines Konkurrenten

(21) Erwerb eines Rechts oder Status des Target (Lizenz, Standort, Privilegien, Börsenkotierung, ...)

(22) Verbesserung des Rating am Kapitalmarkt

(23) Adaption an einen Modetrend samt Kapitalstrukturierung

(24) Ablenkung von inneren Schwierigkeiten oder Blockierung interner Opposition

(25) Turnaround- und Sanierungsvorhaben

(26) Politisch-außenwirtschaftliche Motive

(27) Public Relations und Imagepflege: Beleg für Dynamik

(28) Verunmöglichung der Vergleichbarkeit von Zahlenreihen und Zeitgewinn unter dem Vorwand der Konsolidierung der Akquisition

(29) Personal- und Gewerkschaftspolitik

(30) Mobilisierung des Potenzials von beruflichen Vorsorgeeinrichtungen

7.1.2 Wertsteigerung als Zielsetzung

Die vorstehend aufgezeigten Argumente für Akquisitionen bewegen ausgehend von der Unternehmensstrategie solche Unternehmen, die industriell aktiv tätig sind und in der unternehmerischen Führungsrolle Unternehmen übernehmen wollen. Ihre Zielsetzung liegt darin, das Marktgeschehen über die Ausweitung der Unternehmensbasis nachhaltig besser bestimmen zu können und somit eher in der Lage zu sein, Marktspielregeln zu formulieren. Diese mehr industriell und unternehmerisch motivierten Akquisitionen müssen wir den eher finanziell motivierten Akquisitionen gegenüberstellen. Gerade in den 80er Jahren hat sich das Schwergewicht der Akquisitionstätigkeit mehr vom Management hin zu den Kapitalgebern verschoben. Im Rahmen der spektakulären Unternehmensübernahmen trat zunehmend der Aktionärsnutzen in den Vordergrund. An die Stelle der Optimierung der Unternehmen im Rahmen der industriellen Führung rückte die Wertsteigerung der Unternehmen, auch wenn die dazu notwendigen Aktivitäten in vielen Fällen mit der Zerschlagung von Unternehmen verbunden waren.

Der rein finanziell orientierte Investor kauft ein Unternehmen in vielen Fällen unabhängig von den diffizilen und unternehmenseigenen Spielregeln, Kulturen, Chancen und Potenzialen. Seine Zielsetzung besteht darin, relativ schnell ein

Unternehmen zu sanieren, zu restrukturieren und durch Hebung stiller Reserven und Restrukturierung von Aktiva Entbehrliches abzustoßen, das Unternehmen auf eine andere Basis zusammenzuschrumpfen und über die Veräußerungsgewinne bei der Restrukturierung die Schulden aus der Übernahme des ursprünglichen Unternehmens abzubauen. Das restrukturierte Unternehmen wird dann entsprechend weiter veräußert, wobei Grundbedingung ist, dass sein Unternehmenswert gesteigert wurde. Diese Form der Unternehmensübernahme ist in den 80er Jahren verbunden gewesen mit Personen wie Carl Ikahn, Werner K. Rey, Paul Murdock, Carlo de Benedetti usw. Die Spitze dieser Entwicklung war die von KKR eingefädelte Übernahme von RJR Nabisco für 25 Mrd. US-Dollar.

Diese auch unter dem Begriff „Investment-Banking" um sich greifende Entwicklung ging gleichzeitig einher mit einem erheblichen Schuldenaufbau in den übernommenen Unternehmen. Sehr plastisch sind die Entwicklungen geschildert von Caytas und Mahari in ihrem Werk „Im Banne des Investment-Banking". Grundüberlegung dieses Vorgehens ist die Mobilmachung und „Die Schaffung" neuer Werte. Das Hauptaugenmerk liegt auf Synergienutzung, Restrukturierung kombiniert mit der Anwendung innovativer Finanzierungsinstrumente. Mergers & Acquisitions ist danach im Wesentlichen Handel mit Unternehmen unter sehr beträchtlichem Zeitdruck. Caytas/Mahari schildern sehr plastisch: „Mergers & Acquisitions ist ein eigenes, spezialisiertes Segment des Kapitalmarktes, dessen Ziel einzig darin besteht, Beteiligung und Kontrolle an Unternehmen als den Trägern wirtschaftlicher Dynamik fungibel zu machen und dann in ganz darwinistischer Weise demjenigen zuzuspielen, der den effizientesten – sprich lukrativsten – Gebrauch davon machen kann", und weiter „Mergers & Acquisitions gefährden in der Tat diese niemandem mehr verantwortliche Autonomie eines de facto absolut herrschenden, aber nichts besitzenden Managements wie kaum ein Wirtschaftstrend der Nachkriegszeit."

Wir wollen uns diesen Formen der Akquisitionen an dieser Stelle nicht widmen. Hier sei auf die einschlägige Literatur verwiesen.

7.1.3 Grundregeln

Gomez und Weber (Akquisitionsstrategie, a.a.O., Seite 11 ff.) haben sich einleitend zu ihrem Werk damit auseinander gesetzt, welche Faktoren bei Akquisitionen grundlegend beachtet werden sollten. Nichts ist so sensibel, wie ein neues Unternehmen, für das ein hoher Preis gezahlt wurde und das dann in das eigene Unternehmen und in die eigene Führung integriert werden soll. Dabei zeigt sich wiederum wie bei jeder Diversifikation, dass die größten Fehler oftmals auf sehr einfachen Grundtatbeständen aufbauen.

Gomez und Weber nennen in Anlehnung an andere Autoren als Ausgangspunkt die überragende Bedeutung der Unternehmensstrategie. Die häufigste Misserfolgsrate bei Akquisitionen ist somit die fehlende strategische Ausrichtung des akquirierenden Unternehmens und auch des zu übernehmenden Unternehmens.

Darüber hinaus sind aber auch folgende Faktoren von Bedeutung:

- Nicht so sehr das Synergiepotenzial, sondern das Vorhandensein flexibler und fähiger Manager stellt das kritische Erfolgselement für Akquisitionen dar.
- Quelle des Misserfolgs von Akquisitionen ist oft ein fehlendes Führungspotential angesichts der Komplexität der erforderlichen Integrationsleistungen. Dazu gehört auch die klare Festlegung von Verantwortlichkeiten und der Aufbau entsprechender Reporting-Strukturen.
- Unternehmungen mit opportunistischem und zufälligem Verhalten sind weniger erfolgreich als Unternehmen, deren Übernahmen im Rahmen eines strategischen Planes erfolgen.
- Das Vorhandensein und das rigorose Anwenden wirksamer Auswahlkriterien sowie eine sorgfältige Überprüfung aller Aspekte eines Zusammenschlusses sind ein bedeutender Erfolgsfaktor.

Weiter empfehlen sie auf Basis einer Analyse aus Business Week vom Juni 1985 folgende Erfolgschancen für Akquisitionen:

- enger Bezug zum bisherigen Geschäft,
- Finanzierung durch Aktientausch oder Cash, d.h., mit möglichst wenig Fremdkapital,
- keine hohe Prämie,
- Fortführung unter dem bisherigen Management.

In dem gleichen Beitrag werden folgende „Todsünden" bei Akquisitionen genannt:

- zu viel bezahlen,
- vergessen, dass ein Wachstumsmarkt auch einbrechen kann,
- einsteigen, ohne zu analysieren,
- sich zu weit von seinen eigenen Stärken entfernen,
- etwas zu Großes zu schlucken versuchen,
- unvereinbare Unternehmensstrukturen zu verheiraten,
- auf das Verbleiben von Schlüssel-Managern zu verzichten.

Aufbauend auf einem Beitrag aus dem Manager Magazin aus dem Jahre 1986 werden folgende Todsünden genannt:

- mangelnde Markt- und Technologiekenntnis,
- Fehleinschätzung der Ertragsaussichten,
- Unternehmensstrukturen nicht hineinreichend kompatibel,
- mangelnde Voraussetzung, das akquirierte Unternehmen zu führen,
- falsche Einschätzung der Folgekosten,
- ehemaliger Inhaber blockiert Veränderungen,
- zu geringer unternehmerischer Einfluss,
- falsche Informationspolitik,
- Konzernrichtlinien verbürokratisieren das akquirierte Unternehmen,
- mangelnder Konsens im Management.

Die Liste wird sich mit Sicherheit noch fortsetzen lassen. Worauf es uns jedoch ankommt zu zeigen ist, welche Klippen zu überwinden sind und welche oftmals sehr einfachen Faktoren bei der Beschäftigung mit Akquisitionen zu beachten sind. Wir weisen deshalb besonders auf diese Grundtatbestände hin, da im Rahmen des Akquisitionsprozesses in vielen Fällen eine solche „Liebe" zum zu akquirierenden Unternehmen entsteht, dass selbst nüchterne Unternehmensleiter bei dem Wunsch, ein Unternehmen zu übernehmen, die simpelsten Grundtatbestände nicht mehr ausreichend beachten und die nötige kritische Distanz zur Akquisition verlieren, die letztlich ja doch immer eine erhebliche Investition und Festlegung des Unternehmens auf lange Zeitspannen bedeutet.

7.2 Beurteilung des Übernahmeobjektes

7.2.1 Marktbezogene Kriterien

Unternehmensakquisitionen gehen in den meisten Fällen von marktlichen Überlegungen aus.

Eine Akquisition von Unternehmen im angestammten Bereich verfolgt in erster Linie die Zielsetzung der Ausweitung der bestehenden Marktvolumina durch Zukauf von „Märkten".

Die Vorzüge dieser Vorgehensweise bestehen

❑ in der Erhöhung des Marktanteils und damit der Möglichkeiten der Umsetzung von Erfahrungskurveneffekten sowie
❑ der Degression in den zentralen Overheads.

Die Prüfung einer solchen Akquisition wird zweckmäßigerweise, neben der im Abschnitt 7.2.4 dargestellten Checklist, im Schwerpunkt anhand der Produkt-Matrix (Seite 255 ff. dieses Buches) zur Bewertung der Attraktivität des Marktvolumens ansetzen. Darüber hinaus ist es erforderlich, die Produkt-Matrix des zu übernehmenden Unternehmens im Wettbewerbsspiegel anhand der Konkurrenz-Matrix zu beurteilen. Zusätzlich sind von unbedingtem Interesse

❑ die Markentragfähigkeit,
❑ das Markenimage,
❑ die Zusammensetzung der Marketing-Etats,
❑ die strategischen Kosten der Vergangenheit,
❑ die strategischen Investitionen der Vergangenheit,
❑ die zukünftigen Unternehmensstrategien und die daraus resultierenden Konsequenzen.

Im Gegensatz zur Akquisition einer Wettbewerbsunternehmung beginnt die Akquisition von Unternehmen in nicht angestammten Bereichen zweckmäßigerweise mit der strategischen Positionierung des zu übernehmenden Unternehmens. Dabei hat sich als besonders hilfreich die Portfolio-Matrix von McKinsey herausgestellt (Seite 264 ff. dieses Buches). Diese Portfolio-Matrix geht von der Erkenntnis aus, dass Renditen in einzelnen Branchen unterschiedlich sind. Folglich werden auch bei der Sortierung der Alternativen einer Akquisition die einzelnen Objekte unterschiedliche Renditegrößen zeigen.

Unter Anlehnung an die Denk- und Vorgehensweise bei der Zusammenstellung von Wertpapier-Portefeuilles haben die Unternehmen, die sich in unterschiedlichen Branchen betätigen, die einzelnen Aktivitäten derart zu fordern oder zu bremsen, zusammenzustellen oder zu eliminieren und mit Investitionsmitteln oder Desinvestitionsaktivitäten zu versehen, dass aus dem gesamten Mix der unterschiedlichen Betätigungsfelder eine derartige „Mischung", d.h. ein Portfolio, entsteht, das den Zielvorstellungen der Unternehmensleitung nach Rendite, Risikoausgleich und Zukunftsperspektive entspricht.

Die Risiken des Einstiegs in neue, dem Unternehmen fremde Bereiche wurden bereits angedeutet. Grundsätzlich ist eine Akquisition als Einstieg in einen neuen Geschäftszweig immer dann sinnvoll, wenn das Unternehmen seine Unternehmensphilosophie auf dem durch die Diversifikation zu erzielenden Risikoausgleich aufbaut. Ausgehend von einer solchen Unternehmenspolitik ist die Akquisition um so eher erfolgreich, je mehr

- ❏ das übernehmende Unternehmen organisatorisch und damit auch von der Unternehmensstrategie her gemäß dem Holding-Modell operiert und neue Geschäftsfelder und deren Integration „intern" auch verkraften kann,

- ❏ je eher die zentralen Servicedienste der übernehmenden Unternehmung darauf eingerichtet sind, ein zu übernehmendes Unternehmen voll zu integrieren und damit die entsprechenden Bereiche in dem zu übernehmenden Unternehmen abzubauen, um über Synergie-Effekte dem Übernahme-Unternehmen neue Kraft zu geben,

- ❏ sich aus der Übernahme und der Integration in das übernehmende Unternehmen eine stärkere finanzielle Kraft in dem Geschäftsfeld der zu übernehmenden Unternehmung ergibt, mit deren Hilfe und dem übergeordneten Know-how des Erwerbers die Spielregeln des Wettbewerbs in dem zu übernehmenden Unternehmen und dessen Branche grundlegend verändert werden können.

Wenn obige Voraussetzungen gegeben sind, ist der Eintritt in neue Geschäftsfelder durch Akquisitionen sinnvoll. Nicht vergessen werden darf natürlich, dass in dem übernehmenden Unternehmen die entsprechende Managementkapazität und der unternehmerische „Schwung" vorhanden sein müssen, um ein neues Unternehmen auch hinsichtlich Firmenkultur, Philosophie und Führungstechniken voll übernehmen zu können.

7.2.2 Finanzielle Überlegungen

Die finanzielle und controlling-orientierte Beurteilung des Akquisitionsprojektes setzt zweckmäßigerweise an der Strukturierung des Ergebnis-Gefüges des Unternehmens an. Dazu empfiehlt es sich, die Ergebnisstruktur des zu übernehmenden Unternehmens nach den bekannten und in diesem Buch dargestellten Aspekten

❑ Unternehmens-Erfolgsrechnung,
❑ Sortiments-Erfolgsrechnung,
❑ Vertriebs-Erfolgsrechnung,
❑ Kunden-Erfolgsrechnung

zu segmentieren. Darüber hinaus ist es wünschenswert, die Artikelkalkulationen einzusehen und sich auf Basis der Artikel-Deckungsbeitragsstruktur ein Bild von der Ergebnisstruktur und den Erfolgs- und Misserfolgsquellen des neuen Unternehmens zu machen.

Hinsichtlich der controlling-orientierten Beurteilung des Unternehmens empfiehlt es sich dann, die Ergebnisstruktur des zu übernehmenden Unternehmens auf die Ergebnisstruktur des eigenen Unternehmens überzuleiten. Dieses ermöglicht Quervergleiche und die bessere Beurteilung der Ergebnisstrukturen des anderen Unternehmens. Darüber hinaus sollten für das Unternehmen die wesentlichen im übernehmenden Unternehmen verwendeten Erfolgskennzahlen wie

❑ Umsatzrendite,
❑ Kapitalumschlag,
❑ Return-on-Investment,
❑ Cash Flow,
❑ Wachstumsrate usw.

ermittelt werden.

Daran anschließend empfiehlt es sich, die Struktur der Bilanz entsprechend zu untersuchen. Dabei ist es ebenfalls ratsam, die bilanzielle Struktur des zu übernehmenden Unternehmens aus der „Brille" des eigenen Unternehmens zu sehen, zu beurteilen und zu werten. Zweckmäßigerweise werden die im eigenen Unternehmen angewendeten Finanz-, Bilanz- und Liquiditätsstrukturkennzahlen ermittelt. Darüber hinaus ist es immer empfehlenswert, durch ein WP-Gutachten die nachhaltige Prüfung der Aktiva und Passiva vornehmen zu lassen. Dieses Gutachten sollte auch Hinweise für unterbewertete Aktiva und stille Reserven liefern.

Für die Bewertung des zu übernehmenden Unternehmens sind im Rahmen der Unternehmensbewertung eine große Anzahl von Methoden einschlägig bekannt. Während in früheren Zeiten mehr eine substanzorientierte Bewertung von Unternehmen üblich war (diese ist auch heute noch angebracht, wenn die Übernahme von Aktiva der Schwerpunkt der Überlegungen ist), finden heute doch eher ertragswertorientierte und damit auf Basis des zukünftigen Ertrages aufbauende Formen der Unternehmensbewertung Anwendung (Vergleiche zu den Methoden im einzelnen Gomez, Peter; Weber, Bruno: Akquisitionsstrategie, a.a.O., Seite 24 ff.). Grundsätzlich sollte man sich immer vor Augen führen, dass jede Unternehmensbewertung auf einer Wertgröße aufbaut und damit immer subjektiven Charakter besitzt. Einen objektiv richtigen Unternehmenswert gibt es nicht. Er ist letztlich das Verhandlungsergebnis der Parteien und bildet sich bei jeder Akquisition individuell neu. Dies bedeutet aber nicht, dass man selbst nicht bestimmte Wertvorstellungen hat und haben sollte. Auch empfiehlt es sich, Unter- und Obergrenzen für den Wertansatz festzulegen. Wir werden hierauf noch im Abschnitt 7.2.5 zurückkommen.

7.2.3 Synergie-Effekte

Viele Unternehmen sind von der Zielsetzung getragen, für das eigene Unternehmen Synergie-Effekte umzusetzen. Jede Nutzung von Synergievorteilen schränkt zwangsläufig den Autonomiegrad der einzelnen unternehmerischen Einheiten ein. Vor diesem Hintergrund ist auch bei einer Akquisition auszubalancieren zwischen

- ❏ den Vorteilen der Spezialisierung,
- ❏ der notwendigen Dezentralisierung von Aufgaben und der damit einhergehenden Autonomie der Unternehmenseinheiten,
- ❏ den kostensenkenden Effekten der Zusammenfassung von Funktionen.

Betrachtet man die Organisationsentwicklung der letzten Jahre, so kann festgestellt werden, dass viele Unternehmen von der dogmatischen Verfolgung von Synergie-Effekten wieder abgehen und statt dessen den einzelnen Einheiten mehr unternehmerischen Freiraum und Autonomie gewähren. Diese zunehmende Dezentralität wird zugestanden, da die motivationalen Faktoren von größerem Freiraum vor Ort höher einzuschätzen sind als die rechnerischen Vorteile der Synergie-Effekte.

Hinsichtlich der bei Akquisitionen im Vordergrund stehenden Synergie-Effekte kann von der Möglichkeit der Durchsetzbarkeit anhand der folgenden Abbildung ausgegangen werden:

Akquisitionsstrategie

DURCHSETZBARKEIT VON SYNERGIEEFFEKTEN NACH EINER AKQUISITION	UNTERNEHMENS-BEREICH
HOCH ↓	FINANZEN
	CONTROLLING
	EDV
	BESCHAFFUNG
	MARKETING
	FORSCHUNG UND ENTWICKLUNG
	PRODUKTION
GERING	VERTRIEB

Die Vorteile einer Akquisition zur Verbreiterung der Basis im angestammten Bereich sind somit um so höher, je

❏ übernahmefähiger die Marktvolumina aufgrund der Markentragfähigkeiten sind,
❏ je geringer die Reaktionen auf der Absatzmittlerseite gegenüber einer solchen Akquisition sind,
❏ je besser das Management des zu übernehmenden Unternehmens zur Verstärkung der eigenen Qualifikationsbasis ist,
❏ je standardisierter die Produkte sind und je höher die Verwandtschaft in der Standardisierung zum eigenen Sortiment ist zur Durchsetzung von Kostendegressionseffekten in der Fertigung,
❏ je größer der Abstand des nach der Akquisition entstehenden eigenen Marktpotenzials zum nächstgrößeren Wettbewerber ist.

Der Ablauf der Integration der Aktivitäten des zu übernehmenden Unternehmens in die Aktivitäten des erwerbenden Unternehmens läuft in den meisten Fällen wie folgt ab:

❏ Konzentration der finanziellen Steuerung,
❏ gemeinsamer Einkauf,
❏ Zusammenfassung der EDV-Funktionen zur Vorbereitung der Integration der Finanz- und Controlling-Aktivitäten des zu übernehmenden Unternehmens,
❏ Zusammenfassung des Marketing beider Unternehmen,
❏ Zusammenfassung der Forschungs- und Entwicklungsabteilungen,
❏ sukzessive Konzentration der Produktion an in sich spezialisierten Standorten („fokussierte Fabriken"),
❏ Zusammenfassung der Vertriebsbereiche.

Gerade die Zusammenfassung der Vertriebsbereiche und die Führung von möglicherweise zwei Marken über einen Vertrieb wird in vielen Märkten große Schwierigkeiten bereiten, da die mentale Klammer der Mitarbeiter an eine Marke die Gefahr in sich birgt, dass bei der Übernahme eine Marke Schaden nimmt. Insofern sollte dieses der letzte Bereich sein, der zusammengefasst wird.

Unabhängig von der Geschwindigkeit der Zusammenführung der Unternehmen und der dabei entstehenden Einmalaufwendungen (dabei gilt zumindest für die Sozialplankosten, dass sie eine Amortisationsdauer bezogen auf die jährlichen Personalkosten von weniger als einem Jahr haben) gilt, dass das zu übernehmende Unternehmen in der unglücklicheren Position ist. In den meisten Fällen führt die Übernahme eines Unternehmens dazu, dass das betroffene Unternehmen in seiner Firmenkultur, seinem inneren Geist und seinem mentalen Zusammenhang zerschlagen wird.

7.2.4 Checklist

Sowohl bei der Akquisition von unternehmensangestammten als auch in neuen Bereichen gelten ganz bestimmte Spielregeln für die Prüfung der Übernahme. Neben den bereits erläuterten grundsätzlichen strategischen Prüfungen sind eine unterschiedliche Anzahl von Einzelprüfungen durch die Fachbereiche des übernehmenden Unternehmens erforderlich. Zweckmäßigerweise wird bei schwierigen Fragen auch externe Hilfestellung in Anspruch genommen. Die nachfolgende Checklist, die keinen Anspruch auf Vollständigkeit erhebt, ist ein Leitfaden für derartige Prüfungen:

CHECKLIST: AKQUISITIONEN

1. **Allgemeine Daten**
   - historische Entwicklung
   - Rechtsform
   - Kapitalbeteiligungsverhältnis
   - Unternehmensverträge
   - Verträge außerhalb der Unternehmung (Interessenpoolung)
   - Geschäftsführung
   - Leitlinien der Unternehmenspolitik in der Vergangenheit
   - verfolgte Gewinnverwendungspolitik
     • Thesaurierung
     • Ausschüttung
     • persönliche Interessen der Anteilseigner
   - bei Erwerb gezahlter Kaufpreis
   - Grund der Veräußerung
   - Begründung für den Verkaufspreis
   - Ermittlung des Verkaufspreises
   - Beirat/Aufsichtsratsprotokolle
   - Festschriften
   - Hausbank

2. **Absatzstruktur**
   - Absatz der letzten 5 Jahre nach
     - Artikeln
     - Vertriebswegen
     - Kunden
     - Gebieten
   - Umsatz der letzten 5 Jahre nach
     - Artikeln
     - Vertriebswegen
     - Kunden
     - Gebieten
   - Sortimentsstruktur
     - Entwicklung der letzten 3 Jahre
     - prozentuale Anteile
     - ABC-Einteilung nach Deckungsbeiträgen
   - Distribution in den einzelnen Nielsen-Gebieten und den Vertriebsformen des Handels
   - Beurteilung des Wachstums der einzelnen Produkte bei
     - gleichem Marktanteil
     - steigendem Marktanteil
     - schrumpfendem Marktanteil
   - Alter und Restlebensdauer der Produktpalette
     - auskonkurrierte Produkte (ertraglos)
     - marktfähige gute Produkte
     - Pionierprodukte (außergewöhnlicher Ertrag)
   - Realitätsbezug der Unternehmensplanung gemessen an den Marktanalysen
   - Warenzeichenrechte
   - Beziehung zu Wettbewerben
     - Absprachen
     - Kartelle
     - Außenseiterrolle
     - Marktform (Monopol, Oligopol, Konkurrenz)
     - Marktverhalten (Abgestimmt, Kampf)

3. **Absatzorganisation**
   - Struktur der Außendienstorganisation
   - Unterscheidung nach festangestellten Mitarbeitern und Handelsvertretern
   - Provisionssystem der Handelsvertreter
   - Verträge der Handelsvertreter
   - Mögliche Abfindungen der Handelsvertreter
   - Entlohnung des Außendienstes
   - Steuerung des Außendienstes
   - Informationssystem im Außendienst
   - Distribution der Produkte
     - eigen oder fremd
     - Versandkonditionen
     - Außenläger
     - Firmenlager

4. **Notwendige Unterlagen für weitere Analysen**
   - Bilanzen der letzten 5 Jahre

- Gewinn- und Verlustrechnungen der letzten 5 Jahre mit folgenden Mindestangaben
  - Umsatz
  - Bestände
  - Wareneinsatz
  - Personalkosten
  - Abschreibungen
  - Zinsen
  - Sonstige Aufwendungen
- Unterlagen der Betriebsabrechnung
- Artikelkalkulationen
- Jahresplanung und Mittelfristplanung für die kommenden Jahre
- Wertgutachten für Teile des Anlagevermögens
- Personalstand nach Unternehmensbereichen und Organisationsplan
- Mögliche Umweltauflagen für den Betrieb
- Nicht betriebsnotwendige Vermögenswerte (Grundstücke, Häuser)
- Einzelangaben zu Bewertungen der
  - Vermögenswerte
  - Bestände
  - Rückstellungen
- Schwebende Belastungen außerhalb der Jahresabschlüsse
- Schwebende Rechtsstreitigkeiten
- Letzte Buch- und Betriebsprüfung

5. **Personalaufwand**

Folgende Einzel- und Ergänzungsangaben sind zur Beurteilung dieser Position erforderlich:
- fachliche Qualifikation der Mitarbeiter
  - Facharbeiter
  - angelernte Kräfte
  - Hilfskräfte
  - Angestellte
- Altersstruktur
- Fluktuation
  - absolut
  - prozentual
  - Gründe
- Arbeitsmarkt
  - Beschaffungssituation
  - Verkehrslage
- Wohnungsmarkt
  - Werkswohnungen
  - Belegungsrechte
  - Wohnheime
- Lohnsystem
  - Zeitlohn
  - Akkordlohn
  - Prämienlohn
- Lohn- und Gehaltsniveau
- Sonderzulagen, Tantiemen

- Sozialleistungen, Sonderleistungen
  (Katalog zusammenstellen lassen)
- Betriebsvereinbarungen (vorlegen lassen)
- Arbeitszeit (Schichtzeit, Gleitzeit, Pausen, Betriebsferien)
- Urlaub, Verpflichtungen aus Resturlaub
- Sozialeinrichtungen und ihre Kosten
- Jubiläumsregelungen (Gratifikation, Sonderurlaub)
- Arbeitskleidung (Zuschüsse, kostenlose Gestellung)
- Pensionsrückstellung (Versicherungsmathematische Unterlagen vorlegen lassen)
- Betriebsrat
  • Zahl
  • Zusammensetzung
  • Freigestellte
- Betriebsversammlungen
- Streiks

6. **Besichtigung bei erstem Besuch**
   - Fertigungseinrichtungen
   - Fertigwarenlager
   - Grundstücke
   - Sonstige Gebäude (falls möglich)

7. **Beschaffung**
   - Produktgruppen
   - Lagerhaltung
   - Liefer- und Zahlungsbedingungen
   - längerfristige Verträge
   - Großlieferanten
   - Speditionsbedingungen

7.2.5 Steuerliche Optimierung

Viele Unternehmensakquisitionen sind erst mit der vollen Nutzung aller steuerlichen Optimierungsmaßnahmen in eine Position zu bringen, bei der sich die Unternehmensübernahme lohnt und der Kaufpreis der Akquisition über eine Maximierung des Cash Flow nach Steuern in einer vernünftigen Zeitspanne zurückgeführt werden kann.

Grundsätzlich lassen sich bei einer Akquisition folgende steuerliche Grundmodelle unterscheiden (Herzig, Norbert: Steuerorientierte Grundmodelle des Unternehmenskaufs. In: Der Betrieb, Heft III/1990, Seite 133 ff.);
❏ der Erwerb von Anteilen an Kapitalgesellschaften,
❏ der Erwerb von Wirtschaftsgütern,
❏ Kombinationsmodelle.

Dabei ist der in Deutschland häufig anzutreffende Erwerb von Beteiligungen an Personengesellschaften, der zwar zivilrechtlich als Beteiligungserwerb eingestuft wird, steuerlich dem Vermögenserwerb und damit dem Erwerb von Wirtschaftsgütern gleichzustellen.

Bei der steuerlichen Optimierung muss Folgendes bedacht werden:

(1) Der Erwerb von Anteilen an Personengesellschaften gibt die Möglichkeit, Kaufpreise, die über das anteilige Eigenkapital des Erwerbsunternehmens hinausgehen, im Wege steuerlicher Ergänzungsbilanzen anteilig auf die erworbenen Wirtschaftsgüter aufzuteilen und die Mehrwerte der steuerlichen Ergänzungsbilanzen abzuschreiben. Diese Form der Vorgehensweise führt dazu, dass der Cash Flow nach Steuern maximiert wird und der Unternehmenserwerb über die Steuervorteile aus steuerlichen Ergänzungsbilanzen finanziell zum Teil zurückgeführt werden kann.

(2) Werden Anteile an Kapitalgesellschaften erworben, so besteht nicht die Möglichkeit, die übernommenen steuerlichen Mehrwerte über Ergänzungsbilanzen abzuschreiben. Abschreibungen auf den Beteiligungsansatz sind nur möglich, wenn der Wertansatz nachhaltig gesunken ist; eine Möglichkeit, die ja bei Akquisitionen nicht gewollt ist.

(3) Sofern es nicht möglich ist, die steuerlichen Optimierungen durchzuführen, empfiehlt es sich, bei der Übernahme von GmbH-Anteilen das Geschäft auf eine Personengesellschaft umzuwandeln und über ausschüttungsbedingte Teilwertabschreibungen gezahlte Unternehmensmehrwerte steuerlich abzuschreiben.

Die Grundsatzüberlegungen der Behandlung von Akquisitionen gelten im Kern auch im Ausland. Grundsätzlich kann festgehalten werden, dass man bei Unternehmensakquisitionen bestrebt sein sollte, ein Maximum der im Kaufpreis gezahlten Mehrwerte auf einzelne Wirtschaftsgüter zu übertragen und diese steuerlich abzuschreiben, um den Cash Flow nach Steuern zu maximieren (Vergleiche zu Detailfragen Rädler, Albert J.: Steuerfragen bei Übernahmen. In: Handbuch der Unternehmensakquisition, Hrsg. von Albert Rädler und Reinhard Pöllath, Frankfurt 1992, Seite 263 ff.).

7.2.6 Unternehmensexposé

Die Zusammenfassung aller Überlegungen zur Prüfung eines Akquisitionsobjektes werden zweckmäßigerweise in einem Unternehmensexposé zusammengefasst. Für ein solches Unternehmensexposé empfiehlt sich folgender Aufbau (Vergleich BDO – Deutsche Warentreuhand AG: Wie erstellt man einen Business-Plan – ein Leitfaden. Hamburg 1989):

Einführung

I. Zusammenfassung
1. Der zusammenfassende Bericht
2. Der Business Plan

II. Der Haupttext
1. Geschäftszweig
2. Märkte und Marketing
3. Konkurrenz
4. Kunden
5. Produkte und Produktentwicklung
6. Produktion
7. Lieferanten und Vorprodukte
8. Standortfragen
9. Management
10. Gesellschafter und Mitarbeiterfragen
11. Finanzanalyse (Ist und Plan)
12. „Exit" und Strategie

III. Anhang
1. Finanzentwicklung (Vergangenheit und Ist)
2. Finanzplanung
3. Wesentliche Annahmen zur Finanzplanung
4. Wesentliche Bilanzierungsgrundsätze

IV. Anlagen

Die Zusammenfassung der mit der Akquisition verbundenen finanziellen Auswirkungen lässt sich zweckmäßigerweise wie folgt darstellen:

	Plan-Finanzdaten						
Firma XY	Plan-Finanzdaten Planungshorizont 7 Jahre / 2000–2006						
Zusammengefasste Erfolgsrechnung	2000	2001	2002	2003	2004	2005	2006
Nettoerlös	735	757	757	780	827	877	877
Waren- und Betriebsaufwand	647	662	651	671	707	750	750
Betriebs-Cash Flow	88	95	106	109	120	127	127
Abschreibungen	38	38	40	42	44	44	44
Betriebserfolg	50	57	66	67	76	83	83
Zinsaufwand	0	0	0	0	0	0	0
Neutraler Erfolg	0	1	0	0	0	0	0
Unternehmenserfolg v. St.	50	58	66	67	76	83	83
Steuern 28%	14	16	18	19	21	23	23
Unternehmenserfolg	36	42	48	48	55	60	60
Plus: Abschreibung	38	38	40	42	44	44	44
Anlagenverkäufe	0	16	0	0	10	0	0
Minus: Investitionen-AV	38	50	60	65	45	44	44
-Netto-UV	–15	3	0	3	6	6	0
Netto verfügbarer Cash Flow	51	43	28	22	58	54	60
Kapitalisierung + Deckungsgrade							
Anlagevermögen	350	347	367	390	381	381	381
Total verzinsliches Fremdkapital	0	0	0	0	0	0	0
Eigenkapital	286	328	376	424	479	539	599
Total Kapitalisierung	286	328	376	424	479	539	599
Verzinsl. Fremdkap. in % Totalkap.	n/a	n/a	n/a	n/a	n/a	n/a	n/a
Betriebs-Cash Flow/Zinsaufwand	n/a	n/a	n/a	n/a	n/a	n/a	n/a
Betriebserfolg/Zinsaufwand	n/a	n/a	n/a	n/a	n/a	n/a	n/a
Betriebs-Cash Flow (Zinsaufw. + Inv.)	n/a	n/a	n/a	n/a	n/a	n/a	n/a
Schlüssel-Kennzahlen							
Umsatzwachstum	5 %	3 %	0 %	3 %	6 %	6 %	0 %
Betriebs-Cash Flow-Rate	12 %	12,5%	14 %	14 %	14,5%	14,5%	14,5%
Abschreibungen in % Anlageverm.	10,9%	10,9%	10,9%	10,8%	11,6%	11,6%	11,6%
AV-Investitionen in % Nettoerlös	5,2%	6,6%	7,9%	8,3%	5,4%	5 %	5 %
Veränderung Netto-UV/ Veränderung Nettoerlös x 100	42,9%	13,6%	0 %	13 %	12,8%	12 %	0 %

7.3 Neuere Formen bei Unternehmensübernahmen

Im Rahmen der schon manchmal als Übernahmefieber zu bezeichnenden Entwicklung der 80er Jahre, die gekennzeichnet war von einem immensen Aufbau von Fremdkapital zur Übernahme von Unternehmen, haben sich Formen der Unternehmensakquisitionen herausgebildet, die im Wesentlichen belegt mit anglo-amerikanischen Fachausdrücken die Fantasie vieler Unternehmenserwerber angeregt haben. Im Kern sind viele dieser Instrumente nichts anderes als „alter Wein in neuen Schläuchen" und haben mit Sicherheit dazu beigetragen, getragen von den ständig wachsenden Abteilungen der Banken für „Mergers & Acquisitions", dass viele Unternehmen durch unkontrollierte Übernahmepraktiken in eine Finanzkrise gebracht worden sind, die sie in vielen Fällen nicht mehr in die Lage versetzt, das für die Unternehmensentwicklung erforderliche finanzielle Rückgrat zu besitzen.

Ohne auf die einzelnen so genannten neueren Verfahren eingehen zu wollen, seien der Vollständigkeit halber nur folgende Formen erwähnt (Vergleiche Caytas, Ivo G.; Mahari, Julian I.: Im Banne des Investment-Banking, a.a.O., Seite 377 ff.):

❑ *Asset-Bagged-Deals:* Asset-Bagged sind typischerweise alle jene Transaktionen, bei denen die (oft unterbewerteten) Aktiva des Übernahmeobjektes die einzige Sicherheit der Finanzierung darstellen.

❑ *Asset-Stripping:* Abzug bzw. Entfernung von Aktiva aus einer Unternehmung. In letzter Zeit häufig als Synonym für die Aufsplitterung eines Konzerns mit anschließendem Verkauf in einzelnen Stücken verwendet.

❑ *Corporate-Restructuring:* Im Zuge der meisten M & A-Transaktionen unweigerlich folgende Umstrukturierung des erworbenen Objektes. Kostensenkung, Personalabbau, Umgruppierung, Sanierungsmaßnahmen und Verkauf unterbewerteter oder leicht liquidierbarer Aktiva stehen im Vordergrund. Im Anschluss an diese Primärmaßnahmen sind dann langfristige Umorientierungen erforderlich, vor allem bei Implementierung einer neuen Führungsstruktur, im F. + E.-Bereich, bei der Erschließung neuer Produkte und Märkte usw.

❑ *High-Yield-Bonds:* Offizielle Bezeichnung für Junk-Bonds. Als Junk-Bonds bezeichnet man drittklassige Obligationen, bei denen Zins- und Kapitalrückzahlung unter Umständen zweifelhaft sind und denen deshalb von den maßgeblichen Börsen-Bewertungsdiensten die Klassifikation als Investment-Quality-Paper versagt bleibt. Da diese Papiere als hochspekulativ gelten, liegen die Zinssätze markant höher als bei einwandfrei gesicherten Wertpapieren.

❑ *Hostile-Tender-Offer:* Feindliches Übernahmeangebot, bei dem ein Raider an die Aktionäre des Übernahmeobjektes herantritt, ohne das Einverständnis des Managements dieser Gesellschaft zu besitzen.

❑ *Insider-Trading:* Marktoperationen von Personen, die Zugang zu essenziellen und bis dahin nicht veröffentlichten Informationen über Verhältnisse des ge-

genständlichen Unternehmens besitzen. Begründet zivil- und strafrechtliche Verfolgungsansprüche der geschädigten übrigen Aktionäre sowie des Staates für den Fall, dass die Ausnutzung dieser Informationen für die Transaktion maßgeblich und entscheidend sind.

❑ *Leveraged Buyout:* Erwerb einer Gesellschaft, dessen Ergebnis ein besonders hoher Verschuldungsgrad ist. Der Kauf erfolgt im Wesentlichen (fast) ohne Eigenmittel, die Aktiva des (oft unterbewerteten) Übernahmeobjektes dienen als primäre Sicherheit. Typische Methode für den Erwerb von Aktienmehrheit durch das (in aller Regel kapitalschwache) Management, auch im Falle von Spin-offs.

❑ *Management Buyout:* Leveraged Buyout, bei dem als Käufer das (bisherige) Management der Unternehmung auftritt.

❑ *Merger:* Fusion von Unternehmungen dergestalt, dass das Übernahmeobjekt seine Rechtspersönlichkeit verliert und vom Übernehmer mit Aktiven und Passiven absorbiert wird oder durch Integration beider Gesellschaften auf demselben Weg in eine neue Obergesellschaft überführt wird.

❑ *Raider:* Bezeichnung für denjenigen, der im Wege eines Hostile-Tender-Offers eine Gesellschaft gegen den Willen ihres etablierten Managements zu übernehmen versucht.

❑ *Spin-off:* Veräußerung eines Unternehmensteils ungeachtet der Rechtsform, die die einer juristisch unselbstständigen Abteilung (Division) oder auch einer selbstständigen Tochtergesellschaft sein kann. Zentrales Instrument des Corporate Restructuring, um vom Markt als ineffizient betrachtete, hochdiversifizierte Konglomerate zu entflechten. Eine andere, an Bedeutung zunehmende Variante ist der Verkauf von Unternehmensteilen oder Tochtergesellschaften an die dort Beschäftigten durch ein Management Buyout.

❑ *Takeover-Bid:* Ein Tender-Offer in der Absicht, de facto eine kontrollierende Mehrheit am Unternehmen zu erwerben.

❑ *Tender-Offer:* Förmliches Angebot, alle oder einen Teil der Aktien einer börsennotierten Gesellschaft zu darin festgelegten Konditionen zu erwerben.

❑ *White-Knight:* „Weißer Ritter", ein dem Management des zu übernehmenden Unternehmens erwünschter Übernehmer, der die Gesellschaft anstelle des feindlichen Raider erwirbt.

Nachdem viele der durch Aufbau von Schulden finanzierten Unternehmensübernahmen der 80er Jahre doch mittlerweile entweder in eine prekäre Lage gekommen sind oder diese Unternehmen entflochten werden müssen oder der Konkurs droht, sollte bezüglich der in den 80er Jahren kreierten Corporate Finance-Instrumente die gebührende und erforderliche nüchterne Beurteilung wieder eintreten. Es gilt auch heute noch die goldene Grundregel, dass ein Unternehmenserwerb mit überwiegend Eigenkapital oder durch steuerliche Optimierung zum Einsatz des unternehmensbezogenen Cash Flows bei kurzen Amortisationsdauern der langfristig beste Weg von Unternehmensübernahmen darstellt.

7.4 Erfolgsvoraussetzungen: Konsequentes Management der Übernahme

Neben

- der aus der Unternehmensstrategie abgeleiteten Auswahl des Akquisitionsprojektes,
- der sorgfältigen Prüfung der Unternehmensakquisition,
- der Fixierung eines Übernahmepreises, der eine schnelle Tilgung des Kaufpreises sicherstellt,

ist die konsequente Überleitung und Führung der übernommenen Unternehmung Grundvoraussetzung für den nachhaltigen Erfolg.

Es empfiehlt sich, hierfür einen Ablaufplan, eine Projektorganisation und die Zuständigkeiten für das Management der Akquisitionen festzulegen. Dabei kommt es entscheidend darauf an, dass die bereits angesprochenen Grundfehler bei Akquisitionen vermieden werden. Auch sollte daran gedacht werden, die Zuständigkeiten klar zu fixieren und behutsam an das neue Unternehmen heranzugehen, um zu lernen, welche verborgenen Chancen in dem Unternehmen stecken. Keine Prüfung eines Akquisitionsobjektes kann nämlich so gründlich sein, dass man nicht hinterher nach Übernahme noch hinlänglich Überraschungen erlebt. Diese mit der nötigen Sensibilität und Sorgfalt anzugehen und zu entscheiden, welche nächsten Schritte erforderlich sind, ist grundlegende Voraussetzung für ein Gelingen von Akquisitionsmaßnahmen.

8 Restrukturierung im Unternehmen

8.1 Wandel der Schwerpunktaufgaben und Herausforderungen

8.1.1 Unternehmensführung in den 90er Jahren

Die 80er Jahre waren Jahre permanent guter Konjunkturlagen. Diese Konjunktur wurde zunächst durch Exporterfolge getragen. Sie mündete dann in eine gute Binnenkonjunktur ein, die durch die Öffnung der Ost-Märkte noch verstärkt wurde.

Während dieser Zeit mussten wir aber auch feststellen, dass die gute Konjunktur

- die erfolgreichen Unternehmen stärker begünstigte als die weniger erfolgreichen Firmen und
- die strukturellen Unternehmensschwächen nicht gelöst, sondern nur überdeckt und damit ihre Lösung zeitlich verzögert wurde.

Diese Aufschwung-Phase wurde in der Unternehmensentwicklung von „Modewellen" begleitet und verstärkt, wie

❏ Mergers & Acquisitions,
❏ fremdfinanzierte Unternehmensübernahmen,
❏ Größe für hohe Preise und
❏ Holding-Strukturen.

Akquisitionen (neudeutsch: Mergers & Acquisitions) waren das Schlagwort. Fremdfinanzierte Unternehmensübernahmen in dem Glauben an Wachstum und Cash Flow-Generierung unbegrenzten Ausmaßes fanden statt. Unternehmensgröße wurde für überhöhte Preise erworben. Kreative Finanztechniken (neudeutsch: Financial Engineering) wurden täglich neu geboren. Die Unternehmensorganisation erfreute sich der Erkenntnis, dass Holding-Strukturen (bei der sich die Unternehmensführung langsam vom Tagesgeschäft entfernen durfte) die Lösung aller Führungsfragen eröffnete.

Heute dürfen wir feststellen, dass in vielen Bereichen in diesen Jahren eine Scheinblüte stattfand. Weder Unternehmenssubstanz wurde gestärkt, noch strategische Vorteile langfristig aufgebaut.

Auch wenn in der Bundesrepublik Deutschland mittlerweile einige Aufschwungtendenzen greifen, von denen man mit Skepsis fragen muss, ob sie langfristig tragfähig sind, steckt unser Land wie viele reife Volkswirtschaften nach wie vor in einer starken Strukturkrise. Deutschland ist bequem geworden und ruht sich auf den Lorbeeren vergangener Erfolgsjahre aus. Eine international nicht wettbewerbsfähige Kostenstruktur sowie der Rückgang unseres Vorsprungs im Wettbewerb mit Hochtechnologie-Produkten haben viele Erfolgsbranchen der Vergangenheit in schwere Krisen geführt. Das Wohlstandsgefälle Ost–West, der Druck auf den deutschen Wohlstand mit der Infragestellung von bisherigen Grundsätzen des sozialen Friedens, Unsicherheit der Konsumenten über Politik, Staatsverschuldung und innere Sicherheit, der Kampf um Einkommen und Arbeitsplätze sowie zunehmende Verunsicherung der Bürger gegenüber der Politik und einer steigenden Angst vor Kriminalität bilden für alle Unternehmen ein außergewöhnlich schwieriges Planungsumfeld. So wird die zukünftige Nachfrage in vielen Bereichen eher schwach bleiben, die Konzentrationstendenzen auf Anbieter- und Nachfrageseite weiter fortschreiten und damit der Kampf um die Verteilung der einzelnen Wertschöpfungsstufen innerhalb der einzelnen Branchen zunehmen.

Damit werden in der Bundesrepublik Deutschland und vielen reifen Volkswirtschaften auch in den nächsten Jahren bei sich verengenden Ertragsmargen die Situationen in den meisten Unternehmen dadurch geprägt sein, dass die Unternehmensorganisation konsequent an die Marktnotwendigkeiten anzupassen ist. Das bedeutet gleichzeitig einen kontinuierlichen und innerhalb der sozialen Möglichkeiten verkraftbaren Personalabbau.

Die Unternehmensführung in den 90er Jahren wird insofern von mehr handfesten und operativen Maßnahmen geprägt sein, die in starkem Gegensatz zu den Modewellen der Unternehmensführung in den 80er Jahren stehen. Die wesentlichen Schwerpunktaufgaben werden sein

- Schularbeiten erledigen,
- Festlegung der Richtung und Strategie,
- konsequentes Arbeiten an der Umsetzung der Unternehmensstrategie,
- Rückbesinnung auf Grundtugenden,
- Abspecken von Strukturen,
- Erarbeitung einer Unternehmensgröße, die zu einem passt,
- Aufgabe von Eitelkeiten,
- Sanieren ohne Zerstören und
- einfach bleiben.

8.1.2 Unternehmensführung in reifen Volkswirtschaften

In reifen Volkswirtschaften können Unternehmen nur überleben, wenn sie in der Lage sind, eine qualitativ hochwertige Leistung zum optimalen Preis-Leistungsverhältnis in den oberen Bereichen der Wertpyramide ihren Kunden anzubieten. Das bedeutet, dass sich Unternehmen in den reifen Volkswirtschaften konzentrieren müssen auf innovative Produkte, die einen Vorsprung besitzen und technologisch durch Schrittmacher- oder Schlüsseltechnologien untermauert sind. Reife Volkswirtschaften gestatten kein Angebot durchschnittlicher Leistungen in Basistechnologien auf unteren Preisniveaus. Viele Unternehmen haben erkennen müssen, dass auch die Besetzung von Segmenten oder Nischen nicht mehr ausreicht, um dem zunehmenden Wettbewerbsdruck und dem steigenden Anspruch der Konsumenten gerecht zu werden. Dabei hat sich vor allen Dingen gezeigt, dass in vielen Unternehmen die Strukturen für den Unternehmensauftrag nicht mehr stimmen.

Führungskonzepte sind immer die Antwort auf Reaktionen spezifischer Probleme ihrer Zeit. So wurden die Unternehmen Anfang der 90er Jahre mit den Ergebnissen der MIT-Studie (Womack, J.P.; Jones, D.T.; Roos, D.: Die zweite Revolution in der Automobilindustrie – Konsequenzen aus der weltweiten Studie aus dem Massachusetts Institute of Technology, Frankfurt 1991) konfrontiert, aus der die inzwischen bekannten Mode-Begriffe Lean Management und schlanke Organisation entstanden. Diese Studie zeigte, dass japanische Unternehmen Wettbewerbsvorteile erzielen, weil sie mit (zitiert nach Wildemann, Horst (Hrsg.): Lean Management. Strategien zur Erreichung wettbewerbsfähiger Unternehmen. Frankfurt am Main 1993, Seite 5):

- der Hälfte der Mitarbeiter in der Montage,
- der Hälfte der Entwicklungsstunden,
- einem Zehntel bis einem Drittel der Bestände,
- einem Fünftel der Zulieferer,
- der Hälfte der Investitionen in Werkzeuge,
- der Hälfte der Produktionsfläche,

❏ doppelt so viele Modelle produzieren,
❏ bei gleichzeitig dreimal so hoher Produktivität und
❏ viermal so kurzen Durchlaufzeiten.

Diese Studie hat allen vor Augen geführt, welche Nachteile mit den in unseren Unternehmen angewendeten Methoden überzogener Arbeitsteilung einhergehen und welche Verhaltensänderungen als wichtigste Voraussetzung der Änderung unserer gegenwärtigen Situation erforderlich sind.

Die Führungskonzepte müssen sich wandeln. Die nachfolgende Übersicht zeigt, welche Schwerpunkte die 90er Jahre prägen werden und wie diese im Vergleich der Managementkonzepte der früheren Jahrzehnte stehen:

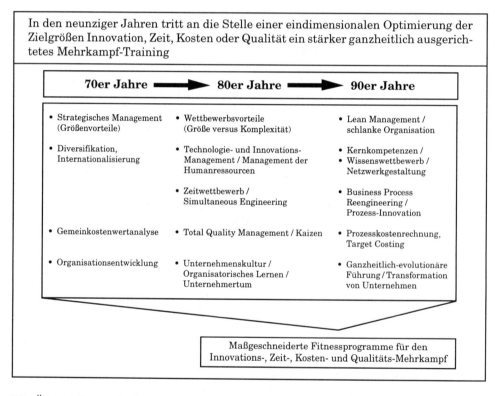

Die Übersicht macht deutlich, welche radikalen Veränderungen in unseren Unternehmen stattfinden müssen. Im Einzelnen geht es um Folgendes:

1. Es müssen Maßnahmen ergriffen werden, um Erbhöfe und Kostentreiber zu eliminieren.

2. Das kann nicht allein durch Arbeitsplatzabbau geschehen, sondern auch durch leistungsfähige Produkte zu akzeptablen Preisen.

3. Dazu muss der Sinnentleerung der Mitarbeiter entgegengewirkt werden durch Aufbau neuer Ziele und Einleitung eines Sinneswandels.

4. Notwendig ist die Konzentration auf Kernfähigkeiten und die wesentlichen Stufen der Wertschöpfungskette: Das heißt, Trennung danach, was für das Geschäft wesentlich ist und was für das Geschäft nur wichtig ist.
5. Die Steigerung der Ertragskraft durch Optimierung der Wertschöpfungskette setzt an zwei Stellschrauben an: der von den Kunden sichtbaren Seite („Kundennutzen") sowie der für den Kunden unsichtbaren Seite („Kostenvorteil").
6. Alle diese Maßnahmen greifen nur, wenn sie von der Führung gewollt sind und der Wille konsequent umgesetzt wird.

Diese Schwerpunkte dürfen uns aber nicht dazu verleiten, dass wir meinen, in den 90er Jahren stände nur das Thema Kostenmanagement im Vordergrund. Es ist nicht ein Kostenmanagement herkömmlicher Prägung, sondern die konsequente Anpassung der Unternehmensstrukturen an den Unternehmensauftrag. Die Schwerpunktaufgaben sind darauf gerichtet, die Erfolgsfaktoren in den 90er Jahren zu beherrschen, die drei Bereiche umfassen:

- Innovation,
- Flexibilität,
- Kostenposition.

Die nachfolgenden Ausführungen konzentrieren sich darauf, die zurzeit in der Diskussion befindlichen und in der praktischen Umsetzung erfolgreichen Instrumente näher darzustellen. Dabei wird zunächst auf die Stärken des Mittelstandes eingegangen und die Frage geprüft, ob diese nicht auch auf größere Unternehmen übertragbar sind. Es schließen sich an die für die weitere Controlling-Diskussion entwickelten neueren Formen der Kostenrechnung und die zur Anpassung der Strukturen propagierten Konzepte zur Strukturveränderung und zum Kostenmanagement. Den Abschluss der Überlegungen bilden Ausführungen zum Reengineering der Organisationsstrukturen, die letztlich die konsequente Fortsetzung der Strukturarbeiten im Kostenbereich darstellen.

8.2 Übertragung der Stärken des Mittelstandes auf größere Unternehmen

Stärken sind unverwechselbare Eigenarten, die einem Unternehmen angesichts der verfolgten Ziele einen Vorteil durch bessere Konzentration auf die Beherrschung der Schlüssel-/Erfolgsfaktoren des Marktes verschaffen. Wie wir aus der Untersuchung von Porter (Porter, Michael E.: Nationale Wettbewerbsvorteile – Erfolgreich konkurrieren auf dem Weltmarkt, München 1991) über nationale Wettbewerbsvorteile wissen, gelten diese Erfolgsfaktoren auch im internationalen Vergleich. Gerade die deutsche Wirtschaft ist wie kaum eine andere durch mittelständische Unternehmen geprägt, die ihre Wettbewerbsvorteile über die nationalen Grenzen hinaus getragen haben.

Die Erfolgsfaktoren der Geschäfte haben sich verlagert. Während früher „Economies of Scale" viele Unternehmensstrategien bestimmt haben, sind heute eher Faktoren wie

❏ Flexibilität,
❏ Innovationskraft,
❏ persönliche Identifizierung des Managements

gefragt. Dieses sind typische Erfolgsfaktoren mittelständischer Unternehmen. In vielen Märkten müssen wir feststellen, dass diese Unternehmen ihre strategischen Aufgaben besser wahrnehmen als Großunternehmen, da die Überwindung der Nachteile der einseitig auf Economies of Scale ausgerichteten Strategien von ihnen besser beherrscht werden. Insofern liegt es nahe zu fragen, welche spezifischen Stärken mittelständischer Unternehmen auch auf große Unternehmen übertragbar sind. Viele der organisatorischen Fragestellungen der letzten Jahre versuchen an diesen Punkten anzusetzen, um diese spezifischen Stärken auch in Großunternehmen wirksam werden zu lassen.

Betrachten wir die erfolgreiche Entwicklung mittelständischer Unternehmen, so sind aus unserer Sicht nachfolgende spezifische Faktoren ausschlaggebend für den Unternehmenserfolg.

8.2.1 Tragende Idee

Ausgangspunkte der erfolgreichen Entwicklung der meisten mittelständischen Unternehmen ist die tragende Idee, mit deren Vermarktung und Ausdehnung der Unternehmensgründer seine Tätigkeit beginnt. Dabei hat in der Vergangenheit die Breite und gute technische Ausbildung in Deutschland zu einem starken Drang technisch orientierter Unternehmensgründungen, Produktverbesserungen und Verfeinerungen und permanenter methodischer Produkt- und Verfahrensverbesserungen der tragenden Idee geführt.

Die tragenden Ideen wurden aber in den meisten Fällen nicht ohne Schwierigkeiten in die Tat umgesetzt. Vielmehr haben viele erfolgreiche Unternehmen Rückschläge im Rahmen ihrer Entwicklung erlitten, die sie gemeistert haben. Dabei war die Besessenheit und Härte, mit der die Umsetzung der tragenden Idee weiterentwickelt wurde, der Motor des Durchhaltens und der weiteren Verbesserung der Marktleistungen. Denn Innovationen entstehen meistens nicht in normalen Zeiten, sondern sind das Ergebnis von Druck, Notwendigkeit oder gar Gegnerschaft. Dabei spielt die Angst zu verlieren in den meisten Fällen eine viel stärkere Rolle als die Hoffnung auf das Gewinnen.

8.2.2 Unternehmer-Persönlichkeit

Das Umsetzen und Durchpauken der tragenden Idee verlangt die Unternehmer-Persönlichkeit. Es ist die Person, die bereit ist, das Durchpauken der eigenen Idee mit Besessenheit zu verfolgen. Es ist die Persönlichkeit, die bereit ist, Risiken einzugehen, um in der Verwirklichung der Chance den eigenen Erfolg zu finden. Es ist die Persönlichkeit, die Mitarbeiter um sich schart, die bereit sind, sich ebenfalls für diese Idee einzusetzen. Diese Unternehmer-Persönlichkeiten verstehen es, ihre eigenen Ziele, die Ziele ihrer Mitarbeiter und ihres Umfeldes in die eigenen Vorstellungen zu integrieren. Sie schaffen das, was wir heute oftmals hochtrabend als Unternehmenskultur bezeichnen: ein Umfeld aufzubauen, in dem es Freude macht, sich zu engagieren und das den Mitarbeitern Gestaltungsspielraum und Fortentwicklung gewährleistet.

8.2.3 Unternehmensgröße

Erfolgreiche mittelständische Unternehmen wissen genau, in welcher Größenordnung sie sich zur Umsetzung ihres Marktauftrages bewegen müssen und dürfen. Der Unternehmer spürt, wann Größenbarrieren auftauchen, die er nicht mehr beherrscht. Er weiß auch, dass hohe Kosten nie ein Wettbewerbsvorteil sein können. Statt dessen übernehmen er und seine Mitarbeiter ein breiteres Aufgabenspektrum, auch wenn keiner von ihnen im Detail der unbedingte Perfektionist sein kann. Nur in einem wird Perfektion verfolgt: in der Umsetzung der Leistung für den Markt. Alle anderen Unternehmensfunktionen haben sich diesem Auftrag unterzuordnen.

Die gleichen Gedanken leiten auch die Fragen, ob in neue Marktsegmente eingetreten werden soll. Aus dem natürlichen Empfinden für die eigenen Kräfte und die Kräfte der Mannschaft weiß der Unternehmer, dass sich ganz bestimmte Schritte verbieten, andere Schritte aber geradezu zur Umsetzung herausfordern. Die Unternehmensgröße wird nicht als ein Wert schlechthin angesehen, sondern nur als Mittel zum Zweck zur Umsetzung des Marktauftrages.

8.2.4 Flexibilität

Mittelständische Unternehmen sind in ihren Branchen den größeren Unternehmen in der Flexibilität voraus. Gemäß ihrem Unternehmensauftrag, der sich mehr auf die erfolgreiche Erschließung von Marktnischen mit spezialisierten Produkten bezieht,
❑ besitzen diese Unternehmen eine stabile Kundennähe,
❑ wissen, dass sie in der Unternehmensgröße nicht ausufern dürfen,
❑ betrachten Overheads eher als Belastung denn als Vorteil.

Flexibilität äußert sich aber nicht nur in Strukturen, sondern auch im Entscheidungsverhalten. Dort, wo eine Mannschaft zusammensteht, lassen sich Entscheidungen sehr schnell treffen, da die Mannschaft die Entscheidungen mitträgt und Entscheidungen umsetzt. Großes Hinterfragen ist weniger an der Tagesordnung als den Erfolg in der Umsetzung einmal getroffener Entscheidungen zu sehen. Flexibilität ist damit einer der wesentlichen Erfolgsfaktoren mittelständischer Unternehmen.

8.2.5 Struktur

Jede Organisationsstruktur wirkt verhaltensprägend auf die Mitarbeiter, ihre Leistung für das Unternehmen und das Zusammenwirken der einzelnen Einheiten im Unternehmen. Diese verhaltensprägende Wirkung ist das Ergebnis des Zusammenhangs von Aufbau- und Ablauforganisation, die ihren Ausfluss in der Führungsstruktur des Unternehmens findet.

Organisationsstrukturen mittelständischer Unternehmen zeichnen sich dadurch aus, dass sie „einfach" sind. Es sind Strukturen, die zielorientiert auf die Umsetzung des Unternehmensauftrages ausgerichtet sind und sich die Freiheit erlauben, auch um Personen herum zu organisieren. Nicht die Klarheit der Struktur, sondern die Erfolgsgarantie für die Umsetzung der Unternehmensidee steht im Vordergrund.

8.2.6 Firmenkultur

Erfolgreiche Unternehmer bauen eine Firmenkultur auf, die einen Rahmen für die Leistungsentfaltung der Mitarbeiter schafft, die das Unternehmen eindeutig von den größeren der Branche abschirmt. Unternehmenskulturen als verhaltensprägende Merkmale des Unternehmens und seines Auftritts sind strategische Erfolgspositionen, die von der Konkurrenz nicht angegriffen werden können. Sie sind Ausdruck der Differenzierung und der Selektivität zur Konkurrenz und geben dem Unternehmen einen Schutzschirm der Einzigartigkeit. Unternehmenskulturen umfassen die Gesamtheit von Normen, Wertvorstellungen und Denkhaltungen, die das Verhalten der Mitarbeiter aller Stufen und das Erscheinungsbild des Unternehmens prägen. Sie wirken stärker als alle Organisationsregeln und prägen das Verhalten des Unternehmens. Sie werden bestimmt durch

- den wirtschaftlichen Erfolg,
- das lokale Umfeld,
- die Branche,
- die sozialen Bindungen zum Gründer und zur Familie,
- das Entwicklungsstadium des Unternehmens.

Die Grundelemente der Kultur bilden Helden, Werte und Rituale. Unternehmenskulturen sind in den meisten Fällen von herausragenden Persönlichkeiten aufgebaut, permanent generiert und über lange, lange Jahre hinweg gepflegt und gelebt worden.

8.2.7 Inhaberfamilie als Träger unternehmerischen Risikos

Die Bundesrepublik Deutschland ist ein Land des Mittelstands. Der Mittelstand wird geprägt durch Familienunternehmen. Mehr als 2/3 aller bundesdeutschen

Unternehmen sind Familienunternehmen, die meisten Arbeitnehmer in Deutschland sind in solchen Familienunternehmen tätig. Familienunternehmen existieren unabhängig von der Rechtsform. Zwei Aspekte kennzeichnen diese Unternehmensform:

(1) Das Kapital sollte mehrheitlich im Besitz einer Familie sein.

(2) Es muss die Familie sein, die die Geschicke des Unternehmens wesentlich beeinflusst.

Viele der für deutsche Unternehmen typischen Stärken machen die Attraktivität von Familienunternehmen aus:

❑ Risikofreude,
❑ von Personen gelebte Unternehmenswirklichkeit,
❑ daraus resultierend eine ganz bestimmte Unternehmenskultur und ein harmonisches Umfeld für die Mitarbeiter,
❑ Unternehmertum.

Darüber hinaus sind es aber auch folgende Faktoren, die den langfristigen Erfolg mittelständischer Familienunternehmen ausmachen und absichern:

(1) Familienunternehmen sind anpassungsfähig und haben sich auch über lange Generationen als krisenfest erwiesen. Unternehmerfamilien tragen das Unternehmen auch in schwierigen Zeiten und sind bereit, Opfer zu bringen und durchzuhalten.

(2) Häufig arbeiten mehrere Familienmitglieder in einem Betrieb. Um die Firma nicht über eine bestimmte Größenordnung hinaus wachsen zu lassen, werden neue Betriebe für Söhne und Töchter gegründet und damit neue Unternehmerinitiativen entfaltet.

(3) Während Publikumsgesellschaften ein Abbild der Eigenschaften der öffentlichen Kapitalmärkte eines Landes sind, sind die Ziele von Familienunternehmen vielschichtiger. Wie Porter sehr treffend bemerkt, ist dort Stolz im Spiel und der Wunsch, den Beschäftigten Beständigkeit zu bieten.

(4) Privatbesitzer und Familienunternehmen denken häufig in langen Zeiträumen. Sie sind stark in Branchen verwachsen und arbeiten mit unterschiedlichen Rentabilitätsschwellen, wobei sie oft Spitzenwerte erreichen, obwohl dies nicht erklärte Zielsetzung ist.

(5) Mittelständische Familienunternehmen sind in der Lage, über lange Perioden Wachstum umzusetzen, zu erzeugen und durchzuhalten. Die Voraussetzungen sind in den meisten Fällen
  • gleichmäßiger und ordentlicher stabiler Unternehmensertrag gepaart
  • mit geringen Entnahmen bei
  • bescheidener privater Lebensführung der Eigentümerfamilien.

8.2.8 Fazit

Michael E. Porter hat in seiner Untersuchung nationaler Wettbewerbsvorteile den internationalen Erfolg Deutschlands treffend herausgestellt: „Es besteht zwar eine Mischung aus großen und kleinen Unternehmen, doch der internationale Erfolg Deutschlands beruht zu einem überraschend großen Teil auf Klein- und Mittelbetrieben, was von Beobachtern der deutschen Wirtschaft nicht recht verstanden wird. Deutsche Disziplin und Ordnung werden an der Art ersichtlich, wie Firmen geführt werden. Das Unternehmensgefüge ist meistens hierarchisch und patriarchalisch, Eigenschaften, die häufig der deutschen Familie zugeschrieben werden. Der Eigentümer ist oft stark in alle geschäftlichen Belange einbezogen, insbesondere auf technischem Gebiet, und es besteht häufig ein enges und dauerhaftes Verhältnis zu den Beschäftigten. Aber diese Firmeneigenschaften bedeuten auch, dass deutsche Unternehmen selten in Branchen mit kurzen Lebenszyklen (weniger als 3–5 Jahre) oder der Notwendigkeit einer aggressiven Absatzpolitik Erfolg haben. Diese Ausrichtung bringt die deutschen Unternehmen fast zwangsläufig dazu, über die Differenzierung Wettbewerb zu treiben, nicht über die Kosten. Sie werten die Produkte ständig auf und treiben sie fast unerbittlich in den Bereich der Hochleistungserzeugnisse, wie bei Messerwaren, Automobilen und Druckmaschinen. Das deutsche Augenmerk gilt weniger dem Anteil am Gesamtmarkt als in Schweden oder Japan, mehr der Beherrschung technisch aufwendiger Marktsegmente und dem Erzielen ausreichender Gewinne."

8.3 Neue Formen der Kostenrechnung

Die veränderten Rahmenbedingungen und neue Schwerpunkte haben dazu geführt, dass auch im Controlling in vielen Bereichen die Arbeit wieder zurück zu Grundtugenden festzustellen ist. Die Ursachen

- ❑ steigender Wettbewerbsdruck,
- ❑ hohe Gemeinkosten,
- ❑ aufgeblähte Strukturen und
- ❑ unflexible Prozesse

haben dazu geführt, dass unter dem Begriff des „Lean Management" auch im Rahmen der Kostenrechnung die Weiterentwicklung unserer traditionellen Kostenrechnungsverfahren in Angriff genommen wurde. Diese haben alle einen fundamentalen Nachteil:

(1) Unsere Kostenrechnungsverfahren bauen auf bestehenden Strukturen auf. Informationen werden damit nur aus bestehenden Strukturen heraus geliefert.

(2) Die Durchschnittsbildung der Kosten für Verrechnungsgrößen und auch innerhalb der Ermittlung kalkulatorischer Kostenansätze führt dazu, dass die Tendenz vieler Unternehmen, sich in Nischen „zu flüchten", unterstützt wird. Produkte mit relativ hohen Erlösen bei einer gegebenen Kostenausgangslage werden forciert, ohne zu fragen, ob nicht gerade diese Produkte aufgrund der mit ihnen eingehenden Komplexitäten klassische Kostentreiber sind.

(3) Unsere klassischen Kostenrechnungssysteme unterstützen nicht die Produkte, die in großen Stückzahlen laufen, deren Herstellungsprozesse gelernt sind und die letztlich weniger Kosten verursachen, als ihnen aufgrund der Kostenrechnung zugerechnet wird.

(4) Diese grundlegenden Mängel haben mit Sicherheit dazu beigetragen, dass sich viele Unternehmen von den Wettbewerbsgesetzen im Volumenmarkt entfernt haben und durch falsche Kosteninformationen Segmentierungs-Strategien gefahren sind.

Diese Mängel versuchen die modernen Verfahren der Kostenrechnung zu beheben, indem sie ansetzen, die Konsequenzen der dynamischen Marktentwicklung auch in die Kostenrechnung einzubeziehen:

❏ Umschichtung der funktionalen Kostenstruktur mit Zunahme der Kosten der indirekten Leistungsbereiche,
❏ Verschiebung der Kostenartenstruktur mit einem Anstieg der Anlagen- und Technologiekosten,
❏ Verschiebung von Einzel- zu Gemeinkosten,
❏ absoluter und relativer Anstieg der Fixkosten,
❏ Rückgang der Kostenabhängigkeit von der Ausbringungsmenge, Kosteneinflussfaktoren sind eher Unternehmensgröße, Erfahrung, Komplexität, Leistungstiefe,
❏ Kosten werden eher vor Produktionsbeginn und durch Projekte bestimmt als durch Produkte im traditionellen Sinne.

Die Konsequenzen daraus sind, dass

❏ die Informationsanforderungen an die Kostenrechnung sich ändern und zunehmen,
❏ der Analysebedarf sich wandelt in funktionsübergreifenden, lebenszyklusorientierten und marktorientierten Kostenanalysen,
❏ die flexible Ausrichtung auf unterschiedliche Kostenträger notwendig wird.

Der Wandel in unseren Systemen der Kostenrechnung ist die Umorientierung von der vergangenheitsorientierten Kostenermittlung zur aktiven Kostenbeeinflussung und damit der Übergang zum aktiven Kostenmanagement.

8.3.1 Target Costing

Target Costing oder Zielkostenmanagement orientiert sich an der Fragestellung, welcher Kostenbetrag in eine Leistung Eingang finden kann vor dem Hintergrund des damit erzielbaren Marktpreises. Es ist insofern ein Umorientierungsprozess, als nicht mehr von den vorhandenen Kosten des Unternehmens in der ersten Stufe ausgegangen wird, sondern gefragt wird, welchen Preis können wir mit unserer Leistung am Markt erzielen und welche Kosten dürfen wir uns dafür erlauben. Target Costing ist somit ein Ansatz des Kostenmanagements (Claassen, Utz; Hilbert, Herwig: Target Costing als bedeutendes Element der finanziellen Projektsteuerung in der Frühphase des Produkt-Entstehungsprozesses (Volkswagen AG), In: F + E-Controller-Dienst, a.a.O., Seite 109), der

- durchgängig über den gesamten Produktlebenszyklus hinweg,
- mit einer Betonung auf die Frühphase der Produktentstehung,
- ausgehend von marktorientierten Kosteninformationen,
- basierend auf eine produktfunktionale Budgetierung,
- unter Berücksichtigung der Vollkosten

Leitlinie des Produktentstehungs-Prozesses ist.

Target Costing hat seinen Schwerpunkt in der Frühphase des Produktentstehungs-Prozesses, da hier die Kosten am besten beeinflussbar sind:

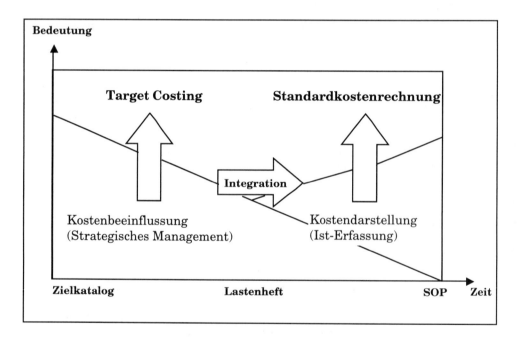

Target Costing baut auf folgenden Grundsätzen auf:

- Grundsatz 1: Die Kosten künftiger Produkte werden aus den nach Serieneinsatz vom Marketing zu prognostizierenden Umsatzerlösen abgeleitet.
- Grundsatz 2: Die notwendige Zielkostenvorgabe (Vollkosten) ergibt sich durch Abzug eines geplanten Profits (operatives Ergebnis) von den Nettoerlösen sowie unter Berücksichtigung eines Risikoabschlags.
- Grundsatz 3: Die durch Differenz-Ermittlung gewonnenen Produktgesamtkosten werden den einzelnen Komponenten des Produkts, entsprechend den Kundenwertrelationen, zugeordnet.

❏ Grundsatz 4: Die komponentenbezogenen Zielkosten dienen der Wertschöpfungskette (F + E, Produktion, Einkauf und Vertrieb) als Zielvorgabe.
❏ Grundsatz 5: Durch Analyse der Differenz von Zielkosten zu Standardkosten und durch Benchmarking wird auf Komponentenebene Optimierungspotenzial identifiziert.
❏ Grundsatz 6: Die Wertschöpfungskette hat durch produktbezogene Businesspläne die Rahmenbedingungen zu schaffen und durch Produktkostenoptimierung, Materialkostenoptimierung und Wertanalyse die Maßnahmen zu planen und umzusetzen, die zur produktbezogenen Zielerreichung notwendig und nachvollziehbar sind.

Damit ist Target Costing als Instrument zur Begleitung des Produktentwicklungs-Prozesses der Einstieg in ein aktives Kosten- und Kostenstrukturmanagement. Die gedankliche Vorgehensweise lässt sich wie folgt darstellen:

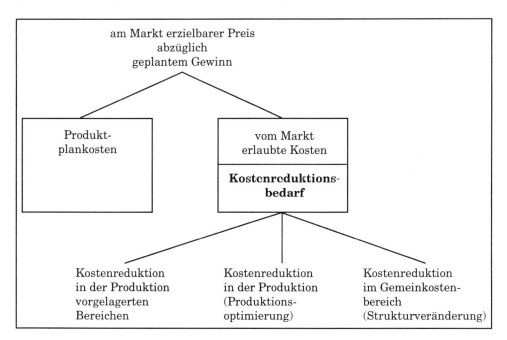

Target Costing hat den wesentlichen Vorteil, dass es von der Marktleistung ausgeht und den im Unternehmen notwendigen Änderungsbedarf aufzeigt. Es macht den Blick frei von der Gedankenwelt, dass ein Produkt eben den Preis erzielen müsse, der die Kostensituation des eigenen Unternehmens repräsentiert. Als Zielkostenmanagement fordert es alle Einheiten im Unternehmen und zeigt den Änderungsbedarf auf.

8.3.2 Prozesskostenrechnung

Die Gedanken der Prozesskostenrechnung haben seit Ende der 80er Jahre Einzug in die Kostenrechnungsüberlegungen gefunden. Unter den Begriffen Prozesskostenrechnung, Activity-Based-Costing, Activity-Based-Management, Transaction-Costing, Activity-Accounting, prozessorientierte Kostenrechnung oder vorgangsorientierte Kostenrechnung wird eine Methodik vorgeschlagen, die die kostentreibenden Prozesse innerhalb der Gemeinkosten besser unter Kontrolle bringen soll. Die Zielsetzung der Prozesskostenrechnung ist es, die im Rahmen der Prozessoptimierung gewonnenen Informationen in eine transparente und verursachungsgerechte Kostenrechnung zu überführen. Sie ist entstanden aus der Erkenntnis, dass die klassische kostenstellenorientierte Sichtweise der Gemeinkosten die Strukturen und kostentreibenden Faktoren nicht ausreichend in den Griff bekommt.

Die Prozesskostenrechnung geht von folgenden Verfahrensschritten aus (Glutz von Blotzheim, A.B.: Strategisches Strukturkostenmanagement. In: Controller Magazin Nr. 1/1995, Seite 10):

(1) Analyse der Tätigkeiten

(2) Klassifizierung von Prozessen

(3) Bestimmung von Prozessmengen (Bezugsgrößen/Kostentreiber)

(4) Ermittlung von Prozesskostensätzen

Bei diesem Verfahren wird das betriebliche Geschehen als eine Abfolge von Aktivitäten und Prozessen oder Prozessketten gesehen. Grundsätzlich werden alle Aktivitäten in die Betrachtung einbezogen, die die Produktion und den Vertrieb der Produkte und Dienstleistungen fördern. Angelehnt an die Vorgehensweise der Standardkostenrechnung im Rahmen der Ermittlung von Verrechnungssätzen für Profit-Center in nicht marktbezogenen Bereichen werden für die einzelnen Aktivitäten Kostensätze ermittelt, aus denen eine verursachungsgerechte Kostenzuordnung der Kernprozesse für die Leistungserstellung vorgenommen wird:

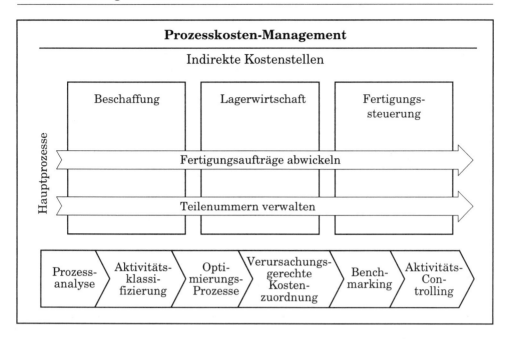

Gerade in Zeiten zunehmender Produktkomplexität steigen zwangsläufig auch die Kostentreiber im Gemeinkostenbereich. Unsere traditionellen Kostenrechnungsverfahren sind nicht in der Lage, diese Kostentreiber transparent zu machen. In einer prozessorientierten Kostenrechnung können aber die Kosten mittels Prozesskostensätze auf die einzelnen Kostenträger zugerechnet werden. Gerade bei größerer Produktzahl und Produktvarianten führt die prozessorientierte Kalkulation zu erheblichen Kostenunterschieden und gibt damit eine verursachungsgerechtere Gemeinkostenverrechnung wieder.

Im Mittelpunkt der Prozesskostenrechnung steht somit die Frage der Beherrschung der Gemeinkosten. Sie ist der Einstieg in eine besondere Art der Gemeinkosten-Wertanalyse und schafft Transparenz in funktionalen Bereichen durch gerechtere Kalkulation. Die Prozesskostenrechnung dient der Steuerung von funktionsüberschreitenden Geschäftsprozessen und zur Beherrschung der Komplexitäten im Kostenbereich.

8.3.3 Lebenszyklus-Kostenrechnung

Eine enge Verwandtschaft zum Target Costing zeigt die Konzeption der Lebenszyklus-Kostenrechnung. Ausgehend von der Tatsache, dass in der Entwicklungsphase die zukünftigen Kosten grundlegend festgelegt werden und hier die so genannten Vorlaufkosten entstehen, in der Einführungs-, Wachstums-, Reife- und Rückgangsphase die Herstellungs-, Verwaltungs- und Vertriebskosten eines Produktes anfallen und in der Stilllegungsphase die Nachlaufkosten eines Produktes entstehen, werden diese unterschiedlichen Kosten der einzelnen Phasen des Lebenszyklus eines Produktes erfasst:

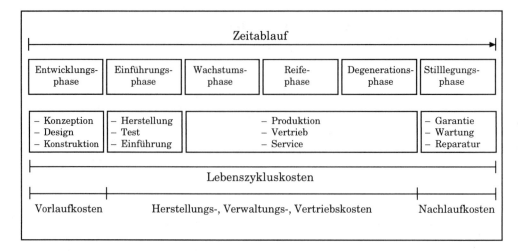

Unter Heranziehung des voraussichtlichen Marktverlaufs über die Zeitachse wird der idealtypische Produktverlauf in die Kalkulationsüberlegungen einbezogen:

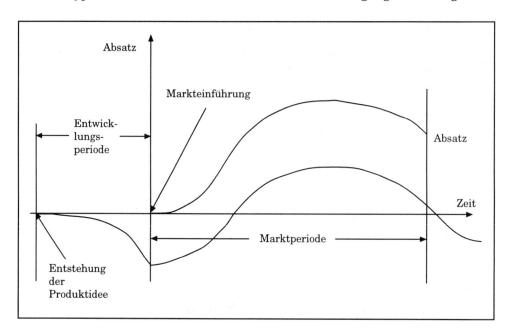

Im Rahmen der Kostenplanung eines Produktes kommt es nun entscheidend darauf an zu erkennen,
- ❏ ob die Vorlaufkosten eines Produktes über die einzelnen Phasen des Lebenszyklus amortisiert werden können,
- ❏ inwieweit die Produktmargen der Lebensphase des Produktes ausreichen, um die Nachlaufkosten im Rahmen der Nachlaufphase zu verdienen.

Die hinter dem Konzept der Lebenszyklus-Kostenrechnung stehende Idee zwingt, gerade in Zeiten immer kürzerer Lebenszyklen der Produkte, sich kritisch mit der Frage auseinander zu setzen, ob eine Produktidee überhaupt tragfähig ist und welche langfristigen Kostenwirkungen im Rahmen der Konzeptionsphase fixiert werden.

8.3.4 Wertschöpfungsketten-Analyse

Viele Branchen sind davon geprägt, dass sich die Wertschöpfungskette im Zeitablauf teilweise fundamental verformt. Für die unternehmerischen Dispositionen ist es daher erforderlich, sich diese Veränderungen der Wertschöpfungsketten der Geschäfte kritisch vor Augen zu führen. Waren es früher Vorteile in der Produktion, später im Marketing, so liegen heute in vielen Branchen die Vorteile in Flexibilität und besserer Abdeckung des Kundennutzens.

Die Konzeption der Wertschöpfungsketten-Analyse geht davon aus, für die einzelnen Wertschöpfungsketten zunächst den Aufwand im Unternehmen festzustellen und die dafür vorgehaltenen Kosten zu präzisieren. Danach kommt es darauf an, sich kritisch zu fragen, welche dieser Wertschöpfungsketten ein Unternehmen selbst in der Hand haben muss und welche dieser Wertschöpfungsstufen fremdbezogen werden können. Anschließend ist die Grundsatzfrage zu stellen, welcher Wertschöpfungsstufe die grundlegende strategische Bedeutung zukommt. Es geht darum festzulegen, welche Aktivitäten eines Unternehmens strategisch den durchschlagenden Erfolg haben. Auf dies hat sich das Unternehmen zu konzentrieren sowohl hinsichtlich der Weiterentwicklung als auch der Investitionsaktivitäten.

8.4 Kostenmanagement zur Strukturveränderung

Intensivierung des Wettbewerbs, Globalisierung der Märkte, nachlassendes Wachstum bis Stagnation in vielen Märkten und die rückläufige Konjunktur am Anfang der 90er Jahre haben dazu geführt, dass sich die Firmen verstärkt mit Fragen zur Strukturveränderung auseinander gesetzt haben. Es begann – wie bereits ausgeführt – ein Prozess, dessen Inhalte zum Teil völlig konträr zu den Unternehmervisionen der 80er Jahre sind. Weniger Größe und visionäres Wachstum sind gefragt als vielmehr handfestes Management, zurück zu Grundtugenden und Pragmatismus zur Verbesserung von Strukturen zur nachhaltigen Absicherung der Wettbewerbsfähigkeit. Diese Maßnahmen wurden um so notwendiger, als sich zeigte, dass in vielen Märkten Wachstum letztlich zu teuer ist, um ein Unternehmen damit längerfristig lebensfähig abzusichern.

8.4.1 Benchmarking

Benchmarking als Vergleich mit den Besten der Besten (Horváth, Péter; Herter, Ronald H.: Benchmarking – Vergleich mit den Besten der Besten –. In: Controlling, Heft 1/1992, Seite 4–11) war Teil eines umfassenden Restrukturierungsprogrammes bei Xerox, das zusätzlich die Einbindung der Mitarbeiter und die Qualitätsverbesserung umfasste. Dabei machte das Benchmarking als Instrument zur Restrukturierung von Unternehmen nachhaltig Furore.

Benchmarking ist als ein kontinuierlicher Prozess, bei dem Produkte, Dienstleistungen und insbesondere Prozesse und Methoden betrieblicher Funktionen über mehrere Unternehmen hinweg verglichen werden, zu verstehen. Dabei geht es darum, Unterschiede aufzuzeigen und zu fragen, welche Verbesserungen in den strategischen Kernprozessen möglich sind, um wettbewerbsfähige Vorsprünge vor den Konkurrenten zu erzielen. Benchmarking bedeutet aber nicht nur Vergleich mit den besten Konkurrenten, sondern soll darüber hinaus auch den Vergleich beinhalten mit Unternehmen aus anderen Branchen, die ganz bestimmte strategische Kernaktivitäten eines Unternehmens hervorragend bewältigen. Das hat zum Vorteil, dass

❏ die Verengung des Blickwinkels allein auf die Konkurrenz ausgeschlossen wird und

❏ viel besser Informationen zu entscheidenden Kernfunktionen erhältlich sind, da der Vergleich mit Unternehmen aus anderen Branchen, mit denen kein Wettbewerbsverhältnis entsteht, leichter möglich ist als zu seinen unmittelbaren Konkurrenten.

Ergebnisse des Benchmarking sind insofern nicht nur Zielvorgaben, sondern konkrete Hinweise, wie bestimmte Ziele zu erreichen sind.

Benchmarking setzt nicht nur am Kostenvergleich an. Zwar werden viele Unternehmensfunktionen zunächst nur pauschal über ihre Kostenhöhe verglichen – eine Einengung des Blickfeldes, die in der betrieblichen Praxis wenig dienlich ist. So sagt ein Kostensatz für eine bestimmte Funktion in Prozent vom Umsatz relativ wenig aus. Entscheidend ist, welche Leistungen eine bestimmte Unternehmensfunktion am internen oder externen Markt erbringt und mit welchem Einsatz diese Leistung möglich ist.

Daneben bezieht sich Benchmarking aber auch auf den Vergleich absatz- und erlösrelevanter Unternehmensfunktionen. Damit ist sichergestellt, dass letztlich die gesamte Wertschöpfungskette und die sie beeinflussenden Kernaktivitäten eines Unternehmens in den kritischen Vergleich mit den Unternehmen, die diese Funktionen am besten erfüllen, einbezogen wird.

Als Beispiel für Kriterien zur Ermittlung der entsprechenden Vergleichsmarken im Rahmen des Benchmarking mag nachfolgender Kriterienkatalog dienen (nach Horváth, Péter; Herter, Ronald H.: Benchmarking, a.a.O. Seite 6):

1991 BEURTEILUNGSKATEGORIEN/-KRITERIEN MAXIMALE PUNKTZAHL		
1.0 Führung		
1.1 Geschäftsführung	40	
1.2 Qualitätspolitik	15	
1.3 Qualitätsmanagement	25	
1.4 Öffentliche Verantwortung	20	
2.0 Information und Analyse		100
2.1 Spektrum und Management von Qualitätsdaten	20	
2.2 Wettbewerbsvergleiche und Benchmarks	30	
2.3 Analyse der Qualitätsdaten	20	
3.0 Strategische Qualitätsplanung		70
3.1 Prozess der strategischen Qualitätsplanung	35	
3.2 Qualitätsziele und -pläne	25	
4.0 Einsatz von Humanressourcen		60
4.1 Management der Humanressourcen	20	
4.2 Einbindung der Mitarbeiter	40	
4.3 Aus- und Weiterbildung bezüglich Qualität	40	
4.4 Anreizsystem und Leistungsbeurteilung der Mitarbeiter	25	
4.5 Arbeitsmoral und Zufriedenheit der Mitarbeiter	25	
5.0 Qualitätssicherung bei Produkten und Dienstleistungen		150
5.1 Entwicklung und Einführung von Qualitätsprodukten und -dienstleistungen	35	
5.2 qualitätsbezogene Prozesssteuerung	20	
5.3 Continuous Improvement der Produktionsprozesse	20	
5.4 Qualitätsbewertung	15	
5.5 Dokumentation	10	
5.6 Qualität der indirekten Funktionen	20	
5.7 Qualität der Lieferanten	20	
6.0 Qualitätsniveau		140
6.1 Qualitätsniveau der Produkte und Dienstleistungen	90	
6.2 Qualitätsniveau der Abläufe und Prozesse in den direkten und indirekten Bereichen	50	
6.3 Qualitätsniveau der Lieferanten	40	
7.0 Kundenzufriedenheit		180
7.1 Ermittlung der Kundenanforderungen und -erwartungen	30	
7.2 Management der Beziehung zu den Kunden	50	
7.3 Standards für den Kundenservice	20	
7.4 Verpflichtungen gegenüber den Kunden	15	
7.5 Handhabung von Reklamationen und Verwendung der Informationen zu Qualitätsverbesserungen	25	
7.6 Ermittlung der Kundenzufriedenheit	20	
7.7 Niveau der Kundenzufriedenheit	70	
7.8 Kundenzufriedenheit im Vertrieb	70	300
GESAMTPUNKTZAHL		1000

Der Benchmarking-Prozess ist vom Management durchzuführen. Nur auf diese Art und Weise ist sichergestellt, dass das notwendige Know How der Praktiker in die Arbeiten des Benchmarking-Teams einfließen. Die Aufgabe des Controllers besteht bei der Einführung des Benchmarking in dem Bereithalten der dafür erforderlichen Instrumente und der Moderation des Prozesses sowie der Strukturierung der strategisch relevanten Vergleichsgrößen.

Das Benchmarking ist auf unterschiedliche Objekte und Parameter anwendbar. Ein Anhaltspunkt gibt die nachfolgende Abbildung von Horvárth und Herter:

Parameter	Ausprägung des Parameters			
Objekt	Produkte	Methoden		Prozesse
Zielgröße	Kosten	Qualität	Kunden-zufriedenheit	Zeit
Vergleichs-partner	andere Geschäfts-bereiche	Konkurrenten	gleiche Branche	andere Branche

Benchmarking ist ein Instrument im Rahmen eines Prozesses zur kontinuierlichen Verbesserung. Aufbauend auf der Vorbereitungsphase mit der Festlegung des Gegenstandes des Benchmarkings, der Leistungsbeurteilungsgrößen, des Vergleichsunternehmens und der Informationsquellen werden im Rahmen der Analysephase die einzelnen Ergebnisse ausgewertet und in Form der Leistungslücke die Antworten auf die Frage der Unterschiede zum Besten der Besten gesucht. Daran anschließend sind Maßnahmen und Strategien zu erarbeiten, mit denen die Leistungslücke als Differenz des Vergleichs mit den Besten geschlossen wird. Dazu sind konkrete Aktionspläne mit Maßnahmen und Projekten sowie Terminen und Verantwortlichen festzulegen. Diese Umsetzungsphase läuft nach den klassischen Instrumenten des Projektmanagements ab.

Vorteile des Benchmarking liegen zweifelsohne in der Tatsache, dass der Vergleich mit fremden Unternehmen erfolgt. Dadurch wird dem eigenen Unternehmen der Spiegel vorgehalten mit der Konsequenz, dass in den Umsetzungsprozess mehr Druck kommt. Die im Rahmen derartiger Verbesserungsprozesse angebrachten Argumente nach der Individualität des Unternehmens und der daraus resultierenden Tatsache, Änderungen nicht durchführen zu können, wird entscheidend der Boden entzogen. Benchmarking zwingt gerade, sich die Frage zu stellen, weshalb das eigene Unternehmen diese Werte der so genannten Klassenbesten nicht erreicht. Damit entsteht eine Herausforderung für das Management anhand konkret möglicher Strukturalternativen und Handlungszwang zur Umstrukturierung im eigenen Unternehmen.

8.4.2 Prozessmanagement

Prozessmanagement bedeutet die konsequente Ausrichtung der Geschäftsprozesse eines Unternehmens unter Kosten- und Nutzengesichtspunkten. Schwerpunktaufgabe ist die Analyse der zentralen Geschäftsprozesse oder besser der kritischen Kernprozesse unter Kosten- und Nutzengesichtspunkten aus der Sicht des Kunden. Die dabei gewonnenen Informationen dienen als Basis für die Restrukturierung der Prozesse und der Steuerung des Unternehmens.

Das Ziel besteht damit in einer Verbesserung der Leistungsfähigkeit aller Unternehmensprozesse und der Optimierung der Steuerbarkeit der Unternehmensfunktionen auf die Kundenzielgruppen hin.

8.4.2.1 Ansatzpunkte

Ansatzpunkte des Prozessmanagements sind die Faktoren

- Qualität,
- Kosten,
- Zeit.

Ausgehend von diesen Ansatzpunkten liegen die unterschiedlichen Ausprägungen des Prozessmanagement im

- Qualitätsmanagement,
- Prozesskostenmanagement,
- Zeitmanagement.

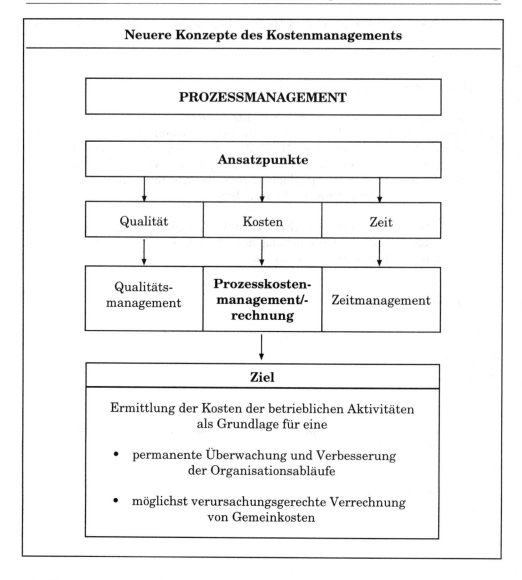

Qualitätsmanagement bedeutet die Ausrichtung des gesamten Unternehmens nach einheitlichen Qualitätsstandards mit der Zielsetzung, über Qualitätsdifferenzierung Kundenvorteile zu erarbeiten. Qualitätsmanagement geht über die heutigen bekannten Zertifizierungen gemäß ISO-Norm hinaus: es ist eine Grundhaltung im Unternehmen, kundenorientiert Qualitätsführerschaft zu erzielen. Konsequentes Qualitätsmanagement führt nicht nur zu besseren Kundenleistungen, sondern auch zu niedrigeren Kosten.

Im Rahmen des Prozesskostenmanagement liegen die Aufgaben in der

❏ Ermittlung der Kosten der betrieblichen Aktivitäten als

❏ Grundlage der permanenten Überwachung und Verbesserung der Organisationsabläufe sowie die
❏ möglichst verursachengerechte Verrechnung von Gemeinkosten.

Zeitmanagement bedeutet das konsequente Besserwerden in der Überwindung von Zeitkonstanten. Zeitkonstantenverbesserung findet sowohl statt bei einzelnen Arbeitsprozessen als auch in der Verbesserung und Verkürzung der Entscheidungen im Management. Zeitmanagement bedeutet mehr Dynamik und Fokussierung auf die strategischen Grundsatzfragen mit der Zielsetzung, den strategischen Erfolgsfaktor Zeit besser zu beherrschen.

8.4.2.2 Vorgehensweise

Die Vorgehensweise aller drei Ausprägungen des Prozessmanagement lässt sich vereinfacht wie folgt darstellen:

❏ Bestimmung der innerbetrieblichen Prozesse,
❏ Auswahl geeigneter Prozess-/Qualitäts-/Zeitgrößen,
❏ Ermittlung des Zeitbedarfs für die Bearbeitung der einzelnen Prozesselemente,
❏ Ermittlung der Prozessmengen,
❏ Ermittlung der Prozessstückkosten auf Basis der Ist-Arbeitsabläufe,
❏ Analyse der gewonnenen Informationen,
❏ zielgerichtete Umsetzung der Erkenntnisse.

Sofern das Prozessmanagement in seinen unterschiedlichen Ausprägungen mit Erkenntnissen des Benchmarking verbunden wird, entsteht gleichzeitig eine stärkere Ausrichtung der Einzelaktivitäten auf den Vergleich mit dem Klassenbesten. Benchmarking erhöht gerade im Prozessmanagement die Orientierung der Leistungsfokussierung auf extern gesetzte Messlatten.

8.4.2.3 Ergebnisse

Ergebnisse des Prozessmanagement sind die konsequente Ausrichtung der Kernaktivitäten eines Unternehmens an den Kundenbedürfnissen. Es ist ein umfassender Ansatz, um Rationalisierungspotenziale, insbesondere in den indirekten Leistungsbereichen, aufzuspüren und zu nutzen. Prozessmanagement bildet die Grundlage für eine verursachungsgerechte Gemeinkostenverrechnung als Basis von Produktkalkulationen. Prozessmanagement ist aber mehr als Gemeinkosten-wertanalyse oder Zero-Base-Budgeting – schon allein, weil es sich nicht um ein einmaliges Projekt, sondern um ein permanent anzuwendendes Instrument handelt. Es ist eine grundlegende Neuausrichtung des Unternehmens und seiner kritischen Kernprozesse mit der Zielsetzung der Qualitätsführerschaft, der Zeitführerschaft und der Führerschaft in der Beherrschung kritischer Unternehmensprozesse.

8.4.3 Lean Management

Zielsetzung aller Konzepte des Lean Management ist die Entschlackung des Unternehmens von allen den Unternehmensauftrag hemmenden Faktoren. Es bedeutet die Umstrukturierung des Unternehmens hin zu flachen Hierarchien mit kurzen Entscheidungswegen durch das Prinzip ständiger Verbesserung. Diese Zielsetzungen werden erreicht durch

- Verringerung von Schnittstellen durch Aufgabenerweiterung,
- Delegation von Verantwortung und Bildung flacher Hierarchien,
- Rückkoppelungen in der täglichen Arbeitsroutine.

Das Ergebnis der Arbeiten im Rahmen des Lean Management ist die Verbesserung von Produktivität, Qualität und Flexibilität.

8.4.3.1 Total Quality Management

Die Entwicklung des Qualitätsmanagements in der unternehmerischen Praxis hatte die Phasen

- geprüfte Produktqualität durch Endkontrollen,
- Fehlerverhütung bereits im Produktionsprozess,
- Aufbau von Qualitätssicherungssystemen (z.B. nach den einschlägigen ISO-Normen) zur besseren Erfüllung der Kundenwünsche.

Qualität ist ein schwieriges Thema. Insbesondere ist es schwierig zu sagen, was die marktgerechte Qualität ist.

Die Kosten, die für die Qualitätsstandards und deren Realisierung im Unternehmen aufgewendet werden, sind hoch. Es entstehen Kosten für Vorbeugung von Fehlern, Überprüfung, Kosten der Vermeidung von Fehlern und nachgelagerte Kosten im Wesentlichen durch After-Sales-Service.

Total Quality Management als Teil des Lean-Managements setzt daran an, durch Verringerung von Schnittstellen im Unternehmen die Voraussetzungen zu schaffen, die erforderlich sind, um die Kundenanforderungen innerhalb des Unternehmens bestmöglichst umzusetzen. Dazu ist die Umgestaltung der Geschäftsprozesse über Abteilungsgrenzen hinweg als auch innerhalb der Abteilungen erforderlich, um den einzelnen Mitarbeiter und seine Tätigkeit konsequent auf den Kunden ausrichten zu können.

Die wesentlichen Schritte zur Umsetzung des Total Quality Management im Unternehmen sind

- Festlegung von strategischen Qualitätszielen durch die Unternehmensleitung und daraus abgeleitete dezentrale Ziele zur Steuerung der einzelnen Unternehmensprozesse,

- Steuerung der Unternehmensprozesse über die einzelnen vertikalen Verantwortungen hinweg gemäß den in der Qualitätsphilosophie festgesetzten Leitlinien,
- Durchsetzung der Qualitätsphilosophie in der täglichen Arbeit.

Zusammenfassend lässt sich Total Quality Management mit folgenden Grundsätzen umschreiben (Henkel KGaA: Prozesse kontinuierlich verbessern. Düsseldorf 1994, Seite 28):

(1) Qualität bedeutet Erfüllung von Kundenanforderungen.

(2) Qualität wird durch den Grad an Übereinstimmung mit den Kundenanforderungen gemessen.

(3) Der Maßstab für Qualität ist „Null-Fehler".

(4) Die Annäherung an den Null-Fehler-Standard erfolgt durch kontinuierliche Qualitätsverbesserung.

(5) Vorbeugen ist das wirtschaftlichste Konzept zur Qualitätsverbesserung.

8.4.3.2 Lean Production

Lean Production ist der Ursprung aller Konzepte des Lean Managements. Es entstand aus einem Konzept zur Effizienzsteigerung in der Produktion im Hause Toyota und wurde zu einer allgemeinen Führungsphilosophie entwickelt. Lean Production ist das konsequente Gegenteil zu den Prinzipien der modernen Massenfertigung mit der Zielsetzung sinkender Stückkosten durch Vergrößerung des Produktionsvolumens. Lean Production verfolgt das Ziel sinkender Stückkosten bei kleinem Produktionsvolumina mit der Maßgabe, hohe Fertigungsflexibilität bei häufigen Wechseln zu garantieren.

Lean Production baut auf vier Prinzipien auf:

- Verringerung von Schnittstellen durch Aufgabenerweiterung,
- Delegation von Verantwortung und Bildung flacher Hierarchien,
- Verringerung der Durchlaufzeit,
- Rückkoppelungen in der täglichen Arbeitsroutine.

Diese vier Prinzipien des Lean Management wurden im Fertigungsbereich der Automobilindustrie entwickelt. Schon bei der Entwicklung lag die Priorität in der Bildung von Arbeitsteams und damit einer Konzentration auf direkte Wertschöpfung sowie die Auslagerung aller nicht direkt wertschöpfender Tätigkeiten. Insofern handelt es sich beim Lean Management und Lean Production um eine marktgesteuerte, schnelle und flexible Produktion durch Entflechtung und Straffung der Wertschöpfungskette.

Lean Production hat damit folgende Schwerpunkte, in denen es sich von anderen Prinzipien abhebt:

(1) Im Mittelpunkt der Fortentwicklung und der Verbesserung steht die Gruppe und nicht das Individuum.

(2) Der Kundennutzen ist Ausgangspunkt aller Bestrebungen.

(3) Volle Konzentration aller Aktivitäten auf die Schwerpunkte der Wertschöpfungskette mit der Konsequenz, alle nebengelagerten und nicht direkt wertschöpfenden Tätigkeiten zu eliminieren.

Die Ergebnisse dieses Konzeptes sind verblüffend:

- hohe Flexibilität zum Kunden hin,
- erhebliche Steigerung der direkten Produktqualität, auch in Verbindung mit Total Quality Management-Systemen,
- erhebliche Reduzierung der Durchlaufzeit der Produkte,
- erhebliche Senkung der innerbetrieblichen Logistikaufwendungen und Läger,
- Erhöhung der Motivation der Mitarbeiter.

Das Konzept und seine Ziele klingen einleuchtend. Die Umsetzung ist in tradierten und langfristig gewachsenen Strukturen schwierig. So sind erhebliche Anstrengungen darauf zu richten und eine Umorientierung im Denken umzusetzen, um z.B. nur die notwendige Zuliefer-Infrastruktur aufzubauen. Das setzt eine völlige Umorientierung in der gesamten Steuerung der Produktionsprozesse voraus.

8.4.3.3 Kaizen

Der von Imai (Imai, Masaaki: Kaizen. Der Schlüssel zum Erfolg der Japaner im Wettbewerb. 10. Auflage, München 1993) geprägte Begriff Kaizen bedeutet kontinuierliche Verbesserung ohne große Investitionen in neue Maschinen und Anlagen. Im Mittelpunkt stehen die Mitarbeiter und die Schaffung eines neuen Führungsverständnisses. Damit verbunden ist der Anspruch nach ständiger Anpassung an sich veränderte Situationen. Kaizen trägt dabei vor allem dem Gedanken Rechnung, dass Probleme dort erkannt und beseitigt werden können, wo sie anfallen, und zwar durch die betroffenen Mitarbeiter selbst.

Kaizen geht von der Erkenntnis aus, dass es keinen Betrieb ohne Probleme gibt. Aufgabe des Managements ist es, die sich daraus ergebenden Veränderungen zu managen und den Prozess des Kaizen zur Verbesserung des Status quo in kleinen Schritten als Ergebnis laufender Bemühungen in Gang zu setzen.

Das Positive an Kaizen ist, dass es weder einer ausgefeilten Technik noch einer Technologie auf dem letzten Stand bedarf. Um Kaizen einzuführen, braucht man nur einige einfache und herkömmliche Techniken. Meist reicht dazu der normale Menschenverstand aus. Wichtig ist aber die kontinuierliche Anstrengung und Verpflichtung, den Status quo zu verbessern. Kaizen bedeutet insofern auch kontinuierliche Verbesserung durch permanente Ausnutzung der Erfahrungskurveneffekte bei bestehenden und stabilen Tätigkeiten.

Wesentliche Kennzeichen von Kaizen sind

- ❏ die Prozessorientierung,
- ❏ die Tatsache, dass auch kleinste Fortschritte zählen,
- ❏ die Feststellung, dass jede Einsparung bedeutsam ist.

8.4.4 Reengineering

Die meisten der vorstehend bezeichneten Methoden des Managements von Kosten und Wertschöpfungsketten zur Strukturveränderung werden heute oberflächlich unter dem Begriff des Reengineering zusammengefasst. Dabei ist der Übergang der einzelnen Methoden in der praktischen Umsetzung teilweise fließend, was der Effizienz der eingesetzten Methoden durchaus dienlich sein kann.

Reengineering bedeutet insofern Neuplanung bereits bestehender Prozesse mit der Zielsetzung, sich auf Kernprozesse der Wertschöpfungskette zu konzentrieren und alle übrigen Prozesse wegzulassen.

Reengineering wendet sich konsequent gegen die tayloristische Arbeitsteilung und versucht unter Nutzung der modernen Informationstechnologien Arbeitsgänge wieder zusammenzufassen und auf die Atomisierung, die hohes Schnittstellenmanagement erfordert, zu verzichten.

Kennzeichen des Reengineering sind (nach Henkel KGaA: Prozesse kontinuierlich verbessern, a.a.O., Seite 39 bis 40).

- ❏ mehrere Positionen werden zusammengefasst,
- ❏ Mitarbeiter fällen Entscheidungen,
- ❏ einzelne Prozessschritte werden in einer natürlichen Reihenfolge abgearbeitet,
- ❏ es gibt mehrere Prozessvarianten,
- ❏ die Arbeit wird dort erledigt, wo es sinnvoll ist,
- ❏ weniger Überwachungs- und Kontrollbedarf,
- ❏ Abstimmungsarbeiten reduzieren auf ein Minimum,
- ❏ ein Manager als einzige Anlaufstelle,
- ❏ sinnvolle Mischung aus Zentralisierung und Dezentralisierung.

Die Darstellung der vorstehend beschriebenen Methoden hat deutlich gemacht, dass sie alle davon ausgehen, bestehende und festgefahrene Strukturen, die sich über lange Jahre durch kontinuierliche Arbeitsteilung und Funktionsspezialisierung gebildet haben mit all den negativen Folgen, zu durchbrechen. Angesagt sind die Zusammenfassung von Tätigkeiten, die Verbesserung der horizontalen Kommunikation und die intensive Vermeidung von Schnittstellen zur Reduktion des Abstimmaufwandes.

Alle diese Methoden sind in der Praxis nur mit Erfolg umsetzbar, wenn sie von der Führung gewollt sind. Die Führung muss hinter diesen Gedanken stehen und den Prozess initiieren. Sie muss aber auch bereit sein, diesen Prozess ständig am Leben zu halten und anzutreiben, vorhandene Strukturen mit allen ihren funktionalen Blockaden aufzubrechen.

8.5 Reengineering der Organisation

Die 90er Jahre mit ihrem Zwang zur Anpassung von Strukturen in allen Unternehmensbereichen führten zwangsläufig das Augenmerk wieder auf grundsätzliche organisatorische Fragestellungen zur Ausrichtung des Unternehmens und seiner Abläufe. Viele Unternehmen mussten erkennen, dass Effizienzerhöhungen in Märkten mit weitgehend austauschbaren Leistungen nur durch konsequente Anpassung der Prozesse und Unternehmensstrukturen möglich sind. Die Gedanken des Total Quality Managements, von Kaizen und Reengineering fanden auch Eingang in die Beschäftigung mit organisatorischen Fragestellungen. Im Vordergrund der Überlegungen stehen leistungsorientierte Geschäftssysteme, einfache Unternehmensstrukturen mit der Forderung nach „back to the basics" sowie Maßnahmen zur Erhöhung der Motivation der Führungskräfte und des Aufbaus zukunftsgerichteter Anreizsysteme.

Jeder in der Unternehmenspraxis Stehende weiß, dass die Bereitschaft, organisatorische Abläufe und Aufbaustrukturen zu ändern, sehr begrenzt ist. Organsationen wirken so fest in die Grundprozesse des Unternehmens hinein, dass schon geringste Änderungen große Widerstände hervorrufen. In vielen Fällen finden Änderungen der Organisationsstrukturen nur unter erheblichem äußeren Druck statt. Dieser Druck war aber offensichtlich erforderlich, um den Änderungsnotwendigkeiten, die in vielen Unternehmen seit langen Jahren gespürt werden, den notwendigen Schub zu verleiten.

In einer bemerkenswerten Untersuchung hat die Beratungsgesellschaft Droege & Comp. einen internationalen Vergleich von Unternehmensorganisationen erstellt und dabei Strukturen, Prozesse und Führungssysteme in Deutschland, Japan und den USA untersucht (Droege & Comp.: Unternehmensorganisationen im internationalen Vergleich. Struktur, Prozesse und Führungssysteme in Deutschland, Japan und den USA. Frankfurt/Main – New York 1995).

Die Entwicklung der Organisationslösungen in den letzten 20 Jahren lässt sich wie folgt darstellen:

Restrukturierung im Unternehmen

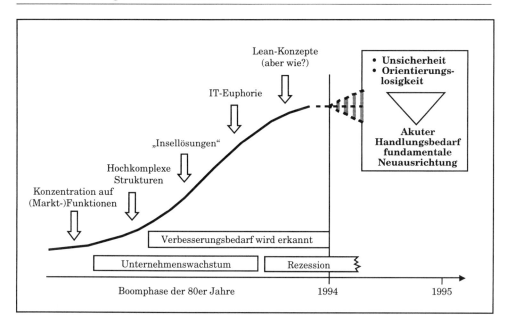

So waren wichtige Organisationstrends der letzten Jahre

- ❏ die Wiederentdeckung kleiner dezentraler Einheiten,
- ❏ die Rückbesinnung auf das Kerngeschäft,
- ❏ das Aufbrechen von Ressortegoismen und
- ❏ die Wiederbelebung der Eigeninitiative von Mitarbeitern.

Dieses Reengineering von Grundprozessen ist erforderlich in einer Zeit, in der Schnelligkeit, Flexibilität und Innovationspotenzial einer Organisation mehr zählen als Größendegressionseffekte aufgrund hoher kritischer Massen. Nicht mehr die Größe wird zum unmittelbaren Konkurrenzvorteil, sondern ganz andere Faktoren sind erforderlich, um den Wettbewerb zu schlagen.

Die vorstehende Untersuchung, die im Jahr 1993 branchenübergreifend angelegt wurde und in Zusammenarbeit mit Herrn Professor Dr. Erich Frese von der Universität zu Köln umgesetzt wurde, umfaßte eine auf die Bundesrepublik Deutschland und das europäische Ausland gerichtete Kernstudie mit Vergleichsstudien aus Japan und Amerika. Die Befragung wurde durch zahlreiche Expertengespräche ergänzt. Mit 1.100 ausgewerteten Fällen steht eine nach Branchen und Unternehmensgrößen repräsentative internationale Basis für Untersuchungen zur Verfügung. Die Rücklaufquoten lagen in Deutschland bei 28,3%, in den europäischen Schlüsselländern bei 10,3%, in Japan bei 13,2% und in den USA bei 10,5%.

Die Ergebnisse der Untersuchung zeigen, dass die Ansatzpunkte für Reengineering der Organsation

- ❏ die Ablauforganisation mit den Geschäftsprozessen,

❏ die sie treibende Aufbauorganisation mit der zugehörigen Personalausstattung und
❏ die notwendige Informationstechnologie

sind. Dabei rückt der Mensch sowohl als Kunde wie auch als Mitarbeiter wieder zunehmend in den Blickpunkt des organisatorischen Geschehens.

8.5.1 Organisationsstrukturen der Zukunft

Die unterschiedlichen Konjunkturlagen der letzten 10 Jahre haben gezeigt, dass erfolgreiche und international agierende Unternehmen zwangsläufig wachsen. Mit zunehmender Größe zeigen sich Wettbewerbsvorteile, die auf Größendegressionseffekte, weltweite Präsenz, auf Marktmacht und Kapitalkraft aufbauen. Es zeigt sich aber auch, dass in vielen Branchen Größe nicht zählt, wenn die Wettbewerber aus mittelständischen und äußerst flexiblen Strukturen, die von den Eigentümern geführt werden, operieren. Große Organisationen haben zwangsläufig lange Wertschöpfungsketten mit hohen Gemeinkosten und einer gewissen Starrheit zur Folge. In dem Maß, in dem mittelständische Unternehmen ihren strategischen Anforderungen besser gewachsen sind als Großunternehmen, gewinnt die Überwindung der „Diseconomies of Scale" einen wettbewerbsentscheidenden Stellenwert. Dieses zeigte sich auch in der aufgeführten Untersuchung: 81% der Unternehmen äußern den Willen, die traditionellen Strukturen der Organisation in den nächsten Jahren durch flexible Organisationsformen abzulösen.

Dabei zeigten sich drei Schwerpunkte:

(1) Gestaltungsalternativen von Unternehmen im Unternehmen
    Die Untersuchung machte deutlich, dass zum Aufbau von mehr Unternehmertum auf drei Gestaltungsalternativen zurückgegriffen wird:
    • Holdingstrukturen,
    • Ausgliederung,
    • Geschäftssegmentierung.

(2) Rechtliche Verselbstständigung von Unternehmensbereichen
    Grundsätzlich ist festzustellen, dass die rechtliche Verselbstständigung von Unternehmensbereichen eine Menge psychologischer Nebenwirkungen freisetzt, die dieses Gestaltungsinstrument auch in der organisatorischen Effizienz durchaus interessant erscheinen lässt.

(3) Reorganisation schafft Verantwortung
    Mit mehr Selbstständigkeit ist nicht nur mehr Flexibilität verbunden. Auch steigen die unternehmerische Verantwortung und damit zwangsläufig Kreativität und Innovationsfreude der Mitarbeiter.

Die Studie kommt zu dem Ergebnis, dass 41% aller untersuchten Unternehmen eine Holding an der Spitze sehen. Dabei ist der Holdinggedanke in den einzelnen Branchen unterschiedlich durchgesetzt

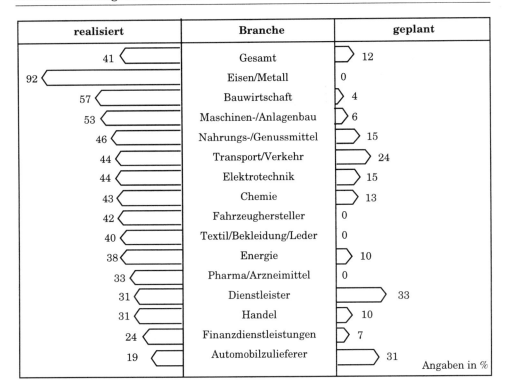

und in den wahrgenommenen Aufgaben der Holding durchaus differenziert:

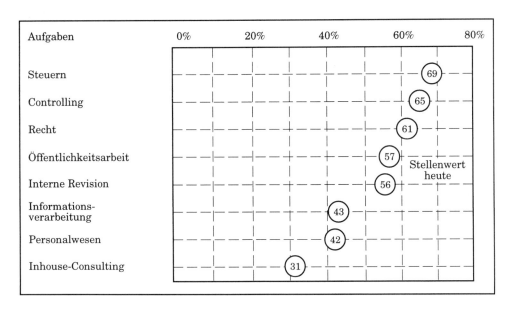

Auch bezüglich der Ausgliederung einzelner Unternehmensbereiche

realisiert	Branche	geplant
53	Gesamt	39
82	Transport/Verkehr	59
76	Dienstleister	56
65	Fahrzeughersteller	41
60	Chemie	47
56	Automobilzulieferer	48
53	Textil/Bekleidung/Leder	43
52	Energie	39
50	Nahrungs-/Genussmittel	33
50	Bauwirtschaft	44
49	Handel	41
47	Maschinen-/Anlagenbau	28
47	Finanzdienstleistungen	38
46	Elektrotechnik	38
39	Eisen/Metall	23
21	Pharma/Arzneimittel	7

Angaben in %

und der mit ihnen verbundenen Konsequenzen sind die Angaben für die einzelnen Branchen differenziert:

Effekt	positive und sehr positive Wirkung
Höhere Flexibilität	80
Höhere Motivation der Führungskräfte	75
Vereinfachung von Kooperationen	61
Stärkung der Innovationskraft	58
Vereinfachung der An- und Verkäufe von Unternehmensteilen	46
Förderung der Führungskräfte-Entwicklung	42
Nutzung von Steuervorteilen	40
Nutzung günstiger Lohn- und Gehaltstarife	39

Angaben in %

Restrukturierung im Unternehmen

Schwieriger war die Feststellung, inwieweit die Geschäftssegmentierung als organisatorisches Gestaltungsprinzip zu grundsätzlichen Vorteilen führt. Wesentlich war, dass die Erhöhung der Eigenverantwortung am Arbeitsplatz durch Bildung kleiner autonomer Einheiten und die damit zwangsläufige Zuweisung anspruchsvollerer und breiterer Aufgabenkomplexe durch dieses Gestaltungsprinzip möglich sind.

8.5.2 Auflösung der Zentralbereiche

„Auflösung der Zentralbereiche" ist ein Schlagwort, das die Diskussion über organisatorische Fragestellungen in den vergangenen Jahren ständig begleitet. Die operativen Unternehmensbereiche haben Aversionen gegen die Zentralbereiche, da sie als nutzlos und unproduktiv für den Unternehmensauftrag gesehen werden. Im Zweifel verfügt die Linie über bessere Argumente, da sie näher am Tagesgeschäft ist. Zudem können Zentralbereiche Organisationen unnötig hemmen, wenn die Aufgaben bis zum Exzess im Hineinregieren in die operativen Funktionen gesehen werden.

Grundsätzlich ist die Notwendigkeit von Zentralbereichen – wie jede Fragestellung – äußerst differenziert zu sehen. So gibt es gute Gründe, bestimmte Aufgaben an Zentralbereiche zu delegieren, deren zentrale Wahrnehmung für das Gesamtunternehmen Vorteile bringen. Die Notwendigkeit von Zentralbereichen hängt von der grundsätzlichen Führungsphilosophie ab.

Die Studie von Droege kommt bezüglich der Wahrnehmung von Aufgaben und Funktionen durch Zentralbereiche zu folgendem Ergebnis:

Bereich	%
Informationsverarbeitung	80
Öffentlichkeitsrecht	77
Controlling	75
Personal / Recht	74
Einkauf / Beschaffung	64
F & E	48
Umweltschutz	43
Logistik	43
Qualitätssicherung	38
Inhouse-Consulting	25
Kundendienst	16

Angaben in %

8.5.3 Profit-Center

Die erfolgreiche Einführung von Profit-Centern ist an folgende Voraussetzungen gebunden:

(1) Die Verantwortlichen des Profit-Centers müssen in der Lage sein, für ihren Bereich Entscheidungen autonom zu treffen.

(2) Die Profit-Center müssen organisatorisch reibungslos funktionieren und einen eigenen Marktzugang haben.

(3) Die unternehmensinterne Leistungsverrechnung hat über marktbezogene Verrechnungspreise zu erfolgen.

Grundsätzlich sollte bei der Profit-Center-Abgrenzung bedacht werden, dass ihre Bildung nach den Notwendigkeiten der strategischen Geschäftsfelder erfolgt. Es müssen Einheiten mit eindeutig abgrenzbarem Marktauftrag, Kundenproblem, Wettbewerbsstrukturen und Marktspielregeln sein.

Die positiven Wirkungen und die Erhöhung der Unternehmerkomponente durch die Bildung von Profit-Centern sind in der Praxis unbestritten. Dabei tendieren Unternehmen mit heterogenen Produktprogrammen stärker zur Bildung von Profit-Centern. Allerdings können auch bei homogenen Unternehmen Profit-Center angesiedelt sein. Die Studie von Droege kommt zu dem Ergebnis, dass die wesentlichen Komponenten, die für ein Profit-Center-Konzept sprechen, die Steigerung der Motivation durch Erfolgszurechnung und die Entfaltung von Marktdruck sind. 81% der befragten Unternehmen verbinden einen Motivationsschub mit dieser organisatorischen Gestaltungsmaßnahme.

Die Häufigkeit der Bildung von Profit-Centern in Abhängigkeit der Homogenität der Geschäftsfelder wurde in der Studie mit folgendem Ergebnis erhoben:

Restrukturierung im Unternehmen

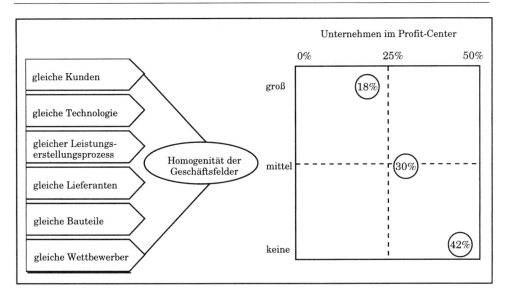

Auch die Profit-Center-Bildung ist in den einzelnen Branchen unterschiedlich ausgeprägt:

wird schon stark eingesetzt	Branche	zukünftig vermehrter Einsatz
69	Eisen/Metall	34
57	Dienstleister	42
52	Maschinen-/Anlagenbau	26
51	Chemie	34
47	Elektrotechnik	43
44	Handel	42
44	Transport/Verkehr	40
41	Fahrzeughersteller	35
40	Nahrungs-/Genussmittel	40
34	Bauwirtschaft	31
32	Automobilzulieferer	40
29	Finanzdienstleistungen	57
28	Pharma/Arzneimittel	0
23	Energie	39
23	Textil/Bekleidung/Leder	33

Angaben in %

8.5.4 Gestaltung von Geschäftsprozessen

Der größte Nachteil vieler etablierter Organisationen ist die Tatsache, dass bei hoher Fertigkeit in der funktionalen Spezialisierung die abteilungsübergreifende Koordination nicht funktioniert. Die horizontale Ressourcensteuerung ist ineffizient.

Aus diesem Grunde werden die Gedanken des Reengineering auch im Rahmen der Organisation dahingehend angewendet, dass es Zielsetzung ist, die Blockaden der Abteilungsgrenzen zu überwinden. Diese organisatorische Gestaltung verfolgt die Zielsetzung,

❑ Abstimmprozesse zu reduzieren,
❑ damit das Konfliktpotenzial zu minimieren und
❑ die Geschwindigkeit der Organisation zu erhöhen.

Dabei zeigte die Untersuchung von Droege, dass insbesondere nachfolgende 10 Schnittstellen nach Ansicht deutscher Manager besondere Aufmerksamkeit erfordern:

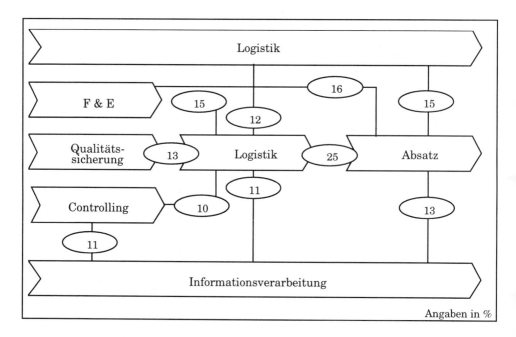

Die Umsetzung prozessorientierter Organisationsformen nach Branchen ist allerdings in der Bundesrepublik Deutschland nach wie vor äußerst gering, wie die Untersuchungsergebnisse zeigen:

realisiert	Branche	geplant
4	Gesamt	86
11	Eisen/Metall	81
10	Textil/Bekleidung/Leder	77
8	Automobilzulieferer	76
7	Pharma/Arzneimittel	93
7	Handel	77
6	Bauwirtschaft	87
5	Maschinen-/Anlagenbau	82
4	Transport/Verkehr	80
4	Finanzdienstleistungen	85
3	Elektrotechnik	92
2	Nahrungs-/Genussmittel	95
2	Energie	93
2	Dienstleister	89
0	Chemie	91
0	Fahrzeughersteller	88

Angaben in %

8.5.5 Kundenorientierung

Viele Organisationen leiden an mangelnder Kundenorientierung. Dabei hat sich in vielen Branchen gezeigt, dass die von Porter empfohlenen Strategiealternativen der Kostenführerschaft oder der Differenzierung in vielen Märkten nicht mehr ausreichend durchschlagsfähig sind. So ergab sich, dass speziell in undifferenzierten, mittleren Marktbereichen sich heute verstärkt Unternehmen durchsetzen, die eine geschickte Kombination dieser beiden Zielsetzungen erreichen und gleichzeitig mit Flexibilität und hoher Kundenorientierung gerade große Unternehmen zunehmende Konkurrenzprobleme bereiten. Diese Aussagen zeigten sich in der Studie von Droege sehr deutlich:

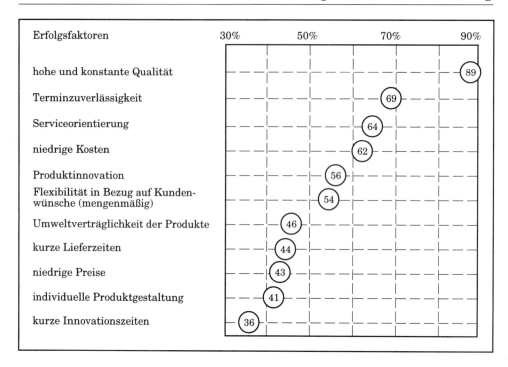

Allerdings zeigte die Studie auch, dass bei aller Notwendigkeit einer Verbesserung der Kundenorientierung für die Stärkung der Wettbewerbsfähigkeit die praktische Umsetzung nach wie vor gering ist:

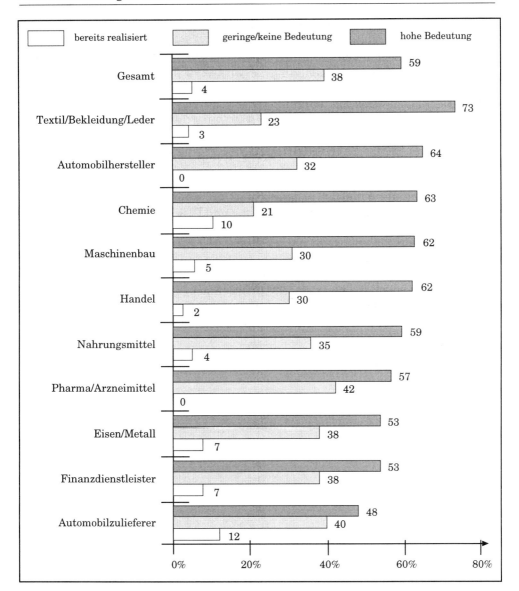

8.5.6 Teams statt Hierarchien

Die Organisationsdiskussionen der vergangenen Jahre haben zum weiteren gezeigt, dass viele Fragestellungen nicht mehr über die Hierarchie effizient lösbar sind, sondern über Teamlösungen bewältigt werden müssen. Teamlösungen heben das Dilemma zwischen Spezialisierungsvorteilen und Ressortegoismen auf, bilden einen Ausgleich zwischen Detailkenntnis und unternehmerischer Gesamtperspektive und erhöhen die Reaktion auf Marktnotwendigkeiten. Allerdings zeigte die Studie auch, dass zwar von vielen Unternehmen diese Notwendigkeiten gesehen werden, dass der Handlungsbedarf aber in einzelnen Branchen unterschiedlich hoch ist. So sehen Unternehmen der Automobilindustrie in 97% der Fälle diese Notwendigkeit, während sie in der Nahrungs- und Genussmittelindustrie nur mit 7% vertreten sind. So wird es wahrscheinlich auch mit der praktischen Umsetzung sein: die hohe Notwendigkeit wird gesehen, die Umsetzung lässt aber zu wünschen übrig.

8.5.7 Fazit der Untersuchung

Die Untersuchung von Droege stellt bezogen auf die Beantwortung organisatorischer Fragestellungen und ihrer empirischen Untermauerung mit Sicherheit einen Meilenstein in der Organisationsentwicklung und Diskussion dar.

Die Untersuchung zeigte, dass natürlich die einzelnen Organisationsprinzipien aus dem unterschiedlichen kulturellen Hintergrund der einzelnen Firmen zu sehen sind. So stellte sich heraus, dass US-Unternehmen wesentlich reorganisationsfreudiger sind als europäische Unternehmen. Die japanischen Unternehmen kommen aus ganz anderen Strukturen und sind von einem ganz anderen Fokus und Mentalität der Unternehmensführung geprägt.

Interessant ist ein Vergleich der Strukturergebnisse, wie er auf der nachfolgenden Abbildung dargestellt wird:

Strukturen		▬	●	≡
Traditionelle Organisationskonzepte sollen durch flexible Strukturen ersetzt werden	trifft zu	81	63	31
	bereits realisiert	4	4	2
Erhöhung der Kundennähe ist das Kernziel der Organisation	wichtig	59	58	25
	bereits realisiert	5	1	1
Reorganisation	mehr als 2 in den letzten 5 Jahren durchgeführt	14	37	31
	künftig geplant	45	50	38
Reorganisationstendenzen	mehr Kundenorientierung	71	47	70
	mehr Produktorientierung	45	48	23
	stärkere Funktionsorientierung	16	34	15
	Auflösung v. Zentralbereichen	31	21	25
Rechtliche Verselbstständigung von Unternehmensbereichen	bereits realisiert	53	71	58
	geplant	39	45	43
Bildung bereichsübergreifender Teams		65	60	77
Abbau von Hierarchieebenen		66	45	80
Prozesse				
Prozesse bestimmen die Struktur	wichtig	86	70	18
	bereits realisiert	4	5	3
Aufgabenauslagerung	wichtig	49	47	21
	bereits realisiert	4	2	0
Unternehmensübergreifende Qualitätssicherung besitzt hohe Relevanz für Abnehmer-Lieferanten-Beziehung	heute	34	40	23
	künftig	69	63	52
Anreizgesteuerte Führungskonzepte				
Überprüfung der Führungskonzeption	wichtig	52	46	36
	bereits realisiert	17	3	2
Einsatz von Führungsgesprächen	wird heute intensiv genutzt	43	28	19
	Bedeutung nimmt künftig zu	46	21	30
Einsatz von Führung mit Zielen	wird heute intensiv genutzt	46	60	44
	Bedeutung nimmt künftig zu	51	36	17
Mitarbeiterpartizipation	wird heute intensiv genutzt	27	34	53
	Bedeutung nimmt künftig zu	38	18	53
Variable Vergütungssysteme	wird heute intensiv genutzt	19	8	53
	Bedeutung nimmt künftig zu	46	11	45
Arbeitszeitflexibilisierung	wird heute intensiv genutzt	37	49	21
	Bedeutung nimmt künftig zu	30	8	18
Karrierechancen	wird heute intensiv genutzt	32	41	30
	Bedeutung nimmt künftig zu	29	21	29

Es bleibt zu wünschen, dass diese Untersuchung, aber auch die Notwendigkeit der Anpassung auch deutsche Unternehmen dazu bewegen wird, ihre Strukturen von unnötigem Ballast zu befreien und die Flexibilität wieder zu erhöhen, um Marktverluste zu kompensieren. Dabei kann auf das von Droege erhobene internationale Stärken- und Schwächenprofil als Initiator für Maßnahmen zurückgegriffen werden:

	Deutschland	Japan	USA
Strukturen	– traditionelle Strukturen – fehlende Kundennähe – ausgeprägte Funktionalorganisation	– rechtliche Verselbstständigung von Unternehmenseinheiten – primär Spartenorganisation	– Spartenorganisation – gute Ressourcennutzung – Hierarchieabbau
Prozesse	– keine Prozessorientierung – mangelnde DV-technische Kommunikation – zunehmende Qualitätsorientierung	– Flexibilität – DV-Vernetzung vorhanden – übergreifendes Qualitätsmanagement	– schneller Informationsfluss – produktorientierte Prozesse
Führung	– konservative Anreizsysteme – geringe Gruppenorientierung – unmündige Mitarbeiter	– konservative Führungssysteme – Loyalität der Mitarbeiter	– direkte Kommunikation – Mitarbeiterbeteiligungen
Stärken	– Kernthemen erkannt – Bereitschaft zur Reorganisation – Offen für kooperative Führung	– Änderungspotenzial vorhanden – Umsetzungsgeschwindigkeit	– Großunternehmen bauen um – einfache Konzepte – Konzentration der Kräfte
Schwächen	– zu viele Kleinstprojekte – lange Planungszeiten – akuter Handlungsbedarf	– veraltetes Führungskonzept – gesellschaftliche Akzeptanz für Umsetzung fehlt noch	– fehlende Prozessausrichtung – z.T. unstimmige Führungskonzepte

9 Wertorientiertes Controlling

9.1 Entwicklungsprozesse der Unternehmensführung

9.1.1 Marktposition und Reengineering

In den reichen Volkswirtschaften, insbesondere den europäischen Staaten, sehen sich die Unternehmungen folgenden Rahmenbedingungen ausgesetzt:

❑ weitgehende Stagnation der Märkte,
❑ zunehmende Globalisierung,
❑ Intensivierung des Wettbewerbs durch Deregulierungen,
❑ Veränderungen der Wertschöpfungsketten in den Geschäften.

Die Antwort der Unternehmungen auf diese Herausforderungen sind

❑ die Konzentration auf Kerngeschäfte zur Bündelung der Kräfte auf die Verbesserung der Marktpositionen in den strategisch relevanten Märkten und

❑ die Umstrukturierung der Unternehmungen durch Reengineeringprozesse zur Verbesserung der Kostenposition.

Diese beiden Pole der Verbesserung der Marktposition in den Kerngeschäften und des Reengineering der Organisationen werden auch in den nächsten Jahren die Schwerpunkte der Unternehmensführung bestimmen. Diese Aufgaben werden dadurch zunehmendes Gewicht erhalten, dass sich zum einen aufgrund der Währungsumstellung auf den Euro die europäischen Volkswirtschaften weitgehend im konjunkturellen Gleichschritt bewegen werden und zum anderen im Rahmen einheitlicher Währungen und weiter fallender regionaler Schranken die Wettbewerbsintensität erhöhen wird.

Das Controlling hat diese Prozesse begleitet. Während die marktorientierten Anforderungen sowohl über die klassischen operativen Controllinginstrumente (Produktgruppenbetrachtungen, Geschäftsfeldsegmentierungen usw.) begleitet wurden, wurde die Reengineeringseite transparent durch Segmentrechnungen, Wertkettenanalysen, Target costing, Prozesskostenrechnung usw.

Marktorientierung und Reengineering, begleitet durch marktbezogene und kostenbezogene Controllinginstrumente zielen darauf ab, den inneren Wert des Unternehmens zu stärken, das Unternehmen für den Markt fit zu machen und über überlegene Wettbewerbspositionen langfristige Erfolgspositionen in den Märkten aufzubauen, die letztlich auch zu höheren Unternehmenserträgen führen.

9.1.2 Shareholder Value als Beschleuniger

Das ungezügelte Wachstum vieler Konzerne warf bereits Mitte der 80er Jahre die Frage auf, welchen Nutzen diese Unternehmensentwicklung für den Aktionär bringt. Es ist schon ein Paradoxon, dass erst langfristige Unterperformance und Fehlentwicklungen großer Konzerne zu der Erkenntnis geführt haben, dass letztlich auch an den Aktionär als Unternehmenseigner zu denken ist. Insofern ist die Idee des Shareholder Value einfach und nicht neu, ihre Umsetzung allerdings von heftigen Widerständen begleitet, gipfelt sie doch in der Feststellung „Kapitalinteressen gegen Sozialinteressen".

Populär wurden die Gedanken durch das 1986 von Alfred Rappaport herausgegebene Werk „Creating Shareholder Value". Dieses Buch löste eine breite Diskussion aus und trieb über die USA die Gedanken Anfang der 90er Jahre auch nach Europa und Deutschland.

Aktionärseinkommen besteht aus der Dividende und aus Kursgewinnen. Insofern stellt sich die Frage, ob die Aktivitäten von Unternehmensführungen zur Steigerung der Marktposition verbunden mit Fitnessprogrammen zur Verbesserung der Ertragsposition der Zielsetzung entgegenlaufen, das Einkommen des Aktionärs aus Dividenden und Kursgewinnen zu steigern. Diese Gedanken kommen in dem nachfolgenden Beziehungsdreieck zum Ausdruck:

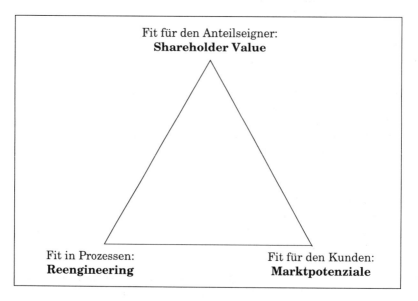

Der Aktionär beurteilt sein Engagement am Unternehmen letztlich aus den ihm zufließenden Zahlungen. Dabei sind in der Zukunft liegende Zahlungen geringer gewichtet als gegenwärtige. Fremdkapitalgeber stellen den Unternehmen Kapital zur Verfügung und erwarten Zinszahlungen. Die Zinsen stellen ebenfalls zukünftige Zahlungen dar, die die Gläubiger auf den heutigen Zeitpunkt abzinsen.

Wertorientiertes Controlling

Aus Sicht der Unternehmensführung sind damit die wesentlichen Bestandteile des Shareholder Value-Ansatzes (Bühner, Rolf: Unternehmerische Führung mit Shareholder Value, Seite 5)

❏ die zukünftig erwarteten Einzahlungsüberschüsse aus der betrieblichen Tätigkeit, die zur Verteilung zur Verfügung stehen und

❏ der relevante Diskontierungsfaktor.

Die Summe der diskontierten Einzahlungsüberschüsse ergibt den Unternehmenswert. Das Aktionärsvermögen ergibt sich dann als Differenz aus dem Unternehmenswert und dem Marktwert des Fremdkapitals.

Die Unternehmenssteuerung erfolgt auch heute noch überwiegend auf Basis von Gewinngrößen aus Jahresabschlüssen. Zwar hat das Controlling unterschiedliche Kennzahlen entwickelt; als Zahlungsüberschüsse erhält der Aktionär aber die auf Basis periodisierter Jahresabschlüsse ermittelten und zur Verteilung anstehenden Gewinne.

Die Verbindung zwischen den zur Unternehmenssteuerung verwendeten Gewinn-Kennzahlen und den den Unternehmen zur Verfügung stehenden Einzahlungsüberschüssen erfolgt bekannterweise über den Cash Flow. Der Cash Flow ergibt sich aus der Differenz der Einzahlungen und Auszahlungen, die aus einer betrieblichen Tätigkeit resultieren.

Aus Vereinfachungsgründen wird diese Cash Flow-Größe häufig - insbesondere bei externer Betrachtung - ermittelt über die bilanzielle Cash Flow-Formel:

```
    Jahresüberschuss/-fehlbetrag
+   Abschreibungen
+/./. Veränderung langfristige Rückstellungen
=   vereinfachter Cash Flow
```

Exakter ist natürlich die Ermittlung der Differenz der Einzahlungen und Auszahlungen.

Für die Shareholder Value-Überlegungen sind folgende Cash Flow-Definitionen von Bedeutung (Bühner, Rolf: Unternehmerische Führung mit Shareholder Value, Landsberg/Lech 1994, S. 15):

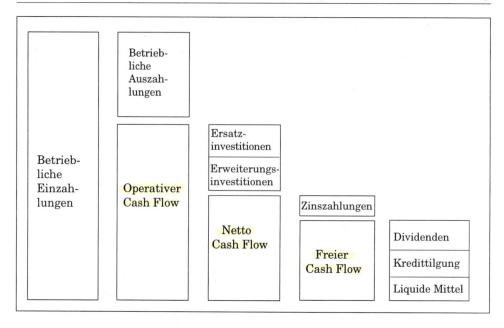

Der operative Cash Flow ergibt sich als Überschuss der betrieblichen Einzahlungen über die betrieblichen Auszahlungen. Der Netto-Cash Flow ist die Größe, die sich nach Investitionen in das Anlagevermögen und ins Working Capital (operatives Netto-Umlaufvermögen) ergibt. Der Netto-Cash Flow ist die relevante Cash Flow-Größe zur Bestimmung des Unternehmenswertes, da dieser Cash Flow für die Verteilung an die Kapitalgebergruppen (Eigenkapitalgeber und Fremdkapitalgeber) zur Verfügung steht. Der Freie Cash Flow errechnet sich aus dem Netto-Cash Flow, indem die Zinszahlungen an die Fremdkapitalgeber subtrahiert werden. Der Freie Cash Flow steht zur Verteilung an die Eigentümer zur Verfügung.

9.1.3 Wertorientiertes Controlling zur internen Umsetzung

Die Einbeziehung der Shareholder Value-Überlegungen in die Unternehmenssteuerung und die Instrumente des Controlling ist nicht nur möglich, sondern auch geboten. Die Gedanken des Shareholder Value sind ein zusätzlicher Beschleuniger für das Management, nicht nur Erfolgsgrößen anzusteuern, die später über bilanzielle Vorsorgemaßnahmen „abgefedert" werden, sondern die Strategien danach auszurichten, dass mit ihnen langfristig hohe Freie Cash Flows erwirtschaftet werden. Diese Freien Cash Flows sind nicht nur von Interesse und notwendig für den Aktionär, sondern - wie viele empirische Beispiele zeigen - Basis zur Durchsetzung langfristiger Strategien und zur Verbesserung der Wettbewerbsposition des Unternehmens.

Wertorientiertes Controlling bedeutet die Erweiterung unserer bekannten Controlling-Instrumente um die Überlegungen des Shareholder Value mit der Zielsetzung, nicht nur kalkulatorische Größen als Ziele zu verwenden, sondern letztlich danach zu fragen, welcher Netto-Finanzmittelüberschuss aus der Umsetzung von Unternehmensstrategien langfristig verbleibt. Somit ist der Freie Cash Flow die zentrale Steuerungsgröße im Wertorientierten Controlling.

9.2 Methodische Ansätze der Shareholder Value-Konzeption

9.2.1 Modell von Rappaport

Rappaport wendet seine Überlegungen zum Shareholder Value zur Bewertung von Produkt-Marktstrategien und ihrer Wertsteigerungen für die Anteilseigner an.

Wertsteigerung wird dann erreicht, wenn eine Maßnahme eines Unternehmens, eines Geschäftsbereiches oder Einzelprojekte eine Barwertsumme der Cash Flows erwirtschaftet, die größer null ist. Zur Ermittlung des zu diskontierenden Cash Flows nimmt Rappaport eine Zerlegung in so genannte **Werttreiber (Value drivers)** vor. Value drivers im Konzept von Rappaport sind folgende Größen:

- Das **Umsatzwachstum**, das die periodenbezogene Veränderung des Umsatzes bestimmt und zwangsläufig Erweiterungen des Anlagevermögens und des Working Capitals zur Folge hat.

- Die **Umsatzüberschussrate**, die das Verhältnis des operativen Cash Flows zum Umsatz wiedergibt. Sie zeigt, welcher Teil des Umsatzes für Erweiterungsinvestitionen, Kapitaldienst und Ausschüttungen zur Verfügung steht.

- Die **Erweiterungsinvestionsraten** für Working Capital und Anlagevermögen zeigen die periodenbezogenen Veränderungen dieser Größe im Verhältnis zur Umsatzveränderung. Wachstumsstrategien verursachen in beiden Bereichen zusätzliche Kapitalbindungen.

- Der **Cash Flow-Steuersatz** gibt an, welche Steuerzahlungen in Relation zum operativen Cash Flow zu leisten sind. Diese Größe zeigt mithin, welche Teile des operativen Cash Flow für Steuerzahlungen aufgewendet werden müssen.

Rappaport ermittelt den Cash Flow aus folgenden Größen:

```
Cash Flow     =   Einzahlungen
              ./.  Auszahlungen der Periode

Dabei sind die Einzahlungen definiert als

Einzahlungen  =   Vorjahresumsatz
              x   (1 + Umsatzwachstum)
              x   Umsatzüberschussrate
              x   (1 ./. Cash Flow-Steuersatz)

Die Auszahlungen sind definiert als

Auszahlungen  =   Vorjahresumsatz
              x   Umsatzwachstum
              x   (Erweiterungsinvestitionsrate für
                  Anlagevermögen + Erweiterungs-
                  investitionsrate für Working Capital)
```

Nach Abzug der Auszahlungen von den Einzahlungen verbleibt der Netto-Cash Flow, der zur Verteilung an die unterschiedlichen Gruppen der Kapitalgeber zur Verfügung steht. Dieser Netto-Cash Flow ist die zu diskontierende Größe, wobei sich der Diskontierungsfaktor als gewichteter Mittelwert aus Fremd- und Eigenkapitalkosten zusammensetzt. Der diskontierte Netto-Cash Flow stellt nach Abzug der diskontierten Finanzschulden den Unternehmenswert dar.

9.2.2 Ansatz von Copeland et al.

Copeland et al. verwenden ebenso wie Rappaport den Kapitalwert der Investitionen. Allerdings gehen sie bei der Berechnungsbasis derart vor, dass sie an Größen aus der Bilanz und der Gewinn- und Verlustrechnung ansetzen. Sie gehen bei der Cash Flow-Ermittlung nach der indirekten Methode vor: ausgehend vom operativen Ergebnis vor Steuern und Zinsen werden zahlungsunwirksame Aufwendungen und Erträge so weit wie möglich eliminiert, um ein möglichst getreues Bild der Zahlungsvorgänge im Unternehmen zu erhalten.

Das sehr einprägsame Berechnungsschema lautet vereinfacht wie folgt:

```
      operatives Ergebnis vor Zinsen und Steuern
 ./.  Ertragsteuern
 +    Veränderung der Steuerrückstellungen
 =    operatives Ergebnis nach Steuern
 +    Abschreibungen
 =    Brutto-Cash Flow
 ./.  Investitionen in Working Capital
 ./.  Investitionen in Sachanlagen
 ./.  Investitionen in Firmenwerte (Good will)
 ./.  Veränderungen sonstige Vermögensgegenstände
 =    operativer freier Cash Flow
 ./.  nicht-operativer Cash Flow
 =    Freier Cash Flow
```

Zentrale Größe im Konzept von Copeland et al. ist der Freie Cash Flow, eine sehr prägnant gefasste und leicht verständliche Größe.

Der Diskontierungsfaktor bestimmt sich wie bei Rappaport als gewichteter Mittelwert der Fremd- und Eigenkapitalkosten nach Steuern.

Der Vorteil der Methode von Copeland et al. liegt zweifelsohne darin, dass sie auf herkömmliche Jahresabschlussrechnungen zurückgreift und aus diesen den Freien Cash Flow ermitteln.

9.2.3 Modell der Boston Consulting Group

Zentrale Größe im Shareholder Value-Modell der Boston Consulting Group ist die Kennzahl CFROI (Cash Flow-Return-on-Investment). Im Gegensatz zu den Ansätzen von Rappaport und Copeland, die sich an absoluten Zielgrößen und damit an der Kapitalwertmethode orientieren, baut das Modell der Boston Consulting Group mit dem Cash Flow-Return-on-Investment auf der Internen-Zinssatz-Methode auf.

Für die Ermittlung des Cash Flow-Return-on-Investment werden folgende Daten benötigt:

❑ Der Brutto-Cash Flow stellt den Cash Flow vor Zinsen und nach Steuern dar. Diese Größe wird aus den Jahresabschlüssen ermittelt.

❑ Die Bruttoinvestitionsbasis bildet die Wiederbeschaffungswerte der betrieblichen Aktiva ab. Sie entspricht somit dem Kapitalbedarf, der von Eigen- und Fremdkapitalgebern beschafft werden muss. Die Bruttoinvestitionsbasis errechnet sich aus den Jahresabschlüssen durch die Addition der kumulierten Abschreibungen zu den Buchwerten des Sachanlagevermögens; sie stellt mithin die historischen Anschaffungswerte dar. Diese historischen Anschaffungswerte werden auf den Betrachtungszeitraum inflationiert, sodass man näherungsweise den Wiederbeschaffungswert des Sachanlagevermögens erhält. Durch die Addition des weiteren Sachanlagevermögens und des Umlaufvermögens entsteht der Wiederbeschaffungswert der Aktiva. Durch Abzug des nichtverzinslichen Fremdkapitals wird die Brutto-Investitionsbasis hergestellt.

❑ Der Restwert entspricht dem Nettowert der Brutto-Investitionsbasis am Ende der Nutzungsdauer. Der Cash Flow der letzten Periode wird um diesen Betrag erhöht.

❑ Die Planungsperiode ergibt sich aus der Division der historischen Anschaffungskosten durch den jährlichen linearen Abschreibungsbetrag.

❑ Der Cash Flow-Return-on-Investment als interne Verzinsung wird dann mit den gewichteten Kapitalkosten verglichen.

Grafisch stellt sich das Konzept wie folgt dar:

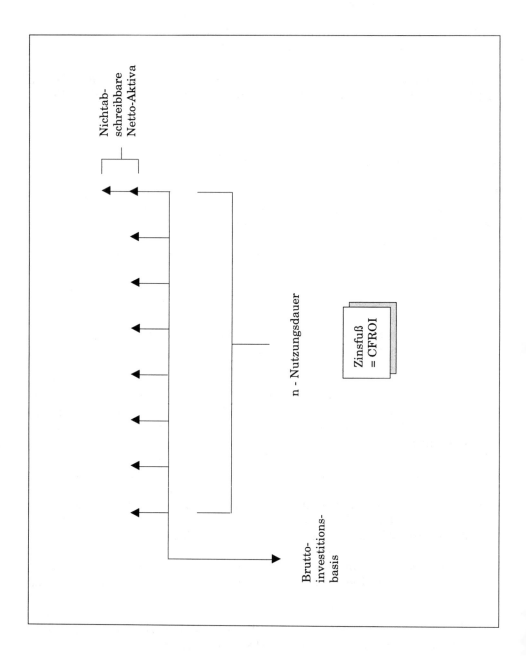

Die Vorteile der Kennzahl Cash Flow-Return-on-Investment gegenüber anderen bekannten Rentabilitätskennzahlen liegen in folgenden Bereichen:

❑ Gegenüber der Umsatzrendite berücksichtigt der Cash Flow-Return-on-Investment den tatsächlichen Kapitaleinsatz.

❑ Im Vergleich zur Eigenkapitalrendite wird der Leverage-Effekt neutralisiert.

❑ Im Vergleich zur Gesamtkapitalrendite werden unterschiedliche Abschreibungsverfahren und Abschreibungszeiträume sowie Abschreibungsintensitäten von Geschäftsfeldern berücksichtigt.

Der Vorteil des Ansatzes der Boston Consulting Group liegt darin, dass er zum einen seine Daten aus dem externen Rechnungswesen bezieht. Zum anderen eignet sich der Ansatz zur Analyse ganzer Geschäftsbereiche aus Sicht einer Holding, die eine möglichst einfache und prägnante Kennzahl zur Kapitalallokation und zur Steuerung der einzelnen Bereiche benötigt.

Darüber hinaus stellt der Ansatz sicher, dass Geschäftsbereiche mit unterschiedlicher Altersstruktur der Aktiva vergleichbar und das Investitionsverhalten der Geschäftsbereiche auf die betrachtete Periode transparent werden.

Allerdings ist die Ermittlung der auf historischen Anschaffungswerten aufbauenden Brutto-Investitionsbasis im Rahmen des laufenden Reporting zu aufwendig, sodass sich diese Methode eher zur Beurteilung von Geschäften für ausgewählte Entscheidungssituationen eignet.

9.3 Wertorientiertes Controlling zur Umsetzung der Shareholder Value-Gedanken

Nachfolgend wird die Einbeziehung der Shareholder Value-Gedanken in das Controlling dargestellt. Dabei darf festgestellt werden, dass diese Erweiterungen nicht strategische Überlegungen ersetzen, aber strategische Richtungen operativ untermauern helfen. Die vorgestellten Ansätze können nicht vollständig sein, da gerade das wertorientierte Controlling sich, getrieben durch die Entwicklung an den Aktienmärkten und die Globalisierung, einer sehr dynamischen Entwicklung erfreut.

Im Controlling haben uns seit jeher Kennzahlen zur Steuerung zur Verfügung gestanden. Allerdings war die Thematisierung eine auf interne Steuerungsbelange ausgerichtete Formulierung. Für den Betrachter ergibt sich aufgrund des „Überangebotes" an Kennzahlen zurzeit ein eher konfuses Bild, da

❑ firmenindividuell Kennzahlen in der Öffentlichkeit als Zielgrößen mit totalem Anspruch vorgestellt werden,

❑ Kennzahlen nach unternehmensbezogenen Zwängen abgewandelt werden,

❑ nicht immer die Zielsetzung der verwendeten Ansätze klar ist (Unternehmenswertorientierung, interne Ergebnissteuerung, Anreizsysteme für das Management, Projektentscheidungen),

❑ in der betriebswirtschaftlichen Forschung Grundfragen noch nicht beantwortet sind und weitere Forschungsanstrengungen notwendig erscheinen. Als Beispiel kann hier auf die Probleme der Bestimmung eines unternehmens- bzw. spartenspezifischen Risikofaktors β verwiesen werden, so weit ein marktadäquates β fehlt.

Vor diesem Hintergrund stellt sich auch die Frage, ob nicht die traditionellen Steuerungsgrößen wie beispielsweise das Betriebsergebnis und der Return-on-Investment „wertkonforme" Steuerungsgrößen waren bzw. immer noch sind.

9.3.1 Betriebsergebnisse

Die im Controlling historisch verwendeten Betriebsergebnisse, die sich nach einer firmenindividuell festgelegten Mindestverzinsung auf das eingesetzte Kapital ergaben und über die kalkulatorischen Abschreibungen steuerliche und sonstige Bewertungswahlrechte eliminierten, waren bereits erste Ansätze einer wertorientierten Steuerung. Positive, über die Mindestverzinsungsansprüche der Anteilseigner hinausgehende Ergebnisse bedeuteten die Schaffung von „Unternehmenswert".

So gesehen entspricht das Betriebsergebnis unter Berücksichtigung von Opportunitätskosten bereits dem "Economic-Value-Added", wie er von Stern/Stewart propagiert wird. Der Unterschied ist hier allenfalls in der Verwendung differenzierter Kapitalkosten im EVA-Konzept zu sehen, wohingegen bei den kalkulatorischen Zinsen in der Regel von einem einheitlichen Opportunitätskostensatz für das eingesetzte Kapital ausgegangen wurde.

9.3.2 Kapitalrenditen

Der Return-on-Investment (die Gesamtkapitalrendite) hat als zentrale operative Steuerungsgröße im Controlling eine breite Anwendung erfahren, da sie die Rendite zum eingesetzten Kapital misst, unabhängig von der zu Grunde liegenden Kapitalstruktur. Darüber hinaus ist der Return-on-Investment insofern eine prädestinierte und über unterschiedliche Branchen anwendbare Kennzahl, da er durch die Aufspaltung in die Umsatzrendite vor Zinsen und in den Kapitalumschlag die Erfolgskomponente und die Ressourcennutzung ausreichend misst:

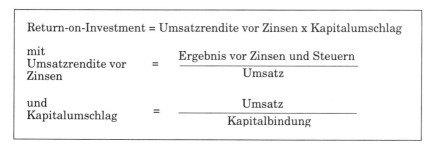

Ohne den Ansatz von Soll-Vorgaben für den Return-on-Investment ist auch diese Renditeziffer in ihrem Gebrauch eingeschränkt. Zwar gibt sie den Vergleich unterschiedlicher Geschäfte sehr gut wieder, die Mindestverzinsungsansprüche der Anteilseigner kommen aber zu kurz.

Insofern wurde im Controlling schon frühzeitig dazu übergegangen, die Aussagekraft von Firmen-/Sparten- oder Produktgruppen-Return-on-Investment-Kennziffern mithilfe von Sollvorgaben transparenter zu machen. Gerade diese Überlegungen finden in ersten vereinfachten Ansätzen der Shareholder-Value-Gedanken ihren Niederschlag.

Zur Umsetzung dieser Gedanken wird wie folgt vorgegangen:

1. In einem ersten Schritt werden die relevanten Kapitalkosten bestimmt. Dabei entsprechen die Kapitalkosten den strukturell gewichteten Durchschnittskosten von Eigen- und Fremdkapital. Während sich die Fremdkapitalkosten aus dem am Kapitalmarkt gültigen Sollzinssatz ableiten, entsprechen die Eigenkapitalkosten der Summe aus dem Zinssatz für risikolose Anlagen (Rendite von Bun-

desanleihen) und einer Risikoprämie, die die Anteilseigner für das Eingehen eines bestimmten Engagements fordern. Bei der praktischen Bestimmung der Risikoprämie wird zumeist die Risikoprämie zu Grunde gelegt, die am Aktienmarkt gezahlt wird. Die Risikoprämie ergibt sich dabei als durchschnittliche Aktienrendite abzüglich des Zinssatzes für risikolose Kapitalanlagen. Um gleichzeitig das spezifische Risiko einer Branche, einer Firma und eines spezifischen Engagements zu berücksichtigen, wird diese durchschnittliche Risikoprämie um einen individuellen engagementspezifischen Risikofaktor korrigiert. Dabei gilt der Grundsatz, dass mit steigendem Risiko des Engagements auch der Korrekturfaktor und damit die Risikoprämie steigen.

2. In einem zweiten Schritt werden die derzeitigen und geplanten Rentabilitäten der einzelnen Firmen oder Sparten ermittelt. Hierbei wird auf den Return-on-Investment zurückgegriffen.

3. In einem dritten Schritt werden die unter 1. festgelegten Kapitalkosten mit dem Return-on-Investment der Engagements verglichen. Die Differenz entspricht dem Wertbeitrag (in % des eingesetzten Kapitals), den das Tochterunternehmen/ die Geschäftseinheit zum Unternehmenswert beiträgt. Liegt die Rentabilität über den Kapitalkosten, wird ein positiver Wertbeitrag erwirtschaftet, und das eingesetzte Kapital steigt im Wert. Im umgekehrten Fall findet eine Wertvernichtung statt.

Zweckmäßigerweise orientiert sich die Ermittlung der Wertbeiträge der Geschäfte an folgendem Schema:

Geschäftseinheit	Return-on-Investment (%)	Kapitalkosten (%)	Wertbeitrag abs.	(%)
1				
2				
3				
.				
.				
.				
n				
Unternehmen				

In vielen Unternehmungen ist die Situation anzutreffen, dass aufgrund bestimmter unternehmerischer Maßnahmen oder struktureller Branchenunterschiede die einzelnen Geschäftseinheiten unterschiedliche Abschreibungshöhen im Betrachtungszeitraum aufweisen. Dies kann auch vorkommen, wenn aufgrund bestimmter Investitionsprogramme hohe Sonderabschreibungen verrechnet werden. In diesem Falle empfiehlt sich die Ausdehnung des Vergleichs auf den Cash Flow-Return-on-

Investment. Dazu wird bei der Return-on-Investment-Größe die Zählergröße um die Abschreibungen erweitert. Ebenso wird der zu Grunde liegende Kapitalkostensatz um die durchschnittliche Soll-Abschreibungsrate der Geschäftseinheit erweitert. Dann werden die Cash Flow-Return-on-Investment-Werte mit den um die Abschreibungsfaktoren erhöhten Kapitalkostensätzen verglichen.

Befürworter des Cash Flow-Return-on-Investment als zentraler Renditegröße argumentieren, dass der Return-on-Investment durch Effekte wie alternde Anlagen, Abschreibungsmethoden oder Investitionstätigkeit verzerrt wird. Diesen Argumenten kann entgegengehalten werden, dass der Return-on-Investment im Zeitablauf zu betrachten ist, sodass sich diese Effekte wieder ausgleichen. Zum anderen fallen diese Effekte vor allen bei Betriebsvergleichen ins Gewicht; hier findet aber vorrangig ein Soll-Ist-Vergleich statt. Da Abschreibungsgegenwerte aber nicht Basis von Ausschüttungen an die Anteilseigner sind, überwiegen die Argumente für die Anwendung des Return-on-Investment als zentraler Steuerungskennzahl. Nur sie misst das Gesamtergebnis vor Zinsen und ist damit die Basis für Ausschüttungen an Anteilseigner und Zahlungen an die Kapitalgeber. Return-on-Investment und Cash Flow-Return-on-Investment als relative Zielvorgaben eignen sich zur Steuerung und Beurteilung von Geschäftseinheiten/Produktgruppen und zur Zuordnung von Investitionsmitteln.

9.3.3 Langzeitanalysen von Produkten / Sortimenten / Geschäftseinheiten

Produkterfolgsrechnungen werden typischerweise im operativen Controlling als Spartenrechnungen in der laufenden Berichterstattung angewendet. Im Rahmen der strategischen Sortimentsbetrachtung lassen sich diese operativen Produktgruppen-Betrachtungen bis zum Cash-Beitrag eines Sortiments im Rahmen der strategischen Steuerung erweitern.

Das operative Berichtswesen des Controlling hat den entscheidenden Nachteil, dass in den Kategorien Vorjahr, Plan, Ist und zusätzlich Hochrechnung des laufenden Geschäftsjahres gedacht wird. Damit ist der Betrachtungszeitraum immer auf eine „kurze" Periode eingegrenzt. Für grundlegende Fragestellungen empfiehlt es sich, die wesentlichen Produktgruppen oder strategischen Geschäftseinheiten eines Unternehmens im Rahmen von Langzeitanalysen zu betrachten. Solche Langzeitanalysen werden zweckmäßigerweise über einen Zeitraum von 10 Jahren angestellt.

| Marktdaten | 10-Jahres-Entwicklung |||||||||||
	1987	1988	1989	1990	1991	1992	1993	1994	1995	1996	1997
Marktvolumen											
- Menge											
- Wert											
Marktwachstum											
- Menge											
- Wert											
Handelsmarkenanteil am Gesamtmarkt											
Marktanteil											
- Menge											
- Wert											
Relativer Marktanteil											
- Menge											
- Wert											
Werbeausgaben											
- absolut											
- % v. Nettoumsatz											
- % v. Gesamtmarkt											
Veränderung Marktabgrenzung											

| Ergebnisdaten | 10-Jahres-Entwicklung |||||||||||
	1987	1988	1989	1990	1991	1992	1993	1994	1995	1996	1997
Bruttoumsatz											
Erlösschm./WKZ											
Nettoumsatz											
Deckungsbeitrag 1											
Deckungsbeitrag 2											
Deckungsbeitrag 3											
Gesamtergebnis											
- absolut											
- % v. Nettoumsatz											

Wertorientiertes Controlling

	10-Jahres-Entwicklung										
Cash-Flow-Daten	1987	1988	1989	1990	1991	1992	1993	1994	1995	1996	1997
Gesamtergebnis											
+ Abschreibungen											
= Cash Flow 1											
- Zuschreibungen											
+/- Verä. Rückstell.											
+/- Verä. Debitoren											
+/- Verä. Vorräte											
+/- Verä. Kreditoren											
= Operativer Cash Flow											
+ Desinvestitionen											
- Investitionen											
= Freier Cash Flow											
- Steuern											
= Freier Cash Flow nach Steuern											
Kumulierter Freier Cash Flow nach Steuern											

	10-Jahres-Entwicklung										
Kennzahlen	1987	1988	1989	1990	1991	1992	1993	1994	1995	1996	1997
Umsatzrendite											
Umsatzrendite vor Zinsen											
Kapitalumschlag											
Return-on-Investment											
Operativer Cash Flow											
Freier Cash Flow											
Freier Cash Flow nach Steuern											
Kumulierter Freier Cash Flow nach Steuern											

Die vorstehende Abbildung zeigt eine solche Produktgruppenbetrachtung am Beispiel eines Konsumgüterherstellers. Im ersten Teil werden die relevanten Marktdaten über einen Zeitraum von 10 Jahren betrachtet. Im zweiten Teil erfolgt die Übernahme der Eckwerte aus der stufenweisen Deckungsbeitragsrechnung bis zum Gesamtergebnis. Im dritten Teil wird ausgehend vom Gesamtergebnis unter Hinzurechnung der Abschreibungen zunächst der Cash Flow 1 ermittelt. Unter

Berücksichtigung der Veränderungen der einschlägigen bilanziellen Positionen wird der operative Cash Flow ermittelt. Davon werden die Investitionen abgezogen und die Desinvestitionen hinzuaddiert sowie die Veränderungen im Working Capital, sodass sich der Freie Cash Flow ergibt. Danach werden die Steuern abgezogen; es entsteht der Freie Cash Flow nach Steuern. In der letzten Zeile werden diese Werte kumuliert. Im vierten Teil der Darstellung finden sich die einschlägigen operativen Kennzahlen zur Ergebnissteuerung einschließlich des Freien Cash Flows bis zu den Freien Cash Flows in der Kumulation.

Eine solche Darstellung geht im Aussagegehalt zweifelsohne über die klassischen Controlling-Ergebnisse hinaus. Durch die Ermittlung der Freien Cash Flows nach Steuern unter Hinzurechnung aller relevanten bilanziellen Positionen der Produktgruppe wird der Wertbeitrag der Produktgruppe zur Steigerung des Unternehmenswertes ermittelt. Zur Verfeinerung können die einzelnen jahresbezogenen Werte natürlich noch inflationiert werden.

Ebenso wie die stufenweise Deckungsbeitragsrechnung ist es zweckmäßig, diese 10-Jahres-Produktgruppenbetrachtung in das Gesamtergebnis des Unternehmens als Addition aller Produktgruppen überzuleiten. Diese Überleitung findet sich in der nachfolgenden Abbildung:

Berichtsebenen und Konsolidierung	10-Jahres-Entwicklung										
	1987	1988	1989	1990	1991	1992	1993	1994	1995	1996	1997
Firma											
Summe Freier Cash Flow nach Steuern je Produktgruppe											
+/- nicht zurechenbare Positionen											
+/- Sonderfaktoren											
+/- Bilanzbrücke											
= Freier Cash Flow nach Steuern Firma											
Kumulierter Freier Cash Flow nach Steuern											
Sparte											
Konsolidierungskreis											
Unternehmensgruppe											

Ausgehend von den **Freien Cash Flows der einzelnen Produktgruppen** wird dabei unter Saldierung der nicht zurechenbaren Positionen und der Sonderfaktoren sowie der Bilanzbrücke der **Freie Cash Flow des Unternehmens** ermittelt. Diese Freien Cash Flows der Unternehmen gehen ein in Konsolidierungskreise und die Konsolidierung in den Firmenverbund.

Wertorientiertes Controlling

Diese wertorientierte Betrachtung der Produktgruppen und ihrer Veränderungen im Zeitablauf sind ein entscheidendes Instrument zur Sensibilisierung der Entscheidungsträger auf die finanziellen Bewegungen strategischer und operativer Entscheidungen. Aus eigener Erfahrung kann gesagt werden, dass die Betrachtung auf der Ebene der **Freien Cash Flows die Grundsatzaussagen zu einzelnen Produktgruppen tendenziell verstärken**. Positive Produktgruppen werden in ihrer Wirkung verbessert, negative in ihrer negativen Wirkung noch plastischer dargestellt.

Diese Darstellung ist somit ein hervorragendes Instrument zur Bestandsaufnahme der Situation der Ertragsquellen eines Unternehmens und der Beginn, grundsätzliche Fragen zu stellen. Sie ist eine gute Basis zur Portfolio-Betrachtung der strategischen Bereiche eines Unternehmens und erlaubt den Vergleich mit Normstrategien (Günther, Thomas: Unternehmenswertorientiertes Controlling, München 1997, S. 343):

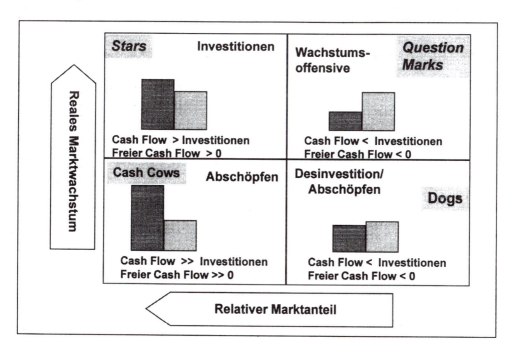

Der **Freie Cash Flow** leistet wertvolle Dienste bei der kurz-, mittel- und langfristigen Steuerung von Sparten, Produkten und Sortimenten, misst er doch den **Netto-Finanzmittelüberschuss**.

9.3.4 Bewertung von Geschäftseinheiten

Wir haben bereits darauf hingewiesen, dass von vielen Unternehmen der Return-on-Investment (ROI) als renditeorientierte Kennzahl zur operativen Steuerung verwendet wird. Darüber hinaus ist in letzter Zeit zunehmend der Cash Flow-Return-on-Investment (CFROI) als wertorientierte Steuerungsgröße in die Betrachtung eingeführt worden. Sowohl der Return-on-Investment als auch der Cash Flow-Return-on-Investment dienen in erster Linie der Berechnung der Rentabilität ganzer Geschäftseinheiten. Während der Return-on-Investment stärker auf buchhalterischen Bilanzdaten aufbaut, ist der Cash Flow-Return-on-Investment stärker zahlungsorientiert. Er ist im Kern eine interne Zinsfuß-Rechnung und misst für jedes strategische Geschäftsfeld den Cash-Rückfluss auf das eingesetzte Kapital.

Das Konzept des Cash Flow-Return-on-Investment wurde von der Boston Consulting Group in die Diskussion eingeführt und bereits erläutert. Basis der Betrachtung ist der betriebliche Cash Flow (betrieblicher Cash Flow = Gesamtergebnis vor Ertragsteuern ./. neutrales Ergebnis + Abschreibungen + Zinsaufwendungen ./. Ertragsteuern). Darüber hinaus wird die Brutto-Investitionsbasis verwendet, die sich ergibt aus Sachanlagen + immaterielle Aktiva + nichtabschreibbare Nettoaktiva + kumulierte Abschreibungen. In der betrieblichen Praxis hat es sich durchgesetzt, den Cash Flow-Return-on-Investment auf der Basis von Buchwerten der Bilanz zu ermitteln:

$$\text{Cash Flow-Return-on-Investment} = \frac{\text{Cash Flow-Rate vor Zinsen}}{\text{x Kapitalumschlag}}$$

$$\text{mit Cash Flow-Rate vor Zinsen} = \frac{\text{Ergebnis vor Zinsen, Abschreibungen und Steuern}}{\text{Umsatz}}$$

$$\text{und Kapitalumschlag} = \frac{\text{Umsatz}}{\text{Kapitalbindung}}$$

Der Cash Flow-Return-on-Investment verläuft weitgehend parallel zum Return-on-Investment, hebt jedoch die Verzerrungen, die aus unterschiedlichen

❑ Kapitalintensitäten,
❑ Investitionsintensitäten,
❑ Finanzierungsstrukturen,
❑ Abschreibungspolitiken und
❑ Lebensdauern

resultieren, auf. Er spiegelt damit tendenziell besser die operative Ertragskraft eines Geschäftes wider. Beide Kennziffern ergänzen sich zweckmäßigerweise. Für das operative Management bieten sich Zielvorgaben anhand des Return-on-Investment besser an, da sie leichter kommunizierbar sind und im Zeit- und Branchenvergleich einen wichtigen Erfolgsindikator darstellen.

Für die marktorientierte Bewertung von Geschäften ist allerdings der Cash Flow-Return-on-Investment besser geeignet. Durch Vergleich mit den Kapitalkosten wird festgestellt, ob die Renditeerwartungen der Kapitalgeber erfüllt werden. Darüber hinaus dient der Cash Flow-Return-on-Investment als zahlungsorientierte Geschäftsfeldrendite

❏ der Optimierung von Geschäftsfeldstrategien,
❏ als Grundlage von Zielvorgaben im Planungsprozess,
❏ als Basis für Desinvestitionsentscheidungen, wenn die Kapitalkosten nicht nachhaltig verdient werden können und
❏ zur langfristigen Ressourcensteuerung.

9.3.5 Cash Flow-Return-on-Investment und Investitionsentscheidungen

Sehr gute Dienste leistet die Kennzahl Cash Flow-Return-on-Investment bei der Beurteilung der Mittelzuteilung für Investitionsentscheidungen.

Es bietet sich dazu an, den Cash Flow-Return-on-Investment der einzelnen Geschäftseinheiten der Wachstumsquote (Investitionen : Abschreibungen) gegenüberzustellen. Die nachfolgende Portfolio-Matrix zeigt die Grundstruktur dieser Betrachtungsweise:

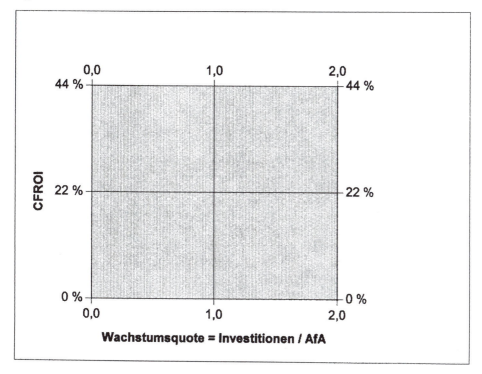

Während auf der senkrechten Achse der Cash Flow-Return-on-Investment abgetragen wird, zeigt die waagerechte Achse die Investitionsquote.

Durch Markierung der Mindestzielvorgaben des Unternehmens für den Cash Flow-Return-on-Investment und die Wachstumsquote von 1 (Investitionen = Abschreibungen) lassen sich die einzelnen Geschäfte danach sortieren, welchen Cash-Beitrag sie über die eigenen Investitionen hinaus generieren. Geschäftseinheiten im linken oberen Teil benötigen wenig Investitionsmittel und bringen einen hohen Cash-Beitrag für das Gesamtunternehmen. Die Darstellung der einzelnen Geschäftsbereiche erfolgt zweckmäßigerweise anhand des absoluten Ergebnisbeitrages. Damit werden auch optisch sehr schnell die Ergebnis- und Cash-Beiträge der einzelnen Geschäftseinheiten gezeigt.

9.3.6 Steuerung von Geschäftseinheiten im dezentralen Unternehmensverbund

Gerade in diversifizierten dezentralen Konzernen sind klare Geschäftsfeldstrukturierungen notwendig, um auf die unterschiedlichen Marktgegebenheiten flexibel antworten zu können. Dabei finden sich Segmentierungen sowohl dergestalt, dass die einzelnen Unternehmenseinheiten ausgehend von strategischen Geschäftseinheiten als kleinste Führungseinheiten über Geschäftsfelder bis in den Konzernkreis verdichtet werden:

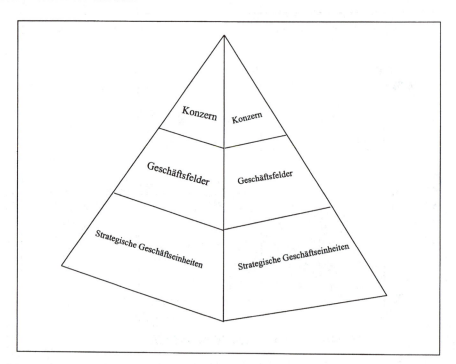

Wertorientiertes Controlling

Auf der anderen Seite ist es aber auch üblich, wenn diese Segmentierung keine klare und hierarchisch nachvollziehbare Struktur ergibt, dass die Verdichtung von Firmen als kleinster Führungseinheit über Sparten bis in die Konzernebene vorgenommen wird:

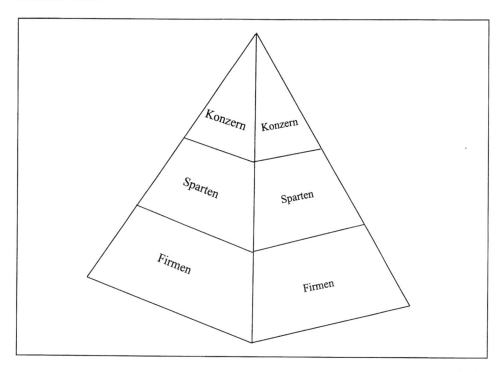

Häufig werden diese Führungseinheiten auch derart miteinander kombiniert, dass die Konzernfirmen bei ausreichender Größe in strategische Geschäftseinheiten segmentiert werden, von dort auf die Konzernfirma als kleinste gesellschaftsrechtliche Einheit konsolidiert werden, die Konzernfirmen bestimmten Sparten/ Geschäftsfeldern zugeordnet sind, die wiederum in Konsolidierungskreise (Zwischenholdings) einmünden. Über die einzelnen Konsolidierungskreise/ Zwischenholdings werden die Ergebnisse auf der Ebene des Konzerns zusammengefasst:

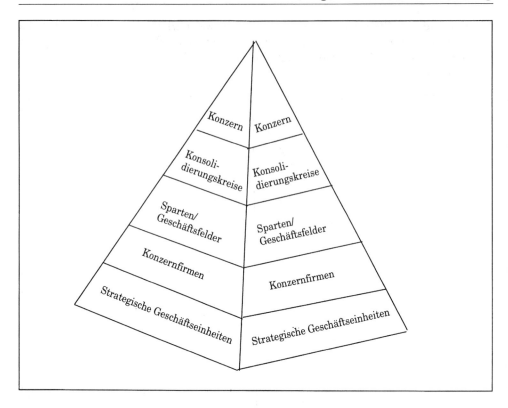

Betrachtungsgegenstand des Controlling im dezentralen Firmenverbund sind in den meisten Firmen das Geschäftsfeld und die einzelnen strategischen Geschäftseinheiten. Das operative Controlling liegt damit eindeutig in der Verantwortung der Teilkonzerne und der Führungsebenen, die unterhalb der Teilkonzerne liegen.

Das zentrale Controlling der Obergesellschaft hat hingegen folgende Aufgaben:

❑ Sicherstellung einheitlicher Mindeststandards der Controllingsysteme für die Unternehmensgruppe,

❑ Wahrung der Konzernsicht, d.h. Analyse der Finanz-, Bilanz-, Ergebnis- und Wertentwicklung der Teilkonzerne im Hinblick auf die Auswirkung auf den Gesamtkonzern,

❑ Beurteilung von Investitionsprogrammen sowie großen Einzelprojekten/Einzelinvestitionen der Stammgeschäfte,

❑ Beurteilung von Einzelprojekten und Investitionen neuer Geschäftsfelder,

❑ strategische Planung des Gesamtkonzerns,

❏ Investitions- und Desinvestitionsentscheidungen,

❏ Personalführungsentscheidungen.

Das Controlling auf Konzernebene hat mithin sicherzustellen, dass die Koordination der Konzernführung in die Tat umgesetzt wird. Dabei liegt in der Verzahnung zwischen operativer und strategischer Planung und der Koordination der Controllingsysteme die wesentliche Aufgabe. Zur Umsetzung dieser Zielsetzung dienen folgende Instrumente:

❏ strategische Planung,
❏ Mittelfristplanung,
❏ Jahresbudget,
❏ laufende Berichterstattung,
❏ Investitions-Controlling,
❏ strategische Rahmendaten,
❏ laufender Soll-Ist-Vergleich.

Berichtssäulen im dezentralen Konzernverbund sind:

❏ die strategische Planung,
❏ das Jahresbudget und die Mittelfristplanung,
❏ die rollierende Finanzplanung und
❏ die Bilanzplanung.

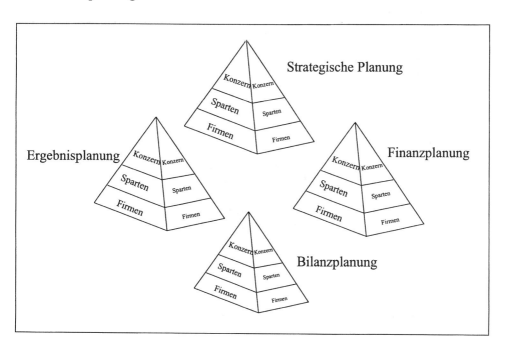

Die strategische Führung und Steuerung mithilfe des wertorientierten Controlling im Konzernverbund baut auf folgenden Bausteinen auf (siehe auch Finanzierungsrechnung im Konzern. Zfbf Sonderheft 37, 1996 S. 43ff):

1. **Strategische Finanzierungsrechnung der strategischen Geschäftseinheit**

Aufsetzend an der kleinsten Führungseinheit wird zunächst die strategische Finanzierungsrechnung der strategischen Geschäftseinheit erstellt. Dazu bieten sich die beiden Grundsysteme

❑ direkte Darstellung der operativen Einzahlungsüberschüsse oder

❑ indirekte Darstellung der operativen Einzahlungsüberschüsse

an. In der Praxis hat es sich bewährt, ausgehend von Buchhaltungs- und Controllingdaten eher die indirekte Darstellung der operativen Einzahlungsüberschüsse heranzuziehen. Dabei wird vom operativen Ergebnis der strategischen Geschäftseinheit ausgegangen:

Zeile		Betrag	
1	Operatives Ergebnis (vor Zinsen und Ertragsteuern)	xxx	
2	+ Abschreibungen / - Zuschreibungen	xxx	
3	+/- Veränderung der Rückstellungen	xxx	
4	-/+ Änderung der Vorräte an Roh-, Hilfs- und Betriebsstoffen, Waren	xxx	
5	+/- Änderung der Lieferantenverbindlichkeiten	xxx	
6	**Operativer Cash Flow der SGEs**	**xxx**	**xxx**
7	Ein- und Auszahlungen für Erhaltung/Rationalisierung	xxx	
8	Einzahlungen aus Desinvestitionen	xxx	
9	Ein- und Auszahlungen für geplante Erweiterung/Entwicklung	xxx	
10	**Cash Flow aus SGE-bezogener Investitionstätigkeit**	**xxx**	**xxx**
11	**Free Cash Flow (Finanzierungsüberschuss nach Investitionen) der SGE vor Steuern**		**xxx**
12	Steuerzahlungen (soweit zurechenbar)		xxx
13	**Free Cash Flow (Finanzierungsüberschuss nach Investitionen) der SGE nach Steuern**		**xxx**

2. Aggregation auf die Firmenebene

Ausgehend von der Führungspyramide auf Seite 614 werden diese unterschiedlichen strategischen Geschäftseinheiten zu Firmeneinheiten konsolidiert:

Zeile	Zeitraum:	Ein- und Auszahlungen der SGE				Nicht auf SGE zugerechnet	Aggregierte Zahlungen der Geschäftsfelder
		A	B	C	S		
1	Operatives Ergebnis (vor Zinsen und Ertragsteuern)	x	x	x	x		x
2	+ Abschreibungen/-Zuschreibungen	x	x	x	x		x
3	+/- Veränderung Rückstellungen	x	x	x	x	x	x
4	-/+ Änderung RHB-Stoffe, Vorräte, Waren	x	x		x	x	x
5	+/- Änderung Lieferverbindlichkeiten					x	x
6	**Operativer SGF-Cash Flow**	x	x	x	x	x	x
7	Ein- und Auszahlungen für Erhaltung/Rationalisierung	x	x	x	x	x	x
8	Einzahlungen aus Desinvestitionen	x	x	x	x		x
9	Auszahlungen für Erweiterung/ Entwicklung	x	x	x	x		x
10	**Free Cash Flow (Finanzierungsüberschuss nach Investitionen) des SGF vor Steuern**	x	x	x	x	x	x

3. Konsolidierung auf weitere Zwischenebenen

Die Konsolidierung auf weitere Zwischenebenen läuft wie unter der Stufe 2 beschrieben ab.

4. Zusammenfassung zu gesellschafts- und konzernbezogenen Einheiten

Die Aggregation über verschiedene Größen auf den Konzern zeigt die nachfolgende Abbildung:

Zeile	Zeitraum:	Ein- und Auszahlungen der Geschäftsfelder bzw. Gesellsch.				Nicht auf Geschäftsfelder bzw. Gesellsch. zugerechnet	Aggregierte Zahlungen der Gesellschaft bzw. des Konzerns
		A	B	C	Sum.		
1	Operativer Geschäftsfeld-Cash Flow	x	x	x	x	x	x
2	Ein- und Auszahlungen für Erhaltung/ Rationalisierung	x	x	x	x		x
3	Einzahlungen aus Desinvestitionen	x	x	x	x	x	x
4	Auszahlungen für Erweiterung/Entwicklung	x	x	x	x	x	x
5	**Free Cash Flow der SGE bzw. der Geschäftsfelder vor Steuern (Finanzierungsüberschuss nach Investitionen)**	x	x	x	x	x	x
6	Auszahlungen zur Tilgung von Finanzkrediten	x	x		x	x	x
7	Auszahlungen für Zinsen	x	x		x	x	x
8	Einzahlungen aus der Aufnahme von Finanzkrediten	x		x			x
9	Ertragsteuerzahlungen					x	x
10	Einzahlungen aus Kapitalzuführung					x	x
11	Ausschüttungen von Dividenden					x	x
12	**Überschuss der Periode der Gesellschaft bzw. des Konzerns**	x	x	x	x	x	x

Diese letzte Darstellung zeigt die Finanzmittelfreisetzung im Gesamtkonzern. Das System der Aggregation gibt einen Einblick in die einzelnen Stufen der Marktwertermittlung des Konzerns.

5. Ermittlung von Marktwertbeiträgen für strategische Geschäftseinheiten

Anhand dieser Werte ist es möglich, eine interne Ermittlung des Shareholder Value der einzelnen strategischen Geschäftseinheiten vorzunehmen. Dazu werden die zukünftigen Freien Cash Flows einschließlich der nachhaltigen Werte auf den Betrachtungszeitpunkt abgezinst. Daraus ergibt sich der Marktwertbeitrag der strategischen Geschäftseinheiten:

Mio. DM	Operative Planung			Überhang Strategische Planung		nachhaltiger Wert
	1997	1998	1999	2000	2001	
Free Cash Flow						
Marktwertbeitrag der SGE						

6. Shareholder Value des Gesamtkonzerns

Werden die einzelnen Marktwertbeiträge des Konzerns als Summe der Barwerte der Freien Cash Flows addiert, von ihnen der Marktwert der Finanzschulden des Konzerns und der Barwert der Steuerzahlungen abgezogen, so ergibt sich der Shareholder Value des Konzerns im Rahmen einer internen Bewertung:

Marktwertbeiträge der Sparten	Barwerte in Mio EURO in den Zeitpunkten	
	t_0	t_1
Sparte A		
Sparte B		
Sparte C		
Sparte D		
Sparte E		
Summe der Barwerte des Free Cash Flow		
./. Marktwert der Finanzschulden des Konzerns		
./. Barwert der Steuerzahlungen des Konzerns		
Shareholder Value des Konzerns nach interner Bewertung		

Das vorstehend beschriebene Grundschema einer strategischen Finanzierungsrechnung im dezentralen diversifizierten Konzern kann sowohl für die strategische Steuerung als auch für die operative Steuerung verwendet werden.

Im Rahmen der strategischen Steuerung sind längerfristige Analysen der Wertentwicklung der einzelnen Geschäftsbereiche von Interesse. Aufbauend auf den in Abschnitt 9.3.3 vorgestellten Langzeitanalysen und unter Heranziehung der Prognoserechnungen lassen sich dann die Marktwertbeiträge der einzelnen Geschäftseinheiten im Rahmen einer internen Shareholder Value-Berechnung ermitteln.

9.4 Ausgangsfragen der Kennzahlenbasis

Die Entwicklung des wertorientierten Controlling wird durch Kennzahlen geprägt, die gerade in Europa in den letzten Jahren zunehmende Verbreitung gefunden haben. Dabei darf festgestellt werden, dass die Diskussion um die adäquate Kennzahl noch nicht abgeschlossen ist, da gerade unternehmensindividuelle Steuerungsbelange sehr stark die Kennzahl, die einbezogenen Komponenten und ihre Zielvorgaben prägen.

9.4.1 Return-on-Investment (ROI)

Der Return-on-Investment ist mittlerweile schon als historische Kennzahl zu bezeichnen. Entwickelt als Zielvorgabe im Steuerungssystem bei General Electric in den 30er Jahren, misst diese Kennzahl die Rendite des Gesamtkapitals und schließt damit das gesamte im Unternehmen investierte Kapital in die Betrachtung ein.

Die Kennzahl hat im Controlling und zu Vergleichszwecken große Verbreitung erlangt. Sie eignet sich sowohl zur Anwendung auf Geschäftsfelder und Sparten, als auch zum Wettbewerbsvergleich im internationalen Rahmen, da es sich um eine weit verbreitete Kennzahl handelt. Der Return-on-Investment baut in der Zählergröße auf dem EBIT (Earnings before Interest and Tax) auf. Er lässt sich problemlos aus bilanziellen Größen im Rahmen der HGB-orientierten Bilanzierung ableiten, auch wenn die Kennzahl selbst ihren Ursprung in den USA hatte. Der Return-on-Investment hat mannigfaltige Varianten erfahren, wobei sowohl die Zählergröße abgewandelt wurde zum

❏ Betriebsergebnis vor Zinsen,
❏ Spartenergebnis vor Zinsen,

als auch in der Nennergröße in

❏ beeinflussbare Bilanzsumme,
❏ Spartenbilanzsumme,
❏ usw.

Der Return-on-Investment ist eine einfache und verständliche Größe zur Beurteilung der Ertragskraft von Unternehmen. Sein Vorteil besteht darin, dass verantwortungsbezogen die einzelnen Einheiten für eine angemessene Verzinsung des gesamten investierten Kapitals verantwortlich sind. Allerdings wird vielfach als Nachteil gegen diese Kennzahl eingewendet, dass ihr die notwendige Objektivität fehlt, da die Liquiditätsausstattung der infrage kommenden Einheiten über den Kapitalumschlag den Return-on-Investment maßgeblich beeinflusst. Insofern wird ihr die Eignung für Vergütungszwecke abgesprochen.

9.4.2 Cash Flow-Return-on-Investment (CFROI)

Der Cash Flow-Return-on-Investment stellt gegenüber dem Return-on-Investment insofern eine Erweiterung dar, als er die Zählergröße um die Abschreibungen erweitert. Insofern stellt die Zählergröße das Ergebnis vor Abschreibungen, Zinsen und Steuern dar und ist vergleichbar mit dem EBITDA (Earning before Interest, Tax, Depreciation and Amortisation). Im Vergleich zum Return-on-Investment als Gesamtkapitalrendite werden unterschiedliche Abschreibungsverfahren und Abschreibungszeiträume sowie Abschreibungsintensitäten der zu Grunde liegenden Einheiten berücksichtigt. Darüber hinaus stellt der Ansatz sicher, dass Geschäftsbereiche mit unterschiedlicher Altersstruktur der Aktiva vergleichbar sind und die Altersstruktur der Geschäftsbereiche transparenter wird. Befürworter des Cash Flow-Return-on-Investment sehen in dieser Kennzahl eine stärker wertorientierte Steuerungsgröße als im Return-on-Investment, da die Größe stärker zahlungsorientiert ist. Sie argumentieren, dass der Cash Flow-Return-on-Investment im Kern eine interne Zinsfuß-Rechnung darstellt und für jedes strategische Geschäftsfeld den Cash-Rückfluss auf das eingesetzte Kapital misst.

9.4.3 Return-on-Capital-Employed (ROCE)

Der Return-on-Capital-Employed (ROCE) ist wie der Return-on-Investment eine Kennzahl zur Messung der Gesamtkapitalrendite. Er stellt die periodenbezogene Verzinsung des eingesetzten Kapitals dar und ist somit ein Beurteilungsmaß für das Wirtschaften mit der Ressource Kapital. Der Return-on-Capital-Employed ermöglicht den Vergleich von Geschäften unterschiedlicher Größenordnungen durch die Relativierung des Mitteleinsatzes.

Die Anwendung des Return-on-Capital-Employed steht in engem Zusammenhang mit dem Übergang vieler Unternehmen auf die Bilanzierung nach US-GAAP und/ oder IAS. Sie ist Ausfluss der Änderung der Rechnungswesenstandards und Ergebnis nicht vergleichbarer Bilanzierungsphilosophien zwischen HGB und US GAAP bzw. IAS.

Wertorientiertes Controlling

Die Zählergröße des Return-on-Capital-Employed ist der Operating Profit als Ergebnisgröße, in der operative und neutrale Ergebnisse - jedoch ohne das Zinsergebnis - enthalten sind:

$$\text{Return-on-Capital-Employed} = \frac{\text{Operating Profit}}{\text{Capital Employed}}$$

Die Nennergröße als Kapitaläquivalent wird abgebildet über das Capital Employed, eine Kapitalbasis nach Eliminierung von Finanz- und Steuerpositionen.

Operating Profit = **Umsatz ./. zurechenbare Kosten**
 = Umsatz
 − Umsatzkosten
 − Vertriebskosten
 − übrige Kosten/Aufwendungen

Capital Employed = **betriebsnotwendiges Anlage- und Umlaufvermögen**
 = Bilanzsumme
 − Finanz- und Steuerpositionen
 − Abzugskapital

Der Return-on-Capital-Employed ergibt sich somit als Quotient von Operating Profit (nach US-GAAP) und Capital-Employed nach US-GAAP. Der Return-on-Capital-Employed hat ebenso wie der Return-on-Investment unterschiedliche Abwandlungen erfahren, die sich in der steuerungsadäquaten Definition der Zähler- und der Nennergröße niederschlagen.

Der Return-on-Capital-Employed weist eine enge Korrelation zum Return-on-Investment auf, ist aber als Wert bei gleicher Datenausgangsbasis höher als der Return-on-Investment, da letzterer die vollständige Bilanzsumme beinhaltet. Je höher der Anteil nicht operativer Bilanzsummenanteile (z. B. liquide Mittel), um so höher wird tendenziell die Kennzahl im Vergleich zum Return-on-Investment.

Für die praktische Umsetzung im Unternehmen ist die Frage Return-on-Investment oder Return-on-Capital-Employed letztlich eine Frage der zu Grunde liegenden Rechnungswesenstandards und der einbezogenen Bilanzpositionen, auf die das Management Einfluss ausüben kann. Bei HGB-orientierter Bilanzierung ist der Return-on-Investment die adäquatere Steuerungsgröße, bei Bilanzierung nach US-GAAP oder IAS empfiehlt sich die Anwendung des Return-on-Capital-Employed. Klar sein muss man sich aber bei letzterer Kennzahl, dass sie tendenziell höhere Werte generiert und im Rahmen der „psychologischen Ergebnissteuerung" leichter Ergebnisgrößen suggeriert, die letzte Kraftanstrengungen zur Ergebnisverbesse-

Ergebnisgrößen suggeriert, die letzte Kraftanstrengungen zur Ergebnisverbesserung nicht so induzieren wie der Return-on-Investment. Der Return-on-Capital-Employed ist näherungsweise bei gleicher Bezugseinheit mit dem betrieblichen Return-on-Investment, bereinigt um Finanz- und Steuerpositionen, vergleichbar:

> **Return-on-Investment (ROI)**
> **versus Return-on-Capital-Employed (ROCE)**
> - Unterschiede aus verschiedenen zu Grunde liegenden Rechnungswesenstandards
> - Return-on-Capital-Employed (ROCE) entspricht dem betrieblichen Return-on-Investment (ROI) - bereinigt um Finanz- und Steuerpositionen - bezogen auf die infrage kommende Führungs- und Steuerungseinheit

9.4.4 Return-on-Net-Assets (RONA)

Den konsequentesten Übergang zur Einführung einer Kennzahl zur Shareholder Value-orientierten Unternehmenssteuerung ging Daimler-Benz nach der Fusion mit Chrysler.

Während nach der Neuorientierung 1995 die Kennzahl Return-on-Capital-Employed (ROCE) mit 12 % vor Steuern Zielmaßstab war, wurde durch die Fusion mit Chrysler auf Konzernebene die Kennzahl Return-on-Net-Assets (RONA) eingeführt. Auslöser dieser Umorientierung war die Tatsache, dass die Mehrheit der Aktionäre des fusionierten Unternehmens nicht in Deutschland ansässig sind und damit die deutsche Körperschaftsteuergutschrift auf den ausländischen Aktionär nicht durchgereicht werden kann. Konsequenz dieser Tatsache ist, dass für den Aktionär die Netto-Dividende nach Steuern maßgebend ist, was den Übergang auf den Return-on-Net-Assets als Steuerungsgröße zur Folge hat. Daimler-Benz verwendet diese Größe auf Konzernebene mit einer Zielvorgabe von 9,2 %. Diese Größe ergibt sich, indem das Net-Operating-Income durch die Net Assets dividiert wird.

Das Net-Operating-Income misst das Ergebnis des Konzerns vor Zinsaufwand des Industriegeschäfts und nach Steuern, bezogen auf das eingesetzte zu verzinsende Kapital. Mit dem operativen Nettoergebnis soll deutlich werden, in welcher Weise der Konzern dem Verzinsungsanspruch seiner Kapitalgeber gerecht wird:

> Ergebnis nach Steuern
> + Zinsaufwand
> _____
> = Net-Operating-Profit

Wertorientiertes Controlling

Dabei sind die Net Assets definiert als Gesamtvermögen minus der nicht zinstragenden Verbindlichkeiten, der Rückstellungen (außer Pensionsrückstellungen), den passiven latenten Steuern und den Rechnungsabgrenzungsposten:

> Gesamtvermögen
> – nicht zinstragende Verbindlichkeiten
> – Rückstellungen
> – passive latente Steuern
> – Rechnungsabgrenzungsposten
>
> = Net Assets

Die Zielvorgabe orientiert sich an den gewichteten durchschnittlichen Kapitalkosten des Konzerns nach Steuern. Dabei haben die Eigenkapitalkosten mit 70 % und einer Zielvorgabe von 11,6 % den größten Einfluss. Sie bestimmen sich aus dem risikofreien Zins für zehnjährige Anlagen mit 4,7 % und der Marktrisikoprämie von 6,25 %, die kombiniert mit dem Beta-Faktor von 1,1 insgesamt einen Wert von 6,9 % ergeben. Mit 10 % Gewicht gehen die Finanzschulden ein, bei denen ein risikofreier Zins für fünfjährige Anlagen von 4,2 % kalkuliert wird, plus Kapitalbeschaffung und Risikozuschlag von 0,8 Prozentpunkten. Abzüglich der Konzernsteuerrate von 42 % fiktiv bleiben als Fremdkapitalkosten 2,9 % zu berücksichtigen. In die Kapitalkosten gehen mit 20 % Gewicht die Zinsen für Pensionsansprüche ein. Nach US-GAAP ist dabei ein Diskontierungszinsfuß von 6,8 % zu berücksichtigen, der gekürzt um den schon erwähnten Konzernsteuersatz einen Wert von 3,9 % ergibt. Dabei ergeben sich die Gewichte der Bestandteile der Kapitalkosten aus der Multiplikation des Kapitalkostensatzes mit dem Marktwert des zu Grunde liegenden Kapitals. Da sich der Marktwert des Kapitals aus der Börsenkapitalisierung des Unternehmens ergibt, haben die Eigenkapitalkosten nach Steuern immer das größte Gewicht bei der Ermittlung der gewichteten Kapitalkosten:

Eigenkapitalkosten (nach Steuern) (70 %)	risikofreier Zins + Beta x Risikozuschlag	1,1 x 6,25 %	4,7 % 6,9 % 11,6 %
Fremdkapitalkosten (nach Steuern) (10 %)	Fremdkapitalzins ./. Steuersatz	(4,2 % + 0,8 %) 42 %	5,0 % 2,1 % 2,9 %
Pensionsrückstellungen (nach Steuern) (20 %)	Abzinsung ./. Steuersatz	42 %	6,8 % 2,9 % 3,9 %
Gewichtete Kapitalkosten (nach Steuern)			9,2 %

Die 9,2 % Zielvorgabe gilt nur auf Konzernebene. Auf der Ebene der Geschäftsbereiche verwendet DaimlerChrysler nach wie vor den Return-on-Capital-Employed, d. h. die bereits beschriebene Kennzahl ohne Steuern. Der Grund ist einfach: Beide Größen können vom operativen Management nicht beeinflusst werden. Entsprechend den gewichteten durchschnittlichen Kapitalkosten des Unternehmens vor Steuern beträgt hier der Mindestverzinsungsanspruch 15,5 %.

Zur Ermittlung der Beta-Faktoren gibt es grundsätzlich zwei Alternativen. Zum einen können die am Kapitalmarkt für vergleichbare Unternehmen ermittelten Beta-Faktoren herangezogen werden. Zum anderen bleibt aber auch der Weg der subjektiven Bewertung geschäftsfeldbezogener Beta-Faktoren. Dabei erfolgt die Ermittlung über die subjektive Gewichtung der Risikotreiber eines Geschäftsfeldes.

Eine Auswahl solcher Risikotreiber zeigt nachfolgende Abbildung (Quelle: Michael Nicklas: Unternehmungswertorientiertes Controlling im internationalen Industriekonzern, Gießen 1998, S. 119):

Mögliche Risikobetreiber bei der Ermittlung geschäftsfeldspezifischer Beta-Faktoren

- Umsatzsyklizität
- Free Cash Flow-Vorhersehbarkeit
- Operating Leverage
- Substanzwert des Vermögens
- Profitabilität/Ertragsstärke
- Marktwachstum
- relative Wettbewerbsposition
- Rivalität der Wettbewerber
- Ein-/Austrittsbarrieren
- Kundenmacht
- Lieferantenmacht
- Substitutionsgefahren
- Produkt/Markt-Mix
- Währungs-/Inflationsrisiko
- Anlagenintensität
- Flexibilität
- Technologieposition
- Technologischer Wandel

Auf dieser Basis ist auf Seite 625 das Raster der Roland Berger & Partner GmbH zur Ermittlung geschäftsfeldbezogener Beta-Faktoren durch Gewichtung der Risikotreiber wiedergegeben. Dabei hat in einer diversifizierten Unternehmensgruppe das Gesamtunternehmen den Beta-Faktor 1 (Quelle: Bötzel/Schwilling, Erfolgsfaktor Wertmanagement, München/Wien 1998; S. 77):

Wertorientiertes Controlling

Geschäftsfeld:

Risikotreiber (Beispiel)	Geschäftsspezifische Risikogewichtung								
	0,60	0,70	0,80	0,90	1,00	1,10	1,20	1,30	1,40
Zyklizität des Geschäftes										große Zyklen, hohes Risiko
Prognostizierbarkeit der Rendite										hohe Vorhersehbarkeit, geringeres Risiko
Schnelligkeit des Technischen Fortschritts										schneller Fortschritt, höheres Risiko
Branchenattraktivität										hohe Attraktivität, geringeres Risiko
Wettbewerbsposition/ -barrieren										gute Position, geringeres Risiko
Kapitalintensität										hohe Intensität, höheres Risiko
Kapitalstruktur										hoher FK-Anteil, höheres Risiko
Substanzwert (Grundstücke/Anlagen)										werthaltige Substanz, geringeres Risiko
	geringeres Risiko				höheres Risiko				

Empirische Analysen belegen, dass die mithilfe pragmatischer Verfahren ermittelten Risiko-Indikatoren durchaus Erklärungskraft für das vom Kapitalmarkt abgeleitete „Risikomaß Beta" haben. Aber auch die Relation „Buchwert des Eigenkapitals zum Marktwert des Eigenkapitals" kann nach der empirischen Prüfung als Beta-Größe herangezogen werden (Bufka, Jürgen; Schiereck, Dirk; Zinn, Kai: Kapitalkostenbestimmung für diversifizierte Unternehmen).

9.4.5 Economic-Value-Added (EVA)

Der Economic-Value-Added (EVA) stellt nichts anderes dar als den Überschuss, den das Unternehmen erwirtschaftet hat im Vergleich zur Zielvorgabe. Es ist der absolute Wertbeitrag der Periode abzüglich der gewichteten absoluten Kapitalkosten, die sich ergeben aus den Eigenkapitalkosten nach Steuern und den Kapitalkosten für das Fremdkapital.

Das Economic-Value-Added-Konzept wurde von der Beratungsfirma Stern, Stewart & Co. entwickelt. Stewart definiert den Economic-Value-Added als „Operating profits less cost of all of the capital employed to produce those earnings". Die Ermittlung der Zähler- und Nennerbasis zeigen die nachfolgenden beiden Abbildungen (Quelle: Günther, Thomas. Unternehmenswertorientiertes Controlling. München 1997, Seiten 234 und 235):

Net Operating Profit after Tax

  Net Operating Profit
+ Erhöhung der Wertberichtigungen auf Forderungen
+ Erhöhung der Differenz zwischen Ansatz der Vorräte mit der LIFO-Methode gegenüber der FIFO-Methode
+ Abschreibungen von derivativen Geschäftswerten
+ Erhöhung des Barwertes kapitalisierter F & E-Aufwendungen
+ sonstige betriebliche Erträge
+ Erhöhung der sonstigen Rückstellungen
+ „marktwertbildende" Vorlaufkosten
− finanzwirksame Steuern

= Net Operating Profit after Texas

Capital Employed

  Buchwert des Anlagevermögens
+ Buchwert des Umlaufvermögens
− Nicht verzinsliche, kurzfristige Verbindlichkeiten
− Marktgängige Wertpapiere
− Anlagen im Bau
+ (passivische) Wertberichtigungen auf Forderungen
+ Differenz zwischen Bewertung der Vorräte mit der LIFO-Methode gegenüber der FIFO-Methode
+ kumulierte Abschreibungen von derivativen Geschäftswerten
+ kapitalisierte Miet- und Leasingaufwendungen
+ kapitalisierte F & E-Aufwendungen
+ kapitalisierte „marktwertbildende" Vorlaufkosten
+ kumulierte außerordentliche Verluste nach Steuern

= Capital Employed

9.4.6 Kapitalmärkte und Rechnungslegungsstandards als Einflussfaktoren

Die Entwicklung des wertorientierten Controlling ist in vollem Gange. Es steht eine unterschiedliche Anzahl von Kennzahlen zur Verfügung, die in Abhängigkeit der Unternehmensphilosophie, der verwendeten Rechnungswesenstandards und der Steuerungsnotwendigkeiten zur Anwendung gelangen können. Dabei wird die Entwicklung von den großen Unternehmen getrieben, die ihre Führungsinstrumente an den Erfordernissen und Informationsbedürfnissen der Kapitalmärkte auszurichten haben. Gemäß einer 1996 von Coopers & Lybrand durchgeführten Untersuchung orientieren sich 91 % der Unternehmen bei wichtigen Geschäftsentscheidungen am Shareholder Value. Gemäß dieser Untersuchung verwenden 71 % die Discounted-Cash Flow-Methode, 16 % das Economic-Value-Added-Konzept, 4 % das Market-Value-Added-Modell von McKinsey.

Das Konzept des Economic-Value-Added ist jedoch vor dem Hintergrund zu sehen, dass eben dieser Grundgedanke der Wertsteigerung dem deutschen internen Rechnungswesen sehr artverwandt ist. In beiden Konzepten, beim Betriebsergebnis über die kalkulatorischen Zinsen und beim Economic-Value-Added über die Verzinsung des eingesetzten Kapitals und Vergleich mit den gewichteten Kapitalkosten, wird der Opportunität des Kapitals Rechnung getragen. Insbesondere kleinere Unternehmen, die nicht unter dem Zwang der internationalen Angleichung des Rechnungswesens stehen, sollten sich daher überlegen, ob es sich lohnt, dem modernen Trend zu folgen.

Die Entwicklung wird - wie bereits gesagt - von den Aktienmärkten getrieben. Die Grundidee wertorientierter Unternehmenssteuerung ist einfach: Eigenkapitalgeber als Shareholder haben Anspruch auf eine ausreichende Verzinsung des eingesetzten Kapitals. „Wert" im Sinne des Shareholder Value ist derjenige des Eigenkapitals. Dabei wird die Entwicklung im Wesentlichen von der zunehmenden Ausdehnung der Bilanzierung nach IAS und US-GAAP auch in Deutschland vorangetrieben. Dafür gibt es vielfältige Gründe:

❏ Der Rechnungslegungswechsel wird begleitet von dem Vorhaben, an ausländischen Kapitalmärkten und hier speziell am US-amerikanischen Kapitalmarkt gelistet zu sein.

❏ Dieses Vorhaben wird unterstützt durch die Möglichkeit, gerade bei Akquisitionen in den USA einen Aktienumtausch leichter realisieren zu können.

❏ Stock-Options-Programme erfahren gerade bei ausländischen Mitarbeitern eine höhere Akzeptanz.

❏ Des weiteren wird die Entwicklung getrieben durch die zunehmende Internationalisierung und die Notwendigkeit, ausländische Tochtergesellschaften in den Konzernabschluss einzubeziehen und damit eine Vereinheitlichung der Rechnungslegungsvorschriften zu erreichen.

❏ Gerade bei Akquisitionen im Ausland werden deutsche Unternehmen häufig mit Bilanzierungs- und Kennzahlen konfrontiert, die mit unseren HGB-orientierten Kenngrößen wenig zu tun haben.

❏ Der Wettbewerbsvergleich gerade im internationalen Rahmen treibt die Notwendigkeit entsprechender Kennzahlen voran.

❏ Auch in Europa haben wir eine zunehmende Angleichung der Rechnungslegungsgepflogenheiten an internationale Standards.

❏ Während gerade in Deutschland die Maßgeblichkeit der Handelsbilanz für die Steuerbilanz in der Vergangenheit bestimmend war, wird dieser Grundsatz auch in Deutschland zunehmend aufgeweicht. Wir stellen durch die verschiedenen

EG-Richtlinien, aber auch die Entwicklung des deutschen Steuerrechts, wachsende Unterschiede zwischen Handels- und Steuerbilanz im Einzelabschluss und insbesondere im Konzernabschluss fest.

- ❏ Zur Steuerung auf Unternehmensebene haben sich die gerade in Deutschland noch sehr häufig verwendeten kalkulatorischen Abschreibungen und kalkulatorischen Zinsen im Rahmen der Unternehmenssteuerung als hinderlich und wesensfremd erwiesen.

- ❏ Die im anglo-amerikanischen Raum weitgehend verbreitete Anwendung des Umsatzkostenverfahrens treibt die Entwicklung zusätzlich.

- ❏ Das ZFBF-Sonderheft Nr. 41/1999 zeigt einen Überblick, inwieweit die Entwicklung mittlerweile fortgeschritten ist:

Aktuelle bzw. zukünftige Anwendung internationaler Rechnungslegungsnormen bei deutschen Unternehmen (Stand: September 1998)

IAS		US-GAAP	
Dax-100-Unternehmen			
- Aachener u. Münchner Bet. (ab 2000) - Adidas - Allianz (ab 1998) - Bayer - Bayerische Hypo- und Vereinsbank (ab 98) - BMW (ab 1998) - Commerzbank - DePfa-Bank (ab 99) - Deutsche Bank - Dresdner Bank (ab 98) - Dyckerhoff - Ergo Versicherungsgruppe (ab 99)	- Gerresheimer Glas (ab 1999) - Heidelberger Zement - Henkel - Hoechst - Lahmeyer (ab 98/99) - Lufthansa (ab 1998) - Merck - Münchner Rück (ab 98) - Puma - RWE (ab 1998/99) - Schering - SKW Trostberg (ab 99) - Tarkett Sommer - VIAG (ab 1999)	- BASF (ab 1998) - Daimler Chrysler - Deutsche Telekom - Fresenius Med. Care - Hannover Rück - Hoechst (von IAS/HGB) - Metallgesellschaft (ab 99)	- SAP (ab 1998) - Siemens (ab 1.10.99) - Schwarz Pharma - Schwarz Pharma - SGL Carbon - Thyssen/Krupp - Veba
Unternehmen im neuen Markt			
- BB Biotech - BB Medtech - CE Computer Equipment - CE Consumer Electronic - Cenit Systemhaus - Drillisch - Hunziger Information - Infomatec - Kinowelt Medien - Lintec Computer	- Mensch und Maschine Software - Mobilcom - Refugium Holding - Saltus Technology - SER Systems - SoftM Software und Beratung - Technotrans - Tiptel - Transtec	- Aixtron - Augusta Bet. - Bertrandt - Beta Systems Software - 1&1 - Edel Music - Elsa - Euromicron - Heyde - Intershop Communications - Mühlbauer Holding	- Pfeiffer Vacuum Techn. - Plenum - PSI - Sachsenring Automobiltechnik - Singulus Technologies - TDS Informationstechnologie - Teldafax - Teles

Wir müssen davon ausgehen, dass diese Entwicklung gerade bei börsennotierten Unternehmen weiter anhalten wird und wir damit einen entsprechenden Zwang aus der Angleichung der Rechnungswesenvorschriften und damit der Notwendigkeit anderer Steuerungsgrößen begegnen werden.

Ausgehend von der unterschiedlichen Rechnungslegungsphilosophie zwischen dem deutschen HGB und dem US-GAAP und IAS

Wertorientiertes Controlling

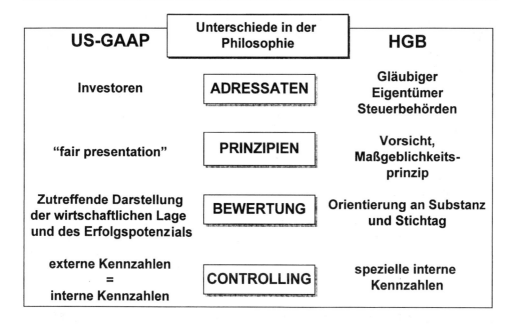

führt die Internationalisierung der Rechnungslegung zu einer Abkehr vom deutschen Gläubigerschutzprinzip der Bilanzierung und macht nicht unerhebliche Bilanzanpassungen erforderlich im Bereich der immateriellen Vermögensgegenstände (Firmenwerte), der Sachanlagen, der Vorräte, der Pensions- und anderen Rückstellungen, der latenten Steuern und im Eigenkapital. Dabei führt der Übergang in den Rechnungslegungsvorschriften auf US-GAAP bzw. IAS zu einer tendenziell eher größeren Entsprechung an die risikoadjustierten Renditeansprüche der Anleger aufgrund einer verbesserten und die Unsicherheit über die künftige wirtschaftliche Entwicklung reduzierende Unternehmenspublizität. Dabei darf davon ausgegangen werden, dass die Kapitalmarktteilnehmer auf die umfassendere Unternehmensberichterstattung mit einer Veränderung der risikoadjustierten Renditeanforderungen reagieren. Gerade die Beta-Faktoren zur Risikomessung seitens der Anleger können besser abgeschätzt werden, wenn die Publizität gerade internationalen Gesetzmäßigkeiten gehorcht und weniger Gläubigerschutzkriterien.

Die Argumente leuchten durchaus ein. Es darf aber nicht vergessen werden, dass börsenpublizierte Unternehmen in Deutschland nach wie vor die Minderheit bieten und für viele Unternehmen, gerade Personenunternehmen, nach wie vor die Bilanzierung nach HGB maßgebend ist. So sind seit Inkrafttreten des Kapitalaufnahmeerleichterungsgesetzes im Frühjahr 1998 gemäß § 292a HGB börsennotierte Mutterunternehmen bei Vorliegen bestimmter weiterer Bedingungen von der Aufstellung eines HGB-Konzernabschlusses bis 31.12.2004 befreit, wenn sie statt dessen einen Konzernabschluss nach international anerkannten Rechnungslegungsgrundsätzen aufstellen. Unternehmen, die am Neuen Markt notiert sind, müssen sich verpflichten, Abschlüsse vorzulegen, die entweder IAS oder US-GAAP entsprechen.

Auf der anderen Seite orientieren sich nicht alle deutschen Unternehmen an US-GAAP und IAS; gerade der VW-Konzern ist in der Bilanzierung urdeutsch geblieben, was die Börsenzeitung dazu veranlasst, ihn als „Dinosaurier des HGB" zu bezeichnen.

Tendenziell wird davon auszugehen sein, dass zunehmende Globalisierung und Internationalisierung des Wirtschaftslebens die Rechnungslegungsvorschriften zunehmend angleichen. Insofern sind alle Unternehmen gut beraten, wenn sie rechtzeitig in der Lage sind, diesen Bilanzierungswechsel gut vorbereitet vorzunehmen. Auf der anderen Seite leidet die Qualität der Unternehmenssteuerung nicht, wenn sie anhand guter Kriterien, die im Unternehmen hinlänglich bekannt und aus der Rechnungslegungsphilosophie akzeptiert sind, vorgenommen wird.

Zudem darf nicht vergessen werden, dass sich in den meisten Fällen das Controlling nicht auf Konzernebene allein abspielt, sondern nach wie vor Schwerpunktaufgaben des Controlling die tagtägliche Unternehmenssteuerung von Produkten, Segmenten, Kunden und allenfalls Sparten die Arbeit bestimmen.

9.5 Umsetzung des wertorientierten Controlling

Die nachfolgenden Überlegungen konzentrieren sich auf die Einführung des wertorientierten Controlling in Unternehmen zur controlling-orientierten Steuerung von Unternehmensstrategien. Dabei wird ein pragmatischer Ansatz verfolgt, der einen ersten Einstieg darstellt und mit vertretbarem Aufwand unter Nutzung der im Unternehmen vorhandenen Datenbasis umgesetzt werden kann. Die Gedanken orientieren sich am Freien Cash Flow als einer Zielgröße, die

- ❑ zur controlling-orientierten Steuerung des Finanzbeitrages von Unternehmensstrategien geeignet ist,

- ❑ ohne große Schwierigkeiten aus der vorhandenen Datenbasis im Unternehmen zu ermitteln ist,

- ❑ eine gut kommunizierbare, prägnante und verständliche Steuerungsgröße darstellt,

- ❑ und ideal als Ergänzung der klassischen Steuerungsgrößen und Zielvorgaben Umsatzrendite und Return-on-Investment anwendbar ist.

9.5.1 Grundschema der Berichtsstruktur

In der Praxis hat es sich bewährt, die Berechnung des Freien Cash Flow über die indirekte Methode vorzunehmen: ausgehend von den Ergebnissen der Berichtseinheiten werden unter Addition der Abschreibungen, durch Hinzurechnung der

Wertorientiertes Controlling

Veränderungen der relevanten Bilanzpositionen, der Investitionen und Desinvestitionen und der Steuerposition der Freie Cash Flow der Berichtseinheit ermittelt. Dabei werden aus Vereinfachungsgründen nur Investitionen und Akquisitionen als bilanzielle Positionen in die Betrachtung einbezogen. Dieses Grundschema wird der Vollständigkeit halber an dieser Stelle noch einmal wiederholt:

> **Gewinn vor Ertragsteuern**
> ./. Steuern (kalkulatorische Steuerquote 50 %)
> = **Gewinn nach Steuern**
> + Abschreibungen
> = **Cash Flow nach Steuern**
> ./. Investitionen
> = **Freier Cash Flow I**
> ./. Akquisitionen
> = **Freier Cash Flow II**

Der Vorteil dieser Berichtsstruktur liegt darin, dass sie sehr schnell aus den Daten des Controlling und des Rechnungswesens ermittelbar ist und auf für die Entscheidungsträger bekannten und auch kommunizierbaren Größen aufbaut. Die direkte Form der Ermittlung über die Einzahlungen und Auszahlungen ist aufgrund der in den Unternehmen seitens des Controlling etablierten Berichtsstrukturen eher aufwendiger und nicht so gut kommunizierbar.

Im Rahmen der operativen Führung und Steuerung der Geschäftseinheiten empfiehlt es sich, die auf Seite 385 dieses Buches dargestellte exemplarische und vereinfachte Berichtsstruktur in einem Konzern um die Kennzahlen Freier Cash Flow 1 (Netto-Cash Flow nach Investitionen), Freier Cash Flow 2 (Netto-Cash Flow nach Investitionen und Akquisitionen) zu ergänzen. Damit ist auch im Rahmen der operativen Führung und der kurzfristigen Ergebnissteuerung der Bezug zum wertorientierten Controlling sichergestellt:

					Ergebnisbericht 200X					X-01
					BEREICH X					
	Berichtsmonat			Abweichung		Text		Januar - Berichtsmonat		Abweichung
Vorjahr	Plan	Ist	abs.	%		Vorjahr	Plan	Ist	abs.	%
Unternehmen 1										
					Nettoumsatz					
					Betriebsergebnis					
					Gesamtergebnis					
Unternehmen 2										
					Nettoumsatz					
					Betriebsergebnis					
					Gesamtergebnis					
Bereich X										
					Nettoumsatz					
					Betriebsergebnis					
					Gesamtergebnis					
KENNZAHLEN										
					Umsatzwachstum (%)					
					Umsatzrendite (%)					
					Umsatzrendite vor Zinsen (%)					
					Kapitalumschlag					
					Return on Investment (%)					
					Cash Flow (TDM)					
					Cash Flow (%)					
					Freier Cash Flow I (TDM)					
					Freier Cash Flow II (TDM)					

9.5.2 Festlegen der Berichtsstruktur

Bei der Einführung des wertorientierten Controlling ist vorab - wie bei der Einführung jeder Berichtsstruktur - festzulegen, welche stufenweise Verdichtung die Berichtsstruktur umfassen soll und welche Entscheidungsebenen angesprochen werden. Dabei wird zweckmäßigerweise von der kleinsten Entscheidungsebene ausgegangen, ob es nun eine Produktgruppe, eine strategische Geschäftseinheit oder eine Firma ist. In Abschnitt 9.3.6 wurden unterschiedliche Informationspyramiden dargestellt. Auf diese sei an dieser Stelle verwiesen.

Hinzuweisen ist, dass aufgrund der gesellschaftsrechtlichen Einheit die Berichtsstruktur des Freien Cash Flow am leichtesten auf Firmenebene einzuführen ist. Je stärker sich die Berichtsstruktur unterhalb der Firmenebene bewegt, um so differenzierter wird die Zuordnung von Bilanzpositionen und Aktiva- und Passivagrößen aus dem Rechnungswesen, da das Rechnungswesen normalerweise nicht für Segmentrechnungen ausreichend vorbereitet ist.

9.5.3 Zuordnung von Bilanzpositionen

Bei der Erweiterung der in einem Unternehmen vorhandenen Controlling-orientierten Berichtssysteme in Form von Produktgruppenrechnungen und Segmentrechnungen in Richtung des wertorientierten Controlling tauchen die größten Probleme in der Vorbereitung diverser Aktiva- und Passiva-Positionen zur Überleitung auf den Freien Cash Flow auf. Dazu können folgende Anmerkungen gemacht werden:

1. Anlagenbuchhaltung: Die Anlagenbuchhaltung ist so zu organisieren, dass die einzelnen Anlagegegenstände nicht nur nach Konten, sondern auch nach Kostenstellen und sonstigen Berichtseinheiten zur Verfügung stehen. Zweckmäßigerweise werden die Anlagengegenstände nach Kostenstellen und ggf. auch nach Kostenplätzen kontiert. In diesem Falle ist es möglich, aus der Anlagenbuchhaltung die entsprechenden Werte in die Überleitungsbrücke zum Freien Cash Flow zu ermitteln. Gleiche Aussagen gelten für Desinvestitionen und natürlich auch für die entsprechenden Abschreibungswerte.

2. Finanzanlagen: Finanzanlagen haben normalerweise in der Freien Cash Flow-Rechnung keine Bedeutung. Sie fallen an auf Konzernebene und erfordern hier keine gesonderten Zuordnungen.

3. Umlaufvermögen: Die wesentlichen Positionen des Umlaufvermögens wie Vorräte und Debitoren sind ebenso zu organisieren, wie für die Anlagengegenstände beschrieben. Besondere Schwierigkeiten tauchen hier einerseits bei den Vorräten auf. Sie sind aber lösbar durch eine Materialabrechnung und die retrograde Auflösung von Stücklisten und des Abgleichs mit den Beständen. Bei den Debitoren tauchen dann besondere Probleme auf, wenn gleiche Kunden von unterschiedlichen Geschäftseinheiten bedient werden und unterschiedliche Zahlungsmodalitäten für die einzelnen Geschäftseinheiten gelten. In diesem Falle hilft nur die kalkulatorische Zuordnung von Debitoren.

4. Übrige Aktiva: Bei den übrigen Aktiva ist analog vorzugehen.

5. Rückstellungen: In Abhängigkeit der Größe der Geschäftseinheiten ist es häufig schwierig, aus dem Rechnungswesen die Rückstellungen für die einzelnen Geschäftseinheiten zu vermitteln. Liegen keine gesellschaftsrechtlichen Einheiten oder sonstige klare Zuordnungen vor, so bleibt auch hier nur der kalkulatorische Ausweis.

6. Kreditoren: Aus der Zuordnung der Vorräte lassen sich über den durchschnittlichen Kreditorenaußenstand die Kreditoren auf Geschäftseinheiten zuordnen.

7. Übrige Fremdverbindlichkeiten: Bei den übrigen Fremdverbindlichkeiten ist analog vorzugehen. Sind diese Fremdverbindlichkeiten eindeutig zuzuordnen, entstehen keine besonderen Probleme. Falls eine eindeutige Zuordnung nicht

möglich ist, empfiehlt es sich, die Fremdverbindlichkeiten auf Basis der durchschnittlichen Verbindlichkeitenquote des Gesamtunternehmens auf die einzelnen Geschäftseinheiten zuzuordnen.

8. Eigenkapital: Auch der Eigenkapitalanteil ist schwerlich auf die einzelnen Geschäftseinheiten zuzuordnen. Hier empfiehlt es sich, als Differenzgröße einen Ausgleichsposten Eigenkapital einzufügen, der auf der Ebene des Gesamtunternehmens in der Segmentrechnung der Finanzabteilung als Aktivposten erscheint und in der Ergebnisrechnung des Gesamtunternehmens einen Ausgleich findet.

9.5.4 Kapitalausstattung und zentrale Finanzierung

Wie bereits vorstehend angesprochen, liegen die größten Schwierigkeiten in der Frage der Kapitalausstattung der einzelnen Geschäftseinheiten und ihrer Finanzierungen. Handelt es sich bei den einzelnen strategischen Geschäftseinheiten um rechtlich selbstständige Einheiten, so macht diese Zuordnung keine Probleme. Wird aber unterhalb der rechtlichen Einheit das Unternehmen in strategische Geschäftseinheiten segmentiert, so entsteht zwangsläufig die Frage nach der Zuordnung von Zinsen in der Segmentrechnung und der Strukturierung der Passivseite.

Die einfachste Darstellung sieht derart aus, dass in den einzelnen strategischen Geschäftseinheiten in Abhängigkeit der Kapitalbindung der Aktiva ein Ausgleichsposten für das Eigenkapital (AG EK) in Höhe der durchschnittlichen Eigenkapitalquote des Gesamtunternehmens und ein Ausgleichsposten in Höhe der durchschnittlichen Fremdkapitalbindung des Gesamtunternehmens angesetzt werden. Dabei bestimmt die Höhe des Ausgleichsposten des Fremdkapitals (AG FK) auf der Passivseite zusammen mit dem kalkulatorischen Zinssatz des Gesamtunternehmens die Zinsbelastung der strategischen Geschäftseinheit. Zur Konsolidierung auf Unternehmensebene werden diese Passivseiten der einzelnen Geschäftseinheiten in der Segmentrechnung der Finanzabteilung ausgeglichen:

Geschäftseinheit 1		Geschäftseinheit 1		Finanzabteilung		Unternehmen	
AV_1	$AG\ EK_1$	AV_2	$AG\ EK_2$	$AG\ EK_1$	EK	AV_1	EK
UV_1	$AG\ FK_1$	UV_2	$AG\ FK_2$	$AG\ EK_2$	RSt	AV_2	RSt
				$AG\ FK_1$	sonst. FK	UV_1	sonst. FK
				$AG\ FK_2$		UV_2	

Legende:
AV = Anlagevermögen
UV = Umlaufvermögen
EK = Eigenkapital
FK = Fremdkapital
AG = Ausgleichsposten
RSt = Rückstellungen

Die vorstehende Darstellung zeigt zwei strategische Geschäftseinheiten, deren Passivseiten über Ausgleichsposten dargestellt werden. In der zentralen Finanzabteilung werden diese Ausgleichsposten als Aktiva angesetzt und die effektiven Eigenkapital- und Fremdkapitalwerte auf der Passivseite belastet. In der G. + V. der Finanzabteilung sind die kalkulatorischen Zinsen, die auf die einzelnen Betriebseinheiten verrechnet werden, Erlöse, denen die effektiven Zinsen gegenübergestellt werden. Mit dieser Ausgleichsposition wird dann die Überleitung in die Gewinn- und Verlustrechnung des Gesamtunternehmens hergestellt.

Nach gleicher vorstehend beschriebener Vorgehensweise kann auch bei Zuordnungsproblemen auf den einzelnen Zwischenkonsolidierungsstufen vorgegangen werden.

Natürlich kann auf der Ebene der einzelnen Geschäftseinheiten die Passivseite auch nur über Fremdkapital strukturiert werden. Diese Vorgehensweise ist einfacher, kann aber bei den Verantwortlichen auf Akzeptanzprobleme stoßen.

9.5.5 Konsolidierung auf Unternehmensebene

Die Konsolidierung der Freien Cash Flows der einzelnen Geschäftseinheiten auf Unternehmensebene läuft vereinfacht wie folgt ab:

❑ Addition der Freien Cash Flows 2 der Geschäftseinheiten;

❑ Ermittlung und Hinzurechnung des Freien Cash Flow 2 der „restlichen" Unternehmensaktivitäten;

❑ Ermittlung der Bilanzbrücke Steuern als Unterschiedsbetrag zwischen den in den Geschäftseinheiten kalkulatorisch verrechneten Steuern und dem effektiven Steueraufwand;

❑ Ermittlung der Bilanzbrücke Finanzen aus dem Ergebnis der Finanzabteilung als Unterschiedsbetrag zwischen den in den Geschäftseinheiten verrechneten und den effektiven Zinsen.

Das nachfolgende Formular zeigt die Überleitungsrechnung zur Konsolidierung der Freien Cash Flows auf Unternehmensebene:

	Ist 1995	HR 1996	Plan 1997	Plan 1998	Plan 1999	Plan 2000
Geschäftseinheit 1						
Geschäftseinheit 2						
.						
.						
.						
Geschäftseinheit n						
Freier Cash Flow II Geschäftseinheiten						
Freier Cash Flow II restliche Aktivitäten						
Freier Cash Flow II						
verrechnete Steuern effektive Steuern						
Abstimmbrücke Steuern						
verrechnete Zinsen effektive Zinsen						
Ergebnis Finanzabteilung						
sonstige Differenzen						
Freier Cash Flow II Unternehmen						

9.5.6 Zielvorgaben

Die Zielvorgaben für den Freien Cash Flow leiten sich letztlich aus der Zielvorgabe für das Gesamtunternehmen ab. Diese Zielvorgabe ist dann auf die einzelnen Firmen und strategischen Geschäftsfelder aufzubrechen. Für die Zuordnung der Sollvorgaben für die Freien Cash Flows eignet sich wiederum die bereits diskutierte Größe des Cash Flow-Return-on-Investment, aus der unter Ansatz der Kapitalbindung der einzelnen Geschäftseinheiten die dezentrale Zielvorgabe für den Freien Cash Flow zu ermitteln ist.

9.6 Start ins wertorientierte Controlling

Der Start ins wertorientierte Controlling kann in folgenden Stufen angegangen werden:

1. Auf der Ebene der Einzelfirma empfiehlt sich zunächst die Ermittlung des Freien Cash Flow nach dem auf Seite 631 wiedergegebenen Schema.

2. Soll der Freie Cash Flow innerhalb einer Firma auf die einzelnen strategischen Geschäftsbereiche aufgebrochen werden, so empfiehlt es sich, die im Unternehmen

2. Soll der Freie Cash Flow innerhalb einer Firma auf die einzelnen strategischen Geschäftsbereiche aufgebrochen werden, so empfiehlt es sich, die im Unternehmen vorhandenen Produkterfolgsrechnungen oder sonstigen Segmentrechnungen des Controlling um den Cash Flow (Gewinn zuzüglich Abschreibungen) zu erweitern. Daran anschließend sollten in einem ersten Schritt Investitionen und Desinvestitionen abgesetzt werden, um zum Freien Cash Flow 1 zu gelangen. Dieser Freie Cash Flow 1 gibt schon sehr genaue Anhaltspunkte über Cash-Erzeuger und Cash-Verwender und ist als Kennzahl im monatlichen Reporting zu verwenden.

3. Nach einer bestimmten Zeit der Anwendung der Stufe 2 empfiehlt es sich, die weiteren Vorbereitungen im Rechnungswesen zu treffen, um die einzelnen bilanziellen Positionen - auch kalkulatorisch - zuzuordnen. Dabei empfiehlt sich die Vorgehensweise nach den in Abschnitt 9.5.3 und 9.5.4 beschriebenen Schritten.

4. Im Unternehmensverbund ist die einfachste Form des Übergangs auf das wertorientierte Controlling die hierarchische Verdichtung der einzelnen Firmenergebnisse über Sparten und Zwischenkonsolidierungskreise bis auf die Konzernebene. Diese Einzelfirmenergebnisse lassen sich sehr leicht um die Freien Cash Flow-Größen erweitern, sodass man sehr schnell zu einer Pyramide des wertorientierten Controlling im Konzern gelangt.

5. Schwieriger werden die Arbeiten, wenn für den Gesamtkonzern die einzelnen Firmenebenen in strategische Geschäftseinheiten segmentiert werden und diese verschiedenen strategischen Geschäftseinheiten auch noch in unterschiedlichen gesellschaftsrechtlichen Einheiten liegen, die eigene Berichtsstrukturen haben. Diese Situation stellt die aufwendigste Form der Einführung des wertorientierten Controlling dar. Sie führt aber letztlich dazu, dass dann die Verantwortung der Einzelfirma aufgehoben wird und das Unternehmen auch führungsmäßig in strategische Geschäftseinheiten umzustrukturieren ist.

9.7 Shareholder Value und wertorientiertes Controlling

Die vorstehenden Ausführungen haben deutlich gemacht, dass die im Rahmen der Shareholder Value-Überlegungen angestellten Diskussionen die bisherigen Ansätze im Controlling befruchten und durch Erweiterung der vorhandenen operativen Kennzahlensysteme den Einstieg ins wertorientierte Controlling bilden.

Die Maximierung des Freien Cash Flow von Geschäftseinheiten, Firmen, Sparten und im Gesamtkonzern führt dann zur Maximierung des Freien Cash Flows der Anteilseigner, wenn an der Spitze Personengesellschaften stehen und sichergestellt ist, dass die Ergebnisse der einzelnen untergeordneten Einheiten über Ergebnisabführungsverträge oder sonstige Entnahmeregelungen durchgeschüttet werden

Anders verhält sich die Situation bei einer Aktiengesellschaft. Zwar führt auch hier die Maximierung der Freien Cash Flows der einzelnen Teileinheiten, sofern sie durchgeschüttet werden können, zur Maximierung des Freien Cash Flows der oberen gesellschaftsrechtlichen Einheit. Über die Verwendung des Freien Cash Flow entscheiden aber Vorstand und Aufsichtsrat, sodass die Anteilseigner nicht den Zugriff auf den Freien Cash Flow haben.

Vor diesem Hintergrund führt die Erweiterung der bekannten Ansätze zur Steuerung im operativen Controlling um die Kennzahl Freier Cash Flow in Erweiterung zum Wertorientierten Controlling letztlich zu einer Maximierung der Freien Cash-Flows der übergeordneten gesellschaftsrechtlichen Einheit.

Zugriffe darauf sind in einer Personengesellschaft unbegrenzt vorhanden; in einer Aktiengesellschaft ist der Anteilseigner von den Entscheidungen von Vorstand oder Aufsichtsrat über die Verwendung der Freien Cash Flows abhängig.

Inwieweit die Steigerung der Freien Cash Flows zwangsläufig zu einer Marktwertmaximierung des Unternehmens führt, kann hier nicht abschließend beantwortet werden. Hierfür gibt es keine eindeutigen Regeln. Zwar führt bei einer AG eine hohe Dividende als Ergebnis eines hohen Freien Cash Flow tendenziell zu Kurssteigerungen. Aber auch die Verwendung des Freien Cash Flow zur Wertentwicklung des Unternehmens über neue Geschäftssparten kann zur Erhöhung des Freien Cash Flow führen. Eine eindeutige Aussage, dass damit aber zwangsläufig der Wert für den Aktionär steigt, kann so nicht gemacht werden. Ebenso verhält es sich bei einer Personengesellschaft. Die Maximierung des Freien Cash Flow führt hier zwar eher zur Marktwertsteigerung des Unternehmens aufgrund eines hohen Entnahmestromes. Die zwangsläufige Folge einer Steigerung des Unternehmenswertes ist aber letztlich im Wesentlichen abhängig von dem Einsatz Freier Cash Flows zur Weiterentwicklung des Unternehmens. Auch hier ist eine Automatik nicht ohne weiteres gegeben.

Unabhängig von diesen Einschränkungen empfiehlt sich der Übergang ins wertorientierte Controlling für alle Unternehmen. Die Ansätze und Kennzahlen sensibilisieren stärker als die vorhandenen Kennzahlen dafür, dass das langfristige Ergebnis allen Wirtschaftens nur hohe langfristige Finanzmittelüberschüsse sind.

9.8 Ausblick

Das Wachstum des weltweiten Asset-Managements verbunden mit gestiegenem Renditebewusstsein und Performance-Anforderungen der Anleger wird die Entwicklung der Shareholder Value-Orientierung in unseren Märkten weiter erhöhen. Zusammen mit der wachsenden internationalen Verflechtung der Wirtschaft und der daraus folgenden Notwendigkeit, Rechnungslegungsstandards anzugleichen, werden sich im Zeitablauf auch einheitliche Steuerungsgrößen für das wertorientierte Controlling herausbilden. Der gegenwärtige Stand des wertorientierten

Wertorientiertes Controlling 639

Controlling lässt es nicht zu, eine eindeutige Präferenz für die eine oder andere Kennzahl zum gegenwärtigen Zeitpunkt auszusprechen. Tatsache ist, dass die Maximierung des Freien Cash Flow eine der zentralen Zielgrößen des wertorientierten Controlling darstellt. Wie die ergebnisorientierte Steuerung von Unternehmen vor dem Hintergrund der übergeordneten Unternehmenszielsetzung vorgenommen wird, ob mit dem Return-on-Investment, dem Return-on-Capital-Employed oder dem Return-on-Net-Assets, hängt von einem unterschiedlichen Bündel von Einflussfaktoren ab. So ist die konkret angewendete Kennzahl abhängig davon,

❑ welche Rechnungslegungsphilosophie verwendet wird,

❑ wie weit der Einfluss des Managements auf die einzelnen Steuerungsgrößen reicht,

❑ wie stark die Verzahnung von internem und externem Rechnungswesen ist,

❑ welche firmenindividuelle Steuerungsphilosophie zur Anwendung kommt.

Zum anderen ist die Frage der angewendeten Steuerungsgröße davon abhängig, ob

❑ es sich um Einzelfallentscheidungen handelt,

❑ die Kennzahlen im laufenden Reporting Anwendung finden sollen,

❑ Kennzahlen für Vergütungsfragen die Basis bilden.

Grundsätzlich ist es möglich, mit all den zur Verfügung stehenden Steuerungskennzahlen eine effiziente Unternehmenssteuerung umzusetzen.

Die gesamte Diskussion um den Shareholder Value war zumindest in der Anfangsphase in Deutschland von einer starken Polarisierung geprägt. Sie gipfelte in dem Ausspruch: „Kapitalinteressen gegen Sozialinteressen", „Eigentümer gegen Mitarbeiter". Sehr klar hat Helmut Sihler den Stellenwert des Shareholder Value-Ansatz angesprochen: „Der Shareholder Value-Ansatz signalisiert dem Management, dass Eigenkapital die teuerste Form der Kapitalbeschaffung ist." und: „Durch den Shareholder Value-Ansatz in seiner heutigen Ausprägung werden die Interessengegensätze zwischen Eigentümern und Mitarbeitern verschärft. Die Ausrichtung des Unternehmens ausschließlich auf das „Shareholder Value"-Prinzip kann, ja muss zwangsläufig zu einer ethischen Verengung, ja Verarmung führen. Das Management in allen Ebenen kann auf Dauer nicht optimal nur mit der Zielsetzung eines hohen Börsenkurses motiviert werden. Die Wirklichkeit zeigt doch, dass Unternehmen mit innerer Motivation, mit „Geist", auf Dauer erfolgreicher sind." Und Klaus Schweickart, der Vorsitzende des Vorstandes der Altana AG, brachte in der Hauptversammlung am 04. Mai 1999 zum Ausdruck: „Ich rate zu größerer Härte gegenüber manchen Akteuren auf den Kaptialmärkten, die den Unternehmen Ihre Spielregeln aufzwingen wollen." und: „Uns ärgert diese Verengung des Denkens, beeindrucken kann sie uns nicht - genausowenig wie die Kurzfristigkeit in der Beurteilung unternehmerischer Entscheidungsprozesse."

Rendite- und Cash Flow-orientierte Kennzahlen zur Unternehmenssteuerung sind eine wesentliche Basis zur Steuerung der Unternehmensstrategie. Allerdings schließen wir uns der Meinung an, dass die ausschließliche Steuerung nach renditeorientierten Zielen eine zu enge Betrachtung des Unternehmensauftrages darstellt. Darüber hinaus sind die Motivation der Mitarbeiter, eine ausgeprägte Unternehmenskultur, Verantwortung für den Umweltschutz und die Sicherstellung des Beitrages der Unternehmung gegenüber dem gesellschaftlichen Umfeld ebenso wichtige Bestandteile jeder Unternehmenspolitik. Die ausschließliche Renditeorientierung stellt eine Verengung des Blickfeldes dar, die zur Kurzatmigkeit führt und den Unternehmensauftrag zu eng sieht.

Wertorientierte Unternehmensführung geht über die ausschließliche Renditeorientierung hinaus. Sie sollte auch die unternehmenswertbestimmenden Faktoren

- Produkte und Leistungen,
- Marken,
- Mitarbeiter,
- Marktanteile,
- Unternehmenskultur,
- Umweltschutz

bei der Beurteilung von unternehmerischen Handlungen einbeziehen. Diese Faktoren zählen in vielen Situationen u. E. höher als Renditezahlen.

Ebenso verhält es sich im Rahmen der Managementbeurteilung. Hier wiegen Faktoren wie

- umgesetzte Innovationen,
- erreichte Marktdurchdringung,
- Projektumsetzung,
- Mitarbeiterführung,
- Mitarbeiterförderung und Mitarbeiterrekrutierung,
- Erreichung strategischer Ziele,
- Weiterentwicklung des Unternehmens

in der Unternehmung mindestens ebenso stark - wenn nicht stärker - als eine ausschließliche Orientierung an der Steigerung nur finanziell messbarer Werte, wie das Konzept des Economic-Value-Added bei ausschließlicher Betonung es manchmal Glauben macht.

10 Erarbeitung von Unternehmensstrategien

10.1 Methoden und Techniken

Aus der einschlägigen Fachliteratur wissen wir, dass es heute ausreichende Methoden und Techniken zur Erarbeitung von Unternehmensstrategien gibt. In diesem Buch wurden für unterschiedliche Fragestellungen des Controlling und der Unternehmensführung diese Methoden und Techniken hinlänglich dargestellt. Besonders verwiesen sei auf das Kapitel 4. Aber auch im Kapitel 6 finden sich ausreichend Hinweise darauf, wie für differenzierte unternehmerische Fragestellungen Methoden zur Verfügung stehen, um die Gedanken zu strukturieren und zielorientierte Lösungen zu erarbeiten.

Wesentlicher Erfolgsfaktor bei der Erarbeitung von Unternehmensstrategien ist die zielorientierte Anwendung dieser unterschiedlichen Methoden und Techniken. Wir wissen, dass es dafür die externe Hilfestellung mittels eines Beraters gibt. Diese Hilfestellung mag in einzelnen Fragestellungen durchaus hilfreich und zielführend sein. Auf der anderen Seite sind wir der Meinung, dass eine Unternehmensstrategie nur vom Management erarbeitet werden kann, da nur dann die Strategie den intellektuellen und unternehmerischen Fähigkeiten des Managements hinlänglich entspricht und zudem die notwendige Motivation für eine erfolgreiche Umsetzung gegeben ist. Das schließt nicht aus, dass sich das Management für sehr spezielle Fragestellungen, auch zur Überwindung von Blockaden der eigenen Organisation, externer Hilfestellung bedient. In diesem Kapitel möchten wir einige detaillierte Hinweise für eine Methodik geben, die aus eigener Erfahrung in vernünftiger Form eine Synthese findet zwischen

❏ Zeitaufwand,
❏ Nutzung des Know How des Managements,
❏ Wurzel für Motivation zur Umsetzung.

Es ist eine Methodik und Technik, die auf dem Gedankengut von Rudolf Mann, dass er in seiner Praxis des strategischen Controlling niedergelegt hat, aufbaut und über viele Sitzungen und Erfahrungen erweitert worden ist. Diese Methodik und Technik ist letztlich auf jede Fragestellung anwendbar, die mit der Erarbeitung von Unternehmensstrategien zusammenhängt, auch für Einzelfragestellungen.

10.2 Moderation und Sitzungsstruktur

10.2.1 Zielsetzung

Die Zielsetzung der Erarbeitung der Unternehmensstrategie mit Moderation im Managementteam besteht darin, das Wissen, das im Unternehmen vorhanden ist, und die intellektuellen Stärken und Fähigkeiten der Führungskräfte des Unternehmens zu nutzen. Es ist ein Prozess, der in eine positive Richtung arbeitet und strukturiert die Gedankenführung des Managements leitet.

Eine der wesentlichen Bestandteile der Sitzungsführung besteht darin, über die verschiedenen Methoden und Techniken die individuellen Stärken des Unternehmens zu erkennen. Stärken als unverwechselbare Eigenarten eines Unternehmens, die ihm angesichts der verfolgten Ziele einen Vorteil gegenüber der Konkurrenz verschaffen und von anderen Unternehmen nicht nachahmbar sind, bilden den Grundpfeiler der strategischen Potenziale eines jeden Unternehmens.

Die einzelnen Methoden und Techniken der Moderation helfen, diese Stärken zu erkennen. Die wesentliche Zielsetzung der Moderation besteht darin, diese individuellen Stärken eines Unternehmens herauszufinden.

Ein weiterer Schwerpunkt der Sitzungen besteht darin, diese individuellen Stärken eines Unternehmens vor dem Hintergrund der Schlüsselfaktoren der Geschäfte zu prüfen. Die Schlüsselfaktoren oder Erfolgsfaktoren eines Geschäftes sind diejenigen immateriellen Faktoren, die über den Erfolg in einem bestimmten Geschäft entscheiden. Für den Erfolg einer Unternehmung ist es dabei entscheidend,

❑ wie viele der in dem betreffenden Geschäft entscheidenden Schlüsselfaktoren sie beherrscht,

❑ welche dieser Schlüsselfaktoren das Unternehmen besser im Griff hat als der stärkste Wettbewerber und

❑ wie sich das Unternehmen bezüglich dieser wesentlichen Schlüsselfaktoren durch Konzentration auf eigene Stärken vom Wettbewerb differenzieren kann.

Das Erkennen der Schlüsselfaktoren eines Geschäftes ist ein zweiter wesentlicher Baustein der Strategieklausuren. Es ist über die Moderation sicherzustellen, dass das Management konzentriert diese entscheidenden Schlüsselfaktoren erkennt. Dabei kann als Faustregel gelten, dass jedes Geschäft fünf bis sieben Erfolgsfaktoren kennt, deren Beherrschung durch Konzentration auf eigene Stärken den Erfolg eines Unternehmens absichert.

Ein dritter wesentlicher Baustein der Strategieklausuren besteht darin, bei den unterschiedlichen Fragestellungen immer die eigenen Fähigkeiten am Wettbewerb abzuprüfen. Unternehmen neigen leider dazu, sich zu sehr mit sich selbst zu beschäftigen. Gerade die Strategieklausuren bieten die Möglichkeit, die Umorientierung der Gedanken des Managements auf den Wettbewerb zu richten und die Frage zu beantworten, welche der einzelnen Aufgaben und Strategien vor dem Hintergrund der Fähigkeiten der Wettbewerber und ihrer Strategien erfolgsversprechend sind. Es geht um die Beantwortung der Frage, wie sich das Unternehmen gegenüber den Wettbewerbern hinreichend differenziert.

Aus der Übereinstimmung der eigenen Stärken eines Unternehmens als unverwechselbarer Eigenarten mit den Erfolgsfaktoren der Geschäfte entstehen die strategischen Potenziale. Somit ist die Potenzialanalyse eine der Schlüsselfragestellungen der Erarbeitung der Unternehmensstrategie. Strategische Potenziale sind immaterielle Werte eines Unternehmens, die ihm angesichts der verfolgten Ziele Vorteile verschaffen. Die Potenzialanalyse und das Auffinden dieser strategischen Potenziale bilden den Schwerpunkt der Sitzungen. In vielen vom Verfasser moderierten Strategieklausuren war die Potenzialanalyse das Schlüsselereignis der gesamten Sitzung. Es öffnete die Augen des Managements für das Wesentliche und gab durch Besinnung auf die strategischen Potenziale den Blick frei für neue Richtungen und Wege und die Konzentration auf eigene Stärken.

10.2.2 Struktur des Wissens des Managements

Es ist immer wieder bedrückend festzustellen, wie viele Unternehmungen nach einer Richtung suchen und den mangelnden Erfolg bei der Findung dieser Richtung zur Differenzierung vom Wettbewerb damit begründen, dass das Wissen und die Struktur im Management nicht ausreichen.

Grundsätzlich gilt, dass jedes Unternehmen ausreichend Wissens- und Managementpotenzial besitzt. Dabei sollte daran gedacht werden – und vielen Unternehmensführungen täte es gut, sich diesen Gedanken oftmals vor Augen zu führen –, dass

❑ in jedem Unternehmen das Wissen und die Fähigkeiten der Normalverteilung unterliegen,

❑ der Mitarbeiter bereit und bestrebt ist, eine gute Leistung zu bringen für das Unternehmen und auch für sein eigenes Zufriedenheitsniveau,

❑ die Mobilisierung der im Mitarbeiter stehenden Kräfte Aufgabe der Unternehmensführung ist.

Wenn dieses im Unternehmen nicht gelingt, so sollte sich zunächst die Unternehmensführung fragen, ob sie

❑ ausreichend an das Wissen und die Fähigkeiten der Mitarbeiter appelliert hat,

❑ ihre Führungsaufgabe zur Förderung und zum Einsatz der intellektuellen Stärken der Mitarbeiter hinreichend wahrgenommen hat und

❑ was sie als Unternehmensführung hindert, diese ihre ureigenste Führungsaufgabe richtig wahrzunehmen.

Gerade die Strategieklausuren zeigen immer wieder, welche enormen Kräfte in jedem Unternehmen stecken, wenn die Fähigkeiten der Mitarbeiter richtig fokussiert werden und im Unternehmen eine Kultur herrscht, die diese Fähigkeiten der Mitarbeiter zur Wirkung kommen lässt. Die Strategieklausuren mit Moderation sind das Instrument, das auch skeptischen Unternehmensführungen sehr oft vor Augen geführt hat, welche Fähigkeiten im eigenen Mitarbeiterpotenzial stecken.

Es kann an dieser Stelle nur appelliert werden an jede Unternehmensführung, sich darüber im klaren zu werden, wie diese Fähigkeiten und Potenziale der Mitarbeiter richtig eingesetzt werden können. Den meisten Unternehmen mangelt es nicht an Mitarbeitern mit ausreichenden Fähigkeiten, sondern an Führungskräften, die in der Lage sind, die vorhandenen Fähigkeiten der Mitarbeiter gezielt für den Unternehmensauftrag einzusetzen.

Diese sehr positive Sicht des Mitarbeiterpotenzials mag vielleicht den einen oder anderen überraschen. Es ist eine Erfahrung aus der Kenntnis vieler Unternehmen und dem Erlebnis, wie in vielen Unternehmen Managementfähigkeiten bei richtiger Führung gewachsen sind. Das schließt nicht aus, dass in der einen oder anderen Funktion nicht der Mitarbeiter mit den adäquaten Fähigkeiten vorhanden ist. Diese Situation muss dann im Sinne des Unternehmens und seiner Gesamtschau geändert werden. Dabei sollte aber immer gefragt werden, ob der Mitarbeiter, der eine Position nicht richtig ausfüllt, seine Stärken möglicherweise für eine andere Position viel effizienter einsetzen kann.

10.2.3 Fokussierung der Gedanken

Die Moderation ist die strukturierte Führung der Teammitglieder unter Zuhilfenahme von Methoden und Techniken zur Kanalisierung des vorhandenen Wissens. Dabei gehorcht der Sitzungsverlauf dem Trichterprinzip: zunächst werden das Unternehmen, sein Umfeld, die Markt- und Wettbewerbssituation usw. sehr breit abgefragt. Zielsetzung in der ersten Phase ist es, alle relevanten Informationen zu sammeln.

Mit zunehmendem Fortgang der Sitzung werden unter Zuhilfenahme der einschlägigen Methoden und Techniken zur Strategieerarbeitung diese Gedanken strukturiert und immer auf die wesentlichen Kerne und Fragestellungen konzentriert. Durch diese permanente Strukturierung der Gedanken zu Einzelfragen wird sichergestellt, dass eine Fokussierung der Gedanken auf das Wesentliche stattfindet.

Diese Äußerungen mögen einfach klingen. Sie sind aber bei der Erarbeitung der Unternehmensstrategie von ganz wesentlichem Inhalt. Immer wieder stellen wir fest, dass ein Management oder ein Team nicht in der Lage ist, konzentriert seine Gedanken auf den Punkt zu bringen. Es wird abgeschweift, vom Thema wegdiskutiert und sich auf Nebenkriegsschauplätzen bewegt, ohne sich vor Augen zu führen, auf was es wirklich ankommt. Diese Fokussierung der Gedanken auf die Inhalte und wesentlichen Bestandteile der Strategie ist Schwerpunktaufgabe der Moderation.

Um diese Fokussierung der Gedanken sicherzustellen, sind im Rahmen der Strategiemoderation auch für ganz bestimmte gleiche Fragestellungen unterschiedliche Instrumente anzuwenden. So sind der Strategiebedarf und die strategische Lücke in einem Unternehmen über die Instrumente

Erarbeitung von Unternehmensstrategien

❑ Ausgangsanalyse,
❑ Potenzialanalyse,
❑ GAP-Analyse,
❑ strategische Bilanz

zu hinterfragen. Diese Instrumente, zu unterschiedlichen Zeitpunkten während der Strategiesitzung angewendet, führen immer dazu, dass mangelnde Plausibilitäten und Konzentration der Gedanken sowie das Vorspielen falscher Tatsachen erkannt werden. Letztlich führen sie Gedankengänge, die nicht zielführend sind, zu der erforderlichen Antwort.

In vielen Klausursitzungen, deren Problemtiefe kurzfristig sehr vernetzt ist, z.B. weil über dem Unternehmen eine negative Vergangenheit lastet, können die Kernprobleme nur durch bestimmte Suggestivfragen aufgebrochen werden. Solche Suggestivfragen im Rahmen der Moderation können z.B. sein:

(1) Weshalb kommen wir heute zusammen?
(2) Was hat mich an der Entwicklung der letzten zwei Jahre gestört?
    (Jeder Teilnehmer schreibt seine Gedanken auf eine Folie und präsentiert sie vor dem Team.)
(3) Meine Befürchtungen an die heutige Klausur.
(4) Weshalb kommen im Unternehmen diese Störgefühle auf?
(5) Sie sind Alleinerbe des Unternehmens. Würden Sie es so belassen? Was würden Sie verändern?
(6) Haben wir überhaupt den Willen und die Kraft zur Veränderung?
(7) Wie können wir unsere Fähigkeiten besser einsetzen?
(8) Unsere drei wesentlichen Chancen?
(9) Unsere drei wesentlichen Probleme?

Der Katalog dieser Suggestivfragen lässt sich beliebig fortsetzen. Es hängt vom Moderator ab, zum richtigen Zeitpunkt in der Klausur die Fragen zu stellen, die den Gedankenprozess weiterbringen.

Neben diesen Suggestivfragen gibt es aber auch einige grundsätzliche Fragestellungen, die in jeder Strategieklausur mit unterschiedlichem Schwerpunkt hinterfragt werden sollten. Dabei erkennt auch das Management-Team, welche Vorstellungskraft bei ihm vorhanden ist und wo sich Defizite, aber auch Chancen zeigen. Bolko von Oettinger hat eine Reihe von Grundfragen der Geschäfte festgehalten, die nachfolgend wiedergegeben werden und die jede für sich – in Abhängigkeit des Schwerpunktes der Diskussion – für die Moderation oder die Gruppenarbeit innerhalb der Klausursitzung geeignet sind (Bolko von Oetinger: Braucht ein Industriebetrieb Visionen: Kommentar 5/95, The Boston Consulting Group, München 1994):

❑ Wo liegt der Kundennutzen in 5–10 Jahren?
❑ Was verlangen die Kunden unserer Kunden?

- Wohin entwickelt sich die Branche?
  - Wer schreibt die Geschichte unserer Branche?
  - Und welche Seite im Geschichtsbuch werden wir selber geschrieben haben?
- Wo greifen die Wettbewerber an?
- Wo liegen unsere großen Stärken?
- Sind wir Weltklasse? Haben wir Weltkompetenz auf unseren Gebieten? Arbeiten wir für die führenden Kunden der Welt?
- Wie werden wir Kosten-, Preis- und Marktführer?
- Was treibt die Technologie? Besitzen wir die Treiber?
- Ist unser Portfolio gesund?
- Haben wir genug Fokus im Unternehmen? Denn langfristige Ertragskraft ist Belohnung für Fokus!
- Werden wir wachsen oder langsam sterben?
  - Welche Branchen sind die zukünftigen Wachstumsträger der Volkswirtschaft?
  - Welche Zukunftsmärkte berühren uns am meisten?
- Welche Megatrends treffen uns besonders hart?
  - Inwieweit werden unsere Abnehmer von diesen Trends betroffen?
- Sind wir innovativ genug?
- Verdienen wir genug Geld?
- Wie steigern wir den Wert des Unternehmens?
- Was ist ein gutes Unternehmen?
- Welche Fähigkeiten braucht unser Unternehmen?
- Welche Rolle werden wir im Pazifik spielen?
- Haben wir kritische Masse?
- Werden wir zum „Respected player" in der Welt?
- Kann die Organisation dies alles verkraften?
- Haben wir dazu die Menschen?
- Haben wir den Willen zur Veränderung – zum Sieg?
- Wie weit klaffen Aspiration und Ressourcen auseinander?
- Woran messen wir unseren Erfolg als Vorstand?
- Wovor haben wir Angst?
- Was leisten wir persönlich, um den Wert des Unternehmens zu steigern?
- Können wir unseren Mitarbeitern kommunizieren: Ja, wir haben über die Welt nachgedacht, alles gegeneinander abgewogen und dies ist unsere Antwort?

Handelt es sich um eine Gruppe, deren Gedanken schwer zu bewegen sind – was in vielen Moderationssitzungen auch in Abhängigkeit der Zeitdauer vorkommen kann –, empfehlen sich Fragen, mit denen die Gruppe provoziert wird, um ihre eigene „Reserve" zu verlassen. Zweck dieser Provokation ist es, genau den Annahmen zu entkommen, die heute den Kern des Geschäftserfolges ausmachen. Auch dazu nennt von Oettinger einige Fragen:

(1) Genau das Gegenteil annehmen: Angenommen, unser Erfolg sei technologisch begründet, wie sähe unsere Strategie aus, wenn unsere größte Schwäche die Technologie wäre? Wir leben von unserer Cash-Kuh, angenommen sie sei verboten worden.

(2) Übertreibungen: Wir sind ein EURO 2 Mrd. Unternehmen, aber wir haben EURO 20 Mrd. in der Kriegskasse – was würden wir damit tun? Sie haben das Unternehmen verlassen, drei Jahre später ist es in Insolvenz gegangen, die Presse interviewt Sie: warum?

(3) Abhängigkeiten auflösen: Wir entwickeln Produkte für unsere Kunden. Wenn es umgekehrt wäre: Kunden entwickeln die Produkte für uns, was müssten wir jetzt ändern?

(4) Wishful thinking: Sie sind Alleinerbe des Unternehmers, würden Sie es so belassen?

Die Liste der Fragestellungen, mit denen während der Moderation zweckmäßigerweise der Gedankenprozess vorangetrieben wird, lässt sich beliebig fortsetzen. Entscheidend ist, dass diese Fragestellungen und die erarbeiteten Antworten den gedanklichen Prozess weiterbringen und an der richtigen Stelle der Diskussion eingesetzt werden. Das erfordert ein sehr sensibles Gespür des Moderators, wann welche Fragestellung angemessen ist. Eine falsche Fragestellung an der falschen Stelle kann die weiteren Diskussionen und den Sitzungserfolg stark beeinträchtigen.

10.3 Erarbeitung der Unternehmensstrategie

10.3.1 Vorbereitungen

Die Erarbeitung der Unternehmensstrategie im Management-Team unter Moderation verlangt keine großen Vorbereitungen. Es empfiehlt sich, dem Sitzungsteilnehmerkreis vorher die vorhandenen strategischen Richtungen der einzelnen Unternehmensbereiche und die Unternehmensstrategie zuzuleiten. Das hat den Vorteil, dass der Teilnehmerkreis von einem gleichen Kenntnisstand aus arbeiten kann. Zudem empfiehlt es sich, zur Vorbereitung auf die Sitzung die Profile der wesentlichen Wettbewerber zu erarbeiten.

An quantitativen Daten für die Sitzung sollten folgende Unterlagen zur Verfügung stehen:

- ❏ Unternehmensentwicklung der letzten fünf Jahre mit Gewinn- und Verlustrechnung, Bilanz, Investitionen, strategische Sortimente usw.,
- ❏ Absatz-, Umsatz-, Deckungsbeitragsentwicklung der wesentlichen Sortimente,
- ❏ Marktanteilsentwicklung des eigenen Unternehmens in den einzelnen Sortimentsbereichen und der wesentlichen Wettbewerber,
- ❏ Boston-Portfolio der wesentlichen Produktgruppen,
- ❏ Sortimentserfolgsrechnung,
- ❏ Mittelfristplanung bezüglich
  - Gewinn- und Verlustrechnung
  - Bilanz
  - Investitionen
  - Liquidität
- ❏ Quantitative Daten zu den wesentlichen Engpassbereichen des Unternehmens.

Diese Minimalvorbereitung ist nichts anderes als die strukturierte Aufbereitung der ohnehin in einem jeden Unternehmen zur Verfügung stehenden Informationen. Ihre Aufbereitung reicht zur Sitzungsvorbereitung aus.

10.3.2 Segmentierung der Problemlage

Es wird nur in sehr seltenen Fällen möglich sein, die Strategie für das Gesamtunternehmen in einem Sitzungszyklus zu erarbeiten. Es ist immer dann möglich, wenn es sich um ein Unternehmen mit relativ homogener Struktur und verwandten Sortimentsbereichen in letztlich einem „Geschäft" handelt.

Sobald aber ein Unternehmen in seinen Aktivitäten differenziert und zum Teil auch zersplittert ist und diese einzelnen Geschäfte in unterschiedlichen Wettbewerbsfeldern stattfinden, ist die Problemlage zu segmentieren. Dabei sind organisatorische Zuständigkeiten kein Abgrenzungskriterium. Profit-Center, Organisationseinheiten, Business Units usw. sind Führungsinstrumente zur Segmentierung der Organisation. Es hat sich aber in der Praxis häufig gezeigt, dass gerade diese organisatorischen Zuständigkeiten, die oftmals unter der Zielrichtung der Ressourcenbündelung getroffen werden, der Segmentierung der strategischen Problemlage fundamental entgegenstehen. So kann es durchaus vorkommen, dass in einem Unternehmen unterschiedliche organisatorische Zuständigkeiten auf eine strategische Geschäftseinheit wirken oder zum anderen verschiedene strategische Geschäftseinheiten in einer organisatorischen Zuständigkeit liegen:

Erarbeitung von Unternehmensstrategien

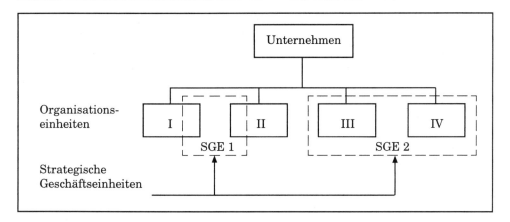

Für die erfolgreiche Erarbeitung der Unternehmensstrategie und die Fokussierung der unternehmerischen Handlungen auf die strategischen Engpasssektoren eines Geschäftes ist es unbedingt erforderlich, dass zuvor das Unternehmen in seine strategischen Geschäftseinheiten aufgeteilt wird.

Eine strategische Geschäftseinheit orientiert sich an einem eindeutig definierbaren und andauernden Kundenproblem (Produkt-Markt-Kombination). Dabei bestehen innerhalb einer strategischen Geschäftseinheit einheitliche und zu anderen strategischen Geschäftseinheiten unterschiedliche Merkmale in den Kundenbedürfnissen (z.B. Qualitätsanforderungen, Servicekonzept), in den Marktverhältnissen (z.B. Größe, Wachstum, Wettbewerbsstruktur) und in der Kostenstruktur (z.B. F + E, Produktion, Marketing). Für eine strategische Geschäftseinheit lässt sich unabhängig von anderen strategischen Geschäftseinheiten eine eigene Strategieplanung umsetzen. Dabei verfolgt jede strategische Geschäftseinheit ihr eigenes Ziel unabhängig von anderen strategischen Geschäftseinheiten. Die Konkurrenzsituation einer strategischen Geschäftseinheit ist durch spezifische Wettbewerber und Wettbewerbsspielregeln gekennzeichnet. Danach können zusammenfassend folgende Abgrenzungskriterien zur Bildung von strategischen Geschäftseinheiten genannt werden:

(1) Kundenproblem (Produkt-Markt-Kombination)

(2) Spezifische Merkmale bei
- Kundenbedürfnissen,
- Marktverhältnissen,
- Kostenstrukturen,
- Vertriebssystemen,
- Wettbewerbsspielregeln,
- Wettbewerbsstrukturen

(3) Strategie unabhängig von der Strategie anderer strategischer Geschäftseinheiten.

Die Einteilung des Unternehmens in diese strategischen Geschäftseinheiten ist Voraussetzung zur Erarbeitung einer effizienten Unternehmensstrategie.

Die Erarbeitung der Unternehmensstrategie setzt dann zweckmäßigerweise bei den Strategien der einzelnen strategischen Geschäftseinheiten an. Aus den Strategien der einzelnen strategischen Geschäftseinheiten ergeben sich dann die Strategien für das Gesamtunternehmen, über die später noch gesprochen wird.

10.3.3 Sitzungsanzahl

Die Anzahl der Sitzungen ist weitgehend abhängig von der Komplexität der Problemlage, die zu diskutieren ist. Als Faustregel gilt, dass in einer ersten Strategieklausur von 1 1/2 Tagen ein bestimmter Standardablauf abgearbeitet werden kann, wie er im nächsten Abschnitt noch gezeigt wird. Zweckmäßigerweise schließen sich daran diverse Projektaufgaben an, die sich als offene Fragen aus der Sitzung ergeben. Aufbauend auf den Ergebnissen dieser einzelnen Projekte wird dann eine zweite Strategieklausur durchgeführt und aus diesen Ergebnissen und den Ergebnissen der ersten Sitzung eine erste Strategieformulierung erstellt.

Die Anzahl der Sitzungen ist natürlich von der Komplexitätsstruktur des Geschäftes abhängig. Handelt es sich um ein Unternehmen mit sehr vielen strategischen Geschäftsfeldern, so ist für jedes dieser strategischen Geschäftsfelder eine eigene Strategie zu erarbeiten. Die Unternehmensstrategie ergibt sich dann als Summe der Strategien der verschiedenen strategischen Geschäftseinheiten.

Viele Unternehmen haben in den letzten Jahren ihre Internationalisierung vorangetrieben. Dabei wurde in den meisten Fällen derart vorgegangen, dass die verschiedenen Sortimente des Mutterunternehmens in ausländischen Tochtergesellschaften vermarktet werden. Bei dieser durchaus üblichen Unternehmensstruktur empfiehlt sich dann folgender Ablauf der Strategieerarbeitung:

(1) Einteilung des Mutterunternehmens in die strategischen Geschäftseinheiten. Oftmals ist hier eine Identität zwischen Sortimentsbereichen und strategischen Geschäftseinheiten vorstellbar.

(2) Erarbeitung der Strategien der strategischen Geschäftseinheiten des Mutterhauses.

(3) Erarbeitung der Strategien der einzelnen Tochtergesellschaften, wobei aufgrund des Know Hows aus der Erarbeitung der Strategien der Geschäftseinheiten des Mutterhauses es durchaus möglich ist, die Strategien der einzelnen Tochtergesellschaften für alle Geschäftseinheiten zu erarbeiten.

(4) Zusammenfassung der Potenziale und Wettbewerbsstrukturen der einzelnen Länder und Aggregation dieser Potenziale und Wettbewerbsstrukturen sowie der Einzelstrategien zu den Strategien der strategischen Geschäftseinheiten über die Ländergrenzen hinweg, d.h. für die Inlands- und Auslandsmärkte.

(5) Herausarbeitung der Gemeinsamkeiten in den Trends zur Erarbeitung einer integrierten Strategie der Geschäftseinheiten über die Landesgrenzen hinweg.

(6) Abspiegelung dieser Strategien und der Positionen in den einzelnen Ländern anhand eines Portfolios der Länderattraktivität und der Marktausschöpfung.

(7) Untersuchung der Wertschöpfungsketten der funktionalen Bereiche und Beantwortung der Frage, inwieweit diese Wertschöpfungsketten den Marktauftritten konform sind.

(8) Zusammenfassung der Erkenntnisse zu einer gemeinsamen Strategie.

(9) Festlegung der Organisationsstruktur zur Führung des Geschäftes.

Es hängt letztlich vom Einzelfall des Unternehmens ab, welche Vorgehensweise zu wählen ist. Wichtig ist, dass die Vorgehensweise spezifisch auf die unternehmensbezogenen Anforderungen erfolgt.

10.3.4 Moderationsleitfaden

Die nachfolgende Checkliste zeigt einen Moderationsleitfaden für eine 1 1/2-tägige Sitzung. Dabei wird auf die in diesem Buch dargestellten einschlägigen Strategieinstrumente zurückgegriffen. Die Seitenzahlen hinter den einzelnen Punkten beziehen sich auf die Seitenzahlen, auf denen die einzelnen Checklisten und Hilfsmittel in diesem Buch wiedergegeben sind:

1. Tag	
Begrüßung / Grundlagen Strategie	Moderator
Erwartungen und Befürchtungen an unsere Klausursitzung	
Was soll in dieser Sitzung erreicht werden? Wozu wollen wir Antworten bekommen? ⇒ 3 Punkte auf Karten	Karten verdeckt Auswertung später
Schlüsselfaktoren: Erfolgsfaktoren unseres Geschäftes – Sammlung – Präzisierung	Checkliste Seite 241 - 242
– Auswahl und Fazit	Ein Teilnehmer
Unsere größten Chancen ⇒ 3 Karten je Teilnehmer	Auswertung später
Ausgangslage – Vergangene Erfolge und Misserfolge – Ursachen vergangener Erfolge und Misserfolge – Zukünftige interne Stärken und Schwächen – Bewertung (10 Punkte/Teilnehmer)	
– Fazit: unsere Stärken (Aufschreiben der 10 wichtigsten Punkte) und Aufzählung und Interpretation durch die Gruppe	Ein Teilnehmer

Zukünftige externe Chancen und Risiken
- Sammlung
- Konsequenzen aus Chancen und Risiken ⇒
⇒ Branchenveränderungen

Wettbewerbsumfeld	Input Folien
- Konsequenzen	Unternehmen
Strategische Geschäftsfelder	Checkliste Seite 649
- Definition	
- Hat die Gesellschaft verschiedene strategische Geschäftsfelder?	
- Weiteres Vorgehen	Diskussion
Bestimmungsfaktoren / Attraktivität unserer Märkte nach	Checkliste Seiten 656 und 657
- Entwicklungsstadium	
• Marktvolumen	
• Marktwachstum	
• Entwicklungsphase	
- Wettbewerbssituation	Seite 277 - 279
- Wettbewerbsstruktur	Seite 656
- Wettbewerbsposition	Folie Seite 263
- Zusammenfassung	Folie Seite 271
- Strategische Gruppen	
- 10 Jahresreihe eigene Geschäfte	Formular Seite 606-607
- Heute und in der Zukunft	

McKinsey-Matrix

- Relative Wettbewerbsposition	Checkliste Seite 265 - 266
- Branchenattraktivität: An welchen Kriterien beurteilen wir die Attraktivität eines Produktes / Marktes?	Checkliste Seite 267
- Relative Wettbewerbsposition: Nach welchen Kriterien beurteilen wir die (Ist / mögliche) Marktposition (von uns / Wettbewerber) bei einem Produktmarkt?	

- Durchführung für
  • Kunden
  • Produktbereiche
  • Regionen	

- Erarbeitung der Kriterien Bewertung der Kriterien anhand der Formulare	Folie Seite 268
- Normstrategie/derzeit verfolgte Strategie	Folie Seite 271
- Fazit: Ergebnis und Konsequenzen	

Erarbeitung von Unternehmensstrategien

Gruppenarbeit: Wie wachsen wir als Team zusammen?

Attraktivität von Vertriebswegen   Folie Seite 657
- heutige Vertriebswege
- Perspektiven

Fazit

Potenzialanalyse   Folie Seite 243
- Festlegung Wettbewerber
- 2 Gruppen:
  •
- Bewertung relativ zum Wettbewerb nach
  • derzeit genutzt
  • nutzbar bei unbegrenzten Mitteln
- Ergebnis der Potenzialanalyse
  • Vergleich Stärken / SF
  • Ausprägung der genutzten Potenziale
  • Differenz zwischen genutzten und
    ungenutzten Potenzialen

Maßnahmen zur Verstärkung unserer Stärken

Was hindert uns am meisten an der
Verstärkung unserer Stärken?

Unsere drei Hauptprobleme:
3 Karten Auswertung!

Gruppenarbeit: Unser Wunschbild:
Firma XY im Jahr 2000

Unternehmensleitbild   Gruppenarbeit
⇒ Input: Wunschbilder   Checkliste Seite 244 - 246

Wie sehen Sie das Ergebnis des heutigen Tages?

2. Tag

Was sollten heute unsere Schwerpunkte sein?

Quantitative Ziele
- Unternehmen gesamt   Folie Seite 246
- Dezentrale Ziele der Bereiche
- Strategische Lücke   Seite 125
  ⇒ gemessen am ROI und Wachstum
     im Vergleich zum Markt

Wachstumszielsetzung
- allgemein: Folie Seite 658
  • warum? qualitative und
  • wohin? quantitative Aussagen
  • wie?
- quantitativ / qualitativ Seite 247/ 294 - 295
- Diversifikation / Konzentration Folie Seite 248
- Wachstumsschwelle Folie Seite 437

Produkt-Markt-Strategien
- Input: Boston-Matrix
- Erläuterung der strategischen Stoßrichtungen Seite 272 - 274
- Cash-Herkunft / Cash-Verwendung Seite 258 - 260
- Strategische G+V
- Normstrategie / derzeit genutzte Strategie Seite 271
- Wettbewerbsumfeld in den einzelnen Feldern
  (evtl. Herleitung der Matrix für
  unseren stärksten Konkurrenten)
- Ist-Portfolio – Soll-Portfolio
- Einordnen der Umsatz-/Ertrags-
  und Investitionsschwerpunkte nach
  • heute
  • Zukunft (Ende des mittelfristigen Zeitraumes)
- Fazit: Herausarbeiten der konkreten
  strategischen Schwerpunktaufgaben

Funktions-Strategien Folie Seite 659

Sammlung der konkreten Projekte
Detaillierung, Termine, Verantwortliche,
Kosten, Erträge ⇒ Hausaufgaben

Organisationsstruktur
- Ausgangslage
- Vorteilsmatrix und Organisationsstrukturen Folie Seite 660
- Wachstumsschwelle
- Organisationsprüfung Folie Seite 661/ 662
- Controllingstruktur
- Fazit und Maßnahmen

Sortimentsstruktur Seite 279 - 283
- strategische Notwendigkeit
- Kosten
- ABC-Analyse Seite 203 - 205
- Matrix zur Produktstruktur

ABC-Analyse Kundenstruktur	
Mittelfristplanung	
Input	
Zusammenhang Mittelfristplanung, strategische Planung	
⇒ Verzahnung	Seite 293 - 294
Etappenziele, Erfolgsvoraussetzungen	Seite 298 - 299
Strategie – Output	Folie Seiten 663 und 664
Blitzlicht: Was haben wir jetzt erreicht?	
Weitere Schritte	
Fazit	

Die vorstehende Checkliste stellt ein Beispiel eines Fahrplans für eine 1 1/2-tägige Strategieklausur dar. Es versteht sich von selbst, dass eine solche Checkliste nie vollständig sein kann. Sie ist situativ den Anforderungen für die Strategie im einzelnen Unternehmen anzupassen.

Es empfiehlt sich, in Abhängigkeit der Notwendigkeit von einzelnen Fragestellungen, diese Strategiebausteine durch so genannte Schwerpunktprogramme zu ergänzen. Diese Schwerpunktprogramme sind:

(1) Fokussierungsprogramme:
Diese lassen sich in der Gruppenarbeit erarbeiten mit der Beantwortung der Frage: „Maßnahmen zur Verstärkung unserer Stärken".

(2) Erneuerungsprogramme:
Diese haben zur Zielsetzung, neue vorhandene Stärken aufzubauen. Die Fragestellung für die Gruppenarbeit lautet: „Maßnahmen zum Aufbau neuer Stärken."

(3) Flexibilisierungsprogramme:
Derartige Programme sollen die Führungsmannschaft dazu bringen, den Veränderungsprozess zügig voranzutreiben. Die Fragestellung für die Gruppenarbeit lautet: „Maßnahmen, um den Veränderungsprozess voranzutreiben."

(4) Harmonieprogramme:
In vielen Unternehmen muss die Führungscrew für die erforderlichen Arbeiten enger zusammenwachsen. Dafür empfehlen sich Harmonieprogramme, die sich mit der Fragestellung erarbeiten lassen: „Wie wachsen wir enger zusammen".

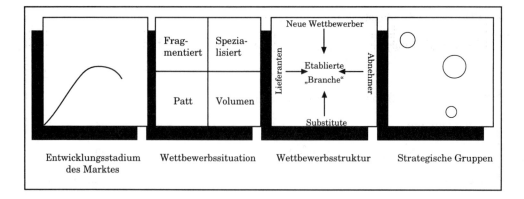

Bestimmungsfaktoren / Attraktivität der Märkte			
		Gewichtung %	Geschäftsbereich 1 2 ...... n
Entwicklungs-stadium	Marktvolumen (Mio. EURO) Marktwachstum (%) Entwicklungsphase		
Marktsituation	Eintrittsbarrieren Wettbewerbskonzentration Technologischer Wandel Investitionsintensität Technologiestadium (Basis/Schritt/Schlüssel)		
Wettbewerbs-situation	Fragmentiert Spezialisiert Volumen Patt		
Wettbewerbs-struktur	Lieferanten Abnehmer Substitutionskonkurrenz Neue Wettbewerber		
Wettbewerbs-position	Problem Star Cash Cow Dog		
Relative Wett-bewerbs-situation	Marktanteil (%) Relativer Marktanteil Rentabilität Schutz durch Reglementierung		

Erarbeitung von Unternehmensstrategien

		Gewichtung %	Geschäftsbereich 1 2 ...... n
Markt-attraktivität	Marktvolumen (Mio. EURO) Marktwachstum (%) Entwicklungsphase Eintrittsbarrieren Wettbewerbskonzentration Technologischer Wandel Investitionsintensität Technologiestadium (Basis/Schritt/Schlüssel)		
Positionierungs-strategien	Segmentierung Leistungs-/Kostenvorteile		
Markenartikel-fähigkeit des Marktes	Anteil Aldi / Norma Anteil Handelsmarken Marken-Markt		
Wertschöpfungs-schwerpunkte	Produktion Vertrieb Marketing Logistik		

Beurteilungskriterien der Attraktivität von Vertriebswegen

- Preisdurchsetzungsmöglichkeit
- Erschließung neuer Verkaufsgebiete
- Markendurchsetzung
- Bindungsmöglichkeit
- Beeinflussungsmöglichkeit für Abverkauf
- Leistungsnotwendigkeit
- Verteilungskosten
- Sortimentsumfang (Zwang dazu)
- Austauschbarkeit als Lieferant
- Marktentwicklung
- Nachfragemarkt (-Konzentration)
- Markenbewusstsein der Abnehmer
- Kaufkraftveränderungen
- Umwelteinflüsse (Gesetzgebung)
- Innovationsdurchsetzung bzw. Aufnahme
- Wettbewerbsintensität
- Bearbeitungskosten

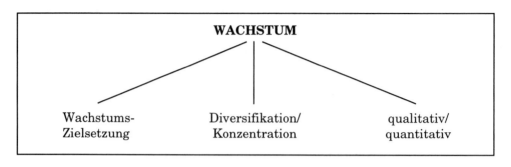

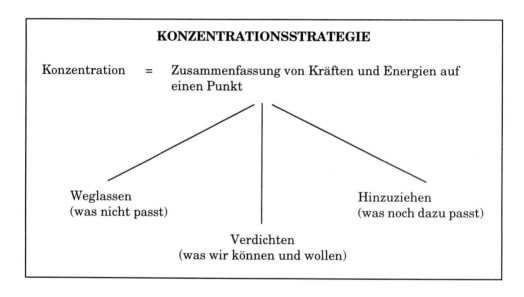

1. **Marketing**
   - Sortimentsprogramm
     - - Innovation
     - - Breite
     - - Weitere
   - Distribution
   - Marktanteile
   - Preis
   - Werbung
   - Verkaufsförderung
   - regional/national
   - Verbraucherkommunikation

2. **Vertriebspolitik**
   - Vertriebswege
   - AD-Kapazität
   - Handelsbearbeitung
   - AD-Organisation
   - Erlösschmälerungspolitik
   - Distributionskosten
     - - AD
     - - ES
     - - Logistik
     - - Werbung / Verkaufsförderung
   - Distribution
     - - Geschäftstypen
     - - Regionen

3. **Beschaffung**
   - Mengenabsicherung
   - Kontrakte
   - Alternative Rohstoffe
   - Preise
   - Beschaffungs- und Absatzpreise

4. **Produktion**
   - Investitionsabsicherung
   - Rationalisierungsfortschritt
   - Boston-Effekt
   - Kapazitätsauslastung

5. **Cash-Herkunft und -verwendung**

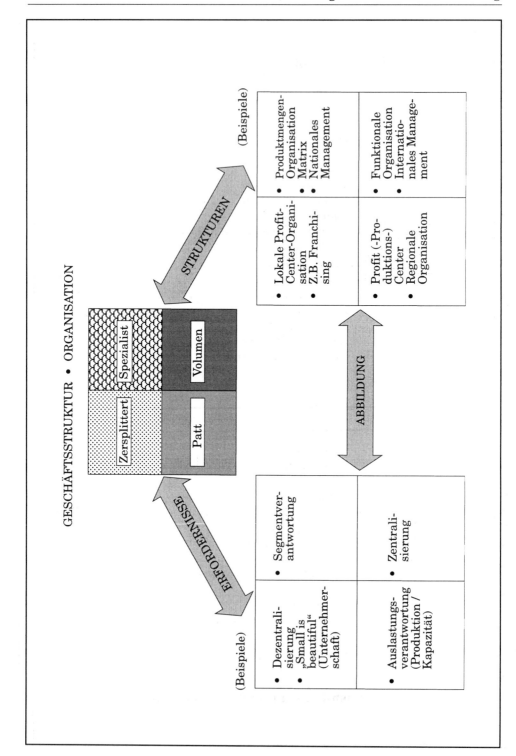

Erarbeitung von Unternehmensstrategien

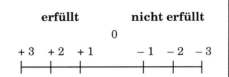

Klarheit der Organisationsstruktur

Einheit von Aufgabe, Entscheidung,
Verantwortung und Kompetenz

Das Controlling-Informationssystem bildet
zeitnah die Führungsstruktur ab

Die Organisationsstruktur vermeidet Überschneidungen mit der Folge „unproduktiver"
Konflikte

Wachstumsschwellen in
- Systemen
- Innovationsfähigkeit
- strategischer Grundrichtung

bestehen nicht

Führungsgrundsätze bilden den Rahmen
unserer Zusammenarbeit

Dezentrale operative Führung mit
Pflichtenheft und Spielregeln
für die strategischen Geschäftsfelder

Individualität und Personality bestimmen
unser Handeln intern und gegenüber
den Kunden

Kleine Geschäftsführung mit 100% Konsens
über die Richtung des Unternehmens

Unternehmertum ist breit ausgeprägt

Koordination erfolgt über Ziele, Budgets und
Plan-Ist-Vergleich

Hohe Motivation stellt Zielerreichung sicher

Strategie ist formuliert und treibt uns alle an

Controlling liefert die Werkzeuge
zur Zielerreichung

	erfüllt			0	nicht erfüllt		
	+3	+2	+1		−1	−2	−3

Strategie spornt uns an; wir sind eine verschworene Truppe, die die Ziele erreichen will

Nachfolgeregelung ist klar

Rechtsform und Unternehmensorgane sind für den Generationsübergang vorbereitet

Profit-Center erhöhen die Ergebnisdynamik

Abrechnungskreise decken sich mit der Führungsverantwortung und sind klar und überschaubar

Profit-Center-Management wird als Koordinationsinstrument eingesetzt

Organisationsstruktur überträgt dem Mitarbeiter Initiative und Verantwortung

Die Organisation fördert das Denken in strategischen Marktnotwendigkeiten

Die Struktur stellt die Umsetzung unserer Strategie sicher

Ziele (Markt – und intern) liegen fest

Erarbeitung von Unternehmensstrategien 663

STRATEGIE OUTPUT

1 Potenziale

2 Probleme, Behinderungen

3 Leitbild

4 Quantitatives Ziel

5 Wachstum

6 Produkt-Markt-Strategien

7 Funktions-Strategien

8 Operationalisierung

9 Prämissen, Check-Points

10 Maßnahmen, Kontrollen, Projekte

Ergebnis der strategischen Planung

1. Ausgangslage
   Unternehmenszweck
   Aufgaben / Probleme
   Potenziale

2. Zielsetzung
   Qualitativ: Leitbild
   Quantitatives Ziel
   Strategische Lücke

3. Wachstum
   Qualitativ / Quantitativ
   Diversifikation / Konzentration
   Wachstumsschwelle

4. Strategien
   Produkt-Markt-Strategien
   Organisationsstrategie
   Cash-Strategie
   Investitions-Strategie
   Innovations-Strategie
   Beschaffungs-Strategie
   Personal-Strategie

5. Operationalisierung
   Einzelstrategien
   Maßnahmen / Projekte
   Cash-Verwendung

6. Umsetzung
   Operative Planung
   Maßnahmen / Projekte
   Einzelstrategien
   Check-Points
   Kontrollen

Leider geht bei vielen Unternehmen in der Tagesarbeit der Blick für die Notwendigkeiten zur Optimierung der Wertschöpfungskette oftmals verloren. Letztlich erhöhen alle Maßnahmen, mit denen die Wertschöpfungskette optimiert wird, die Ertragskraft eines Unternehmens. Für die Strategieklausur empfiehlt es sich, unter der Leitlinie „Optimierung der Wertschöpfungskette" zwei Gruppenarbeiten durchzuführen:

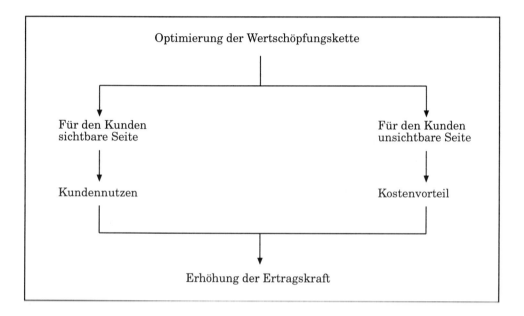

(1) Maßnahmen zur Erhöhung des Kundennutzens
    (als für den Kunden sichtbare Seite)

(2) Maßnahmen zur Erhöhung des Kostenvorteils
    (als für den Kunden unsichtbare Seite)

Auch diese Maßnahmenprogramme, in Gruppenarbeit erarbeitet, sind wesentlicher Bestandteil für die Strategieformulierung und die funktionalen Maßnahmenprogramme.

10.3.5 Strategien der strategischen Geschäftseinheiten

Anhand des vorstehenden Moderationsleitfadens lassen sich die Inhalte der Strategien der strategischen Geschäftseinheiten wie folgt darstellen:

---

1 Marktanalyse

2 Potenzialanalyse

3 Maßnahmen zur Verstärkung unserer Stärken

4 Kurzfristige Schwerpunktprogramme

5 Sortierung nach Schwerpunktprogrammen

6 Steigerung der Ertragskraft

7 Leitbild

8 Quantitatives Ziel

9 Einzelstrategien
   - Sortimentsstrategien
   - Funktionsstrategien
   .
   .
   Fazit: Optimierung der Wertschöpfungskette

10 Mittelfristplanung

In Abhängigkeit der funktionalen Ressourcen, die von der strategischen Geschäftseinheit geführt werden, ist das Ausmaß der Funktionsstrategien entsprechend detaillierter. Während die marktbezogenen Funktionsstrategien wie

❑ Marketing-Strategie,
❑ Distributions-Strategie,
❑ Werbe-Strategie usw.

grundsätzlich Aufgabe der strategischen Geschäftseinheit sind, können in Abhängigkeit der Ressourcenzuständigkeit auch die

❑ Produktions-Strategie,
❑ F + E-Strategie,
❑ Einkaufs-Strategie,
❑ Finanz-Strategie,
❑ Investitions-Strategie,
❑ Cash Flow-Strategie

zur Strategie einer strategischen Geschäftseinheit gehören.

10.3.6 Strategien des Unternehmens

In Abhängigkeit der Komplexität eines Unternehmens und der Anzahl der strategischen Geschäftseinheiten hat die Strategie des Gesamtunternehmens ein differenziertes Aussehen. Während sich in einem Unternehmen, das weitgehend in einem Markt tätig ist, die Strategie auf die klassischen Schwerpunktbestandteile des Strategieinhalts bezieht, wie auf Seite 664 dargestellt, ist die Strategie eines Unternehmens, das mehrere strategische Geschäftsfelder umfasst, auch in ihrem Grundsatzaufbau entsprechend komplexer.

In diesem Fall werden die einzelnen marktbezogenen Strategien über die Strategien der strategischen Geschäftseinheiten – wie vorstehend genannt – dargestellt. Aus der Summe der Strategien der strategischen Geschäftseinheiten ergeben sich die marktbezogenen Strategien des Unternehmens. Für das Gesamtunternehmen liegt der strategische Schwerpunkt darauf, zu erkennen, welche kritischen Fähigkeiten und Gemeinsamkeiten für alle strategischen Geschäftseinheiten gelten. Der Fokus der strategischen Betrachtung des Unternehmens liegt damit darauf, zu erkennen, welche Gemeinsamkeiten und kritischen Fähigkeiten des Unternehmens als Ganzes bestehen, wie sich das Unternehmen durch diese Fähigkeiten von anderen Unternehmen differenziert und wie diese Fähigkeiten des Gesamtunternehmens für die einzelnen strategischen Geschäftseinheiten befruchtend und fördernd wirken. Solche kritischen Fähigkeiten von Unternehmen können z.B. sein

- Philosophien der Markenführung,
- besondere Kundenbeziehungen,
- Fähigkeiten zur Erzielung von Kostenführerschaft,
- Finanzierungspotenzial,
- Cash Flow-Stabilität usw.

Die Strategie des Gesamtunternehmens hat mithin über die strategischen Geschäftseinheiten hinaus diese kritischen Fähigkeiten zu erkennen und in ihrer Wirksamkeit für das Gesamtunternehmen zu fokussieren. Die Strategie eines derart differenzierten Unternehmens kann beispielsweise folgendes Aussehen annehmen:

AUSGANGSLAGE

1   Unternehmenszweck
2   Aufgaben / Probleme
3   Potenziale

ZIELSETZUNG

1   Unternehmensleitbild
2   Quantitative Unternehmensziele
3   Strategische Lücke

WACHSTUM

1 Wachstumsziele
2 Qualitatives / quantitatives Wachstum
3 Diversifikation / Konzentration
4 Wachstumsschwelle

STRATEGIEN FÜR DAS GESAMTUNTERNEHMEN

1 Qualitätsstrategie
2 Produkt-/Markt-Strategien
3 Marketing-Strategie
4 Verkaufs-Strategie
5 Produkt-Strategie
6 Personal-Strategie
7 Controlling-Strategie
8 Finanz-Strategie
9 Organisations-Strategie
10 DV-Strategie

STRATEGIEN DER GESCHÄFTSEINHEITEN

1 Geschäftseinheit 1
2 Geschäftseinheit 2
3
4
5
6
7 Geschäftseinheit 7

STRATEGIEN DER LÄNDER

1 Land 1
2 Land 2
3
4
5
6
7 Land 7

BUDGETS UND UMSETZUNG

Eine wesentliche Aufgabe bei der Findung der Strategien für das Gesamtunternehmen liegt darin, Optionen und Strategien zur Gestaltung der Wertschöpfungsketten festzulegen. Dabei liegt das Augenmerk darauf zu entscheiden, ob es sich bei einem Unternehmen, dass in verschiedenen Ländermärkten agiert, um

❏ lokal konzentrierte Wertschöpfungsketten,
❏ autarke Wertschöpfungssysteme oder
❏ Wertschöpfungsnetzwerke

handelt. Die nachfolgende Abbildung verdeutlicht den Zusammenhang und gibt Ansatzpunkte für die Prüfung dieser in vielen Unternehmen brennenden und noch nicht gelösten Fragestellung (Ringlstetter, M.; Skrobarczyk, P.: Die Entwicklung internationaler Strategien. In: Zeitschrift für Betriebswirtschaft, 64. Jahrgang 1994, Seite 333–357):

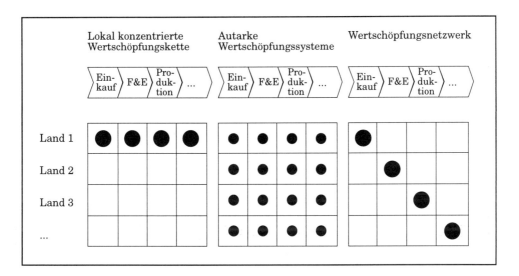

10.3.7 Strategien im Unternehmensverbund

Die Erarbeitung von Unternehmensstrategien hat zwangsläufig ihre höchste Komplexität in einem Unternehmensverbund. Die Frage, ob dieser Prozess bottom-up oder top-down zu erfolgen hat, ist mehr theoretisch. Beide Wege sind möglich und führen zum Erfolg. So kann es durchaus sinnvoll sein, dass die Leitung des Unternehmensverbundes zunächst die Leitlinien der Strategien, die für den Unternehmensverbund gelten, festlegt und diesen als Rahmen und Vorgabe für die Erarbeitung der dezentralen Strategien vorgibt. Innerhalb dieses Rahmens erarbeiten dann die einzelnen Geschäftsfelder, Firmen und strategischen Geschäftseinheiten ihre Einzelstrategien. Durch den Vergleich der fertig gestellten Strategien mit der Strategie des Unternehmensverbundes werden Übereinstimmungen sichtbar und notwendige Korrekturen transparent.

Zum anderen ist es aber auch möglich, dass ausgehend von den einzelnen strategischen Geschäftseinheiten und Firmen die Strategien der Geschäftsfelder erarbeitet werden und dann die Strategie des Unternehmensverbundes festgelegt werden. Diese Vorgehensweise hat zwangsläufig den Nachteil, dass möglicherweise die kritischen Fähigkeiten des Unternehmensverbundes zu stark durch die dezentralen Strategien bestimmt werden. Aber auch dieser Weg hat durchaus ausreichende Erfolgschancen.

Welchen Weg ein Unternehmen auch immer geht, entscheidend ist, dass bis zur kleinsten strategischen Geschäftseinheit die Unternehmensstrategien erarbeitet werden. Die gedankliche Stufenfolge der Erarbeitung der Unternehmensstrategien und der Überführung der Einzelstrategien in die Strategien des Unternehmensverbundes zeigt die nachfolgende Abbildung:

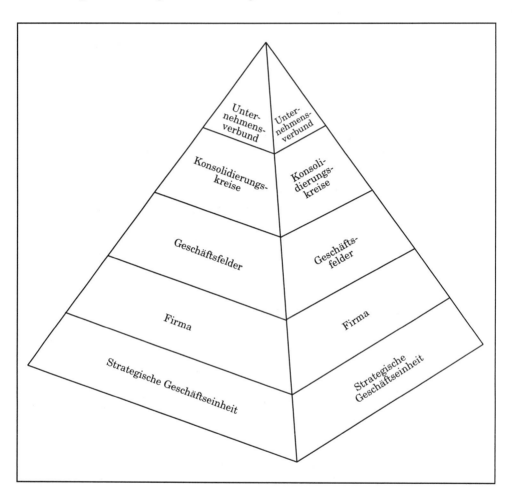

Zwangsläufig sind in einem Unternehmensverbund die kritischen Fähigkeiten und verbindenden Elemente um so geringer, je heterogener und diversifizierter die Unternehmensstruktur ist und je dezentraler das Unternehmen geführt wird. Folglich sind in einem Konzernverbund mit einer hohen Anzahl von Leistungsverflechtungen und vertikaler Integration die kritischen Fähigkeiten und verbindenden Elemente zwischen den Strategien am größten.

Die nachfolgende Übersicht zeigt ein Gliederungsschema für die Strategie eines Unternehmensverbundes mit stark diversifizierter Struktur und dezentraler Führung:

Erarbeitung von Unternehmensstrategien

VORBEMERKUNGEN

AUSGANGSLAGE UND SITUATION DES UNTERNEHMENSVERBUNDES ZUM JAHRESBEGINN

1 Konjunkturelles Umfeld
2 Rahmenbedingungen der Geschäftsfelder
3 Entwicklung der Geschäftsfelder

ZIELSETZUNG UND LEITLINIEN

1 Zielsetzung / Risikoausgleich / Wachstum
2 Personal
3 Finanzen
4 Akquisitionen

GESCHÄFTSFELD-STRATEGIEN

1 Geschäftsfeld 1
2 Geschäftsfeld 2
3 Geschäftsfeld 3
4 Geschäftsfeld 4
5 Geschäftsfeld 5
6 Geschäftsfeld 6
7 Geschäftsfeld 7

MITTELFRISTPLANUNG

1 Nettoumsatz
2 Investitionen
3 Gewinn- und Verlustrechnung
4 Cash flow
5 Bilanz

Die vorstehende inhaltliche Gliederung einer Strategie für einen Unternehmensverbund folgt gedanklich der hierarchischen Gliederung der Erarbeitung der Strategien, wie sie in der Abbildung auf Seite 670 wiedergegeben ist.

10.3.8 Verzahnung mit dem Budget

Alle vorstehend beschriebenen Strategiegliederungen enthalten über die Mittelfristplanung die Verzahnung mit dem Budget. Es muss an dieser Stelle wiederholt darauf hingewiesen werden, dass Unternehmensstrategien ohne Verzahnung mit der operativen Ebene relativ wenig Umsetzungskraft haben. Jede Strategie wird operativ gemessen und gesteuert. Ihr Erfolg ist letztlich daran abzulesen, wie die relative Wettbewerbsposition verbessert wird und die quantitativen Unternehmensziele erreicht werden. Insofern ist die Verzahnung mit dem Budget über die

Mittelfristplanung und die Überleitung in die Jahresbudgets zur operativ dispositiven Steuerung unerlässliche Voraussetzung für die erfolgreiche Umsetzung einer jeden Unternehmensstrategie.

10.4 Plan-Ist-Vergleich

10.4.1 Budgetkontrolle

Auf den Seiten 291 bis 300 dieses Buches haben wir die Instrumente der Operationalisierung der strategischen Planung ausführlich beschrieben. Dabei wurde deutlich gemacht, dass jede Strategie operativ gemessen und gesteuert wird und insofern die Budgetkontrolle des Jahresbudgets und der Mittelfristplanung quantitative Daten als Feedback zur Stratgieeinhaltung liefert.

10.4.2 Qualitative Informationen

Die größte Schwierigkeit im Plan-Ist-Vergleich strategischer Planungen besteht darin, die so genannten „schwachen Signale" zu erkennen, die in jedem Markt wirken und die Vorsteuergrößen der strategischen Potenziale darstellen. Zu diesem Zweck ist die Organisation eines Unternehmens für die Außensicht zu sensibilisieren. Bei dieser Sensibilisierung kommt es nicht allein darauf an, Marktanteilszahlen, Distributionswerte oder sonstige Informationen, die hinlänglich zugänglich sind, zu beobachten. Viel wichtiger ist es, dass die hinter diesen Größen wirkenden Aktivitäten der Wettbewerber erfasst werden. Dazu gehört das sehr sensible Erkennen von Trends, insbesondere die Beobachtung der Veränderung der Schlüsselfaktoren in Märkten. So zeigen viele Märkte in den letzten Jahren eine starke Veränderung zu den Erfolgsfaktoren

- Preis-/Leistungsverhältnis,
- Kostenposition,
- Flexibilität.

Solche Veränderungen von Erfolgsfaktoren können, wenn sie von Wettbewerbern rechtzeitig erkannt und wahrgenommen werden, das Wettbewerbsspiel in den Märkten grundlegend verändern.

Sehr hilfreich bei der qualitativen Kontrolle der einem Strategiepapier zu Grunde liegenden Größen ist das Benchmarking. Benchmarking verstanden als über die Zahlen hinausgehende Beobachtung von Messlatten, die Wettbewerbe in Märkten setzen bezüglich

- Marktauftritt,
- Innovation,
- Eingehen auf Kundenwünsche,
- Veränderung von Wertschöpfungsketten usw.

Diese schwachen Signale, rechtzeitig erkannt, sind eine wesentliche Voraussetzung für die erfolgreiche Umsetzung von Unternehmensstrategien neben der operativen Steuerung und Umsetzung.

10.5 Jährlicher Check-up

10.5.1 Schwerpunktthemen

Vor Beginn des Planungsprozesses für die Jahresplanung ist es ratsam, jährlich das strategische Konzept zu überprüfen. Hierzu tritt der gleiche Teilnehmerkreis zusammen, der die strategische Planung des Vorjahres erarbeitet hat. Als Einstieg ist es vorteilhaft, anhand der auf Seite 305 dieses Buches wiedergegebenen Checkliste das strategische Konzept zu überprüfen.

Wichtig ist, dass sich in diesen Sitzungen die Gedanken auf die wesentlichen Abweichungen fokussieren. Es kommt darauf an, die für die Abweichungen wesentlichen strategischen Hintergründe zu hinterfragen, die die Abweichungen von der strategischen Linie im letzten Jahr verursacht haben. Gleichzeitig ist aber auch bei plankonformem Verlauf zu hinterfragen, ob die Entwicklung des Unternehmens gemäß der strategischen Leitlinie nicht doch intensiviert werden kann und die strategischen Leitlinien noch Gültigkeit besitzen.

Die jährlichen Check-up-Sitzungen haben zur Folge, dass das Management immer stärker in den strategischen Denkprozess eintritt. Die jährliche Überprüfung des Strategiekonzeptes ist notwendige Voraussetzung, um auch im Tagesgeschäft das strategische Gedankengut ständig mit Leben zu füllen.

10.5.2 Moderationsleitfaden

Der nachfolgende Moderationsleitfaden gibt einen Anhaltspunkt für die jährliche Überprüfung der Unternehmensstrategie:

---

1. Tag

Begrüßung / Zweck unserer Zusammenkunft

Was ist seit unserer letzten Klausur
- gut
- weniger gut

gelaufen?

Was waren die Ursachen für
- gut?
- weniger gut?

Was hat mich an der Entwicklung der Firma in den letzen 12 Monaten gestört?	Auf Folie
Fazit: Störgefühle	
⇒ Konsequenzen daraus	

Welche wesentlichen Veränderungen haben
in den letzten 12 Monaten stattgefunden?
– In den Märkten und ihren Gesetzmäßigkeiten?
– Bei unseren Wettbewerbern und ihren Strategien?
– Intern im Unternehmen

Plan-Ist-Vergleich

– Schlüsselfaktoren / Stärken
– SF + St aus dem Vorjahr
– Wettbewerber: XY

Fazit der Potenzialanalyse	
– Diskussion der Ergebnisse	
– Vorjahr-/Ist-Vergleich mit der Potenzialanalyse aus dem Vorjahr	Input Folien
– Konsequenzen daraus	

Imbiss

Plan-Ist-Vergleich

Bestimmungsfaktoren der Attraktivität
unserer Märkte

Entspricht unsere Produktpalette den Anforderungen des Marktes gemäß vorstehender Analyse bezüglich	Input Folie Produktpalette
– Fokussierung	
– Redundance	
– Ausgewogenheit des Portfolios	

Kundenstrukturanalyse: Entspricht die Produktpalette den Bedürfnissen unserer Kunden	Jeder auf Folie

Konsequenzen bezüglich
– Einteilung unserer Kunden in
  eine Hierarchie nach
  • International
  • National
  • Regional
– Kennen wir die Probleme unserer Kunden?
– Internationales Key-Account

Gruppenarbeit: wie erreichen wir unsere Kunden – International – National – Regional	Gruppenarbeit
Maßnahmen, Zielgruppenbedürfnisse, Organisation	
Plan-Ist-Vergleich der Abarbeitung der Schwerpunktmaßnahmen des Strategiepapiers des Vorjahres – Unternehmensübergreifend – dezentral	Jeder Verantwortlich auf Folien
2. Tag	
Präsentation: Plan-Ist-Vergleich der Umsetzung der Schwerpunktmaßnahmen	
Konsequenzen daraus	
Plan-Ist-Vergleich Mittelfristplanung ⇒ Maßnahmen ⇒ 2 Gruppen	Folie aus Strategiepapier
Fazit	
Schwerpunktaufgaben folgendes Jahr	Jeder
Fazit unserer Sitzung und Imbiss	

10.6 Strategiefortschreibung und Fokussierung

Die jährliche Fortschreibung der Unternehmensstrategie und die ständige Überprüfung der dem Strategiekonzept zu Grunde liegenden Annahmen und Prämissen führt zu einer immer stärkeren Fokussierung der strategischen Gedanken im Unternehmen. Durch Konzentration auf die brennenden Probleme wird dem Management transparent, welche Fragen mit langfristiger Problemstellung Lösungen erfordern. Es führt dazu, dass die Gedanken konzentriert werden und die Verzettelung im Tagesgeschäft abgebaut wird.

Die in den vorstehenden Kapiteln niedergelegten Gedanken zur Erarbeitung der Unternehmensstrategie können auch auf „kleinere" Problemstellungen im Unternehmen angewendet werden. Letztlich kommt es darauf an, die heute hinlänglich zur Verfügung stehenden Instrumente zur Strategieerarbeitung und gedanklichen

Sortierung zielorientiert auf die Problemlage anzuwenden. Es geht darum, trichterförmig aus der gesamten Breite der in einem Unternehmen vorhandenen Gedanken zu einer Problemstellung die Gedanken auf die Punkte zu bringen, die für die Lösung des Themas höchste Priorität haben.

10.7 Strategieumsetzung mit der Balanced Scorecard

Kaplan und Norton haben mit ihrer Publikation „The Balanced Scorecard - Translating Strategy into Action" das Erfordernis der Strategieumsetzung auf die operative Ebene erneut in den Mittelpunkt der Diskussion gestellt und bezüglich ihrer Vorschläge breite Akzeptanz in der Praxis erfahren. Auch wenn es sich bei dem Werk und den zu Grunde liegenden Gedanken um natürliche Erfordernisse der Umsetzung der Strategie auf die operative Ebene handelt, die in diesem Buch in Kapitel 3 ab dem Absatz 2.3 - Operationalisierung - bereits angesprochen sind, ist beiden Autoren ein durchschlagender Erfolg gelungen, der durchaus an der guten marketingmäßigen Orientierung und Aufbereitung der Gedanken liegt.

Die Balanced Scorecard (Übersetzung: „Ausgewogener Berichtsbogen") zielt - wie der Name bereits sagt - auf die simultane Berücksichtigung der unterschiedlichen Erfolgsfaktoren zur Steuerung der Unternehmensstrategie und ihrer operativen Umsetzung. Dabei geht der Fokus eindeutig über finanzielle Zielgrößen hinaus und versucht, auch qualitative Aspekte zu messen.

Über die Balanced Scorecard wird der Versuch angestrebt, Management und Mitarbeitern der jeweiligen operativen Einheiten die aus der Strategie abgeleiteten dezentralen Ziele permanent deutlich zu machen. Einhergehend geht die Empfehlung, auch im operativen Berichtswesen neben den finanziellen Größen die eine Strategie treibenden, qualitativen Aspekte und Maßnahmen in die operative Umsetzung zu integrieren.

Ausgehend von der Strategie des Unternehmens werden die dezentralen Teilstrategien für die einzelnen Einheiten formuliert. Dabei erfolgt die Umsetzung in Form der Segmentierung der übergeordneten Unternehmensstrategie in Teilziele dezentraler Einheiten. Ausgehend von einem Ursache-Wirkung-Zusammenhang, in dem Teilziele und Strategie stehen müssen, folgt durch dezentrale Segmentierung die Sichtbarmachung der Vorsteuergrößen der Unternehmensstrategie auf der dezentralen Ebene. Diese Umsetzung wird gesteuert über ein Kennzahlenbündel mit einem Gleichgewicht aus

❏ externen und internen Kennzahlen,

❏ Kennzahlen der Vergangenheit und der Zukunft,

❏ „harten" und „weichen" Kennzahlen.

Erarbeitung von Unternehmensstrategien

Aus dem Zusammenspiel dieser einzelnen Aspekte ergibt sich ein Regelkreis miteinander vernetzter Faktoren:

Ausgehend von der eher global formulierten übergeordneten Unternehmensstrategie ist es nach Kaplan und Norton erforderlich, die strategische Umsetzung aus vier unterschiedlichen Perspektiven zu sehen:

Strategische Zielsetzungen des Unternehmens X-AG

1. Wir wollen mit unseren Leistungen die Ansprüche unserer Kunden im Hinblick auf Qualität und Service in jedem Fall übertreffen. Dabei setzen wir in hohem Maße auf unsere Mitarbeiter.

2. Über innovative Produkte streben wir national und international eine maßgebliche Rolle in allen potenziellen Marktsegmenten an und sind ständig auf der Suche nach neuen Anwendungsmöglichkeiten für unsere Produkte.

3. Wir wollen kontinuierlich an der Optimierung der inneren Strukturen in unserem Unternehmen arbeiten.

4. Wir streben eine Steigerung der Wirtschaftlichkeit und der Produktivität in dem Umfang an, dass eine positive Ergebnisentwicklung dauerhaft realisiert werden kann.

---

1. Die finanzielle Perspektive: Wie sehen uns die Kapitalgeber?

2. Die Kundenperspektive: Wie sehen uns unsere Kunden? Mit welchen Faktoren steigern wir den Kundennutzen?

3. Die prozessbezogene Perspektive: Wie müssen wir unsere Geschäftsprozesse gestalten, um Kunden und Kapitalgeber zu befriedigen?

4. Die Lern- und Innovationsperspektive: Wie erreichen wir die Zufriedenheit der Mitarbeiter? Wie können wir zusätzliche Werte schaffen?

Aus der in vorstehender Abbildung wiedergegebenen übergeordneten Zielsetzung werden nun die für die Umsetzung der vorstehenden vier Perspektiven genannten Teilziele abgeleitet:

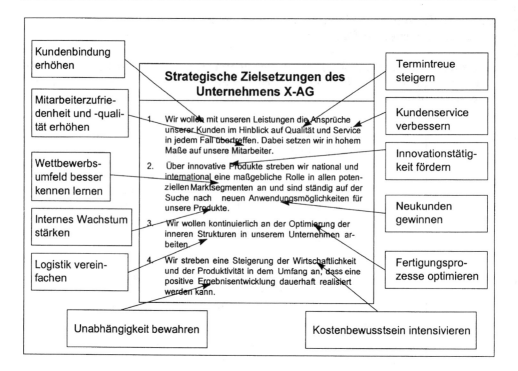

Daraus ergeben sich unterschiedliche spezifische Zielvorgaben für die dezentralen Einheiten, die auf dieser Ebene weiter zu segmentieren sind:

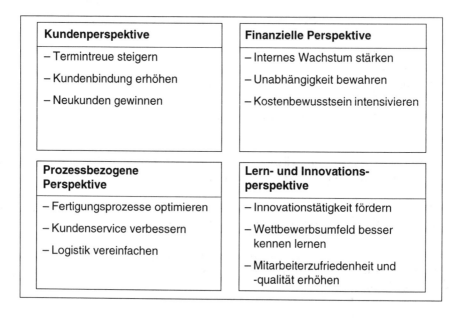

Die einzelnen Perspektiven, ihre Zielsetzungen, Kennzahlen und die Vergangenheits- und Zukunftsgrößen stehen dabei in einem integrativen Zusammenhang zur Unternehmensstrategie:

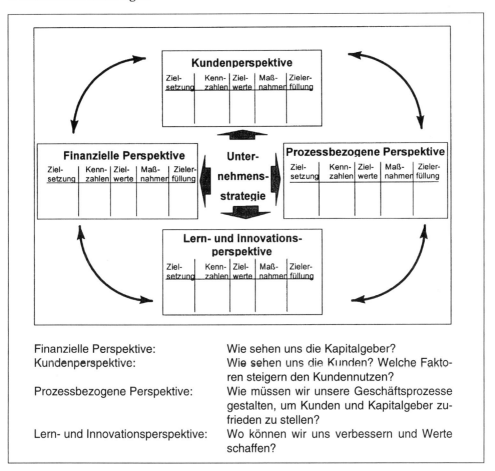

Die sich aus den einzelnen Perspektiven für die dezentralen Einheiten ergebenden Zielsetzungen sind danach in für diese Einheiten operative Beurteilungskriterien umzusetzen und mit Zielwerten zu ergänzen. Diese Überleitung auf die operativen Zielwerte zeigt für die prozessbezogenen Aspekte die nachfolgende Darstellung:

Operative Zielsetzung	Kennzahlen als Beurteilungskriterium	Zielwerte
Fertigungsprozesse optimieren	- Rüstzeiten bei Produktwechsel - Ausschussquote	- Verkürzung um 2 % p.a. - Senkung um 3 % p.a.
Kundenservice verbessern	- Kundenbesuchsfrequenz - Beschwerdebearbeitung	- Besuchshäufigkeit um 30 % steigern - Bearbeitungsdauer halbieren
Logistik vereinfachen	- Fuhrpark - Lageroptimierung	- Senkung um 5 % p.a. - Kommissioniervorgang um 10 % verkürzen

Ausgehend von den dezentralen Zielwerten ist deren Erreichung durch ein operatives Maßnahmenbündel zu untermauern, wie es nachfolgend am Beispiel der finanziellen Perspektiven gezeigt wird:

Operative Zielsetzung	Kennzahlen als Beurteilungskriterium	Zielwerte	Maßnahmen zur Zielerreichung
Internes Wachstum stärken	- Nettoumsätze	- Wachstum 2 % über Marktwachstum	- Vertriebsgebiet erweitern - Marketingkonzept überarbeiten
Unabhängigkeit bewahren	- Cash Flow - Eigenkapital	- Steigerung um 3.000 TEUR p.a. - Verbesserung der EK-Quote um 5 %	- Vorrats- und Forderungsbestand senken - Mitarbeiterbeteiligung prüfen
Kostenbewusstsein intensivieren	- Gesamtkosten	- Senkung um 3 % p.a.	- Outsourcing von Dienstleistungen - Überprüfung der Fertigungstiefe

Der Regelkreis schließt sich mit der Überwachung des Grades der Zielerreichung der operativen Maßnahmen zur Erreichung der Zielwerte, wie es nachfolgend für das Beispiel der Kundenperspektive dargestellt wird:

Erarbeitung von Unternehmensstrategien

Operative Zielsetzung	Kennzahlen als Beurteilungskriterium	Zielwerte	Maßnahmen zur Zielerreichung	Grad der Zielerfüllung
Termintreue steigern	- Zusagegenauigkeit der Lieferung	- Abweichung < 5 % vom zugesagten Termin	- Zeitplanung/ Netzpläne überarbeiten (Pufferbildung)	- Abweichung zu 80 % innerhalb der Toleranzgrenze
Kundenbindung erhöhen	- Kundenbarometer	- Stellung als Top-Lieferant bei der Kundenbefragung	- Anwendungstechnik ausbauen - Externe Qualitätsaudits einführen	- Kundenbarometer im Testbetrieb
Neukunden gewinnen	- Anzahl Neukunden pro Jahr	- Wachstum um 5 % p.a.	- Kunden-/Marktanalyse verbessern - Marketing-Mix optimieren	- 50 Neukunden gewonnen (+ 6 % ggü. Vj.)

Zusammenfassend zeigt sich die mögliche Ausgestaltung einer Balanced Scorecard ausgehend von der übergeordneten Unternehmenszielsetzung in der Umsetzung auf die operative Ebene bis zur Überwachung des Grades der Zielerreichung für die einzelnen Aspekte wie in den nachfolgenden Abbildungen dargestellt:

Finanzielle Perspektive Wie sehen uns die Kapitalgeber?				
Operative Zielsetzung	Beurteilungskriterium	Zielwerte	Maßnahmen zur Zielerreichung	Grad der Zielerfüllung
1. Internes Wachstum stärken	Nettoumsätze	Umsatzwachstum 2 % über Marktwachstum	- Vertriebsgebiet erweitern - Marketingkonzept überarbeiten	- Umsatz - 1,7 % ggü. Vj.
2. Unabhängigkeit bewahren	Cash Flow Eigenkapital	Steigerung um 3.000 TEUR p.a. Verbesserung der EK-Quote um 5 %	- Vorrats- und Forderungsbestand senken - Beteiligung der Mitarbeiter möglich?	- Cash Flow auf Vorjahresniveau - Gespräche über Kapitalbeteiligung dauern an
3. Kostenbewusstsein stärken	Gesamtkosten	Senkung um 3 % p.a.	- Fertigungstiefe überprüfen - Fremdbezug von Gütern/ Dienstleistungen möglich?	- Kosten 1 % unter Vj.

Prozessbezogene Perspektive
Wie müssen wir die Geschäftsprozesse gestalten, um Kunden und Kapitalgeber zufrieden zu stellen?

Operative Zielsetzung	Beurteilungskriterium	Zielwerte	Maßnahmen zur Zielerreichung	Grad der Zielerfüllung
4. Fertigungsprozesse optimieren	Rüstzeiten Ausschussquote	Verkürzung um 2 % p.a. Senkung um 3 % p.a.	- PPS-System modifizieren - Personalqualifikation - Ersatzinvestition nötig?	- Senkung um 1 % - Wertmäßig unter Vorjahr
5. Kundenservice verbessern	Kundenbesuchsfrequenz Beschwerdebearbeitung	Besuchshäufigkeit um 30 % steigern Bearbeitungsdauer halbieren	- Verkaufsgebietseinteilung neu überdenken - Standardisierung der Bearbeitung häufiger Beschwerden	- Frequenz um 5 % erhöht - Durchlaufzeit um 10 % gesenkt
6. Logistik vereinfachen	Fuhrparkkosten Lageroptimierung	Senkung um 5 % p.a. Kommissioniervorgang um 10 % verkürzen	- Kostenanalyse vorbereiten - Tourenpläne überarbeiten - Lagerplatzanordnung prüfen - Just in Time-Lieferung?	- Kostenanalyse ist in der Auswertung - Umsetzung im Blocklager erfolgt

Kundenperspektive
Wie sehen uns die Kunden?

Operative Zielsetzung	Beurteilungskriterium	Zielwerte	Maßnahmen zur Zielerreichung	Grad der Zielerfüllung
7. Termintreue steigern	Zusagegenauigkeit der Lieferung	Abweichung < 5 % vom zugesagten Termin	- Zeitplanung/ Netzpläne überarbeiten (Pufferbildung)	- Abweichung zu 80 % innerhalb der Grenze
8. Kundenbindung erhöhen	Kundenbarometer	TOP-Lieferant bei Kundenbefragung	- Anwendungstechnik ausbauen - Externe Qualitätsaudits einführen	- Kundenbarometer im Testbetrieb
9. Neukunden gewinnen	Anzahl Neukunden pro Jahr	Anzahl um 5 % p.a. steigern	- Kunden-/Marktanalyse verbessern - Marketingmix optimieren	- 50 Neukunden (+ 6 % ggü. Vorjahr)

Erarbeitung von Unternehmensstrategien

Lern- und Innovationsperspektive Wo können wir uns steigern und zusätzliche Werte schaffen?				
Operative Zielsetzung	**Beurteilungskriterium**	**Zielwerte**	**Maßnahmen zur Zielerreichung**	**Grad der Zielerfüllung**
10. Innovationstätigkeit fördern	Zahl der Neuprodukteinführungen	Umsatz der Neuprodukte > 5 % vom Gesamtumsatz	- Laborausstattung erneuern - Zusammenarbeit mit externen Forschungseinrichtungen	- Messebesuche liefern neue Kontakte
11. Wettbewerbsumfeld besser kennen lernen	Eigene Position im Wettbewerb	Benchmarkinganalyse	- Wettbewerbsdatenbank aufbauen (Produkte, Märkte, Strategien)	- Datensammlung ist angelaufen
12. Mitarbeiterzufriedenheit und -qualität erhöhen	Mitarbeiterbefragung	"Schlechtbeurteilungen" um 5 % p.a. reduzieren	- Mitarbeitergespräche - Gewinnbeteiligung	- Befragung befindet sich im Test

Die Balanced Scorecard ist unseres Wissens das erste in sich geschlossene Konzept zur dezentralen Steuerung der Unternehmensstrategie. Es stellt sicher, dass

❑ die Unternehmensstrategie auf die dezentralen Einheiten heruntergebrochen wird,

❑ eine durchgängige Kommunikation der Unternehmensstrategie als Basis der Umsetzung auf die dezentralen Einheiten garantiert wird,

❑ die einzelnen Einheiten in die Umsetzung der Strategie einbezogen werden und

❑ die Basis eines umfassenden und funktionsfähigen Informationssystems zur Messung des Umsetzungsfortschritts der Unternehmensstrategie auf der dezentralen Einheit ist.

Darüber hinaus ist zweifellos ein wesentlicher Vorteil der Balanced Scorecard, dass ihre Einführung über die Berücksichtigung allein finanzieller Aspekte bei der Unternehmenssteuerung hinausgeht. Sie stellt einen Zwang dar, auch qualitative Aspekte zu messen und die Sensibilität für die so genannten „schwachen Signale" als Erfolgsvoraussetzungen zur Umsetzung der Unternehmensstrategie sicherzustellen. Eine Möglichkeit der organisatorischen Einbindung der Balanced Scorecard in den Strategieprozess und die Zuständigkeiten der einzelnen Einheiten zeigt nachfolgende Darstellung:

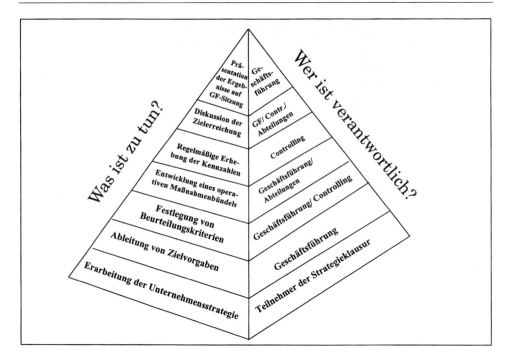

Kaplan und Norton haben mit der Balanced Scorecard zweifellos ein interessantes Instrument zur Umsetzung der Unternehmensstrategie auf die dezentralen Ebenen präsentiert. Es darf aber nicht vergessen werden, dass dieses Instrument einen nicht unerheblichen Aufwand erfordert, auf der anderen Seite aber sicherstellt, dass die Umsetzung der Strategie gerade durch diesen Mehraufwand erheblich beschleunigt wird. Zudem ist durch dieses Instrument sichergestellt, dass Plausibilitäten aber auch Unmöglichkeiten in der Unternehmensstrategie durch die Konzipierung der einzelnen Strategie umsetzenden Perspektiven und Beurteilungskriterien sehr früh sichtbar werden.

Literaturverzeichnis

Albach, H.: Kritische Wachstumsschwellen in der Unternehmensentwicklung. Unveröffentlichtes Manuskript, USW 1976

Albrecht, L.: Leveraged buyout-Konzepte und ihre Anwendbarkeit auf deutsche Verhältnisse. Vortrag Kongreß Hans Martin Schleyer-Stiftung, Innsbruck 1986

Aurich, W.: Unternehmensplanung im Konjunkturverlauf, 2. Aufl., München 1977

Baur, W.: Sanierungen, Wiesbaden 1978

Berger, R.: Technologischer und wirtschaftlicher Fortschritt – die Position der Bundesrepublik Deutschland. Controller Magazin 04/1988, S. 173 - 178

Bleicher, K.: Kampf der Verbürokratisierung der Organisationsstruktur. In: Frankfurter Zeitung, Blick durch die Wirtschaft, 13.10.1983

Bleicher, K.: Lassen sich „Haie" mit „goldenen Fallschirmen" verjagen? In: Blick durch die Wirtschaft, 24.8.1984, S. 3

Börsenzeitung: Von ROCE zu RONA: Wie Daimler den Mehrwert steuert, vom 16.03.1999

Börsenzeitung: Dinosaurier des HGB, vom 26.03.1999

Bötzel/Schwilling: Erfolgsfaktor Wertmanagement. Hanser Verlag, München/Wien 1998, S. 77

Boston Consulting Group: Zeitwettbewerb. V. Reaktionsgeschwindigkeit: 4 Regeln. Perspektiven Nr. 82, München o.J.

Boston Consulting Group: Prüfung der Glaubenssätze. Perspektiven Nr. 75, München o.J.

Boston Consulting Group: Durch Fokus zum Nutzen. Perspektiven Nr. 76, München o.J.

Boston Consulting Group: Vorstand und Vision. Kommentare, München o.J.

Bramsemann, R.: Handbuch Controlling, München 1987, Strategisches Management/Strategisches Controlling. In: Controller Magazin, 1979, S. 221 - 228

Brede, H.: Entwicklungstrends in Kostenrechnung und Kostenmanagement. In: Die Unternehmung, Heft 4 1993, S. 333 - 357

Bufka, J./Schiereck, D./Zinn, K.: Kapitalkostenbestimmung für diversifizierte Unternehmen. In: ZfB, 69. Jg. 1999, S. 115 - 131

Bühner, R.: Das Management-Wert-Konzept, Stuttgart 1990

Bühner, R.: Unternehmerische Führung mit Shareholder Value. In: Shareholder-Value-Report: Erfahrungen, Ergebnisse, Entwicklungen, hrsg. von Rolf Bühner, Landsberg/Lech 1994, S. 5 - 76

Caytas, I. G.: Im Banne des Investments Banking, Stuttgart 1988

Der Bundesminister für Wirtschaft: Die Vollendung des Binnenmarktes 1992 – Chance und Verpflichtung –, Bonn 28.4.1988

Der Spiegel: „Kalter Kapitalismus" – Interview mit Klaus Schweickart, vom 24.05.1999

Deutsche Bank Bulletin: Einheitlicher Binnenmarkt: Aufbruchstimmung in Europa, Frankfurt Juni 1988

Deyhle, A.: Controller-Praxis, 2 Bände Unternehmensplanung und Controller-Funktion, 6. Aufl., Gauting 1986
Deyhle, A.: Gewinn-Management, 3. Aufl., München 1971
DIHT (Hrsg.): Europas Zukunft: Den Gemeinsamen Markt stärken – den Binnenmarkt vollenden. Forderungen des Deutschen Industrie- und Handelstages zur europäischen Wirtschaftspolitik, Bonn 1988
Dresdner Bank: Der EG-Binnenmarkt '92 – Chancen und Risiken – Tischvorlage, Düsseldorf 1988
Dreyfack, R.: Zero Base Budgeting. Das Budget als Führungsinstrument in Wirtschaft und Verwaltung, Zürich 1978.
Droege & Comp.: Unternehmensorganisation im internationalen Vergleich. Struktur, Prozesse und Führungssysteme in Deutschland, Japan und den USA, Frankfurt/Main – New York 1995
Dunst, K. H.: Portfolio Management. Konzeption für die strategische Unternehmensplanung, Berlin – New York 1979
Esser, W.-M./Höfner, K./Kirsch, W./Wieselhuber, N.: Der Stand der strategischen Unternehmensführung in der Bundesrepublik Deutschland und West-Berlin, München 1983
Everling, W.: Konzernführung durch eine Holdinggesellschaft. In: Der Betrieb, 34. Jg. 1981, S. 2549 - 2554
FAZ: DaimlerChrysler verwendet neue Steuerungsgrößen, vom 01.04.1999
FAZ: Noch ein weiter Weg zu einem globalen Bilanzierungsstandard, vom 12.04.1999
Frese, E.: Grundlagen der Organisation. 3. Aufl., Wiesbaden 1986
Frese, E.: Kontrolle und Unternehmensführung, Wiesbaden 1968
Frese, E.: Ziele als Führungsinstrumente. Kritische Anmerkungen zum Management by Objectives. In: Zeitschrift für Organisation, 40. Jg. 1971, S. 227 - 238
Frese, E.: Grundlagen der Organisation. 4. Aufl., Wiesbaden 1988
Frese, E.: Unternehmungsführung, Landsberg/Lech 1987
Gälweiler, A.: Controller & strategische Planung – 10 Thesen. In: Controller Magazin, 1976, S. 174 - 179
Gälweiler, A.: Unternehmensplanung, Frankfurt/New York 1974
Gälweiler, A.: Zur Kontrolle strategischer Pläne. In: Controller Magazin 1979, S. 209 - 217
Gälweiler, A.: Strategische Unternehmensführung, Frankfurt 1987
Gebhardt, G./Pellens, B.: Rechnungswesen und Kapitalmarkt. ZfbF Sonderheft 41, Düsseldorf 1999
Gerken, G.: Der neue Manager, Freiburg i.Br. 1986
Glaser, H./Schröder, E. F./von Werder, A.: Organisation im Wandel der Märkte. Erich Frese zum 60. Geburtstag, Wiesbaden 1998
Glutz von Blotzheim, A. B.: Strategisches Strukturkosten-Management. In: Controller Magazin, Nr. 1/1995, S. 4 - 14
Goetzke, W./Sieben, G. (Hrsg.): Marketing-Controlling, Bericht von der 10. Kölner BFuP-Tagung am 03. und 04. Dezember 1981, Köln
Gomes, P./Weber, B.: Akquisitionsstrategie. Wertsteigerung durch Übernahme von Unternehmungen, Stuttgart 1989
Grenfell, M.: Handbuch für den internationalen Unternehmenskauf, Berlin/Hamburg 1989

Grünewald, A.: Neuere Konzepte des Kostenmanagements. Vortragsmanuskript, Bielefeld 1995

Günther, T.: Unternehmenswertorientiertes Controlling, München 1997

Guiniven, J. J./Fischer, D. S.: Einstieg in neue Geschäftsfelder. In: Absatzwirtschaft, Sonderausgabe 10/1986, S. 60 ff.

Hausschildt, J.: Finanzvorstand, Treasurer, Controller. In: Zeitschrift für Organisation, 41. Jg. 1972, S. 167 - 174

Heiland, H. W.: Forschungs- und Entwicklungs-Controlling. In: Handbuch Controlling, hrsg. von Elmar Mayer und Jürgen Weber, Stuttgart 1990, S. 239 - 258

Henderson, B. D.: Die Erfahrungskurve in der Unternehmensstrategie, Frankfurt/New York 1974

Henkel, H.-O.: Industriestandort Deutschland, Vortragsmanuskript, Düsseldorf 1988

Henkel KGaA: Prozesse kontinuierlich verbessern, Düsseldorf 1994

Henzler, H./Rall, W.: Aufbruch in den Weltmarkt. In: Manager Magazin 9/1985, S. 176–190, und 10/1985, S. 254 - 262

Herzig, N.: Die deutsche Holding aus steuerlicher Sicht. Unveröffentlichtes Manuskript, Aachen 1991

Herzig, N.: Steuerorientierte Grundmodelle des Unternehmenskaufs. In: Der Betrieb, Heft 3 1990, S. 133 - 138

Hillebrand, W./Linden, F. A.: Vom Diener zum Herrn. In: Manager Magazin 10/ 1990, S. 224 - 233

Hinterhuber, H. H.: Strategische Unternehmensführung, Berlin /New York 1977

Hitschler, W.: Leveraged (Management-)Buyouts. Bestimmungsfaktoren, Finanzierung und rechtliche Gestaltungsmöglichkeiten in der Bundesrepublik Deutschland. In: Betriebs-Berater, Heft 27 1990, S. 1877 - 1883

Höfner Dr. & Partner: Neue Verbraucherzielgruppen in Westeuropa, München 1988

Hoffmann, K.: Wie man Flop-Raten reduziert. Neue Produkte finden und erfolgreich plazieren, München 1979

Horváth, P. (Hrsg.): Prozeßkostenmanagement – Methodik, Implementierung, Erfahrungen, München 1991

Horváth, P./Herter, Ronald N.: Benchmarking – Vergleich mit den Besten der Besten. In: Controlling, Heft 1 1992, S. 4 - 11

Horváth, P. (Hrsg.): Target Costing – Marktorientierte Zielkosten in der deutschen Praxis. Stuttgart 1993

Horváth, P.; Vahlens Großes Controlling Lexikon, Stichworte

Horváth, P.: Controlling. 5., überarbeitete Auflage, München 1994

Hübner, V.: Kauf mit begrenztem Risiko. In: Management-Wissen, 2/1988, S. 22 - 23

Imai, M.: Der Schlüssel zum Erfolg der Japaner im Wettbewerb. 10. Auflage, München 1993

Institut der deutschen Wirtschaft: Internationale Wirtschaftszahlen 1988, Köln 1988

Jehle, K./ Blazek, A./ Deyhle, A.: Finanz-Controlling, Gauting bei München 1976

Kaplan, R. S./Norton, D. P.: The Balanced Scorecard: Translating Strategy into Action, Harvard 1996
Kilger, Wolfgang: Flexible Plankostenrechnung, 9. Aufl., Wiesbaden 1989
Kleinebeckel, H.: Break-Even-Analysen. In: Zeitschrift für betriebswirtschaftliche Forschung, Kontaktstudium, 28. Jg. 1976, S. 51 - 58
Kleinebeckel, H.: Break-Even-Analysen für Planung und Plan-Ist-Berichterstattung. In: Zeitschrift für betriebswirtschaftliche Forschung, Kontaktstudium, 28. Jg. 1976, S. 117 - 124
Kleinebeckel, H.: Finanz-Controlling. In: Controlling-Konzepte für den Mittelstand. Existenzsicherung durch Innovation und Flexibilität. Elmar Mayer zum 70. Geburtstag, hrsg. von Konrad Liessmann, Freiberg i.Br. 1993, S. 211 - 232
Knobbe-Keuk, B.: Bilanz- und Unternehmenssteuerrecht, 6., überarbeitete und erweiterte Aufl., Köln 1987
Kommission der Europäischen Gemeinschaft: Wirtschaftlicher Nutzen des Progamms „Binnenmarkt 1992": 200 Milliarden EGU und eine Neubelebung des Arbeitsmarkes, Brüssel, 29.3.1988
Kommission der Europäischen Gemeinschaft: Vollendung des Binnenmarktes. Weißbuch der Kommission an den Europäischen Rat. Mailand, 28./29.6.1985
Kommission der Europäischen Gemeinschaft: Dritter Bericht der Kommission an den Rat und das Europäische Parlament über die Durchführung des Weißbuches der Kommission zur Vollendung des Binnenmarktes. Brüssel, 23.3.1988
Kraus, H.: Betriebswirtschaftliche Kennzahlen als Steuerungsinstrumente des Controlling. In: Controlling-Konzepte für den Mittelstand. Existenzsicherung durch Innovation und Flexibilität. Elmar Mayer zum 70. Geburtstag, hrsg. von Konrad Liessmann, Freiberg i.Br. 1993, S. 233 - 266
Küpper, H.-U.: Gegenstand, theoretische Fundierung und Instrumente des Investitions-Controlling. In: Controlling. Selbstverständnis – Instrumente – Perspektiven. ZfB Ergänzungsheft 3/1991, hrsg. von Horst Albach und Jürgen Weber, Wiesbaden 1991, S. 167 - 192
Küting, Dr. K./Weber, C.-P.: Die Bilanzanalyse, Lehrbuch zur Beurteilung von Einzel- und Konzernabschlüssen, Stuttgart 1993
Lauk, K. J.: Kunde oder Aktionär – ein Dilemma für das Controlling? In: Kunden und Prozesse im Focus. Controlling und Reengineering, hrsg. von Peter Horváth, Stuttgart 1994
Lebensmittelzeitung: Report 1986/87
Leineweber, K. R.: Produktions-Controlling bei anlagenintensiver Fertigung. In: Controlling-Konzepte für den Mittelstand. Existenzsicherung durch Innovation und Flexibilität. Elmar Mayer zum 70. Geburtstag, hrsg. von Konrad Liessmann, Freiberg i.Br. 1993, S. 347 - 366
Lewis, T. G./Lehmann, S.: Überlegene Investitionsentscheidungen durch CFROI. In: BFuP, 1/1992, Seite 1 - 13
Liessmann, K.: Ziele und Strategien im Spannungsfeld der Führungsaufgaben von Konzernleitung und ergebnisorientiertem Geschäftsfeld-Management. In: Meilensteine im Management. Band 3: Management Controlling, hrsg. von Hans Siegwart, Julian I. Mahari, Ivo G. Caytas und Stefan Sander, Basel, Frankfurt am Main, Stuttgart 1990, S. 105 - 133

Liessmann, K.: Joint Ventures erfolgreich organisieren und managen, Planegg/ München 1990
Liessmann, K.: Sharholder Value-Konzept: Instrument der Bewertung von Strategien in der Unternehmenspraxis. In: Der Controlling Berater, hrsg. von Klaus Hagen und Peter W. Weber, Freiburg i. Br., Heft 6 1994, Gruppe 3, Seite 435 - 460
Liessmann, K.: Shareholder Value-Konzept: Instrument der Bewertung von Strategien in der Unternehmenspraxis. In: Der Controlling Berater, hrsg. von Klaus Hagen und Peter W. Weber, Freiburg i. Br., Heft 6 1994, Gruppe 3, Seite 435 - 460
Lindner, O./Piringer, H.: Logistik-Controlling. Kritische Analyse, Zielsetzung und Strategiebeobachtungen. In: Handbuch Controlling, hrsg. von Elmar Mayer und Jürgen Weber, Stuttgart 1990, Seite 211 - 238
Little, Arthur D.: Management im Zeitalter der strategischen Führung. 2. Aufl., Wiesbaden 1986
Mahari, Julian J./Claasen, Utz/Herzig, Hilbert: Target Costing als bedeutendes Element der finanziellen Projektsteuerung in der Frühphase des Produktentstehungsprozesses (Volkswagen AG). In: F+E-Controllerdienst, hrsg. von Elmar Mayer und Konrad Liessmann, Stuttgart 1994, S. 105 - 129
Manager Magazin: Die Chancen der ersten Stunde. Manager Magazin, Nr. 6, 1988, S. 241 - 251
Mann, R.: Die Praxis des Controlling, München 1973
Mann, R.: Praxis strategisches Controlling mit Checklists und Arbeitsformularen. 5. Aufl., München 1989
Mann, R.: Die Vorteils-Matrix. In: Mann/Mayer: Der Controlling-Berater (CB), Gruppe 5, S. 83 - 92, Loseblatt-Zeitschrift, Freiburg i.Br. 1983 ff.
Mann, R.: Ein Unternehmen führen heißt offen sein für den Wandel. Über das Management des „Neuen Denkens". In: Frankfurter Zeitung, Blick durch die Wirtschaft, 24.10.1986
Mann, R.: Wir brauchen den offenen Führungsstil. Wenn es im Unternehmen nicht mehr weiter geht. In: Frankfurter Zeitung, Blick durch die Wirtschaft, 30.11.1984
Mann/Mayer: Controlling für Einsteiger, 3. Aufl., Freiburg 1989
Mansch, H./von Wysocki, K. (Hrsg.): Finanzierungsrechnung im Konzern. Zfbf-Sonderheft 37. Düsseldorf-Frankfurt/Main 1996
Mayer, E.: Controllingkonzept, in: Gabler Wirtschaftslexikon, 14. Aufl., Wiesbaden 1997, S. 817 - 825
Mayer, E./Pawlowski, E.: Frühwarn- und Steuerungssysteme im Controlling eines Fertigungsbetriebes. Sortimentsbereinigung – Umsatzplanung – Nutzungsprovision. In: Entwicklungen und Erfahrungen aus der Praxis des Controlling, hrsg. von Wolfgang Goetkze und Günter Sieben, Köln 1979, S. 157 - 206
Mayer, E.: Kostenrechnung I für Studium und Praxis, Einstieg in die Kostenrechnungsverfahren, 4. Aufl., Bad Homburg vor der Höhe 1988
Mayer, E.: Biokybernetisch orientiertes Controlling als Unternehmensphilosophie? In: Der Controlling-Berater, Gruppe 3, Grundwerk, Freiburg 1983

Mayer, E./Liessmann, K. (Hrsg.): F+E-Controller-Dienst, Stuttgart 1994
Meffert, H.: Marketing im Spannungsfeld zwischen weltweitem Wettbewerb und nationalen Bedürfnissen. Arbeitsbericht Nr. 27 der Wissenschaftlichen Gesellschaft für Marketing und Unternehmensführung e.V., Münster 1986
Meffert, H.: Strategische Unternehmensführung und Marketing, Wiesbaden 1988
Meffert, H.: Marktorientierte Führung in stagnierenden und gesättigten Märkten. Arbeitspapier Nr. 9 der Wissenschaftlichen Gesellschaft für Marketing und Unternehmensführung e.V., Münster 1983
Michels, J. K.: Benchmarking und Best Practice. Jetzt auch für Großrechenzentren. In: Controller Magazin, Heft 6 1994, S. 382 - 386
Mirow, M.: Shareholder Value als Instrument zur Bewertung strategischer Allianzen, in: Beteiligungscontrolling - Grundlagen, strategische Allianzen und Akquisitionen, hrsg. von C. Schulte, Wiesbaden 1994, S. 55
Müller, U. R.: Schlanke Führungsorganisationen. Die neuen Aufgaben des mittleren Managements, Planegg 1995
Nicklas, M.: Unternehmungswertorientiertes Controlling im internationalen Industriekonzern, Gießen 1998, S. 119
Neubauer, F.: Portfolio Management. In: Beiträge zur Unternehmensführung. Schriftenreihe der C. Rudolf-Poensgen-Stiftung. Nr. 7/79, Düsseldorf 1979
Oeldorf/Olfert: Materialwirtschaft, 9. Aufl., Ludwigshafen 2000
Ohmae, K.: Macht der Triade. Die neue Form des weltweiten Wettbewerbs, Wiesbaden 1985
Olfert, K.: Kostenrechnung, 11. Aufl., Ludwigshafen (Rhein) 1999
Oetinger von, B.: Wandlungen in den Unternehmensstrategien der 80er Jahre. In: Kommentar der Boston Consulting Group, München 1982
Oetinger von, B.: 1992 und danach: Strategische Perspektiven für die Elektrounternehmen. Vortragsmanuskript der ZVEI-Tagung am 14.6.1988 in Frankfurt
Oetinger von, B.: Braucht ein Industriebetrieb Visionen, Kommentar 5/95, The Boston Consulting Group, München 1994
Otto, H.-J.: Fremdfinanzierte Übernahmen – Gesellschafts- und steuerrechtliche Kriterien des Leveraged Buy-Out. In: Der Betrieb, Nr. 27/28 1989, S. 1389 - 1396
Otto, H.-J.: Unternehmen und Finanzierung. Wie erstellt man einen Business Plan – Ein Leitfaden. Corporate Financial Services CFS
Otto, H.-J.: Der Königsmacher. In: Manager Magazin 9/1989, S. 100 - 111
Padoa-Schioppa, T. (Hrsg.): Effizienz, Stabilität und Verteilungsgerechtigkeit. Eine Entwicklungsstrategie für das Wirtschaftssystem der Europäischen Gemeinschaft, Wiesbaden 1988
Patel, P./Younger, M.: A Frame of Reference for Strategy Development. In: Long Range Planung, April 1978, S. 6 - 12
Pellens, B./Rockholtz, C./Stienemann, M.: Marktwertorientiertes Konzerncontrolling in Deutschland - Eine empirische Untersuchung - In: Der Betrieb, 39/1997, S. 1933 - 1939
Peters, T./Waterman jun., R. H.: Auf der Suche nach Spitzenleistungen. Was man von den bestgeführten US-Unternehmen lernen kann, München 1983

Petersen, H. B.: Kunde als Drehpunkt. In: Manager Magazin, Heft 2, 1978, S. 53 - 60

Porter, M. E.: Wettbewerbsstrategie, 3. Aufl., Frankfurt/Main 1984

Porter, M. E.: Nationale Wettbewerbsvorteile – Erfolgreich konkurrieren auf dem Weltmarkt, München 1991

Preißler, P. R.: Checklist: Controlling einsetzen und gewinnbringend durchführen, München 1977

Pümpin, C./Fuchs, K.: Strategische Unternehmensführung in den 90er Jahren: Neues Denken tut not. Quelle unbekannt

Rädler, A./Pöllath, R.: Handbuch der Unternehmensakquisition, Frankfurt 1982

Rappaport, A.: Creating Sharholder Value. New York - Oxford 1986

Rau, J.: Manager kaufen ihre Unternehmen. In: Die Zeit, 15.11.1985, S. 23

Reichmann, T. (Hrsg.): DV-Controlling, DV-Controllingaufgaben, DV-Controllingorganisationen, DV-Controllingprozesse, München 1993, S. 167 - 172

Reimann, B.: Personal-Controlling. In: Handbuch Controlling, hrsg. von Elmar Mayer und Jürgen Weber, Stuttgart 1990, S. 259 - 278

Riebel, P.: Einzelkosten- und Deckungsbeitragskostenrechnung, 7. Auflage, Wiesbaden 1994

Ringlstetter, M./Skrobarczyk, P.: Die Entwicklung internationaler Strategien. In: Zeitschrift für Betriebswirtschaft, 64. Jahrgang 1994, S. 333 - 357

Rommel, G./Brück, F./Diederichs, R./Kempis, R.-D./Kluge, J.: Einfach überleben, Stuttgart 1993

Scheffler, E.: Gegenüberstellung der US-amerikanischen und der deutschen Rechnungslegungsvorschriften sowie der International Accounting Standards. In: Beck'sches Handbuch der Rechnungslegung, hrsg. von Edgar Castan, Gerd Heymann, Eberhard Müller, Dieter Ordelheide und Eberhard Scheffler, Band I, München 1998, B 791, S. 1 - 23

Scheffler, H. E.: Konzernleitung aus betriebswirtschaftlicher Sicht. In: Der Betrieb, 38. Jg. 1985, S. 2005 - 2011

Schröder, E. F.: Neuland: Die kundenorientierte Gewinnsteuerung. In: Absatzwirtschaft, Heft 10/1978, S. 50 - 55

Schröder, E. F.: Kundendeckungsbeitragsrechnung als Controlling-Instrument in der Konsumgüter-Industrie. In: Entwicklungen und Erfahrungen aus der Praxis des Controlling, hrsg. von Wolfgang Goetkze und Günter Sieben, Köln 1979, S. 97 - 113

Schröder, E. F.: Operationalisierung strategischer Pläne. In: Controller Management, II 1982, S. 65 - 71

Schröder, E. F.: Bessere Ergebnisse durch strategische Planung. Aber es gibt kein Konzept „von der Strategie". In: Frankfurter Zeitung, Blick durch die Wirtschaft, 4.11.1983, S. 4

Schröder, E. F.: Zum Stand der strategischen Unternehmensführung in der Praxis – eine Besprechung. In: Mann / Mayer: Der Controlling-Berater (CB), Gruppe 5, S. 83 - 92, Loseblatt-Zeitschrift, Freiburg i.Br. 1983 ff.

Schröder, E. F.: Unternehmensstrategien: Methoden und Umsetzung. In: Haberland/Preißler/Meyer: Handbuch Revision, Controlling, Consulting, München 1978 ff., 7. Nachlieferung 1984, Teil II, S. 1 - 35

Schröder, E. F.: Strategie für die Sortimentsbreite. In: Frankfurter Zeitung, Blick durch die Wirtschaft, 23.7.1984

Schröder, E. F.: Operatives Controlling. In: Mayer, Elmar u.a. Controlling-Konzepte. Perspektiven für die 90er Jahre, 2. Auflage, Wiesbaden 1987

Schröder, E. F.: Organisatorischer Wandel und Controlling. In: Handbuch Controlling, hrsg. von Elmar Mayer und Jürgen Weber, Stuttgart 1990, S. 983 - 997

Schröder, E. F.: Euromarketing. In: Unternehmenserfolg im Europäischen Binnenmarkt, hrsg. von Armin Töpfer und Roland Berger, Landsberg/Lech 1991, S. 193 - 218

Schröder, E. F.: Europa 1992 – Eine unternehmerische Herausforderung. In: Meilensteine im Management. Band 1: Mergers & Acquisitions, hrsg. von Hans Siegwart, Julian I. Mahari, Ivo G. Caytas und Bernd-Michael Rumpf, Basel, Frankfurt/Main, Stuttgart 1990, S. 51 - 92

Schröder, E. F.: Aufgaben und Instrumente des Marketing- Controlling. In: Handbuch des Marketing, hrsg. von Manfred Bruhn, München 1989, S. 647 - 678.

Schröder, E. F.: Stagnierende Märkte als Chance erkennen und nutzen, Landsberg/Lech 1988

Schröder, E. F.: Stagnierende Märkte. Chancen und Visionen. In: Innovation statt Resignation, hrsg. von Peter Oertli-Cajacob, 2. ergänzte Aufl., Bern und Stuttgart 1990, S. 291 - 310

Schröder, E. F.: Europa 1992 – Chancen und Optionen – in „Controlling-Berater" (F. 14)

Schröder, E. F.: Kurskorrekturen – Unternehmensstrategien in schwierigen Zeiten. Neuauflage von „Stagnierende Märkte als Chance erkennen und nutzen", 2. Aufl., Landsberg/Lech 1993

Schröder, E. F.: Erfolgsfaktoren zur Führung mittelständischer Unternehmen. In: Controlling-Konzepte für den Mittelstand. Existenzsicherung durch Innovation und Flexibilität. Elmar Mayer zum 70. Geburtstag, hrsg. von Konrad Liessmann, Freiberg i.Br. 1993, S. 103 - 126, hrsg. von Konrad Liessmann, Freiberg i.Br. 1993

Schröder, E. F.: Unternehmensführung in schwierigen Konjunkturlagen. In: Controller Magazin, Heft 5 1993, S. 261 - 273

Schröder, E. F.: Familienmarkenstrategien. In: Handbuch des Markenartikel, hrsg. von Manfred Bruhn, München 1994, S. 515 - 525

Schröder, E. F.: Wertorientiertes Controlling. In: Der Controlling Berater, Heft 3 und Heft 4/1997

Schröder, E. F.: Kennzahlen des wertorientierten Controlling zur Steuerung von Geschäften - CFROI und Ergebnisberichte - In: Controller Magazin 2/98, S. 81 - 90

Schwab, K.: Chancenmanagement, Düsseldorf 1976

Schweickart, K.: Stellungnahme zu Shareholder Value und Einfluß der Investmentfonds. Handelsblatt vom 10.05.1999

Servatius, H.-G.: Reengineering-Programme umsetzen. Von erstarrten Strukturen zu fließenden Prozessen, Stuttgart 1994

Sihler, H.: Shareholder Value versus Stakeholder Value. In: Managementperspektiven und Managementausbildung; Festschrift für Ludwig Trippen, hrsg. von Heribert Meffert und Odd Gishold, Leipzig 1997, S. 84 - 88

Simon, H.: Preisstrategien für neue Produkte, Opladen 1976

Singer, S.: F+E-Controlling. Konzept – Methoden – Erfahrungen. In: Controlling-Konzepte für den Mittelstand. Existenzsicherung durch Innovation und Flexibilität. Elmar Mayer zum 70. Geburtstag, hrsg. von Konrad Liessmann, Freiberg i.Br. 1993, S. 267 - 303

Tietz, B.: Marktbearbeitung morgen, Landsberg / Lech 1988

Tönnies, M.: Balanced Scorecard: Strategien langfristig umsetzen. In: bilanz & buchhaltung, Heft 2 1999, S. 65 - 69

Töpfer, A.: Die Restrukturierung des Daimler-Benz Konzerns 1995 - 1997. Neuwied und Kriftel 1998

Truxius, D.: Investitions-Controlling in der Chemischen Industrie. In: Controlling-Konzepte für den Mittelstand. Existenzsicherung durch Innovation und Flexibilität. Elmar Mayer zum 70. Geburtstag, hrsg. von Konrad Liessmann, Freiburg i.Br. 1993, S. 415 - 428

Wagner, H. R.: Management by Bottle-neck (MdB). In: Controller Magazin 1977, S. 143 - 148

Weiß, M.: Neue Formen des Kostenmanagements. Unveröffentlichtes Arbeitspapier, Bielefeld 1994

Welge, M. K.: Organisation des Controlling. In: Controlling, Heft 3 1989, S. 140 - 149

Widmer, H.: Strategische Unternehmensführung. Unveröffentlichtes Manuskript, Zürich 1978

Wieselhuber Dr. & Partner: Internationales Management. Internationale Wettbewerbsvorteile systematisch aufbauen, München 1990

Wildemann, H. (Hrsg.): Lean Management. Strategien zur Erreichung wettbewerbsfähiger Unternehmen, Frankfurt am Main 1993

Willers, H. G./Siegert, T.: Mergers & Acquisitions – Ein strategisches Instrument. In: Handbuch strategische Führung, hrsg. von Herbert Henzler, Wiesbaden 1988, S. 259 - 275

Wißt, H.-J.: Die neuen Managementkonzepte: Herausforderung für Manager und Controller. In: Der Controller-Berater, hrsg. von Elmar Mayer und Jürgen Weber, Freiburg i.Br., 1/1995, Fach 3, S. 461 - 490

Wittek, B. F.: Strategische Unternehmensführung bei Diversifikation, Berlin/New York 1980

Wöhe, G.: Ausgewählte steuerliche Probleme bei Unternehmenszusammenschlüssen. In: Deutsches Steuerrecht, 28. Jg. 1990, Beihefter zu Heft 7, S. 1 - 24

Woll, A.: Allgemeine Volkswirtschaftslehre, 10. Aufl., München 1990, S. 51

Womack, J. P./Jones, D. T./Roos, D.: Die Zweite Revolution in der Automobilindustrie – Konsequenzen aus der weltweiten Studie aus dem Massachusetts Institute of Technology. Frankfurt 1991

Woo, C. Y./Cooper, A. C.: The Surprising Case for Low Market Share. In: Havard Business Review, 6/1982, S. 106 - 113

Zeyer, F.: Nur wenige deutsche Manager haben Mut zur Selbständigkeit. In: Frankfurter Allgemeine Zeitung, 24.9.1986, S. 16

Ziegenbein, K.: Der Boston-Effekt. In: Absatzwirtschaft, Heft 12 1975, S. 72 - 75
Ziegenbein, K.: Controlling. 6. Auflage, Ludwigshafen (Rhein) 1998
Zünd, A.: Vom Buchhalter zum Controller. In: Der Schweizer Treuhänder, 51. Jg. 1977, Heft 10, S. 4 - 6
ZVEI: 1992 – Vollendung des EG-Binnenmarktes. Chancen und Risiken für die deutsche Elektroindustrie. Tagungsband, Frankfurt 1988

Stichwortverzeichnis

Abgabenverteilung 183
Absatz-Controlling 315
Absatzplan 112
Abweichungsanalyse 168
-, im Kostenbereich 168
-, im Umsatzbereich 171
Aktivseite 387
Akquisitionsstrategie 531
Analysefelder 303
Anforderungsprofil 41
Anlagevermögen 59, 346
Anschaffungskosten 51

Basis-Informationssystem 134
Balanced Scorecard 676
Benchmarking 394, 568
Berichtshierarchie 178
Beschaffungsplan 114
Bestandsveränderung 52
Beta-Faktoren 624
Betriebsergebnis 58, 142, 602
Bewegungsbilanz 65, 66
Bilanz 50, 57, 342, 386
Bilanzanalyse 343
Bilanzierungsstruktur 386
Boom 473
Boston-Effekt 250
Boston-Portfolio 422
Branchenentwicklung 453
Break-even-Analyse 186
Break-even-Entwicklung 180
Break-even-point 187
Buchungsstoff 53
Budgetabrechnung 165

Cash Flow .... 62, 115, 597 ff.
Cash Flow-Return-on-
Investment 599, 609, 611
Controller 33

Controller-Bericht 177
Controller-Berichtswesen 129
Controlling 23, 32, 47, 233
-, Anforderungen 47
-, Arbeitsteilung 313
-, Begriff 23
-, Besonderheiten 32
-, Funktionen 313
-, operatives 105
-, Organisation 313
-, strategisches 231
-, Wandel 25
-, Ziele 23
Controlling-Struktur 374

Datenverarbeitung 390
Deckungsbeitrag 99
Deckungsbeitragsrechnung 99
-, Grundlagen 99
Depression 473
Diversifikation 247
Diversifikations-Strategie 434
Diversifikationsprüfung 250
DV-Controlling 392

Economic-Value-Added (EVA) 625
EG-Binnenmarkt 505
Eigenfinanzierung 66
Eigenkapital 59
Eigenkapitalrentabilität 63
Einkaufsabrechnung 159
Engpassaufgaben 294
Engpassprobleme 435
Erfahrungskurve 250
Erfolgsanalyse 63
Erfolgssignale 298
Erfolgsvoraussetzung 288
Ergebniseckwerte 180
Ergebnisplan 111

Erholung 473
Erlösrechnung 140
Erlössteuerung 202
Ertragspotenziale 238
Etappenziele 298
Euroglobalisierung 523
Euromarketing 510
Extrapolation 124, 292

F + E- Controlling 356
Fakturierung 164
Finanz- und Rechnungswesen 45
Finanz-Controlling 339
Finanzdeckung 347
Finanzkennzahlen 181
Finanzplan 115
Finanzplanung 343
-, kurzfristige 347
Finanzwesen 45
-, Aufgaben 45
Fixkosten 199
Forecast 174
Freier Cash Flow 598, 631
Fremdfinanzierung 66
Fremdkapital 59
-, kurzfristiges 59
-, langfristiges 59
Führung 416
Führungsaufgaben 373
Führungsrahmen 373
Führungsziel 425
Funktionsstrategien 297

GAP-Analyse 125, 421
Gemeinkosten-Struktur-
veränderung 216
Gesamtkostenverfahren 51
Geschäftsleitende Holding 372
Gewichtete Kapitalkosten 604, 623
Gewinn- und Verlust-
rechnung 50, 57, 342, 389
Gewinnsteuerung 306
Globalisierung 489
Grenzkosten 199
Grobplan 120

Herstellungskosten 51

Hochkonjunktur 455
Holdingstruktur 366

Information 29
Informationssystem 129, 142
-, Anforderungen 129
-, entscheidungsorientiertes 142
Innovationsrate 457
Internationalisierung 481
-, Grundlagen 481
-, Voraussetzung 485
Internationalisierungs-Strategie . 434
Investition 219
Investitionsausgaben 222
Investitionsbudget 353
Investitionscontrolling 351
Investitionskontrolle 356
Investitionsplan 113
Investitionsplanung 351
Investitionsprogramm 355
Investitionsrechnung 354

Jahresbudget 308
Jahresplanung 108
Jahresüberschuss 58

Kaizen 576
Kapazitätsplan 113
Kapitalmärkte und Rechnungs-
legungsstandards 626
Kapitalrenditen 603
Kapitalumschlag 63
Kennzahlen .... 317 ff.
-, Erfolgs- 63
-, Finanzierungsstruktur- 61
-, Kapitalstruktur- 60
-, Personalstruktur- 62
-, Vermögensstruktur- 57
Knetphase 122
Konjunkturverlauf 479, 480
-, Normstrategien 479, 480
Konjunkturzyklen 471
Konten 47
Kontenplan 48
Kontenrahmen 48
Kontenverdichtung 48
Kontierungsrichtlinien 48

Stichwortverzeichnis

Kontrolle 31
-, ergebnisorientierte 31
-, verfahrensorientierte 31
Kontrollzyklen 304
Konzernführung 373
Konzernmerkmale 362
Kosten 95
-, Einteilung 95
-, Struktur 193
Kosten- und Leistungsrechnung 52
Kostenarten 97
Kostenartenplan 132
-, Aufbau 132
Kostenartenrechnung 134
Kostenbudgetierung 194
Kostenrechnung 87, 560
-, controllinggerechte 87
-, Ist- 87
-, Normal- 87
-, Plan- 88
-, Teil- 90
-, Verfahren der 87
-, Voll- 90
Kostensenkungsprogramme 196
Kostenstellenrechnung 132, 137
-, Aufbau 132
Kostensteuerung 192
Kostenträgerrechnung 139
Kostentransparenz 197
Kundendeckungsbeitrags-
rechnung 155
Kundenerfolgsrechnung 148
-, Aufbau 150
-, Einzelprobleme 152
-, Entstehung 149
-, Gewinnsteuerung 154
-, Gliederungsschema 150
Kursfixierung 107

Langfristplanung 124
Lean Management 574
Lean Production 575
Lebenszyklus-Kostenrechnung 565
Lebenszykluskonzept 276
Lücke 247
-, strategische 247

Management 237
-, strategisches 237
Management by exceptions 399
Management by objectives 399
Management-Informations-
system 129
Management-Team 439
Markenpolitik 521
Marketing-Controlling 323
-, Instrumente 330
Marketingplan 112
Marktbearbeitung 490
-, internationale 490
Märkte 428
-, stagnierende 428
Marktgröße 267
Marktposition 265
Marktsegmentierungs-Strategien 432
Marktwachstum 257
Mengenabweichung 172
Mittelfristplanung 124
Mittelherkunft 66
Mittelverwendung 66
Monatsabschluss 53

Nettoerfolg 101
Neutrales Ergebnis 58

Operationalisierung 291
Organisation 315
-, funktionale 315
Organisationsplan 115

Passivseite 388
Personalplan 114
PIMS-Studie 252
Plan-Bilanz 115
Plan-Ist-Vergleich 168
Plan-Soll-Ist-Vergleich 173
Plankostenrechnung 88
-, flexible 89
-. starre 89
Planung 28, 107, 237
-, betriebliche 107
-, strategische 237
Planungsprobleme 126

Planungsrichtlinien 117
Planungsziele 284
Planungszuständigkeiten 117
Portfolio-Matrix 264
-, Ergebnisse 270
-, Erstellung von 268
Portfolio-Technik 336
Portfolios 455
Positionierungs-Strategien 337
Potenzialanalyse 239
Potenzialsteuerung 306
Preisabweichung 173
Preiserhöhungszyklen 212
Preisfixierung 207
Preispolitik 206, 522
Preisuntergrenze 206
Produkt-Markt-Strategien 296
Produkt-Matrix 255
Produkterfolgsrechnung 143
Produktions-Controlling 316
Produktionsabrechnung 163
Produktionsplan 113
Produktionspotenzial 266
Produktlebenszyklus 444
Produktpolitik 521
Profit-Center 584
Profit-Center-Controlling 322
Profit-Center-Konzept .... 227 ff.
Profit-Center-Konzeption 401
Projekt-Controlling 213, 360, 402
Prozesskostenrechnung 564

Rechnungslegungsvorschriften
nach US-GAAP, IAS oder HGB 67 ff.
Reengineering 577, 578
Reporting-Struktur 383
Restrukturierung .... 551 ff.
Return-on-Capital-Employed
(ROCE) .... 620 ff.
Return-on-Investment (ROI) 603, 619
Return-on-Net-Assets (RONA) 622
Rezession 473
Risikofaktoren 302

Schlüsselfaktoren 241
Schubladenpläne 298

Schuldentilgung 115
Selbstfinanzierung 66
Shareholder Value .... 594 ff.
Sortimentsbereinigung 202
Sortimentsbreite 279
Sortimentspolitik 521
Sortimentsstrategie 423, 433
Sortimentsverbesserung 212
Sparten-Organisation 322
Stagnierende Märkte .... 428 ff.
Standardgrenzkostenrechnung 132
Stellenbeschreibung .... 36 ff.
Steuerung 32
Steuerungsfunktion 182
Strategie 416
Strategieumsetzung 676
Struktur 416
Synergie-Effekte 540

Target Costing 561
Teilkostenrechnung 92
Teilpläne 121
Terminplan 118
Total quality management 574
Treasurer 36
Triade-Konzept 501

Umlaufvermögen 59
Umsatzkostenverfahren 52
Umsatzplan 112
Umsatzrentabilität 63
Umsatzstruktur 181
Unternehmenserfolgsrechnung ... 158

Verbrauchsabweichung 170
Verkaufsabrechnung 164
Vertriebserfolgsrechnung 144
Verwaltungs-Controlling 319
Vollkostenrechnung 87, 90
Vorteils-Matrix 277

Wachstums-Konzept 337
Wachstumsmärkte 444
Wachstumsschwelle 437
Wachstumszielsetzung 450
Wertanalyse 198

Wertbeitrag 604
Wertorientierte Entlohnung 625
Wertorientierte Führung .... 593 ff.
Wertorientiertes Controlling... 593 ff.
Wertschöpfungsketten-Analyse ...567

Working Capital 61
Zero-base-budgeting 200
Zielbildungsprozess 427
Zuschlagssätze .... 92 ff.